JN006538

法律の抜け穴全集

改訂5版

自由国民社

読者の皆様へ……改訂にあたって

●新型コロナウイルス感染症により、この三年余り、旅行やイベントの中止、リモートワークや外出自粛など、私たちの暮らしは多くの制約を受けてきました。しかし、そんな規制の中でも、一年遅れで二度目の東京オリンピックが開催され、リモート会議やリモート授業などネットを利用した交流方法も普及し、定着しています。また、法律も、一二〇年振りに大改正された債権法の他、平成から令和にかけて公布された民法の改正規定の大半が、この三年の間に施行されました。

本書も三年振りの改訂です。

●本書は昭和三六年、『金銭貸借をめぐる法律の抜け穴全集』と『よるとひるの法律の抜け穴全集』の二分冊で刊行されています。わが国初のオリンピックが開催される三年前のことです。以後、昭和、平成、令和と、版を重ね、増補改訂して今回で六五版を数えます。また、その間に、本の題名も現在の『法律の抜け穴全集』と変わりました。

本書の執筆者

（五十音順）

弁護士　安西　勉
弁護士　安齋　勉
フリーライター　飯野　財
弁護士　石原豊昭
都市法経済研究所長　大島英一
弁護士　小野寺昭夫
弁護士　尾沢俊蔵
弁護士　儀同　保
弁護士　佐藤裕人
弁護士　鈴木善治
公認会計士　田口秀夫
弁護士　武内大佳
弁護士　竹原茂雄
弁護士　谷口欣一
弁護士　三田郁生

ところで、「法律の抜け穴」というと、いわゆる違法行為や脱法行為を思い浮かべる方も多いと思います。しかし、「法律の常識」と「世間の常識」がかけ離れていること（乖離という）も、また「法律の抜け穴」なのです。この乖離による抜け穴も、私たちが法律トラブルに巻き込まれる原因になります。

●本書の目的は、トラブルに陥りやすい危険な「法律の抜け穴」を見破る法律的な知識を紹介し、悪質業者など悪がしこい相手の被害者を一人でも少なくすることです。危険な「法律の抜け穴」がわかっていれば、トラブルを事前に防げます。

●本書は、いわゆる六法全書のような、ものものしい体系をとってはいませんが、毎日の生活や企業活動に役立つ法律的要点と、うかつに踏み込むと大ケガをする法律的抜け穴の実例を数多く取り上げ、紹介しています。「法律なんて難しいから面倒だ」と敬遠したがる方でも、ここで紹介した実例は読み物としても十分楽しんでいただけるはずです。

●令和五年五月末現在の最新の法律と数字で改訂しました。

なお、各事例に登場する人物、会社、学校などは、すべて架空のもので実在はしません。完全なるフィクションです。

弁護士　多比羅誠
弁護士　富田晃栄
弁護士　中垣裕
税理士　中川寿一
弁護士　長戸路政行
弁護士　生天目健蔵
弁護士　行木武利
弁護士　野口恵三
弁護士　萩原剛
弁護士　馬場正夫
弁護士　平山信一
弁護士　堀輝彰
弁護士　堀合辰夫
弁護士　山崎郁雄
弁護士　松本治雄
弁護士　真室光春
弁護士　吉田杉明
弁護士　吉村浩

詳細目次

法律の抜け穴全集

第1章 実例に見る 最近の抜け穴と急所

第2章 インターネット・スマホの抜け穴と急所

第3章 金銭貸借の抜け穴と急所

第4章 財産相続の抜け穴と急所

第5章 隣近所の抜け穴と急所

第6章 日常生活の抜け穴と急所

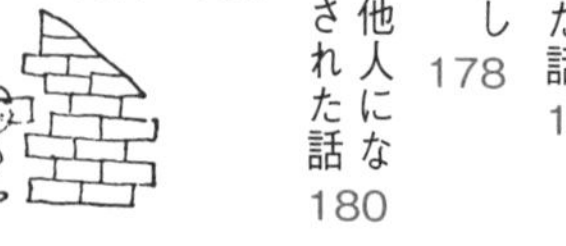

第7章 結婚・離婚の抜け穴と急所

第8章 親子・養子の抜け穴と急所

第9章 不動産売買の抜け穴と急所

第10章 土地家屋の抜け穴と急所

第11章 交通事故の抜け穴と急所

第12章 事故と賠償の抜け穴と急所

第13章 男女関係と性犯罪の抜け穴と急所

第14章 刑事問題の抜け穴と急所

第15章 会社経営の抜け穴と急所

第16章 商取引の抜け穴と急所

第17章 人事労務の抜け穴と急所

巻末特集

各章扉絵◆小沢良吉／巻頭グラフイラスト◆深野正士／須山奈津希　第1章イラスト◆小島文代
第2章〜第16章イラスト◆中川かず・中川タケシ／須山奈津希／小島文代

◆巻頭グラフ①

民法改正で、家族をめぐる法律はこう変わった —— 結婚離婚・夫婦親子

民法は平成から令和にかけて、債権法始め総則から相続法まで改正された。家族関係では、相続法で配偶者居住権や法定相続人の配偶者の特別の寄与の規定が新設されている。また、親族法では、結婚や離婚、夫婦や親子についての定めが大きく変わった。ここでは、親族法の改正点を紹介する。

成人年齢が満18歳に引き下げられた

これまで、成人年齢は満20歳だったが、令和4年4月1日から成人年齢が18歳に引き下げられた（法4条）。この改正により、18歳になれば、親権者などの同意なしに、結婚、借入れや労働契約などの法律行為が単独でできることになった。ただし、従来どおり20歳になるまでできないこともある。

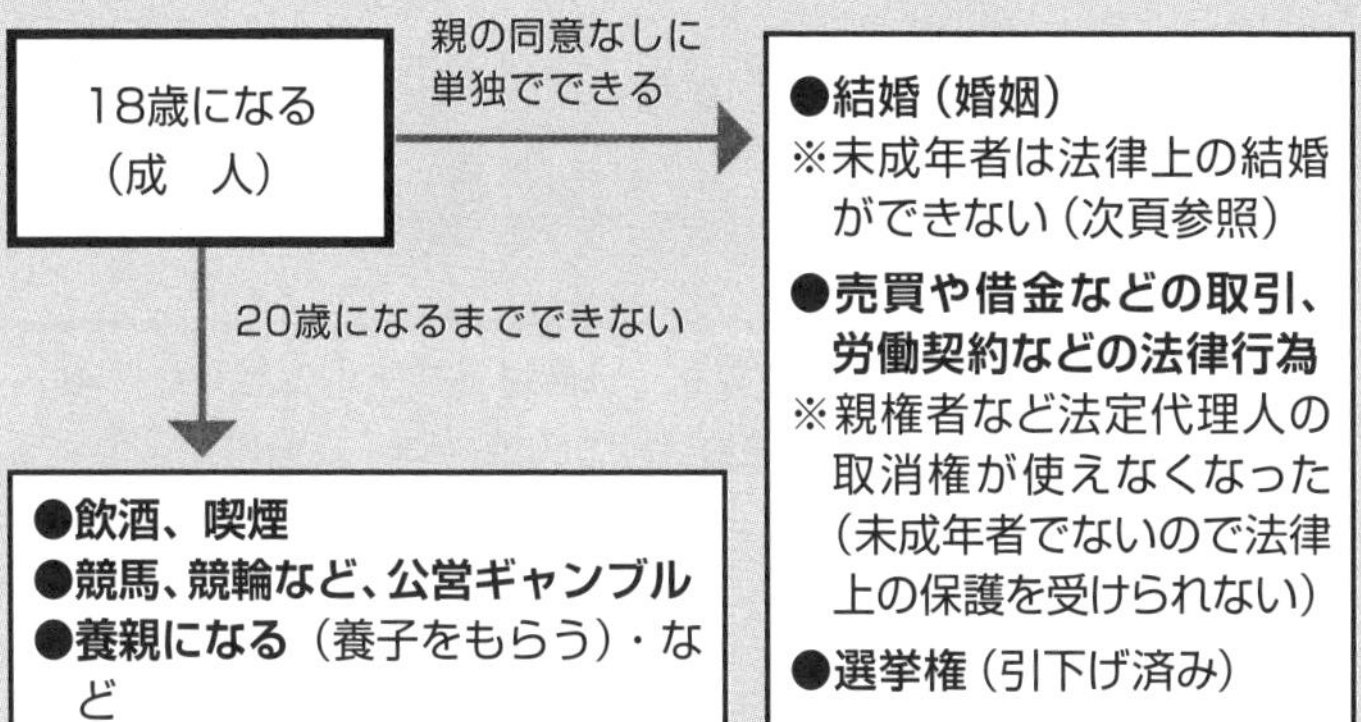

18歳になる（成　人）

親の同意なしに単独でできる →

●結婚（婚姻）
※未成年者は法律上の結婚ができない（次頁参照）

●売買や借金などの取引、労働契約などの法律行為
※親権者など法定代理人の取消権が使えなくなった（未成年者でないので法律上の保護を受けられない）

●選挙権（引下げ済み）

20歳になるまでできない ↓

●飲酒、喫煙
●競馬、競輪など、公営ギャンブル
●養親になる（養子をもらう）・など

＊18歳以上の少年は刑事事件を起こすと、**特定少年**として原則検察官送致になる。また、起訴後は、住所、氏名、写真の公表も可能になった（少年法）。

未成年者は親の同意があっても結婚ができなくなった

婚姻届は、その記載内容に不備があったり、届出人の本人確認ができない場合、役所で受理してもらえない。しかし、このような手続きにおける形式上の不備だけでなく、そもそも法律で結婚が認められない場合がある。この婚姻禁止要件（民法731条～ 736条）に該当する男女も、婚姻届を受理してもらえない（禁止要件の障害がクリアーされれば法律婚が可能）。

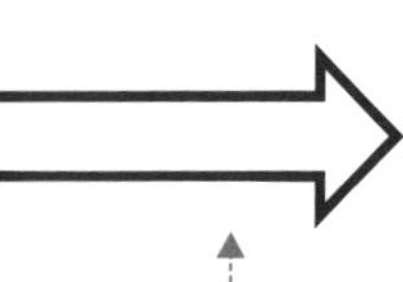

〔結婚できない＝結婚適齢〕 令和４年４月１日から施行

・未成年者（18歳に達しない男女）は、親の同意があっても法律上の結婚はできなくなった（民法731条）。
（改正前：男18歳、女16歳 ──▶ 改正後：男女18歳）

※改正前は、結婚適齢に達している場合、親の同意があれば未成年者でも法律上の結婚が認められた（改正で規定廃止）。

男女が18歳（成人）になっていれば、親の同意は不要

＊結婚適齢の他、重婚（732条）、近親婚（734条）、養親子間の婚姻（737条）になる結婚は、法律上できない。

＊再婚禁止期間中の婚姻（733条）については、令和４年12月16日に公布された改正民法で、規定が撤廃された（施行は令和６年４月１日から。詳しくは次項参照）。

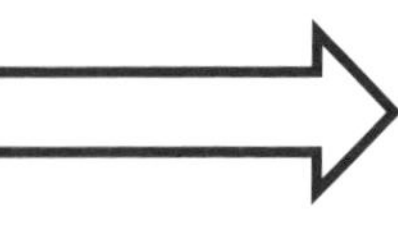

〔結婚（婚姻）の効果〕 …夫婦は法律上の保護を受ける

・夫婦で同じ姓を名乗る
・同居義務がある
・扶助義務がある
（生活費の分担など）
・夫婦は同一戸籍に入る＊
・子どもは夫婦の戸籍に入る＊
・互いに相続権がある＊
・浮気をしない義務がある

※事実婚の夫婦も＊印の付いた項目以外、法律婚の夫婦同様、法律上の保護を受ける。なお、年金や会社の家族手当など、事実婚の配偶者に、支給される場合も増えている。

法律上の結婚（婚姻）は18歳にならないとできない

結婚（婚姻）は、「両性の合意のみに基づいて成立する（憲法24条1項）」。ただし、法律上の結婚（法律婚）をした夫婦と認められるには、婚姻届を本籍地のある市区町村に届け出て（届出は、住所地の市区町村などでよい）、受理される必要がある（受理されると、夫婦の新戸籍が作られる）。

なお、届出をしない（または受理されない）夫婦は、事実婚となる。

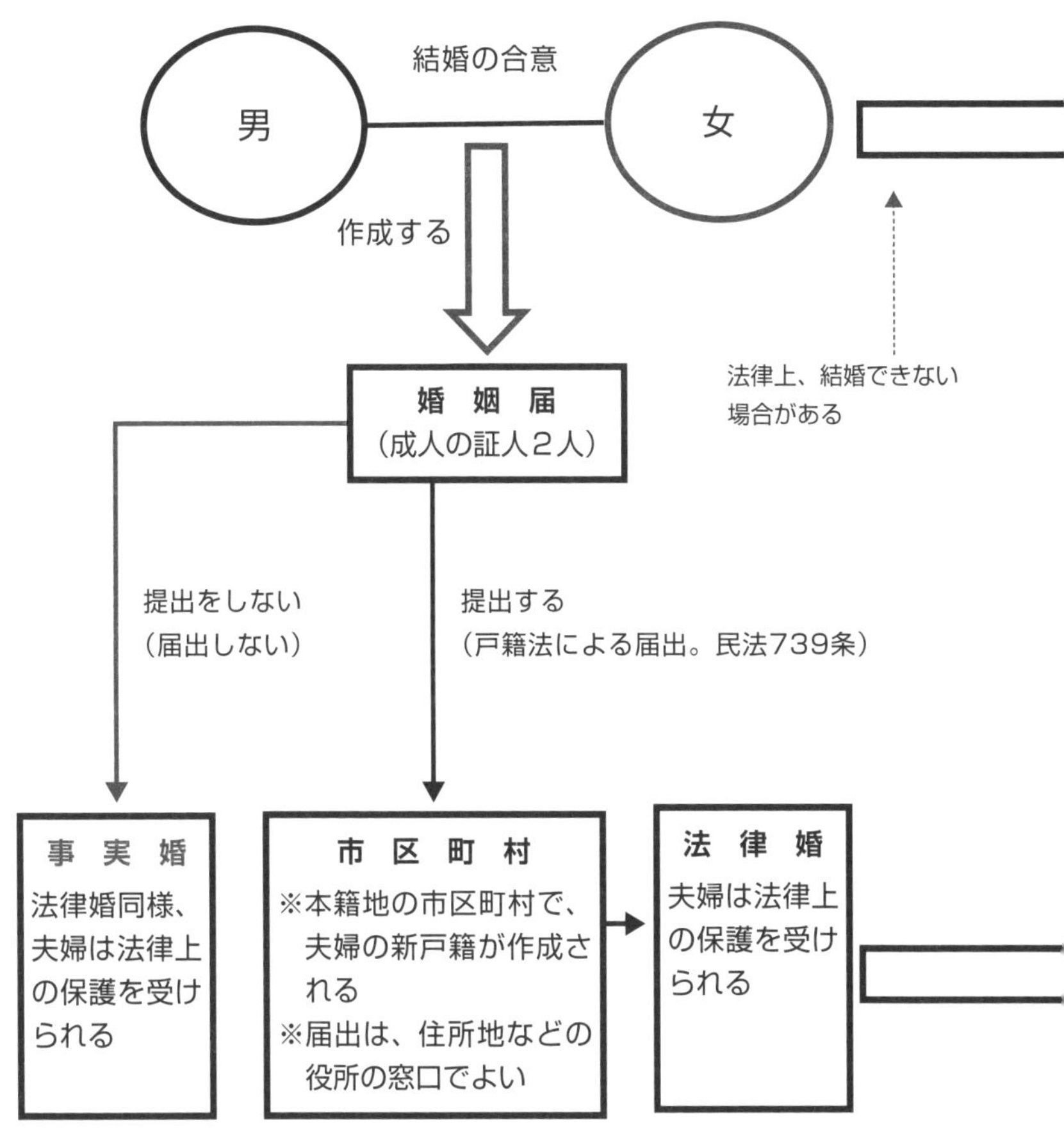

女性の再婚禁止期間が撤廃される（法改正後）

令和４年12月16日公布された改正民法で、女性の再婚禁止期間の規定は撤廃された（民法733条は削除される）。この改正規定は令和６年４月１日から施行されるが、施行後は妻も夫同様、法律上の離婚が成立した（離婚届が受理され、夫婦の戸籍から除かれた）日の翌日から、再婚が可能になる。

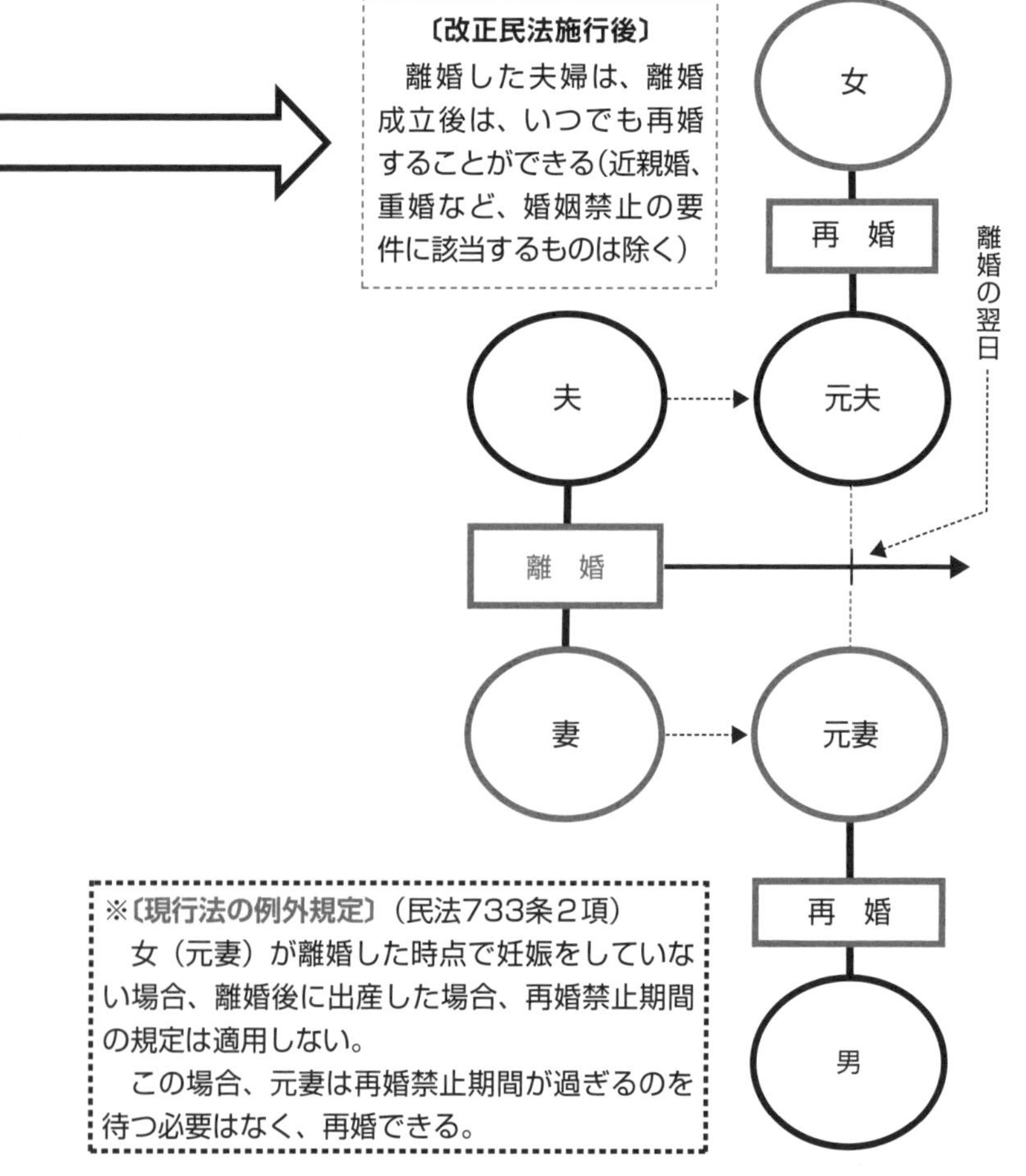

女性は離婚から100日絶たないと再婚できない（現行法）

夫婦が離婚に合意し、市区町村に離婚届が受理されれば、離婚は成立する。離婚が成立すれば、元夫も元妻も次の結婚（再婚）が可能だ。ただし、男性が離婚の翌日には再婚できるのに対し、女性には再婚禁止期間があり、婚姻の解消または取消しから100日間は結婚することができない（民法773条）。

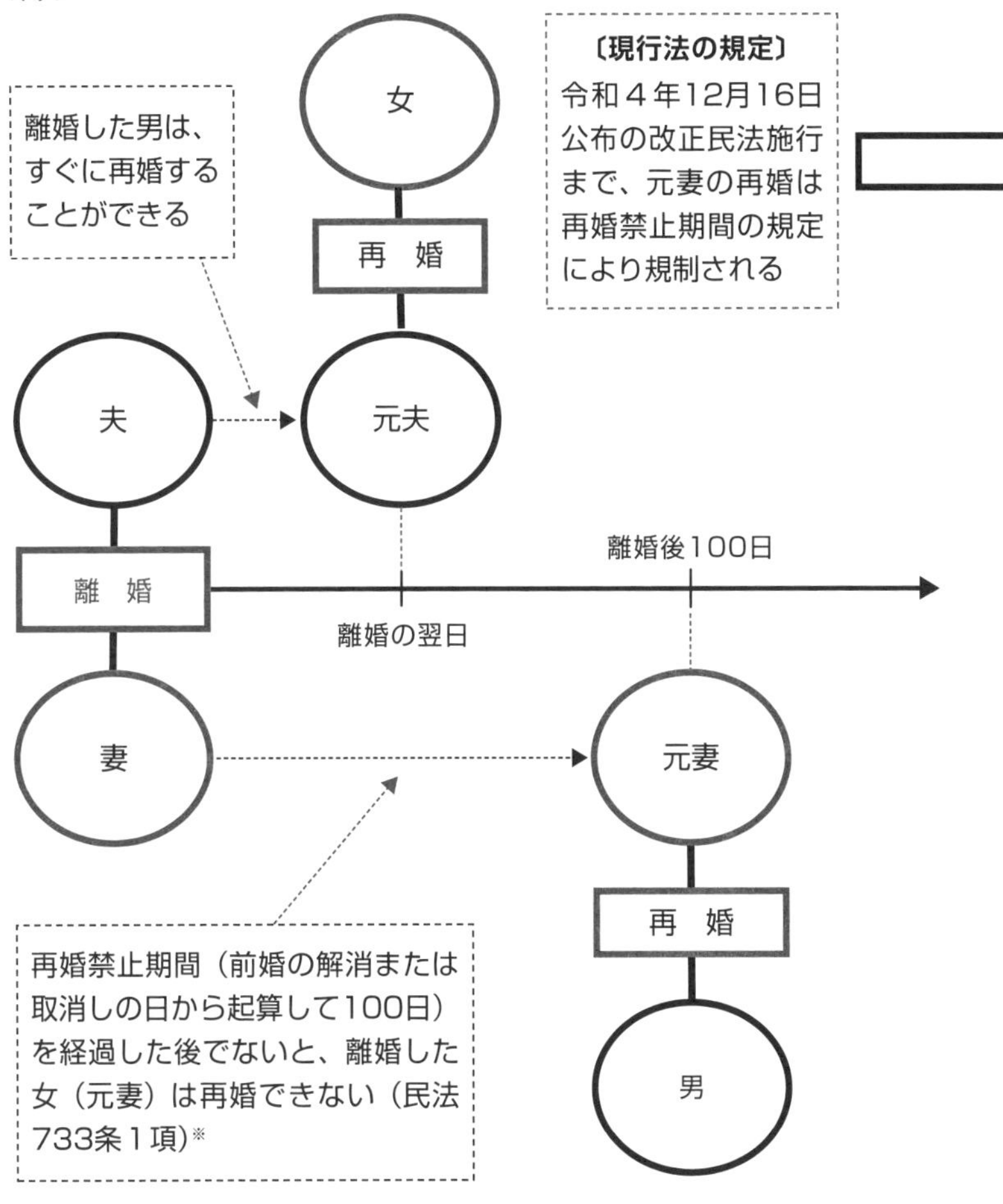

妻が結婚中に妊娠した子は夫の子となる（現行法・法改正前）

結婚（婚姻）した夫婦の間に生まれた子の父親は、通常夫である。法律も、妻が結婚中に妊娠（懐胎）した場合など一定の範囲内に生まれた子は、夫婦の子と推定する定めだ。しかし、現実には夫以外の男が子の父親であることもある。その場合には、夫には嫡出子とされた子の否認権がある。

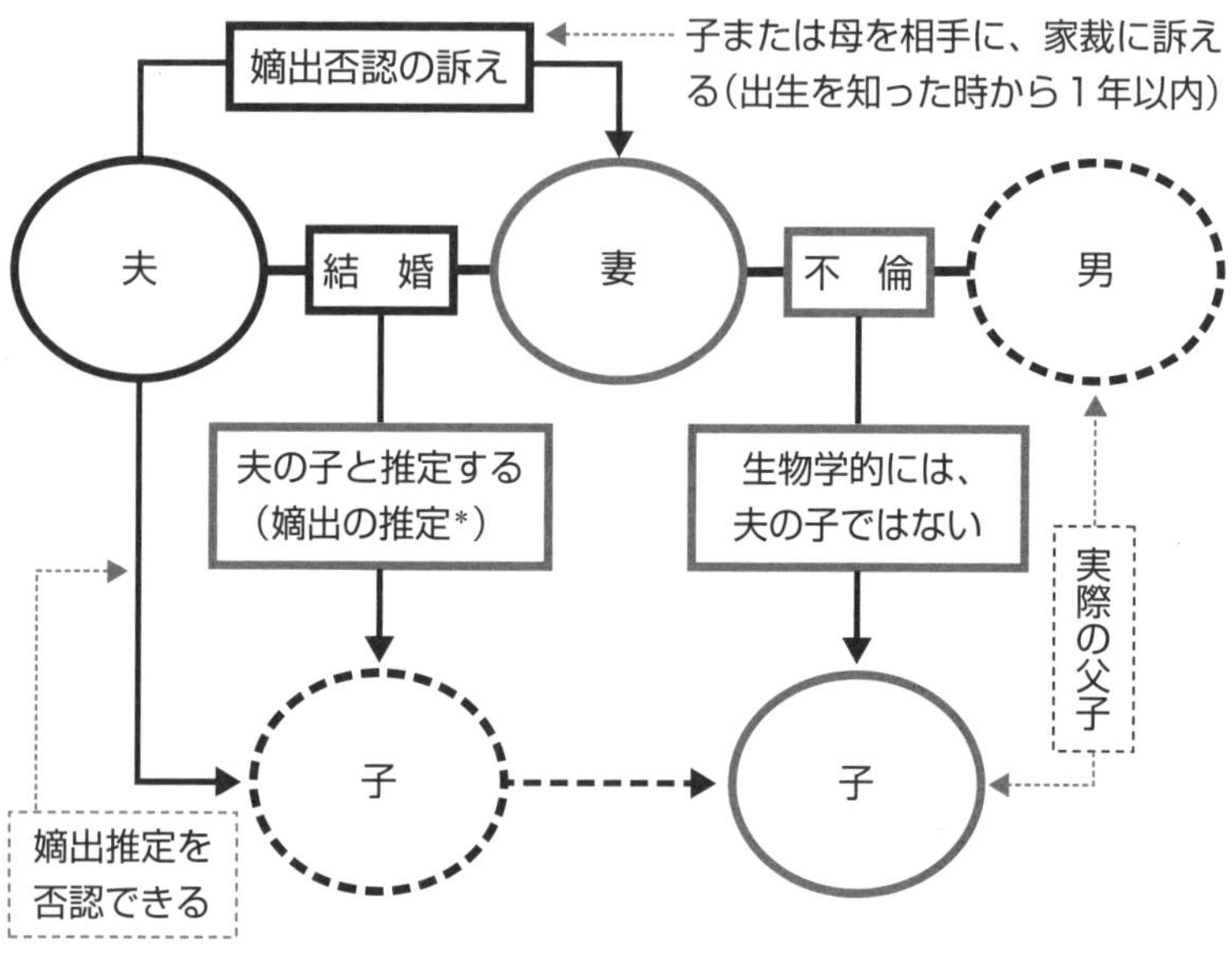

〔現行法〕 令和４年12月16日公布の改正民法が施行になるまでの規定
嫡出推定（民法772条）次の①〜③の場合、夫の子と推定する
①妻が婚姻（結婚）中に懐胎（妊娠）した子
②婚姻成立の日から200日を経過した後で生まれた子
③婚姻の解消（離婚、死別）・取消しの日から300日以内に生まれた子
嫡出の否認（774条）、**嫡出否認の訴え**（775条）夫には否認権がある

法律上、夫の子と推定されても（①〜③の場合）、実際には上図のように、子の父親が夫以外の男ということもある。この場合、夫は、子または親権者である母親を相手に「嫡出否認の訴え」を起こせる。ただし、否認権があるのは夫だけで、裁判を起こせるのは出生を知った時から１年以内である（777条）。

妻が再婚して産んだ子は直近の結婚の夫の子とする(法改正後)

令和４年12月に公布された改正民法では、女性の再婚禁止期間が撤廃になることから、夫婦間に生まれた子の嫡出推定について、より具体的に規定が設けられた。また、これまで子の父親（夫）にしか認められていなかった嫡出の否認権が、子、子の母親（妻）、妻の前夫にも認められている（改正民法の施行は令和６年４月１日から。それまでは現行法が適用される）。

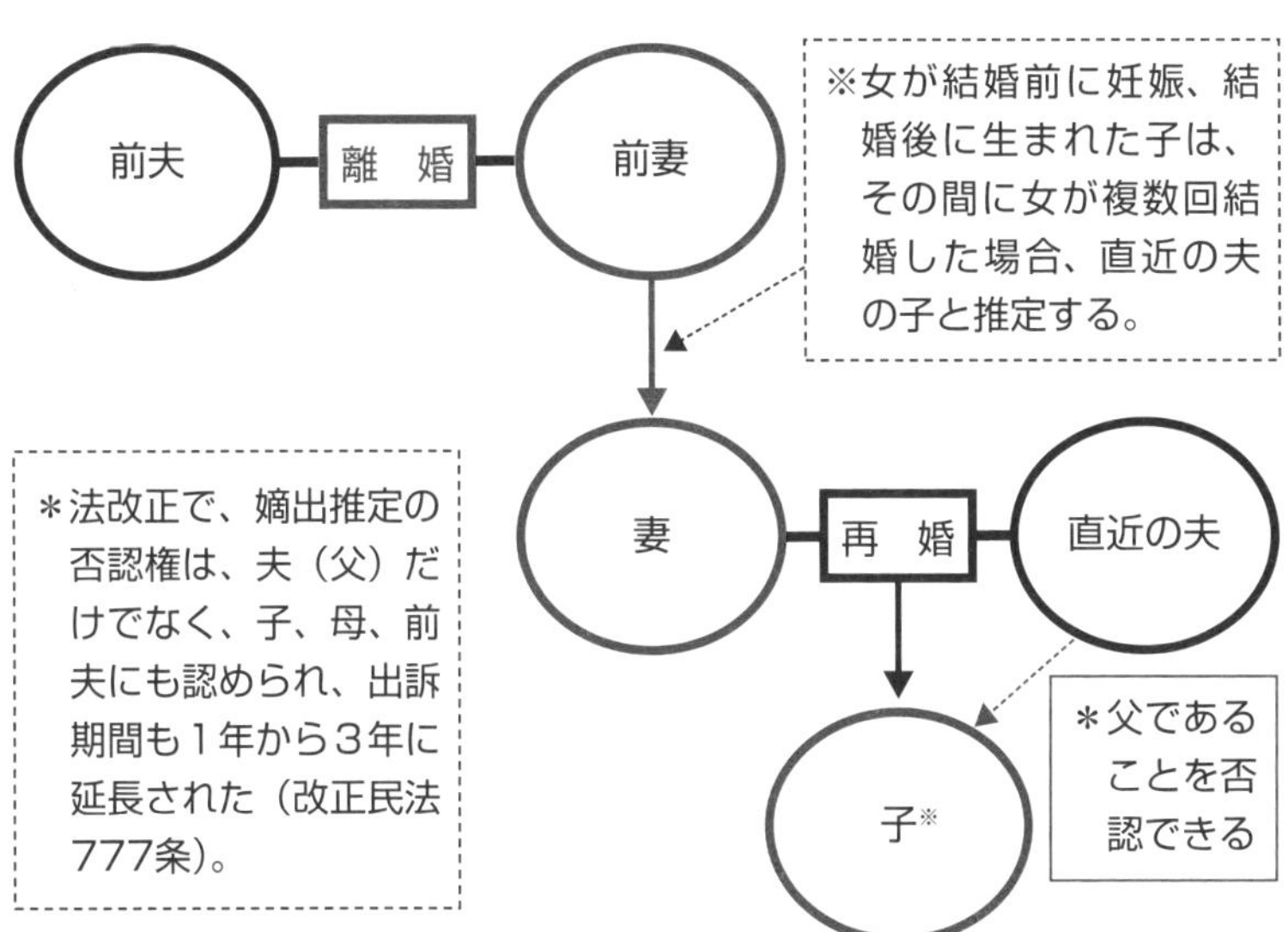

改正民法772条①妻が婚姻中に懐胎した子は、当該婚姻における夫の子と推定する。女が婚姻前に懐胎した子であって、婚姻が成立した後に生まれたものも、同様とする。

②前項の場合において、婚姻の成立の日から200日以内に生まれた子は、婚姻前に懐胎したものと推定し、婚姻の成立の日から200日を経過した後又は婚姻の解消若しくは取消しの日から300日以内に生まれた子は、婚姻中に懐胎したものと推定する。

③第１項の場合において、女が子を懐胎した時から子の出生までの間に２以上の婚姻をしていたときは、その子は、その出生の直近の婚姻における夫の子と推定する。

直近の夫が子の嫡出推定を否認したとき（法改正後・前頁の続き）

妊娠（懐妊）から出産までの間に、女性が２回以上結婚（婚姻）している場合、子の父親は直近の結婚の夫と推定される。しかし、その夫が子の父親であることを否認し、裁判で「子の父でない」と、認められることもある。

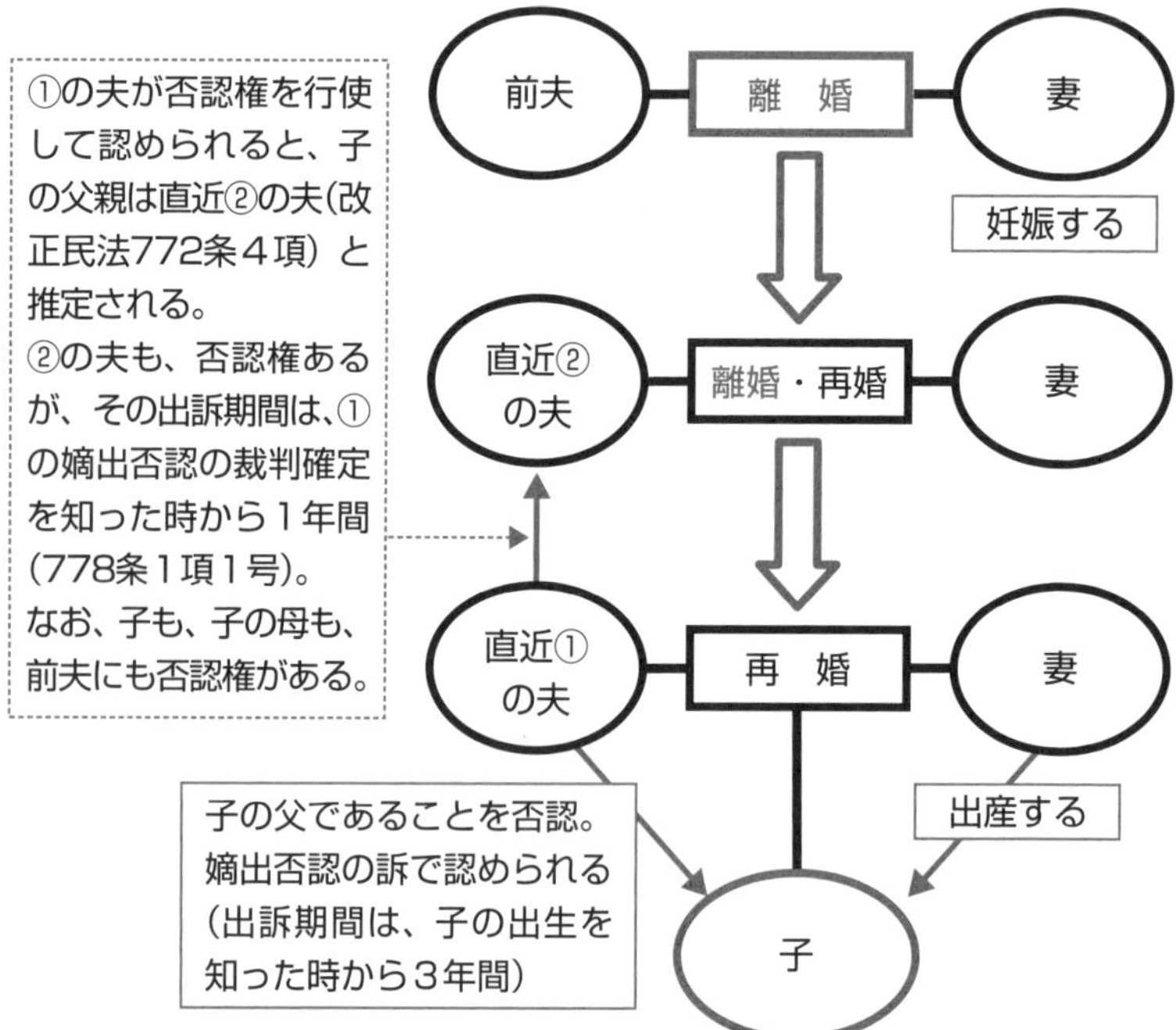

改正民法772条④前３項の規定により父が定められた子について、第774条の規定によりその父の嫡出であることが否認された場合おける前項の規定の適用については、同項中「直近の婚姻」とあるのは、「直近の婚姻（第774条の規定により子がその嫡出であることが否認された夫との間の婚姻を除く。）」とする。

※今回の改正では、この他、親権について子の人格を尊重して行うことが明記され（改正民法821条）、公布日から施行された。なお、これまでの条文から「懲戒」の規定（改正前民法882条）が撤廃されている。

◆巻頭グラフ②

SNSやネットショッピングのトラブルは相手の情報を開示させるのが解決の第一歩

インターネットは今日、私たちの社会や暮らしに欠かせない。スマホやパソコンで、誰でも自分の意見や感想をSNS上に自由に発信でき、見知らぬ第三者とコミュニケーションを取ることも可能だ。また、自宅にいながら、ネットショッピングで商品やサービスを手軽に購入することができる。しかし、その手軽さ、便利さの反面、トラブルに巻き込まれやすい。

SNSの書き込みやネットショップの表示は疑ってかかれ

SNS上の書き込みやネットショッピングの広告は、必ずしも事実や実際の商品内容を正しく表示しているとは限らない。安易に、また無警戒に信用することは危険である。ショッピングでは、購入ボタンをクリックする前に、もう一度よく考えてみることだ。

一方、SNS上で誹謗された場合は放っておかないこと。書き込みが拡散し、被害が大きくなる可能性がある。

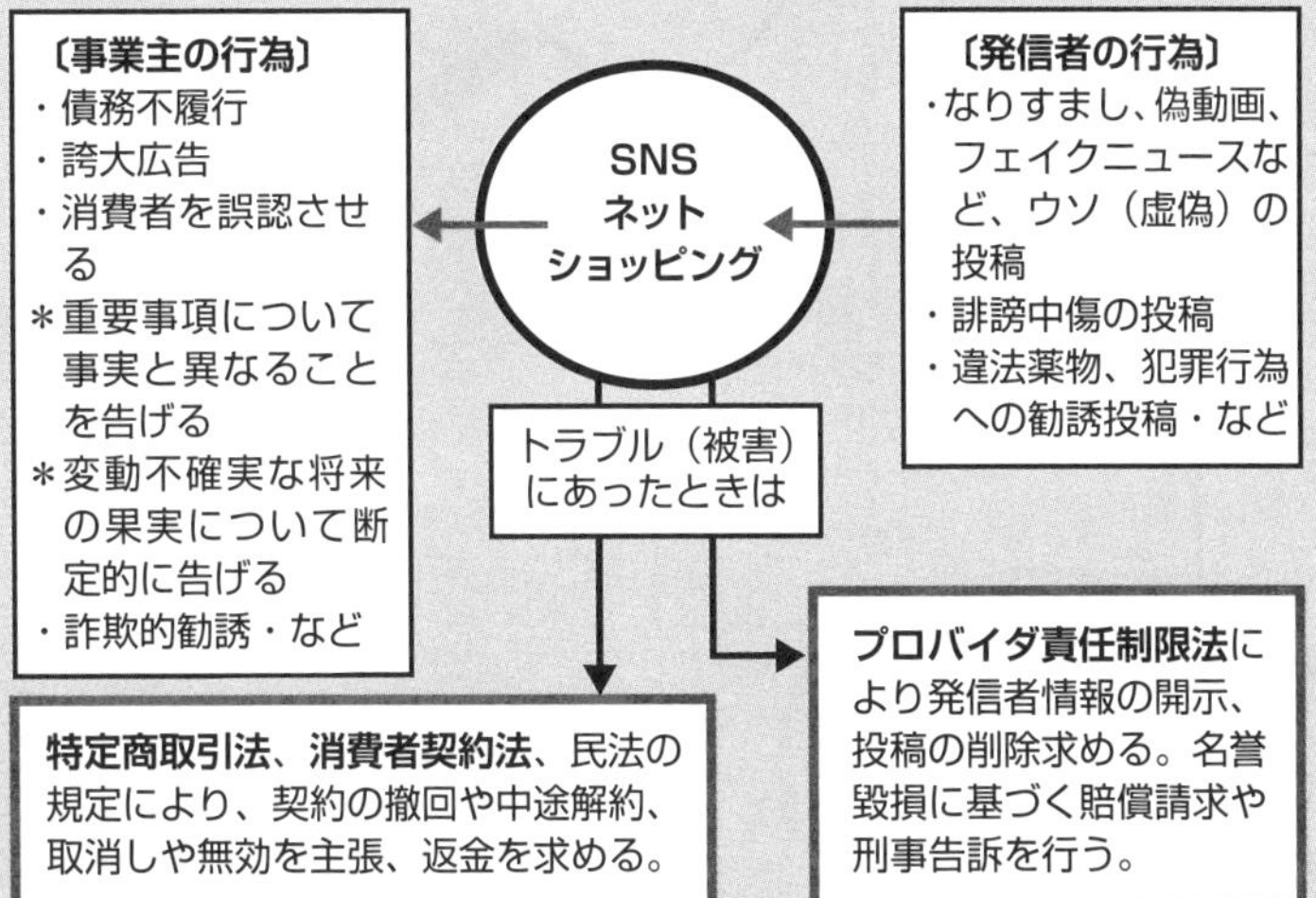

〔事業主の行為〕
・債務不履行
・誇大広告
・消費者を誤認させる
＊重要事項について事実と異なることを告げる
＊変動不確実な将来の果実について断定的に告げる
・詐欺的勧誘・など

SNS
ネット
ショッピング

〔発信者の行為〕
・なりすまし、偽動画、フェイクニュースなど、ウソ（虚偽）の投稿
・誹謗中傷の投稿
・違法薬物、犯罪行為への勧誘投稿・など

トラブル（被害）にあったときは

特定商取引法、**消費者契約法**、民法の規定により、契約の撤回や中途解約、取消しや無効を主張、返金を求める。

プロバイダ責任制限法により発信者情報の開示、投稿の削除求める。名誉毀損に基づく賠償請求や刑事告訴を行う。

SNS上に匿名で誹謗中傷の書き込みをされたら

有名人でなくても、SNS上に悪意のある書き込みをされることがある。事実無根の誹謗中傷やプライバシーの曝露、AIを悪用したフェイク動画などで、名誉毀損や業務妨害に当たる。放置すると拡散するので、発信者に対し、直ちに削除を要求することだ。なお、相手が応じない場合、プロバイダ責任制限法に基づく開示手続きなどを取ることができる。

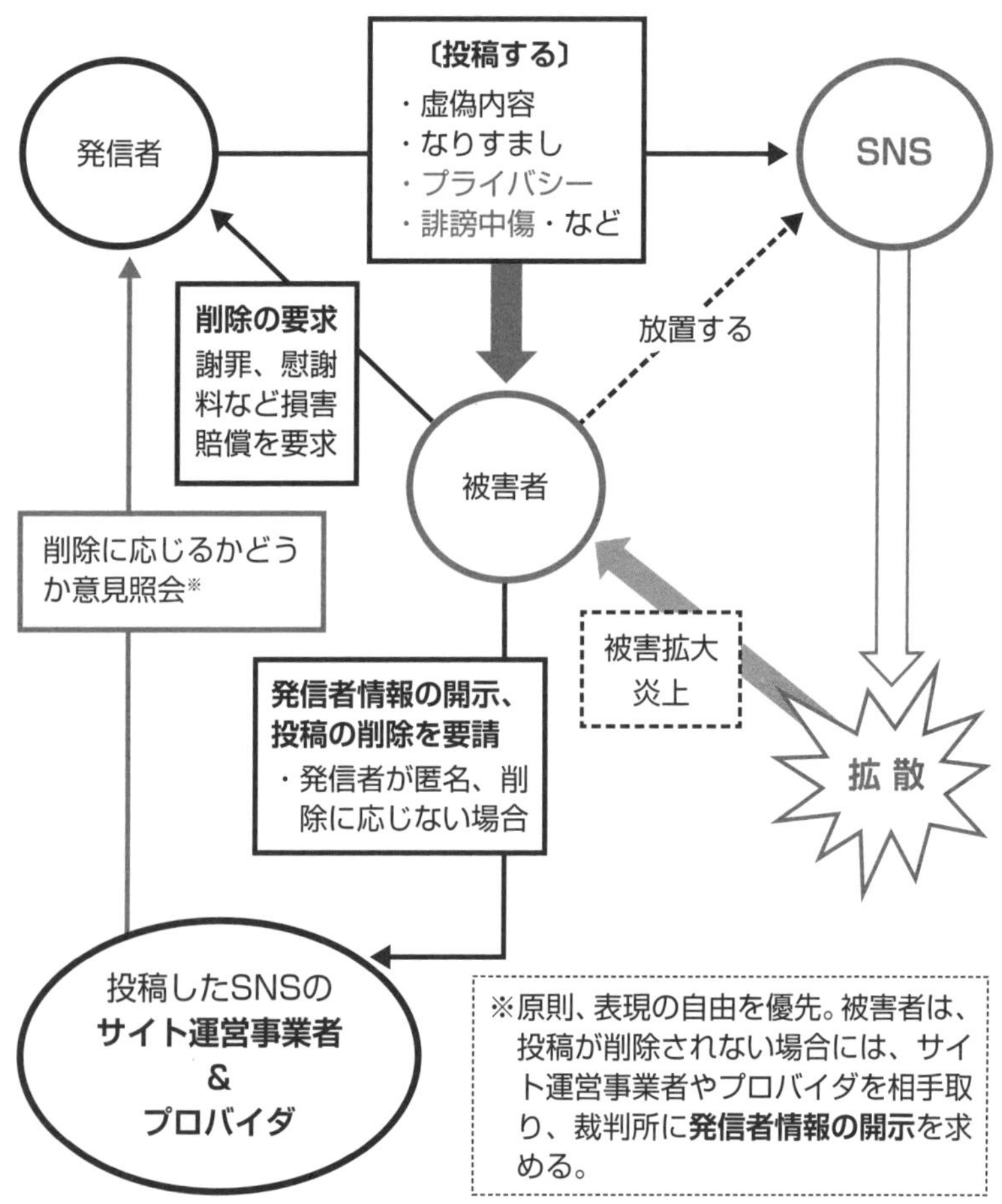

発信者情報の開示は一度の手続きで済むようになった

SNS上に投稿された匿名の誹謗中傷で権利を侵害された場合、投稿の削除や損害賠償を求めるには、発信者が応じなければプロバイダ責任制限法により裁判手続きで発信者情報を開示させる必要がある。その手続きは従来、SNSの運営事業者とプロバイダに対し、別々に開示請求する必要があったが、令和４年10月に改正法が施行され、１度の裁判手続き（非訟手続き）で開示されるように簡略化された（34頁・２章法律の急所参照）。

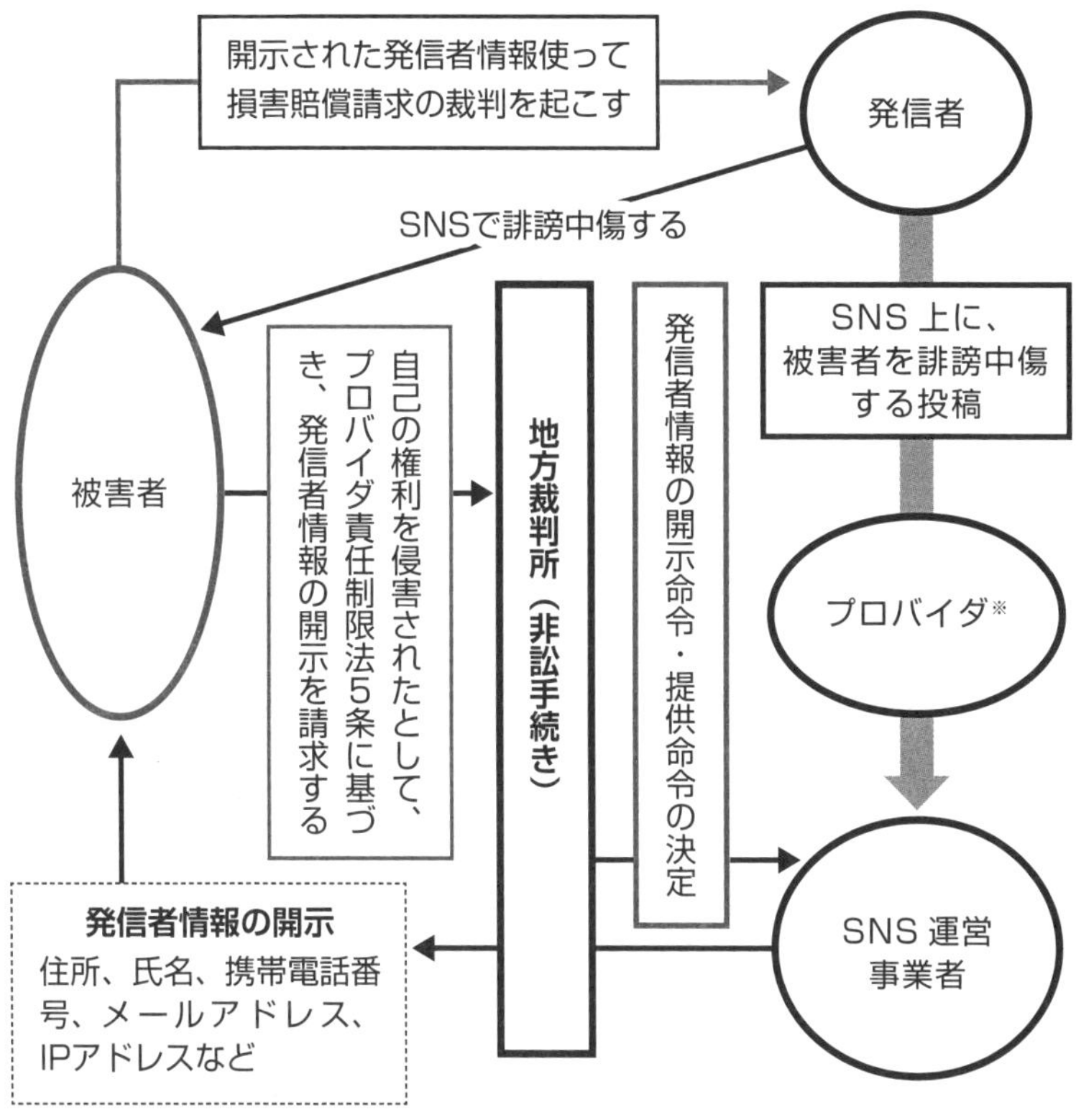

※発信者情報開示命令事件終了まで、裁判所は決定で、発信者情報の消去を禁止する命令を出すことができる。

インターネットショッピングには2種類ある

ネットショッピングには、①消費者が販売業者自身の運営サイト上で、直接取引するもの、②消費者はアマゾンや楽天などECサイトに出店する販売業者とサイト経由で取引するものがある。②のサイトを**取引デジタルプラットフォーム**（取引DPF）といい、宿泊予約サイト、出前サイト、オークションサイトなどがある。ただし、業者とのトラブルが起きても、取引DPFの提供者（運営事業者）はこれまで、原則責任を負わなかった。

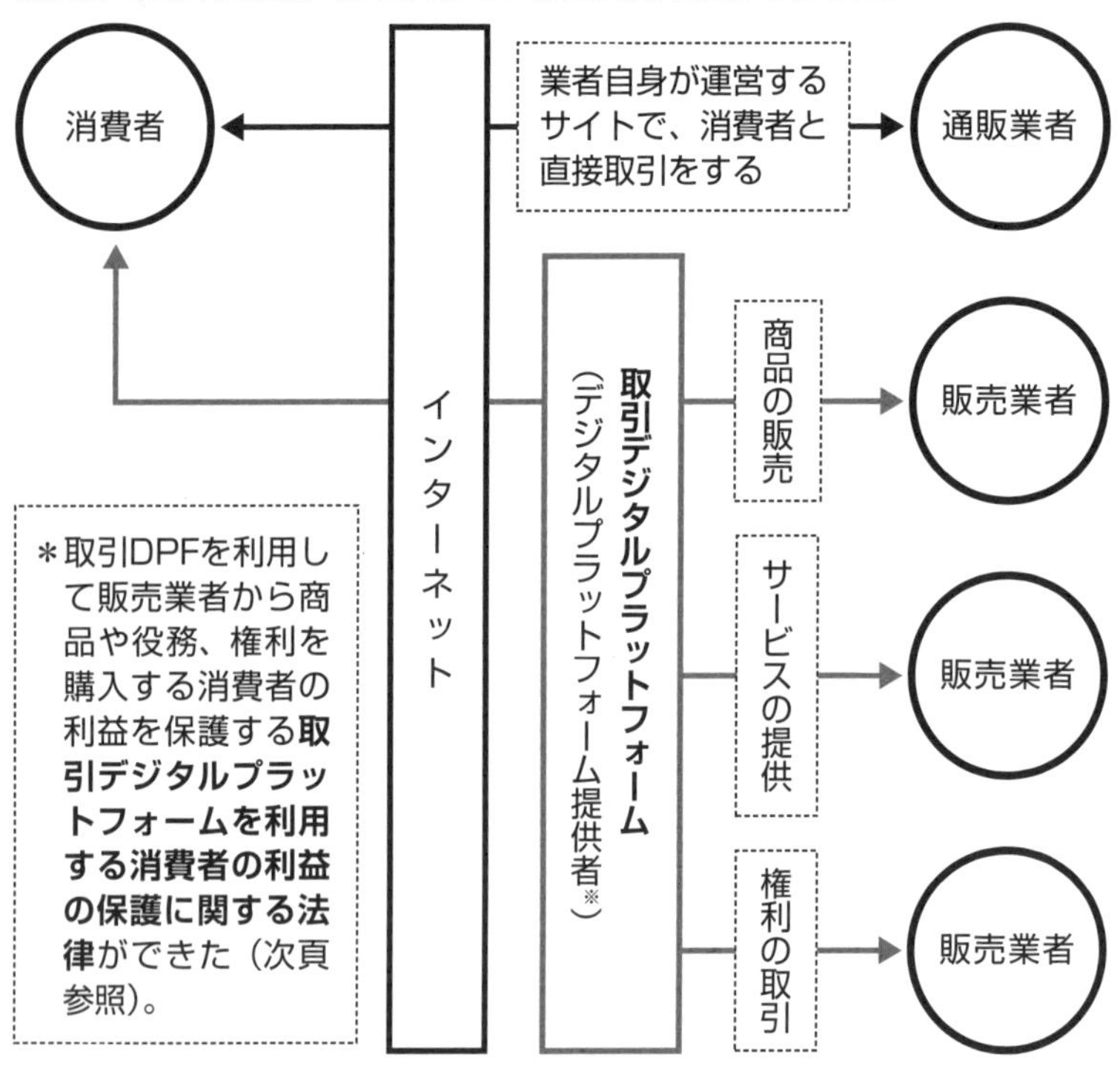

※主な取引デジタルプラットフォームのサイト提供者としては、アマゾン、楽天、ヤフーなどが良く知られている。提供者は、販売業者（商品等提供利用者）への対応に関し、**特定デジタルプラットフォームの透明性及び公正性の向上に関する法律**により規制されている。

プラットフォームはトラブル相手を開示する義務がある

取引DPF利用のネットショッピングは手軽で便利だが、反面、「商品が届かない」「広告と違う」「不良品だった」などトラブルも多い。しかし、従来は規約上、トラブル解決は消費者と業者が直接交渉する仕組みのため、現実には消費者が保護されにくいのが問題だった。そこで、消費者の苦情を受けた取引DPF提供者（サイト運営事業者）に必要な措置を取るなどの努力義務を課し、また消費者に販売業者の住所など連絡先を開示できる**取引デジタルプラットフォーム消費者保護法**が令和４年５月施行された。

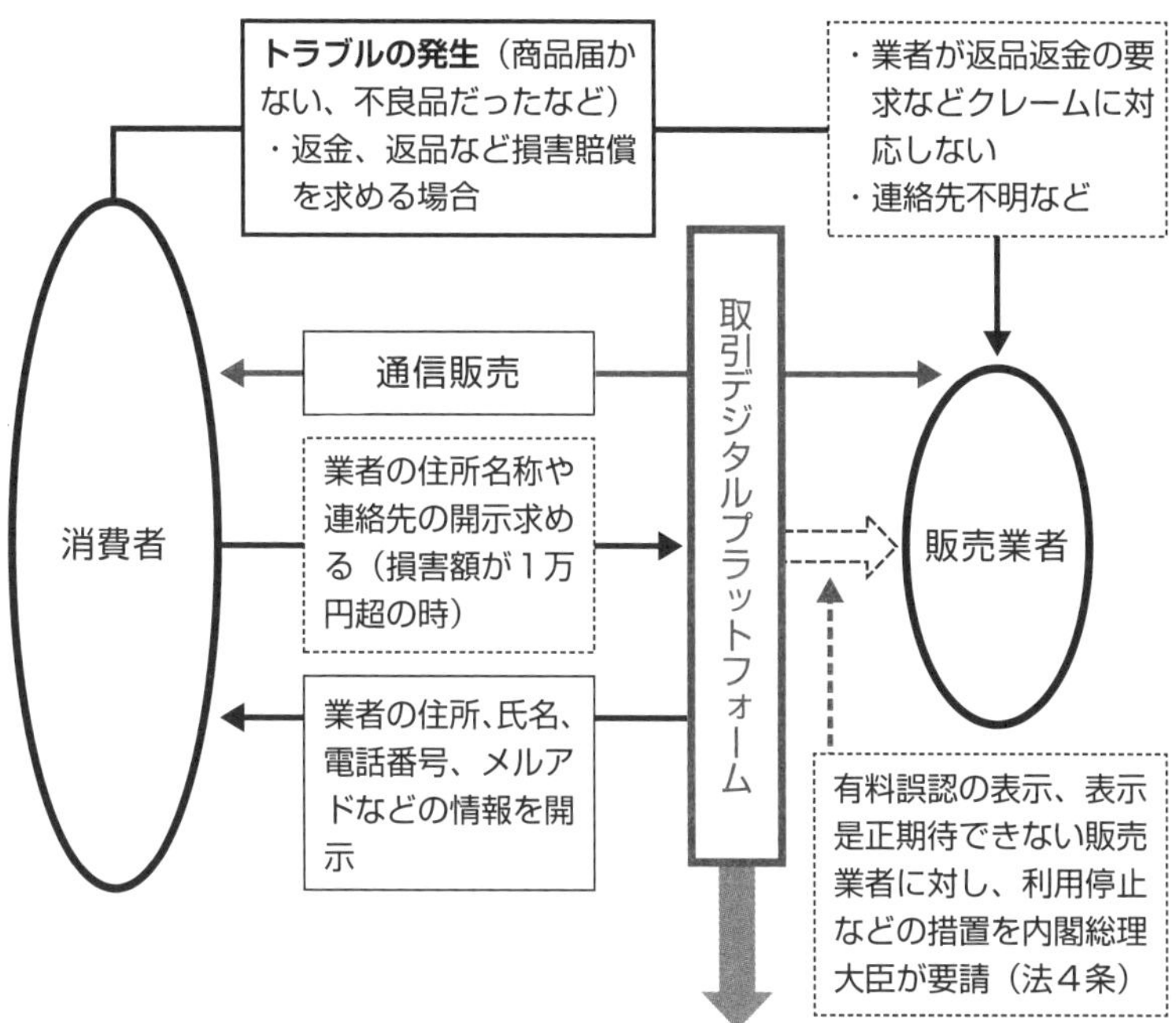

取引DPF提供者の努力義務（取引デジタルプラットフォーム消費者保護法３条）
・取引DPF利用の通信販売で、消費者が販売業者と円滑に連絡できる措置
・販売業者の商品、特定権利の販売条件、役務の提供条件の表示に関連して消費者から苦情があった場合、事情調査その他表示の適正確保のために必要な措置
・販売業者に対し、所在など業者を特定できる必要な情報の提供を求める

商品の問題があるなど利益を害されたら消費者庁へ申出を

取引DPFを利用したショッピングなどでトラブルにあった消費者は、**取引デジタルプラットフォーム消費者保護法**（取引デジタルプラットフォームを利用する消費者の利益の保護に関する法律）で、保護される。

ただし、販売業者に返金や返品など損害賠償を求める場合、消費者は、これまで通り、業者と直接交渉しなければならない。

●返金や返品を求めたいが、業者の連絡先がわからないときは

取引DPFを利用する通信販売で、消費者が販売業者との売買契約や役務提供契約に係る自己の債権（金銭の支払いを目的とし、損害額１万円超える時に限る）を行使する場合、業者についての情報開示を請求できる（法５条）。

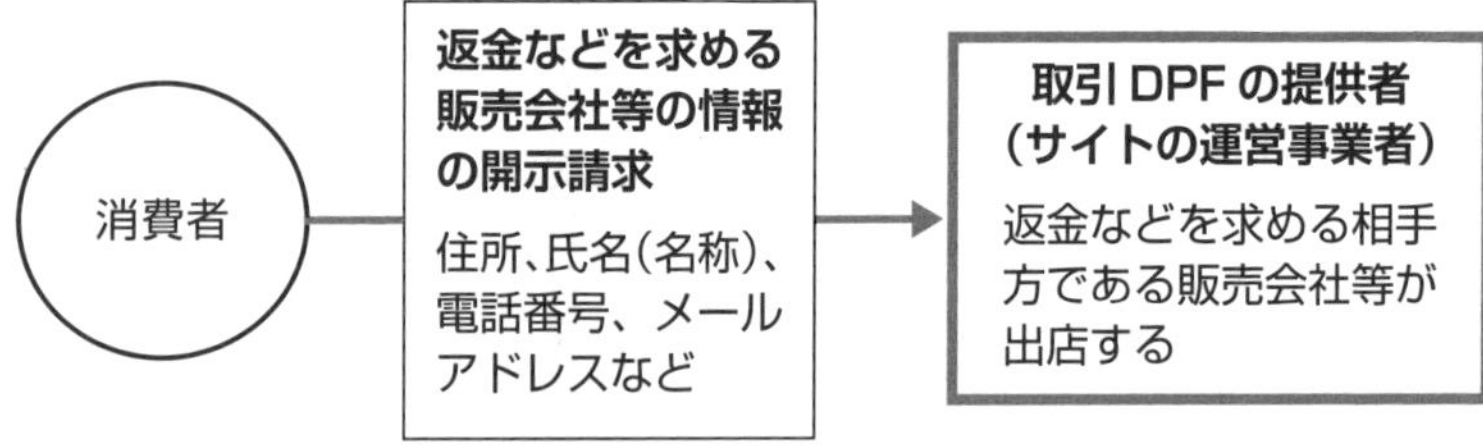

※消費者は、開示された情報を使って、販売業者などに直接賠償請求を行う（取引DPFの提供者は業者の情報開示までで、消費者と業者との間の仲介などは行わない。消費者はトラブルに際し、直接業者と交渉する規約である）。

●取引DPFで消費者の利益が害される恐れがある問題を見つけたら

取引DPFの出店業者の商品に問題がある場合や、消費者の利益が害される恐れがある場合には、消費者庁は取引DPF提供者に対し、問題の商品の削除など適切な措置を要請できる（法４条)。なお、消費者も取引DPFの利用に当たって、同様の問題を見つけた場合には消費者庁に適切な措置を取るように申し出ることができるようになった（申出はオンラインまたは書類による）。

ただし、この申出は個別のトラブル解決を目的とはしていない。

＊消費者の個別のトラブルを解決するための仲介やあっせんは、もよりの消費生活センター（TEL 局番なし188）などで相談するといい。

■巻頭グラフ③■

現代詐欺・悪質商法の手口と対抗法

自由国民社編集部編

自分だけは大丈夫…。その過信こそ被害者への第一歩だ。ここでは、詐欺や悪質商法の主な手口と、消費者が被害にあわないための注意点、被害にあったときの対処法を紹介する。

■詐欺・悪質商法と通常の契約違反の違いは?■

詐欺や悪質商法は単なる契約違反（債務不履行）と異なり、その業者（売主など）は消費者と、まともに契約する気も契約内容を誠実に履行するつもりもない。これは刑法上の詐欺罪にあたり、民事上も不法行為や公序良俗違反となる。消費者は特定商取引法や消費者契約法により、契約の撤回、契約の無効や取消しが認められる。

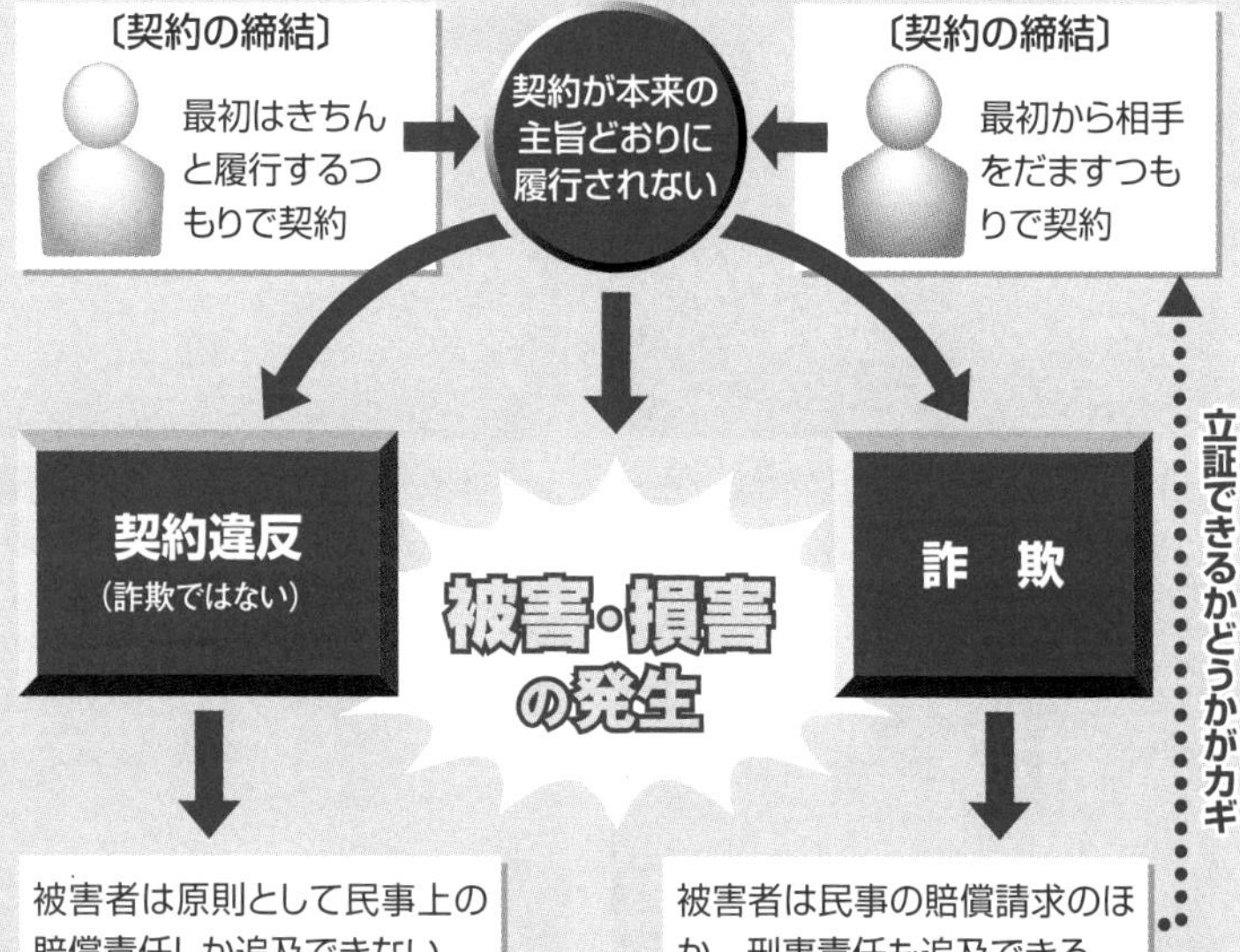

寸借詐欺

食事代やタクシー代等、小口で借りた借金を踏み倒す手口で、日常的に出会う小悪党。犯人は友人や同僚のほか、見知らぬ他人が「サイフをなくして帰りのキップが買えず困っている」と泣きつくような例もある。

特殊詐欺

電話を利用し、家族が交通事故やチカン事件を起こしたと連絡、逮捕逃れや揉み消しに必要だと、示談金などの名目で現金を預金口座に振り込ませる「振り込め詐欺」が、その代表格(親族や警官、弁護士を装って金を騙し取るので「オレオレ詐欺」とも言う)で、架空請求詐欺、預貯金詐欺、還付金詐欺、キャッシュカード詐欺盗などの総称である。

メールやSNSを利用した犯行もある。なお、令和4年の特殊詐欺の被害額は約361億円だった。

保険金詐欺

保険会社から保険金をダマし取る手口。被保険者を殺害したり、自分から車に接触するなど、実際に死傷事故を起こして保険金を受け取る。架空の交通事故をでっちあげ、請求書を偽造(保険代理店員と共謀)、保険金を詐取する手口もある。

ネット詐欺

インターネットの普及で、急激に増えた。商品を売ると偽って代金を詐取する手口が多い。犯行後ネット上の「書き込み」を削除、入金先が私書箱や仮名口座だったり、支払いを電子マネーや暗号資産でさせたりするので、犯人を追跡しにくい。

なお、有料サイトへの接続料金の未収分があると称して、入金を要求する手口もある。入金をしないと、自宅や職場に集金に行くなどと脅しまじりの要求をするのが通例。過去にアダルトサイトなどを覗いた人は、「もしや」と疑念に陥りやすい。

結婚詐欺

結婚をエサに金品を貢がせる。口実は前愛人への手切れ金だったり経営していると称する会社の運転資金だったり。なお、甘言で身体(貞操)を奪っただけでは詐欺にならない。

携帯ワン切り詐欺

被害者の携帯電話を一度だけコールして切り、気になった相手がリダイヤルしてくるのを待つ。かかってきたら有料の音声サービスに接続したり、ネットの有料画面へ誘導したりで、法外な接続料を請求。無料通信アプリで有料画面に誘導するものも。

●詐欺の具体的な手口とは…

詐欺とは、相手をダマして（欺罔という）、自分の不実な言動を信じさせ（錯誤という）、金銭を支払わせたり物品を引き渡させたりして（処分行為）、相手から財産として価値のあるものを奪い取り（財物取得）、財産面での損害を与えることをいう。暴力的な手法は原則として使わない。

寸借詐欺や手形のパクリなど古典的なものから、最近増えているネット詐欺まで、いくつかの具体的な手口を紹介するが、実際には詐欺の手口は数限りなくある。オイシい話と急がされる話は「危ない」と思った方がいい。

ネットの向こう側で…

手形のパクリ

資金繰り困難の会社に融資すると言って近づき、返済用の手形を振り出させてダマし取る。受渡場所が銀行や大企業の社内であることも。被害者を信用させるためで、社員らの盲点をつき無断で空き室を使用。何度かは小口の融資を実行して安心させ、最後に大口の手形を受け取って　逃げ出す手口。ダマし取られた手形は詐欺師の手から幾人かの裏書を経て取立てに回ってくる。最終所持人が詐欺師の仲間であることを証明しないと、被害者は支払いを拒めない。

取込み詐欺

売買取引をめぐる詐欺で、最初はキチンと代金を払って（または商品を渡して）相手を信用させ、徐々に　扱い高を大きくしていき、最後に大量の品物（または金銭）を詐取する。大がかりな仕掛けをするグループもあり、都心の一等地にオフィスを仕立て、社員も忙しく立ち働いているさまを演出。受付嬢もちゃんといる（グループの一味かアルバイト）。相手を安心させ、狙いのモノを入手した後は、さっさと倒産するか、ダミーの事務所を引き払ってドロン。

投資詐欺・融資詐欺

M資金（架空の財団）の融資話、巨利を約束された秘密の海外投資話。審査料や手数料の名目で、逆にカネを吸い取られる。古くさい手口だが、「限られた人だけ」「傑出した人材を支援」の一言に、つい乗せられる。

かご抜け詐欺

取込み詐欺の一種だが、パクリの舞台として人さまの家宅や事務部屋を脱出用の「かご」として使う。代金を取ってくると言って、被害者を事務所の表に待たせ、裏口から抜け出して逃げるのが典型例。

ヘッドハント詐欺

勤め先の倒産やリストラ、停年退職で仕事を失った（あるいは失いかけている）中高年社員を、キャリアを見込んで重役に迎えたいと熱心にスカウト。再スタートにかける意気込みにつけこみ、そのダミー会社への投資金や株代金などを吸い上げる。

経費水増し詐欺

発注元の担当者が委託先や下請けの業者にプロジェクトの経費を水増しして請求させ、会社から委託先に支払われた水増し分をリベートとして受け取る手口。

住宅ローン詐欺

業績不振の住宅販売会社や建設会社が主犯となり、この手の詐欺を仕組む例がある。多重債務者など返済能力のない者を集めて購入資金や新築資金を借りさせ（課税証明書などを偽造し支払能力を偽る）、物件を売りさばいた形にして巨利を得る。

あっせん詐欺（紹介屋）

仕事の受注や業務提携、あるいは融資などの話をあっせん・仲介してやると言い、工作資金や手数料などの名目で金品をダマし取る手口。

カラ債権請求詐欺

ありもしない債権（貸金や売掛け金）の請求書を不特定多数に送りつけたり、ランダムに電話して支払を迫ったりする。会社の経理部がつい機械的に処理してしまったり、子息の借金返済を迫られた親が、あわてて払ってしまったりするケース。

宅配便・代引き詐欺

「カラ債権請求詐欺」の一種だが直接請求ではなく宅配便の代金着払い（取立て代行）システムを介在させる。注文されていない商品を代引きで送りつけ、受取人（あるいは留守居の家族）がドア口であやふやなうちに支払わされてしまうケース。

補助金詐欺

国や自治体の補助金を虚偽申告で詐取。新型コロナウイルス感染症関連の補助金や助成金不正受給、雇用対策めぐる助成金詐欺が多い。

年金詐欺

親や配偶者など年金の受給権者が亡くなって、もう年金受給は打止めのはずなのに、「寝たきりで動けないので代わりに受け取りにきた」などと偽って受給を続けるケース。

不動産詐欺（地面師）

地面師と呼ばれる詐欺師が不動産の所有者になりすまし、その物件を売り飛ばすか、担保に供してカネを引き出す手口。ターゲットの実印や印鑑証明書、登記済権利証などを丸ごと偽造したり、役所の本人確認チェックをすり抜け勝手に作り替えたりする。偽造のプロも暗躍。

信用照会すり抜け詐欺

多重債務者が「協力者」と養子縁組をして苗字を変え、過去の負債歴をチェックする信用照会をくぐり抜ける。新しい苗字で運転免許証の再交付を受け、これを身分証明書に使って、サラ金から新規の融資を引き出す。他の金融会社が自社分の焦げつきを回収するために仕立てたカラクリであることも。

サラ金実態調査詐欺

借金の恐さを知らない学生などに「サラ金の融資実態調査」と偽ってカネを借りさせ、アルバイト料を支払う。返済はこちらでしておくと言いつつ、集めたカネを持ち逃げする。

借金整理詐欺

複数のサラ金・マチ金から借金し、返済に苦しむ多重債務者を、さらなる地獄に突き落とす手口。「債務の一本化で取立苦から解放」「金利軽減」などを唄い文句に、息のかかった金融会社から新たにカネを借りさせる。そのカネは他社分の返済へあてられるはずが、法外な手数料を抜かれたり、丸ごと着服されたりで泡と消える。本物の弁護士が「提携弁護士」として名義貸しをしている例もあった（非弁提携で弁護士法違反）。

会社整理詐欺（整理屋）

倒産間近の会社に目をつけ、コンサルティングや融資などの名目で経営者に近づく。経理を掌握し、手形を乱発。いざ倒産に際しては大口債権者として債権者集会を仕切る（現実の債権を安く買いたたいたり架空の債権を経営者とつるんででっち上げたり）。ヘタすれば個人保証で丸裸になる経営者の弱みにつけこんで個人資産の保全を請け負い、その実、パクリに着手。会社の方も整理どころか商品の取込み、資産の勝手売却で、詐欺師の懐だけが潤っていく。

悪質訪問購入

購入業者が直接家庭を訪れ、指輪や宝石など主に貴金属をタダ同然で買い取っていく商法で、中には結婚指輪まで売らされた被害者もいる。特定商取引法が改正され、「訪問購入」として規制されることになった。

かたり商法

悪質商法の典型で、消防署員や水道局の職員等を装い、消化器や火災報知機、浄水器等を売りつける手口。不在の家族や隣家への代金引換の宅配便等を装う手口もある。

催眠商法

特定の会場等に消費者を集め、集団心理を利用して不要で高額な商品等を売りつける手口。最初は安物を無料配布するのが特徴。

寝具や鍋・包丁といった家庭用品、宝石類などで被害例がある。

霊感商法・霊視商法

心の不安につけこみ、先祖供養や開運の名目で、高額な壺や多宝塔、印鑑等を売りつける手口（13参照）。

悪質訪問販売

セールスマンが直接家庭を訪れ、消費者の知識不足や誤解に付け込み商品やサービスを売りつけるもの。かたり商法もその一つ。脅しで売り込む手口は俗に言う「押売り」。寝具、リフォーム、新聞など、さまざまな商品・サービスで被害例がある

（＊）訪問販売自体は悪質商法でも違法なセールス方法でもない。

マルチ商法・マルチまがい商法

商品の販売より会員の勧誘に重点を置いているような商法で、被害者が次の加害者に転ずることに特徴がある。会員を集めるほど、会の中で自分のポジションが上がり、お金が集まってくるという触れ込みだから。

浄水器や洗剤等で被害例があるが学生や主婦等がアルバイト感覚で会員になり、被害にあうこともある。

アポイントメント商法

電話やメールで「あなたが当選したので賞品を渡したい」などと言って、相手を喫茶店や事務所に呼び出し、商品を売りつける手口。英会話教材などの被害例が多い。アンケートだと偽って契約させることもある。

●悪質商法の具体的な手口とは…

悪質商法とは、消費者に考える暇を与えず、巧妙なセールストークなどにより強引に商品を売りつけ、契約を結ばせるものだ。表面上は正当な取引に見えるが、相手をダマし財産的損害を与える点は、詐欺と何ら変わらない。

しかも、被害に気づいても、悪質商法（業者）に詐欺罪を適用できるケースは稀で、被害者は民事上の請求しかできない場合がほとんど。しかも、悪質業者から損害を取り戻すのは難しいというのが実情だ。

なお、悪質商法の具体的な手口は、主に次のようなものがある。

内職商法

仕事を紹介するなどと言って、まずは研修が必要ということで高額の受講料を取ったり、パソコンなどの機器、作業材料を売りつけるもの。実際に仕事を紹介することはまずない。

ハガキの宛名書き、テープ起こし等の被害例があり、主婦が被害者になりやすい。新聞や雑誌、ネット等で、手軽で割のいいバイトだと消費者に誤認させる手口。

キャッチセールス

駅前や繁華街の路上で、セールスマン（セールスレディー）が声をかけて商品や会員権を売りつける手口で、典型的な悪質商法の一つ。エステ、英会話教室、自己開発講座、絵画などの被害例がある。

無料体験の誘いに乗せられて事務所や案内所までついて行き、成行きで断り切れなくなって契約してしまうケースが多い。

DM・名簿の送りつけ商法

無作為にDMを送りつけただけなのに、「あなたが特別に選ばれた」などと消費者の自尊心をくすぐる手口で英会話教材や各種資格の取得講座などを売りつける。

また、いわゆる紳士録に掲載したと言って、名簿を送りつけ、購入を強要する手口もある。

投資商法

高金利や利益を確約するなど投資効果を誇大に宣伝して、株式投資、商品取引、事業等に投資させるものだが、利益が出るどころか、最終的に破綻するケースが多い。もともと運用すらしていない業者も多く、詐欺そのもののケースもある。個々の被害額が大きく、取戻しは困難を極める。

◆刑事事件としての対応◆

・相談
・被害届の提出
・告訴状の提出等

警　察

告訴は、検察庁に直接することも可

被害届、告訴等があれば…

警察が捜査を開始

身柄の確保（逮捕）

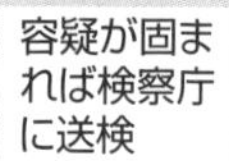

検察庁

処罰が必要なら起訴する

裁判所

有罪か無罪の判決

有罪で、実刑判決の場合は、身柄を刑務所に収監する

●詐欺にあったときの対処法

詐欺にあったと気づいたら、一日も早く警察に相談することだ。金品等の被害があれば被害届を出し、刑事告訴や告発をすること。また、犯人に対し、詐取された金品等の返還を求めるなど、民事上の追及もするといい。ただし、直接交渉することは避け､必ず弁護士等専門家に依頼した方が安全である。というのは、被害者が直接交渉すると、再び詐欺にあうなど『二次被害』を受ける危険があるからだ。

なお、詐欺にあった時の被害回復等、法律手続きは次のようになる。

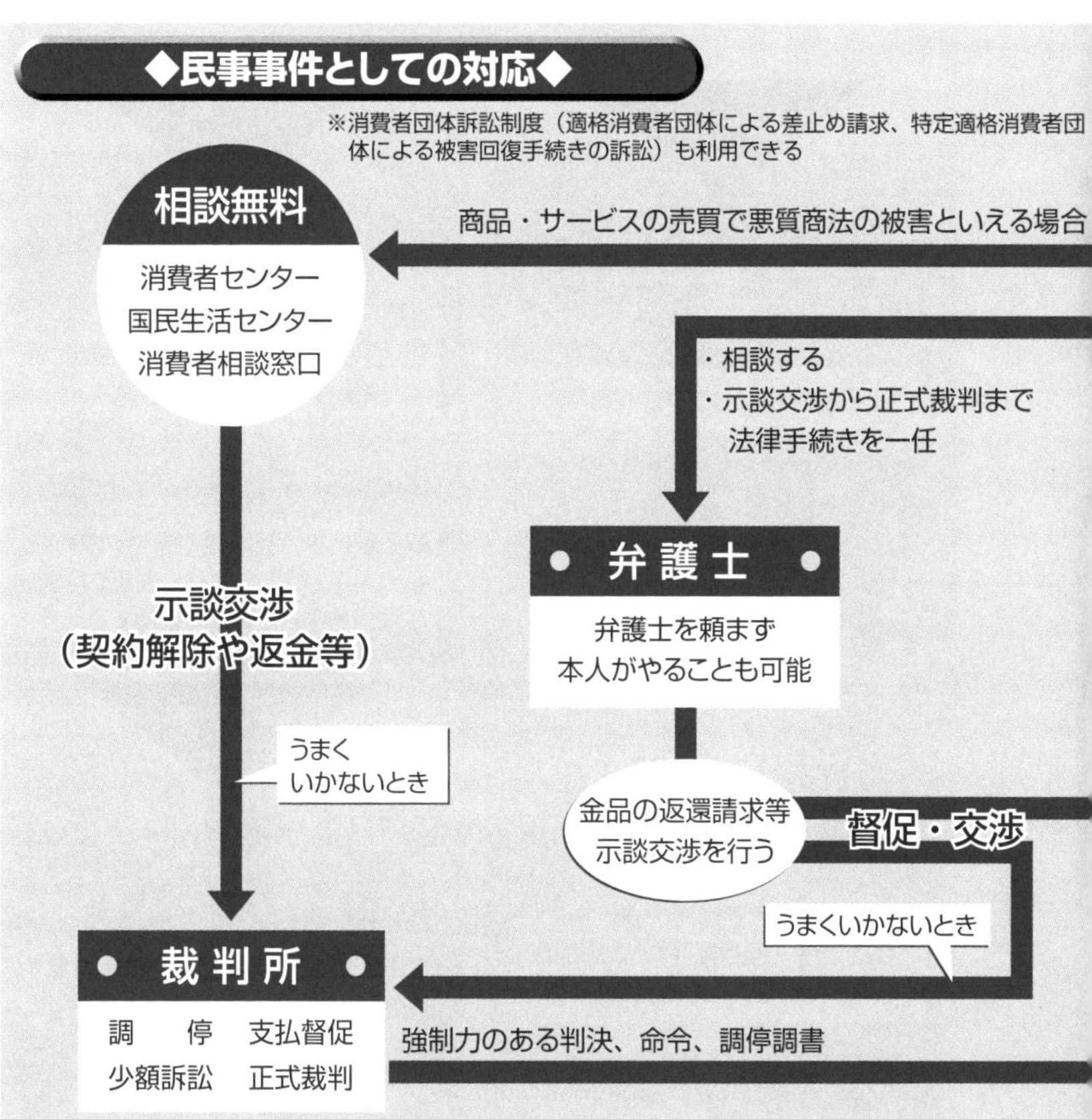

●詐欺にあわないための注意事項

儲け話、おいしい話なんて、そうそうあるわけがない。そうわかっていても、新規の取引ができるとなれば、どうしても相手へのチェックは甘くなりがち。だが、詐欺師は真面目そうな顔をして近づいてくる。最初のうちは誠実な取引をよそおう。注意を怠ると、気づいたときには取り返しのつかない羽目に陥っている。

具体的には、次のような点に心がけるべきだが、詐欺にあわないためには、注意しすぎということはないのである。

原　則

儲け話に真実はない

↓

おいしい話には必ずウラがある。

親密先でもないのに、世間相場よりも好条件のときには、その理由を確認しておくこと。せちがらい世の中、リスクのないところにリターンはない。

十分な担保を取ること

↓

物的担保（抵当権等）、人的担保（保証人）でリスクを分散する。

詐欺だけでなく、取引先破綻でも、担保があると優先的に債権回収ができる。

初めて取引する場合

取引相手を確認すること

↓

会社なら商業登記簿や定款、決算書を必ずもらうといい。

社名や住所が頻繁に変わっている会社、役員が総入れ替えになった所は要注意。

取引銀行や会社周辺で評判や噂を聞くといい。相手の会社や周辺に可能な限り出向いて自分で確認する。

継続取引先の注意点

急激な取引増加には注意しろ

↓

売掛金や前払金（手形等も含む）が急激に増えたときは、必ず原因を追及すべし。

理由のない取引拡大は、取込詐欺やカゴ抜け詐欺の可能性もある。

●悪質商法にあわないための注意事項

悪質商法のセールスマンは、いつでも被害者を探している。少しでもスキを見せたら、契約するまで離れない。契約すると、たとえ悪質商法でも解約は面倒だ。

悪質商法の被害者にならないためには次のようなことを心掛けること。

どんな態度をとればいいか

相手にならない

↓

- ドアを開けない
- その場で決めない
- 電話等の呼出しに応じない

悪質業者のセールスマンは、被害者に近づくチャンスを狙っている。ドアを開け、相手の呼出しに応じ、路上で立ち止まったら、被害にあう危険はグッと増す。無視する勇気、断る勇気が大切。

はっきり断る

↓

- あいまいな態度はみせない
- 110 番しよう

悪質業者はしつこく契約を迫る。自宅に居すわられ、怖くなって契約をする人もいるが、警察を呼ばれて困るのは業者の方だ。脅しや居座りは犯罪。相手を恐れず拒否すること。

契約上で注意する点

簡単にサインしない

↓

- 相手の話を確認する
- 声を掛けられても立ち止まらない
- 契約書の内容を良く読む

「これが最後のチャンス」などと、契約を急がせる業者は、要注意だ。たとえ気に入っても、サインは時間を置いて、よく考えてからしよう。

悪質業者は、自分に都合のいいデータしか使わないので、うますぎる話は必ずウラを取って確認するべきだ。

なお、契約書には、セールストークと正反対の、不利な内容が小さく盛り込まれていることも多い。面倒でもスミからスミまで目を通し、疑問点は必ずサインする前に相手に確認しておくこと。

●悪質商法からのスピード脱出ークーリング・オフ

買主には代金支払義務がある。だが、訪問販売やキャッチセールスでは、売主は買主によく考える暇を与えず、強引に契約を結ばせるケースも多い。契約というものに不慣れな素人の消費者では、その場の雰囲気にのまれて契約したり、断り切れなくなって契約してしまうこともある。

そこで、一般消費者が悪質商法の被害にあいやすい取引のパターンを選び出し、契約をしたあとにも一定期間考え直す時間を与え、その期間内なら無条件で契約解除を認めることにした。これが、クーリング・オフの制度だ。

クーリング・オフのできる主な取引には、次のようなものがある。

取引の内容	クーリング・オフ期間（適用対象）
訪問販売・訪問取引	法定の契約書面交付日から８日間（指定権利、すべての商品・役務が対象で、現金取引は3,000円以上の取引）
電話勧誘取引	法定の契約書面交付日から８日間（指定権利、すべての商品・役務が対象で、現金取引は3,000円以上の取引）
特定継続的役務	法定の契約書面交付日から８日間（５万円を超えるエステ・語学教室・学習塾・家庭教師、パソコン教室、結婚紹介所）
業務提供誘引販売	法定の契約書面交付日から20日間（指定権利、すべての商品・役務が対象で、現金取引は3,000円以上の取引）
割賦販売・クレジット契約	個別信用購入あっせん販売契約等の契約書面によるクーリング・オフ制度の告知の日から８日間
マルチ商法	法定の契約書面交付日から20日間（すべての商品等）
現物まがい商法	法定の契約書面交付日から14日間（指定商法・指定された施設利用権）
海外先物取引	海外先物契約（基本契約）締結の日から14日間（指定取引所における指定商品の取引事務所以外での取引）
宅地建物取引	制度告知の日から８日間（店舗外での取引等）
ゴルフ会員権	法定の契約書面交付日から８日間（新規で50万円以上）
投資顧問契約	法定の契約書面交付日から10日間（投資顧問業者＝許可業者との契約に適用されるが、清算義務がある）
保険契約	契約書面の交付、第1回保険料支払日から8日間（1年超の契約）

●霊感商法、宗教法人への強制寄付は最長10年間取消しできる

「あなただけでなく家族も不幸になる」「先祖が成仏できない」など、人の心の弱みに付け込み、先祖供養や開運の名目で高額な壺や多宝塔、印鑑を買わせる霊感商法、多額の寄付献金を強要する悪質な宗教法人の事件は後を絶たない。こんな宗教法人などによる不当な寄付勧誘を規制し、その被害者を救済する「法人等による寄附の不当な勧誘の防止等に関する法律」が令和5年1月5日施行された。同日、「消費者契約法」も改正され、霊感商法の被害者は契約締結から10年間、契約の取消しができるように取消権行使期間が延長（伸長）された。

相手を困惑させるような不当な寄付の勧誘行為は禁止

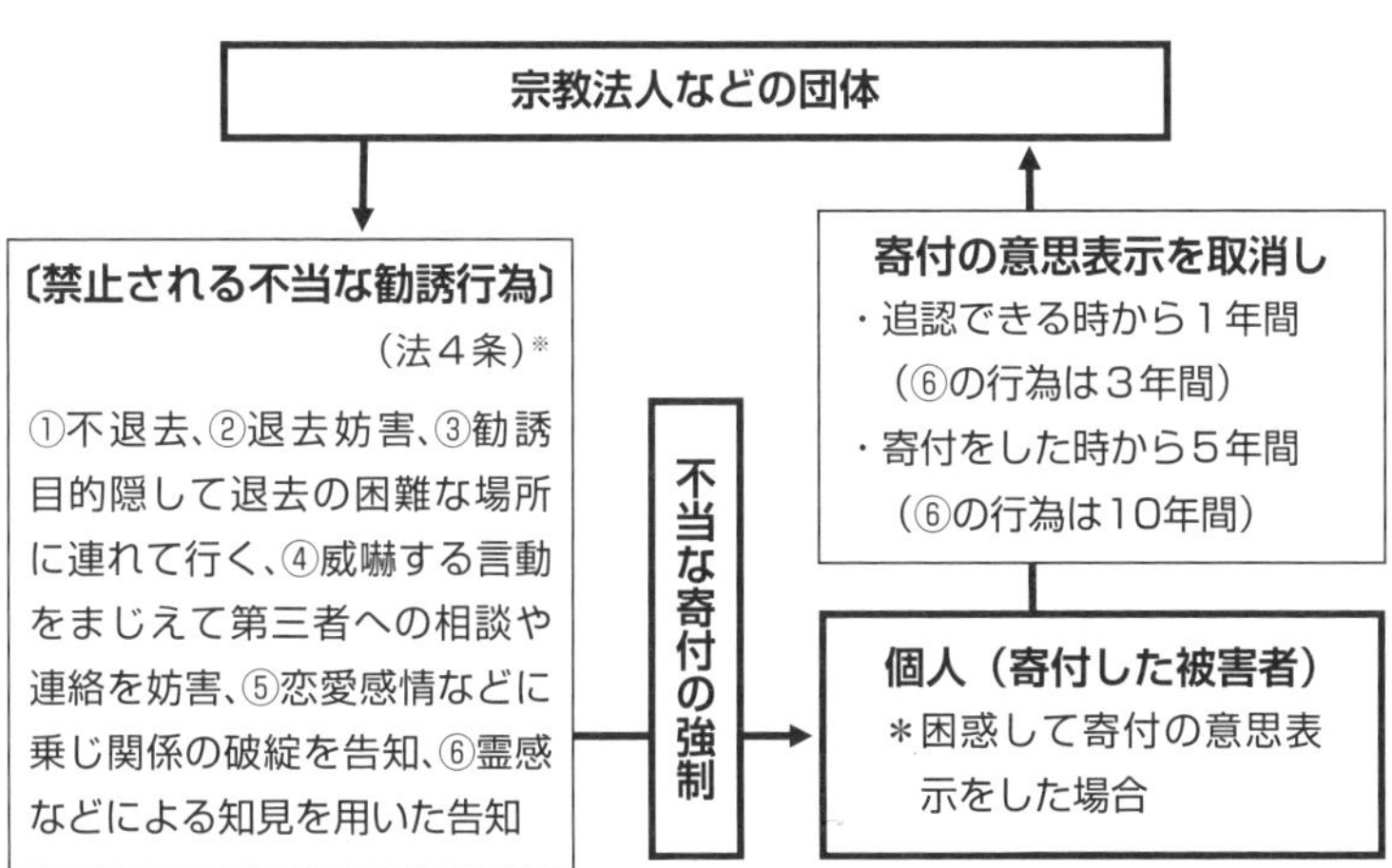

※勧誘に際し、借入れや資産処分による寄付金調達の要求も禁止（法5条）。4条、5条の違反行為には勧告、命令がある（命令違反は1年以下の拘禁刑または100万円以下の罰金の罰則。公布から1年以内に施行）。

霊感商法の被害者の取消権行使期間を伸長（消費者契約法）

悪質商法への取消権の行使期間	→	霊感商法（法４条３項６号）は、
①追認できる時から１年間 ②消費者契約の時から５年間		①５年間、②10年間に取消権行使期間を伸長する

※どんな解約方法が使えるか探してみよう

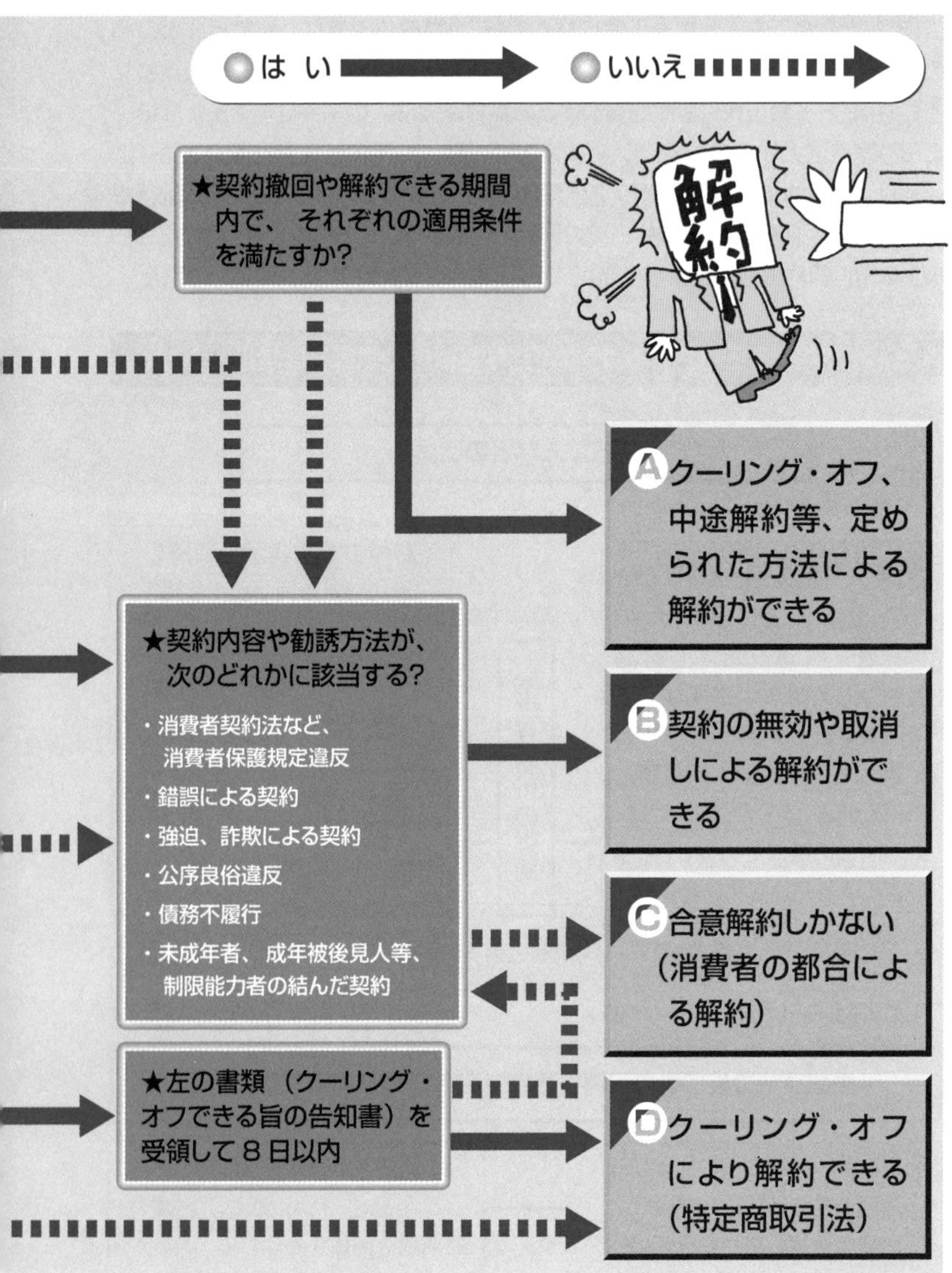

●悪質商法を解約する方法は

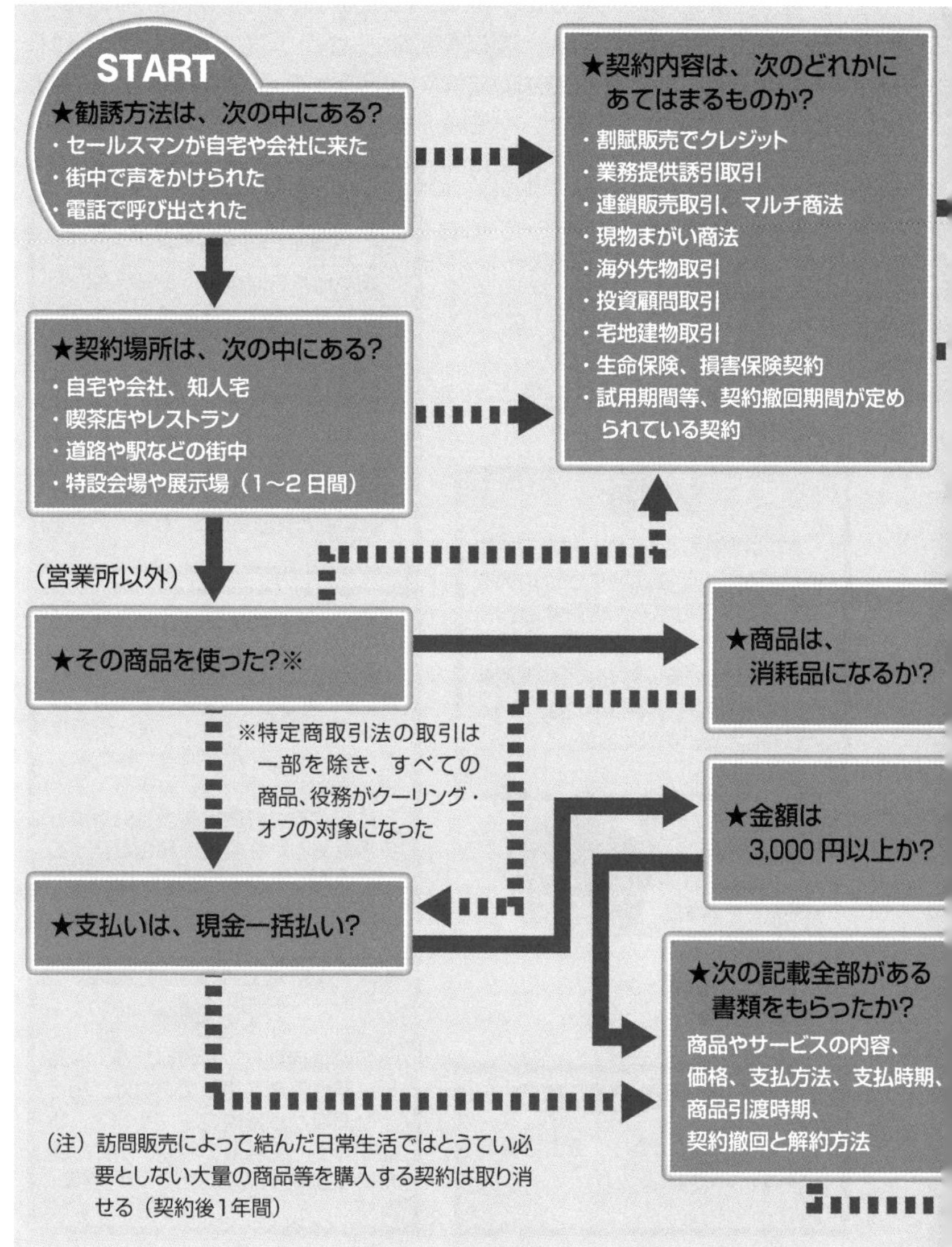

●困った時の相談先

詐欺や悪質商法にあったとき、相手と直接交渉するのは危険。容易に解約や返金に応じないばかりか、かえって被害を拡大させる『二次被害』を受ける恐れすらある。こういう場合、自分だけで解決しようとせず、専門の相談機関に相談することだ。主な相談窓口には、次のようなところがある。

警　察

詐欺などにあったとき、被害届を出す。さらに相手を裁判にかけ刑罰を課すことを望むなら、告訴状を提出する。

また、しつこく契約を迫る業者や暴力的な取立てをする相手には「110番」をして救いを求めるといい。

業者・業界の相談窓口

業者よりではあるが、違法行為等には適切な対応をする。

国民生活センター 消費者センター

国や地方自治体の消費者行政の一環として作られた機関で、どちらも消費者（被害者）の立場に立って相談に乗ってくれる。

消費者センター（「消費生活相談室」など、各自治体によって名称は異なる）では、消費生活相談員等が適切な解決方法を教えてくれ、ときには業者と交渉もしてくれる。

行政機関

センターで解決ができない問題の解決機関として、各都道府県の「苦情処理委員会」がある。双方の意見を聞き、あっせん、勧告、仲裁等、解決案を示してくれる。

監督官庁に行政指導や処分を求める手もある。許認可の権限を持っているので一定の効果が期待できる。

弁護士会

相談は原則として有料だが、弁護士に事件処理を委任できれば、相手との交渉から各種の法律手続き、訴訟まですべて任せられる。法律相談だけなら30分＝5,000円～1万円程度。

第1章

実例にみる 最近の抜け穴と急所

♣本書の内容は……

・ＳＮＳで誹謗中傷されたレストランが匿名投稿者を突き止めた話――プロバイダ責任制限法五条

・未成年者は親の同意があっても結婚ができないという話――民法四条・七三一条

・通路の野菜くずで滑ってケガをしたと客から治療費を要求された話――民法七〇九条

・元カノとよりを戻そうと車にＧＰＳを取り付け、警告受けた話――ストーカー行為規制法二条三項

・夫婦ゲンカで妻を殴り、離婚後、子に会えなくなった夫の話――民法七六六条

・自筆証書遺言で遺言日と押印日が違ったが遺言書は有効と認められた話――民法九六八条一項

など最近の実例解説・一五話

SNSの誹謗中傷で客が減ったレストランが匿名の投稿者が誰か突き止めた話

ネット・スマホのアナ

発信者情報を開示請求する

レストランのオーナーの秋田さんは、猛烈に怒っている。SNSに誹謗中傷の書き込みをされて、そのせいで彼の店が傾きかけているからだ。街の外れで立地条件がいいとは言えないが、美味い料理を良心的な値段で食わせると、評判の店で、ランチタイムや週末は店の前に行列ができる人気店だった。

ところが先月、店や秋田さん個人を誹謗中傷する匿名の投稿がSNS上に書き込まれ、それ以降、客足が激減したのである。投稿された内容は、「消費期限や賞味期限の切れた食材を平気で使っている」、「厨房は不衛生で、スタッフはトイレに行っても手を洗わない」、「オーナーの秋田は、スタッフに対し日常的にセクハラやパワハラをしている」などなど、どれも真実の欠けらもない作り話だ。しかし、その投稿内容が事実だと信じた人もいて、店にはクレームや批判するメールや電話が四六時中来ただけでなく、店のホームページや秋田さん個人のSNSも炎上した。

問題の書き込みを削除させたくても、投稿者は匿名で、誰に要求すればいいのかわからないし、SNS上の投稿に「削除しろ」とコメントを付けても、それ以上に悪意ある書き込みが返ってくるのだった。解決策が見つけられずに困っている間に問題の投稿は拡散し続け、客のいない時間帯が多くなった店は、大きな損害を被ったのである。

☆誹謗中傷は許されない！

実際に味が落ちたとか、競合店に客を取られたというのなら、まだ諦めも付く。しかし、こんな悪質な書き込みで客が来なくなったことは到底納得できないと、秋田さんは投稿者に対し、激しい怒りを覚えた。投稿者を見つけ出し、問題の投稿をSNS上からすべて削除させた上で、謝罪と売上げの減少分を賠償させたいと思うが、相手と直接交渉する手立てが思い浮かばなかった。

悩んだ末、取引銀行に事情を説明し、弁護士を紹介してもらうことにした。数日後、法律事務所を訪ねると、秋田さんの話を聞いた弁護士は、まず書き込まれたSNS事業者（サイトの運営管理者など）に誹謗中傷の投稿の削除を要請し、次に投稿者、「発信者」と言うのだそうだが、その住所や氏名など発信者情報の開示をSNS事業者や発信者が契約するプロバイダに求めればいいと教えてくれた。

削除要請も開示請求の手続きも、秋田さん一人でできるが、SNS事業者やプロバイダが応じない場合には裁判が必要になると言われ、弁護士に任せることにしたのだ。

その後、誹謗中傷の投稿内容はSNS上から削除され、発信者の住所、氏名、メールアドレス、携帯電話の番号もわかったが、ネット上に一度拡散してしまった書き込みを完全に消し去ることは不可能だ。

投稿した発信者との交渉はまだ始まったばかりで、謝罪や賠償を勝ち取れても、秋田さんの店の客足が以前のように戻る保証はなかった。彼の不安は、まだ消えない。

問題点

ネット上の誹謗中傷は、大きな社会問題である。スマホとSNSの普及で、一般の市民がSNS上で誹謗中傷される被害も珍しくなくなった。

誹謗中傷された被害者は、SNS上の当該投稿にコメントするなど返信機能を使って、投稿相手（以下、発信者という）に直接削除を求めてもいいが、発信者が削除に応じない場合には、その削除をSNS事業者やプロバイダに要請する方法もある。ただ、事業者やプロバイダは表現の自由の観点から、リベンジポルノなど一部の違法な投稿を除けば、誹謗中傷の書き込みでも、発信者の承諾なしに削除するケースは稀で、発信者が削除に応諾しない場合、被害者は裁判を起こして、削除命令の判決を勝ち取るしかない。

また、この事例のように、発信者が匿名で、被害者が削除の他に損害賠償請求も考えている場合は、プロバイダ責任制限法五条に基づき、SNS事業者やプロバイダに発信者情報（住所、氏名、メールアドレス、携帯電話番号など）の開示請求をすればいい。なお、開示させるには従来、SNS事業者とプロバイダと二度裁判手続きが必要だったが、令和四年一〇月からは一度で済むことになった。

結婚離婚のアナ

未成年者は親の同意があっても結婚できないという話

未成年者は結婚できない

山形幸夫さんは、一九歳の会社員。後数日に迫った二〇歳の誕生日をまだかまだかと待ちわびている。二〇歳になると、交際中の米沢春香さんと結婚できるからだ。

二人は高校の先輩後輩で、付き合って二年になる。高校を卒業した山形さんが就職して一人暮らしを始めたので、二人は結婚したいと、それぞれの両親に話した。しかし、春香さんはまだ一六歳、高校二年生ということもあって、どちらの両親も結婚には反対だと言うのだ。未成年の二人は、親の同意がなければ結婚はできない。意を決した春香さんは、その年の冬休みの間に山形くんのアパートに転がり込むと、そのまま同棲生活を始めたのである。

二〇二二年正月のことだ。

山形さんも春香さんも、実力行使すれば親は諦めて二人の結婚を認めるだろうと考えたのだが、双方の親とも逆に「成人しても絶対に結婚は許さん！」と、態度を硬化してしまったのである。しかも、春香さんの父親は彼女の高校の授業料を払わないと宣言したのだ。もちろん、山形さんの両親も息子に一円たりとも経済的な援助をするつもりはない。山形さん一人の収入では春香さんの学費まで払うのは無理なので、そのうち音を上げて同棲を止めるだろうというのが、親たちの考えだった。

しかし、「反対しても結婚します」「家には帰らない！」

☆結婚のハードルが上がった⁉

と親たちの説得を突っぱねた二人は、山形さんが稼ぐ給料の他に、副業やバイトをして春香さんの授業料も稼ぐことにしたのである。そんな二人の頑張りに、春香さんの母親が態度を軟化させ、娘が高二の春休みに入る直前、「結婚を認める」と言ってくれたのだ。

山形さんの誕生日は五月。二〇歳になれば、親の同意がなくても結婚できる。一方の春香さんは未成年だが、父母のどちらかが同意すればよく、母親が同意書を書けば二人の結婚には何の障害もなくなったのだ。二人が喜んだのは言うまでもない。

山形さんの誕生日当日、二人は市役所に出かけ、戸籍係の窓口で、「今日結婚するので婚姻届をください」と頼んだ。戸籍係は、婚姻届の用紙とサンプルなどの付いた注意書きを渡してくれたが、春香さんが一七歳と聞くと、「未成年者は結婚できません」と、婚姻届の受取りを拒否したのだ。

「何でだよ！」

「どうして！」

母親の同意書もあるのに、婚姻届を受け取ってくれないなんて、二人は納得できない。ちなみに春香さんの誕生日は、一二月である。

問題点

残念ながら、山形さんと春香さんは、この日には結婚することはできない。成人年齢や結婚適齢を定めた民法規定が改正され、二〇二二年（令和四年）四月一日からは、未成年者は親の同意があっても、法律上の結婚ができなくなったからである（役所は婚姻届を受理しない）。

それ以前の民法では、男は一八歳、女は一六歳から結婚できる（婚姻適齢という）と定められていた。ただし、未成年者（満二〇歳以下）の場合は、結婚には父母の同意が必要だったのである（父母の一方が同意しなくても、残りの一方が同意するだけでよい）。

つまり、婚姻届の提出日が令和四年三月三一日以前であれば、山形さんが二〇歳になっている場合は、春香さんの母親の同意書があるので、婚姻届は受理されたはずだ。もちろん、事例の山形さんはこの時点ではまだ未成年者（翌日成人）なので、実際には彼の親の同意もないと婚姻届は受理されない。

ところで、この事例に関連する民法の改正点は、次の二点である。

・成人年齢が満二〇歳から満一八歳に引き下げられた（四条）。

・男も女も満一八歳にならないと結婚できない（婚姻適齢。七三一条）。

一八歳は成人なので、令和四年四月一日からは、親が同意しても未成年者は法律上の結婚はできない。

もちろん、二人の婚姻届は今すぐは受理されないが、春香さんが一八歳になる令和四年一二月になってから提出すれば受理される（結婚できる）。

通路の野菜くずで滑ってケガをしたと客から治療費を要求された話

事故と賠償のアナ

放置が短時間なら店に責任なし

宮城さんは三代続く八百屋だが、近くにできた大型スーパーに客を取られて、経営状態は正直楽ではない。とはいえ、彼の店を長年利用してくれる常連客もいるので、生産地直送の質の良い野菜を仕入れて、できるだけ安く提供するよう頑張っている。

たとえば、他のスーパーのように二本入り、三本入りといった袋詰めにすることはせず、通路の両側に野菜を積み上げて、客自身に必要な数だけ自由に選んでもらうことで、袋詰めの手間やコストを省くというわけだ。

しかし、これだと葉物などを選ぶ際、外側の皮をむいて中を確かめる客が少なくない。そこで、野菜くずが通路に散らばらないよう、むいた皮を入れるゴミ箱を置いているのだが、中には通路にポイ捨てするマナーの悪い客もいる。また、客は選んだ野菜を店の買物カゴに直に入れてレジで精算する仕組みだが、レジまで歩いている間に野菜くずがカゴの編み目の隙間から床に落ちてしまうこともある。

宮城さんや店のスタッフは、落ちた野菜くずで客が足を滑らして転倒することがないよう、頻繁に店内を回って、通路の落下物を回収していた。だが、そんな注意を払っていたにもかかわらず、客が通路の野菜くずに足を取られ、転倒してケガをする事故が起きてしまったのだ。

ケガをした福島美代子さんは、二人の子どもを持つ会社員。いつもは駅前のスーパーを利用しているが、その日は残業で帰りが遅れ、スーパーの営業時間が終わってしまい、夜遅くまで開いている宮城さんの店で買物することにしたのだ。通路に野菜くずが落ちていることは、彼女も知って

☆お店側だけが悪いのだろうか？

いたが、帰りが遅くなったことで買物を急いでいた。そのため足下の注意が疎かになり、レジ前の通路に落ちていた野菜くずに気づかなかったのである。スタッフが、通路の野菜くずを回収してから五分後のことだ。

幸い、骨に異常はなく、右足の捻挫ということだった。病院まで付き添った宮城さんに、彼女は「大丈夫ですから」と言って治療費も自分で支払ったので、宮城さんとしてはトラブルにならずに済んで良かったと、ホッとしていた。

ところが、事故から一か月が経って、福島さんから内容証明郵便が届き、事故は店が安全確認を怠ったのが原因だから、治療費全額と仕事を休んだ一週間分の給料、子どもの世話をしてもらうために雇ったシッターの料金など、計一〇〇万円を支払え、と書かれていたのだ。文面の最後に「支払いに応じない場合、裁判も辞さない」という趣旨の言葉も書かれていた。

宮城さんとしては、自分の店に非はないと確信しているので、こんな要求は無視するつもりだ。ただ、もし裁判になった場合、彼が勝っても、福島さんにＳＮＳであれこれ書かれたら店のイメージダウンになる。このまま拒絶してもいいものかどうか、彼女への対応に頭を痛めている。

問題点

野菜くずなど通路の落下物が原因で転倒することもあるので、店側に通路の安全確認を徹底する義務があることは言うまでもない。しかし、落下物を長時間放置すればともかく、短い時間落ちていただけでは店側の過失責任を問うことは難しいだろう。

なお、店側の責任が認められる場合でも、客側が落下物に気づけるような場合には、賠償額は減額される。

この事例では、宮城さんの店は通路の安全確認に努めていたと認められ、落ちていた時間も一〇分以内と短いので店側に過失責任はなく、福島さんの要求は拒絶すればいい。たとえ裁判になっても、宮城さんが考えるように店側が勝てる可能性は高いだろう。

同じように、スーパーの客がレジ前に落ちていた惣菜の天ぷらで滑って転倒し、ケガをしたとしてスーパーを訴えた裁判で、一審は安全確認を徹底する義務を尽くさなかったと、店側に賠償を命じたが、二審では惣菜が放置されていたのは短時間で、店側の責任は認められないと客の請求を退けている。客は上告したが、最高裁は上告を棄却し、二審判決が確定した（令和四年二月二一日付決定）。

なお、宮城さんは裁判を起こされるより、ＳＮＳに投稿されることを心配しているようだが、その内容が誹謗中傷であれば、福島さんに削除と謝罪を要求でき、応じない場合は名誉毀損や業務妨害で訴えることもできる。

元カノとよりを戻そうと彼女の車にＧＰＳを取り付けストーカー規制法の警告を受けた話

刑事問題のアナ

警告を無視すると逮捕もある

会社員の宇都宮隆さんは、付き合っていた桐生真知子さんに、地方への転勤が決まったことを告げると、いきなり別れ話を切り出された。しかも、それ以後、彼女とは一切連絡が取れなくなってしまったのである。いずれ結婚をしたいと思っていた宇都宮さんにとって、余りにショックで、到底受け入れることはできなかった。

もっとも、彼女の口から直接別れたい理由を聞きたくても、転勤したばかりの宇都宮さんは、引継ぎやその地方の取引先との顔合わせで、有給休暇を取るどころか、土日も休日出勤してこなすしかないほど忙しかったのである。

彼が休暇を取って真知子さんのアパートを訪れることができたのは、転勤から三か月後だった。ところが、彼女はすでに部屋を引き払っていて、不動産屋も転居先は聞いていないと言う。しかも、勤め先も辞め、スマホも解約したらしく、何度メールや電話してもつながらなかったのだ。彼女との連絡手段がなくなり、頭を抱えた宇都宮さんだが、ふとあることを思い出したのである。

真知子さんはドライブ好きだったが、方向音痴でナビも使えず、道がわからなくなると、必ず宇都宮さんにＳＯＳを入れてきた。そんな呼出しが度々あったので、彼はすぐ居場所を探し出せるよう、彼女に黙って車にＧＰＳ機器を取り付けておいたのだ。ＧＰＳで位置情報を検索すると、機器は付いたままらしく、すぐ車の位置が表示された。

真知子さんは、突然現れた宇都宮さんを見ると、困った顔をした。しかし、彼が「俺に悪いところがあるなら直す。

☆GPS取り付けも立派なストーカー行為！

よりを戻してくれ」と頼んでも、「あなたとは終わったの」と、キッパリ拒絶したのだ。後でわかったことだが、彼女は今付き合っている彼と二股をかけていて、地方に飛ばされた宇都宮さんを切り捨てたのである

しかし、諦めきれない宇都宮さんは、休みの度に彼女の新しいアパートに押しかけ、復縁を迫った。彼女が宇都宮さんから逃れようと、また引越しをしても、GPSで位置情報を確認できる宇都宮さんは、彼女の前に現れたのだ。何度アパートを移っても探し出されるので、真知子さんは怖くなって、警察に駆け込んだのである。

警察の捜査で、彼女の車にGPS機器が付けられていることがわかり、警察から宇都宮さんに対しストーカー規制法に基づく警告が出された。

「俺から逃げられると思うなよ！」

しかし宇都宮さんは、警告書を受け取っても、どこまでも彼女を追いかけ、必ずよりを戻すつもりである。

問題点

スマホやノートパソコンのGPS機能を使えば、互いの位置情報や目的地へのルート検索などが簡単にできる。またスマホを落とした場合や迷子、遭難者の捜索にも役立つなど、GPS機能は今日、私たちの暮らしに欠かせない。しかし、GPS機能をストーカー行為などに悪用する人間もいる。

ストーカー行為規制法は、つきまといや待ち伏せ、見張りなど（つきまとい等という）を禁じているが、GPS機能を使って特定の相手を追跡することなど、想定していなかった。

夫が、別居中の妻の車にGPS機器を無断で取り付け、位置情報を取得したストーカー事件で、最高裁は「GPSを使って位置情報を取得しただけでは、同法が規制する見張り行為には当たらず、罪に問えない」との判断を出している（令和二年七月三〇日判決。直接妻を見張った行為は規制法違反として、夫は懲役八月の有罪判決）。

なお、令和三年五月、法改正され、相手の承諾を得ないでGPS機器を取り付けたり、それにより位置情報を取得する行為も、「つきまとい等」の規制の対象に追加された（ストーカー行為規制法二条三項。反復して行うとストーカー行為となる。同条四項）。

宇都宮さんの行為は、法改正で規制対象の「見張り」に該当する。警察の警告を無視して、彼女の車の位置情報を取得し続けるのであれば、彼は禁止命令を受けたり、ストーカー行為で逮捕されることも覚悟すべきである。

なお、ストーカー行為をした者への法定刑は「一年以下の懲役または一〇〇万円以下の罰金」、禁止命令に違反してストーカー行為した場合、「二年以下の懲役または二〇〇万円以下の罰金」である。

夫婦ケンカで妻を殴り離婚後、子に会えなくなった話

結婚・離婚のアナ

面会交流認められないことも

高崎浩一さんは、妻洋子さんと半年前に協議離婚した。離婚したことに悔いはないが、それ以来、四歳になる一人娘の有里さんに一度も会えず、寂しくて仕方がない。

離婚する際の約束では月に一度、娘と会えることになっていたのに、離婚した途端、洋子さんはあれこれ理由を付けて、有里さんを父親に会わそうとしないのだ。親権者を洋子さんにすることも、彼女が有里さんと同居することも、養育費の金額も、財産分与も、すべて洋子さんの言い分を飲んだ上で、離婚届にハンを押した高崎さんは納得がいかなかった。

このままではラチが開かないと思った高崎さんは、元妻洋子さんを相手取り、「有里さんとの面会交流を求める」との調停を、家庭裁判所に申し立てたのである。

調停の場で、高橋さんは調停委員に対し、約束通り娘と会わせてくれるよう元妻の洋子さんを説得してほしいと、申し述べた。それに対し、洋子さんは娘を彼に会わさない理由として、離婚原因が高崎さんの暴力であること、離婚届にハンを押してもらうため娘との面会交流に同意したが、短気な元夫が娘の有里さんにも暴力をふるうおそれもあるので会わせたくないと、調停委員に話したのだと言う。

☆1度だけの過ちも許されないの？

驚いたのは、高崎さんである。たしかに、夫婦ゲンカで一度だけ彼女を殴った。それは事実だ。しかし、その理由

は、洋子さんが夫の高崎さんが出張で家を空けている日に、有里さん一人家に残しまま、学生時代の仲間と夜遅くまで遊び歩いていたからである。それも一度や二度ではない。朝帰りどころか、泊まりがけで留守にして、数日間、娘に食事を与えなかったこともあったのだ。

　そのことに気づいた高崎さんが怒り、洋子さんとケンカになったあげく、つい手が出てしまったのである。しかし、殴ったのはその一回だけだ。次回、調停委員にはそのことも話すつもりだか、調停で面会交流がまとまるかどうか、高崎さんは不安である。

　あの時、なぜ自重できなかったか、高崎さんは洋子さんに手を上げたことを、今更ながら悔やんでいた。

問題点

夫婦は、話合い（協議）で離婚することができる（民法七六三条。**協議離婚**）。夫と妻は離婚に合意したら、必要事項を記載した「離婚届」を夫婦の本籍地がある市区町村に提出しなければならない。この届が受理されて、初めて法律上の離婚が成立する。離婚届は本籍地の他、住所地の市役所などでも受け付けてもらえる（離婚に合意、別居など事実上夫婦生活を解消しても、届出しない限り、法律上は夫婦のまま）。

　なお、離婚の種類には、その九割を占める協議離婚の他、調停離婚、審判離婚、裁判離婚などもあるが、これらは裁判所を利用する離婚である。

　ところで、夫婦に未成年の子がいる場合、その子の親権者に夫または妻のどちらがなるか決めなければならない（法八一九条一項。離婚届には親権者名を記載する欄がある）。話合いで親権者を決められない場合、裁判所が親権者を決める（同条二項）。

　この他、未成年の子の監護者、監護の費用の分担も、離婚の話合いの中で決めることになっているが、その取決めは子の利益を最も優先して考慮しなければならない（法七六六条）。

　なお、面会交流や費用の分担など、未成年の監護をめぐる話合いが夫婦間でまとまらない場合は、家庭裁判所に調停を申し立てる方法がある。この事例のように、相手が取り決めを守らない場合も調停が利用できる。

　この事例では、夫から暴力を受けたことを理由に、元妻が子と父親の面会交流を拒絶しているが、暴力は一度で、元夫は反省しているので、調停委員は元夫との面会交流を履行するように元妻を説得してくれる可能性もある。なお、調停がまとまらない場合には、夫側は子との面会交流を勝ち取るには、裁判を起こすしかない。ただし、別居している親の面会交流の権利は、憲法上保障されているわけではないというのが、裁判所の判断である（東京高裁・令和二年八月一三日判決）。

自筆証書遺言で遺言日と押印日が違ったが遺言書通り遺言が認められた話

財産相続のアナ

遺言方式の厳格解釈、真意損なう

大宮淳二さんは八〇歳。今も入院中で、高齢だけに、いつ寿命が尽きても不思議はないと思っていた。終活の一環として、自分の死後、遺産をめぐり家族が揉めることのないよう遺言書を書いて、知人に預けておくことにしたのだ。

彼の財産は、評価額が二〇〇〇万円の自宅土地建物と、銀行預金など金融資産が三〇〇〇万円、合計五〇〇〇万円ほどである。彼の家族は、二人の子どもと、妻の死後に知り合い、この一〇年ほど一緒に暮らしている川口良子さんの三人だ。良子さんとは再婚するつもりだったが、子らの反対もあって、彼女とは内縁関係のまま過ごしてきた。心配なのは、彼女の老後の生活だ。

二人の子は法定相続人なので、自動的に彼の遺産を受け取れるが、良子さんは籍が入ってないので、遺産を自動的には受け取れない。そこで、遺言を書いて、彼女にも遺産を残すことにした。弁護士の知り合いもいないし、頼めば費用もかかるので、遺言書の書き方についてネットで調べ、自分で遺言書を書いたのである。

大宮さんとしては、全財産を彼女に残したいが、法律上、それは無理だということがわかった。二人の子には遺留分と言って、遺産の一部を必ず受け取れる権利があるという。その範囲は遺産の二分の一、子の遺留分は五〇〇〇万円×二分の一＝二五〇〇万円になる。自宅を彼女に残すとすると、預金で渡せるのは五〇〇万円しかなかった。

もう少し彼女の取り分を増やせないか調べると、遺留分算定の基礎となる遺産には、贈与した金額も含まれることがわかったのだ。大宮さんは一〇年前、二人の子が自宅を購入した際、それぞれ一五〇〇万円ずつ渡したことを思い出した。それを足すと遺留分算定の遺産は八〇〇〇万円になり、良子さんの取り分は四〇〇〇万円になる。

大宮さんは、次のような内容の遺言書を自筆で書いた。

☆日付が違っていても有効なのか？

「　遺　言　書
　私、大宮淳二は、次のように遺言する。
一、私名義の自宅土地建物（評価額二〇〇〇万円）は、同居する川口良子に譲る。
二、右以外の私の財産は銀行預金三〇〇〇万円である。
三、長男大宮一郎と大宮次郎には平成二五年一〇月二日、自宅購入資金として一人一五〇〇万円ずつ贈与しており、その金額は私の遺産に加算するものとする。
四、遺産額は右一～三の合計で、八〇〇〇万円になる。
五、私は、遺産の四分の三を川口良子に譲ることとし、右一の自宅評価額を差し引いた金額については、銀行預金から譲るものとする。
………（中略）………………………
　令和五年三月二五日　　　　　大宮淳二　　」

大宮さんは遺言書の本文を書き終わると、最後に日付と自分の名前を署名したが、押印はしなかった。

この遺言書を預ける知人の春日部氏は、法律にも詳しいので、その内容を見てもらおうと思ったのだ。大宮さんが、見舞いに来た春日部氏に遺言書を見せたのは、一月余りが過ぎた四月三〇日のことである。彼は遺言書の文面を読むと、その内容も法律に反するものはなく、自筆証書遺言の方式通りに書かれていると、太鼓判を押してくれた。大宮さんは、安心して遺言書に押印したのである。

それから一週間後、大宮さんは急逝した。春日部氏は、葬儀の席で、預かっていた遺言書を良子さんと二人の子に渡し、見舞いに行った際、押印したことも話したのだ。

ところが、その話を聞いた長男一郎が、「遺言書の日付と実際に押印した日が一か月も離れてるなんておかしい。この遺言は無効だ」と、騒ぎ出したのである。遺言書は、封筒には入れてあったものの、封印されていたわけでないので、一郎は遺言書を出し、中身を見て、自分たちの取り分が少ないことに気づいたのだ。

問題点　遺言書の日付と押印日とが約一か月異なっていたことで、その遺言が無効だと争われた事件がある。

一、二審は、遺言を無効を判断したが、最高裁は、「遺言方式を必要以上に厳格に解釈すると、かえって遺言者の真意損なう」と、押印日が違うだけで無効にすべきではないとして、それ以外に遺言の効力を左右する事情の有無を調べるよう、審理を名古屋高裁に差し戻した（令和三年一月一八日判決）。

なお、遺言書の作成日が真実の日付と相違したケースで、誤りであることが他の遺言内容から容易に判明する場合には、その遺言を無効としないとした判例もある（最高裁・昭和五二年一一月二一日判決）。

誹謗中書の投稿に「いいね」繰り返し慰謝料を請求された話

ネット・スマホのアナ

「いいね」は好きとは限らない

還暦を過ぎた石田三子さん、木下藤子さん、織田信子さんは、噂話が何よりも好きという三人組である。若い頃は互いの家に集まって、俗に言う「井戸端会議」を、また子どもたちが学校に通うようになると、近くのカラオケで夫や姑の悪口、友人知人の噂話で盛り上がり、ストレス解消をしてきたのだ。

最近では、三人で「ネット井戸端会議」なるコミュニティーを作り、ネット上でバズっている芸能ネタを選んで、そこに登場した芸能人についての噂話で盛り上がり、ときには批判や誹謗中傷する書き込みをスマホからSNS上に投稿して楽しんでいる。

もっとも、SNS上にあれこれ書き込むのは織田さんで、石田さんも木下さんも自分の意見を書き込むことは稀で、いつもは織田さんの書き込みに「いいね」を付けるだけのことが多かった。

三人の間で今、ターゲットにされているのは、不倫問題でテレビや週刊誌を賑わしているタレントの明智光枝さんである。妻子ある男性と交際し、相手の家庭を壊した彼女を主婦である三人は許せなかったのだ。

織田さんのSNS上への投稿内容は過激で、光枝さんが二股をしてるとか、枕営業してるとか、クスリをやってるなど、真実ではない、また真実と信ずるに足る理由もない

☆安易な「いいね」はキケン！

ウソ・デタラメの類いを書き込み、さらに光枝さんを誹謗中傷する悪質な内容の書き込みも大量にしたのである。

石田さんも木下さんも、その内容を見て、少しやり過ぎとは思ったものの、織田さんから「不倫女を許しておける！」と言われると、二人は織田さんの書き込みに「いいね」を繰り返し付けたり、「拡散しよう！」とコメントを付けて、その記事を再投稿したのだ。三人の書き込みは多くの賛同者を得て、瞬く間に拡散したのは言うまでもない。

しかし、SNS上での書き込みの反応に喜んでいた三人のところに、しばらくすると光枝さんと所属事務所の連名で内容証明郵便が届いた。

その内容は、誹謗中傷やウソ・デタラメの書き込みで、光枝さんの名誉が毀損されたこと、また「いいね」を繰り返されたことで、精神的苦痛を受けたとして、投稿の削除の他、謝罪と慰謝料一〇〇万円を求めるというものだった。

木下さんと石田さんは、直接誹謗中傷やウソ・デタラメの内容を書き込んだ織田さんが訴えられるのは仕方ないが、ただ「いいね」をしただけの自分たちまで謝罪や慰謝料の支払いを要求されるのは納得いかない。

二人は、慌ててSNS上の投稿を削除したが、「いいね」しただけで、賠償責任を問われるなんてことが本当にあるのだろか。

賠償金を払うつもりはないが、裁判を起こされるのではないかと、木下さんも石田さんも不安で仕方がない。

問題点

他人の噂話というものは、いつの時代も世間の興味をそそるものらしい。ただ、まったく根拠のないものや、相手を貶める悪意ある噂も多いだろう。たとえ真実でもプライバシーに触れるものもあるため、トラブルになることもあり、ときには訴訟にまで発展することもある。

SNSで誰もが自由に他人の噂話を書き込める今日、このようなトラブルは増えると思われる（井戸端会議でも陰口が名誉毀損として慰謝料支払いを命じられた例がある。一二八頁参照）。

この事例の三人組のように、SNS上での無責任な書き込みは、噂の相手方から訴えられるリスクがある。匿名や「いいね」をするだけなら大丈夫という判断は、思い込みにすぎない。

原告に対する中傷投稿に、繰り返し「いいね」をした被告には名誉感情を害する意図があったと認めて、賠償を命じたケースもある（東京高裁・令和四年一〇月二〇日判決）。

ただ、事例の木下さんや石田さんの場合、インフルエンサーなど一般人と比較して社会への影響力があったり、光枝さんに対して、日頃から批判的な書き込みをしていなければ、SNS上の投稿内容を削除すれば、訴訟にまでいくことはまずないと思われる。

金ほしさに闇バイトに応募し人生を棒にふった男の話

刑事事件のアナ

犯罪は未遂でも処罰される

　成田金男は二八歳。高校卒業後、入社した地元の建築会社は不況のあおりで二年後に倒産、二〇歳の誕生日に失業をした。その後、上京し、いくつかの仕事を転々としたが、長続きせず、三年前に旅行会社の正社員になったものの、新型コロナウイルス感染症が流行して、入社半年後にはリストラされてしまったのである。

　今は派遣社員として働いているが、カード会社や消費者金融からの借金が二〇〇万近くあり、何か楽に稼げる仕事はないかと、スマホ片手に求人サイトを検索する毎日だ。

　そんなある日のこと。いつものように画面をスクロールしていた成田の指がピタリと止まったのである。彼の目は、「急募！　高給補償。即日払い」という書き込みに釘付けになった。楽な仕事で資格不要とも書かれている。むろん、まともな仕事なはずはなく、俗にいう「闇バイト」に違いなかった。おそらくタタキ（強盗）か特殊詐欺の仕事だ。

　しかし、いくら働いても減らない借金に、彼は躊躇なく、書き込みの下にあるURLをクリックしたのだ。すぐ返信メールが送られてきた。仕事の内容は、詐欺の「受け子」で、指定の相手から現金やキャッシュカードを受け取ってくるだけで三万円と言われ、否も応もなかった。

　数日後、メールで呼び出された喫茶店で、指示役の若い男と「受け子」の相棒となる銚子という四〇歳ぐらいの男と会うと、指示役から警官の制服を渡され、二人で館山という家に行き、キャッシュカードを受け取ってこいと指示されたのである。相手は一人暮らしの高齢者で、「かけ子」が電話で、「あなたのキャッシュカードが不正に使われた。確認のため警官を派遣するから、カードと暗証番号のメモを渡せ」と話してあるという。

　成田は銚子と連れだってターゲットの館山家を訪れたが、銚子がオドオドとしているのが気になった。館山家に着く

☆ウマい話には注意！

と、応対に出てきた高齢の女性は、「キャッシュカードはすべて息子に預けてあるの。直接電話してくれない」と、息子の携帯電話番号を書いたメモを成田に渡したのである。成田には、彼女が二人が本物の警官で、自分のカードが不正に使われたという話も信じているように見えた。

ところが、傍らで二人のやり取りを見ていた銚子の顔が急に引きつり、いきなり「ヤバい、バレたんだ！」と叫ぶと、館山家の玄関を飛び出し、そのまま逃げたのである。成田も何も取らずに退去するしかなかった。近くの公園に車を止めて待っていた指示役の男は成田の報告を聞くと、舌打ちしたが、「すぐに逃げろ。捕まっても何もしゃべるな」と言い残し、車で走り去ったのである。

あの家の誰かが通報したのだろうか、遠くからパトカーのサイレンが聞こえてきた。公園のトイレで警官の制服を脱ぎ捨てた成田は、サイレンの音など気にならない様子で、公園横の通りをブラブラ歩き出した。被害はなかったし、捕まることはないと思っていたのだ。

「バイト料、もらい損なった」と苦笑しながら。

問題点

被害は出ていなくても、この事例の成田は、詐欺未遂罪に問われる可能性がある。

詐欺は、相手を欺いて相手から不法に金品を交付させる（金品以外の財産上不法の利益を得る場合も含む）犯罪で、その法定刑は一〇年以下の懲役だ（刑法二四六条）。

ところで、詐欺罪が成立するには、①犯人が人（被害者）を欺いて、被害者から金品など財物を交付させる意思（故意）があること、②被害者が錯誤すること（事例では、館山さんが自分のキャッシュカードが不正使用され、また成田を警察官だと誤って信じること）、③被害者が財物を処分すること、④その財物が犯人に交付される（移転する）こと、の要件が必要とされる。

この事例では、館山さんから成田にキャッシュカードは渡されていないので、現実的に被害は発生していない。しかし、犯人の成田は人を欺く行為に着手しており、また館山さんには被害を生じさせる客観的な危険性があったのであるから、詐欺未遂罪は成立していると考えられる（二五〇条）。

成田は被害が出なかったので、処罰されないと安易に考えているようだが、未遂罪を適用されて処罰される可能性は十分にある。

楽に稼げるからと、闇バイトなどに手を出すと、その後の人生を棒に振ることになりかねないので、絶対に応募したり、加担しないことだ。

なお、警察庁によると、昨年（令和四年）一年間の特殊詐欺被害額は、約三六一億円と八年振りに増加に転じたという（令和四年犯罪情勢統計〔暫定値〕・令和五年二月二日公表）。

SNSで「いいね」ほしさに飲食店でいたずらし動画で流して訴えられた客の話

損害賠償のアナ

業務妨害で店に訴えられることも

清水と沼津は高校の同級生。二人ともツイッター、メタ、ティックトックなど、いくつものSNSでアカウントを作り、動画や写真、つぶやきを投稿しているが、フォロワーは仲間内の数人だけで、「いいね！」も滅多にもらえない。二人は、どうすれば目立つかアイデアを出し合っているが、今までこれといってウケた投稿は一度もなかった。

そんな時である。回転寿司チェーンで、客がレーン上を回っている寿司に指で唾液を付けたり、醤油ボトルの注ぎ口をなめたりする動画をSNS上で見つけたのだ。賛否はあるが、その投稿には数多くのコメントが付いていた。

清水は、「これだ！」と、思った。さっそく真似しようと沼津を誘ったのだが、清水よりも気の弱い沼津は、その動画が迷惑行為として警察に被害届が出されたという記事をネットニュースで見つけ、気乗りしなかった。しかし、結局は清水に押し切られ、ターゲットを近くのラーメン屋に変えることで、しぶしぶ参加することにしたのである。

その店に防犯カメラはないし、奥のテーブル席なら店員からは死角で、自分たちの顔さえ出さなければ匿名の投稿なのでバレることはないと、わかっていたからだ。

二人は、予定通り奥のテーブル席に座ると、卓上にある未使用の割箸をなめたり、ラーメンの汁に付けたりして、

☆イタズラ行為は必ずバレますよ！

何食わぬ顔で、その箸をまた割箸入れに戻したのである。他にも、こしょうやブラックペッパーの入った缶の穴を、接着剤で塞いだり、ラー油を水で薄めたりもした。

二人は、そんないたずらを交互に行い、またその様子を互いに撮影し、自分たちの顔が写らないよう加工した上で、SNS上にアップしたのである。

彼らの目論見通り、その投稿には今までになかった数の「いいね！」とコメントが付いた。むろん、コメントの多くは賞賛より迷惑行為だとして、批判や糾弾するものだったのは言うまでもなかったが、自分たちのSNSが目立ったことの方が嬉しかった。

SNSの書き込みに多数閲覧者があったことに気を良くした二人は、他のラーメン屋やファミレスなどでも同様のいたずらをし、その様子を動画に撮ってSNS上にアップしたのである。防犯カメラがある店では、二人のどちらかがブラインドになるようにして、彼らの行為の様子が写らないよう細心の注意を払った。

最初は少しビビり気味だった沼津も、その後は自分から新規のターゲットを探してくるようになっている。二人は、顔も出してないし匿名なので、自分たちの素性はバレないと思っていた。たとえバレても未成年だし、謝れば済むと考えていたのも事実だ。

だが、その考えが甘かったことを、二人はやがて知ることになる。

問題点

この事例の二人の行為は、いわゆる「いたずら」の範疇を超えて、違法・不当な迷惑行為に当たることは間違いない。

ネット上で動画が拡散すれば、その店の信用は著しく落ち込むのは明白で、また後片付けや商品の入れ替え、そのための臨時休業など、店は大きな損害を被ることが予想できた。

このような迷惑行為は、業務妨害罪（刑法二三三条・法定刑は三年以下の懲役または五〇万円以下の罰金）、器物損壊罪（二六一条）に問われる可能性がある。また、開示請求により身元が明らかになれば、迷惑行為をした飲食店から損害賠償や慰謝料を請求されることもあるだろう。

実際、迷惑行為の動画をSNS上で拡散された大手回転寿司チェーンは、警察に告訴状を提出しており、警察が動画投稿者を逮捕した例もある。

なお、清水と沼津は、未成年だからバレても罪には問われず、説諭程度で済むと考えているようだが、犯人だとわかれば、たとえ刑法上の処罰は免れても、学校から停学や退学などの処罰を受ける可能性もある。

「いいね！」ほしさの安易な理由での迷惑行為は、大きなリスクを伴うことだけは覚えておいてもらいたい。

正社員と同じ仕事をしてるからと正社員と同じ賃金や待遇を勝ち取った契約社員の話

人事労務のアナ

同一労働同一賃金は当たり前

大津五郎さんは、地元中心に一〇店舗を展開するファミレスの店長で、正社員と同じようにフルタイムで働いているが、契約期間二年の契約社員にすぎない。もっとも、社員は常時一五〇人を超すが、正社員は五〇人ほどで、残りは彼のような契約社員か、パート社員だった。

大津さんは入社五年目。仕事ぶりが認められれば正社員登用もあると言われ、必死に働いた甲斐あって、一年前に店長に抜擢されたのだ。店の売上げも正社員だった前店長の頃より、かなり伸していたので、半年前、二度目の契約更新の際、正社員になれるかもと期待したのだが、そんな話は一切出なかったのである。

しかも、店長として責任ある仕事を任されているのに、同じ仕事をしている正社員と比べ、彼の月給は六割程度だ。ボーナスも正社員は春夏二か月ずつ出るのに、契約社員の

☆不合理な待遇差別はダメ！

彼は一か月しかもらえない。正社員ならもらえる家族手当や住宅手当も契約社員には一切なかったのである。正社員への登用はともかく、せめて月給やボーナスは、もう少し上げてほしいし、手当は正社員並みにもらいたいと思っている。

そんなグチを、大津さんは同じように契約社員で店長をしている先輩社員にこぼしたのである。すると、その先輩

に、「大津。君、正社員になれるなんて期待しない方がいいぞ。会社は契約社員を正社員にする気なんかない。俺は、入社して一〇年、店長になって八年だが、相変わらず二年ごとの契約社員のままだ。それに当社の社長、非正規は正社員の給料の半分で十分って人だからな。待遇正社員並みになんて言ったら、即刻クビだぞ」と言われたのだ。

　大津さんは、正社員への転用も、待遇アップも、諦めた様子の先輩社員には賛同できなかった。といって、会社に待遇アップを要求してクビになるのも困る。いっそ、転職でもするかと考える今日この頃だ。

問題点

契約社員やパート社員の待遇（労働条件）は、正社員より低いというのが一般的な見方だ。しかし、これら非正規社員の中には、事例の大津さんのように、正社員同様フルタイムで働き、正社員と同じ内容の責任のある仕事を会社から任されている社員もいる。だが、その待遇は正社員の待遇と比べ、これまで差別的な取扱いをされてきたのだ。

　もっとも、そんな不合理な待遇差を是正する動きもある。たとえば、フルタイムで働き、正社員と同じ仕事（業務）をしている契約社員が、正社員と賃金格差があるのは不当だと、会社に差額賃金の支払いを求めた裁判では、正社員と待遇差があるのは不合理だと、社員が求めた請求のうち一部（①住居手当、扶養手当など手当と休暇格差、②住宅手当、永年勤続褒章）を認める最高裁判決も出た（①令和二年一〇月一五日、②令和二年一〇月一三日）。ただし、賞与や退職金の格差は不合理ではないと、請求を認めなかった。

　なお、法律上も、**働き方改革関連法**が令和三年四月一日からは中小企業も適用対象になり、会社（事業主）には、同一企業内での業務内容やその業務に伴う責任の程度が正社員と変わらない非正規社員に対する「賃金賞与その他の労働条件で、不合理な待遇差をなくす規定（**均衡待遇規定**）」や「差別的取扱いを禁止する規定（**均等待遇規定**）」を遵守することが義務づけられている（**同一労働同一賃金**は努力義務。パートタイム・有期雇用労働法一〇条）。また、非正規社員は会社に対し、「正社員との待遇差の内容や理由」について説明を求めることもできるようになった（会社には**待遇に関する説明義務**）。

　大津さんは、会社に正社員との待遇差について説明を求め、不合理な待遇差や差別的な取扱いがあれば、会社側に是正を要求できる（労働基準法など法律基準に達しない労働条件は無効）。

　なお、入社から五年経てば、正社員（無期雇用労働者）への転換を会社側に請求できるようになったので、大津さんは待遇改善の他、正社員への転換も適う可能性が高い。一度、法律相談を受けることをお勧めする。

他の検索者に不利益があるとサジェスト機能の個々の表示差止めが認められなかった話

ネット・スイカのアナ

多数の利用者の利益優先

花崎麗香さんは困惑している。突然、恋人から「君があんな女だったとは」と、別れを告げられたからだ。理由を尋ねても、「自分の胸に聞け！」と言うだけで何も答えてくれなかった。

その理由がわかったのは、勤め先のデパートで上司に呼び出された時だ。

「これ、まさか君が投稿してるんじゃないよな」。

上司がノートパソコンに、「○○デパート花崎麗華」と打ち込み、検索キィーを押すと、「花崎麗華の男遍歴」「花崎麗華の金と男」「花崎麗華と××デパートの相関図」「花崎麗華の犯罪履歴」といったスレッドが一斉に出てきたのだ。その一つをクリックすると、顔はわからないが過激なベッドシーンの動画が出てきた。

むろん、ベッドの女は麗香さんではない。

「違います！」そう叫びながら、彼女には事情が呑み込めてきた。「花崎麗華」は、麗華さんと同姓同名のキャラクター。レディコミで最近人気が出始めた過激なセックスシーン、レイプや殺人など凶悪犯罪のシーンも毎号登場するアダルトサスペンスの主人公で、ファンたちが勝手にその一シーンを動画で流したり、自分の男性体験を主人公の名前で書き込んでいるのだ。彼女の恋人も、このスレッドのどれかをクリックして、麗香さんが書いていると勘違いしたのだろう。

麗香さんは上司に、ここに並んだスレッドは彼女とは無関係で、レディコミの主人公に成りすましたファンの書込

☆止めようのない恐ろしさ……

みであることを説明し、彼女は読んだことはないが、その雑誌はコンビニのアダルトコーナーに置かれていると、話したのである。上司は、それで納得した様子で、「実は、御社の女子社員はこんな淫らな書き込みをしているのか、という苦情がけっこうあってね」と、教えてくれた。「ただ、君の名を検索すると、こんなものが出てくるようじゃ困る。何とかできんもんかね」と、タメ息をついたのだが、一番困ってるのは麗香さんだ。

どうすればいいか麗香さんにも皆目見当が付かない。そこで、上司の紹介で会社の顧問弁護士に相談したのである。弁護士は彼女に、「花崎麗華」「〇〇デパート花崎麗華」と入力しても、これらのスレッドが表示されないよう検索サイトの運営会社に交渉はしてみると約束してくれた。ただ、結果は期待するな、と言うのだ。というのは、単語を入力すると、自動的に関連の言葉が表示されるサジェスト機能は検索サイトを使う多くの人が利用しており、特定の関連用語の表示を差し止めると、他の利用者の不利益が大きくなるため、裁判を起こしても認められないと言う。

ただし、ベッドシーンの動画は公然わいせつ罪に該当するものもあるので、警察に通報し、警察から削除するよう働きかけてもらうそうだ。

麗香さんは、その弁護士に一任することにした。

問題点

事例の麗香さんのように、サジェスト機能で被害を受けたとして、検索大手グーグルに、特定の表示差止めなども求めた裁判がある。この事件は、自分の名前を入力すると、犯罪を連想させるような関連語句が並び、ネット上で中傷を受けるようになった男性が、プライバシーを侵害されたと、特定の表示中止などを求めたもので、一審は表示の差止めと慰謝料三〇万円の支払いをグーグルに命じた。

しかし、控訴審では、「男性が受ける不利益が、表示差止めにより、検索を使う他の利用者が被る不利益を上回るとは言えない」として、男性の請求を棄却する逆転判決が出た（東京高裁・平成二六年一月一五日判決）。

インターネットの普及した今日では、ネット上には真偽のわからない様々な書き込みが溢れ、拡散していく。

サジェスト機能の便利さは、誰しも認めるところだが、その反面、被害を被る個人や会社があることも忘れてはならない。

なお、検索結果の削除要請をめぐる裁判では、過去の犯罪歴に関するものもある。これについて、最高裁判所は、表現の自由とプライバシー保護を比べ、「公表されない利益が優越することが明らかな場合に限り削除できる」と削除の要件を厳格とする判断を下している（平成二九年一月三一日決定）。

ストーカーに被害者の住所を教え逮捕された探偵の話

セックスのアナ

ストーカー確認は探偵の義務

南田は探偵である。禁じられた不正で違法な調査の依頼でも断わらないので、依頼者には事欠かなかった。

今回の客の青沼も、そんな一人だ。詳しい事情は言わず、ただ「この女を探してくれ」と、一枚のスナップを南田の前に置いたのだ。女の名は山根万里子、三一歳。すこぶる美人だ。半年前、仕事を辞め、五歳になる息子と行方をくらましたのだという。

むろん、南田は余計なことは聞かない。調べればいいのだ。青沼の事情もすぐ分かった。万里子が住んでいたマンション周辺を聞き込むと、彼女は元同僚の青沼からストーカー被害を受けていたのだ。青沼は警察から警告を受けても、彼女に交際を求めてマンションや会社まで押しかけてきたので、彼女が逃げ出したらしい。

南田は、彼女が住民票を新しい住居のある町に移した可能性が高いと思った。なぜなら、彼女の息子は再来年小学校入学で、六歳になると就学についてのお知らせが頻繁に届くようになるからだ。ストーカー被害を受けているので、要望すれば住民票には閲覧制限が付く。そうすれば、青島は閲覧できない。おそらく青島は、窓口で閲覧を断られ、それで依頼しに来たに違いなかった。

南田は彼女の元の住所があった市役所に行き、彼女の住民票の閲覧を申し込んだ。閲覧の理由は彼女が借金の債務者で、債権回収するためとした。これが、閲覧制限の例外だと、わかっていたからだ。

☆探偵も落ちたもの…

窓口の職員は疑いもせずに、住民票の閲覧を許可してくれた。案の定、彼女は転居手続きをしていた。南田が、彼女の新しい住まいと職場を調べあげ、その生活の様子を青沼に報告したのは、それからすぐ後のことだ。

もっとも、青沼が万里子の新住所を知ると、その日のうちに押しかけ、彼女にケガを負わせて、ストーカー等規制法違反と傷害の罪で現行犯逮捕されるとは、南田もさすがに予想できなかった。

そして、それからしばらくして、南田も住民基本台帳法違反などで、逮捕されたのである。

問題点

住民票（住民基本台帳）は、かつては誰でも原則自由に閲覧できたが、様々なトラブルが生じ、個人情報に対する意識の変化もあって、現在では本人以外には原則非公開だ。

ただし、国など公的機関がその業務で使う場合、また個人や法人でも統計調査など公益目的に使う場合、訴訟提起などで本人の所在確認が必要なときは閲覧が認められる場合がある（住民基本台帳法一一条の二）。

南田は、借金回収のための債務者の所在確認という理由で閲覧できることを知っていて、万里子さんの現住所を調べることに成功したわけだ。むろん、偽りの目的を申し出たことは同法違反である（違反者は過料三〇万円）。

ただ、DV被害者やストーカー被害者の申出があれば、自治体は第三者による被害者の住民票閲覧をより厳しく制限できることが、住民基本台帳処理事務要領で決められている。本件被害者の万里子さんの住民基本台帳には、その旨記載されているのだから、南田の閲覧申請を受け付けた自治体の窓口が本人に債務があるかどうかの確認をとっていれば、その後の事件は防げたはずで、残念でならない。

なお、探偵業を営む南田は、探偵業の業務の適正化に関する法律の規制を受ける。公安委員会に営業を届け出る義務があり、また他人の生活の平穏や個人の権利利益を侵害するような依頼を受けてはならないことになっている。

南田は、ストーカーの依頼であることを知っているのだから、明らかに同法違反である。しかし、違反行為を繰り返し、公安委員会から指示処分などを受けていなければ、罰則はない。

現実の事件でも、ストーカーに被害者の住所を教えた探偵が、その住所を不正に調べたとして、住民基本台帳法違反などで逮捕された例はある。ただ、同法も探偵業法も、繰り返し行政処分を受けていない限り、違反者への罰則は軽い。ストーカーの共犯者として、ストーカー行為等規制法や刑法の傷害罪や暴行罪のほう助犯で起訴されない限り、南田にとっては痛くもかゆくもない。

日常生活のアナ

忘年会会場を複数予約ドタキャンしてキャンセル料を取られた団体客の話

ドタキャンは債務不履行である

大阪君は大学三年生。サークルの幹事の一人だが、忘年会の会場をどこにするかで悩んでいた。とりあえず大学近くの居酒屋は押さえてある。飲み放題、食べ放題で、一人五〇〇〇円の料金は魅力だが、サークル全員三〇人参加となると、少々手狭なのだ。しかも、中華やイタリアンを押す幹事もいて、意見がまとまらなかった。そこで、サークル全員の多数決で決めることにして、ネット予約で中華とイタリアンの店も押さえたのである。結果は、イタリアンが過半数を占め、今年の忘年会会場に決まった。

その際、中華と居酒屋の二店に、すぐキャンセルの連絡を入れれば、後々トラブルになることはなかっただろう。だが、中華はネットでキャンセルの手続きを取ったものの、居酒屋は通り道なので、直接店に出向いてキャンセルするつもりだった。ところが、卒業後の進路や事実上始まった就活で忙しくなった大阪君は、居酒屋への連絡を忘れてしまったのである。

彼がその事実に気づいたのは、忘年会が終わって一〇日ほど過ぎた時だった。店からサークル宛に、キャンセル料として一人五〇〇〇円×三〇人分（合計一五万円）を払えと、内容証明郵便が送られてきたからだ。その文末には、「この手紙到着後七日以内に支払いがない場合には、法的手段を取る」と書かれていた。驚いた大阪君は、慌てて店に謝りに行ったが店主は許してはくれず、キャンセル料を払うように迫るだけである。

もちろん、彼にそんな金額は払えない。ひたすら店主に

☆無断キャンセルは高くつくゾ！

頭を下げるしかなかったのだが、謝りながら「自分だけに非があるのだろうか」とも思っていたのだ。キャンセルしなかった自分が悪いことは間違いない。しかし、三〇人の団体客の予約なら、店側が前日確認の連絡入れるのが普通なのに、店からは何の連絡もなかったからだ。

大阪君は、請求額を全額払うしかないのだろうか。

問題点

飲食店にとって、ドタキャン客ほど迷惑な客はいない。準備した料理や食材、当日接客や調理に当たる人員、その他すべてのサービスがムダになるからだ。とくに団体客のドタキャンは損害が大きく、店にとっては死活問題である。しかし、ネット予約が普及した今日、この事例のような連絡もしないドタキャン客は、そう珍しい存在ではない。

大阪君の場合、ネット予約でも、店頭での予約でも、居酒屋との間には、「店は当日、飲食サービスを提供し、客はそのサービスを受けて、飲食代金を払う」という内容の契約が成立している。客と店は互いにその契約内容を誠実に履行しなければならない。

しかし、事例の大阪君のサークルは、無断でドタキャンしたのだから、これは債務不履行になる。その結果、居酒屋は、三〇人分の売上げを得られなくなり、その分損したのであるから、当然、ドタキャン客に損害を請求することになる。大阪君はキャンセル料を払わなければならない。

もっとも、彼が支払義務を負う額は、必ずしも店側の請求額（五〇〇〇円×三〇人＝一五万円）ではない。

一般的に、キャンセル料は予約の際、その取決めがあれば、キャンセルした客（ドタキャン客とは限らない）は、取決め額を支払わなければならない。

しかし、飲食店は通常、キャンセル料の取決めがない店が多い。その場合には、客が払うのは実損額になる。

具体的には、次の①②③の合計額で、立証責任は店側にある。

①キャンセルによる逸失利益（ドタキャン客の予想飲食から生じる利益＝売上げ金額ではないことに注意）
②仕入れ原価（予約客のための材料費）
③人件費（予約客の接待係などの経費）

大阪君は、ドタキャンした居酒屋から、五〇〇〇円×三〇人分＝一五万円全額を要求されているが、飲み物や食材など他の客に使えるものの費用はキャンセル料に含まれないと考えられ、金額については交渉の余地はある。

なお、ホテルや旅館など宿泊施設の場合には、宿泊約款でキャンセル料が決められているので、それに従うことになる（キャンセル料は、七日前から発生し、当日やドタキャンは宿泊料金の一〇〇％というのが原則）。

いずれにしろ、キャンセルする場合は事前に連絡し、絶対にドタキャンはしないでもらいたい。

飼い犬同士のケンカで加害犬の飼い主に治療費や慰謝料を請求した話

事故と賠償のアナ

ペットは家族の一員

熊野花子さんは定年退職後、飼い犬のゴン太と朝夕散歩に出かけるのが日課である。ゴン太は小三になる孫が拾ってきた雑種犬で、マンション暮らしで飼えないため、一軒家に住む花子さんが面倒をみることにしたのだ。

六〇歳半ばの彼女に取り、体重七キロを超える犬の世話は必ずしも楽ではないが、ゴン太は性格が温厚で、すぐになついた。一人暮らしの彼女にとって、いい話し相手ができたのである。しかも、同じ町内に住みながら、それまで滅多に顔を見せなかった孫が、学校帰りに頻繁に彼女の家に寄るようになったのも嬉しかった。

また、日に二度、それぞれ一時間余りの散歩は、退職後引きこもりがちだった花子さんにとって、心身の健康維持に大いに役立っている。最近では、途中で出会う犬を散歩させる近所の人たちとの出会いも増え、犬を交えて立ち話できるのも楽しかった。

「これも、お前が来てくれたお陰ね」。

最初は、孫と会える期待でゴン太の世話をしていた彼女だが、今ではゴン太を家族の一員と思っている。

花子さんとゴン太の散歩コースは、自宅から近くの公園までの往復で、広い園内を一周するのが常だった。

その日も、公園には、花子さんと同じように犬を連れて散歩する人たちがいて、彼女は顔見知りに会釈をしたり、立ち話したりしながら、ゴン太と歩いていた。ところが、突然、公園の入口の方から、「おい、待て！」「誰か捕まえ

☆犬に貴賤はない⁉

てくれ！」という声がして、一匹の柴犬が花子さんの方に突進してきたのだ。ゴン太は、恐怖で立ち尽くした彼女を庇うように柴犬の前に立ち塞がり、うなり声を上げたが、柴犬はゴン太に襲いかかったのである。

追いついた柴犬の飼い主という中年男が、すぐに二匹を引き離したが、ゴン太の尻から後ろ足にかけてキズがあり、血に染まっていた。治療した獣医の話では幸いキズは浅く、障害も残らないとのことで、花子はホッとしたのである。

花子さんは、一方的にゴン太を攻撃し、傷つけた柴犬の飼い主に謝罪と治療費を求めたが、男は「ケンカになったのは、あんたの犬が先に吠えたからだ。何で、治療費払わなきゃならん。ケンカ両成敗だろ。だいたい、何の価値もない雑種犬にケガさせたくらいで警察に呼ばれて、こっちの方が迷惑料ほしいぐらいだ」と、開き直ったのだ。

花子さんは、事を荒立てるつもりはなかった。しかし、リードを付けるという利用ルールを無視して飼い犬を公園で遊ばせていたのに中年男は謝りもせず、まるで非が彼女やゴン太の方にあるかのような言い草で、しかも雑種犬とバカにする態度には腹が立った。

花子さんにとって、ゴン太は彼女の家族である。治療費だけでなく、家族を傷つけられたとして、慰謝料も請求ができないかと思っている。

問題点

一般的に、自治体が管理する公園では、飼い犬を遊ばせる場合は、犬にリードを付けることを義務づけている。

この事例で、ゴン太を傷つけた柴犬は、その利用ルールを守らずリードを付けていない。飼い主の中年男は動物の占有者として、その損害（治療費）を賠償する責任がある（民法七一八条）。花子さんは、柴犬の飼い主に治療費を請求できると考える。

しかし、慰謝料まで請求ができるかどうかについては、意見が分かれる。法律上、ペットは「物」であるので、他人の不法行為で傷ついた場合でも、その財産的価値（損害）の賠償請求はできるが、慰謝料の請求はできないというのが原則である。

もっとも、最近では、ペットも家族の一員として愛情を注がれているとして、認容額は低いが慰謝料の請求を認める裁判例もある。

たとえば、この事例と同様、リードを付けていない犬に、愛犬が噛まれてケガをした事件で、裁判所は飼い主の精神的苦痛を認め、加害犬の飼い主に対し、慰謝料と合わせた賠償を命じている（東京地裁・令和三年五月一四日判決）。また、獣医の医療ミスで飼い犬が死亡した事件で、手術の執刀獣医と病院に、慰謝料含めた賠償を命じた例（大阪地裁・令和三年一〇月二〇日判決）などもある。

前の保険より得すると言われ生命保険を更新したら保険料が高くなり困った話

日常生活のアナ

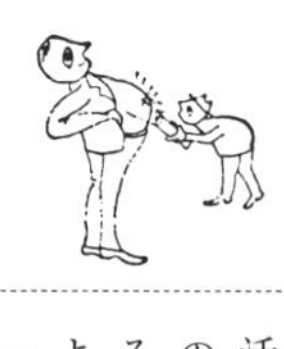

生保契約の新規はクーリングオフ可

木次由香さんは看護師。大学四年の就活中の娘をもつシングルマザーだ。病院の正職員なので、経済的には安定しているが、自分に何かあっても娘が困らないよう、娘が生まれたときから死亡保険金一〇〇〇万円、三倍特約の付いた生命保険に加入していた。

一〇日前のことである。その生命保険の代理店から、保険が満期になるので契約の更新が必要だという電話が掛かってきた。彼女も更新するつもりだったので、夜勤明けに担当者と自宅で会う約束をしたのである。担当者は約束の日、更新後の保険の見積もりを持って由香さんの自宅を訪ねてきた。五日前のことである。

担当者の説明では、死亡保険金の金額は従来のまま、がん保険と医療保険の補償額を厚くした保険で、加入者に取って最も有利な新商品だとのことだった。たしかに、がんや成人病で入院した場合の給付金など、その範囲や補償内容は従来より手厚くなっている。ただ、これまで月二万円に満たなかった保険料が月四万五〇〇〇円と、二・五倍に跳ね上がっていた。

二〇年前の契約時と比べ、由香さんの年齢も上がったので、保険料が高くなるのはわかる。しかし、余りに月々の負担が大きいので、由香さんは担当者に、がん保険や医療保険の補償は従来と同じで構わないと伝えたところ、担当者は、「従来の補償内容のままでも保険料はほとんど変わりません。これが、木次さんに一番お得な保険ですよ。それに、今はキャンペーン中で保険料が安くなっていますが、

☆ウマい話には注意…！

来月になると正規の保険料になり、この金額より高くなってしまいますよ。」と力説し、契約を迫ったのである。保険料がこれ以上高くなるのも困ると、由香さんは仕方なく新しい契約書にサインしたのだ。

ところが翌日、病院の休憩時間に、「保険金上がって大変なの。」とグチると、話を聞いていた医師の一人が、「木次さん。従来のままだと保険料がいくらになるか、具体的な金額確認した。それに娘さん、もう就職だろ。死亡保険金は減らしてもいいんじゃないか。それなら、保険料はもっと安くなるはず。」と、教えてくれた。

驚いた由香さんは、保険会社のホームページを閲覧、「保険料の見積もりコーナー」で、死亡保険金を半額に下げ、がん保険と医療保険については必要な給付だけを増やした補償内容で、保険料を計算し直してみた。すると、保険料は従来より高くなったが、月三万円強で済むことがわかったのである。

しかし、担当者に契約内容を変えたいと連絡すると、「もう契約成立してますし、今さら変更できませんよ。」と言われたのだ。由香さんは、担当者から言われるまま契約書にサインしてしまったことを悔やんだのである。

問題点

生命保険の更新をめぐるトラブルは、特定の保険会社との契約に限った問題ではない。

満期を前に、保険会社から送られてくる「更新のお知らせ」に記載された更新後の「新保険」の保険料は、概ね従来より高額になっている。しかし、保険加入者の多くは自分の年齢が最初の契約時より上がっているので、保険料が上がるのは仕方ないと思っているだろう。そのため、担当者に「今までより補償内容が有利になってます。」と言われると、由香さんのように、その説明を鵜呑みにしがちである。

だが、相手の言い分を無条件に信用すると、損をすることも少なくない。サインする前に、提示された新契約の中身が本当に自分に必要なものばかりか、細かくチェックすべきである。

たとえば、死亡保険金は、子どもが幼ければ高額が望ましいが、子どもが独立していたり、一人暮らしの高齢者になった場合は極端な話、葬儀代程度でも構わない。一方、がん保険や医療保険は、中高年になったら補償を厚くすべきだろう。必要な補償内容は個々の加入者により異なるので、保険会社の担当者の「あなたにお勧め」という内容を鵜呑みにしないことだ。

保険料だけでなく、必要な補償内容をキチンと説明すれば、担当者はそれにあった更新プランを考えてくれる。しない担当者は変えてもらうこと。

なお、生命保険の契約は、新契約はクーリング・オフできることも覚えておきたい（更新には適用されない）。

〔コラム〕新型コロナウイルス感染症をめぐる法律

新型コロナウイルス感染症を、感染症法六条の指定感染症（二類相当）と定めた令和二年二月一日から今日まで（令和五年四月三〇日）、全国の感染者は計三三七二万七三九人に達し、うち七万四五四二人が亡くなった。

●感染拡大防止で国民生活を制限

令和二年二月、横浜港に寄港のクルーズ船「ダイヤモンドプリンセス号」で多数の感染者が出て以降、国や自治体は新型コロナウイルス感染症の拡大を防ぐため、ときには国民生活を制限する対策を取った。必要な対策を取る権限を与えた根拠法は「新型インフルエンザ等対策特別措置法」である。

この法律は、国民の大部分に免疫がない新型インフルエンザが急速にまん延し、感染すると重篤になるおそれがあり、また国民生活や国民経済に重大な影響がある場合、国や自治体が国民の生命や生活を守るために必要な措置を取れると定めてあるが、新型コロナウイルス感染症にも、この法律を適用できるよう法改正された。

これにより、首相は急速な感染拡大に備えて、緊急事態宣言を発令できることになり、また都道府県知事の行政権限も強化された。令和二年から三年間に実施された感染拡大予防対策には、不要な外出中止、スポーツや文化など各種のイベントの中止、飲食店の営業自粛、学校の休校や企業へのリモート要請などがある。ただし、欧米などで実施されたロックダウンとは異なり、あくまで要請という形だった。

この他、感染予防対策として、換気、外出時のマスク着用、帰宅後のうがいや手洗いも推奨されている。

なお、コロナワクチンの接種は強制ではないが、令和五年四月二八日現在、二回目までは対象者の八割強が、また五回接種者も三〇〇〇万人を超えた。

●国や自治体のコロナ禍の支援制度

コロナ禍で、経済活動が著しく縮小したことで、わが国でも解雇や雇止めにあう労働者や経営不振に陥る会社や事業主が増え、社会問題になった。

国や自治体は感染症対策とあわせ、持続化給付金、雇用調整助成金、新型コロナウイルス感染症対応休業支援金給付金、緊急小口等資金の特例貸付、飲食店に対する自治体の休業補償など労働者や事業主を救済する様々な助成措置や支給制度を設けた。

なお、新型コロナウイルス感染症の感染症法上の分類は、令和五年五月に季節性インフルエンザ同様五類に引き下げられ、これにより行動制限は大幅に緩和された。日本でも、ほぼコロナ以前の暮らしに戻れることになった。

第2章

インターネット スマホの抜け穴と急所

♣本書の内容は……

・アイドルになりすましてSNSに投稿し、プライバシー侵害で訴えられた話――民法七〇九条

・ネットの書き込みを信じSNSで中傷し、脅迫や名誉毀損で訴えられた話――民法七〇九条

・アプリが無料だからと安易に規約に同意すると、個人情報が洩れるという話――個人情報保護法

・海賊版の曲と知ってダウンロードすると私的使用でも違法という話――著作権法三〇条一項三号

・出会い系サイトを間違えてクリックしたが請求額を一円も払わなかった話――電子消費者契約法

など実例解説・八話

インターネット・スマホの法律の急所

インターネットや携帯電話など通信情報技術の発達は、私たちの生活を大きく変えた。SNSやリモートで他人とコミュニケーションを取ったり、オンラインショッピングで買物をすることは、今では当たり前になっている。

ちなみに、総務省によると、わが国の携帯電話契約件数は二億五一五万件（令和四年九月末）で、計算上は国民全員が、スマホなど携帯電話を一台以上持っていることになる。

★プロバイダ責任制限法の改正で、発信者情報の開示手続きが一度の裁判手続きで済むようになった

スマホとSNSの普及は、誰でも簡単にネット上の情報を検索、閲覧できるだけでなく、作成した文書や動画、写真をネット上に投稿したり、見知らぬ第三者と交流することも自由にできるようになった。

しかし、その反面、虚偽や他人を誹謗中傷する投稿、特殊詐欺や強盗など違法なバイトの勧誘の書き込み、そしてネット上の詐欺商法や悪質商法などの誘いが、今日、大きな社会問題になっている。

ネットやスマホをめぐる最近の法律の動きとしては、誹謗中傷により名誉を傷つけられた被害者が、発信者情報の開示請求をする場合の手続きが見直された**特定電気通信役務提供者の損害賠償責任の制限及び発信者情報の開示に関する法律**（プロバイダ責任法）の改正、ネットショッピングのトラブルから消費者を守る**取引デジタルプラットフォームを利用する消費者の利益の保護に関する法律**（取引デジタルプラットフォーム消費者保護法）の創設などがある。

ＳＮＳ上に書き込まれた虚偽や誹謗中傷の投稿は、放置しておくと、さらに拡散し、被害が拡大することになる。しかし、匿名の投稿では、被害者が直接削除を要請するコメントをその書き込みに付けても、相手が応じない場合、ＳＮＳの管理者を通じて削除を要請するしかないが、それでも相手が削除に応じなければ、裁判を起こして削除命令の判決を取るしかない。

なお、削除の他、相手に謝罪や損害賠償を請求する場合には、プロバイダ責任制限法五条に基づきＳＮＳ事業者やプロバイダに発信者情報（住所、氏名、携帯電話番号、メールアドレスなど）の開示を請求すれば良いのだが、これまでは、まずＳＮＳ事業者からＩＰ

アドレスなど発信者の通信記録を開示させ、その後で再度、プロバイダに発信者の住所氏名などの開示を求めるという二度の裁判手続きが必要だった。

しかし、今回の法改正により、令和四年一〇月からは一度の手続きで済むようになっている。

また、表現の自由の観点から、リベンジポルノなど一部の違法な投稿を除けば、SNSなどサイトの運営事業者やプロバイダは、虚偽や誹謗中傷などであっても、その削除に消極的だった。しかし、ネット情報の真偽を確認する「日本ファクトチェックセンター」が令和四年一〇月設立され、また警察庁が令和五年三月から、銃器製造や殺人、強盗勧誘などの七類型の投稿をインターネットの有害情報に追加し、サイト管理者に削除要請するなど規制は強化されている。

★旅行予約サイトや出前サイトなどでのネットショッピングのトラブルから消費者を守る法律ができた

わざわざ店舗に出向かなくても、自宅や職場、出先にいながら、いつでも買えるネットショッピングは、手軽で便利だ。代金の支払いはカード決済などで手間もかからない上、ポイントが貯まるので、今日多くの人が利用している。しかし、「商品が届かない」「違う商品が届いた」「広告と品質が違う」「不良品だった」など、取引をめぐるトラブルも少なくない。

このようなネットショッピングのトラブルから消費者を守るため、新たに**取引デジタルプラットフォームを利用する消費者の利益の保護に関する法律**（取引デジタルプラットフォーム消費者保護法）が作られて、令和四年五月から施行されている。

ところで、ネットショッピングには、①販売業者自身がサイトを運営し、消費者と直接取引をするものと、②オンラインモールやオークションサイトなどのように、それぞれの業者がサイトの運営事業者が提供する「取引の場所（プラットファームという）」に出店して消費者と取引するものがあり、この法律の対象になるのは②のサイトで、具体的には他に、宿泊予約サイト、出前サイトなどがある。

これまで、消費者が出店業者とトラブルになっても、プラットフォームの利用規約は通常、業者と直接交渉することになっており、しかも運営サイトは出店業者の情報を開示しないため、消費者にとってトラブルの解決が容易ではなかった。

新法では、届いた商品が不良品などで返金や返品をしたい場合、消費者はオンラインモールなどのサイト運営事業者に、相手業者の電話番号やメールアドレスなどの情報を開示請求できるようになった（情報開示ができるのは損害額1万円以上の場合に限る）。

ネット・スマホのアナ

アイドルになりすまし SNSに投稿したら プライバシーや肖像権の侵害で訴えられた話

なりすまされない権利もある

水戸一郎さんは、アイドルグループの追っかけである。ただ、彼が押しの千葉翠さんは外見も歌も踊りも一番なのに、グループの中では今一つ人気が出ない。その理由は、彼女のSNSでの投稿回数が、他のメンバーより少ないからだと、彼は考えた。

そこで、一郎さんは偽アカウントで彼女になりすまし、勝手にSNS上に投稿することにしたのだ。公式サイトや彼女が以前SNS上に投稿した写真を組み合わせ、彼女になりきったつもりで文を付けて頻繁に投稿したのである。

なりすましの投稿で押しの人気が上がるかどうか、一郎さんにもわからないが、グループのファンが集うSNS上では、彼がアップした投稿が話題になることが多くなったのは事実だ。また、なりすましの投稿とバレないことにも、一郎さんは満足していた。彼が、なりすましの投稿を張り切って続けたのは言うまでもない。

ところが、なりすましの投稿を始めて三か月ほど経ったある日、彼がアップした投稿に押しと所属プロダクションの名でDMが書き込まれたのだ。そこには、「なりすましの投稿は、人格権侵害、プライバシー権侵害、肖像権侵害に当たるので、すぐSNS上の書き込みとアカウントを削除するよう求める」と書かれていた。

たしかに、「なりすまし」は、ほめられたことではないだろう。しかし、押しの人気を上げる目的でしたことで、誹謗中傷や押しを陥れる書き込みなど一度もしていない。

☆推し活もホドホドに！

そのことは、これまでの投稿を見ればわかるはずだ。押しのためにしてやったのに、ＤＭの最後に「削除しなければ法的措置を取る」と、脅し文句が書かれていたのは不愉快だった。そして、「匿名だから僕が誰かわかるはずない」と開き直り、このまま押しになりすまして投稿を続けることにしたのだ。

しかし、一郎さんの投稿が押しを貶める内容でなくても、裁判所が「なりすましにより、千葉翠の権利が侵害されている」と認めれば、一郎さんの住所や氏名、携帯電話番号などの発信者情報が開示され、押しや所属プロダクションからプライバシー権や肖像権の侵害などで損害賠償を請求されないとも限らないと考えると、やはり不安である。

問題点

ＳＮＳ上に、他人になりすまして投稿する人間は少なくないという。ただし、トラブルに巻き込まれ被害を受けるのは、なりすまされた本人だ。しかも、人には「他人になりすまされない権利」、いわゆるアイデンティティ権がある。

なお、「なりすまし」が成立するのは、その投稿が一般の市民が見れば、本人の投稿と信じられる場合だ。その場合、投稿内容が本人の社会的信用を貶めるような画像や書き込み（わいせつ画像、過去に薬物や犯罪に手を染めたなどウソの事実、第三者を誹謗中傷する書き込みなど）であれば、本人は名誉毀損やプライバシー侵害として、なりすまし相手に投稿やアカウントの削除を請求できるだろう。

応じない場合は、相手は匿名なので、ＳＮＳ事業者やプロバイダに発信者情報（住所氏名、携帯電話番号など）の開示を請求する必要がある（プロバイダ責任制限法五条一項）。発信者情報が開示されれば、不法行為に基づく損害賠償の請求も可能だ。

もっとも、一郎さんのように本人の社会的評価を貶める投稿でない場合、その内容により本人が受ける精神的苦痛が社会通念上の許容範囲を超えていないときは、なりすましは成立しても、名誉毀損やプライバシー侵害は成立しない。発信者情報開示の条件である「権利を侵害された」には当たらないので、開示は認められない。

その場合、アイデンティティ権に基づく開示請求をする方法も考えられるが、この事例は権利が侵害されたとまでは言えず、開示請求が認められる可能性は低い。匿名のままなら、一郎さんが投稿内容の削除や損害賠償を命じられるおそれも低いので、ＤＭを無視して投稿を続けても、何の規制も受けないように思われる。

ただし、なりすましによって権利を侵害されたかどうかは、なりすましの意図や動機、方法、態様などを考慮して判断するので、権利が侵害されたと判断される可能性もある。

「ネットの書き込み」を信じ有名人のSNSに「死ね！」と書き込んで脅迫と名誉毀損で訴えられた話

ネット・スマホのアナ

安易な投稿は大事になる

専業主婦の市谷祐子さんは、三人の子どもと同居する舅の世話に追われ、自分の自由になる時間はほとんどない。そんな彼女の息抜きは、家事の合間に見るテレビのワイドショーと、スマホで投稿するSNSである。匿名で書き込むこともできるため、夫へのグチや舅の世話を彼女一人に押しつけた夫の姉たちへの不満も自由に書き込めるし、他人の投稿にも遠慮ないコメントを付けられる。また、彼女の投稿を読んだ見ず知らずの相手から「いいね！」が付けられたり、同じような悩みがあると賛同のコメントをもらえるのも嬉しかった。

ある日のこと、祐子さんがフォローする投稿者の一人Xが、テレビでよく見かける著名人Aを厳しく批判する内容の書き込みをしているのを見つけたのだ。

Aは、辛口コメントが有名だが、週刊誌に載った若手人気タレントBが、酔って後輩や交際相手を罵倒したり、暴力を振るったという記事へのコメントを求められて、「歌もダンスも下手だし、芝居に至っては評価する価値もない。少しばかり人気があるからって、何様のつもりだ。人間性疑うね。こんな人間、テレビに出る資格ないよ。」などと、かなり厳しく批判したのである。

このAのコメントに対し、Bのファンだという X は、「Aこそ、テレビに出る資格がない。愛人が何人もいる上、パ

☆安易なネット中傷はキケン！

ワハラやセクハラは日常茶飯事。脱税や交通違反のもみ消しもやってるんだぜ。あいつこそ、他人を批判する資格なんてない！」と書き込み、その文末に、この投稿を拡散してほしいと、書かれていたのである。

祐子さんもＢのファンで、Ａの辛辣のコメントを不快に感じていたため、すぐＸの書き込みをリツイートして拡散させたのだ。さらに、Ａに直接抗議しようというＸの投稿を見た彼女は、深く考えずにスマホに書かれたＡのブログのＵＲＬに、「Ｂに謝罪しろ！」などと投稿し、その文面を彼女のＳＮＳにもアップしたのである。彼女のＳＮＳには、数多くの「いいね！」が付けられたので、気をよくした彼女は、Ｘの投稿の拡散とＡへの抗議を、自ら率先してＳＮＳ上で訴え、またＡに対して、「死ね！」という投稿を何度も送り付けた。匿名だし、バレることはないだろうと、高をくくっていたのも事実だ。

ところが、しばらくしてＡの事務所から、祐子さんが拡散させたＸの投稿内容（Ａの愛人問題やパワハラ疑惑）は事実ではなく、投稿内容の削除とＳＮＳ上で謝罪するよう求められたのである。

謝罪しない場合、名誉毀損で損害賠償を求める裁判を起こすとも書かれていた。

Ａはテレビでも、自身を誹謗中傷するＳＮＳの問題を取り上げ、投稿の拡散により、抗議メールや電話による嫌がらせなどで、事務所の業務が妨害されたこと、また「死ね！」など悪質な書き込みを頻繁に送り付けられたことに対して、名誉毀損や業務妨害で民事訴訟を起こす他、脅迫で警察に被害届を出すことも考えていると発言したのだ。

自分の名前こそ公にはされていないが、祐子さんは、書き込みは削除したものの、警察沙汰になったり、裁判を起こされるのではないかと怯える今日この頃である。

問題点

ＳＮＳは、自分の主張を不特定多数の相手に発信できる便利で楽しいツールである。

もちろん、他人を誹謗中傷したり、その社会的評価を貶めるようなウソ（虚偽）の内容を発信することまで、許されているわけではない。また、本事例の祐子さんのように、「死ね！」などという脅迫めいた暴言もＮＧだ。軽い気持ちで、こんな投稿をする人もいるようだが、名誉毀損で損害賠償を請求されたり、脅迫や業務妨害で警察に被害届を出されることもある。

実際、女性タレントのブログに誹謗中傷や「死ね」などと脅迫めいた文言を書き込んだ主婦が、書類送検されたニュースが報じられたこともある。

なお、匿名だからバレないと思っているなら間違い。被害者は「発信情報の開示請求」で、投稿者の氏名や住所を知ることもできるからだ。

アプリが無料だからと安易に規約に同意すると個人情報を無条件に使われるという話

ネット・スマホのアナ

情報の削除は難しい

花村明子さんは専業主婦。朝、夫と子どもを学校と会社に送り出し、掃除洗濯など一通り家事を済ますと、午後の買物の時間までは、ずっとスマホで楽しんでいる。

必要なアプリをインストールすれば、動画や音楽、ゲームを目一杯楽しめ、SNSで知らない人とメッセージのやり取りもできるのも魅力だし、その上、アプリはほとんど無料だ。

明子さんは今、「主婦のグチ聞き」という相談サイトのアプリにハマっている。夫への不満や子どもの成績の不安など、日々悩んでいる不安を書き込むと、サイトのスタッフが不満解消法や不安の解決策をメールで教えてくれるのだ。掲示板への書き込みと違い、第三者に閲覧される心配もなく、明子さんは安心してアプリに登録し、毎日のように投稿している。

☆一度漏れると止まらない…！

夫は仕事が忙しく、家には寝に帰るだけ、近くに気のおけない友人も親族もいない彼女にとっては、そのサイトへの投稿だけが唯一心の安らぎだったのだ。

しかし、登録直後から、明子さんのスマホには出会い系サイトや見知らぬ男からのメールが頻繁に届くようになった。メールは日に100通を超す。「奥さん、不倫しない」などという失礼な電話も掛かるようになったのも同じ頃だ。スマホの電源を切っておけばいいのだが、夫や子どもから連絡も入るので、そうもいかない。

スマホを買ったショップに問い合わせたところ、登録したアプリの運営サイトが明子さんのメールアドレスや電話番号を洩らしたのではないかと教えてくれた。音楽や動画、ゲームのアプリは、元々スマホに入ってるものなので、思い当たるのは相談サイトしかない。

そこで、サイトに連絡してみると、「当社は、規約に登録者のメールアドレスや電話番号を広告、宣伝活動に自由に利用し、また相談内容も第三者に提供することがあると明記してます。あなたも、その規約に同意してるじゃないですか」と、個人情報を公開したことを認め、しかも何が問題だと開き直ったのだ。

たしかに、アプリに登録した際、「規約に同意する」というボタンをクリックしたことは、明子さんも覚えている。だが、「無料」という文言以外、規約の条文などは読んでいないから、明子さん側に非があるのも事実だ。結局、サイト側はアドレスや電話番号の削除には応じてくれず、それどころか、「これ以上、文句付けると、営業妨害で訴える」と、凄んだのである。

その後も、迷惑メールやわいせつ電話が止まないが、明子さんは誰にも相談できず困っている。

問題点

スマホで、ネット上からダウンロードしたアプリを利用するには、通常、そのアプリの規約に同意する必要がある。

規約には一般的に、アプリの著作権の帰属、利用者以外への譲渡の可否、課金の有無（有料、無料の別）、アプリ使用による利用者の損害発生に対する免責、管轄裁判所の他、利用者の個人情報の取扱いについても定めてあるのが普通だ。

もっとも、利用者は通常、アプリが無料であるかどうかの確認はするが、個人情報の取扱いがどうなっているかまでは、まず確認しない。大概の人は、規約を読むことなく「同意」のボタンをクリックするだろう。

ところが、規約の中にはアプリ側が個人情報を、広告宣伝から第三者への情報提供まで自由に利用できるとした利用者側に著しく不利な決まりにしたものもある。しかし、この規約自体は違法なものではなく、個人情報保護法にも触れない。利用者が同意すれば、契約上、規約は有効なのだ。

規約を読まなかったという言い訳は、法律上は通用しない。規約に同意した以上、後から個人情報の目的外使用や第三者への提供を止めるようアプリ側に求めるのは難しいのである。

ただし、一般消費者の利用者には、アプリの長々とした規約を読んで理解することも、また容易ではない。そのことを考慮すると、アプリの利用者は、「錯誤（民法九五条）」により、規約に同意した行為は無効だと、主張できる余地がある。

明子さんも一人で悩まず、消費者センターに相談してみるといいだろう。

ネットショッピングで買物をしてクーリング・オフできなかった話

ネット・スイカのアナ

返済期間は業者任せ

八戸亜矢さんは、三〇代半ばの専業主婦。夫と二人の子どもを仕事と学校に送り出し一通り家事をこなしたら、午後買物に出るまで、ずっとパソコンと向き合う毎日だ。友人からのメール、ツイッター、メタ（フェイスブック）などをチェックし、返信や書き込みをしたら、そのあとはネットショッピングである。大半は夫と子どものものだが、時には自分のために買うこともあった。

先日も、トレーニングウエアを扱う悪徳産業のホームページで、『家事をしながらダイエット』というキャッチコピーに引かれ、合計一〇万円のスウェットとジャージを買ってしまったのである。何しろ、室内で着て過ごすだけで自然にダイエットできる優れものだと言うのだ。S・M・L・XLの四サイズの他、希望者には同じ値段で、個人個人のサイズに合わせた特注品を作ってくれるというのも気に入ったのである。

ここ数年、子どもの世話に追われ、好きなテニスにもジムにもいけない亜矢さんの二の腕や腰回りには、贅肉がしっかり付いていた。少々高めだが、ヘソクリで十分払えるし、使ってみてダメなら返品すればいい。ホームページの中ほどに、赤文字で「全サイズ購入後八日間は返品可能」と書いてあるのも確認してあった。

亜矢さんは、画面上の購入申込書のサイズ欄を見て、四サイズの横にある「特注」という欄にレ点を入れた。

☆大事なことは小さな文字で書いてある

手足が長く、テニスで鍛えて左右の腕の長さも違う彼女は、いわゆる標準サイズでは身体に合わないのだ。特注品申込書を出し、サイズ表に自分のサイズを細かく記入して、彼女は「申し込む」をクリックしたのである。

二週間ほどしてスウェットとジャージが届くと、亜矢さんは、さっそくそれを着て室内を動いてみた。たしかにサイズはピッタリで着心地は悪くない。だが、生地や縫製は、どこにでも売っているスウェットやジャージと何ら変わりなく、これといってダイエットに効果がある特長は見当たらなかった。届いてから一週間着てみて、本当にダイエットに効果があるのか確証を持てない亜矢さんは返品することとし、返品先を聞くため悪徳産業に電話を入れたのである。すると、驚いたことに、「お客様の場合、返品はできません」と言われたのだ。

だが、同社のホームページには、「商品到着から八日間は返品できる」と書いてあったし、法律に詳しいママさん仲間に、「今は通信販売もクーリング・オフができるのよ」と聞いていた亜矢さんは、そのことを告げたが、電話に出た相手は、「それは四サイズの標準品で、特注品の場合は返品できないと明記してあります」と答えた。しかも、「それに通信販売のクーリング・オフは、当社のように解約ルールを明記してある場合、業者側のルールが優先なんですよ」とも言われたのである。

慌てて同社のホームページを開けると、「八日間返品可能」と書かれた後ろに、小さな文字で、「特注品は返品できません」と、たしかに書かれていた。

何だかダマされたみたい。返品を諦めた亜矢さんは、そう感じている。

問題点

一般消費者がパソコンやスマホを使ってネットショッピングをするのは、今日では当たり前の情景である。消費者と業者間の契約（取引）には、特定商取引法の通信販売の規定が適用される。よって、ネットショッピングの場合も、商品引渡しから八日間は、消費者にはクーリング・オフ（無条件解約）が認められている。もっとも、業者が独自に解約ルールを決めている場合、それをホームページなどで表示していれば、そのルールが適用されることになっている（法一五条の三第一項）。

亜矢さんの場合も、悪徳産業は特注品については返品できない旨をホームページ上に表示しており、その限りではクーリング・オフはできない。

だが、諦めることはない。着るだけでダイエットになるという効能の表示は、著しく優良なものと消費者に誤認させるもので、禁止された誇大広告に当たる（法一二条）。消費相談センターなどで相談するといいだろう。

海賊版と知りながら曲をダウンロードすると私的使用でも刑務所行きという話

ネット・スイカのアナ

違反者は二年以下の懲役

新入社員の福江さんは、ＡＫＢ48から美空ひばりまで、カラオケに入っている日本人アーティストの曲はすべて歌えるというカラオケオタクである。もちろん、そのための努力も相当のもので、会社帰りに毎晩カラオケ店に行くだけでなく、自宅や帰り道も、常に誰かの曲を聴き続けているのだという。

当然、ＣＤ購入代やレンタル料、音楽配信サイトからダウンロードする音楽（楽曲）に支払う金額はかなりの額で、しがないサラリーマンの福江さんにとって、その負担は実際きつい。そこで最近では、インターネットで無料の音楽サイトを探し、そこから新曲をダウンロードするようにしている。

もっとも、違法な音楽配信サイトも多く、そこから配信される音楽は、いわゆる海賊版がほとんどである。

☆こんなことでも厳しい罰が…⁉

もちろん、ダウンロードした曲をCDに録音して他人に売ったり、再配信したりすれば、著作権法違反になることは知っている。しかし、自分でカラオケ練習のために使うだけだから、違法サイトからダウンロードしても何の問題もないと、福江さんは思っていた。

ところが、会社の同僚の長崎さんが遊びに来て、福江さんが新曲の大半を、違法配信サイトからダウンロードしていると知ると、配信された曲が海賊版であることを知っていながらダウンロードすると、たとえ自分や家族だけで利用する私的使用目的の場合でも、著作権侵害になると教えてくれたのだ。しかも、違反者は二年以下の懲役または二〇〇万円以下の罰金が科され、損害賠償を払わされた上、刑務所行きだと言うのだ。

福江さんは、逮捕されないかと不安な毎日である。

問題点

CDやDVD、あるいは放送やネット配信による音楽や映像は、個人的または家庭内で使う（私的使用という）目的でなら、コピー（複製）しても著作権侵害にはならない（著作権法三〇条一項本文）。そのコピー元が海賊版のCDやDVDで、コピーする者がその事実を知っていても、私的使用目的なら著作権法上は何の問題も生じないのである。

ただし、ネット上の違法配信サイトから、海賊版と知っていながら音楽や映像をダウンロードした場合、たとえ私的使用目的でも、著作権（複製権）侵害とみなされる（同項三号）。とくに有償（有料）で提供される音楽や映像（録音・録画された著作物、実演などで著作権、著作隣接権のあるもの）を違法ダウンロードした場合には、著作権者や著作隣接権者（レコード会社、放送局、アーティストなど）の告訴があると、刑事罰も科される（二年以下の懲役もしくは二〇〇万円以下の罰金、併科もある。親告罪）。

福江さんも、配信された音楽が海賊版と知りながら違法ダウンロードしているのだから、著作権侵害で民事責任（損害賠償）だけでなく、刑事責任も追及される可能性はある。違法ダウンロードは絶対にしないこと。

なお、ライブを無断録音した場合、アーティストの録音権（著作隣接権）侵害であるが、私的使用目的の録音は著作権法違反にはならない。ただし、ライブの入場者は主催者との契約（約款）で、無断録音や盗撮をしないことを約束（了承）して入場したのだから、無断録音は契約違反（債務不履行）で、刑事罰は受けなくても、録音データの消去や退場を主催者から求められる。

しかし、映画の盗撮は、たとえ私的使用目的でも、「映画の盗撮に関する法律」が適用され、盗撮者は一〇年以下の懲役もしくは一〇〇〇万円以下の罰金である（併科もある）。

ネット・スイカのアナ

銀行からのメールと信じパスワードを打ち込んで預金を引き出された話

重過失は補償なし

　下山早苗さんは、結婚よりも仕事が生きがいのアラフォーである。合鍵を持ち合う恋人はいるが、入籍や同居の予定はない。しかも、たった今、その合鍵を返せと、電話で恋人を怒鳴ったところである。というのは、早苗さんの預金が、知らない間に引き出されていたからだ。恋人は、そんなことはしてないと否定したが、キャッシュカードやクレジットカードの暗証番号もネットバンキングのログインパスワードも、すべて恋人のイニシャルや誕生日にしてあり、それを知っているのは早苗さん本人と彼だけなのである。

　恋人に別れを告げた早苗さんは、「やっぱり男より仕事よ！」と、改めて自分を納得させたのだ。むろん、銀行と警察に、被害について連絡したのは言うまでもない。

　だが後日、銀行や警察の調べで、原因は早苗さん自身にあったとわかったのだ。半月前、彼女のアドレスに、ホームバンキングをしている丸角銀行から一通のメールが届いた。それには、「システム変更のため、ご利用には一度ログインが必要です」と書かれていたのである。

　早苗さんは、そのメールが丸角銀行から来たものだと疑いもせず、メールの末尾にあるURLをクリックし、現れた画面に「パスワードを入れてください」とあったので、パスワードを打ち込み、ログインしたのだ。

☆恋人のせいとは限りません…

しかし、そのメールは偽物で、早苗さんのパスワードを知った何者かが、それを悪用して彼女に成りすまし、預金を引き出したのである。その事実を聞かされた早苗さんは驚いたが、同時にホッとした。というのは、盗難により引き出された銀行預金は補償されると聞いていたからだ。

問題点

キャッシュカードの暗証番号やネットバンキングのパスワードを他人に知られ、預金を不正に払い出された（払戻しという）場合、銀行が善意無過失なら払戻しを有効とする民法の原則が適用されると、預金者はほとんど救済されない。

しかし、ＡＴＭやインターネットを使って預金を不正に払い出された場合は例外として、銀行が善意無過失でも預金者に故意や重大な過失がなければ、不正に払戻しされた預金を銀行が補償してくれる（預金者保護法＝偽造カード等及び盗難カード等を用いて行われる不正な機械式預貯金払戻し等からの預貯金者の保護等に関する法律）。

早苗さんも、この法律と銀行の自主ルールにより、不正に払戻しをされた預金を補償してもらえる可能性がある。

ただし、いつでも預金者が保護されるわけではない。次のようになる。

１・補償される預金　個人の預金

２・補償を受けられる条件

①被害に気づいた場合、すぐに銀行に連絡し、十分な説明をすること
　被害発生から三〇日以内に、銀行に連絡しないと、原則補償されない。

②警察に被害届を出し、事情説明するなど捜査に真摯に協力すること

３・補償の基準　預金者の過失により、次のようになる（故意は補償なし）

①偽造カード
・預金者が無過失　一〇〇％補償
・預金者が重過失　補償されない

②盗難カード
・預金者が無過失　一〇〇％補償
・預金者が軽過失　七五％補償
・預金者が重過失　補償されない

なお、軽過失とは、暗証番号を生年月日や電話番号などわかりやすいものにして、しかもその番号がわかるような書類と一緒に置いていた場合などを言い、また重過失とは暗証番号を他人に教えたり、カードに書いていた場合などが、その例として挙げられる。

③インターネットバンキング
・預金者が無過失　一〇〇％補償
・預金者に過失がある　個別対応

早苗さんの場合、必ずしも無過失と言えるかどうか微妙であるが、過失がある場合でも、その補償の有無や割合は、被害の態様や預金者の事情を考慮して銀行が個別に判断するので、被害に気づいたらすぐ銀行に連絡し、また警察にも被害届を出すことである。

なお、ネット不正送金の被害は法人預金も補償される場合がある。

間違って出会い系サイトの入会登録をクリックしたが請求額を一円も払わずに済んだ話

ネット・スマホのアナ

操作ミスは救済される

　久米裕夫さんは最近、携帯をスマホに替えた。インターネットへの接続も携帯電話会社のネットワーク経由でなく、無線ランで直接ネットワークにつながるので、パソコンがなくても、メタ（フェイスブック）に参加したり、ＹｏｕＴｕｂｅを観ることも簡単にできる。

　新しいアプリをダウンロードしたり、その場でデイトスポットを見つけられるなど便利だが、一方で、ウイルス感染や詐欺目的の違法サイトも数多く存在し、用心して接続しないと、思わぬトラブルに巻き込まれることを、久米さんは早々に体験した。

　何か面白そうなサイトはないかと、検索を続けていた久米さんは、「某有名女子大生サークル」というサイトを見つけたのである。もしかして出会い系かもと、期待と不安相半ばにＵＲＬをクリックしたのは事実だ。ただ、サイトが有料なら、利用するつもりはなかった。

　サイトのトップ画面には、有名女子大の建物と一〇人の若いきれいな女性のスナップが表示され、それぞれに、「グルメ」「ファッション」「水着」「お部屋」「恋の行方」といったメニューボタンが付いている。しかも「すべて視聴無料」とあるので、久米さんはすべてをクリックし、女子大生ライフをのぞき見て堪能したのである。中には下着姿や入浴風景を惜しみなく露出した動画もあった。

　そして最後に、「更新したら、メールで知らせるね。私たちにアドレスを教えて！」というメニューボタンが出てきたのだ。その下に、「メールは登録が必要で有料」と小さく表示されていたのだが、久米さんは気づかず、無料と

☆クリックは控えめに…！

信じて即ボタンをクリックした。すると次画面に代わり、そこには全員の顔写真が並んでいて、メールをほしい女性には「レ」点を付けるよう書かれていたのだ。当然、全員にレ点を付け、自分の氏名とメールアドレスを入力して、ボタンをクリックしたのである。

再び画面が変わり、「久米裕夫様。登録完了しました。登録料は初回入会金三万円、メール相手一人当たり五千円の計八万円です。一週間以内に当サークル指定口座にお支払いください」と表示され、さらに「同期日までにお支払いがない場合、ご利用のプロバイダーの月額請求額に上乗せされます。この場合、プロバイダー代行料が別途一万円かかります」と、書かれていたのだ。

久米さんは驚いた。慌てて画面に表示されたサイトの電話番号に連絡すると、サイトの担当者は、メール登録は有料と書いてあると言い、後は「契約は成立している。絶対払ってもらう」の一点張りで、払わないと自宅まで取りに行くと、強い口調で電話を切られたのである。

久米さんは、ハメられたと知った。しかし、「登録は有料」という記載を見逃した自分も悪い。八万円は高い授業料として払うしかないか、とも思い始めている。

問題点

法律上、久米さんは登録料を払う義務はない。

契約は「申込み」と「承諾」という当事者間の合意で成立する。だが、その意思がなくても契約書に署名すると、間違いだから取り消すとは言えないのである（錯誤。民法九五条）。

しかし、事例のように、パソコンやモバイル機器（スマホなど多機能携帯電話や端末）を使う契約（電子商取引という）では、消費者が誤操作により、内容を確認できないまま「有料契約」を結ばされるトラブルも多い。

そこで、消費者と業者との電子商取引については、消費者が入力内容を確認できる画面がない場合、また有料契約であることを「申込み」ボタンを押す前に消費者にわかるよう明示されていない場合は、消費者の操作ミスによる申込み自体が無効とされる電子消費者契約法（電子消費者契約に関する民法の特例に関する法律）が作られ、施行されている。

久米さんと出会い系サイトとの契約にも同法が適用されるが、入力内容を確認できる画面等が用意されていないことは明らかなので、サイトへの登録（契約）自体が無効で、業者の請求に久米さんは応じる必要はない。

なお、サイト運営者とのトラブルに巻き込まれた場合、国民生活センターや最寄りの市区町村の消費者相談窓口に相談することをお勧めする。事例の久米さんのように直接業者と交渉すると、被害が拡大するリスクがある。

共同購入した写真集を自炊してタブレット端末に入れたが著作権侵害にならなかった話

ネット・スマホのアナ

私的使用目的が条件

千葉君と松戸君は、大学のアイドルファンサークルに所属している。二人とも一〇代のアイドルより、アラサーの元アイドルのファンということもあり、日頃から仲が良かった。二人の今の関心事は、来週発売の元アイドルの写真集。三二〇頁すべて海外ロケで、大人の魅力満載という触込みなので、二人とも発売当日には手に入れたいと思っていた。

だが、その写真集は一万二〇〇〇円と高額で、仕送り前でバイトの給料日も当分先という二人には、買いたくても経済状況が許さなかったのである。しかし、発売日当日は徹夜組も出ると言われており、仕送りやバイト代を待っていては、初版本が手に入らない怖れがあった。ファンとしては、初版本でなければ意味がない。

金がないとボヤく二人に、同じサークル仲間の和田が、「とりあえず二人で一冊買えばいいじゃないか。俺も、あの写真集には興味あるから、三人で買ってもいいぜ」と、声をかけてきたのである。

一人頭四〇〇〇円なら何とかなる。二人は和田の誘いに乗り、三人で共同購入したのである。初版本をゲットし、ため息交じりに眺めている千葉君と松戸君に、和田が、「ど

☆さすがに売ったらアウトです！

うせなら、この写真集スキャンして、ディスクにしないか。パソコンやタブレット端末に取り込めばいつでも見れるし」と、提案してきたのだ。スキャンは一冊一〇〇円程度でできると言う。写真集をバラバラにすることには抵抗があったが、端末でいつでも見れるという話に、二人ともすぐ賛成したのである。

数日後、和田はスキャンしたデータの入ったディスクと裁断された写真集を二人の元に届けに来た。二人は、さっそくデータをパソコンとタブレット端末に取り込み、写真集と寸分変わらぬ出来栄えに満足したのである。

ただ、千葉君が端末の写真集を見せた法学部の友人は、「個人的に楽しむだけならいいけど、ブログに載せたりディスクを他人に貸したりするなよ。著作権侵害だからな。もちろん、ディスクを売るのもダメ!」と、二人に忠告してくれたのだ。元々自分たちだけで楽しむ目的で写真集を購入し、スキャンした二人には、そんなつもりはない。だが、和田はディスクを何枚もコピーし、学内で売りさばいていたのである。

問題点

書籍や雑誌をスキャナーで読み込み、デジタル化する行為をスキャン（自炊ともいう）といい、パソコンやタブレット端末にスキャンしたデータを取り込み、持ち歩く人も増えている。

書籍や雑誌を購入した個人が自分で使うためにスキャンしても、私的使用目的なので、著作権法上の問題は発生しない（法三〇条一項）。だが、自分の本でも、スキャンを業者に頼んだ場合は別の問題が生じる。業者のスキャン代行行為で、大手出版社や作家が業者を訴えた事件がある。

裁判所は、被告業者の行為を著作権侵害と認め、複製行為（スキャン）の差止めと各原告に一〇万円ずつ支払うよう被告に命じた（東京地裁・平成二五年九月三〇日判決）。

ただ、千葉君と松戸君がタブレット端末やパソコンにスキャンしたデータを取り込み、自分や家族、少数の友人で見て楽しむ分にはとくに問題はない。また、恋人や少数の友人にディスクを貸しても私的使用の範囲内で、著作権を侵害したことにはならないと言える。

この場合、相手にディスクをそのまま渡すのであれば、譲渡することも違法ではない。ただし、再コピーして譲渡すると、著作権（複製権）侵害とみなされる場合もある。メール送信も相手が少数ならともかく、サークル全員というような場合、たとえ私的使用目的でも著作権（公衆送信権）侵害になるから注意が必要だ。もちろん、無許可でのブログへの公開は許されない。

なお、ディスクを再コピーして販売する和田の場合は、明らかに著作権の侵害で、刑事罰も負う。

●違法ダウンロードは私的使用でもアウト!!

音楽や映画の海賊版は数多く出回っている。海賊版と知りながら、ＣＤやＤＶＤが安く買えたり、ネットに無料配信されることから、利用する人も少なくない。しかし、海賊版は違法であり、著作権法は、違法ダウンロードした人は、私的使用でも処罰すると規定している。

●海賊版と知ってする違法ダウンロードは刑事罰がある

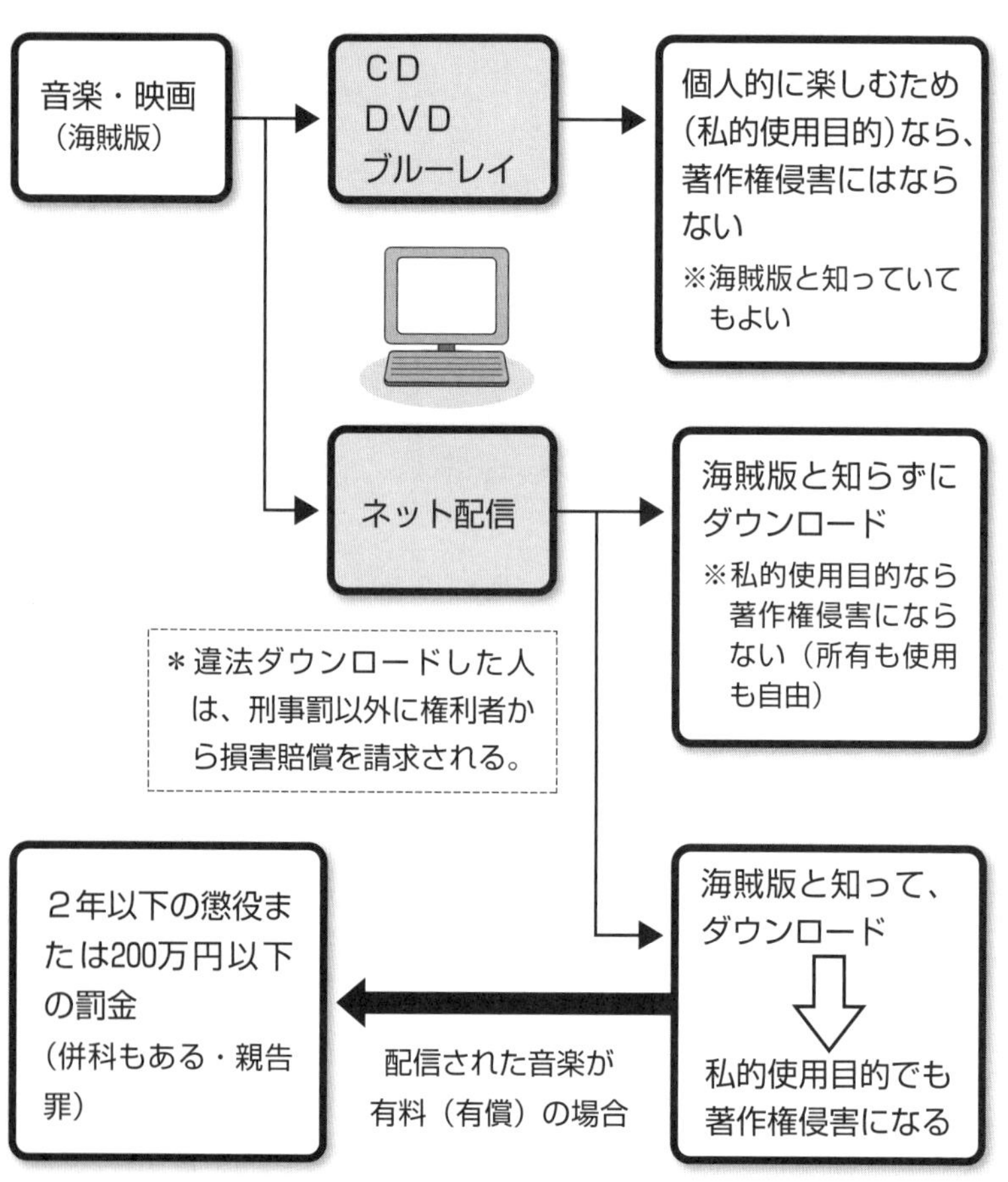

第3章

金銭貸借の抜け穴と急所

♣本書の内容は……

・ネット決済でカードを使われたが支払いを拒絶できた親の話――民法七一四条・約款

・少額の借金をたくさん作り踏み倒す男に少額訴訟を起こした話――民訴三六八条

・借用証を取り戻さなかったため二度払いさせられた話――民法五三三条

・年109・5%超の利息契約をして利息を払わずにすんだ話――貸金四二条

・六年間利息だけ払った債務者が過払い分を取り戻した話――利息一条

・何気なく押した捨印で公正証書を作られて大失敗した話――刑法一五九条

など実例解説・一四話

金銭貸借の法律の急所

平成から令和にかけて、私人間の権利関係を定めた基本法である民法（総則、債権法、親族法、相続法）が大改正された。成人年齢の一八歳引き下げ（総則）が良く知られている（令和四年四月一日から施行）。

金銭貸借をめぐる民法（**債権法**）の改正点としては、消滅時効の期間見直し、法定利率の一元化、保証債務の整備、定型約款の新設などが上げられる（令和二年四月一日から施行）。

★債権の消滅時効の期間が五年に統一された

改正前の民法では、債権の消滅時効の期間は、個人間の貸し借りは一〇年、法人間や個人が貸金業者から借りた借金（商行為）は五年、病院の治療費は三年、売買代金は二年、飲み代や宿代は一年などと、細かく分かれていた。

しかし、法改正により、一般債権も商人間の債権も、業種ごとに異なる短期消滅時効も、その時効期間は、「**権利を行使できることを知った時から五年**」に原則統一された（不法行為の消滅時効については第一二章「事故と賠償の急所」参照）。

債権者が、この五年または「権利を行使することができる時から一〇年」のいずれか早い時までに、その権利を行使しない場合、債権は時効で消滅する（民法一六六条一項。商事消滅時効の規定は商法から削除）。

なお、改正前の民法では、債権者が消滅時効の進行を止めることができる手続きを、「時効の中断・停止」と呼んでいたが、改正法では、その呼び方が「中断」は「**更新**」に、「停止」は「**完成猶予**」に変わった。

また、時効の進行を止められる事由としては、改正前と同様、「裁判上の請求」、「差押え、仮差押えまたは仮処分」、「承認」があり、時効期間の満了が近づいた場合、催告により六か月間だけ時効の満了を伸ばせることも変わらないが、新たに「**協議を伴う旨の合意による時効の完成猶予**」の制度ができた。これにより、示談交渉が長引いて、その間に時効が完成してしまうことを防げるようになった。ただし、確定判決（同様の効力有するものも含む）と承認以外の事由は、完成猶予に過ぎない。個々のケースで確認が必要である。

★民法も商法も法定利息は年三パーセントになった

令和二年四月一日から施行された改正民法は、利息が生ずる債権で、利率の定めがない場合の法定利率を

年三パーセントと定めた（民法四〇四条一項、二項）。ただし、その利率は三年ごとに見直し、一パーセント単位で変動することになっている（変動幅を法務省令で定め、直近の法定利率に加算または減算する。同条三項～五項）。

なお、この規定は、業者間や当事者の一方が業者の貸金にも適用され、法定利率は年三パーセントに統一された（商事法定利率の規定は商法から削除された。八四頁参照）。

この他、主な改正点は、次の通りである。

・定型約款についての規定の整備　不特定多数を相手に取引する場合には、取引内容を個別に決めるのではなく、画一的な内容による取引（定型取引）の方が、大量で迅速な取引ができる。定型取引について定めた契約書を**定型約款**といい、双方が定型取引に合意した場合は、その定型約款にも合意したものとみなされる（民法五四八条の二～五四八条の四）。実務上はすでに数多くの定型約款が作られ、利用されている。

たとえば、預金規定、消費者ローン契約、運送約款、旅行約款などが、典型的な定型約款として上げられる。

・保証債務の整備　事業の債務についての保証契約に関する独立した規定を定めた。また、保証人が法人でない場合、個人による根保証についての規定も設けた（民法四六五条の二～四六五条の十）。

なお、政府は中小企業の借金について、健全財務の企業を対象に、事業継承時には、その時点での借金に債務保証協会の債務保証を付け、新しい経営者が個人保証による返済義務を負わないで済む「事業承継特別保証制度」も設けている。

★貸金業者の違法な取立ては警察に通報を

貸金業者の中には、返済の滞った債務者に対して、夜間の取立てや職場や学校への取立てなど、貸金業法二一条で禁じられた違法な取立てを繰り返す悪質業者もいる。

このような取立てを受けた場合には、泣き寝入りをすることなく、警察に相談するといいだろう。

なお、夜間（午後九時から翌朝八時まで）以外の時間帯でも、債務者が申し出た時間以外には、貸金業者は原則取立てができないことになっている。

この他、業者は貸付の際、債務者に対し返済元利金の合計額を説明する書面の交付、連帯保証人に催告や検索の抗弁権がないことの説明も義務づけられており、債務者の自殺により生命保険金を業者が受け取る契約、債務不履行の場合の強制執行認諾約款を記載した公正証書作成のための白紙委任状などを債務者や連帯保証人からあらかじめ取ることも禁じられている。

金銭債権のアナ

少額の借金をたくさん作り踏み倒す男の話

少額訴訟に応じさせるのがカギ

世の中には、友人や知人から金を借り、そのまま平気で踏み倒してしまうタチの悪い人がいる。今野六平も、その一人。彼は、ハナから約束の期限に返済しようなどという考えはない。返す意思がないのに人から借金するのだから、その行為が詐欺罪（刑法二四六条）に当たるのは言うまでもない。しかし、借りた金額は、いずれの場合も数千円から数万円までと小さく、また当人に返済の意思がなかったとの立証も難しいことから、仮に被害者から詐欺罪で告訴されても、まず逮捕も起訴もされないはずとタカをくくっているのである。

むろん、踏み倒された被害者の中には、刑事がダメなら、民事で取ってやると息巻き、本気で裁判を考える人もいる。川井正次君も、その一人である。川井君は貸した金を取り戻すことより、何とか、あの今野をヘコましてやりたい。そう思ったのだ。といって、正式裁判を起こすとなると、時間も費用もかかりすぎる。法律に詳しい同僚に聞くと、「**少額訴訟が簡単だ**」と教えてくれた。これは、六〇万円以下の金銭債権を請求する手続きで、審理は原則一回で、しかも即日判決がもらえるのだという。その申立手数料も五〇〇円～六〇〇〇円（請求額による。他に、当事者への連絡用の郵便切手が必要）と安く、定型の訴状が簡易裁判所の窓口にあり、それに書き込むだけとのことだ。

川井君は、さっそく最寄りの簡易裁判所に行き、窓口で「少額訴訟の訴状」をもらって必要事項を記載し、中立て

をしたのである。やがて、裁判所から裁判期日を知らせる呼出状が届き、川井君は当日、意気揚々と裁判に出掛けたのだ。今野が出廷しても（正当理由のない欠席は敗訴）、証拠の借用書があるから負けるはずないと、信じていた。

ところが、裁判に出てきた今野は、いきなり「通常訴訟にしてほしい」と言い出し、それを聞いた裁判官も「では、本事案は通常訴訟に移行します」と言って、訳もわからず呆然としている川井君を尻目に、判決も出さずに閉廷する旨を告げたのである。後から、少額訴訟は債務者が望めば、通常訴訟に移行するとわかったが、たった二万円のため、正式裁判をしなければならないかと思うと、川井君は頭が痛い。このまま打ち切ろうかとも考えている。

問題点

少額の借金を取り立てる場合など、六〇万円以下の金銭債権を請求するには、**少額訴訟**（民事訴訟法三六八条～三八一条）の手続きが便利だ。費用も安く、手続きも簡便な上、原則一回の審理で通常は即日判決が出る。しかも、一旦判決が出ると、通常訴訟のようにその判決に不服でも控訴はできない。

しかし、この事例の今野氏のように、債務者が「通常訴訟により争いたい」と申述すると、自動的に少額訴訟から通常訴訟に移行してしまうので、彼のような狡猾な債務者相手の場合には、その実効性は薄いといえる。

なお、少額の金銭債権の請求手続きには、この他、**支払督促**（支払命令ともいう）という制度もある（民事訴訟法三八二条～四〇二条）。債権者は、債務者の普通裁判籍の所在地（債務者の住所地等）を管轄する簡易裁判所に「支払督促申立書」を提出するだけでよく、裁判所はこの申立てがあると、証拠調べなしに債務者に対し「債務者は、請求の趣旨記載の金額を債権者に支払え」と命ずる「支払督促」を送達してくれる。そして、もしこれを債務者が放っておくと、この命令が確定し、判決と同様、債務者の資産に強制執行ができるという簡便かつ迅速な手続きである。ただし、支払督促は少額訴訟と比べ、申立書の記載が複雑であり、また債務者が「支払督促に対する異議申立書」を出すと、やはり通常訴訟に移行してしまう。今野氏のような相手は、当然この異議申立てをするに違いなく、このような相手には効果は薄いと言えるだろう。

では、どうすればいいか。今野氏のような人は、おそらく他でも、同様な借金踏み倒しをしているはずで、その被害者達が連携して**刑事告訴**するのが一番だ。たしかに、一件一件の被害額は小さいが、被害者が多数いるということになれば、今野氏が常習的な寸借詐欺の犯人であることが明白になり、「金は返すつもりだった」という弁解も通じない。当然、懲役刑もありうる。

年一〇九・五％を超える利息契約で借りたが利息を払わずにすんだ話

金銭貸借のアナ

利息契約は無効で支払義務なし

　良夫さんは、小さな工務店の社長だが、資金繰りが上手くいかず、困っていた。真面目で手堅い仕事振りが受けて、良夫さんの工務店にはそれなりの仕事はある。しかし、五年前に建て替えた自社ビルのローンの支払いが残っているうえ、昨年末に入金予定だった取引先が倒産して、今年になって急激に資金繰りがきびしくなったのである。しかし、メインバンクの東西銀行には運転資金と合わせて二億近い借金があり、これ以上の借入れは望めない。それどころか、ヘタに融資の相談などすれば、有無を言わさず融資金の引きはがしを受けることは、バブル後の経験からわかっていた。

　そんなわけで、良夫さんは知り合いの金融業者数社から次々に小口の借金を重ね、どの支払いも滞らせることなく、この半年頑張ってきたのだが、ここにきて月末の支払いのメドが立たなくなってしまったのだ。

　すでに金融業者からの借入れは総額二〇〇〇万円を超え、月三五万の利息を払わなければならない。そのため、借金返済のためにまた借金を重ねる最悪のパターンで、そんな事情を知ってか、どの金融業者も融資を渋り始めたのである。このままでは、月末の手形決済やローンの支払い計一六〇万円が滞ることは確実だ。そうなったら、金融業者だけでなく東西銀行もまた一斉に貸金の回収を始めて、良夫さんの工務店は倒産するだろう。良夫さんは困った。

☆これで文句は言わさない！

そんなある日のこと、金策に歩いていた良夫さんの目に、「即日融資」の看板が見えたのである。看板の極悪金融が、いわゆるトイチの暴利をとる業者ということは知っている。しかし、他から借りるアテがない以上、仕方ないと思ったのだ。それに、良夫さんに成算があった。来月半ばには、田中さんから三〇〇〇万円近い入金がある。たとえトイチでも返済可能と考えたのだ。

極悪金融では、良夫さんの話を聴くと、希望した一六〇万円だけでなく、金融会社の借金二〇〇〇万円も肩代わりすると言った。金利は、日歩五銭、年利だと一八二・五%である。一か月借りて利息は約三三〇万円だ。貸金業法の改正で年二〇%以下になった他の金融業者と比べ、九・一倍にもなる。ただ、借入れが一本化されるのは魅力だった。しかも、三〇〇〇万円の入金があれば元利合わせて返せると考えた良夫さんは、その話に乗ることにした。

翌月、無事田中さんから三〇〇〇万円を受け取った良夫さんは、「お陰で会社を潰さずに済みます」と、その事情を話したのである。すると、驚いたことに田中さんは、「あなたは極悪金融に利息を一円も払う必要はないんです」と言い出したのだ。貸金業法によって、年一〇九・五%を超す利息契約をした場合、貸主の業者は利息をまったく請求できないことになっているというのである。良夫さんの場合も元本は返さなくてはならないが、利息は払う必要がないということだった。

問題点

貸金業者の利率は、平成二二年六月一八日に完全施行された改正**貸金業法**により、その上限は**利息制限法**並みの年二〇%以下に引き下げられている。これを超す利息契約をした業者（受領したり、請求をした場合を含む）は、五年以下の懲役または一〇〇〇万円以下の罰金に処せられる（併科もある。**出資法**五条二項）。とくに、年一〇九・五%（年三六五日）を超す暴利の業者への罰則は、一〇年以下の懲役または三〇〇〇万円以下の罰金（併科もある。同条三項）と、重罰である。

なお、年一〇九・五%を超す利息契約は貸金契約自体が無効となり、業者は債務者に利息の支払いを請求できない（貸金業法四二条）。事例の良夫さんの場合、田中さんが言うとおり極悪金融に利息を払う義務はなく、借りた元金だけを返済すれば済むのである（悪質な暴利では債務者に元金返還義務もないと判示した判例もある）。

また、利息制限法超・出資法未満の利息を債務者が任意に支払った場合、みなし弁済規定（有利な利息の弁済とみなす）により、一定の要件を満たした貸金業者には過払い分の返還義務はなかったが、法改正で、同規定は利息制限法と貸金業法から削除された。

金銭貸借のアナ

六年間利息だけ払わされた債務者が過払い分を金融会社から取り戻した話

裁判所は利息制限法の低利を適用

内野幸子さんは、学園都市で古くから食堂を営んでいた。安くて家庭的な味で、かつては学生で賑わっていたが、今ではファーストフーズや郊外型レストランに客を取られてしまっている。幸子さんは客を呼び戻すため、若者に人気のパスタ中心の店にリニューアルすることにした。しかし、店の改装工事を始めたものの、改装に必要な資金約四〇〇〇万円が予定通り用意できなかったのである。

幸子さんははじめ、長年取引のある地元信用金庫で借りるつもりだった。だが、改装も大詰めにきた平成五年三月、借入れを申し込むと、信金の担当者は「一〇年前のローンがまだ八〇〇万円近く残ってるし、お宅は借地だから担保の面で…」と、貸付を渋ったのだ。

工事も終わり、改装業者への代金支払日が迫っているというのに、信金の貸付は決まらず、幸子さんは仕方なく、高利を承知で山本ローンという金融業者（貸金業者）から、つなぎ資金三七〇万円を利息年三七％で借りたのだ（当時は貸金業規制法、出資法の認める制限金利の範囲内）。

幸いなことにオープンした店はまずまずで、信用金庫もつなぎ資金の決裁日に合わせて貸付を実行してくれることになったが、決裁前日、山本ローンの人が「オープンしたばかりで入り用も多いでしょう。利息さえ払ってくれれば、元本は今度でなくてもいいけど…」と、言ってくれたのだ。たしかに、四〇〇〇万円近い運転資金があれば助かる。そう考えた幸子さんは、その話に乗り、翌日の決裁日に利息分を差し引いた金額を山本ローンから再度借り入れ、それに一一万円余りの利息を加えて前回分を決裁した。その後、

☆そうは問屋がおろしませんよ！

決裁日ごとに六年間約七〇回、同様の借入れを受けたのである。当然、元金は一円も減っていない。だが、余裕資金がいつも手元にあることに満足していた幸子さんは、学生時代に客だった朽木弁護士が、近くまで来たからと、店に顔を出さなかったら、その後もずっと借入れを続けていたに違いない。平成一〇年の暮れであった。

「店は順調だけど、借金は減らないわね」と、苦笑いする幸子さんの話を聞いた朽木弁護士は「山本ローンは、毎回利息だけ取ってるのと同じだな。七〇回といっても全体で一つの融資とみれば、もう返し終わってるんじゃない」と、利息制限法で計算し直したところ、借りた三七〇万円全額を返していただけでなく、約六六万円払い過ぎていたのだ。

　幸子さんは、朽木弁護十に頼んで、山本ローンへの借金を返し終わったという「債務不存在の確認」と「過払い金六六万円」の支払いを求める裁判を起こした。山本ローン側は、七〇回の融資が個別のものであるとし、利息制限法を超える利息については、みなし弁済規定が適用されると主張したが、裁判は幸子さんの勝訴となったのである。

問題点

貸金業者の金利の上限は、改正法では年二〇%まで引き下げられており、本件のような**過払**（かばら）**い金返還訴訟**も珍しくない。

　改正前の貸付けでも、裁判所は、**利息制限法**を超える高利の利息を簡単には認めない傾向だった。債務者の残債務額の確定に当たり、約定金利ではなく利息制限法で計算し直して、高利分を元本返済に充当させたことも多い。債務者に約定金利の支払いを命ずる場合でも、その後の利息を免除したり、利息制限法の範囲内まで引き下げたりした。高利に泣く債務者は、調停でも裁判でもいいから、どんどん裁判所を利用するといいだろう。本件のように金融業者に対して過払い分の返還を命じる判決も数多く出ている。

　強引な取立てが大きな社会問題になった商工ローン大手から、三七〇万円を年三七%で借りた北九州市の元自営業者が、利息制限法で計算し直したところ、すでに元本を返済し終わっており、また利息も余分に払っていると、過払い分約六六万円の返済を求めた同様の事件である。債務者は本件と同様、支払期日ごとに利息分を差し引いた金額を再度借り入れ、それに利息を加えて前回の借入れ分を決裁していたもので、六年間に約七〇回も同じ手口で借入れをさせられていた。当然、元金はまったく減っていない。

　裁判所は、被告の約七〇回の融資を全体で一つの融資と見るべきだと判断、利息計算に約定の高利ではなく、利息制限法を適用して、原告債務者の請求通り、過払い利息全額の返還を被告に命じたのである（福岡地裁小倉支部・平成一一年一〇月二六日判決）。

金銭貸借のアナ

振込みによる弁済に受取証書を交付せず「みなし弁済」を否定された話

受取証書を渡さないと利息制限法を適用

サラリーマンの貧田君は仕事面では有能であるが、金遣いがルーズである。給料日からしばらくの間はキャバレーや競馬場通いをする。半月ほどでふところがさみしくなり、月末になると同僚から一万円、二万円と金を借りるのが通例となっている。だが最近では、同僚も嫌な顔をするようになった。

そこで目についたのがサラ金の看板である。そこには、「一万円のお利息は一日わずか八円」とある。「この程度の利息ならば、給料日までの五日間でもタカが知れている」。そう考えた貧田君は、いっそのこと三万円を借りることとした。そして給料日にそれを返したのだが、利息はわずか一二〇円ですんだ。もう同僚に頭を下げるのがばからしくなった。だが実は「一万円で一日に八円」の利息というものは、本当はばかにならないものなのである。一日で考えるから小さく思えるだけで、これは年間にすると二九二〇円（年二九・二％）にもなる。

このようなことは思いもよらなかった貧田君は、その後もサラ金の良いお客様になっていった。しかもカード一枚で借りられる気易さから、一〇社以上ものサラ金のカードを集める始末である。このようにして、三年もたつと貧田君のサラ金への借金は総額一〇〇万円にものぼってしまっ

☆振込みは確実だから！

た。こうなると毎月の返済額は一〇万円を超えてしまう。

ここに至って、さすがの彼も高利の金を借りることのばからしさに気が付いた。そこで業者を遠くの会社一本にしぼり、毎月一〇万円ずつを返済することとした。わざわざ遠くの会社にしたのはもう借り増さないぞとの決心からであり、返済は銀行振込みの方法によった。なおここが重要なのだが、A社は振込みに対して領収書を送ってはくれなかった。でも貧田君としてはA社宛ての銀行の領収書があるので、それで構わないと思っていた。ちなみに会社の話では、このままでゆくと二年と四か月ほどで完済となるとのことであった。

ところが二年が過ぎた頃、貧田君の会社が倒産してしまった。彼はすぐに別の会社に移ったが、今度の会社の給料では月に一〇万円もの返済はとてもできない。そこで学生時代の友人で、今は法律事務所に勤めている金田君の所へ相談に行った。

問題点

本件は、貸金業法が完全施行された平成二二年六月一八日以前の借入れである。この改正により、貸金業者の金利は利息制限法の上限金利である年二〇％以下に引き下げられた。貸金業者がもし、年二〇％を超す利息を取ると、出資法により処罰される。債務者から受け取った利息制限法超過分の利息については、不当利得として返還しなければならない。

ところが、本件借入れ当時、業者の制限金利は年二九・二％で、利息制限法の上限金利をはるかに上回っていた。債務者が任意に利息制限法を超える利息を払った場合、業者は後で超過分の利息の返還や元本充当をしなくてすむ「みなし弁済（有効な利払いとみなす）」の規定が貸金業法にあったのである。

もっとも、貸金業者が顧客に貸付を行う際、所定の契約書を交付しなかったり、返済を受けたとき所定の領収書を交付しなかった場合は、みなし弁済の適用を受けられなかった。ただし、返済が銀行振込みによるときは、債務者から請求がある場合にだけ領収書の交付をすればよいことになっていた。

この場合には、領収書不交付でも、みなし弁済が適用され、利息制限法の低利適用を免れたのである。裁判所の判例もこれによるものが一般的だが、中には利息制限法の適用は免れないとした判例もある（東京地裁・平成九年二月二一日判決）。

貧田君は、金田君から以上のような説明を受け、改めて計算してもらったところ、利息制限法が適用されれば、すでに七万円以上も過払いになることがわかった。金田君の事務所にA社と交渉してもらった結果、A社との間で、双方ともにチャラ（これ以上の返済はしない代わり過払い金返還もない）にすることで解決したのである。

金銭貸借のアナ

借用証を取り戻さなかったため二度払いさせられた話

必ず受取書を取っておくべき！

飲食店を経営している及川さんは、店を拡張して大々的に商売をやろうと思いたったが、一〇〇〇万円ある貯金を全部使っても、その費用があと五〇〇万ほど足りなかった。

そこで、及川さんは建築請負業をしている知人の佐藤と交渉したところ、元金五〇〇万円、利息月一分（一％）、期間三か月の条件で借りる話がついた。さっそく、及川さんは佐藤から五〇〇万円受け取ると同時にその借用証書を佐藤に渡した。

返済期日の当日、及川さんは弁済のため佐藤家に行ったが、佐藤は工事現場に行っていた。及川さんは二度足を踏むのも大変なので、佐藤の工事現場まで行き、そこで五〇〇万円とその利息を佐藤に払った。

佐藤は工事現場なので、借用証書も印鑑も持ち合せていないから、夕方借用証書と領収書を届けるといっていた。

しかし、その後、佐藤は借用証書も届ける様子もなく、及川さんもまた知人である佐藤を信用してそのままにしていたのである。

ところが、それから三年後、突然矢野という知らない人から、佐藤が及川さんに貸した五〇〇万円とその利息を払ってもらいたいと言ってきた。

矢野は、佐藤が及川さんに貸した五〇〇万円とその利息債権の譲渡を受けたというのである。及川さんはもちろん矢野の請求を拒んだが、遂に訴訟事件にまで発展した。

そして、佐藤は、法廷で五〇〇万円と利息はまだ受けていないと驚くべき証言をした。

このように佐藤が弁済されていないと言いはれば、借用証書が佐藤のもとにあり、しかも及川さんは領収書を受け

とっていないので、刑事事件として取上げて事件を解決するのは、なかなか困難である。

また、民事事件について考えてみても、弁済したということで勝つことは容易なことではない。つまり、借用証書が佐藤の手元にあれば、弁済されていないと推定されてしまう（大審院・昭和一四年一一月七日判決）。

しかも、民事訴訟では、いわゆる立証責任、すなわち原告、被告のどちらかの側に、ある事実について証明しなければならない責任があるが、弁済したという事実については、弁済したと主張する方の側に、その責任があるのである。いいかえれば、及川さんに弁済したことを証明する責任があって、矢野の側には及川さんが弁済していないことを証明する責任がないのである。したがって、もし弁済されたかどうかはっきりわからないときは、弁済されていないものとして処理されてしまうのである。

その結果、及川さんが本当に払っていたとしても、訴訟上、二重に払わなければならない危険があるのである。

佐藤は、商売がゆきづまったため、ついに手もとにあった五〇〇万円の借用証書を利用して矢野から金策したのである。この佐藤の行為は、**詐欺罪**（刑法二四六条一項）にあたり、一〇年以下の懲役に処されることになるのである。また佐藤は法廷で、うその証言をしているから、偽証罪（刑法一六九条）にもなる。しかし、この立証は非常にむずかしい。

問題点

実例のような悪い人間はきわめて少ないかも知れないが、貸主借主の両方または一方が死亡したような場合には、相続人との間で、やはりこれと同じような問題が起きる可能性がある。

このような危険を避けるためには、まず**受取証**（**領収書**）をとり、その上**借用証書**を取り返しておくべきである。

弁済者には、法律上、受取証書をくれなければ、弁済を拒むことのできるいわゆる「**同時履行の抗弁権**」があるから、受取証をくれなければ弁済は絶対にしないという態度が必要である。また、借用証書については、受取証と違い、いわゆる同時履行の抗弁権は認められないが、全部弁済すれば、法律上、その返還の請求ができるから、必ず返してもらっておくべきである。

もし、借用証書が紛失しておれば、紛失して返還できないという書類を書いてもらっておくべきである。借用証書が取り返されているときには、特別の事情がない限り弁済されたものと推認されるのである（大審院・昭和二二年一二月九日判決）。

このように、借用書が債権者の手もとにある場合とない場合とでは、法律上非常に差異があるから、注意すべきである。

一回しか使えない公正証書を二度使い失敗した話

金銭貸借のアナ

こんな強い効果は一回限りです

佐々木一郎さんととめさんの老夫婦は小さな靴屋をやっているが、商売も繁盛し子供もなかったので、小銭を持っていた。山崎二郎はこのことをよく知っていたので、佐々木老夫婦に借金の申入れをした。

佐々木老夫婦も、かねて銀行預金は利子が安いので、せめて利息制限法の範囲内で、誰か適当な人があれば、この金を貸してもよいと思っていたので、貸す気持になったが、万一の場合を考えると不安でならなかった。

そこで、佐々木老夫婦は裁判をするのはきらいだから、裁判をしなくても強制執行のできるようにしておきたいと思って、何かいい方法はないだろうかと山崎に話したところ、山崎は返さないことは絶対にないが、そんなに心配ならば、返さなければすぐ強制執行されても異議がないという条件をつけた**公正証書**（**執行証書**）を作っておけば、裁判をする必要はないと説明した。

山崎からその説明を聞いて安心した佐々木老夫婦は、結局、山崎に金を貸すことにした。返済期日はとくに定めずに、利息年一割八分、毎月末日払いの約束で五〇万円貸すと同時に、山崎を伴って公証役場に行って、公正証書を作った。

ところが、それから一か月もたたないうちに、山崎は五〇万円を返しにきた。そして、お礼だといって一年分の利息を持ってきた。商売がうまくいって、もうかったから返しておきたいというのである。ところがまた、それから半年ほどたってから、山崎が店を拡張する計画をたてたから、もう一度前と同じ条件で五〇万円を貸してくれといってきた。佐々木老夫婦は、山崎の申入れを快く承諾したが、新しい執行証書を作っておいた方がよいと考え、山崎に話したところ、山崎は条件が同じだから前の執行証書を利用すればよい、そうすると、手数も費用もはぶけるというので、佐々木老夫婦も山崎を信用し、前の執行証書を利用することにした。

ところで、山崎はその後、月末には必ず約束どおりの利息を払っていたが、二年後から、利息をぜんぜん払わなくなった。

そこで、佐々木老夫婦もいよいよ強制執行を考えた。

そこでまず、一〇日以内に五〇万円を返してくれという内容証明郵便を出したが、山崎は期限内に返してくれなかった。

そこで、もうこれまでと考え、山崎がもっている建物に対して強制執行をしようと準備し、公証役場に行って執行文をもらった。

ところが、山崎は執行証明は無効であるから、それにもとづく執行は違法であるといって、裁判所に請求異議の訴え（民事執行法三五条）をしてきた。

裁判ぎらいの佐々木老夫婦もついに裁判をしなくてはならなくなったのである。

さて、佐々木老夫婦が、後で五〇万円貸したとき、山崎が悪意で前の執行証書を利用できるといって佐々木老夫婦を信用させ五〇万円借りたのであれば、その行為は**詐欺罪**（刑法二四六条第一項）になり、一〇年以下の懲役に処せられることになるのである。

しかし、山崎は、条件が同じだから、そのときには前の公正証書を利用できると思ったと弁解するようなことになれば、詐欺罪は成立しないということになってしまうのである。

問題点

だいたい**執行証書**（しっこうしょうしょ）は、金の受渡しのあったことと、これを返すという約束と、返すことのできないときには強制執行されても異議がない（**執行受諾の意思表示**（しっこうじゅだくのいしひょうじ））という条項を入れて作成されるのであるが（民事執行法二二条）、まだ金の受渡しがされていない場合には、その執行証書は有効に成立したとはいえない。

しかし、後日、金の受渡しがあればそのときに有効に成立するのである。すなわち執行証書を作ったときの金の受渡しの時期が多少違っていても、一致すれば、そのときに執行力をもつ。

ところが、実例の場合は、右の場合と、ぜんぜん性質が違うのである。

最初作った執行証書は金銭の受渡しがあり、もちろん有効に成立しているが、山崎が返したときに、その執行証書は無効となってしまっており、このような場合には公正証書に執行力がないとの判例があるのである（東京地裁・昭和三八年五月三〇日判決）。

山崎は、これを知ってかどうかわからないが、最初に借りた五〇万円を返すことによって、執行証書を完全に無効とし、佐々木老夫婦が裁判を通さずに強制執行したいという要望を完全に排除してしまったのである。

いずれにしても、執行証書は普通の私製証書と違い執行受諾の意思表示の記載がなされ、すぐ強制執行ができる重要なものである。したがって、消滅した金銭貸借の執行証書を他の金銭貸借に利用するようなことは絶対しない心構えが大切である。

なにげなく押した捨印で公正証書をつくられて大失敗した話

金銭債権のアナ

捨印ほど危険なものはない

浩君は小心で真面目なサラリーマンだが、その兄の進君は弟と正反対の性格で、いつも酒と女で勤めをしくじっている。やっと某保険会社の外交員に採用されたものの、ここでも会社の金を使い込み、これがバレて、クビになってしまった。

進君にすれば、身から出たサビだが、これによって迷惑を受けたのは、弟の浩君である。浩君は進君に泣きつかれて、会社に対する損害賠償一〇〇万円の支払いの連帯保証人にさせられてしまったのだ。

月給二〇万円の浩君にとって、とても一〇〇万円の連帯保証人になる資力はないが、進君が持ってきた「公正証書作成に関する委任状」をみると、毎月一万円ずつの返済で、利息は一切免除というきわめて寛大な条件である。

そして、進君は「上司がいうには、本来なら業務上横領で告訴するところだが、俺の将来も考え、内々で処理してやるって言うんだ。ただ、上層部の決済を得るために、俺が誠意をもって返済をするという姿勢を示す必要があるんだとさ。それには、公正証書まで作成してかまいませんってことを言うのが一番なんだそうだ。この委任状は、とりあえず上司に渡すけど、まさか本当に公正証書を作成するわけじゃないから、安心してハンを押してくれ」と、言う。

委任状の文言を見ると、進君が会社に対し、一〇〇万円の損害賠償義務があることを確認し、次に浩君がその連帯保証人となることを承諾するという内容である。支払条件自体も寛大な条件のうえ、公正証書は普通、相手が約束を破った場合にはすぐに強制執行できるために作成するものなのに、この委任状には、強制執行らしい文言も書かれていないのだ。浩君は、委任状の内容を見て、誠意を示すため

に預けるだけだという進君の話は本当らしいと納得して、それに実印を押すと、印鑑証明を添えて進君に渡したのである。しかし、進君から書類一式を受け取った会社が公正証書を作成したのは言うまでもない。進君の話は、浩君にハンコを押させるための方便だったのである。

また、委任状には強制執行文言はなかったが、それは浩君の押す捨印を利用し、後から記載するつもりだったのだ。浩君にしてみれば、日常の売買契約書や銀行の各種申込書などで必ず捨印を押している。進君から捨印を押すように言われても、何の疑いも抱かなかったのである。

ところが、それから数カ月後、進君は三回ほど一万円を返済しただけで、後は一切支払いをしなくなった。そこで、会社はその公正証書により、浩君の財産に突然強制執行をかけてきたのだ。浩君は給料を差し押さえられた他、自宅には執行官が現れて、一〇〇万円以上もした大型テレビなどの高額商品数点を差し押さえ、その競売期日まで決められるという、まったく寝耳に水の事態が起きたのである。

委任状は会社に誠意を示すために渡すだけで、実際には公正証書は作成しないと信じていた浩君は、ただただ驚くばかりだった。しかし、こんな悲劇が起きた原因は、浩君が委任状の上の空白部分に、何気なくヒョイと一つ捨印を押したからなのである。

問題点

公正証書や登記書類は、たった一か所でも文字を直したり加除した場合には、その欄外に「何字訂正」「何字削除」と記載し、その上に捺印に使った印を押すことになっている。そして、訂正印がないと、公証人や登記所では、絶対にその書類を受け付けない。改めて本人に訂正印をもらって出直すしかないのである。

そこで、そんな不都合を避けるため、あらかじめ委任状や契約書の欄外に、一つ余分に印を押してもらっておき、後から訂正加除の必要が生じた場合に、その印のところに「何行目何字目何字訂正」「何字削除」などと書き込んで、そのまま訂正印として使う便法が日常的に行われている。これが「**捨印**」で、便利である反面、非常に恐ろしい危険を含んでいると言えよう。

この事例の場合、浩君が印を押した委任状の文言に「万一、月々の支払いを一回でも怠った場合は、直ちに強制執行を受けても異議ありません」と、後から小さく書き込まれてしまったのだ。委任状に捨印さえ押してなかったら、誰もこんな恐ろしい文書変造の罪など犯すこともなかっただろう。

浩君は、余計な捨印を押したばかりに、委任状の文言が書き換えられたり、給料やテレビなどを差し押さえられるハメになってしまったのである。この捨印を押す機会は、日々の暮らしでも意外と多い。注意すべきである。

美容教室の閉鎖でクレジット会社からの受講料請求を拒否した話

金銭貸借のアナ

割賦販売法により請求を拒否できる

短大を卒業してOLとなった春美は、ずいぶんためらったが、九月初め、若葉ビューティ学園に入園した。

指導士コース（実習期間一年）、美顔コース（二〇回実習、期間三カ月）で、代金は三〇万円であるが、クレジット会社が立替払いし、春美は立替金と取扱手数料七万五〇〇〇円との合計額を、一一月から三六回の月賦でクレジット会社に支払えばよかった。

〝月に一万円ちょっとなら自分のお給料でやりくりできる〟、春美は、クレジット会社から連帯保証人が必要といわれたとき、父には無断で父の名前を書いた。ダイエットしようかなと口にしただけで、くだらん！　と立腹する父である。知られたらことであった。

若葉ビューティは、本校のほかA、B、Cの分校があり、C校が春美の自宅、勤務地、勤務時間の都合が良く、三ヵ月に二〇回の美顔コースも指導士コースと同様一年で終了すればよい、との合意が得られ入園したのである。

春美は美顔コースを四回受講した。年があけて行ってみると、突然C校が閉鎖されていた。驚いた春美は、本校で事情を聞いたが、都合によりというだけで、本校またはA・

Bの分校で受講してほしいの一点張りであった。春美には、地理的、時間的にC校以外に通うことは無理であった。

　四回の受講では意味がない。美顔効果も自覚できない。春美は母に同行してもらって園長と解約の交渉をしたが、転校のすすめと平行線のままであった。春美は、近くの図書館や本屋で法律トラブルの実用書を調べ、似たようなケースを参考にはじめて内容証明郵便を書き、若葉ビューティ学園に〝契約を解除します〟と通知し、以後の分割払の支払いも中止した。

　ところが、クレジット会社の方からクレームがついた。残金と年二〇・〇パーセントの遅延損害金を支払え、というのである。連帯保証人とされた父あてにも支払催告書が送られてきたので、ことは大きくなってしまった。しかし春美をあまり責めなかった。

「学園の一方的都合で通えなくなったのだから払う必要はない、それに保証人になった覚えはないから父だからといって責任はない。放っておけ」と、父は強気であった。

「学園と生徒さんとのことは当社に直接関係ございません。それに美顔コースは三ヵ月ですからC校閉鎖までに終了できたはずです。終えなかったのは春美さんの都合によるものですから払っていただきます」

　クレジット会社も譲らなかった。

　額は三〇万円足らずでも、放っておけば出る所に出るようになる。春美と父は被告として訴えられた。

問題点

割賦販売（クレジット）とは、形ある商品の販売ばかりでなく、役務（サービス）の提供も含まれる。本件の場合、サービスを受ける春美さんが、役務の提供事業者（美容学園）に主張できる抗弁（契約解除）をもって、クレジット会社への支払いも拒めるかが問題となった。

　クレジット会社は、「当社と春美さんとの契約は別契約で、彼女と美容学園のトラブルは当社の関知しないところだ」と主張したが、この言い分は割賦販売法上、通用しない。

　個別の商品やサービスにクレジットを使う場合（**個別信用購入あっせん**という）、買主（サービスを受ける人）は売主（サービス提供者）に主張しうる事由（抗弁）をもってクレジット会社にも対抗し、その支払いを拒むことができると、**割賦販売法**には明記されている（同法三五条の三の一九）。

　また、春美さんは美容学園の一方的都合によるC校閉鎖（学園＝債務者の責めに帰すべき事由）によりサービス（実習）が受けられなくなり、契約の目的は達せられなくなったのだから、債務不履行により契約を解除することができる。その事実はクレジット会社にも対抗できたので、裁判は春美さん側の勝訴となった。

支払不能後の借金が詐術によるものではないとして免責された話

金銭貸借のアナ

黙っているだけなら救われる

サラ金破産、カード破産などいわゆる個人破産のパターンは、初めは何とかやりくりできるが、しだいに行き詰まり、ある時期から借金が一気に雪だるま式に増え、ついにお手上げになる例が多い。

主婦甲野花江の場合も、家計の足しにと健康食品や化粧品の訪問販売を始め、一時は内助の功として結構な収入となったが、やがて売り残りによる損失が生ずるようになった。

花江は、より高収入が見込まれる宝石の訪問販売に従事したが、客に宝石を持ち逃げされたり、代金の立替払い分を踏み倒されたりしたため債務は増える一方となった。

夫に内緒で、債務の弁済、生活費支弁のために、知人やクレジット会社、サラ金業者から借金をし、旧借金返済のため新たに借金ができるという雪だるま式の自転車操業となり、破産というゴールは目に見えていた。

それでも花江は借金を重ねた。客観的に見れば返すあてのない借金である。といって、返すあてのないことを借入先の業者に告げたのでは借りられるわけはない。できるだけ平静を装い貸してくれるところから借り入れを重ねた。

しかし、やがて花江のその場しのぎのやり口ではどうにもならなくなり、夫にも知られて離婚問題にまで至った。観念した花江は自己破産の申し立てをした。債権者は二十数名、負債総額は一二〇〇万円を上回った。もとより花江に資産はなく、裁判所は、破産手続の費用を償うこともできないとして、破産手続開始の決定をするとともに同時廃止の決定もした（破産法三二条二項、二一六条一項）。ついで花江は、破産債権者に対する債務の全部についてその責任を免れるために、免責の申立てをした（同二四八条一

☆借金がこんなに重いとは！

項)。なお、個人破産では破産手続開始の申立てをすると、同時に免責の申立てをしたと見なされる場合がある。借金からは、この免責を許可をする旨の裁判所のお墨付きを得てはじめて解放されるのである（同二五二条）。

弁護士の話では免責されるのが原則ということであったが、免責は許可されなかった。花江が支払不能の状態になりながら、これを黙って新規の借り入れをした行為は、「詐術」を用いたことになり（同二五二条一項五号）、免責するのは相当でない、という理由である。

花江にしてみればことさら健全な借り主であることを装ったわけではない。破産寸前の状態ですが…などと正直に言ったのでは、誰も貸してくれないから黙っていたにすぎない。高等裁判所に抗告した結果、やっと免責が許された。

高裁では、花江は支払不能の状態を黙秘して、進んで相手方に告知しなかっただけで、これのみでは「詐術」を用いたことにならない、と判断したのである。

問題点

免責（めんせき）の申立てが許可されるか否かは、破産者の将来にとって大問題である。一定の不許可事由（破産法二五二条）があるときでも許可するか否かは裁判所の裁量であるので、担当する裁判官の免責制度の趣旨に対する考え方が影響する。

破産者に対する特典、恩恵とみるときは、それを受ける破産者の誠実性が問われる。借りたものは返すのが自明の理で、返すアテもないのに借りるのは、無銭飲食、取り込み詐欺、釣り銭詐欺にも匹敵し、あげくの果て破産しました、勘弁してくださいというのでは、素朴な正義感、公平感を裏切る結果になるとして、免責許可に厳しい判断となる。

一方、破産者の更生の手段とみるときは、破産に至る場合は、おおむね無理な借り入れ、甘い返済計画で深みにはまるのであり、支払不能の状況はできるだけ黙秘するのが人の常であるから、積極的なダマシの手段を伴わないかぎり、黙秘しているだけでは、二審決定のように「詐術（さじゅつ）」とならないとするか、かりに詐術になるとしても、動機や債権者への返済努力、借入金の使途などを考慮して、裁量で許可し、立ち直りへの道を拡げる。

後者の立場が有力であるが、個人破産という新しい破産類型の中でクローズアップされてきた免責制度の適用にあたって、裁判所としては、程度の差はあるが、破産者の誠実性を考慮しているのが事実である。

支払不能状態になった経緯（けいい）、借入金の使途、借入れに際してとった言動、債権返済の計画と実行の有無、更生の意欲などが評価されるから、破産すればいいのだろう、と開き直るような姿勢では免責されないこともあることを知っておくべきである。

金銭貸借のアナ

破産法改正で免責手続中に強制執行による取立てができなくなった話

破産手続き中は免責前でも強制執行禁止

これは商売に失敗して破産に追い込まれた債務者が、その後に妻を交通事故で亡くすダブルショックに見舞われ、受け取った損害賠償金すら債権者に狙われ差押えをされるかと思われたところ、折よく破産法が改正されており、悲惨な結末を免れることのできた話である。

商売がうまくいかなくなった青井氏は、数百万円の借財の返済のメドが立たず、事実上倒産し店を閉じた。もとより債権者の追及は厳しく、仕入先の津代木（株）からは約一五〇万円の売掛金請求の訴訟も起こされた。しかし如何ともしがたい。

青井氏は、地方裁判所に自己破産の申立てをした。約二ヵ月後、破産手続きの開始決定がなされ、同時に、破産手続きを進めても手続きの費用（破産管財人の報酬など）すらおぼつかないとして、破産手続廃止の決定がなされた。

これは**同時破産廃止**といわれるが（破産法二一六条）、サラ金、クレジットなどからの多重な借入れによる個人破産のケースでは、この同時破産廃止が多い。

一方、津代木（株）は売掛金訴訟で勝ったが、何しろ青井氏に財産がないので、勝訴判決は絵に描いた餅であった。

そこに、青井氏の妻が交通事故に遭遇し死亡したというニュースが飛び込んできた。加害者は損害賠償義務を負い、

青井氏は加害者と保険会社に対し賠償金請求権および保険金請求権を取得した。

津代木（株）はこれを狙った。眠らせていた勝訴判決をいまこそと振りかざし、青井氏の右の請求権を差し押さえて強制的に自分の債権の回収にあてようという腹である。

しかし、青井氏はすでに破産者となった身の上ではないか。同時破産廃止とされ破産の手続きが終結したあとで得られた保険金のようなお金を、いまさら債権者が取り上げることは許されるのだろうか。

津代木（株）には、商売柄、破産というものについて幾ばくかの知識があった。債務者は、単に破産の手続きをおえただけでは債務から開放されない。別に、責任を免除してくださいという「免責」の申立てをして、裁判所がこれを許可してはじめて過大な債務は帳消しとなり、一から出直すことができる。これを津代木（株）は知っていた。

従来、破産の手続きがすすんでも、最終的に免責が決定するまでには時間がかかり、債権者はこの間げきをついて債務者の財産を差し押さえることが可能であった。このことが、破産制度における大いなる「抜け穴」となっていたのである。そして、いまはまだ、青井氏に免責の決定は下っていない。津代木（株）のもくろみは、以前の制度のままなら成功してもおかしくはなかった――。

問題点

平成一七年一月一日から新しい破産法が施行されている。大きな改正点（新設規定）の一つとして、破産手続きの終結後（同時廃止の場合ももちろん含む）、免責の許可がおりるまでの間は、破産債権にもとづいて債務者の財産の差押え、仮差押え、仮処分、国税滞納処分などをすることが禁止された（破産法二四九条）。

破産手続開始の決定（改正前にはこれを「破産宣告」と言っていた）が下されたあとでは、債権者は、破産手続きによるのでなければ破産債権について権利行使ができず、債権者が個別に強制執行をすることは許されない。これは破産法の改正前も後も同じことである。

しかし、改正の前には、破産宣告はするが破産手続は行わない（破産廃止）とした場合、破産債権者の債務者に対する個別的な執行を禁止する規定はなかった。そして、これは免責申立て中であっても同じだとされていた。

これでは、誠実な破産者を経済的に更生させるという免責制度の目的が没却される。免責決定前に債権者が取り立てたお金を、免責後に**不当利得**（ふとうりとく）（民法七〇三条）だとして返還請求してみても、下級審には認める例があったが、最高裁は棄却した（平成二年三月二〇日判決）。法改正により、ようやく「免責前の差押え」という抜け穴がふさがれ、津代木（株）のもくろみは実現不可能となっていたのである。

担保家屋の火災保険金をすばやく差し押えて貸金を回収した話

金銭貸借のアナ

支払われる前に差し押えるのがミソ

山田君は別に金貸しでも何でもないが、ある人にたのまれて金を貸したとき、担保（抵当）だけは取っておいた。

もっともその担保は家屋だけであって、土地は借地であるから、多少の不安はあった。というのは、地主が借地権の譲渡を認めないときは、担保の価値が少なくなるからである。

ところが悪いことに、そんなときにかぎって、思いもよらぬことが起こるもので、その建物の隣家からの火事で担保にとった家屋が類焼して丸やけになってしまった。こうなると担保物件は何もないことになる。山田君は青くなった。

ところが、その後、借主の方では、その担保家屋に、ちゃんと火災保険を掛けてあることがわかった。やれやれ一安心で、山田君はさっそく相手の避難先へ出かけて行って、

☆その保険金の受取りちょっと待った

ちょうど貸金の期限もきていることだし、火災保険の保険金から返済してくれるようにたのんだ。

ところが相手はいい返事をしない。じつはほかにも借金があるんで、そっちへも返済しなければならないし…、などという。冗談じゃない、こっちは一番の抵当権がつけてあるんだ、といってみても建物はすでにないのである。この調子では、相手は保険金を受け取っても、決して返してはくれないにちがいない。

保険金は間もなく支払われそうである。払われないうちに、仮差押にでもしておきたいが、仮差押に必要な保証金（ウソの申立てを防ぐため債権者に差し入れさせるもの。真正な申立てなら後で戻ってくる）もないのである。

どうしたらよかろうか、と頭をかかえていると、ある男が、なんでもそんなときは、保証金なしで差押をし、しかも一番担保権者として優先的に取り立てることができるはずだ、という。はたして、そんなことができるのだろうか。

問題点

このような場合は、民法三七二条により三〇四条（**物上代位**）の準用があり、保険金の支払前に差押をした場合にかぎり、その金銭の上に抵当権を及ぼし、抵当権の順位どおりに取り立てができる。

差押手続きは民事執行法の通常の手続き（民事執行法一四三条以下）により行うのであるが、この場合、判決その他の債務名義は必要なく、抵当権を証する証書（私製証書でも可）によって差押をすることができる（仮差押でないから保証金も不要）。

差押手続きは、普通の債権差押手続きと同じように、請求債権（すなわち貸金返還請求権）と差押債権（すなわち保険金請求権）とを明らかにし、抵当権をも明確に記載して差押申請書を作成して申請するのであるが、その詳細は書式全書を見るなり、司法書士に依頼するなりしてもらいたい。

必要な書類の中心となるのは、抵当権と、請求債権の存在である。つまり貸金の証書と、抵当権の設定を証する証書が必要なのである。抵当権は登記してなくてもかまわない。登記の有無は当事者間の抵当権の効力に関係なく、単に第三者への対抗要件にすぎないからである。もっとも筆者の経験では、抵当権設定契約書を紛失したが、登記があったので、登記簿の最新のものと、事情をのべた上申書で、抵当権の存在を認定してもらったことがある。

また、受付などが、火災の証明をとってこい、などということがあるが、本来そのような証明は不要である（火災がなければ、保険金もなく、債務者を害するはずはないから）。しかし保険金が支払われる前に差押えなければならず、急ぐので無用の争いをしないという意味で、要求されたものは出した方がよいかも知れない。

金銭貸借のアナ

妻子名義の家屋を担保にとったため差押えできなかった話

必ず登記名義を調べなさい

山本太郎さんは、印刷屋をやっている知人の中村次郎から五〇〇〇万円貸してくれとの申込みを受けたが、山本さんとしては中村が競馬や競輪に前からこっていることを知っていたので、貸す気になれなかった。

ところが、中村が自分には何も財産がないが、さいわい妻の花子と息子の一郎の共有の時価二〇〇〇万円ぐらいする建物があるから、これを担保に入れ、必ず半年ぐらいで返すからと強く懇願するので、山本さんもつい貸す気になってしまった。

というのは、山本さんは頼まれるとことわることのできない性質の持主であったばかりか、貸金の四倍以上も価値のある建物に抵当権を設定しておけば、将来、返してもらえない場合でも、抵当権を実行して支払いを受けることができると考えたからである。

結局、話がまとまって、二人で抵当権設定登記をするため登記所に行き、登記をすませると同時に、山本さんは中村に五〇〇〇万円を渡した。

登記手続には、中村が持ってきていた建物の権利証と花子と一郎の各代理委任状、印鑑証明証を使って登記をすませたのである。

ところが、中村は、それから半年たっても借金を返してくれなかった。五〇〇〇万円は競馬や競輪に使ってしまったのである。山本さんは中村が返してくれないので手紙で催促したが、中村からは何の音沙汰もなかった。

そこで山本さんはやむを得ず抵当権の実行をしようと考えた。しかしその矢先、花子と一郎から抵当権の登記抹消請求の訴訟を起こしてきた。その理由は、中村が花子と一郎に無断で勝手に抵当権を設定しただけでなく、一郎は未成年で、中村は一郎の代理人にはなれないという。

さて、刑事事件は別として、山本さんを法律上救う方法はないであろうか。

山本さんが中村に息子の一郎の学資に使うため、それに必要な範囲内で貸したのであれば、それはいわゆる日常家事から生じた借金であるから、花子はその借金を中村と連帯して払わなければならないことになる（民法七六一条）。

しかし、実例の場合は、一郎の学資に使うためではなくまた金額も五〇〇万円、しかも抵当権設定の登記までしているから、これを日常の家事に入れるのは困難である。

それでは、中村は、日常の家事については花子を代理することができるのだから、実例の抵当権設定登記は、代理権をこえる行為、すなわち表見代理（民法一一〇条）の規定によって山本さんを救うことはできないであろうか。

問題点

中村が、権利証や花子の委任状や印鑑証明をもっていたことは、この**表見代理**の関係で山本さんに有利である。しかし、中村が花子と一郎に無断で勝手に作ったものである以上、山本さんがそういうことをぜんぜん知らなかったとしても、普通の場合、表見代理の成立を否定される危険性がある。

つぎに、息子の一郎の関係では、山本さんを救う余地がぜんぜんない。というのは、一郎は未成年者であって、中村は一郎の親権者であるから、自分の借金のために一郎の建物に抵当権を設定するのは、中村と一郎と利益が相反することは明らかで、このような場合は、家庭裁判所から**特別代理人**を選任してもらわなければならないのであって（民法八二六条一項）、中村には一郎を代理する権限はまるっきりないのである。いずれにしても、中村の行為は、**無権代理**となり、花子と一郎が追認しないかぎり、抵当権設定の登記は効力がないのである（民法一一三条）。

中村がこのようなことまで考えた上で、花子と一郎の共有の建物に抵当権を設定して、山本さんから借金したのかどうかわからないが、貸金の四倍以上も価値のある建物に抵当権を設定しただけで安心し、その建物の所有者の立場をまったく考えなかった山本さんに落度があったのである。なお、中村が花子と一郎に無断でそのようなことをすれば、私文書偽造、同行使、詐欺罪（刑法一五九条、一六一条、二四六条一項）になり、文書偽造、同行使罪について各三月以上五年以下の懲役、さらに、詐欺罪については一〇年以下の懲役に処せられる。

金銭貸借のアナ

仮登記担保で清算金は後払いの特約があっても清算までは所有権が移らない話

清算型のウラを狙ってはみたが…

益子さんは、後藤という金融業者との間に、金融取引契約を結び、益子さんが後藤に負担する金融取引上の債務の担保として、自分の宅地、建物についてつぎのような取り決めをした。

宅地、建物を後藤に売買するとの予約をし、①益子さんが、約束の期日に債務の全部または一部の支払いを怠ったとき、あるいは、他から差押えや仮処分などを受けたときには、いつでも一方的に代金を五〇〇万円として売買を完結することができる。②この不動産のうち、益子さんが占有している建物については、売買予約完結権の行使から一か月以内に明け渡す。③売買完結の場合は、益子さんの債務一切と売買代金五〇〇万円とは相殺勘定となり、その結果過不足があれば、清算する。ただし、益子さんに受取分が生じた際には、不動産の本登記手続きをし、かつ、建物明渡し完了後に受取分を支払うという条件であった。

☆約束とはいえヒドすぎる……

ところが、この契約に基づいて益子さんが後藤から三回にわたって借り受けた四五〇万円が期日に弁済できず、後藤は、契約上の債務の支払いが遅延しているとし、売買予約完結権行使の意思表示をして、本登記手続きと建物の明渡しを求めてきた。益子さんは、一部の弁済をしていること、利息や損害金の定めは、利息制限法の上限利率に反しているから、弁済金のうち、この超過分にあたる部分を元本に充当すると、予約完結時において元本残は、六八万二〇〇〇円で、遅延損害金は六万三二九〇円にすぎない。本件不動産は、時価二五〇〇万円はするから、少額の残存債権の優先弁済を受けるために売買予約完結権を行使し所有権を取得するのは、権利の濫用である、と争った。

ところが、裁判所は、後藤を勝訴させて「本件売買予約は公序良俗違反とはいえず、また清算の定めを設けているので、後藤の予約完結権の行使は権利濫用にはならない」という。益子さんは、この判決に不服で上訴したが、この結果はどうなるであろうか。

益子さんは、清算金の支払いを受けるまでは本登記手続義務の履行ないし引渡しを拒むことができるのである。益子さんと後藤の場合、清算金後払いの特約があるが、この特約があるというだけでは、同時履行の関係を否定することはできない。最高裁もまたつぎのようにいっている。

「債権者において清算金を支払う必要があり、その支払いに関し、同時履行関係が認められるべき所有権移転予約形式の仮登記担保契約において、**債権者が債務者の履行遅滞を理由として単に予約完結の意思を表示したというだけでは、目的不動産の所有権が債権者に移転するものではない**と解するのが、前記のような仮登記担保契約の趣旨に照らし、当事者の意思の合理的解釈として、相当である」（最高裁・昭和五〇年七月一七日判決）。

問題点

仮登記担保に関する判例が固まってきた段階で、「**仮登記担保契約に関する法律**」が制定され、昭和五四年四月一日から施行されている。

これによって、完全に、暴利行為は不可能となり、また、債務者を追い出してから清算金を払う、などという後払いの約定をしても、無効とされてしまうのである。

手続上の主なる制約は次のような点である。第一に**代物弁済予約完結の意思表示**をするときには、清算金の見積額を同時に通知すること、第二に通知後二か月後にならなければ所有権移転の効力が生じないこと、第三に、所有権移転登記および引渡しは、清算金の支払いと同時履行にしなければならない、というところである（二条および三条）。これに反する特約は無効である（三条三項）。

子どもがネット決済で親のカードを使ったが支払いを拒絶できた親の話

金銭貸借のアナ

カード番号だけでは確認不備

　矢沢さんは、カード会社からの請求書を見て驚いた。買った覚えのないバッグやスーツ、家電製品などで、一〇〇万円を超す請求がきたのである。矢沢さんはカード会社に連絡し、カードでこれらの買物をしたことがないこと、またカードは自宅にあるので、外で誰かに使われたこともないことを伝えた。

　カード会社は矢沢さんに、事実関係を調べる旨を約束。第三者の不正使用によるもので矢沢さんに重大な落度がなければ、カード保険が適用され、その損害は補てんされると、回答をくれた。しかし、数日後に返ってきた回答は、矢沢さんをさらに驚かすものだったのである。

　カードは、インターネット決済で使われたもので、利用者は一八歳になる矢沢さんの長男だったのだ。矢沢さんが高校三年生の長男に問いただすと、矢沢さんのカードを盗み見て、カード番号と有効期限を知り、それを入力してネット決済をした事実を認めた。

☆カードの表に全部書いてある…

　カード会社は、「息子さんが使った場合は、カード保険は適用されません。約款にも、親族が利用した場合には当社は免責される、と記載してあります。まことに申し訳ありませんが、請求額を支払期日までにお支払いください」と、言葉は丁寧だが、強く支払いを求めてきた。しかし、矢沢さんは納得行かない。

息子さんが店頭でカードを呈示した場合ならともかく、インターネットの買物の場合、カードが手元になくても、カード番号と有効期限がわかれば決済できるからである。矢沢さんは、カード番号の入力だけで決済できるとの説明が事前になかったこと、またカード番号は郵便物などからでも類推が可能なため盗み見されやすいことなどをあげ、不正使用されやすい決済方法に問題があり、たとえ親族の無断使用は支払いを拒絶できないとの約款があっても利用者に支払義務はないとして、支払いを拒絶したのだ。

カード会社は矢沢さんを相手取り、カード代金の支払いを求める裁判を起こしてきた。

問題点

クレジットカードの約款では、カードの紛失または盗難事故により名義人の知らない間にそのカードが不正に使われた場合、名義人がカード会社に届け出た日から遡って六〇日前以降に使われたカードの利用代金については支払いを免れる定めがあるのが普通である。

ただし、名義人の故意または重過失による不正使用、名義人の家族・同居人が関係する不正使用、カードを他人に貸した場合には、免責にはならず、名義人は支払義務を免れない。

矢沢さんの場合、カードを不正利用したのは息子さんだから、約款（やっかん）で免責されない場合に該当し、カード会社の主張が正しいようにも思える。しかし同様の事件で、カード番号と有効期限さえわかれば決済ができるネット決済の仕組みは、暗証番号などによる本人認証を使う場合と比べ、第三者の不正使用を妨げにくいと指摘し、カード利用者の本人確認に不備があるとして、名義人に対するカード会社の支払請求を退けた判例もある（長崎地裁佐世保支部・平成二〇年四月二四日判決）。

矢沢さんのケースも裁判所は同様の判断をし、矢沢さんは支払いを免れたのである。

ところで、本人認証にカードの有効期限を使うネット決済は、暗証番号と違って不正使用されやすいと言われてきた。しかし、カード番号と有効期限の他、セキュリティーコードなど追加本人認証の入力が必要になるなど、セキュリティーは強化されている。

なお、カード会社は長男は未成年者なので、親である矢沢さんは監督義務者としての責任を負うとも主張した。しかし、裁判所は、満一二歳〜一三歳になれば自分の行為の善悪を見定める判断能力（**責任能力**）があるとして、矢沢さんには一八歳長男の不法行為に対する民法七一四条の監督責任はないと、その主張も退けたのである。

貸金（金銭消費貸借契約）の法定利率はこう変わる

当事者間に利息の定めがある場合には、その利率が適用されるが、利率の定めがない場合は、利息は法定利率による。

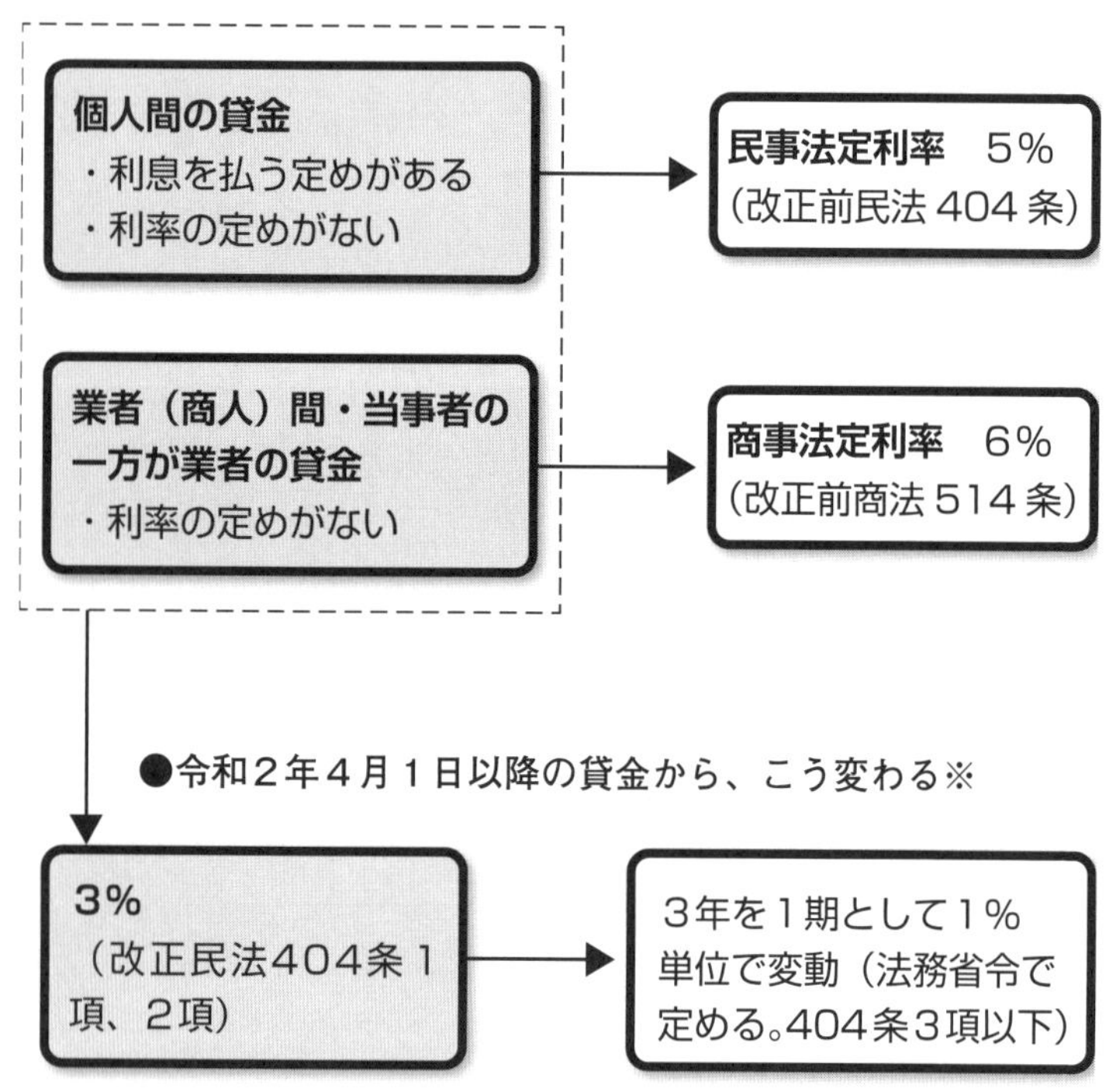

※商事法定利率の規定（商法514条）は削除

第4章

財産相続の抜け穴と急所

♣本書の内容は……

・遺産分割の調停で遺産の価額を誤認しても無効を主張できなかった話——民法九五条

・死亡時刻をズラして数億円の財産を受け取った女の話——刑法一五七条・一六〇条

・生命保険金の受取人に名前が残っていたので金を貰えた別れた妻の話——保険法四三条

・相続放棄の熟慮期間は相続人の財産を知ったときから起算された話——民法九一五条

など実例解説・一四話

財産相続の法律の急所

★妻は亡夫の家に住み続けられる

相続をめぐる法律の動きでは、四〇年ぶりの大改正となった**民法**（**相続法**）改正（平成三〇年七月一三日公布）があげられる。主な改正点は次の七つで、この改正規定は令和二年四月一日までに施行された。

①配偶者居住権が認められたこと

亡くなった人（被相続人）の配偶者（たとえば妻）は夫が亡くなった時、その遺産（相続財産）である家に無償で住んでいた場合、「遺産分割で配偶者居住権を取得するか」、あるいは「遺言で配偶者居住権の遺贈を受ければ」、そのまま家に住み続けることができることになった（**配偶者居住権**という。民法一〇二八条）。

その家を子どもと共有で相続した場合も家すべてに配偶者居住権があり、妻は原則終生使い続けることができる。遺産分割協議でその権利を取得できない場合、家庭裁判所の審判を利用してもいい。なお、家の相続者が妻以外でも妻が無償で住んでいれば、遺産分割の話合いで家の相続人が決まるか、相続開始から六か月経つか、いずれか遅い時点まで妻は住み続けることができる（**配偶者短期居住権**という。一〇三七条）。

②夫婦間で遺贈贈与した財産を、遺産分割で特別受益に入れない特例ができた（九〇三条四項）

婚姻期間が二〇年以上の夫婦の一方（被相続人）が、相手方に居住用建物を遺贈または贈与した場合、その建物は特別受益として相続財産に組み込まない意思を被相続人が示したものとすることになった。

③遺産分割前でも被相続人の預金引出しができる

相続人は、被相続人の預貯金の三分の一について、遺産分割協議が済む前でも、自分の法定相続分に相当する金額（一行一五〇万円限度度）を引き出すことができるようになった（九〇九条の二）。

④遺言方式が緩和されたこと

自筆証書遺言は、全文自筆で書かないと無効だが、遺言に添付する財産目録については自筆で書く必要がなくなった（九六八条二項）。

⑤遺留分制度が見直されたこと

遺留分のある相続人には、自分の遺留分を侵害した他の相続人など（受遺者または受贈者）に対し、遺留分に相当する金銭（債権）を請求できるようになった（一〇四二条～一〇四九条）。

⑥相続の効力が見直されたこと（八九九条の二）

遺言などで法定相続分を超えて遺産を受け取った人は、法定相続分を超える部分については、登記、登録をしないと、第三者に対抗できなくなった。

⑦特別の寄与（一〇五〇条）

被相続人の生前、無償で療養看護、その他の労務提供により、被相続人の財産を維持、増加させるなどの特別の寄与をした親族（たとえば嫁）は、特別寄与者として、相続開始後、相続人に対し、寄与した労力に見合う金額を請求できることになった。

★不動産の相続人に三年以内の相続登記を義務づけ

最近の法律の動きとしては、令和三年四月二八日に民法等の一部を改正する法律が公布されている。

民法では、相続財産の保存、相続を放棄した者による管理などの規定が改正され、また期間経過後の遺産分割における相続分の規定が新設された。共同相続人も五年以内の期間で遺産分割禁止の契約ができるようになり、相続開始から一〇年以内であれば契約更新もできる（九〇八条。令和五年四月一日から施行）。

不動産登記法も改正され、相続で不動産を取得した場合、相続開始を知った時、かつ所有権取得を知った時から三年以内に、所有権の移転登記（相続登記）が義務づけられた（令和六年四月一日から施行）。

★婚外子も夫婦の子と相続分は同じ

亡くなった人（被相続人）が、遺産配分を指定した遺言を残さなければ、遺産は原則、被相続人の遺族が民法の定めにより相続する決まりだ（法定相続という）。

被相続人の妻は常に相続人だが、遺産を受け取れる遺族の範囲（**法定相続人**という）と各自の相続分を、民法は次のように定めている。

①相続人が配偶者と子どもの場合、配偶者二分の一、子ども二分の一（複数の場合は各自均等）となる。

②相続人が配偶者と直系尊属（両親、祖父母）の場合、配偶者三分の二、直系尊属三分の一となる。

③相続人が配偶者と兄弟姉妹の場合、配偶者四分の三、兄弟姉妹四分の一となる（直系尊属も兄弟姉妹も複数の場合、各自均等だが、父母の異なる兄弟姉妹は父母の同じ兄弟の二分の一。九〇〇条四号但書）。

なお、今日では、子どもが複数いる場合には、各自の相続分は均等だが、かつては**婚外子**（非嫡出子）の相続分は夫婦の子（嫡出子）の二分の一と差別されていた。この相続差別規定は、最高裁判所が違憲とする決定（平成二五年九月四日特別抗告審）を出したことで、民法が改定され、現行法では「嫡出子でない子の相続分も嫡出子である子の相続分と同等とする」ことになっている。

財産相続のアナ

遺産分割の調停で遺産の価額を誤認しても無効を主張できなかった話

重大な過失はここでも斟酌される

次郎は大学を出て五星商事株式会社に勤めている。五星商事は大企業であるが、係長クラスの月給はさほどではない。係長クラスになると子供に金がかかる世代である。次郎はようやく郊外にマンションを買い求めたが、住宅ローンの支払いはけっして楽ではない。

すでに父は死亡し、年老いた母が長男の太郎夫婦と同居していたが、三年前に老衰で亡くなった。母名義の家や屋敷が唯一の遺産である。土地は狭いので売却してもそんな大金は手にはいらないし、なによりも長男夫婦が住んでいるので、売却するわけにもいかない。

遺産の分割については、太郎から話があれば、兄弟として、いくらか兄の顔を立てて円満に解決をしようと考えていた。ところが、いつまで経ってもなんの話もないので、こちらから、遺産の分割を切り出したところ、俺は一家の長として母の面倒をみたし、この家を分割したら住むところもない。お前は大学を出てて、いい会社に勤めているから、相続権を放棄してくれとの話であった。

次郎にしてみれば、家を真二つに分割しろとはいわないが、自分のローンの支払いをいくらかでも援助してもらい

☆一人占めは許さんぞ！

たい気持ちだったので、兄の誠意のない態度に家裁でケリをつける決心をした。そこで会社の顧問弁護士をたずね、遺産分割の調停を依頼した。顧問弁護士は大きな事務所に所属していたので事務所の先生が二人代理人となって調停期日に出頭した。かなりの回数を重ねたところで、次郎は見積りで、遺産は、一〇〇〇万を少し超えるかと思った、が、長男は八〇〇万円程度と主張するので、これをのみ、それを基準として、約三分の一相当の二六〇万円の代償金をもらうことで話をつけた。それより高額であれば当然割増金を支払ってくれると期待しての話である。ところが調停成立後、長男は二六〇万円を支払うために不動産を売却した。その売却価額はなんと二〇〇〇万円を超えていたのである。そこで次郎は成立した「**遺産分割調停調書**」の無効を求めて裁判をすることにした。

問題点

法律上の約束ごとを無効にするためには厳格な要件が必要である。契約を締結して、いつでも簡単に破棄されてしまうと取引の安全が保障されないからである。まして、裁判所で当事者が決めたことは、判決があったと同じ効力を有するもので、さらに要件が厳しくなってくる。

民法九五条は、契約の**要素**に**錯誤**がある場合に契約は無効である、としている。錯誤とは、思い違いのことで、次郎氏のように、「内心」の食い違いは要素の錯誤といえるかどうか問題とされてきた。内心で考えていることは、相手方に認識できないからである。

遺産分割の場合に主な遺産が不動産であるときは、不動産の価額が、調停の成立について重要な要素となる。調停成立時に、不動産価額を八〇〇万円前後であると太郎と次郎は納得し、その価額を基準として太郎は次郎に二六〇万円の代償を支払う調停が成立したわけだが、実際は二〇〇〇万円を超える価額であった。

この場合、八〇〇万を決定するまでの経過が大切で、遺産の分割は、当事者が納得すれば、涙金でもよいわけであるから、不動産価額の相違にそれ程こだわる必要はないと考えられる。したがって、次郎の期待は要素の錯誤ではない、と判断されてもよいと思う。

しかし、いやしくも調停の申立てまでなされていることを考え、不均衡な結末にすることは正義に反するという立場から、「遺産分割における代償請求の根拠は不動産価額が重要な要素である」として調停調書を無効とした裁判例がある。しかしこの裁判では、民法九五条の但書を用い、「一四回の調停期日に、一度も不動産価額の鑑定をする意思もなく、代理人二名に調停代理を依頼しておきながら、適切な調査をしなかったのは、重大な過失である」として、結果的には民法九五条の適用を排斥した。

死亡時刻をズラして数億円の財産を受け取った女の話

財産相続のアナ

一刻を争うだけに問題がある

〝一夜添っても妻は妻〟——こころ意気をもって自慢にしたむかしの遊女は、こんなふうに歌ったものである。これから〝一夜妻〟という遊女の代名詞ができたというわけであるが、これは遠いむかしのこと——たった一夜はおろかのこと、たとえ数時間たりとも戸籍の上で夫婦であれば何億円というバク大な遺産がころがりこんでくるという、現代はまことにハイスピードの時代である。

仮りにKさんと呼んでおこう。このKさんは推定六億円もの資産をもつ富豪であるが、四五歳を一期として、ガンでポックリなくなってしまった。Kさんには法律上の正式な妻はいない。Kさんの遺産はそっくりKさんの実弟Sさんにころがりこんでゆくわけである。ところが、Kさんの死亡する数時間前にY子さんという女性が婚姻届を提出して戸籍簿上、正式にKさんの妻になっていたのである。

サア、こうなると何億円というKさんの遺産は、妻のY子さんの方に飛び込んでゆくわけである。

そこで、実弟のSさんはこれを不思議に思ってしらべたところ、市役所からもらった埋葬許可書には、Kさんの死亡時刻が零時五二分となっているのに、もう一度もらった別の死亡診断書を見ると、死亡時刻は午後六時五五分と書いてある。

つまりKさんの死んだ時刻を実際よりも一八時間ズラして死亡診断書に記載し、この一八時間のあいだに、Y子さんが大急ぎでKさんとの婚姻届を出して、マンマとKさんの戸籍にゴールインしたというわけである。

これには、死亡診断書を書くお医者さんが一枚加わっているわけであるが、それにはそれなりの理由がある。

つまり、Y子さんは、すでに一八年もの長い間、Kさんの内縁の妻として事実上の結婚生活をつづけ、夫のKさんに協力して財産づくりに協力したというのである。

しかし、たとえ実質上の妻であり、一八年もの長い年月、内助の功をつくしても、内縁の妻には一円たりとも相続権がみとめられず、このバク大な財産がソックリそのまま実弟のふところに入ってしまうというのでは、いかにも非情な話であると、お医者さんが思って協力したわけだ。

問題点

まず第一に、死亡時刻のズレが明らかになってしまえば、Y子さんの出した婚姻届が無効であり、結局、入籍が否定されることは間違いないと言うべきであろう。死んでしまった人があの世から這い出して、婚姻届にハンを押すはずがないからである。

そして、Y子さんの行為は、公務員に虚偽の申立てをして不実の記載をなさしめた罪（刑法一五七条）にあたり、お医者さんの方は、「医師が公務所に提出すべき診断書、検案書又は死亡証書に虚偽の記載をした」罪（刑法一六〇条）に問われることになるのは間違いのないところであろう。

第二に、Y子さんには、Kさんとの間にできた二人の子供がいるそうである。この二人の子供には、Kさんの遺産についての相続権があることになるのだろうか。

Y子さんの婚姻届が否定された以上、この子供たちもKさんの籍には入れないが、もしもKさんが、この二人の子供を自分の子であると認知をすれば、Kさんの遺産を相続できる。

それで、たとえKさんが認知しないで死んでしまっても、死後三年以内に「**認知の訴え**」（民法七八七条）を起こして、認知の手続きをしてもらえる。

そしてKさんの子がいるとなれば弟のSさんへは遺産はいかない。

Y子さんは、結局、子供たちに財産を相続させることによって、救われることになるであろう。

この場合、もしもKさんに子供も実弟のSさんも、いなかったとしたらどうなるだろう。

結局Kさんの遺産は相続人が誰もいないことになり、家庭裁判所から選任された相続財産管理人によって、その遺産は国庫に帰属してしまうことになるわけであるが、昭和三七年の民法一部改正によって、もしもKさんと生計を同じくしていた者、療養看護に努めた者（**特別縁故者**）たちから請求があれば、遺産の全部または一部を、それらの者に与えることができるようになったので、Y子さんも分与を受けられることになってはいる（民法九五八条の二）。

生命保険金の受取人に名前が残っていたので金を貰えた別れた妻の話

財産相続のアナ

離婚をしたら受取人を変えること

遠藤賢一さんは医師であったが、将来を考え、A保険会社の一億円の生命保険に加入し、受取人を「妻遠藤正子」と指定した。

ところが、保険に入ってから三年目の某日、遠藤さんが、大学病院から車を運転しての帰り道で、赤信号で停車したとき、偶然、隣りに停車した真っ赤なスポーツカーに、妻の正子が若い男と乗っているのを目撃したことが、妻正子の浮気を発見する端著となった。そのため、夫婦の間でゴタゴタがあって、それから一年後に遠藤さんと正子は離婚した。

二人の間には、中学一年生の万里子さんがいたが、万里子さんは遠藤さんが養育することになり、正子は、その若い男と結婚して、姓も神山正子と変わったのである。

ところが、それから二年後、遠藤さんは友人と一緒に伊豆半島に旅行し、舟を出して海釣りを楽しんでいたところ、学生のモーターボートにぶっつけられ、そのはずみで海に落ちて遠藤さんは溺れ死んでしまったのである。すなわち、保険事故が発生したのである。

遠藤さんが、「妻遠藤正子」と指定して加入した保険は、

遠藤さんが事故死するまで、A保険会社に対し、指定人を変更する手続きがとられていなかったので、かつての妻である神山正子は、この保険金を受け取る権利は自分にあると主張してきたのである（保険法四三条）。

保険約款によると、保険契約者である遠藤さんに、保険金受取人の指定変更権が留保されていたから、妻と離婚後に、受取人を変更することはできたのであるが、これをしていなかったためトラブルが起きたわけである。

争点は、遠藤さんが受取人として指定した意味は、保険事故が発生した時において、遠藤さんの妻としての正子である、ということで、事故発生時に、神山正子になっている元の妻には、保険金受取人の資格はないということか、あるいは、保険のような定型的な多数の取引においては、保険契約書の表示行為に重点を置いて合理的に解釈すべきであるのか、という点である。右の二つの立場のいずれに重点を置くかによって、受取人は違ってくるのであるが。

問題点

保険契約者は、保険約款に合意した上で保険契約を締結しており、約款の個々の条項にも合意しているとみなされる。

ただし、本事例の遠藤さんをめぐる裁判では、指定行為の解釈に当たっては、保険契約者の意思をまったく無視することはできないのではないかと争われた。

一審大分地裁は、遠藤さんが保険金の受取人を「妻遠藤正子」と指定したのは、「保険事故発生時に、彼女が彼の妻であること」が保険契約者としての意思であったとし、離婚して他人になった正子に保険金の受取人としての地位を与えたものではないと判示した（昭和五六年二月一七日判決）。しかし、二審福岡高裁は、保険契約の長期性、大量事務処理性からくる定型的取引の実態を重くみて、契約者の遠藤さんが保険金受取人の変更をしなかったのであるから受取人の地位は離婚した元妻の神山正子にあると、正反対の結論を下している（同年九月九日判決）。上告審も二審と同じ結論だった（最高裁・昭和五八年九月八日判決）。

保険金受取人を指定する保険契約者の気持ちとしては、実際の保険料負担者の愛情、信頼に基づく要素が大きいと考えられ、これを十分尊重して判決しなければならないとする大分地裁の意見には説得力がある。

しかし、裁判所は、保険制度の実態が定型的多数取引の事務処理にあるとして、指定変更手続きをとったかどうかの形式を重く判断した。

なお、平成二九年六月に民法が改正公布され、「定型約款」の規定が新設された（五四八条の二〜五四八条の四。令和二年四月一日から施行）。これは、施行前に締結された定型取引の契約についても、原則適用される。

財産相続のアナ

相続放棄の熟慮期間は相続人の財産を知ったときから起算された話

悪質な金貸しはお手上げ

佐久間は金融業者として、これで取立てができなければプロとして恥だと考えていた。貸した相手は倒産して資産はない。その保証人を調べたら、うかつにも生活保護者であり、家族にも見捨てられて一人暮しである。ところが家族と同居はしていないが、三人の子供がおり、念のために調査したところ、その中に一人、かなり資産を持って会社を経営している人がいる。

そこで佐久間は考えた。貸した相手から取れるかどうか別にして、相続人から取り立てればよいと。とりあえず生活保護者である父に裁判手続きをしておくべきだと早速準備にとりかかった。裁判を提起したが相手方は不出頭だ。

ところが判決が出てから間もなく、相手方は死亡してしまった。そこで佐久間は、この判決を相続人に送達されるよう手続きをとった。まだ判決は確定していなかったので相続人らは、あわてて控訴してきた。

佐久間は被相続人が死亡して一年以上経過している。連帯保証人としての責任も相続されているのだから貸付金がとれる見込みができたと余裕である。

問題点

金融業者の佐久間が余裕を持ったのはつぎのようなことからである。

民法では、被相続人が死亡したときから三か月以内に、相続人は**単純承認**をするか、**限定承認**または**相続放棄**をするかを決めなければならない。ただなんの手続きもしないときは、被相続人の遺産（これには債務も含まれる）を単純承認したことになる。これがいわゆる「**熟慮期間**」といわれるものである。

本件の場合は、相続人が控訴をしたときは、すでに一年以上も経過している。佐久間は当然相続人は被相続人の連帯保証債務を、この規定で相続したことになると考えたというわけだ。

相続人は控訴した後に、全員集まって家庭裁判所に相続放棄の手続きをした。控訴審では当然相続人らの「相続放棄」が民法九一五条に照らして有効かどうかが争われた。

昭和五九年四月二七日最高裁第二小法廷は、つぎの理由で、相続人らの相続放棄は有効であると認めた。

相続人らが父が死亡したことを知ったときから三か月以内に、相続放棄や限定承認の手続きをしなかったのは、「相続財産が全く存在しなかったと信じたためであり、かつこのように信じるについて、相当な理由がある。民法九一五条一項の期間の起算点は、相続人が相続財産の全部もしくは一部の存在を認識したときまたは通常認識しうべかりしときから起算するのが相当である」と判示している。

設例の場合は、被相続人はギャンブルにこり家族から見捨てられて、本人は生活保護で生活し、死亡するまで家族と接触がない状態であった。死亡のときにやっと家族が集まって、葬式も挙げず、そのまま遺骨をお寺に納骨するような事情があったため、遺産の有無について、調査をする余地がなかったものである。

しかし、それなら相続の放棄や限定承認の手続きくらいはしておくべきではないかという疑問もある。この最高裁の判例にはつぎのような反対意見が付加されている。

「……法は熟慮期間については、相続人が相続について単純もしくは限定の承認または放棄のいずれを選択すべきかの決定をするため相続財産の有無・内容を調査すべきものとし、ひとまず三か月の期間を定めた。もし三か月の期間内にその決定をすることが困難なときは、期間の伸長を求めることができる規定を設けている（九一五条一項ただし書）。相続財産調査のために十分ゆとりある期間を用意して、単純承認か限定承認か、または相続放棄をするかの選択権を行使するよう義務づけているのだから多数意見のように解する余地はない」と……。

判例の趣旨をよく理解しないで、ひとりよがりは今後も失敗の基になる。「相当な理由」という事実の評価が今後問題となるであろう。

財産相続のアナ

婚外子の相続差別は違憲だと妻の子と同じだけ父の遺産を取った愛人の子の話

民法は相続差別をなくした

　久保裕子さんは、兄二人と姉に激怒している。先日亡くなった父春男さんの遺産のことで、大ゲンカになったのだ。彼女は春男さんが愛人に生ませた子で、三歳の時、実の母親が死に、父の家に引き取られた。幸い、春男さんの妻は優しい女性で、裕子さんを自分の子と同じように慈しんでくれた。妻の子である二人の兄真一と治夫、姉美子も、裕子さんを実の妹として可愛がってくれた。父が亡くなるつい最近までは……。

　裕子さんも春男さんの妻に懐き、一五年前に妻が亡くなった後は、ずっと一人で家事を引き受けていた。二人の兄や姉が結婚した後も、入退院を繰り返す父親の世話を結婚もせず、四〇歳になる今日までずっと続けていたのである。兄や姉からの金銭的援助はないので、生活費は父親のわずかな年金と彼女のスーパーでのパート代で賄っていた。ただ、父親の看病や介護を押し付けられたことを不満に思ったことは一度もない。

　春男さんの葬儀は、長男真一が喪主になり、裕子さんと春男さんの住む借家で行われた。その葬儀の後、兄弟四人で遺産分割の話合いになったのである。

　真一は、春男さんの遺産は本人名義の預金三五〇〇万円だけなので、これを、ここにいる兄弟四人で分けようと提案してきた。一人八七五万円なら、悪い話ではない。裕子さんに異存はなかった。ところが、である。

☆これぞ「法の下の平等」

「裕子さんは愛人の子でしょ。だったら、嫡出子の相続分の半分しかもらえないはずよ。大学で習ったもの」

法学部出身だという真一の嫁が、横から口を挟んだのである。嫁の説明によると、民法九〇〇条一項四号但書に、「嫡出でない子（非嫡出子）の相続分は、嫡出である子（嫡出子）の相続分の二分の一とする」という規定があるのだということ。

「そうか。法律で決まってるんじゃ、しょうがないな」。

「ということは、真一兄さんと治夫兄さん、そして私が一〇〇〇万円ずつ。裕子は五〇〇万円ね」。

「わかった。お前たちに異存なければ、親父の遺産分けは今決めよう。裕子も、それでいいな」。

真一は、「遺産分割協議書」と書かれた用紙を、三人の前に広げました。治夫兄はその末尾に名前を書き入れ、美子に渡したのである。どうやら、裕子さんの知らないところで、話が出来ていたようだ。

「さっ、裕子もここにサインして。わずかな遺産のことで、兄弟揉めるのもイヤでしょ」。美子から協議書とペンを押し付けられた裕子さんは、何だか腹が立ちました。もらう金額に不満があるわけではないけど、遺産分けの話をする前に、長い間父親の世話をしてきた裕子さんに、一言ぐらい礼を言ってもいいのではないか、そう思ったのである。それに、彼女以外の兄弟は、真一は開業資金一〇〇〇万円、治夫は住宅資金八〇〇万円、美子も結婚費用七〇〇万円を、父親からもらっている。

法律は冷たい。裕子さんは、そう思った。「少し考えさせて」と言い残し、彼女は立ち上がった。それ以来、兄や姉とは冷戦状態が続いている。

問題点

結論から言うと、真一の嫁の知識は間違っている。「愛人の子の相続分は妻の子の二分の一」という婚外子の差別規定は、平成二五年一二月一一日に施行された改正民法で削除され、妻の子も愛人の子も相続分は等しくなったのである。

裕子さんの場合も、他の兄弟三人と相続分は同じで、父親の遺産の四分の一をもらえる。しかも、相続法では、開業資金や婚姻費用などの生前贈与は遺産額に組み入れる。他の三人が受け取った生前贈与を考慮すると、春男さんの遺産は六〇〇〇万円になり、相続額は各自一五〇〇万円となる。裕子さんは一五〇〇万円を受け取れるが、他の者は生前贈与分を差し引かれ、真一は五〇〇万円、治夫は七〇〇万円、美子は八〇〇万円しか受け取れない。

なお、婚外子の相続差別規定が民法から削除された背景には、従来の民法規定を違憲とした平成二五年九月四日の最高裁決定がある（八七頁「財産相続の法律の急所」参照）。

長年連れそってきた妻の相続権をゼロにする話

財産相続のアナ

協議離婚届の活用でＯＫです

ある出版社の社長さんの話である。老いてますますあの方がさかんだが、〝百人のくろうとは、一人のしろうとにしかず〟というのが、この社長さんの持論で、毎年、新入女子社員を愛人にするのが何よりの自慢という、たちのよくない社長さんである。

ところが、一人、敢然とこの社長さんに体当りをしていった女性がいた。さんざん社長をじらせぬいて、「チャンと奥さんにしてくれなくちゃいや、いまの奥さんと離婚して、その離婚届を見せてくれたらあたし何でもいうことをきくわ」と、すごい要求をつきつけた。

いつものデンだと、「うん、よろしい、わかった、わかった」というだけでチョンとなるのだが、この女性は、そんな空手形などでは手も握らせてくれぬというケン幕なのである。

離婚ということになると、事は大がかりで、単なる浮気ではすまないわけだが、社長さんの長年のカンで、特にこの女性には誰にもない格別のウマ味がありそうだし、ことわられれば、それだけ好奇心が燃えあがるというのが人情である。

どうせ、一〇年近く別居同様の古女房、体が離れている以上、戸籍も離れていったとて、いまさら泣いたり笑ったりするほどの歳でもあるまい、あの婆さんめと、社員に命じて区役所から、離婚届の用紙を取ってこさせると、なるほど、これはいともかんたんな届け書である。

印鑑証明書もいらないのだから、そこらの文具店で売っている出来合いのミトメ印でことがすむ。しかも夫婦同姓だから、一本二〇〇円のハンコで二人分の押印ができ、社員二人に命じて、証人としての住所氏名を記載させ、その名前の下に二人とも出勤簿に押すミトメ印をポンポンと押して、ちょうど社長と年恰好も同じくらいの守衛さんが、区役所の戸籍係の窓口にそれを出して万事オーケー。あとは区役所の方の手続きで、奥さんは社長さんの戸籍から抹消されて、実家の戸籍に逆戻りというわけである。

奥さんとしては、何かの機会に戸籍謄本をとってみればすぐにわかったわけだが、相続とか、結婚とかいうことでもなければ、戸籍謄本などはメッタに用のないものだ。そのまま知らずに何年かたったある日のこと、好色の社長さんは、さんざんじらされた若い女子社員と結婚してまもなく、心臓がやぶれて一巻の終わりとなった。

問題点

それから、おきまりの相続問題となったが、奥さんとしては妻の相続権をガッチリ主張し、シコタマ遺産をせしめよう、そのためにこそ今日まで我慢してきたのよと思ったところがサア大変、いつのまにやら自分は離婚されていて戸籍の上では赤の他人。その上、四〇も歳のちがう若い女性が、戸籍の上で、デンと妻の座におさまっている。

一人の子もない社長さんだから、遺産はソックリ若い新妻に渡って、何十年も連れ添った奥さんには一銭も遺産が渡らぬというわけである。

もちろん、社長の死亡後でも、奥さんの知らぬ間に一方的になされた離婚届は無効だから、社長と若い女性との婚姻は当然取り消さるべきであるとして、訴えを起こせば、奥さんはまた妻の座に復帰して、遺産をもらえることになるのだが――。しかし、例外的な場合であるが、つぎのような判例もあるから奥さんたるもの、くれぐれも注意が必要である。

「前婚がいまだ解消されないうちに……法規に違反して結ばれた婚姻であっても、その後の日時の経過又は事情の変更などによって当初の瑕疵にもかかわらず取消しえなくなる……民法第七四七条二項の婚姻の安定の要請などに照らすと、前婚につき生じた相手方当事者の死亡又は離婚などによって、後婚の違法性は治癒され、もはや後婚を取り消すことはできなくなると解するのが相当である」（東京地方裁判所・昭和三六年一二月二〇日判決）。

亡父が親族の多額の借金を相続したことを　その死後半年経って知ったが　相続放棄ができた遺族の話

財産相続のアナ

相続を知ってから三か月以内

青山一郎さんに、凸凹金融から内容証明郵便が届いたのは、八月の初めだ。「なんだろう?」と、首を傾げながら開封した彼は、文面を読んで驚いた。三月半ばに亡くなった彼の父太郎さんの債務五六〇万円を、相続人である彼に払えという内容だったからだ。

太郎さんの遺産は銀行預金一五〇万円だけで、病院代や葬儀代を払うと、唯一の相続人である一郎さんの手元には五〇万円も残らなかった。もっとも、太郎さんには借金もなかったので、彼はホッとしていたのである。

内容証明を読んだ一郎さんは、言うまでもなく差出人の凸凹金融に、何かの間違いではないかと、抗議した。しかし、凸凹金融の担当者は、その抗議を一蹴したのである。担当者の話では、亡父太郎さんは、彼の妹である渋谷花子さんの相続人の一人で、彼女に借金があったのに、亡父は相続放棄しなかったため、彼女の借金の一部五六〇万円を相続したのだという。しかも、亡父がその借金を払わないまま亡くなったため、一郎さんが、その債務を相続したというのである。

☆知らぬ間に借金を相続？

叔母花子さんは亡父より五か月ほど早く、昨年一〇月後半に亡くなっていた。ただし、一郎さんがその事実を知ったのは、今年初めに送られてきた喪中葉書によってである。そもそも、叔母には二人の子どもがおり、相続人はその子ら（第一順位）のはずで、その場合には兄弟姉妹（第三順位）である亡父に遺産の相続権はない。

一郎さんは事実確認のため、従兄弟である叔母の長男に連絡した。すると、彼ら叔母の子は二人とも昨年末に相続放棄していることがわかった。他に、叔母の相続人になれる彼女の夫（配偶者）も彼女の両親（第二順位）も、すでに他界していたため、その時点で生存していた一郎さんの亡父が相続人となったのである。一言、相続放棄の連絡をくれれば、一郎さんも亡父に相続放棄させられたのにと思ったが、今さら悔やんでも仕方がない。

凸凹金融の担当者は、「お父さんが亡くなってから、三か月以上経ってますから、あなたはもう相続放棄できませんよ」と言われ、しかも払わなければ裁判を起こすと言われて、一郎さんは困ってしまった。

ところが、その話を会社の上司にすると、「内容証明がきたのは先月だろう。そのとき初めて債務相続のことを知ったんだから、今からでも相続放棄すればいいよ」と教えてくれたのだ。

一郎さんは急いで必要書類を揃え、内容証明が届いた翌月、家庭裁判所に、亡父太郎さんの遺産の相続放棄を申し立て、裁判所に受理されたのである。

問題点

亡くなった人（被相続人）の相続人は、その遺産を受け取るか（相続の承認という）、放棄するか、自由に選べる。ただし、相続開始を知ったときから三か月以内に、決めなければならない（民法九一五条）。この期間を熟慮期間といい、何も表明しないと相続を承認したことになる。

相続を承認した相続人は、被相続人に借金（債務）があれば、その債務も引き継ぐ（返済義務を負う）。

しかし、相続人が熟慮期間中に承認も放棄も決めずに亡くなることもある。この場合、その相続（再転相続という）の熟慮期間は、「その者（この事例では太郎さん）の相続人（一郎さん）が、自己のために相続の開始があったことを知ったとき」を起算点とすると定めている（民法九一六条）。もっとも、亡父からの相続開始を知ったからといって、亡父が叔母花子さんの相続人になっていることまで知り得るわけではない。再転相続についての一郎さんの熟慮期間の起算点は亡父死亡時ではなく、亡父が叔母の相続人になったことを知ったとき、つまり凸凹金融の内容証明が届いたときである。一郎さんは内容証明到達の翌月に放棄の申立てをしており、相続放棄は有効である。

亡父が親族の債務を相続したことを知らなかった相続人と相続債務の債権者が熟慮期間の起算点を争った事件で、起算点を「親族の債務を相続していると知ったとき」とする判例が出ている（最高裁・令和元年八月九日判決。一一六頁コラム参照）。

財産相続のアナ

誤解で相続放棄したが錯誤を理由に相続人の地位を回復した話

ただし簡単には認められない

藤本猛さんは、ある中堅の不動産会社の社長の運転する車に跳ねられて死亡してしまった。藤本さんは、早苗さんという妻がいたが、この事故の前に二人は離婚していた。二人の間には、三人の子供がいたのである。

藤本猛さんと早苗さんが離婚したのは、猛さんが賭事に耽り生活費を渡さなかったことなどが原因で、昭和五三年七月四日、協議離婚届を出し、猛さんが、花子と一郎の二人の子供を引き取り、早苗さんは末っ子の二郎を引き取ったのである。猛さんが死亡したあとは、猛さんの弟の春夫が、花子と一郎を引き取って、猛さんの遺産を管理することになっていた。

事故直後、春夫は、早苗に対し、「猛は離婚後自暴自棄になって借金を重ねて、その額は三〇〇〇万円にもなっているから、相続を放棄しないと、子供たちがその債務を支払わなければならないから、相続を放棄せよ」と言ってきた。

早苗さんは、春夫の言葉を信じて、親権者として二郎の相続権を放棄することを決心し、家庭裁判所に相続を放棄する申立をしたのである。早苗さんが、このような決心をしたのは、当時、春夫から猛さんの遺産内容を聞かなかったし、離婚後既に数年もたっていて、その間まったく音信がなかったことで、婚姻中の猛さんの行状を考えると、春夫の言うことは本当のことだと納得したのであった。

ところが、猛さんに引き取られた二人の子供である花子と一郎が、加害者を相手どって損害賠償金を求める手続をしていることが判ったのである。法律知識に乏しい早苗さんは、別れた夫が三〇〇〇万円もの借金をしていて、それらを子供たちが支払うことになっては大へんと、二郎は相続権を放棄したのであるが、どうもそうではない。むしろ、相続財産として、事故の加害者から損害賠償金の一部を受

☆サッカクって、よくあるわよね！

けられることが判ってきたのである。

そこで、二郎の親権者として早苗さんも、その権利を主張することにしたが、問題は、既に家庭裁判所に相続放棄の申立をしていることであった。

早苗さんは、家庭裁判所に対し、相続放棄を申し立てたのは、要素の錯誤があったからこれを取り消す旨申し立て、同家庭裁判所は、昭和六三年九月一九日、相続放棄を取り消す申立を受理する旨の審判をしたのである。

ここで問題は、相続放棄の意思表示をする場合にも、要素の錯誤が認められるか、である。既に判例として、相続放棄の申述が家庭裁判所に受理された場合でも、相続放棄に無効原因があるときには、後日訴訟においてその主張をすることが許されるとしている（最判昭二九・一二・二四、民集八・一二・二三一〇）。また、相続放棄は錯誤があるときに無効であることも判例で認められている（最判昭和四〇・五・二七、判時四一三・五八）。

問題点

相続放棄の申立が家庭裁判所に受理されたとしても、それに**要素の錯誤**があれば、放棄の意思は無効だと主張できる。

本事例の場合も、この要素の錯誤に該当するか否かが争われた。裁判所は、早苗さんの錯誤の主張を認めたのだがその理由の要旨は、早苗さんが素人で法律的知識が乏しかったことを重要視している。「要素の錯誤」といわれても、それはどんなことなのか、法律的にどんな効果があるのかを正確に理解している人はほとんどいないと思う。

こうした事情を前提として、早苗さんが二郎のために、相続放棄を決心した動機を詳細に認定し、そう考えたことが間違っていたと気付いたのはどんな時であったのかを判断して、要素の錯誤があったとしている。

ところが、当然のことではあるが、利害関係を持つ花子と一郎の側としては、二郎が相続人になるのは、それだけ自分たちの相続分が減るので反対することになる。そこで、二郎の相続放棄の意思表示に**重大な過失**があったと主張することになるのである。

この事件で、裁判所は、二郎側に重大な過失があったと認めるに足りる証拠はないと判断しているが、早苗さんに法律知識がなかったことが救いとなっている。判決は、相続放棄に当たり猛の遺産内容について調査をしなかったが、離婚後数年を経ていたので、早苗さんにその調査を求めることは実際上困難だとしている点に注目したい。

この裁判での教訓としては、このような相続放棄を求められたような場合、被相続人の相続財産（借金という消極資産をも含め）を調査して、そのうえで措置をとることが大切だということである。要素の錯誤は、簡単には認められないことを知っておこう。

財産相続のアナ

亡夫の家に住み続けたいが相続分けするので子に家を売れと言われた妻の話

配偶者居住権で住み続けられる

令和二年五月、小岩洋子さんは長年連れ添った夫を亡くした。ところが、まだ七七忌の法要も済まないうちから、三人の子どもたちが亡父の遺産を早く分けろと押しかけてきて、洋子さんは夫の死を悲しむこともできないのだ。

遺産といっても、結婚直後に購入し、三〇年近く家族で暮らしてきた家（土地建物）の他には、わずかな預金があるだけである。遺言がないので、法定相続分に従って、妻の洋子さんが二分の一、残りを三人の子どもが六分の一ずつ分けるとすると、亡夫と住んでいた家を売って分けるしかなかった。

独立し、それぞれ別に住居を構えている子どもたちは家を売るよう迫るが、高齢の洋子さんにとって、新しく住む家を探すことは簡単ではないし、長年暮らしてきた家には愛着もある。といって、夫のわずかな預金に洋子さんの蓄えを加えても、子どもたちが受け取る金額にはほど遠く、三人は納得してくれなかったのだ。

「思い出の詰まった家だけど、子どもたちにも相続分は渡さなきゃならないし、やっぱり、この家売るしかないわね。」と、洋子さんは半ば諦めかけていたのである。

そんなある日、遠方にいたり、入院中だったりして、葬儀に間に合わなかった亡夫の古い友人数人が、焼香に訪ねてきた。皆、若い頃から夫婦同士で親しくしてきた間柄なので、洋子さんは、この家を相続のため売るしかなくなっ

☆くらし慣れた家に住み続けられる！

たと、グチったのだ。すると、友人の一人が、「奥さんがここに住み続けたいなら、配偶者居住権制度を利用したらいいんじゃないんですか。子どもさんには、建物の相続権を譲り、代わりに住み続ける権利を付けてもらうんです。今は、相続分全額を払う必要なんてないんですよ。」と、教えてくれたのである。

その説明によると、夫が亡くなった時（相続開始の時という）、夫名義の家に住んでいた妻は、その家すべてを無償で使用することができる権利、配偶者居住権を取得でき（民法一〇二八条）、その権利を付けた家には、死ぬまで住み続けることができる（一〇三〇条）と言う。

子どもたち（配偶者以外の相続人）が反対をしても、家庭裁判所に審判の申立てをして、その権利を取得することもできるというので、洋子さんは七七忌の法要で、子どもたちに「家は売らない。私が死ぬまで住む」と、宣言することを決めたのである。

問題点

亡くなった人（被相続人という）の財産（遺産、相続財産という）は、遺言がなければ法定相続分により分配される。相続人が、配偶者（夫または妻）と子どもの場合、その取り分は二分の一ずつで、子どもが複数の場合、二分の一の遺産を均等に分けるのが原則である（民法九〇〇条）。

しかし、遺産が住んでいた家（土地建物）だけという場合、法定相続分で分けるとなると、共有名義で相続する場合を除けば、その家を売って金銭で分けるしかなかった。小岩洋子さんのように、亡夫と暮らしていた家にそのまま住み続けようとする場合、子どもたちに、その相続分に該当する金額を払えればいいが、現実にはそのような余裕金を持つ妻は希で、子どもたちが相続分の分配を求めれば、家を売って分けるしかなかったのだ。

しかし、民法改正により、令和二年四月一日以降の相続では、夫の遺産である家に住んでいた妻は、他の相続人（子どもたち）に相続分相当額を払うことなしに、その家に住み続けることができるようになった。

具体的には、建物の相続権を子どもに譲り、代わりにその家に住み続ける権利（配偶者居住権という）を建物の新所有者（子ども）に設定してもらうのだ（改正民法一〇三一条）。この居住権は譲渡できない代わりに、妻は死ぬまで住み続けることができ、仮に所有者がその建物を第三者に譲渡しても、その権利はなくならないのである。

ただし、改正民法で創設された配偶者居住権は、令和二年三月末日以前の相続には適用されない。なお、配偶者居住権を利用すると、結果的に、洋子さんの遺産を将来相続する子どもたちにとっては相続税の節税になる。

夫が愛人にやった財産を遺言書が無効とケチをつけて妻が取り戻した話

財産相続のアナ

パソコンで打った遺言書は無効

花子さんはいわゆる愛人である。お相手は会社の社長であり、本宅には本妻のほか一男一女の恵まれた家庭がある。

しかし、どうしたわけか花子さんが大のお気に入りで、三日にあげず花子さんの家にくる。花子さんも心から忠実に仕え、近所の人たちからも普通のパトロンと愛人の場合と違って好意ある眼で見られていた。

その社長が急逝したのである。花子さんは驚きと悲しみそれは全く見る目も可哀そうであった。しかし社長を失った花子さんは悲しんでばかりいられない。自分で生きてゆかなければならないのだ。幸い住んでいる家も土地も、生前に社長から貰ったものなので、ささやかな手内職などをやりながら細々と暮らしていた。

ところが、仏の三五日も過ぎたある日のこと、花子さんの家は相続によって社長の長男のものになったから至急立ち退いてくれ、というのであった。寝耳に水の花子さんは、この突然ないいがかりに対し驚きと怒りをおぼえたが、やっとつぎのように答えた。

「この土地と家は、社長が生前の遺言によって自分が社長から貰っています。だからここは自分の家であり土地です。だから立ち退く必要はありません」

☆タイプライターではダメよ！

そしてその使いの人に、社長が生前書いた遺言状を見せた。その遺言状はパソコンで打たれており、本人の署名捺印があった。

> □区□町□番地宅地□□平方メートル及び同番地所在家屋番号□町の□　模造瓦葺平家建居宅一棟建築面積□□平方メートル右を北井花子に贈与する
> □年□月□日
> 小原　庄助

とあり、遺言書としては一応十分なものに思えた。社長宅からの使いの人はそれを見て何もいわずに帰って行ったのである。ところが、数日後、花子さんは裁判所から送達された一通の訴状を受け取った。その訴状のだいたいの内容は、下の通りであった。そこで花子さんは、知合いの人から弁護士に紹介して貰い、その弁護士の意見を仰いだ。

> 一、□区□町□番地の土地と建物は社長の長男Cが相続によってその所有者となった。
> 二、右の土地と建物は、社長が生前に於て北井花子に使用を許していたが、その使用許可を打ち切り、□年□月□日限り明け渡せ。

弁護士さんは次のように語った。社長の遺言状は、残念だが遺言状の形式を備えていない。花子さんのもつ遺言書は自筆遺言状（自筆証書遺言）の形式を取っているが自筆遺言状は全部自筆をもって書かなければならず、パソコンなど自筆以外のものであってはならない。だからこの遺言状は、遺言状の形式を欠き、したがって、遺言の効力は発生しない。つまり、社長の土地建物は花子さんの所有とは認められないのである。

問題点

この場合のように、遺言状の効力の問題と愛人との関係にからむ紛争は、世間に決してまれではない。

さて、この場合は、まず第一に遺言状の形式に不備があった。すなわち、全部自分の手によって書く自筆でなければならないのにもかかわらず、パソコンで打たれた遺言書であるから、これは当然無効である（添付する財産目録は除く。八六頁下段④参照）。

自筆証書遺言（じひつしょうしょゆいごん）（民法九六七条一項）は必ず遺言者自ら書くべきで（ペンや毛筆に限らない。鉛筆書きでも有効である）、機械や他人の手によってはならない。ビデオ動画による遺言もダメである。このことは、自筆証書遺言作成では絶対の要件である。

第二に、花子さんは内縁の妻とはいえず、やはり愛人であろう。

愛人に対しての遺贈は、公序良俗に反するとして無効になることがある。この点の配慮にも欠ける点があったようである。

財産相続のアナ

公正証書遺言が本人の意識障害を理由に無効とされた話

遺言時の意思能力の有無が決め手

公正証書による遺言の長所として、公証人が作成するので適法、確実である点が指摘される。この件では、そのうえ弁護士三人が立ち会いながら、遺言は無効とされためずらしい話である。

遺言者木野梅子は入院後一カ月で亡くなった。肝癌、肝硬変の合併症を呈し死因は肝不全で、八一歳であった。

梅子は死の前日、病室で公正書遺言をし、六人の相続人に遺産を配分した。公証人のほか三人の弁護士（A、Bは証人、甲は遺言執行者に指定されていた）が立ち会った。

しかし、梅子の病状は悪く、ベッドで点滴（輸血）中であり、遺言原稿（一週間ぐらい前に用意されていた）を読み聞かせても、うなずいたり、「はい」とか「そうです」と簡単な応答をする状態であった。

作成された公正証書に署名できないので、公証人が代書し、捺印も自力では弱くて不鮮明となったので、公証人が手を添えて改めて押印した。

重篤な状態ではあったが、翌日の死を予測するほどの危険を抱かず、立会人の誰も、医師、看護婦に病状を問い合わせたり、公正証書作成の了解を得ることはしなかった。

遺言の内容が、長兄一郎の遺留分に抵触することが火だ

☆ワタシャなんにも分からん

ねとなって、有利な配分を受けた弟五郎との間で紛争となり、遺言は有効、いや無効だという裁判になった。

無効派は、死の前日の母の状態は、極めて重い意識障害（昏睡状態）下にあり、とてもじゃないがかなり詳細で多岐にわたる遺言内容を理解できるような状況ではなかった、と主張する。

一方、有効派は、四人の法律専門家の誰もが、母の意識状態に危惧を抱いた事情はない。母は一〇年も前からいつも頼んでいた甲弁護士に、入院した翌日に病院に来てもらって、従前の遺言の書換えを依頼したものであり、同弁護士は、その後数回病院を訪れて、新遺言の原稿を作成し、母の確認をとっている。当日公証人が出張することも打ち合わせずみのことで、何ら問題はないと反論する。

実際、甲弁護士は、梅子の言うとおりにすると、一郎の遺留分を害することになってしまうと注意したが、梅子がそのままにしてくれと要求するので梅子の意思を尊重した経緯があり、判決も遺言書の内容じたいは、梅子の意思に沿うものであったと認めている。

一審判決は、遺言無効であった。五郎は納得できず、控訴した。

問題点

根本的な点は、現実に**公正証書遺言**（こうせいしょうしょいごん）をする時点で、遺言者が、遺言（法律行為である）の意味、内容を理解、判断するに足るだけの意識状態、精神能力を持続していたか、否かである。

法的には「**意思能力**」の有無が問題である。

意思能力を欠いていたとすれば、公正証書作成の一連の手続（民法九六九条、特に二、三、四号）――遺言者が、遺言の趣旨を公証人に口授（口で伝えること）する。これを筆記した公証人が読み聞かせる。遺言者がその正確なことを承認する。――が守られたかどうかを問題にするまでもなく、遺言は無効である。

裁判所は、梅子が入院当初から重症で、二週間後には親族への連絡を指示するほどであったことなどから、主治医と脳神経外科専門医の証言を参考に、肝不全状態から生ずる意識障害（昏睡（こんすい））の段階、程度を慎重に審理し、公正証書作成の二日前から、昏睡度三（ほとんど眠っていて外的刺激により開眼しうる）、ないし四（痛み、刺激には反応する）の状態であったとして、遺言当時においては前記のような意思能力、遺言能力はなかったものと認定したのである。

意思能力がないと認めて、公正証書の作成を断わった経験をもつ公証人は少なくないといわれる。

人の命の終焉（しゅうえん）は誰も正確には予測できない。遺言を決心したら即実行すべきである。

「万一のときは本件すべてを渡す」との曖昧な表記でも遺言と認められた話

財産相続のアナ

遺言者の意思が特定できればいい

中村さんは五五歳。居酒屋チェーンのオーナーで、一五年前、前妻と別れて、若い愛人を後妻に迎えたのである。しかし、二人の子どもには恵まれたものの、仕事、仕事で、一切家庭を顧みない中村さんに愛想を尽かした後妻は二年前、子どもを連れて家を出て行ってしまった。

しかも、別居した後妻は中村さん宛に「離婚してほしい」と、離婚届を送りつけてきたのである。もっとも、離婚条件がまとまらず、まだ離婚には至っていない。

後妻と別居した中村さんは、ますます仕事に打ち込み、会社に泊まりこんで、ほとんど自宅には帰らなくなった。そんな無理がたたったのか、ある日、社長室で倒れたのである。心筋梗塞だった。幸い、発見が早かったため、命に別状はなかったが、入院を知らせても後妻は看護することを拒否、それどころか、見舞いにも来なかったのである。

☆アイマイとは意味不明のことならず…!

困った中村さんの秘書は前妻に連絡、彼女に彼の看護を頼んだ。もともと、彼と前妻との夫婦仲は悪かったわけではない。結婚後一〇年、子どもができなかった前妻が、愛人が中村さんの子を産んだのを知って、自ら身を引いたのである。中村さんもまた、離婚後も前妻に経済的援助を続けていた。そのため、前妻は秘書の頼みを快く引き受けてくれ、献身的な看護をしたので、中村さんは一か月後には退院して、仕事に復帰できたのである。しかし、その半年後、中村さんは再び心筋梗塞の発作を起こし、手当の甲斐なく帰らぬ人となった。

　葬儀の後、中村さんの執務机の引き出しから、彼名義の預金通帳数通とその口座に該当するキャッシュカード、経営する会社の株券の他、一通の書面が出てきた。遺品を整理していて、秘書が見つけたのだ。書面には、中村さんの直筆で、「私に万一のことがあれば、本件すべてを前妻沼田幸恵にお渡しください」と書かれ、亡くなる前日の日付と彼の署名捺印がなされていた。書面に「遺言」との文言はないが、それが彼の遺言書だと考えた秘書は、その書面を前妻に渡し、前妻は法定相続人の後妻と子どもに対し、中村さんの遺産の分割を求めたのである。なお、執務室の引き出しに書面とともに入れてあった通帳や株券による合計額は、中村さんの遺産の三分の一に近かった。

問題点

　この事例では、その書面が**自筆証書遺言**として有効か、また有効とされた場合、「本件すべて」の解釈を遺産全部とするか、それとも引き出しに入っていた資産に限るか、が争われた。後妻側は、書面の記載は明確性に欠け、遺贈（遺言によってする贈与）するという内容の遺言として無効と主張している。

　裁判所は、本件書面が自筆証書遺言として有効かどうかを判断するに際し、書面を形式的に解釈するだけでは十分でなく、作成者が置かれた状況、作成時の事情などを考慮して作成者の真意を探り、その趣旨を確定する必要があるとした。表現が曖昧でも作成者の真意が特定できれば、自筆証書遺言として有効なのである。

　本件書面は、前妻に看護を頼むしかなかった中村さんが、依頼に応じてくれた前妻の手厚い看護で仕事に復帰できた時期に作成されており、その状況下では少なくとも遺贈の意思はあったと裁判所は認めた。

　また、「万一のこと」「本件すべて」の意味が不明確で曖昧とする後妻側の主張に対しては、「万一のこと」は自分の死を意味し、「本件すべて」とは引き出しに入っていた物と特定できるから、本件書面の記載が明確性を欠くことはないと認定。自筆証書遺言として有効と認め、後妻側の請求を退けている。

　なお、妻子と別居中の男性が病気で経済的にも窮し、それまで疎遠だった実弟に助けを求め、支援を受けられたケースで、その死後、彼の執務机から発見された「私に万一のことがあれば、本件すべてを実弟にお渡しください」との書面を自筆証書遺言として有効と判示した判例がある（大阪地裁・平成二一年三月二三日判決）。

愛人への遺贈でも一定限度のものであれば公序良俗に反しないという話

財産相続のアナ

不倫な関係を維持するためでないと判定

甲野太郎氏は高名な画家であり、大家となった現在ではその作品は号数百万円もする。その資産も、私設の美術館を始めとして、不動産など莫大なものがある。ところで甲野氏の私生活は、ご多分にもれず艶聞に満ちたものであった。そのため夫人の花子さんとの仲は、若いときからあまり良くない。花子さんが控え目な人なので離婚騒ぎこそ起きていないけれども、一〇年ほど前から徐々に冷めたものとなっている。

特に七年位前から、甲野氏が愛子さんという水商売の女性と半ば同棲に近い生活を始めるようになってからは、ほとんど自宅には帰らないようになった。花子夫人は愛子さんをきらっており、一人娘の夏子さんも、もちろん同じ気持である。

その甲野氏が、この度老衰で亡くなった。さてその遺産の行方であるが、何と愛子さんは甲野氏の書いた遺言書があるという。亡くなる一年ほど前に書かれたものであるとのことであり、筆跡鑑定を行った結果、甲野氏の自筆であるとの判定がなされた。

問題はその内容であるが、妻の花子さん、一人娘の夏子さん、そして愛人の愛子さんのそれぞれに遺産の三分の一ずつを遺贈するというものであった。

これではおさまらないのが花子さんと夏子さんである。

☆これで安心だわ！

晩年は夫であり父親でもある甲野氏をほぼ一人占めされている。それればかりか、すでに家を一軒と少なからぬ手当をもらっているのに、その上に遺産の三分の一もよこせとは図々しすぎるというわけである。

　ところで民法九〇条によれば、**公序良俗に反する行為**は無効とされる。ここに「公序良俗」というのは、「公の秩序または善良の風俗」あるいは「社会の一般的秩序または道徳観念」ということである。

　たとえば、「あいつを殺せば一〇〇〇万円払おう」という約束があったとする。このうち「あいつを殺せば」という部分は、社会秩序に反する。しかもその部分と一〇〇〇万円の支払いの約束とは切っても切れない関係にある。したがってこの約束は、その全体が無効となる。殺人者がこの約束の履行を裁判所に求めても、もちろん救ってはもらえない。

　花子さんと夏子さんは、本件遺言が、この公序良俗に違反するとして、その無効であることの確認を求めて訴訟を提起した。

問題点

愛人関係は、**一夫一婦制度**のわが国の法制度のもとでは、確かに許されるものではない。だからといって処罰されるほどではないけれども、そのような関係を維持することを目的とする行為は無効とされるのがふつうである。

　たとえば甲野氏が、自分のもとを離れようとする愛子さんをつなぎ止める目的でこの遺言をしたのであれば、それは花子さん達のいうように無効となるであろう。前述の殺人の約束のように、不倫関係と遺言の内容とが切っても切れない関係にあるからである。

　ところが甲野氏がこの遺言書を書いたのは、愛子さんを引き止めるためではなかった。というのは、すでに六年間もの同棲生活を送っていて、いまさら引き止める必要はないほどに二人の仲は安定していたからである。それではなぜそれを書いたかというと、老い先短い甲野氏が自分の死後の愛子さんの生活を心配してのことであった。このことは愛子さんの生計がもっぱら甲野氏に頼っていたものであり、愛子さんには甲野氏以外には頼るべき身内はいなかったことからも裏付けされた。

　この訴訟では、このように愛子さんと甲野氏との関係が安定していたこと、また甲野氏が自分の死後の愛子さんの生活を案じていたことに加え、一方では甲野氏と正妻の花子さんとの夫婦関係としての実体がある程度失われていたこと、さらに遺贈の対象が三分の一のみであったことを理由として、この遺言が有効とされた。

　すなわち不倫な関係はそれとして、それと遺言の内容とは関係がないものとされたのである。

財産相続のアナ

贈与の書面がないために不動産の取得を争われた内縁の妻の話

贈与の約束は書面ですること

〝贈与〟――ということは、タダで物を与えることだ。与えるほうには代償はないが、もらうほうは丸もうけということになる。

だから、民法は、贈与についてこう定めている。「書面でなく、口の先だけでいった贈与の約束は、あとから取り消してもかまわない」――と（民法五五〇条）。

したがって、口先だけで景気よく、〝オイお前にはダイヤの指輪をやろう〟とか、〝お前にはスポーツカーを買ってやるぞ〟とかなんとかいって喜ばせておき、あとからドンドン取り消していく。たとえウソでも、しばしのあいだ、ヌカよろこびをさせただけ他人に奉仕をしたことになる。

しかし、民法は、「ただし、履行の終わった部分については、この限りでない」（前条ただし書）といっているから、口約束のうちならよいが、一度与えてしまったが最後、あとから返してくれといってもどうにもならない。〝どうせ、タダでもらった物じゃないか、返せといったら返せよ〟と泣きわめいてもあとの祭りだ。

☆家もカラーテレビも車もあげるヨ

ところで、大木はる子さんは、今から三六～七年前、小池修平さんとねんごろになった。小池さんには本妻の梅子

さんと、そして五人の子供がいたが、山梨県の郷里に妻子を置いて単身上京していらい、約一〇年間も別居生活が続いていた。こうなると、大木はる子さんと小池修平さんが、いつのまにやら結ばれて、夫婦のような生活がはじまっていく——というのがお定まりのコースだが、事実、修平さんとはる子さんは仲むつまじい内縁の夫婦として三〇年の春秋を送った。

　そのうち、修平さんは土地と建物を買い受け、土地の登記名義は内妻のはる子さんの名義にしてやったが、建物については、その権利証と実印をはる子さんに与えたままで、まだはる子さんの名義に移転登記をしないうち、病気であの世に行ってしまった。

　トラブルはここから発生する。修平さんの次男である小池新一さんは、郷里の山梨からやってきて、この建物を相続で取得したいといい、小池新一の登記名義にしてしまった。

　おさまらないのは、はる子さんだ。そこで小池新一氏を相手どり、建物の登記を自分の名義に変更せよと訴え出た——これが本件の大筋である。

問題点

　小池新一さんはつぎのように反論している。

　はる子はこの建物をもらったというが、登記名義はまだ変わっていない。だから、贈与（ぞうよ）の履行はまだすんでいない。してみると、〝この建物をやろう〟といった約束は、口先だけの約束だから、あとからいつでも取り消せる——これが第一の反論だ。

　つぎに、修平とはる子の関係は、法の認めぬ日陰の夫婦だ。本妻がいるのに内縁の関係を結ぶことは公序良俗に反するもの、よってこの建物の贈与契約は不倫の関係を維持するための契約だから、民法九〇条によって無効である——これが第二の反論だ。

　反論としては、いずれもいい点をついている。

　しかし、裁判所はつぎのように判定している。

　まず第一、建物の登記は移していないとしても、事実上、この建物に住まわせていたことは、はる子に占有を移したことで、もう建物贈与の履行は終わっているというべきであり、もはやこの贈与は取り消しできない。

　第二、修平とはる子の仲は、〝平穏公然〟たる家庭生活をつづけ、〝同棲以来三〇年近くも苦楽をともにし〟たものであり、修平がはる子の行く末を案じて土地と建物を贈与したからといって、その贈与契約を〝もっぱら不倫の関係を維持することのためになされた公序良俗に反する契約とは認められない〟。

　これが判決理由である。

　かくて、はる子さんに勝訴の軍配があげられた（昭和四四年一一月四日東京地裁）。

〔コラム〕再転相続の相続放棄はその事実を知ったときから三か月

相続人は、遺産を受け取る（相続の承認）か放棄するか、自由に選べるが、相続放棄は相続開始を知ったときから三か月以内（熟慮期間）に家庭裁判所に「相続放棄の申述」をし、受理されなければならない（民法九一五条）。

なお、先順位の相続放棄により相続権を取得した後順位相続人が、相続の承認も放棄もしないで死亡した場合、その相続（再転相続）を、後順位相続人の相続人が相続放棄できる熟慮期間の起算点が争われた事件がある（民法九一六条では「死亡した者の相続人が自己のために相続の開始があった時」とだけ定めている）。

●**亡父の再転相続を相続債務の債権者からの送達で初めて知る**

原告Xの亡父Aには、銀行から貸金返済訴訟を起こされた会社の連帯保証人の兄Bがいた。訴訟は、平成二四年六月、連帯保証債務の履行を命じるB敗訴の判決が出て確定している。その後、Bの死亡に伴い、Bの子らは同年九月、またA他一名を除くBの兄弟も相続放棄をして、受理された。それによりAはBの相続人になったが、相続の承認または相続放棄を明らかにすることなく、同年一〇月死亡している。

Xは、Aの死亡によりAの相続人になったことは知っていたが、AがBの相続人であることは平成二七年一一月、銀行から債権譲渡されたYより、「債務名義（前述確定判決）に基づき、Aの承継人であるXに対し強制執行できる旨の承継執行文」が送達され、初めて知ったのである。

Xは平成二八年二月、Bからの相続について相続放棄の申述を受理されたので、相続放棄を異議の事由として、Xに対する強制執行を許さないことを求める執行文付与に対する異議の訴えを起こした。

●**相続人の熟慮期間の起算点は債権者から内容証明が届いたとき**

裁判所は、「自己について相続が開始したことを知ったとき」とは、Xが、承認も放棄もしなかった相続における相続人の地位を、自己が承継した事実を知ったときと解すべきとした。

よって、Xは、平成二七年一一月の送達により初めて亡父AからBの相続人としての地位を自己が承継した事実を知ったのであるから、その時が、Bからの相続に係るXの相続放棄の熟慮期間の起算点になると判示した。

その上で、Xにより平成二八年二月に申述がなされた相続放棄は熟慮期間内になされたもので有効だとして、Yの上告を棄却した（最高裁・令和元年八月九日判決）。

第5章

隣近所の抜け穴と急所

♣本書の内容は……

・近隣の主婦の陰口が名誉毀損にあたるとして慰謝料を取った話――民法七二三条
・賃借人がアパートを焼失しても類焼者に賠償しなくてよいという話――民七〇九条
・ゴミ持回りを拒否してゴミ出しを禁止された住民の話――民法一条
・騒音で健康害したとアパートの階下の住人から慰謝料を取った話――騒音規制法
・袋地通行権の通路をトラック運行に必要な四メートル幅にさせた話――民法二一一条
など実例解説・一五話

隣近所の法律の急所

ご近所付き合いが当たり前だった時代は、トラブルが起きても、その多くは当事者同士の話合いや周囲の仲裁で解決できた。裁判にまで発展する紛争といえば、かつては地境の境界争いや隣地通行権などの相隣関係、日照権をめぐる争いが、ほとんどだった。

しかし近年、ごみ出しやペットのトラブル、テレビやクーラーの室外機の騒音など日常生活での隣人への不満、タバコのポイ捨てや受動喫煙といったトラブルも、裁判に発展することが増えているようだ。

法律の規定も、こういうより身近なトラブルを想定して作られることが多くなっている。

★相隣関係のトラブルは民法に規定がある

民法では第二編（物権）、第三章所有権の中に、**相隣関係**として、隣接地紛争に関わる規定（同法二〇九条～二三八条）を設けている。なお、令和三年四月二八日、**民法等の一部を改正する法律**が公布され、隣地の使用、竹木の枝の切除など相隣関係に関する一部規定が改正された（令和五年四月一日から施行）。

・**隣地使用権**（二〇九条）

土地所有者が、建物の築造や修繕工事、境界の測量などで、どうしても隣地に足場を組むなど必要がある場合には、工事に必要な範囲内で、隣地使用ができる権利である（改正前の規定は、「使用を請求できる」で、隣人の許可が必要だった）。

・**隣地通行権**（二一〇条～二一三条）

袋地通行権ともいい、他人の土地に囲まれ、道路に通じていない土地の所有者が、道路に出るために隣地を通行できる権利である。ただし、通行できる隣地の場所や方法は、通行権者に必要で、囲んでいる土地のためにもっとも損害の少ないものでなければならない。

なお、土地所有者がガス、水道水などの継続的給付を受けるため他人の土地に必要な設備を設置できる（または他人の設備を使用できる）権利を認める規定が新設された（二一三条の二）。

・**囲障設置権**（二二五条～二二八条）

所有者の異なる二棟の建物の間に空き地がある場合、それぞれの所有者は相手所有者と共同の費用をもって、その境界に塀を作ることができる。どんな塀にするか協議が付かない場合は、高さ二メートルの板塀または竹垣と定められている（社会的に認知された標準的な仕様という趣旨で、現在はブロック塀も認められる)。

なお、費用の増額分を負担して、それ以上の高さにしたり、高額素材を使うこともできるが、隣家の日照や通風を妨害することは許されない(隣家から、設置の差止めや変更、賠償を求められることもある)。

・竹木の枝の切除および根の切り取り(二三三条)

隣地の竹木の枝や根が、自分の土地に越境する場合がある。根については土地の所有者が越境した部分を切り取ることができるが、竹木の枝については、従来の規定では、竹木の所有者が切除に応じなければ裁判を起こすしかなかった。しかし、改正法では、所有者に切除を催告しても応じない場合、所有者が不明または連絡が付かない場合には、越境された土地の所有者が枝を切り取れることが認められた。

この他、建物を建設する場合には、隣地との境界線から五〇センチメートル以上離して建てる必要があり(二三四条)、また隣地との境界線から一メートル未満の距離に、他人の宅地が見える窓などを設置する場合には、目隠しを付けなければならない(二三五条)。

★飲食店の喫煙は規制が厳しくなった

身近な紛争をめぐる法規制として顕著なものには、大勢の人が集まる施設に対し**受動喫煙対策**として施設内の原則禁煙の義務付けやタバコ煙の流出防止設備の設置義務付けを追加した**健康増進法**の規制強化がある。具体的な規制内容は、都道府県や市区町村など各自治体の条例により若干異なるが、学校や病院などの施設は、原則敷地内禁煙(または施設内禁煙)が義務付けられた。ホテルやデパート、劇場や飲食店などの民間施設も、喫煙専用設備を置く場合にはタバコ煙の流出防止を徹底すること、喫煙可能な施設である場合には施設の出入口にその旨を提示することなどが義務付けられている(決められた場所以外での喫煙は禁止)。

なお、令和三年六月五日には**大気汚染防止法**が改正公布され、解体工事に係る元請業者の調査および説明の義務、特定粉じん排出等作業に係る都道府県知事による計画変更命令の規定が設けられた。

★隣近所の紛争は裁判外で解決できる手続きもある

隣近所との紛争を裁判で白黒付けると、後々シコリが残ることが多い。できるだけ話合いで解決することが望ましいが、話合いがつかなくても裁判手続きではなく、裁判外紛争解決手続き(**ADR**)を利用するといい。民事上の紛争を、法務大臣の認証を受けた民間紛争解決事業者の仲介により和解で解決する制度で、平成一九年四月一日から施行されている(**裁判外紛争解決手続の利用の促進に関する法律**)。通常の裁判手続きより迅速な解決が図れ、費用も安くて済む。

隣近所のアナ

ゴミ持回りを拒否してゴミ出しを禁止された住民の話

被害は全員で分かち合うのが原則

夢が丘タウンには二五戸の一戸建てがあり、開発当初から住む高田勇作さんが自治会長をしていた。口うるさいが世話好きの高田さんは、自治会活動も熱心にしているので、これまで彼の決めた方針に文句が付いたことはなかった。

ところが、半年前、ゴミ置場を持回りにしようという五十嵐さんからの提案を、自治会長権限で拒否したことから、高田さんに対するタウンの住民の見方が変わってきたのである。タウン二五世帯のゴミ置場は、開発された当時から五十嵐さんの家の前にあり、一五年前に転居してきた五十嵐さん一家は、ずっと異臭と散乱するゴミに悩まされてきた。

五十嵐さんの提案に、当初は「家の資産価値が下がる」「家のすぐ前がゴミ置場であることを五十嵐さんは知って購入しており、しかも、その分、安く買っている」という高田さんの反対意見に、他の大半の住民も賛同していたのだが、五十嵐さんは粘り強く一軒一軒を回り、一家の苦衷を説明し、説得したのである。その結果、自治会で賛否を取ろうという意見が多くなったのだが、高田さんは会長としての強権を発動、その提案を議事に載せることすら拒否した。しかし、余りに頑固で一方的なやり方に自治会住民の多くが反発、高田さんをリコールして新たに五十嵐さんを自治会長に選んだのである。

当然、ゴミ置場の持回りについても話合いの場がもたれ、行政とも相談した上、三か月ごとに各家の前に移すことで

☆あんたのゴミはお断り

最終的に決着した。それぞれ言い分はあったが、一度ゴミ置場が来れば、その後六～七年は安心できるということで、高田さん以外の住民は納得、賛同したのである。

　だが、この自治会の決定に、高田さんはおもしろくない。「自宅の前は、絶対にゴミ置場にさせん！」と、他の住民に会うたびに放言していた。しかし、そんな高田さんに、ゴミ置場の持回り開始を一月後に控え、自治会から一通の通告書が届いたのである。内容は、持回りに賛同するよう促したうえ、持回りに反対する場合は「自治会のゴミ置場にゴミを捨てることを禁ずる」という通告で、しかも通告を無視してゴミを捨てた場合は、裁判でゴミ捨て差止めの処分をしてもらうことも辞さないと書かれていたのだ。

　高田さんも、最高裁がゴミ置場の持回りを認めたという記事を、新聞で読んだ記憶はある。もし裁判を起こされ、ゴミ捨てができなくなったらと思うと、ひどく不安だ。といって、みすみす承認するのもシャクなのだが…。

問題点

　隣近所のトラブルというと、かつては土地の境界や通行権など相隣関係が多かったが、最近は、ペットやゴミをめぐる紛争が少なくないようだ。

　この事例の高田さんのように、ゴミ置場の持回りに最後まで反対し、結局裁判で敗訴したケースがある。

　横浜市の住宅地に住む原告は、自宅から二m離れたところにゴミ集積場があり、週三回の収集日には約五〇世帯のゴミの散乱と悪臭に悩まされていた。そこで、原告は、まず集積場を持回りにするよう隣近所や自治会に求めたのである。しかし、被告男性は最後まで持回りに反対、しかも自分が自治会長になると原告の要求自体を議題に取り上げることすら拒んだ。

　このような経緯の末、原告は裁判を起こし、被告が自分達の住む住宅地のゴミ置場にゴミを捨てることを禁ずるよう求めたのである。この裁判は最高裁まで争われた。

　最高裁は「持回りにより、ゴミ集積場の被害を利用住民全員が分かち合うことができる」として、被告の男性にゴミ捨て禁止を命じた二審判決を支持、被告の上告を棄却したのである。ただ、差止めには半年間の猶予期間を付けた（平成九年四月一一日判決）。その間に持回りを承認しろという温情だろう。

　ゴミ置場の持回りに反対する住民に、ゴミ捨て差止めを命ずる判決は他にもある（横浜地裁・平成八年九月二七日判決）。この裁判の原告は、一五年間臭気とゴミに悩まされ続けたのだが、裁判所は「一部住民のエゴで特定の者が害を被り続けるのは、**社会生活一般の受忍限度**（じゅにんげんど）を超えて、人格権の侵害に当たる」と指摘した。

　高田さんのような自分本位のエゴは通用しない時代なのである。

階下の住人の騒音で健康を害したと慰謝料を取った話

隣近所のアナ

深夜の大声やテレビの音も騒音

賃貸アパートの二階に住む青柳さんは路線バスの運転手だ。始発バスの乗務がある前夜は午後九時にはベッドに入る。寝不足でハンドルを握り、運転中に事故を起こしては取返しがつかないからだ。建物は古いが周囲は住宅で、夜は静かなこのアパートに長年住み続けているのも、そのためである。ところが先月、青柳さんの階下の部屋に大学生が入ってきて、その環境が一変した。深夜でもCDやテレビを大音量でかけるし、とくに学生の友人が部屋に来たときは、明け方まで大声を出して騒ぐため、青柳さんはほとんど眠れない。その翌日は、寝不足のせいで、運転中眠気に襲われることも日に一度や二度ではなかったのである。青柳さんは、いつ事故を起こすかとハンドルを握りながら不安で、ついには不眠症になった。しかも、運転中に過呼吸症状まで起こしたのである。医師の診断は、騒音による適応障害ということだった。

もちろん、青柳さんは階下の大学生に、テレビやCDの音を小さくするよう、何度も注意をしている。不動産屋の仲介で、大学生から、「午後一〇時以降はテレビやCDの音は小さくする」、「深夜、大声をあげたり、歌ったりして、騒がない」という約束もさせた。しかし、静かなのは数日間だけで、すぐにまた階下の騒音が始まり、眠れない日が

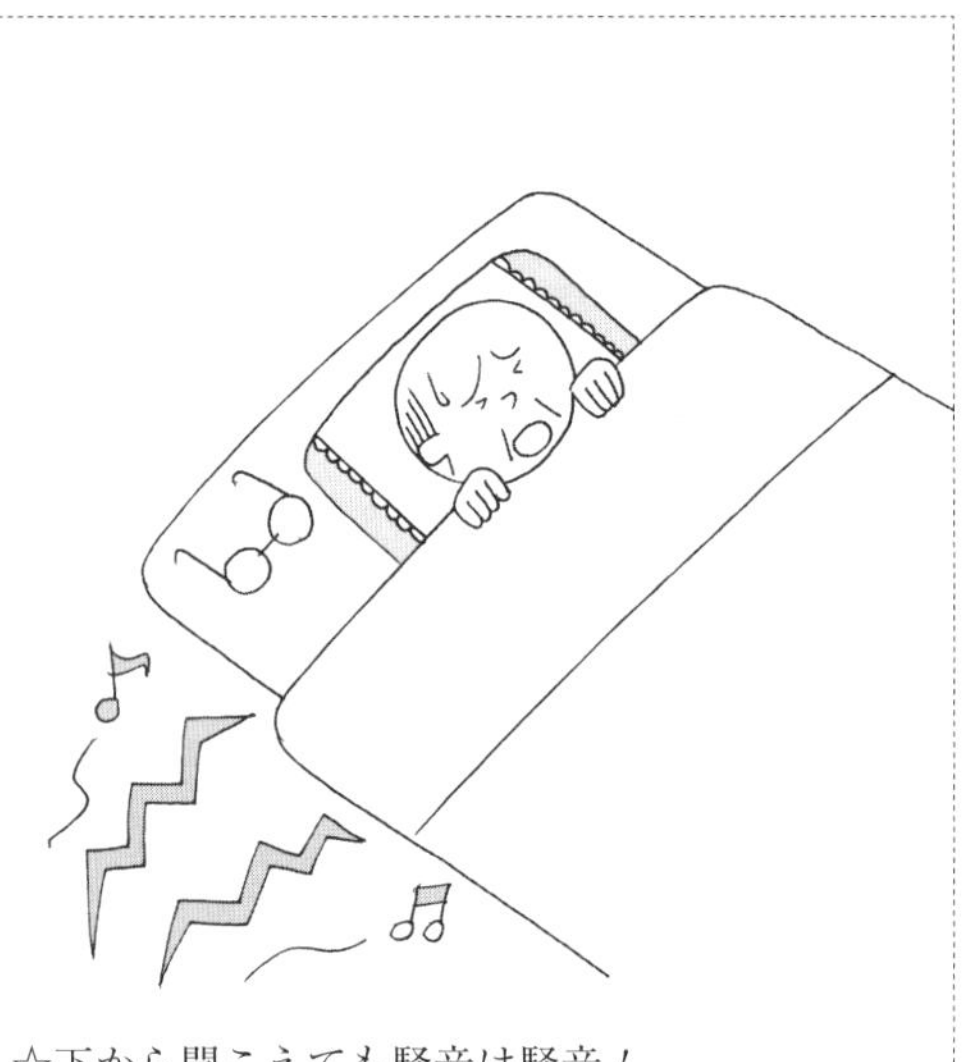
☆下から聞こえても騒音は騒音！

続くのである。それなのに、不動産屋は、「後は当事者同士の問題」と、仲介に入った後は何もしてくれない。

青柳さんは、このまま不眠症などが続けば、いずれ事故を起こすと思い、結局、他のアパートに移ったのである。階下の騒音に悩まされてから、すでに一年あまりが過ぎていた。騒音のない部屋に転居した青柳さんは、安眠を取り戻し、適応障害も克服して、今は元気で働いている。

しかし、騒音の被害者である自分が、なぜ転居しなければならなかったのか、青柳さんは納得いかない。そこで、青柳さんは騒音が原因で損害を被ったとして、階下の大学生を相手取り、慰謝料、アパートの転居費用、治療費など、計二五〇万円を支払えと、民事裁判を起こした。

問題点

アパートの上下階の住人の間で起きる騒音トラブルは、一般的に階下の住人が上階の住人の生活騒音に苦情を申し立てるものである。しかし本件は逆で、上階の住人が階下の住人の騒音で損害を被ったと訴えた事件だ。

裁判では、次の三点が争われた。

①青柳さんの適応障害や不眠症の原因が、階下の大学生が出す騒音かどうか（因果関係があるかどうか）

②大学生の出す騒音が一般社会生活上受忍限度を超えるものであるかどうか、その騒音発生に大学生の過失があったかどうか

③青柳さんの損害の程度

裁判所は、①について、青柳さんが初めて過呼吸を起こしたのは、階下に大学生が入室し、その騒音でトラブルが発生した直後だとした。それ以前に不眠症や適応障害が起きたこともないことから、騒音との因果関係を認めている。また、②については、アパートは住宅街にあるため、深夜の騒音は小さいものであったと推認されるが、苦情を申し立てられた大学生が青柳さんに騒音を出さない約束をしている点から、受忍限度を超す騒音があったと認定、大学生は騒音を出さない義務があったとして、その過失も認めている。

その上で、青柳さんの被った精神的苦痛に対する慰謝料として三〇万円、転居費用二五万円などを損害と認め、大学生に計六〇万円の支払いを命じている。ただし、騒音により青柳さんが過呼吸などを引き起こすことまで予見できなかったとして、治療費については請求を認めなかった。

なお、青柳さんと同様、階下の住人の騒音で適応障害となり、休業と転居を余儀なくされた上階の住人が損害を請求した事件でも、慰謝料と転居費用は認めたものの、休業損害や治療費は請求を棄却している。また、その例では大学生が未成年者であったため、その親権者にも請求されたが、理由がないとして、棄却された（東京地裁・平成二一年一〇月二九日判決）。

ノラ猫に餌付けしたら糞尿の悪臭で迷惑をかけたと損害賠償を取られたという話

隣り近所のアナ

善意でも被害を与えれば賠償責任

　郊外のマンション団地に住む大杉さんは、大の猫好き。自分でも猫を飼いたいが、団地自治会の決まりで犬猫の飼育は禁止されていた。自宅で飼うだけでなく、団地の敷地内でノラ猫に餌付けすることも禁じられている。団地の住人の中には、規則を無視して自室で犬や猫をペットとして飼う人も、ノラ猫にこっそり餌付けする人もいたが、根が真面目で気の小さい大杉さんは団地自治会のルールを破るのも気が引け、無断で猫を飼うこともノラ猫に餌付けすることもガマンしていたのだ。

　そのかわり、毎朝散歩に出かける途中、団地近くの市の公園でノラ猫に餌付けをしていたのである。その公園にももちろん「ノラ猫にエサをやらないこと」という注意書きはあったが、管理人がいて注意するわけでもなく、大杉さんの他にも餌付けする人もいて、ルールを破ることに抵抗はなかったのだ。ここに集まるノラ猫は、元はと言えば飼主である人間から捨てられたもので、自分はむしろ行き所のない元ペットたちを救っているヒーローだという快感すらあった。

　しばらくして、大杉さんは、同じように餌付けを続ける山田さんから「ここは餌付けする人が多いからいいけど、駅裏にいるノラ猫たちはエサが少ないらしい」と聴かされ、山田さんと二人、駅裏でも餌付けを始めたのである。駅の裏口と飲み屋街との間の路地には痩せたノラ猫がいたが、最初はエサをまいても大杉さんたちの姿が消えるまでエサに近づこうとはしなかった。しかし、最近では身体に触れさせることはないものの、二人がいてもエサを食べるようになり、その数も数十匹に膨れ上がっていた。

☆見かけは可愛らしくても…

そんなある日、二人がエサをまいていると、近くの居酒屋の親父が物凄い剣幕で飛び出してきて、「餌付けなら他でやってくれ。集まったノラ猫の糞尿が臭くてかなわん」と、文句をつけてきたのだ。しかし、エサをやらなければ駅裏のノラ猫は生きていけない。自分たちは間違ったことなどしてないと考えた二人は、抗議を無視して、その後もノラ猫たちにエサを運び続けたのである。

怒った居酒屋の親父は、大杉さんと山田さんを相手取り、不法行為に基づく損害賠償請求訴訟を起こした。ノラ猫が店の周りにする糞尿の臭気で客も減り、また精神的苦痛も受けたとして、二人にノラ猫の餌付けを止めることと、連帯して二〇〇万円を支払うよう求めてきたのである。

裁判所は、二人をノラ猫の占有者とする居酒屋側の主張は退けたが、その行為は原告側に受忍限度を超えた不快感と損害を与えたと認めて、計四〇万円の支払いを命じた。善行をしたつもりの大杉さんと山田さんは納得いかない。

問題点

「ペットは家族の一員」というが、一方で鳴き声や糞尿をめぐって隣り近所とトラブルになることも少なくない。そのため、飼主には**動物の愛護及び管理に関する法律**、自治体の飼育条例で様々な義務が課せられる他、マンションや団地のペット飼育禁止規定や飼育ルールにも拘束される。今日、ペットを無条件に飼うのは難しいと言わざるを得ない。

また、自分では飼わなくても野良猫にエサをやる人もいて、エサに集まる鳴き声や糞尿をめぐって周囲と起こすトラブルも大きな問題になっている。

本件の大杉氏のように、いくら注意しても餌付けを止めない隣人に対しては、ノラ猫の悪臭被害を受けた被害者は損害賠償を請求することができる。賠償を命じた判例もある（神戸地裁・平成一五年六月一一日判決）。

他にも、集合住宅の専用庭で管理組合規約を無視し、ノラ猫への餌付けを繰り返す住人を相手取り、同じ敷地内の住人らがエサやりの中止と慰謝料などを求めた裁判がある。

被告住人は、猫は規約で飼育を禁止する「他の居住者に迷惑を及ぼす恐れのある動物」ではないと主張したが、裁判所は同規約について、「小鳥や金魚など小動物の飼育は認めるが、小型犬や猫の飼育まで許すという趣旨は含まれない」として、被告の主張を全面的に退けた。

その上で、原告住民に被害を与えた猫は被告が飼育しているものと判断、集合住宅の敷地内でのノラ猫へのエサやり中止と慰謝料二四〇万円の支払いを命じた（東京地裁立川支部・平成二二年五月一三日判例）。

しかし、規約に餌付け禁止の条項がなければ、必ずしも原告勝訴となったかどうか、断言はできない。

隣近所のアナ

水道の蛇口を閉め忘れ水浸しにした階下の住人に訴えられた話

他人に迷惑かければ賠償させられる

中尾雪江さんは、クラブのママ。都心の高級マンションの一〇階に住んでる。根はいい人なのだが、気位が強く、そのマンションの他の住民とは普段から余り仲が良くない。というのも、いつも深夜遅くに帰宅する上、それからシャワーを浴びるため、その生活音が隣室や階下に響いて、周りの住民の安眠を妨害するからである。とくに、階下の岡野正利氏はサラリーマンだが、神経質な人らしく、雪江さんの顔を見ると「シャワーを深夜に使うのは止めてくれ。安眠妨害だ！　こっちは、あんたと違って朝が早いんだぞ」と、文句を言う。とはいえ、雪江さんもシャワーを浴びるのを止める気などなく、顔を合わすと言い合いになることも少なくないのである。

その日も、深夜遅く帰ってきた雪江さんは、まっすぐに浴室に飛び込み、シャワーの蛇口をひねった。ところが、いつもならほとばしる水が一滴も出なかったのである。

「そっか！　今夜は断水だって貼り紙が出てたっけ…」

雪江さんは、マンションの入口に『水道工事のため深夜〇時から午前五時まで断水します　管理人』という貼り紙があったのを思い出した。彼女は「断水じゃあ、しょうがないわね」と、シャワーを諦めてベッドにもぐり込んだのだが、その際、蛇口を閉めるのをすっかり忘れてしまった

☆やだぁ！　蛇口逆に開けちゃったの？

のだ。しかも、悪いことに、浴室の排水口が詰まっていたから大変である。

翌日の昼、目覚めた雪江さんの視野に入ってきたのは、浴室から溢れた水がリビングやキッチンの床を覆っている光景だった。そして、慌ててシャワーの蛇口を止め、雪江さんが床の水を拭き始めるのとほぼ同時に、岡野氏がカンカンになって部屋を訪ねてきたのである。彼は彼女の顔を見るなり、いきなり「あんたの部屋から水漏れして、私の所は水浸しだ！どうしてくれる！」と怒鳴りまくった。

その場で雪江さんが謝り、岡野氏の部屋の拭き掃除でもすれば、大きな問題にはならなかっただろう。雪江さんも、自分のミスであることはわかっている。最初は、キチンと謝り、濡れてダメにした家具や洋服の代金ぐらいは弁償をするつもりだったのである。ところが、岡野氏の「だから、水商売の女はイヤなんだ。人の迷惑なんか考えやしない」と、バカにしたような言い方にカチンと来てしまい、つい「漏水したのは、私のせいじゃないわ。このマンションを作った業者の責任よ。文句なら、そっちに言ってよ！」と、言い返したのだ。

おさまらないのは、岡野氏である。とうとう、雪江さんを相手取って、損害賠償請求訴訟を裁判所に起こした。請求した内容は、使えなくなった家具や衣服などの代金、部屋の修理代や清掃代など、水浸しになったことによる部屋や家財の損害の他、慰謝料も加え、総額二〇〇〇万円をわずかに超えた金額である。

裁判所は、途中で和解を勧めたが、双方依枯地になっているためまとまらず、結局判決をもらうまで裁判が続いた。そして、裁判所は、断水中に蛇口を閉め忘れた雪江さんの過失を認めて、請求額の八割に近い一五八〇万円を支払うよう、彼女に命じたのである。

問題点

過失による漏水（ろうすい）や失火で隣家に損害を与えることがある。この場合、失火による類焼（るいしょう）の被害者は、故意または重大な過失のある失火者に対してしか損害賠償の請求ができない。しかし、漏水の場合は、単なる過失でも賠償請求ができる。

都心のマンション七階の住人が、断水中に水道の蛇口を開けたまま寝てしまい、断水解除により洩水し、六階住民の部屋を水浸しにしてしまったという事件で、六階住民が約一九五〇万円の損害賠償を七階住民に求めた裁判がある。

裁判所は「断水中に水道が閉まっているかどうか確認しなかった被告住民は無責任のそしりをまぬがれない」と述べた上で、漏水したことへの謝罪も拭き取りもしていないとして、慰謝料も含め約一四八〇万円の支払いをするよう七階住民に命じている（東京地裁・平成一三年八月三〇日判決）。

隣近所のアナ

近隣の主婦の陰口が名誉毀損にあたるとして慰謝料を取った話

井戸端会議も度が過ぎると

茶飲み話も特定個人に対する陰口であったりすると、場合によっては、名誉毀損となって慰謝料を請求されることもある。

ある地方都市に住む家庭の主婦明智光子さんは、町内会の班長をしている斉藤道子さんに勧誘されてA化粧品会社のB営業所に訪問販売員として勤務し、斉藤さんと組んで化粧品のセールスをするようになったが、その頃から、近隣に住む家庭の主婦として交際のあった織田信子、木下藤子、石田三子らとも次第に疎遠になってきた。すると、織田ら三人は、その後約半年間に渡り度々、光子さんに対する誹謗中傷と認められるような陰口を他人に告げるようになった。

たとえば、斉藤さんが織田方を訪れた際や町内会の運動会の昼食時、または町内会の消毒作業の帰宅途中などに、織田ら三人は斉藤さんに「光子さんが織田方を訪ねたあと、同女方で毛糸がなくなったから注意した方がよい」「光子さんは手癖が悪い」とか、「木下藤子が光子さんと一緒に青空市場に買物に行ったとき警官から写真をとられ、その

☆許せないワ！

写真には光子さんが手を伸ばして何かを盗みとる瞬間が写っており、警察から盗みの疑いをかけられている」などと述べて、光子さんを盗人扱いするような言動に及んだ。

また、光子さんの勤務先であるB営業所や斉藤さんの自宅にまで、女性の声で「光子さんは警察から目をつけられているから注意しろ」「光子さんが訪問販売したとき物がなくなった」「なぜ光子さんをA化粧品会社に誘ったのか」などの電話がかかってくるようになった。さらには、明智さん方に匿名で光子さんが泥棒であることを具体的事実で指摘して非難する手紙まで届くに至ったのである。

光子さんは、遂にいたたまれなくなり、その後会社を退職し、さらには他に転居するまで考えた。

弁護士に相談したところ、刑事事件としての名誉毀損になるかどうかは少し問題があるが、民事的には問題にできるとのことであった。そして、光子さんは織田ら三名を相手に、同女らの前述の各言動が名誉毀損として不法行為にあたるとして各一〇〇万円（計三〇〇万円）の慰謝料を請求する訴訟を起こしたのである。

裁判所は、被告織田ら三名が原告光子さんを誹謗中傷した前述のような事実を認定したうえで「被告らの行為は町内の単なるお茶飲み話の域を超え、原告に対する悪意をもった誹謗中傷というべきものであって不法行為を構成する」とし、精神的苦痛に対する慰謝料として被告らにつき各自二〇万円（計六〇万円）の支払いを命じた。

問題点

名誉とは人に対する社会的評価であり、これを低下させる行為が**名誉毀損**にあたると解されている。しかし、名誉の侵害がいかなる場合に違法性を持つかは微妙な問題があり、その人の社会的地位、侵害行為の伝播性、動機などの種々の具体的事情により違法性の有無・程度が判断されている。

とくに表現の自由との関係で問題とされ、刑法二三〇条の二が、名誉毀損罪につき、名誉を毀損したのが公共の利害に関する事実に係り、もっぱら公益を図る目的でしたとき、および公務員または公選による公務員の候補者に関する真実であることの証明さえあれば違法性が阻却されるとしており、この趣旨は民事責任にも推し及ぼされると解されている。

しかし、純然たる私事・私行に関する場合には、事実が真実であっても社会的評価を低下させた場合は**名誉毀損として不法行為になる**と解されている。

そこで、明智光子さんの場合、織田信子らの行為は犯罪行為を糾弾するというような公益目的をもったものとは認められず、また勤務先にまで電話をし、その期間も約半年間という陰湿で執拗なものであることから、裁判所の結論は合理性があると思われる。

ごみ置場から生ごみを取っても罪にならないが古新聞を持ち去ると罰金という話

隣り近所のアナ

古紙は資源で自治体のもの

佐藤さんは古紙回収業者である。古紙の値が上がった最近は同業者も増えたが、佐藤さんは一キロ一円そこそこの底値時代も、ずっと周辺の市町村で回収を続けてきた。経営は苦しいが、小まめに回収に回るので、住民や行政からも感謝されていたのである。

ところが、隣りのM市では今年から、リサイクルされる新聞紙などの古紙は市の資源だとして、住人がごみ集積場に出した古紙を同市の指定業者以外が持ち去るのを禁ずる条例を制定し、違反者には二〇万円以下の罰金を科す罰則付きで施行した。最近になって、古紙の値が上がったことから、にわか回収業者が増え、ごみ集積場で古紙の回収をめぐって、業者同士や業者と住民とのトラブルが頻発したため、その条例は住民や指定業者からは歓迎されている。

しかし、M市に本拠がないため指定業者になれなかった佐藤さんにとっては死活問題だった。人口や事務所の多いM市での古紙回収ができなければ、経営は成り立たない。佐藤さんは条例違反を承知で、従来通り同市での古紙回収を続けたのである。指定業者より早くごみ集積場に行き、住民が出した古紙を先に回収してしまうのだが、いつまでも隠し通せるはずはなかった。やがて、指定業者に知られ、市役所に通報されたのである。

☆このごろ、ごみもバカにできない……

通報を受けたM市は佐藤さんに、市内のごみ集積場から

古紙を持ち去ることを中止するよう命じたが、佐藤さんがその命令に従わなかったため、清掃・リサイクル条例違反で刑事告発したのである。捜査の結果、同条例違反でM市にある簡易裁判所に起訴された佐藤さんは、裁判で無罪を主張、次のように主張して全面的に争った。

① ごみは拾っても罪にはならない。古紙はごみである。

② 条例で回収を禁止したのは市指定のごみ集積場だけで、それ以外の場所に出された古紙には、市の所有権は及ばない。被告人が回収したのは指定外の場所である。

③ そもそも集積場の規定は曖昧であり、条例は憲法三一条にいう適正な刑事手続きを満たしていない。

しかし、裁判所はM市の条例を適法と認め、佐藤さんに対し、罰金二〇万円の有罪判決を言い渡した。

佐藤さんは納得がいかない。

問題点

「私の車」、「あなたの家」、「彼の衣服」など、身の回りにある物には所有者がいる。言い換えれば、その持主の所有物である。他人の所有物を、正当な法手続きなしに持ち去れば、**窃盗罪**（刑法二三五条）に、また落ちている物を拾って、ネコババをすれば、これは**遺失物等横領罪**（同法二五四条）に問われる。

では、人が捨てた物（ごみ）を持ち去るのは、罪になるだろうか。

法律上、ごみは誰の所有物でもない（所有者がいないから**無主物**という）。そして、無主物は所有の意思を持って占有した者が所有権を得ることになる（民法二三九条一項）。つまり、ごみは拾った者の所有物である。当然、窃盗罪や遺失物等横領罪には問われない。ただし、ごみであっても、他人の家の敷地や建物に入り込んで持ち去れば、**住居侵入罪**や窃盗罪に問われる。

ところで、ごみ集積場は通常公共の場に置かれている。ここに捨てられたごみを持ち去っても、原則として罪に問われない。ただし、例外もある。リサイクルの対象となる資源ごみの場合である。これは、無主物とは言えず、ごみを回収する自治体に所有権があるので、指定業者以外の持ち去りを禁止する条例を作ることもできる。

また、ごみ集積所については、地図や看板が設置されていればよく、仮に看板がなくても、古紙などの資源ごみが置かれている外観から、ごみ集積所と常識的に判断できればよいとされている。

なお、罰則付きの条例についても、禁止命令に違反した場合に初めて処罰対象となるような規制は有効で、自治体の禁止命令を無視して、ごみ集積場から古紙を持ち去った回収業者に有罪を言い渡した判例もある（東京高裁・平成二〇年一月二〇日判決）。

事例の佐藤さんの場合も、罰金刑を受けたのはやむを得ないと言えよう。

隣近所のアナ

出棺が見えて不快と葬儀場から慰謝料を取ろうとした男の話

葬儀や出棺はガマンの範囲内

森本君の自宅は二車線の県道を挟んで葬儀場と向かい合っている。彼の部屋は二階で道路に面しており、窓を開けると葬儀場の内部が高さ一・八mのフェンス超しに丸見えだった。臆病でホラー映画が苦手な森本君にとって、葬儀場が死者を弔う施設とわかっていても、葬儀の際の弔問客の列や出棺の様子を見るたびに、緊張やストレスを常に強いられていたのである。

そこで、森本君は、葬儀場の目隠しフェンスが低いため彼の部屋から葬儀や出棺などの様子が目に入り、不快さを感じるとして、葬儀場の経営会社にフェンスをあと一・五mかさ上げするよう求めたのだ。しかし、葬儀場側は目隠しなど必要な措置は十分に取ってあるとして、森本君の要求を拒否した。

その後も森本君は、何度かフェンスのかさ上げを申し入れたが、葬儀場が話合いに応じてくれないため、同社を相手取り、葬儀や出棺の様子が見えることで日常生活の場における宗教的感情の平穏に関する人格権および人格的利益

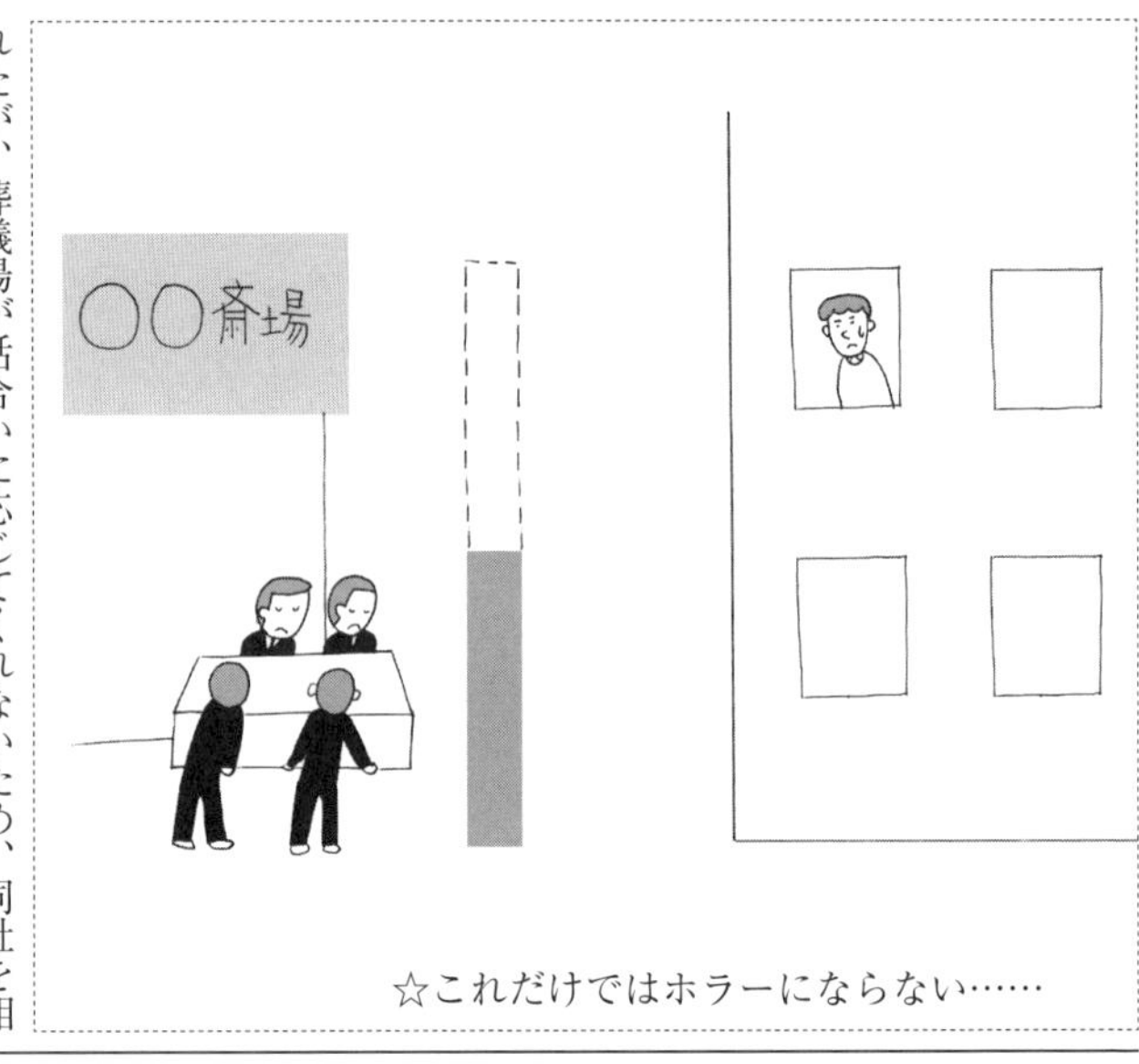

☆これだけではホラーにならない……

を違法に侵害されたと、目隠しのフェンスの高さのかさ上げと慰謝料など五〇万円の損害賠償を求める民事裁判を起こしたのである。

一方、葬儀場は開業に際し、地元との話合いを重ね、必要な配慮を十分していると反論し、森本君の請求を棄却するよう求めた。

裁判所は、森本君の不快感は主観的なもので、葬儀場の施設建築や営業自体に違法性はなく、葬儀や出棺の様子が自室から見えることは、社会生活上、我慢すべき限度内のことだと指摘した。その上で、被告葬儀場は森本君が平穏な日常生活を送る利益を何ら侵害していないと指摘したのである。

これにより、葬儀場が目隠しフェンスのかさ上げの措置を講ずる義務がないのは明らかであって、また不法行為責任を負うこともないと判示し、森本君の請求すべてを棄却した。

問題点

このケースは、自室から見える葬儀場での葬儀や出棺への不快感が、社会生活上相当とすべき**受忍限度**（じゅにんげんど）を超えているかどうかが争点であった。

裁判では、被告葬儀場が施設建築前に六回の地元説明会を開催、住民らの要望に配慮して目隠しフェンスを設置、防音・防臭のための二重玄関ドア設置などの措置を講じていること、さらに施設建築や営業上、行政法規の規制に反するものはないことが認められた。

また、裁判所は、葬儀場と原告自室との間には県道があり、中で行われる葬儀や出棺の様子が見えるのは、森本君の自室だけに限られると指摘した。しかも葬儀場で告別式など葬儀があるのは月二〇回程度であり、また出棺も速やかに、ごく短い時間内で行われていると、判断している。

その上で、「フェンス越しに、葬儀や出棺の様子が見えることで、森本君がストレスを感じているとしても、それは彼の主観的な不快感であって、社会生活上受忍すべき限度を超えているとは言えず、葬儀場が森本君の平穏な日常生活を送るという利益を侵害していると言うことはできない」として、彼の請求を棄却した。

ただし下級審では、森本君と同様、近隣住人が葬儀場に目隠しフェンスのかさ上げと不法行為に基づく慰謝料を請求した事件で、「葬儀や出棺の様子がフェンス超しに見えるのは受忍限度を超えている」と、住人の請求を認めた判例もある。もっとも、このケースも判決を不服とした葬儀場が控訴、上告し、最高裁まで争われ、森本さんの事件同様、受忍限度を超えた侵害はなかったとして、住民側逆転敗訴の判決が下っている（最高裁・平成二二年六月二九日判例）。

隣近所のアナ

村八分にした連中に脅迫罪と損害賠償で対抗した話

泣き寝入り無用！法は正義の味方

追田さんは、東京で事業に失敗したために、妻の実家である、ここ○○村に帰ってきて、近くのブロック工場に勤めている。先頃村の村会議員の選挙が行われたが、集落ごとの選挙の争いは、都会の選挙しか知らない追田さんにとっては、まったく驚くばかりである。

買収、供応なども行われており、自分が事業を経営したこともあり一言居士ともいわれた追田さんにすれば、とても目をつぶっているわけにはいかず、自分が目撃した供応の事実を、町の警察にいいにいった。

追田さんとすれば、こうして司直の手が入れば、村の選挙も公明正大なものになると信じたからこそ、警察への告発に踏み切ったのである。ところが村の人の受け取り方はまったく逆である。よそ者のくせにいままでの村のしきたりを破ったといって、それからは、村の行事一切に加えて

☆あいさつしてるのにそりゃナイヨ

もらえないばかりか、道端で追田さんと会うと、村人は誰もがぷいっとよそを向いて通り過ぎてしまう。

こんなことで家中片身のせまい思いをしている追田さんは、途方にくれて毎日を送っているが……。

問題点

追田さんが村中の人から受けている仕打ちは、**村八分**と呼ばれている。これは、村落の共同生活の秩序を乱した人間に対して行われる自治的制裁で、冠婚葬祭など村落の一〇の付き合いのうち、葬式と火事処理の二つを除く残り八つの付き合いを絶つという点に言葉の由来がある。私的制裁が禁止されている現在、この村八分も許されるものではなく、人権侵害になると考えられている。

もっとも、個人的には好きな者同士が嫌いな人間を除いて寄り合い、日常の付き合いをするのも当然であるので、どんな場合でも村八分が許されないというものでもない。村八分の原因行為と村八分のやり方や程度を比較して、一般の社会通念上、違法なものと考えられるかどうかによって、人権侵害となるかどうかが決められる。とすれば、正しい権利を行使し、あるいは義務を履行したのに、村人の個人的考えから村八分にされたときは、その村八分が違法となるのは当然である。その意味では、選挙違反の告発は正しい選挙をやるための国民の義務とも考えられ、追田さんが見聞した選挙違反を事実に基づいて告発したものであれば、国民としての正しい義務を履行したことになる。これに対し、彼を村の行事から一切外した村人の行為は、まさに違法な村八分といわなければならない。

追田さんとしては、違法な村八分は刑法の**脅迫罪**（二二二条）に当たるので、村八分の首謀者を警察に告訴することもできるのである。

そればかりでなく、村八分は民法上の不法行為ということにもなるので、追田さんは村八分によって被った精神的苦痛に対しての慰謝料を加害者全員に請求できるのである。違法な村八分は、追田さんの自由と名誉を侵害したことになる。また、場合によっては、この慰謝料のほかに、名誉毀損として謝罪広告掲載なども請求できる。このほか各地にある法務局の**人権擁護委員会**でも、追田さんからの申告に基づいて事実関係を調べ、加害者に対して文書による勧告や口頭での説示を行ったり、直接に排除措置をとったりしてくれる。いずれにしろ、村八分にあったからといって、泣き寝入りしないことが肝要である。

村八分行為を受けた住人らが、同じ集落の責任者らに行為の差止めと損害賠償を求めた事件で、責任者らの行為は違法と認め、被告側に行為の禁止と計二二〇万円の支払いを命じた判例がある（新潟地裁新発田支部・平成一九年二月二七日判決）。

甘い匂いはNOと菓子工場から損害賠償を取った話

隣近所のアナ

受忍限度の範囲内かどうかによる

クリーニング店を経営する深川さんは辛党で、ケーキやカステラ、最中や饅頭といった甘いものが大嫌いだ。ところが最近、深川さんの店のすぐ隣に二〇〇㎡を超す菓子工場ができたのである。工場はプレハブ建築なので、焼き菓子や饅頭の甘い匂いが外に流れ出し、深川さんの店にも入り込んでくる。深川さんはほとほと閉口していた。しかも、工場の騒音がうるさく、またクリーニングの仕上がった客のスーツなどに、あんこやクリームの匂いが付くような気がして、窓を開けることもできなかった。

深川さんは菓子工場に、騒音と臭気を何とかしてほしいと頼んだ。しかし、工場側は、「本社工場を現在増改築中で、そちらの施設が完成し次第、ここは引き払います、少しの間ですからガマンしてください」の一点張りで、話合いに応じようとしない。

☆甘い匂いも場合によっては悪臭…？

困った深川さんは市役所の公害課に相談した。すると、次のようなことがわかったのである。

①現在稼動している問題の工場の敷地は、第二種住居地域で、原則この規模の工場は建てられない。菓子製造会社は事務所兼倉庫として、建築確認を取っている。

②市は、工場の違法操業を知っており、再三操業停止など是正命令を出しているが、工場に聞いてもらえない。

③深川さん以外にも、市に苦情を申し立てていた周辺住民二〇人とともに、深川さんは、工場騒音と菓子特有の甘い匂いで苦痛を受けたとして、菓子工場を相手取り、慰謝料など約二〇〇〇万円を支払うよう求めたのである。

問題点

この事例も、ガマンできる限度（**受忍限度**）内かどうかが争点である。

裁判所は、被告の菓子製造工場からは菓子特有の匂いが漂っていたことを認め、長期間継続する場合には、深川さんたち周辺住民の不快感はかなりのもので、受忍限度を超えていると判示し、会社側に計約二八〇万円の支払いを命じた。

しかし、人の嗅覚には個人差があり、香りや匂いへの好悪感も人それぞれである。本件でも、裁判所は、「甘い匂いに対する不快感には個人差が大きい」と付言しており、本件のように食べ物の匂いをめぐる隣人トラブルで住民側請求を認めるケースは、そう多くないと思われる。

実際、マンションの住民が、一階で営業している焼き鳥店の臭気で洗濯物が汚れ、窓も開けられないなど、快適な生活環境を侵害されたと訴えた損害賠償請求事件では、裁判所は、「店側が排気ダストを延長したため被害は限定的になった」と指摘、臭気濃度が規制基準を超えてはいるが受忍限度の範囲内だとして、住民の請求を退けた判例がある（大阪高裁・平成一四年一一月一五日判決。一審は受忍限度を超えたと判断、店側に賠償を命じる）。臭気に対する不快感は個人差があるとはいえ、菓子と比べ、焼き鳥の方がより不快感が大きいと考えられ、よって深川さんの請求が認められたのは、それ以外の要素も考慮されたと考えたい。

そのポイントは、工場の違法操業である。違法操業がなければ、深川さんたちの被害は受忍限度内と判断される可能性もあったと思われる。

本ケースと同じように、周辺住民が菓子の甘い匂いや工場の騒音に不快感を感じるとして、菓子製造会社に損害賠償を求め、裁判所が臭気や騒音が受忍限度を超えていると請求を認めた事件でも、問題の工場は事務所兼倉庫として建築確認を出し、転用した違法操業だった（京都地裁・平成二二年九月一五日判決。控訴審で和解）。

袋地通行権の通路を
トラック運行に必要な四メートル幅にさせた話

隣近所のアナ

車社会への対応により変化する

東西化学株式会社は東京都○○区××町三丁目一七番五ないし八、同番一一、一二各土地を、同じく、株式会社南北商店は同番四の土地を所有していたが、いずれも**袋地**（ふくろじ）（他人の土地に囲まれていて、直接公道に出ることができない土地）であって、これらの土地から公道に出るためには、右各土地の**囲繞地**（いにょうち）（袋地を囲んでいる土地）である甲野文さんが所有する××町三丁目一七番地一宅地一三九平方メートルの土地を通らなければならず、東西化学も南北商店も右所有の土地を工場用地として使用している関係で、車の通行が必要であった。

ところが新しく土地を取得した文さんは、通行権を否定し幅員二メートルの通路しか認めないとして訴えを起こしてきた。東西化学と南北商店は、文さんに対し袋地通行権として、常時四トントラックの運行に必要不可欠な幅員＝最低四メートルの通路が必要であると主張したのである。

このような被告二社の主張に裁判所はどう応じたかであるが、判決（東京地裁・昭和五七年四月二八日）は、被告の所有地は、①いずれも工場敷地として使用されていること、②この土地上において、東西化学は、ビニール原料製造業を営んでいて、原材料、製品の搬入、搬出に常時四ト

☆ここはどこの細道じゃ

ントラックの運行が必要であること、それには最低四メートル程度の幅員の通路が必要であること、③南北商店も同様の関係にあって、車の運行が必要であること、④これに対し、文さんは、その所有地上に建っている建物に居住しているわけではなく、他人に賃貸しているから、二社が通路として用いても、土地利用にさしたる不利益を与えるものではない、と判断して、四トントラックの通行に必要な最低の幅員四メートルの袋地通行権を認めたのである。

この訴訟は、文さんが二社の所有地に隣接する本件土地を買い、現に使用されている幅員四メートルの通行について、二社に文句をつけ、通行権として認められる範囲は、幅員二メートルの範囲であり、残りの二メートル部分は通行してはならない、という「**通行権不存在確認訴訟**」として提起されたものである。

現に四メートルの幅員をもって通行していたのには、それなりの理由があってのことであるが、裁判所は二社の職業上、その所有地の使用状況と車の必要度を重視し、四トントラックの通行権を認めたものである。

問題点

いわゆる**袋地**（ふくろじ）**通行権**がある場合であって、通行が認められる通路の幅員（ふくいん）は、どの程度が妥当なのかについては、これまでの判例の推移をみると、かなりの動きがあるようだ。その底流には車社会への社会生活上の構造変化を無視するわけにはいかない。

先の事例においても、東西化学と南北商店は、その所有敷地を工場敷地として使用していること、商売上材料の搬入搬出には、四トントラックの通行が必要で、そのため最低四メートルの幅員の通路が不可欠であることを考慮したのである。

かつて、車の通行に必要な幅員を認めるべきか否かについて、これを消極的に解釈した判例（東京高裁・昭和四三年七月一〇日決定）があるが、後にこれを積極的に解釈する傾向に変化していることを見逃せない（主としてリヤカーなどの通行の必要性を認めて、三・五メートルを容認した福岡地裁久留米支部・昭和四八年一月一六日判決、幅員二・六メートル、小型自動車運行の必要性を認めた東京高裁・昭和五〇年一月二九日決定、判時一〇五一―一〇四、判時七七七―四二）。

これが住宅地の場合で、自家用車の運行に必要な幅員が認められるか、との問題になると直ちに肯定できるかは問題があると思うが、幅員の決定については、建築関係諸法令による規定を考慮するべきだとの見解がある（東京高裁・昭和五二年三月七日決定）。これに基づくと幅員は四メートルになるが、建築行政上の目的を考えて、幅員を合理的に定めることには大いに意味があると考える。

塀の設置を簡単に承諾したら二メートル余のブロック塀を作られ困った話

隣近所のアナ

塀の設置は権利の濫用にならぬように

立花さんは、その所有家屋の借家人田中さんを相手方として、裁判所に建物明渡しの調停を申し立てた。この調停でいろいろ話会いが行なわれ、結局田中さんが、その借家を敷地とともに立花さんから買い取ることになった。

この家は、その玄関が、立花さん所有の土地（ただし地目は公衆用道路）に面しており、他方、勝手口も公道に面している。

そこでこの調停成立の際に田中さんは、玄関に面した立花さんとの境界線上に、境界を明らかにするために立花さんが塀を設置することを承諾した。

すると立花さんは、この調停条項をたてに、売買後間もなく、田中さんの玄関の前の境界線上に、高さ約二・〇三メートルのブロック塀を設けてしまった。

さあ田中さんは、玄関からの出入りもできず、北側の部

屋の窓からは、風、採光もまったくできないということになってしまった。そこで田中さんは、立花さんのブロック塀の設置は、権利の濫用だと裁判所に訴えたのだが……（一審弘前簡裁、判時七七六—五九）。

問題点

原審の青森地方裁判所は、田中さんのブロック塀収去の請求に対して、ブロック塀（べい）の高さを一メートル制限して田中さんの請求を一部認容したが、田中さんの上告により、上告審の仙台高等裁判所は、さらに玄関部分については全部の収去を認容した（判時八六〇—一四七）。

この判決の理由とするところは、玄関は、来客を迎え入れ接待するなど対外的な面においても、建物の構造、配置の面においてもきわめて重要な部分であるから、特段の事情のないかぎり、隣地所有者が、その地上に建造物等を構築して建物所有者の玄関前を塞ぎ、玄関の効用をまったく失わしめるようなことは、それ自体権利の濫用として許されず、隣地所有者は、玄関が実在する以上、建物所有者が、玄関から道路へ出るため必要な限度で、隣地を通行することを拒否することはできない。しかも本例では、立花さんから買受ける前から玄関があり、しかもその玄関前を通行して道路へ出ていたものであり、買受け後も玄関の位置に変更はないのであるから、立花さんは、正当の理由なくして田中さんに対し、玄関の存在を無視して田中さんの通行を拒否することはできず、田中さんから進んでこの通行について立花さんの承諾を得るまでもないものというべきである、というところにある。

確かに立花さんのように売ってしまった以上その家の構造がどうであれ、そこを利用するのは田中さんの勝手だし、他方、売ってもいない土地を、田中さんが、無償で通行することまで認める必要はないといったことも、一理あるようにも思える。

しかし、日照通風を妨害するような建物の建築が、不法行為となり、被害者は加害者に対して、建物の一部設計変更を請求できることは、最近の日照権に関する数多くの判例でも明らかなところである。

また**相隣関係**（そうりんかんけい）では、隣地どうしの利用の調整のために、土地所有権に一定の制約が課せられることも、民法で明らかに規定しているところである。

しかも外観上は、権利の行使のようにみえても、実質的には公共の福祉に反して権利行使とはいえない、たとえば隣地の所有者に土地を高価に売りつけようとして、本人にはまったく無益で、隣地の所有者には致命的になるような、いやがらせの建築をした場合などである。

こんな点からみると立花さんのブロック塀の構築もまた**権利**（けんり）**の濫用**（らんよう）となるのも当然のことだろう。

プライバシーを守るために ビルの窓に目隠しを つけさせた話

隣近所のアナ

ノゾキもプライバシーの侵害である

金有産業株式会社は、都内の一等地にビルを建築するほどに、営業成績も発展の一途をたどっていたのである。ビルの隣地は空地で、金有会社のビルの窓から見る景色は、はるか遠くまで見わたせ、天気の良い日は富士山も見えるほどで、金有会社に勤務している社員の事務能率も向上していたのである。ところが、こんどその空地に横目工業株式会社がビルを建築することになった。

横目会社の計画によると、金有会社の所有地から五〇センチはなれて、鉄筋コンクリート造りで地下一階、地上八階のビルを建築するということだったので、金有会社と横目会社の話合いの結果、横目会社の新築ビルについては、金有会社のビルをのぞき見できる窓はいっさい設けないということでビル建築がはじまったのである。

ところが、横目会社のビルが出来あがるにしたがい、前

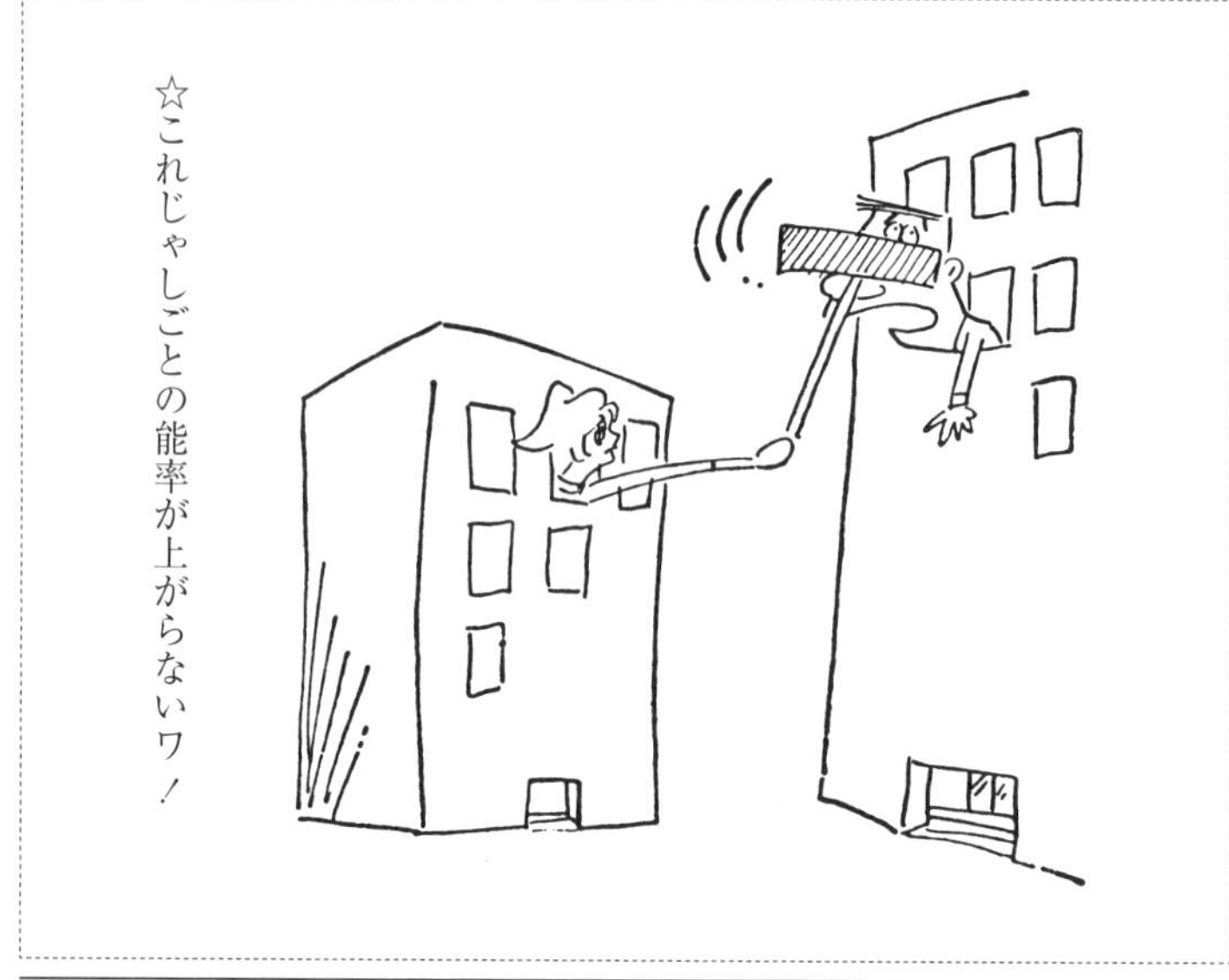

☆これじゃしごとの能率が上がらないワ！

の約束と違ってきたのである。横目会社のビルには、金有会社の事務所内を見ることができるように、金有会社に面する部分に窓が作られていることがわかったのである。そして、ビルが完成し、横目会社の社員がはいってきて仕事をするようになると、横目会社から金有会社のなかが丸見えになって、金有会社の社員連中は、皆自分の仕事が見られているような感じになり、妙にソワソワしたり、キョロキョロ窓の方をながめたりして、仕事に落ち着きがなくなり、そのせいか事務能率もかなりダウンしてきた。

　金有会社は、横目会社に対し抗議をしたが、なかなか金有会社の申入れを聞いてくれない。何か法律上の救済策はないものかと思い、法律書をひもといたところ、民法につぎのような規定があった。民法の二三四条は「建物を築造するには、境界線から五〇センチメートル以上の距離を保たなければならない」と書いてあり、また二三五条には「境界線から一メートル未満の距離において他人の宅地を見通すことのできる窓又は縁側を設ける者は、目隠しを付けなければならない」というものである。

　ほっとした金有会社は、この規定により横目会社に対し「目かくし」をすることを要求することにしたのである。ところが、横目会社は請求を受け入れてくれない。金有会社は、このような例は、単に金有会社と横目会社だけの問題でなく、一般の人々の間にもおきる問題だと考えて断固、訴訟で争うことにしたのである。

問題点

　裁判所は判決で、「窓が主として通風採光のために設けられたことが認められるにしても、民法二三五条の規定は、みだりに他人の私生活をのぞきプライバシー侵害をするのを制限する趣旨だから、目的のいかんを問わず他人の宅地を見ることのできる位置と構造をもつ窓はすべてこの制限規定に含まれるべきだ」と、横目会社に対し、ビルの窓に目隠しをするよう命じたのである。

　プライバシーの保護については住宅に限らず、事務所などにおいても関心がもたれており、隣家をのぞき込めるような新築ビルの窓には目隠し設置が義務付けられる可能性が高い。ただし、本件のような密集地でのビルの目隠し設置の是非の判断は、**建築基準法**などで例外を認めている場合もあって微妙なので、トラブルになった場合には、弁護士などの専門家に相談することをお勧めする。

　なお、駅前密集地のマンション建築で建築主側が本件同様、プライバシー保護の目隠しを窓に付けることを隣接マンションに約束しながら、その合意を反故（ほご）にしたケースで、建築主の不法行為責任を認め、目隠し設置と慰謝料の支払いを命じた裁判例がある（東京地裁・平成一九年四月二七日判決）。

隣近所のアナ

商業地域でのマンション建設から日照を守った話

法令に適合しても受忍限度が問題

火のないところに煙は立たないとはよくいったもので、マンションが建つらしいという噂はいつか本物になる。

とはいえ、最近はひと頃ほど日照権裁判がマスコミの話題とならない。建てる側も過去の日照裁判を勉強して、周囲の住民を刺激しないように根回しするし、法令や行政が施主に近隣住民への説明会を義務づけているからだ。しかし、法令や行政が日照権保護に配慮するようになった反面、法令等に違反しさえしなければという風潮もある。

東京都甲区乙町に、高さ三〇メートルを超える鉄筋コンクリート造り一一階のAマンションが建つことになり、施主および施工業者と周囲の住民との間に説明会、交渉会がもたれた。しかし町会の祭りの打合せとちがって、すんなりまとまらないのが、この種の団体交渉の常である。

☆太陽を返せ！空を返せ！

日照被害の大きい五人は、Aマンション建設反対同盟をつくり、日影氏が代表世話人となって徹底抗戦の態度をとった。マンション建設反対運動が成功するコツは、熱心でマメな行動派のリーダーに恵まれることである。何十人鳩首凝議しても、すぐれた正論を展開しても、勝利はおぼつかない。建てる側は建築基準法その他法令に違反しないよう法的には完璧なヨロイをまとい、その上場合によっては補償金というアメを用意して、硬軟両面からガードを固めているからである。

日影氏は、自主交渉の一方、日照阻害、風害、電波妨害等を理由に、甲区議会に建設反対の請願、住まいの周辺を商業地域から近隣商業地域に指定替えを求める請願を提出し、いずれも採択され、約一年後には都は正式に用途地域変更の告示をした。商業地域なら建築の容積率は五〇〇％であって、Aマンションの計画四九五％は合法であるが、近隣商業地域となると容積率は三〇〇％になるので、この範囲なら日影氏らも我慢できる。

一方施主側にも言い分はある。計画を立て建築確認申請した当時は、商業地域で、指定替えの請願もなく、何ら違法の点はなかった。反対運動のため許可が下りるのが遅れたこと自体苛立たしく、申請どおり許可が下りたので、工事に着工した。それは用途地域変更の告示直前であった。

工事着工に対する近隣住民の実力抵抗は二回、議員センセイの仲介、お役所幹部の立会いでなんとか休戦協定が結ばれた。残るは裁判による結着しかない。施主側は「建築工事を妨害してはならない」という趣旨の、反対同盟側は「容積率三〇〇％の範囲を超えて建築してはならない」という趣旨の仮処分をそれぞれ申請した。

仮処分合戦だ。裁判所は、現行の地域環境保護の観点から「住民らは容積率三〇〇％範囲内での建築するのを妨害してはならない」と裁定した。施主側は、一部九階建容積率四〇〇％まで譲歩したが、三〇〇％内でなければ、日照阻害、採光・通風阻害、天空狭窄・圧迫感は受認の限度を超え、人格権を侵害するというのである。

問題点

建築計画後丸二年かかったが、内容は住民側の全面勝訴である。日照、採光、通風、見上げると空が見える…生活環境を守ることはまさに権利のための闘争である。本件で施主側は、地域指定替えの告示期限を気にして強行着工しようとしたが、裁判所は、仮にすでに建築中であっても、あるいは**建築基準法**に適合するとして確認を得た建築物でも受忍の限度を超える日照阻害等があれば、違法な建築として差止め請求は認められると述べて、法規に違反しなければすべてよし、ということにならないことを教えている。

ただこの場合の問題は、三〇〇％の範囲内でという抽象的なワクをはめた点である。設計図等に基づく何階以上、どこそこの部分の禁止という建築物の具体的な一部の特定がない。もし三〇〇％を超える建築がなされた場合、違反部分をどのように特定し、どのように取りこわすのか、この点で戦争が再燃しなければ幸いである。

眺望権を主張して建築工事の設計を変更させた話

隣近所のアナ

建築許可があってもあきらめない

「眺望権」という権利が判決によって認められた実例である。訴えたのは、京都の老舗X旅館で、高名な庭師作の庭園は東山の山並みを背景に、優雅な別世界を呈すると言われていた。

ところが、その眺めを台なしにするビル建築計画が持ち上がり、X旅館はビルの施主と施工業者を相手取り、ビル建築工事中止の仮処分を求めたという事件である。

昭和四七年春、A旅館の東隣にある土地をY社が買い取り、ここに地上五階、地下一階、建築面積三三一平方メートルのコンクリート造りのビルを建てることとし、その建築工事は大手ゼネコン業者Z社が請け負うことになった。そして、昭和四八年三月、建築主事による確認を得て、直ちに工事が開始された。

驚いたのはX旅館である。目の前に高さ二〇メートルを超すビルができたら、東山の眺望はさえぎられて名園は台なしとなり、美観は完全に失われる。午前中は日照が奪わ

☆古都を眺める権利だってあるんだぞ

れ、かつビルの窓からは旅館が丸見えで、プライバシーは侵害され、日常生活上、営業上に重大な支障を生ずる。もちろん、X旅館はY社に対し、建築の変更を求めた。しかし、相手の回答は次のようなものだった。

「建築地は、当時の京都市市街地景観条例六条に定める美観地区第二種地域に当たり、同条例七条により建築物の高さは一五メートルに制限されているが、高さ二四・三六メートルにするについては市長の承認を受けているから何ら違法性はない。」と、変更を拒否したのである。

X旅館は京都市役所にも、建築を変更するよう再三にわたり申し入れたが、市は「一度下した建築確認を取り消すことはできない。」との一点張りで、ラチがあかない。その間にも、どんどん工事は進行してしまい、二階部分までコンクリートの打込作業が完了したのである。

そこで、X旅館は、施主であるY社と施工業者のZ社を相手として、京都地方裁判所に「現在建設中の建物につき、三階以上の工事を中止し、続行してはならない。」という仮処分命令を出してもらいたいと申請した。

問題点

X旅館は、まず京都市長の承認は違法であると、指摘した。景観条例九条（事件当時）では、美観地区第二種地域内で建築物の高さが二〇メートルを超えるとき、これを承認する場合、あらかじめ諮問機関・美観風致審議会に諮らなければならないことになっている。しかるに市長は、これを審議会に諮らず承認を与えたので、その承認は違法だった。

次に、美観保護行政でいう建築物の高さを計算するときは、塔屋の高さは算入しないというY社・Z社の反論は暴論以外の何物でもないと指摘、この塔屋の高さは五・四六メートル、また一階は高さ三・六四メートルから三・九九メートルに及ぶ予定だから、五階建てとはいうものの実質上七階建ての建築物に匹敵する。

このビルが建つと、眺望阻害、美観喪失、プライバシーの侵害、営業利益の急激な喪失など個人的な利益の侵害は言うに及ばず、古都としての美しい景観と環境は周辺地域住民の共有資産であって、これを破壊すれば、もはや復元は不可能だと主張した。

京都地裁は申請を認め、一五〇〇万円の保証金を積むことを条件に、三階を超える部分の工事中止と続行の禁止を命じた（昭和四八年九月一九日判決）。

なお、東京都国立市のマンションをめぐり、周辺住民が景観利益を損なうとして、そのマンションの建築工事の着工後に施行された条例の高さ制限を超す上層階部分の撤去を請求した裁判で、東京地裁は七階以上の部分の撤去を命じたが、東京高裁と最高裁は住民側の請求を棄却した（平成一八年三月三〇日判決）。

借家人がアパートを焼失しても類焼者に賠償しなくてよいという話

隣近所のアナ

普通の過失程度なら責任なし

ホテルが燃えあがっている。赤い火の手がゆらゆらとスクリーンいっぱいにひろがって、観客は、みなカタズをのんで画面を見つめている。このとき、田中ヒトミさんは、思わず〝アッ〟と声を出しそうになった。〝うちを出るときアイロンのスイッチを切ってきたかしら……〟ヒトミさんは、ホテル炎上の画面からトンデモないことを連想したのだ。

そういえば、今日、一人で夫のワイシャツにアイロンをかけているとき、映画が何よりも好きだというアパートで隣室の奥さんにさそわれて、着替えもソコソコに飛び出してきたというわけだ。

ヒトミさんは、思わず隣席の奥さんの手を握って、〝奥さん、アイロンのことが気になるから、あたしお先に失礼するわ〟とささやきながら、急いで席を立とうとした。

☆家主以外には払わなくてもいいのよ！

しかし、映画に夢中になっている奥さんはヒトミさんの手をしっかりつかんで放そうとせず、〝大丈夫よ、火事になんかなるもんですか、たとえ火事で焼けたってドウセ自分の家じゃないし、あんなボロアパート、焼けた方がセイセイするわ〟などといいながら、画面から目をはなそうともせず、ヒトミさんを引きとめた。

だが、ヒトミさんの心配は、決して単なる連想作用ではなかったのである。もし、あのとき急いで自宅に帰っていたら、火事は火事でもセイゼイ畳一枚ぐらいのボヤの程度ですんでいただろう。

映画の後、ティーラウンジで、奥さんと二人で〝あのベッドシーンどうお思いになって……〟などとツマラヌ会話を楽しみ、夕方アパートに帰ったときはサア大変。一階、二階各三室のアパート一棟はマル焼けになって、まだプスプスとくすぶっている。

さいわい、焼死者は出なかったが、その夜のこと、家主を始め五世帯の借室人が近くの寺の本堂にヒトミさん夫妻を呼び出して、次のような損害賠償の要求をした。

家主は、建物の時価相当額一〇〇〇万円と、一か月の賃料合計一二万円で向こう一〇か年分の一四四〇万円を支払ってくれといい、借家人たちは、各自の家財道具や、衣類ふとんなどを全部弁償してもらいたいと要求した。

ヒトミさんのご主人は保険会社の外交員である。一生かかって弁償しても、トテモそんな大金は支払えない。ただガタガタとふるえるばかりで、ついには二人で心中しようとまで思いつめた。

この場合、ヒトミさん夫妻は一体どれだけ弁償すればよいのだろうか。

問題点

民法の七〇九条を見ると「故意又は過失によって他人の権利又は法律上保護される利益を侵害した者は、これによって生じた損害を賠償する責任を負う」と書いてある。ヒトミさんのアイロンの不始末は、たしかに「過失」に該当する。だが、さいわいなるかな、失火については、ただ一つ例外として「**失火ノ責任ニ関スル法律**」（明治三二年三月八日施行）という特別法がある。

これによれば、「民法第七百九条ノ規定ハ失火ノ場合ニハ之ヲ適用セス但シ失火者ニ重大ナル過失アリタルトキハ此ノ限ニ在ラス」と規定されているから、ヒトミさんの不始末が「重大ナル過失」ではなく、単なる普通の「過失」の程度であれば、家主に対しては、貸借物件の返還不能ということで（債務不履行）、その損害賠償はしなければならないが、それ以外の損害、家主以外の類焼者に対しては損害賠償の義務はない。重過失か、軽過失か――ここに微妙な一線がある。

〔ニュース〕全棟一括の電気契約に変更するマンション決議は無効

電気の自由化が平成二八年四月から始まり、新規参入した事業者が既存の電力会社と電気契約を結んでいる需要者（消費者）に対し、DMや電話勧誘、訪問販売などで、契約する電力会社を替えるよう攻勢をかけている。一度や二度、「一か月タダ」、「電気料金が安くなる」などという、しつこいセールスを受けた経験はあるだろう。

●個別より一括受電契約の方が安い

家庭で使う電気は、消費者が個別に東京電力など電気小売事業者と契約を結び、電気の供給を受けるのが一般的である。しかし、マンションなど共同住宅の場合、管理組合が電力会社から一活で電気の供給を受け、それを各戸に分配する契約（**高圧一括受電契約**という）も多い。契約はマンション全戸の参加が条件だが、個別契約より電気料金が安くなるので、既存マンションでも一括契約にしたり、切替えを計画するところが増えているという。

経済産業省のまとめによると、令和四年二月現在、高圧契約で電気の供給を受けている需要者は約八四万四〇〇〇口数になっているという。

●専有部分の電気契約の変更にマンション決議は及ばない

個別契約のマンションが、電気料金を下げようとして一括受電契約に変更する場合、全戸の賛成が必要である。

札幌市のマンション団地では、住民総会の決議で、全五棟、計五四四戸の電気契約を、それまでの個別契約から北海道電力と高圧一括受電契約を結ぶ一括受電サービスの導入を決めた。

ところが、二戸の住民が個別契約の解除に応じなかったことで、サービスが導入できなかったのである。

そのため、一括受電に賛成した住民が、サービスが導入されなかったことで電気代が安くならずに損害を受けたとして、二人に対し、計九一〇〇円を求める損害賠償訴訟を起こした。裁判では、電気契約変更の総会決議の有効性が争われている。

一、二審は原告の請求を認めたが、最高裁は、**建物の区分所有等に関する法律**はマンションの共用部分について住民総会で決議できると規定しているが（三〇条一項）が、その決議は専有部分に及ばないとした上で、「電気契約についての個々の住民の契約解除は、専有部分の使用に関する事項で、共用部分の管理や変更ではない」と指摘、契約変更を義務付けた住民総会の決議は無効（義務付けはできない）として、一、二審判決を破棄、原告住民の請求を棄却したのである（平成三一年三月五日判決）。

第6章 日常生活の抜け穴と急所

♣本書の内容は……

・裏口入学を頼んだがダマされ運動費を返還してもらえなかった話――民法九〇条

・授業中の発言で傷ついたが教師個人からは賠償を取れなかった話――国家賠償法一条

・名簿が悪質業者の手に渡りクレームが出た話――個人情報保護法二条

・携帯電話をポケットに入れヤケドし損害賠償を請求した話――民法七〇九条・PL法

・クーリング・オフ期間が過ぎても解約できた話――特定商取引法九条

など実例解説・一五話

日常生活の法律の急所

★不当な勧誘行為による寄附の強要は禁止された

日常生活をめぐる最近の法律の動きとしては、宗教団体などが霊感商法などの手口により高額な寄付勧誘をすることを規制、被害者を救済する法律（**法人等による寄附の不当な勧誘の防止等に関する法律**）の施行（令和五年一月五日）が上げられる。

これにより、相手を困惑させるような不当な寄付の勧誘行為は禁止された（四条）。具体的には、①不退去、②退去妨害、③勧誘目的を隠して退去の困難な場所に連れて行く、④威迫する言動を交え第三者への相談や連絡の妨害、⑤恋愛感情などに乗じ関係の破綻を告知、⑥霊感などによる知見を用いた告知、である。

これら不当な勧誘行為により困惑して、寄付の意思表示をした場合は、追認できる時から一年間、寄付をした時から五年間は取消しができる（⑥の場合の行使期間は、それぞれ三年間、一〇年間。八条、九条）。

また、**消費者契約法**も同じ日に改正法が施行され、霊感商法など霊感その他合理的に実証することが困難な特別な能力による知見として、消費者やその親族の生命、身体、財産につき、そのままでは重大な不利益を回避することができないとの不安をあおって消費者契約を締結させた場合の取消権行使期間を伸長した。

・契約を追認できる時から三年間（改正前は一年間）
・契約締結から一〇年間（従来は五年間）行使しないと、取消権は時効により消滅する。

なお、売買契約に基づかないで業者から送付された商品については、販売業者が返還を請求できないこととなる期間の規定（送付の日から一四日間。消費者が引取り要求した場合は七日間）が撤廃され、消費者は直ちに処分できるようになった（五九条）。

消費者契約法はこの他、令和四年六月一日付の改正で、契約を取り消せる困惑類型に、勧誘を受けている場所で、威迫を交え、契約を締結するかどうか事業者以外に連絡、相談するのを妨げる行為を追加した。

★消費者契約における事業主の勧誘に当たっての努力義務が強化され、取消しや無効の規定も見直された

販売業者や包括信用販売あっせん業者（クレジットカードなどを発行する銀行、カード会社、販売業者）は、販売契約などの消費者契約やカード類交付の際、文書による書面交付が義務付けられていたが、法改正により電磁的方法による契約書面の交付が認められた（消費者契約法、特定商取引法、割賦販売法など）。

また、特定商取引法の改正（令和三年六月一六日公布）では、契約の申込みの撤回等に係る規定が見直され、申込者は電磁的記録による撤回もできることになった（九条一項）。なお、通信販売では、申込みを顧客の電子計算機（スマホやパソコンなど）の映像面に表示する手続きに従って行う場合、販売業者は法令の決めた一定事項の表示を義務づけられた（一二条の六）。この他、通信販売に係る契約の申込み（**特定申込み**という）をした者が、販売業者の行った不実の表示を事実と誤認して申込みの意思表示をしたときは、これを取り消すことができる（一五条の四）。

★クーリング・オフ制度が消費者を守る

業者の強引で執拗なセールスで、不要な品物を買わされたり、契約を結ばされた場合、契約後一定期間内なら、消費者は無条件に契約の解除（解約）や申込みの撤回ができる（**クーリング・オフ制度**という）。業者に「解約する」「申込みを撤回する」という内容の書面（または電磁的記録）を送るだけでいい（内容証明郵便、e内容証明を使うと確実）。返品費用は原則業者持ちである。

主なクーリング・オフ期間は次の通り。

- **訪問販売、電話勧誘取引**　法定の契約書面の交付の日から八日間（現金取引は三〇〇〇円以上の取引）
- **通信販売**（返品費用は消費者持ち）　商品の引渡し、特定権利の移転受けた日から八日間（業者が申込みの撤回についての特約をホームページ等広告で表示している場合は、その特約の内容が原則優先）
- **連鎖販売取引**（マルチ商法）　法定の契約書面の交付の日から二〇日間
- **特定継続的役務**（エステ、語学学校、学習塾、パソコン教室、結婚紹介所など）　法定の契約書面の交付の日から八日間（五万円を超える取引）
- **業務提供誘引販売**（内職商法）　法定の契約書面交付の日から二〇日間（現金取引は三〇〇〇円以上）
- **訪問購入**　法定の契約書面交付の日から八日間（期間内は業者に買い取られた品物の引渡しも拒める）

なお、訪問販売、通信販売、電話勧誘販売は、原則すべての商品・役務が特定商取引法の規制対象である。

- **割賦販売、クレジット契約**（割賦販売法）　クーリング・オフ制度の告知の日から八日間
- **宅地建物取引**（宅地建物業法）　クーリング・オフ制度の告知の日から八日間
- **海外先物取引**　**海外先物契約**（基本契約）締結の日から一四日間

懇親会の名簿が悪質業者の手に渡りクレームが出て困った話

日常生活のアナ

個人情報の取扱いは慎重にせよ

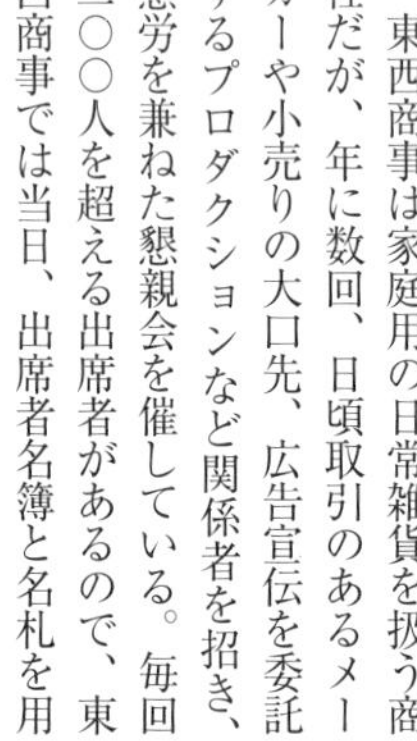

東西商事は家庭用の日常雑貨を扱う商社だが、年に数回、日頃取引のあるメーカーや小売りの大口先、広告宣伝を委託するプロダクションなど関係者を招き、慰労を兼ねた懇親会を催している。毎回二〇〇人を超える出席者があるので、東西商事では当日、出席者名簿と名札を用意し、出席者に渡していた。

名簿は、初対面の相手でも話の切っかけになるよう勤務先や役職名のほか、仕事先の住所と電話番号、メールアドレスを載せておいたのである。この名簿は、新しい取引先の開拓にもつながると、例年出席者から好評で、これまで感謝されたことはあるがクレームはなかった。

ところが、今回の懇親会が終わり、一か月ほど経つと、出席者から、「東西商事の懇親会で会った者だと偽って、しつこく勧誘に来る業者がいて困っている。何とかしてほしい。」というクレームが増えたのである。被害はまだ出ていないが、中には「東西商事の紹介だ」と言って、訪ねて来る者もいるらしい。懇親会の出席者の誰かが、名簿業者に名簿を流したのが原因のようだ。

東西商事では、懇親会の名簿に載っている全員に連絡し、事情を説明して謝罪した上で、勧誘があっても無視してくれるよう頼んだのである。出席者は概ね了解してくれたが、中には「同意も得ないで名簿を作った御社は個人情報保護法違反じゃないか。業者から名簿を回収しろ！」と、強い調子で非難する人もいた。

東西商事は、本当に個人情報保護法違反になるのか、これ以上、名簿が拡散しないようにするにはどうすべきか顧問弁護士に相談したところ、弁護士はまず、「御社が名簿

☆窃盗なみの悪事と知れ！

を出席者に無断で作成、配布したものなら個人情報保護法違反になりますが、懇親会の名簿配布は出席者に事前に通知していますから配布や名簿を使われたことに法律上、御社の責任はありませんね。」と、個人情報保護法には反しないと教えてくれたのである。次いで、「御社には直接責任や義務はありませんが、名簿業者に対し、名簿の返還を求め、以後その名簿を営業活動に使わないよう内容証明を出しておきましょう。」と、言ってくれたのだ。

問題点

住所や電話番号、メールアドレスを教えたこともない相手から、DMが届いたり、セールス電話がかかってくるのは、私たちの個人情報が気づかぬ間に収集され、出回っているからだ。個人情報保護法が施行され（平成一七年四月）、名簿作成目的での住民票の閲覧はほぼ不可能になった。社員名簿や学生名簿の入手も難しいが、厳重管理されたはずの企業の顧客情報漏えいのニュースが後を絶たないのも、また事実である。

個人情報保護法は、このような個人情報の漏えいを防ぎ、個人情報を保護することを目的とした法律である。

保護対象の個人情報とは、生存する個人を特定できる（識別する）ものをいい（二条一項）、個人の氏名、住所、生年月日、電話番号の他、写真や映像、音声なども含まれる。

なお、同法が適用されるのは、従来五〇〇〇人分以上の個人情報を扱う者（個人情報取扱事業者）に限られていたが、平成二七年五月三〇日の法改正で、個人情報を扱うすべての者が対象になった。

●第三者提供には本人の同意が必要

個人情報の取扱いについては、個人識別符号の追加、要配慮個人情報など規制強化の反面、本人を特定できないよう加工した個人情報（匿名加工情報という）については本人の同意なしに利用できるなど規制が緩和された改正点（ビッグデータ）もある。

なお、個人情報取扱事業主は、取得した個人情報を第三者に提供する場合、あらかじめ本人の同意を得るか、同意に代わる措置（オプトアウト規制）をとらなければならない（二七条）。

具体的には、個人情報の取得方法など次の項目について、あらかじめ本人に通知し、その内容を本人が容易に知ることができる状態にしておくこと（たとえばHP上で一度のクリックで確認できる）が義務付けられている。

- ・第三者への提供（売買など）を利用目的とすること
- ・第三者に提供をされる個人データの項目（氏名、住所、電話番号など）
- ・第三者への提供の方法（店頭売買、ホームページなどネット上への掲載）
- ・本人の求めに応じ本人が識別できる個人データの提供を禁止すること
- ・本人の求めを受け付ける方法・など

日常生活のアナ

裏口入学を頼んだがダマされ運動費を返還してもらえなかった話

不法原因給付になり返還請求できず

裏口入学に関する事件はあとを絶たない。先年、有名私大の教授が、学生証を偽造して不正入学させていた事実が明るみに出たが、平成元年には、どうしても入りたかったという予備校生が、天下の慶応大学に忍び込み、入試問題用紙を盗み出した。しかし、典型的なのは、金の力で便宜を図ろうとする「金権入学」タイプである。

甲野太郎氏は、一人娘を東京の名門女子大に入学させてやりたいと思い、四年制の実尚女子大、共映女子大、清見女子大に的をしぼった。

ゴルフ場で知り合った灰山氏が学校関係に詳しいというので相談したところ、自分は直接には、希望の三女子大にツテがないが、東京のS進学塾の実力者とみられる黒井氏を知っていて、必要なときはいつでも相談に応ずるといわれている、というので、灰山氏に運動を依頼した。

灰山が黒井に打診してみると、可能であるという。そこで、二人は、

・実尚女子大の理事に甲野氏を引き合わせる。
・共映女子大の付属高校長に黒井自身が依頼し、かつ甲野氏を引き合わせる。

☆弱身につけ込む悪い奴

・清見女子大には知り合いがいるので運動する、ことを約束し、運動費四〇〇万円、諸経費一〇〇万円は、灰山が黒井に払うことに合意した。

灰山は、甲野氏から預かった五〇〇万円を黒井に渡し、入学斡旋を期待したが、一校も合格しなかった。五〇〇万は水泡と消えた。黒井には三大学関係者に縁故など一切なく、便宜を図る能力もなく、さらに知人を介して、共映女子大に縁故があるという茶川に三〇〇万円を渡しただけであった。もらった茶川も、何の入学斡旋行為をしなかった。これはもう入学斡旋をエサにした詐欺である。

ふつう、このような事例では、入学希望者の父兄が役立たずに終った斡旋者に対し、渡した金銭の返還ないし賠償請求をするものであるが、本件では、第一の斡旋者灰山が、転嘱を受けた黒井、茶川を訴え、五〇〇万円の損害賠償を請求した。

結果は灰山の敗訴、請求棄却である。

問題点

裏口入学を目的とする金銭のやりとりに対して、裁判所の姿勢は厳しい。

公序良俗に反する行為として、民法九〇条により無効とするほか、不正入学ないし裏口入学の斡旋を依頼し、その運動資金または運動の対価として交付される金品の目的は、正に民法七〇八条の「**不法の原因**」に該当するとして返還請求を許さない。

真面目に勉強し、公正な実力試験で合否を決める受験生を思えば、裏口入学の工作は、醜悪で社会的非難はきわめて大きいといえる。

この理は、入学希望者の父兄から頼まれた者（灰山）が、さらにコネありとする第三者（黒井）に斡旋を転嘱して金品を提供する場合にもあてはまるとして、灰山と黒井間の行為も、公序良俗違反、**不法原因給付**になると判断したのである。

ただし、不法原因給付の場合であっても、給付者と受託者の不法性を比較し、受け取った側の不法性の方が著しく大きい、と評価できるときは、給付した金品の返還ないし受けた損害の賠償請求ができるとされている（七〇八条ただし書）。

判決は、灰山の請求は、給付した金銭の返還請求ではなく、詐欺によって騙し取られたことによる損害賠償請求であるが、灰山の黒井に対する依頼は、前述のように公序良俗違反の性質をもつものであるから、やはり双方の不法性を比較する必要があるとし、黒井の不法行為（詐欺）も、灰山の依頼により生じたもので、黒井の不法性の方が著しく大きいとはいえない、と評価して、灰山の請求を斥けたのである。

汚れた手に救いはなく、悪銭は身につかないものであるが、官民癒着の贈収賄などはどうなのであろうか。

日常生活のアナ

授業中の教師の発言で傷ついたが教師個人から賠償がとれなかった話

公務員個人は責任を負わない

銀行員の松本良雄さんは、このところ憂鬱である。ゼロ金利政策や貸し渋り、公的資金導入などで、銀行に対する世間の風当たりが予想以上にキツイからだ。顧客や周囲から、あれこれ文句や嫌味を言われるのは、いつも現場にいる人間である。そして、市立中学校に通う息子の行雄君の学校に、父親参観日で出掛けたとき、とうとう腹に据えかねてしまったのだ。

中学一年の行雄君のクラス担任である川北先生は、生徒達に「今の世の中、銀行ほど悪いものはない。バブルの張本人なのに、赤字は国民の税金で穴埋めする。預金者にはゼロ金利を押し付けるくせに、行員の給料はほとんど下げようとしない。まさに大蔵省（当時）って悪代官と組んだ、現代の越後屋だな」と、激しく銀行批判を始めたのだ。たしかに、銀行に非がないとは言わないが、すべてを銀行の責任にする川北先生の主張は余りにも偏っていると、松本さんは感じていた。しかも、働く行員も「悪党の手先」だというキメツケには、怒るよりも悲しくなってしまった。行雄君も、父親の職業を非難されてショックだったのか、参観授業の間、ずっとうつむいたまま一度も顔を上げようとしなかったのである。

松本さんは、放課後のクラス懇談会で、川北先生に対し、

☆自論をぶった銀行批判の結末は…

「自分の定見がなく、他人の考えに感化されやすい中学生に、ああいう偏った意見を話すのは止めてほしい」と注文を付けたが、先生は「私は間違ったことを言ってない」と、まったく取り合おうとしなかった。その一方的で、無礼な態度に腹を立てた松本さんは、市の教育委員会に対し直接、川北先生を担任から外すよう求めた。

　ところが、教育委員会から事実関係について問い合わせを受けた川北先生は、いかに銀行があくどいかという持論と、教育委員会に直訴した松本さんを誹謗中傷する内容をまとめたプリントを作り、クラスの生徒全員に配ったのだ。松本さんは、このプリントで名誉を傷つけられたとして、川北先生を相手取り、二〇〇万円の慰謝料支払いを求める裁判を起こしたのである。

　プリントの文中には、松本さん個人を侮蔑する言葉がはっきりと書かれていたので、銀行員として長年法律に関わってきた松本さんは、慰謝料額の多寡はともかく、裁判には勝てるという自信はあった。

　一審は、予想どおり松本さんの勝訴。川北先生に慰謝料三〇万円の支払いを命じたが、被告側が控訴し、控訴審で思いも寄らぬ逆転判決が言い渡されたのである。

　裁判所は「プリント配布は授業中の行為であり、これ自体は公権力の行使にあたる。公務員個人は賠償責任を負わない」として、そのプリントが名誉毀損に当たるかどうかを一切判断せず、一審判決を破棄して松本さんの訴えを退けたのである。松本さんは、余りにも意外な判決に呆然としている。

問題点

　東京の区立中学の教諭が、生徒の母親から社会科の授業内容が反米的と学校側に伝えられ、それに反論するプリントを生徒に配布したところ、相手の母親が名誉毀損だとして、教諭個人に二〇〇万円の損害賠償を求めたという事件がある。

　一審東京地裁は「主婦に対する侮蔑的言辞があり、生徒に動揺を与えた」と名誉毀損を認め、教諭側に三〇万円の支払いを命じた（平成一一年一二月一四日判決）が、控訴審は「授業のプリント配布行為は公権力の行使で、公務員個人は賠償責任を負わない」と、一審判決を破棄、名誉毀損の是非は問わずに母親の請求を棄却した（平成一二年四月二六日判決）。なお、最高裁は、同年九月二八日、母親側の上告を受理しない決定をしている。

　国家賠償法一条は「公務員が職務上、故意または過失によって違法に他人に損害を与えた場合、国または公共団体が賠償の責任を負う」と定めている。この規定により、公権力の行使中の行為には公務員個人への賠償を認めない（公務員個人の責任を問えない）というのが、現在の判例である。

大豆の先物取引等が違法であるとして損害賠償が認められた話

日常生活のアナ

うまい話には落し穴があるので要注意

西島太郎は、中小企業の課長である。子供はなく奥さんとの共稼ぎである。

太郎は、ある日突然、穀物およびゴム等の取引所の取引員であるS会社のA外務員から電話を受け、さらにその後来社された。太郎は、商品取引を行う意思はまったくなかったので、Aから大豆取引を執拗に勧誘されたが、これを断った。

数日後、太郎はAから会社近くの喫茶店に呼び出され、「大豆をいま買っておけば、必ず値上がりし、損はない」などと断定的に言われて執拗に勧誘され、儲かるならと取引承諾書に署名押印し、大豆取引につき五〇枚の買建を勧められた。

翌日Aは、さっそく太郎宅を訪れ、反対する奥さんに、「奥さんは認識不足ですね、昔は先物はこわいと聞いたかも知れませんが、今は先物を買う人がたくさんおり、随分儲けて貰っている。よくいけば四倍、普通でも倍になりますよ」と先物取引があたかも安全で有利な利殖方法であると説明する一方、S会社発行の三五〇万円の預り証や引取承諾書を見せて輸入大豆五〇枚分の委託証拠金三五〇万円の支払いを要求した。太郎らは、もはや取引参入を拒絶できないものと誤信して、三五〇万円の支払いを約束し、翌朝支払った。

S会社は一週間の間、三回建、落を繰り返し、利益を計上して太郎らを安心させた。しかし、その後値下がりしたとして二八〇万円の追証拠金を請求された。

太郎がS会社を訪れると、Aは、

「追証拠金を入れても再び追証拠金がかかる恐れがあるから、この際、安全のため四二〇万円を資金調達しておけばこれ以上かかる心配がない」

と説明し、太郎は仕方なく翌日には四二〇万円を支払った。このことを太郎が奥さんに話すと奥さんは、翌日、Aに対し、

「元金三五〇万円に対し、追証拠金が四二〇万円と追証拠金の方が多いのはどうしてか」

と問い合わせた。

「追証拠金ではない、資金が少なくなったため、今の金額を入れてもらわなければ元金がパーになってしまうので入れてもらった」

とAは答えた。さらにその翌日に「売と買の両方建てたわけで、この方が相場が上がっても下がっても安心です」と説明した。

しかしその後も思うようにいかず、太郎はAから、「五〇〇万円の支払いがなければ既払分もなくなる」と言われ、太郎は、すでに資金も底をついていたが、五〇〇万円用意すれば、投下資本の回収が出来るものと信じ、友人から金を借りて支払い、損失を回復するようAに懇願するほかなかった。

二か月後には残金三〇万円しか残っていなかった。結局、四か月余りで一二四〇万円の大損をしてしまった。当然夫婦仲は険悪である。

Aは職務上会社の顧問弁護士とつきあいがありはするものの相談もできず、友人のツテをたどって弁護士を紹介してもらった。訴訟の結果、幸いにも勧誘等が違法であると認められ、八割の約九九〇万円を取り戻すことができた。しかし、残りの二割の損失と、精神的な疲労は計り知れないものがあった。

問題点

同種の事案について、裁判所は、「①Aは勧誘するに際し無作為に電話帳を調べ、これに架電し（**無差別電話勧誘**に該当）②**先物取引**が投機的であって短期間に巨額の損失をうける危険・先物取引の内容・仕組等につき十分な説明を行なわず、③太郎の無理解に乗じ、買建の有利さを過度に強調し、執拗に勧誘したことは社会的通念上相当と認められる範囲を逸脱している。④Aらは、太郎が、自己の損失状況を正確に把握することを妨げて建玉を拡大・継続させたことは全体として違法であり不正行為が成立する」としている。

一方、裁判所は太郎らに対し、「①一般常識に照らし、明らかに不合理と思われる説明を軽率に信じていること、②しおり、建玉状況等の書類が送付されているが、これを理解することを怠っていること、③太郎らは投下資本の回収にとらわれ損害の発生・拡大を促した」と認定して原告の過失を二割と判断している。

先物取引に関するトラブルは多いが、先物取引は、金の**ペーパー商法**、**原野商法**などと異なり、外形的には社会的に許容されている取引であって、思い通りに解決できるケースは少ないといえる。先物取引でもし損をしたら、あとで裁判で取り戻せばよいという安易な考えは通用しないことを肝に銘ずべきである。

なお、平成一七年五月から個人を対象にした勧誘方法について規制が強化された。また、平成二三年一月からは、商品先物取引業を営むには経済産業大臣の許可が必要になった（商品先物取引法一九〇条一項）。

日常生活のアナ

ポケットに入れた携帯電話でヤケドし損害賠償を請求した話

通常の使用方法ならPL法で

宮崎さんは一人暮らし。夜勤明けで帰ると、布団を敷くのが面倒で、そのまま居間のコタツで寝てしまうことも少なくない。もちろん、携帯電話や財布、カギなどはポケットから出し、コタツの上に置きはするが・・・。

ところが先週、余りに疲れていた彼は、ズボンの右ポケットに携帯電話を入れたままコタツにもぐり込み寝てしまったのだ。三時間ほどして、彼は右太腿の外側に感じた熱さと痛みで目を覚ましたという。慌ててコタツを飛び出て、ズボンを脱ぐと、右の太腿に赤く携帯電話の痕が付いていた。皮膚に触るとピリピリとし、症状は明らかにヤケドと同じだった。

宮崎さんは、携帯電話を仕事中からずっとポケットに入れっぱなしだと気づいた。ポケットに手を入れると、異様に熱くなった携帯電話に手が触れたのである。

☆低温ヤケドは痛いもの

とりあえず冷水で患部を冷やしたが、翌日になっても太腿の痛みは取れなかった。むしろ、ズキズキと痛みが増したように感じ、しかも患部は赤黒く陥没している。病院に行くと、医師は患部を見るなり、「低温ヤケドだね。場合によっては、皮膚移植の手術が必要になるかもしれませんよ」と、言うではないか。

宮崎さんは重傷と言われ、驚いた。いくら健康保険が使えても、ほぼ毎日治療に通わなければならず、病院や薬局への支払いは安くはない。しかも、派遣社員の彼は通院が長引けば、次回の契約更新で雇止めになる可能性もある。職場の同僚は、携帯電話でヤケドしたと話すと笑ったが、宮崎さんは毎日不安だった。

それにしても、携帯電話をズボンに入れたままコタツに入ったらヤケドするなんて、おかしい。

携帯電話は身に付けているのが普通だし、とくに男の場合は、ズボンやスーツ、Yシャツのポケットに入れることも多い。そんな通常の使い方をしてヤケドするのは機器に欠陥があるからに違いない。もしも手術が必要になり、入院しなければならなくなった場合、宮崎さんは手術代や入院費用を製造した携帯電話のメーカーに請求しようと思っている。

問題点

宮崎さんがメーカーから入院費用などの損害賠償を取るためには、民法上、次の三項目を証明（立証）しなければならない。

①携帯電話に欠陥があること
②その欠陥により低温ヤケドをしたこと（因果関係という）
③メーカーに故意、過失があること

①と②については、携帯電話が異常に熱くなった事実があり、宮崎さんもそれにより低温ヤケドを負ったのだから、立証は容易である。だが、③の故意過失の立証は、一般の消費者には事実上不可能と言わざるを得ない。

では、宮崎さんは、メーカーに損害賠償を請求できないのか。

そんなことはない。このように欠陥商品が原因で、消費者の生命・身体・財産に損害が生じた場合（拡大被害という）には、民法ではなく製造物責任法（PL法という）でメーカーの責任が追及できる。PL法では、消費者は①と②が立証できればよい。

宮崎さんの場合、このPL法により携帯電話のメーカーに損害（治療費、手術代、入院費用など）を支払うよう請求できる可能性はある。同様の事件で、請求を認めた判例もある（最高裁・平成二三年一〇月二七日決定）。ただし、宮崎さんの請求が認められるのは、彼が通常使用されている状態で携帯電話を使っている場合に限られ、メーカーが禁止する使用方法だった場合には請求は認められない。

なお、判例は平成一五年の事件で、当時の被告の取扱説明書の禁止事項には、「コタツの中」は明示されていない。だが、今日の取扱説明書には、火災や低温ヤケドの原因になる危険があるとして、携帯電話の使用や保管、放置を禁止する場所に、「暖房器具のそば」や「コタツの中」も明示されているのが普通である。

宮崎さんの場合、判例とは異なり、メーカーの取扱説明書の内容を知らなかったことに正当な理由があると証明しない限り、賠償請求は認められないと考える。

デート商法の被害者がクレジット会社から既払い金を取り戻した話

日常生活のアナ

デート商法は公序良俗違反である

松田さんは三二歳の独身派遣社員。日々、派遣先とアパートを往復するだけで、唯一の楽しみはネット配信のゲームをすることである。その夜も、ゲームを始めようとすると、携帯電話に突然、着信があった。電話に出ると、電話口から若い女性の声が飛び出してきたのだ。相手は、ＭＹジュエリーの村井と名乗り、若い男性のジュエリーへの意見を聞かせてほしい。販売をする気はないので協力してくれないかと言われたのである。彼女いない歴二〇年の松田さんは、若い女性の電話に舞い上がってしまい、誘われるまま指定されたファミレスへと出かけたのだ。

ファミレスに着くと、村井という女性は松田さんの手を取るようにして、自分の横に座らせた。しかも、彼女は、「いま恋人募集中なのよ。松田さんみたいな人がタイプなの」と、身体をすり寄せるようにして話すではないか。松田さんは天にも昇る気分だった。彼女からきれいなジュエリーの写真を見せられ、どれがほしいと聞かれ、「これがいい」などと答えていたが、しばらくすると、彼女の上司という数人の男が現われ、松田さんの隣りに座ると、そのジュエリーを購入するよう強く勧めたのである。

☆好きなのはあなたの支払能力…

松田さんは当初、村井さんが売買意図はないと言うから出てきたのだと勧誘を断り、その場から帰ろうとしたが、男たちは威圧的な態度で、席を立つことを許さなかった。松井さんが、「そんな大金はない」と言っても、クレジッ

トでいいからと購入を迫られ、八時間近く粘られたあげく、総額一〇〇万円のジュエリーを買わされたのである。その夜からしばらく、村井の方から毎晩のように電話があり、来週ぐらいにデイトをしたいなどと言われていたのだが、一〇日ほど経つと、彼女とは一切連絡が取れなくなった。

半年ほどして、たまたま部屋にきた同僚にジュエリーを見せると、せいぜい一〇万円程度のものだと言われ、松田さんは騙されたことに気づいたのである。松田さんはＭＹジュエリーとの売買契約は公序良俗違反で無効または消費者契約法四条により取り消せるから、それにより締結したクレジット契約は無効として、クレジット会社への支払いを止め、すでに支払った半年分の金額三〇万円を返済するよう同社に求めたのである。一方、クレジット会社は返済を拒否、松田さんに未払い金の支払いを求めた。

問題点

ＭＹジュエリーのやり方は、いわゆる**デート商法**である。松田さんに対する一連の販売方法や契約内容は、彼に女性販売員である村井と交際ができるような錯覚を抱かせて契約させ、契約存続を図るという著しく不公正な方法の取引であるから、公序良俗に反し無効だと、裁判所は判示した。販売業者との契約が無効なので、松田さんは**割賦販売法**に基づき、契約をしたクレジット会社（個別信用購入あっせん業者）からの未払い金請求を拒めると、クレジット会社の請求を棄却したのである。さらに、ＭＹジュエリーが違法なデート商法で販売したことを知っていたとして、同社に既払い金返還も命じた。

売買契約が公序良俗違反で無効であるような場合、購入者はこれまでもクレジット契約の未払い金支払いを請求する割賦購入あっせん業者（クレジット会社）に対抗することができた（旧割賦販売法三〇条の四第一項）。しかし、既払い金の返還請求に関して明示規定はなく、学者の通説は返還に否定的だった。ただし、あっせん業者が販売業者の違法な販売方法を知っており、また販売業者が廃業状態で購入者が既払い金相当額の回収を事実上できない場合など、一定の事情がある場合に、あっせん業者に返金を命じた判例（名古屋高裁・平成二一年二月一九日判決）が出ている。

なお、平成二〇年六月一八日の割賦販売法改正で、悪質商法にクレジット契約が利用された場合、一定の要件を満たせば、クレジット会社は既払い金返還義務を負うこととなった（三五条の三の一三第四項）。また、販売業者（**個別信用購入あっせん関係販売業者**という）が、安価品を高価な価値がある品物だと偽って販売した場合は不実告知となり、購入者はクレジット契約を取り消すことができ、既払い金の返金も請求できることになった。

クーリング・オフ期間が過ぎてもクーリング・オフができた話

日常生活のアナ

クーリング・オフの妨害は許さず

渡部さんの奥さんは怒っていた。不要で高額な浄水器を強引に売りつけられた上、業者のクレーム係と話合いを続ける間にクーリング・オフ期間が過ぎて解約できなくなってしまったのだ。

話は、ちょうど二週間前にさかのぼる。その日、渡部さんの自宅を男性が二人で訪ねてきた。男は「水道局から来ました」と挨拶し、「今度、どの家庭の水道にも、浄水器を備え付けることに決まりましたから」と、言う。男性は、二か月おきに水道の検針に来る人とそっくりの制服を着ていたので、奥さんはてっきり水道局の人と思い、二人を家の中に入れたのである。男たちは、「工事はすぐに済みますから」と、台所に上がり込み、付いてる蛇口を外して、浄水器を取り付けたのである。奥さんは、当然無料だと思っていた。

ところが、男たちは工事が終わると、浄水器と取付代金で三五万円になると言うではないか。奥さんは、ビックリした。今、そんな現金がないと言うと、男はローンでいいですよと言い、ローン申込書を出した。奥さんは、最初に「浄水器を付けることに決まった」と言われたこともあり、あまり不審に思うことなくサインしたのである。

その夜、単身赴任先にいる夫の渡部さんに電話し浄水器が入ったことを話すと、渡部さんから、「お前、それは点検商法って悪質な訪問販売みたいだなあ。ダマされたんじゃないか?」と言われたのだ。

驚いた奥さんが翌日、水道局に電話すると、渡部さんの予想通り、「水道局が浄水器を売ることはありません。また、ご家庭の水道に浄水器を付ける決まりもないですよ」と、言われたのである。

奥さんは、浄水器のローンの申込書に書かれた販売業者に電話し、「浄水器はいらない。契約を解約したい」と申し入れた。ご主人の渡部さんから、「これは訪問販売だから、八日以内なら解約できるはずだ」と、クーリング・オフをするよう言われたのである。

しかし、業者は「解約できるのは、履行が終わるまで。もう工事をしてしまったから、解約はできない」と言うのだ。奥さんは、粘った。

「営業マンが水道局から来た」と言ったから承諾したので、そもそも誤解を与えるような言い方をするのがおかしい、まるで浄水器の設置が法律で決まったような言い方をしたのは、明らかにダマしたんだから、詐欺じゃないか、などと追及したのである。

最初は、「水道局の方から来た」と言っただけだ。また、浄水器の設置が法律で決まったなどと言った覚えはない、「証拠でもあるのか」などと反論していた業者だが、裁判も辞さないという、奥さんの剣幕に、「とにかく当社の営業マンに事情を確認します。本当に、そんなセールスをしたのなら、解約に応じますから…」と言い、調べるので二、三日待ってほしいと折れて来たのである。

奥さんは、それならと、待つことを了承した。しかし、三日経っても、四日経っても連絡は来ず、取付日から一〇日目となる今日になって、営業マンとやっと連絡が取れたのである。

だが、奥さんが解約したいというと、「奥さん。契約書を交付してから八日間経っているので、もうクーリング・オフはできません」と、相手の営業マンは冷たく言ったのだ。奥さんは、その時、初めて相手のやり口にはめられたことに気づいたのである。

その夜、久しぶりに赴任先から帰った渡部さんに、その顛末を話し、業者にダマされたことを謝ると、渡部さんは「特定商取引法が改正されて、業者がクーリング・オフをジャマしたときは、その後も一定期間クーリング・オフができる。明日にでも、内容証明でクーリング・オフの通知を出せば大丈夫だ」と、その場で奥さんの代わりに、解約する旨を書いた内容証明の文面を書いてくれたのである。

問題点

キャッチセールスで不要な英会話教材を買わされたり、この事例のように、訪問販売で高額な浄水器を売りつけられたりした場合、購入者（消費者）はクーリング・オフという制度を使えば、業者が契約書面を交付した日から八日以内なら無条件に売買契約を解除（解約）できることは、最近では比較的よく知られている。

しかし、消費者には契約書に申込期日を記入させずに後から勝手に過去の日付を記入し、すでにクーリング・オフ期間が過ぎたと主張したり、あれこれ理由をつけて解約を引き伸ばし、八日間のクーリング・オフ期間を過ぎさせてしまう悪質な業者も少なくない。

もちろん、このようなケースでも、消費者は**消費者契約法**を使って契約を取り消すことはできるが、特定商取引法の改正で、業者がクーリング・オフを妨害した場合には、業者が消費者に改めて「クーリング・オフができる」という書面を交付するまでの間と、その交付日から八日間は、クーリング・オフができることになったのである（同法九条一項ただし書）。

モンスターペアレントの苦情に慰謝料請求した教師二人の話

日常生活のアナ

悪意ある記述の公然性がカギ

布川さんと内村さんは同じ小学校の同僚教師で仲がいい。どちらも三年の担任だが、ある日、双方の受け持つクラスの女子児童・渡辺と有田が些細なことでトラブルになり、掴み合いのケンカを始めた。

幸い児童にケガはなく、布川さんと内村さんが、その場でそれぞれ担任する児童を叱って相手に謝らせ、また児童二人も自分の非を認めたので、トラブルは解決したと思われた。ところが、児童の保護者が共にモンスターペアレントだったため、それで終わりとはならなかったのである。

翌朝、児童二人の母親が学校に乗り込んできた。渡辺母は自分の子の担任である布川さんに、有田母は内村さんに、「悪いのは相手なのに、なぜ娘に謝らせたのよ！」と、すごい剣幕である。教師側が、「ケンカの原因はどちらか一方が悪いのでなく、双方にある」「お子さんも、それを認めたから謝った」と説明しても、どちらの母親も納得しなかった。渡辺も有田もそれ以後、学校に二人の教師を訪ね、また電話で再三苦情を申し入れたのである。

渡辺母は抗議するだけでなく、学校と保護者との連絡帳に、「子どもを脅迫して無理矢理謝罪させた」「いい加減で鬼のような先生だ」などと一〇回近く批判する内容を書いた。一方、有田母はもっと過激で、ネット上の掲示板に、

☆担任なんて因果な稼業

内村さんを誹謗中傷する書き込みを連日したのだ。この書き込みは他の保護者や教育委員会の知るところになったが、校長からの報告を受けた教育委員会は、教師や学校の対応に何の問題もないと判断した。

　しかし、布川先生は再三の苦情に不眠症になり、このままでは教師を続けられないと内村さんに相談したのだ。内村さんとしても、有田母のネット上への書き込みは腹に据えかねていたし、その削除にも応じなかったことから、布川さんの相談を受けると、モンスターペアレント二人を訴えることを提案したのである。

　二人は校長にも相談、その内諾を得た上で、内村さんは有田母に書き込みの削除と慰謝料五〇〇万円、布川さんは渡辺母に慰謝料五〇〇万円を求める訴訟を起こした。

　しかし、裁判所の判断は正反対だった。内村さん側の請求がほぼ認められたのに反し、布川さんの要求は棄却されたのである。

問題点

二つの裁判で、その判決が正反対に分かれた最大原因は、教師に対するクレーム、非難の記述が書き込まれた場所にある。

　有田母が書き込んだネット上の掲示板は、不特定多数の人間が閲覧できる。書き込んだ内容が内村さんを誹謗中傷するものなら、彼の教師としての社会的信用を低下させる怖れがあり、名誉棄損が成立する可能性は高い。

　裁判所はそう判断し、有田母に書き込みの削除と慰謝料支払いを命じたのである。

　一方、渡辺母の場合、個別の保護者と学校側との連絡帳に、布川さんを批判する記述をしたにすぎない。その内容はネット上の書き込みと異なり、学校関係者以外に読まれたり、また外部に漏れる可能性は少ない。つまり記述の公然性がないから、名誉棄損が成立しないとして、布川さんの請求を退けたのである。

　ところで、モンスターペアレントの不当な要求や異常かつ執拗なクレームに対し、学校や教師が保護者を訴えることは余りない。しかし、実際に教諭が保護者を訴えたケースもある。

　保護者から連絡帳に「悪魔のような先生」と書かれたり、クレームを再三付けられて不眠症になったと、慰謝料五〇〇万円を要求した事件だ。

　裁判所は、学校関係者は守秘義務を負うことから、連絡帳の記述に原告の社会的評価を低下される部分があると認めたものの、その内容が伝播するとは考えにくいとして、名誉棄損は成立しないと判断し、教諭の請求を退けている。

　その上で、学校や教育委員会が保護者を交えて話合いで解決するのが望ましいと指摘した（さいたま地裁・平成二五年二月二八日判決）。

日常生活のアナ

訴訟をやたらに起こし逆に損害賠償を取られた弁護士の話

不当な訴は起こしても応訴してもダメ

阿敷倫人氏は法律家である。年を取っていて、頑固である。むしろ頑迷固陋で、自分勝手である。同氏の南側にいる宇気亭龍夫さんが、境界のぎりぎりまで下がって、二階家を新築しようとしているのが気にいらない。そこで、宇気亭さんの先代が自分の敷地に植えた柾(まさのき)の垣根は、自分のものであり、それより三〇センチ先までが阿敷先生の所有地だ、と称して建物収去土地明渡しの訴訟を提起した。しかし、勝敗は、はっきりしていたのである。

第一に、宇気亭さんの主張するとおりの境界に、標石、つまり境界石が埋まっていたのである。

第二に、阿敷倫人先生のいうとおりの境界であるとすると、宇気亭さんの土地は、公薄面より、一〇坪も少なくなり、逆に、阿敷倫人先生の方が公薄面よりも一〇坪も増加してしまうのである。

☆法律家なのに！

第三に、両者ともに昭和の初期の分譲地であるが、古い実測図が出てきて、阿敷先生の主張はデタラメであることが立証されたのである。

第一審で完敗したのに、阿敷先生は控訴して、境界石は「勝手に宇気亭が動かした。不動産窃盗である」、古い分譲図面は「勝手に宇気亭が偽造した」、公薄面との差は、「自分の方は蝿延び」であり、宇気亭さんの方は「さらに向うの南側の家に不法占拠されて少なくなっているのだ」と勝手に事実無根の主張をデッチ上げて争った。

第二審も阿敷先生の敗訴である。これにも懲りずに、最高裁に上告したのである。

ふだんはおとなしい宇気亭さんも、これには腹を立てた。阿敷先生は、法律家で民法の専門家だから訴訟はお手のもの。本人訴訟だから、手べんとうで、ちょいちょいと手続きができる。ところが、宇気亭さんの方は、会社員だし法律の素人である。何十万円という手数料を払って弁護士に委任して争わないと、自分の土地の所有権が守れない。

最高裁判所で、いよいよ阿敷倫人先生の上告棄却がきまったところで、宇気亭氏は反撃に移ることとした。

乱訴に対する損害賠償請求の訴訟を隣人の阿敷先生宛に起こしたのである。金額は、訴訟関係費用、主として委任した弁護士である善野先生に対する手数料報酬が合計金一〇〇万円、およびその他会社を休んだりした有形無形の損害金一〇〇万円、合計金二〇〇万円とした。

裁判所は、宇気亭さんの主張を認め、確たる根拠もないのに、いたずらに訴訟を起こすことは、民法七〇九条の不法行為にあたる、として、悪しき隣人である法律家の先生に一〇〇万円余の損害賠償を支払え、と判決した。

問題点

事例の阿敷倫人氏の行為は、特に自ら法律の専門家である点、許し難い行為である。仮りに同氏が他に弁護士に依頼しても、右のケースでは、心ある弁護士は金を積まれたって、受任しないであろう。

訴訟を起こしたり、あるいは訴訟で争うことは、各人の権利（憲法三二条）であるが、限界はある。過去の事例としては、被告側の**不当な応訴**（おうそ）について、これを不法行為として損害賠償義務あり、と認定した先例がある。

これは、賃料不払いを理由に土地賃貸借契約を解除された借地人が、**建物収去土地明渡訴訟**で、上告審までがんばった例である。しかも判決にもとづく強制執行に対して、つぎのような妨害行為にも出ている。

①執行官の任意の明渡しの催告にも応ぜず、②年老いたヨボヨボの母親が、収去すべき建物の二階に寝ころんでしまって、執行行為を中止させた。

そのいい方もまったく理由がない。「原告側の不正が裁判で認められなかった以上、本件建物（収去を命ぜられた建物）を死守することによって社会に訴える以外に方法がない」という悲壮にして、しかも自分勝手なものであった（東京地裁・昭和五四年一一月二八日判決）。この事件は、強制執行の妨害も含まれているので、損害賠償の中には、執行関係の費用も含まれることになった。

日常生活のアナ

合格者水増しの広告で受講料返還と慰謝料を要求された予備校の話

広告でもウソの実績は許されない

地方都市にあるA予備校に通い始めて、まだ二か月だが、大山、中川、小谷君は、この予備校に早々に見切りを付けた。

パンフレットやポスターには、『東大、京大、早稲田、慶応など有名大学合格者多数！　情熱と経験に秀でた専任講師が熱血指導！　大手進学塾K塾と提携！』とあるが、三人はすべてウソだと知ってしまったのである。というのは、講師は学生バイトだったし、K塾との提携というのは同塾主催の全国模試に参加するということだったからだ。しかも、実際には、有名大学の合格者はほとんどいなかったのである。

子どもたちから、A予備校の実情を聞かされた親たちも怒った。当然である。受講料一年分八〇万円を一括で払い込んでいたからだ。親たちは、三人の子どもを別の予備校に転校させると、A予備校に受講料の返還を迫った。ところが、予備校側の対応は誠実さを欠いたのである。

たとえば、「バイトの学生でも、なまじっかの先生よりも優秀です。それに、他の予備校とは掛け持ちしてないから、間違いなく専任講師ですよ」とか、「K塾の全国模試に参加すれば志望校への合否可能性を示す資料などももらえます。提携と言えないこともないでしょう」と、屁理くつを並べ、さらに「合格実績の水増しなんて、どこの塾でも、どこの予備校でもやってることです」と、開き直ったのである。A予備校側に、ウソやオーバーな宣伝広告をした反省など微塵も感じられなかった。そのうえ、「受講料

☆アンのないマンジュウだ

は一切お返しできません。パンフレットにも、『講義受講後の入学辞退は認めない。一度納入された受講料は返還しない』と、明記してあるはずです。大山君も、中川君も、小谷君も、当校で二か月間も受講してるじゃないですか。返金なんかできませんよ」と、けんもほろろの応対だった。

三人の親たちは憤慨し、各自が払った受講料八〇万円を裁判で取り戻そうと、決めたのである。また、三人は受講料の他、子どもたちは他の予備校に転校を余儀なくされるなど時間を無駄にしたとして、受験準備が遅れた不安などに対する慰謝料も、請求できないかと考えている。

問題点

結論からいうと、受講生三人あるいはその親が、支払った受講料をA予備校から返してもらえるのは間違いない。そもそも、A予備校の『受講後は一切返金しない』という特約は無効だからである。

予備校（学習塾）は、英会話学校やエステと同様に、**特定商取引に関する法律**が規定する**特定継続的役務提供の取引**で、続けたくなければ、受講後でも中途解約が認められている（契約の書面交付から八日以内なら無条件で解約できる**クーリング・オフ**が使える）。

予備校（事業者）は、受講者（消費者）がクーリング・オフをすると違約金などの請求はできず、受講料を全額返還しなければならない。しかし中途解約の場合は一定の解約料を請求できることになっている（同法四九条）。

事例の大山君ら三人は、A予備校の講習を受講して二か月経過している。中途解約であり、同予備校から請求を受ければ、中途解約料を払わなければならない。ただし、その上限は、それまでに利用したサービスの対価（受講料2か月分）に、五万円と一か月分の受講料とのどちらか低い額を加算した金額である。

同予備校の講習期間を四月から翌年二月の一一か月とすると、一か月分の受講料は約七万三千円。中途解約料の上限は約一九万六千円となる。しかし、受講料は一年分全額支払い済みなので、A予備校はその金額を差し引いた一人当たり約六〇万四〇〇〇円を大山君らに返さなければならない。

もっとも、A予備校は勧誘に当たって過大な合格実績や虚偽の講師陣など、その重要事項について事実とは異なる内容をPRしている。これは、社会的に許容されるオーバーな広告の範囲を逸脱しているから**消費者契約法**違反であり、大山君ら三人は契約を取り消すことができる。また、A予備校が故意または過失により、このような行為をしたとすれば、大山君ら三人は不法行為（民法七〇九条）に基づく損害賠償を請求できる。この場合、慰謝料も請求できると思われる。なお、A予備校の行為は刑法二四六条の詐欺罪にも該当しかねないのである。

保険金をもらえるのは名義人とは限らないという恐しい話

日常生活のアナ

保険会社への請求には通知が必要である

冬子さんの内縁の夫夏夫さんが死亡したので、海山生命から保険金を受け取った。夏夫さんは海山生命との間に、夏夫さんを被保険者、受取人を冬子さんとする生命保険契約を結んでいたからであった。

冬子さんは、夫が自分のことを考えて残してくれた財産だと思って、なき夫に感謝した。

それからしばらく経ったある日、山金商事という金融会社から、保険金を山金商事に渡すよう請求があった。冬子さんは保険金受取人は自分であるので渡すことができないと回答した。

そこで、山金商事は、夏夫さんに対してお金を貸していたことや、事故のあった時のために、夏夫さんが「私が万一事故の場合には保険金を受け取って下さい」と書いた念書をもらっていたことを説明された。

冬子さんは保険金と借金が同額であり、念書の筆跡も夏夫さんのものなので、夏夫さんのためと思い、受取った保険金を山金商事に渡したのである。冬子さんはこのことを知人に話すと、山金商事は保険金受取人の資格がなく、受取人はあくまでも冬子さんだから、山金商事に渡した保険金を返してもらいなさいというアドバイスを受けた。

冬子さんは早速、山金商事に渡した保険金の返還を求め

たのであるが、山金商事は、これに応じてくれないので、**不当利得返還訴訟**を提起した。冬子さん側の言い分は、夏夫さんは、受取人である冬子さんに、受取人を山金商事に変更したことを告げていないので、山金商事は保険金受取人たる資格がないというのである。

地方裁判所、高等裁判所の判断は、いずれも冬子さん側の勝訴、山金商事は冬子さんに保険金を返還しなさいというものであった。その理由は、商法六七七条（現行法は保険法四三条）の「保険契約者が契約後保険金額を受取るべき者を指定又は変更したるときは、保険者（海山生命）にその指定又は変更を通知するに非ざれば、これを以て保険者に対抗することを得ず」という規定を根拠とし、受取人変更を海山生命に通知していないからというものである。

ところが、最高裁判所は、第一、二審の判決を破棄して冬子さん敗訴の判決をした。最高裁判所は、受取人の変更は、新・旧受取人のいずれかにその意思表示をすればよいので、保険会社への通知は必要でないとして、山金商事に受取人資格があると判断した。

問題点

本件は、保険契約が商法で規制されていた時代の保険金受取人の指定変更の話である。

保険契約者が契約後、保険金受取人を変更したときは保険会社（保険者）に通知しなければ保険会社に対抗できないとする商法六七七条の規定につき、判例は、この通知は単なる対抗要件ではなく権利行使の方法そのものであって、受取人変更の効力発生要件だとした（大審院・昭和一五年一二月一三日判決）。一方、学説の多くは単なる対抗要件に過ぎないと考えていた。

受取人の変更自体は無方式で、変更の効力は保険会社に通知しなくても生ずるが、これを知らない保険会社が元の受取名義人に支払ってしまったときには、新しい受取名義人はもう自分に支払えといえない（保険会社に対抗できない）規定と解釈したのである。

最高裁も本件で、この多くの学説が支持する理論を採用した。もっとも、本件は、保険金の支払いを新受取名義人が通知のないまま保険会社に請求した事例ではなく、いったん保険金を受け取った旧受取名義人が新受取名義人に保険金を渡し、それを返せと求めた事例なので、受取人の変更については保険会社が知らずとも有効としたのである。保険会社を相手に新旧の受取名義人が保険金支払いを争う場合についてまで判断しているとは考えられない。

なお、平成二〇年六月六日、商法の保険契約規定（六二九条〜六八三条）が新保険法として独立し、公布された（平成二二年四月一日から施行）。これにより商法規定は削除され、生命保険の「保険金受取人の変更」については、保険法四三条に規定されている。

プライバシーの侵害で賠償金と謝罪広告をさせた話

日常生活のアナ

事柄の真偽は問題ではない

本堂強は、多少、憂いを含んだ新劇二枚目スターとして、幅広い女性のファンに支持されて、テレビに舞台に映画にと、大活躍である。また、彼には、人気スターにありがちなうわついたところもなく、まじめな芸能人として男性の間にもかなりの評価を受けていたのである。

ところが、一見非の打ち所のない所に非を打ちたくなるのが人情というもの。まじめ顔の皮を剥がさなければ気の済まないのが、庶民の心というものだ。

そんな庶民の心、ひがみを受けて、まずとびついたのが、その道のプロフェッショナル、週刊誌の芸能記者である。その週刊誌にはつぎのように載っていた。

「時代劇でおなじみの、女受けのする二枚目新劇スターである本堂強は、同じ新劇の女優で、厳格な母親に育てられ、NHKの子供向番組に出演し、好評を博している山本由香里と一〇年来の交際をしていたが、二人はこのほど霞関の某マンションで同棲生活に入っていたことが調査の結果、明らかになった……」

これを見て、本堂強は愕然とした。彼は、これまで、ファンのイメージをこわさないようにと、常に、清廉で真摯

な正義感にあふれた役柄を選んできたのである。だからこそ現在の人気を得ているのである。相手の山本由香里にしても、子供に対するイメージダウンばかりでなく、ある県の社会教育課指導係長をしている彼女の母親の立場を考えるとつらかった。

いくら芸能人だからといってプライバシーは守られてもよいはずではないか。日頃からこう考えていた本堂強は、結婚問題などのプライベートなことがらに関しては、いっさい公開を拒否してきたのである。

芸能人のなかには、自からのプライバシーを積極的に公開している感じの人もあり、大衆向きの週刊誌で有名人、芸能人のプライバシー関係の記事がはんらんしているのも事実であるが、本堂は、事実とまったく反した記事に黙って泣き寝入りすることはできなかった。

そこで、その週刊誌の発行元と発行人、筆者の三人を相手どって、損害賠償と謝罪広告の掲載を要求して訴えを起こした。

一方、出版社側は、すでに別の週刊誌にも掲載され、一般の人々に知られている事実であるから、プライバシーの侵害にならないし、いわゆる有名人、俳優は、一般大衆に対し、私生活における恋愛、結婚の問題については、そのプライバシーの権利を制限されており、掲載記事程度の内容では、プライバシー侵害として法的制裁の対象とはならない、などの抗弁をして争った。

問題点

裁判所は、原告側の主張を認め、つぎのように判示した。まず、被告側の公知の事実であるとの抗弁に対しては、

「本堂・山本両名が結婚の予定であるとの掲載記事は認められるが、同棲生活をしている事実が掲載されていることは認められない。本件記事は、ことがらの性質上、公益に関することではないから、真実の証明があっても、その違法性は阻却されず、本堂等が結婚前同棲していたことを認めるに足る証拠はまったくなく、事実無根の捏造記事である」と断じ、

「有名人でかつ俳優であっても、結婚前同棲したといわれることは、その者の名誉を毀損することに変わりない。俳優などの芸能人がマス・メディアを一つの媒介として人気を形成維持しているとしても、……私事に関する取材に応ずべき筋合いはなく、はんらんするプライバシーの侵害を甘受しなければならない理由はまったくない」

として、謝罪広告と慰謝料の支払いを命じた。

裁判所は、大衆週刊誌が芸能人の私事を好んで掲載し、激しいゴシップ発掘競走を展開していることは目をおおうばかりだと、商業主義的な興味本位の姿勢を指摘批判している。

日常生活のアナ

不完全な消火作業で再出火してしまい消防署を訴えた話

火のないところに煙はたたない

〝へんな消火で、もらい火〟――こんなミダシの新聞記事でこの事件は全国的に報道された。昭和四五年三月二五日、A市で起こった事件である。

この日、夕刻、鈴木エツさんは、自宅の風呂釜に石炭を入れて風呂をわかしていた。ところが煙突と壁のあいだの板が、煙突の過熱のためにポッと火を吹いて燃え出した。午後六時ごろのことである。エツさんは、おどろいて自ら消火にあたるとともに、すぐA消防署に通報した。消防署からはF予防係長の指揮する消防隊が出動した。そして、ホースを二階に引きこみ、出火場所の真上にあたる二階四畳半の押入れに勢いよく放水した。そのため火はおさまった。しかし、出火場所の煙突付近から白い煙のようなものが立ちのぼっているので、隣家で食堂を経営している戸島運治郎さんなどは消防隊に注意した。

☆まあ、そのうち消えるさ……

〝まだ、煙突の付近から白い煙が出ていますよ、あののかし、板をはがして、もっとジャンジャン水をかけたらどうなんですか〟――と。しかし、これに対して消防隊員は、どこを風が吹くというような涼しい顔で、〝なあにあの白いものは煙ではなく湯気ですよ、もう火は消えたから大丈夫だ〟と、いっこうに取り合うふうもなく、サッサと引きあげていってしまった。

　ところが、あにはからんや、白いブス、ブスしたものは、湯気ではなくして煙であった。のし板のうしろの側壁に火の気はまだ残っていたのだ。そして、その残り火が、翌二六日の朝早くに、また勢いをぶりかえし、ボッとのし板に炎（ほのお）があがった。まだ早朝（午前四時半）でだれも気づかず、たちまち鈴木エツさんの家は全焼。隣家の戸島さんの建物まで全焼した。

　さて、おさまらないのは戸島さんだ。

　あのとき、あの消防隊員が〝あれは湯気だ〟などといわずに、もう少し入念に煙突付近を点検し、のし板をはがして残り火を完全消火してくれたら、こんなことにはならなかったのに――。こう考えた戸島さんは「A市」を相手どり、裁判所に国家賠償法による損害賠償請求訴訟を提起した。この火災はA市消防署の過失によって発生したものであるから、建物、家財道具等を失った損害三五〇万円、休業補償五〇万円、合計四〇〇万円を支払え――こう戸島さんは訴えた。

問題点

　A市の反論は、①火災は残火の再燃ではなく、別の原因による出火である。②もし残火が原因としても、当時現場で、完全に鎮火したと判断した隊員の措置に過失はないし、部隊を引きあげたあとも二名を約二〇分間現場に残して残火の再燃を警戒した。③消防活動に伴なう家屋の破壊は最少限度にしなければならない（消防法二九条）から、側壁内の残火は当時の状況からは予見が不可能であった。④**「失火の責任に関する法律」**で、失火者は重大な過失がなければ損害賠償責任を負わなくてもよいのに、軽過失で消防署が責任を問われるのは権衡を失する、という点である。

　しかし、裁判所は戸島さんに軍配をあげ、〝煙突の過熱がボヤの原因であるとわかった場合、かなりの広がりと深さが予見できるはずだから、単に炎を消すだけでなく、もととなった側壁内部までのし板をはがして注水すべきであり、それをしなかったのは消防署の過失である〟と判決した（秋田地裁・昭和四七年一一月一〇日）。

　この判決のあと、別の残り火再燃火災事件で、消防署職員の消火活動上の過失についても失火責任法の適用があるか否か（前述第④点）が大問題となったが、最高裁は、否定した控訴審判決を破棄して、適用ありと判決した（昭和五三年七月一七日）。したがってこういうケースで消防署の責任を問うためには、職員の重大な過失（残り火発見のための注意義務の著しい懈怠）の有無がポイントとなるわけである。

日常生活のアナ

二〇年間も他人の戸籍を盗用し本人に賠償請求された話

氏名権の侵害になります

Aさんは、二〇年間他人になりすまして、生命保険会社の支社長にまでなり、メデタく停年退職した。が、その後間もなく発覚し、元勤務先の保険会社と共同被告として、損害賠償の請求の訴を起こされた。

このように事実はかんたんであるが、これには、人間の同一性について、むずかしい問題がある。

この事件は、他人の名前を、本籍から、そっくり借りて、生命保険の外交などの仕事をやっていたのだから、真実の「自分」つまり「A」なる人間は世間の目から見えなかったのである。指紋で確認されないかぎり、たんに住所氏名だけで、人間の同一性を確認するのは大へんである。Aさんは、この盲点をうまくついている。

Aさんは昭和三一年四月にS生命に入社した。そのときに、本籍、神戸市兵庫区氷室町高見博、大正一〇年三月一二日生まれ、としている。経歴も詐称している、とのことである。

このとき会社で、たんに**戸籍謄本**（こせきとうほん）だけでなく、**住民票謄本**もつけさせたら、すぐ嘘はバレていたかもしれない。また、採用通知を、住民票謄本に記載してある住所に送った

☆オレの戸籍の侵害をどうしてくれる！

ら、これもまた、名前をかたられた本人、真実の高見博さんの知るところとなって、かんたんにバレてしまったはずである。また、戸籍謄本のみならず、**戸籍の附票**（住民票記載のとおり、住所地から本籍に通知が行くので、住所の移転の経過がはっきりする）の謄本を取っていれば、これまた、真実発見の手がかりになったであろう。

しかし、一外務員の採用では、昭和三一年当時、身元確認が不十分であったろう、と思われる。

発見の端緒は、広島市の市民税（Aさんのもの）の滞納通知が、名前の本人、すなわち真実の高見博さんの所に送られた、ということである。高見さん自身はAを知らないが、Aさんは高見さんの名、経歴などを軍隊にいた当時知っていたらしい。高見さんは、Aさんを、私文書偽造などの犯罪容疑で告訴すると同時に、S生命保険相互会社およびAさんを共同被告として、五五〇万円の損害賠償と、謝罪広告を求める訴訟を起こした。

問題点

まず**告訴**（刑事責任の追及）はどうなったか。高見博なる名義の履歴書を作ってS生命に提出したのが、私文書偽造、同行使罪のはじまりだが、この罪は五年で時効だから、告訴前五年間の文書にかぎられる。履歴書は大事な文書だが、刑罰に値するほどの文書であるかどうか疑問もあったが、Aさんは結局起訴され、懲役一年、執行猶予三年の判決となった。危うく刑務所行きだけは免れたのである。

つぎは**損害賠償と謝罪広告の請求**（民事責任の追及）であるが、高見さんのどのような権利、利益が侵害されたのか、案外むずかしい。たしかに全く見も知らぬ人物が己れになりすまして行動されたのでは不愉快極まりない。しかし二〇年も気づかなかったぐらいだから、特別の実害があったともいえず、名誉をキソンされたとするのは、今一つ的を射ていない感じがする。

判決は、ズバリ**氏名権の侵害**であると断じた。すなわち、情報化社会では、他人に氏名を使われることで有形、無形の不利益を受ける可能性が高く、氏名は、単に道徳、倫理面だけでなく、法律で保護するに値する**人格的利益**であるとし、Aさんの行為は故意に高見博氏の氏名権を侵害した不法行為に該当する、というのである。

そして慰謝料として七〇万円、弁護士にかけた費用のうち七万円の支払いを命じた。他人の戸籍、氏名の二三年間の使用料が金七七万円というわけである。

しかし、名前を使われていることを知らず、社会的評価、信用などに実害はなかったので、謝罪広告の請求は認めず、保険会社に対しての請求も、会社の職務の執行行為とは何の関連性もないとして退けた。

旅館で貴重品を盗まれたのに賠償金をとれなかった話

日常生活のアナ

中味を知らせて預けておくこと

元来が呑気者の染川次郎が昨年の秋に会社の出張で、ある田舎の旅館に一泊したときのことである。こんな辺ぴなところでは盗難の心配もあるまいと思い、別だん旅館の従業員に所持品を何も預けないで、部屋の隅においたままにしてわずかの間外出してしまった。ところが留守の間に染川のオーバーと鞄一個が無くなってしまい、当然のことながら大騒ぎとなった。

彼が安心しきって、旅館にせめて鞄だけでも預けておかなかったのが悪かったかも知れぬが、従業員が何も注意してくれなかったばかりか、その旅館の帳場のところには「貴重品保管のお申出がない場合、紛失盗難などの被害にあわれても当方ではその責任を負うことができません」という趣旨のはり紙が貼られていたのだ。

なくなった鞄の中には、取引先から集金した現金一〇〇

☆そんなに大事なものならば私にいえばよいものを

万円ばかりが入っていたが、もちろんこのことを旅館に申し出ていなかったのである。被害に気づいたときに直ちに旅館の主人にも、もよりの警察にも届けておいたのだが、犯人はいまだにつかまらず、品物も出てこないのである。お人よしの彼は旅館に責任を負わせることは無理かと思っていながらも、被害は莫大だとコボすことしきりである。

問題点

旅館に限らず飲料店、浴場、劇場など客の出入りの多い施設の経営者は、もし客の申出を受けて客から金品を預かった場合、事例のように品物が無くなったときには、この経営者は「**不可抗力**」によって事故が生じたことを証明しない限り損害賠償の責任を免れない。

つぎに、客がとくに金品の保管を頼まず自分で持ったまま部屋においていたような場合であっても、その施設の経営者（従業員を含む）の不注意で金品がなくなってしまったというときは、やはり経営者は損害賠償の責任を免れないのである。もっとも金品といってもそれがとくに高価品である場合は、客が〝現金いくら〟あるいは〝これこれの宝石〟〝何々会社の株券いくら〟というようにハッキリ内容を指示明示して、あらかじめ経営者に保管を頼んだものでない限り、ただその金品がなくなっても、経営者は責任を負わないものとされている。

事例の場合を考えると、染川の考えている通り、あらかじめ旅館に保管を頼まず、いわんや金品の内容を明らかにしていなかったので、たとえば旅館の従業員の誰かが盗んだとか、間違って他の客に渡してしまったとか、要するに品物がなくなったのは、旅館の不注意によるものであることを染川が立証できないと、旅館に対して損害賠償を求めることは困難であろう。

また旅館の主人が、事例にあるようなはり紙をしても、客からいったん金品を預かり保管をしていたとき、あるいは金品を預からず客が自分で部屋に持ち込んでいたときのいずれかであっても、その金品が無くなってしまった以上（ただし高価品の場合は客がその明細をあらかじめ主人に申し出て預けることが必要）、前者では旅館側の不注意によるものでないことを旅館側で証明できない限り、また、後者では客の方で旅館の不注意によることを証明した場合には、旅館側は損害賠償の責任を免れることができないのである。

後になって染川が別のところで自分の被害品を発見できたとしても、原則として、無償で現物を返せと請求することはできないのである。ただ旅館で誰かに盗まれたため品物が無くなったことを、染川が証明でき、そうして染川がまだ損害賠償を誰からもとらず、盗まれたときから二年以内である限り、染川は無償でその品物を返せと請求できる（民法一九三条、一九四条）。

〔コラム〕ドタキャン客からキャンセル料を取るのは難しい

グルメサイトの口込み情報や投稿者による評価は、居酒屋やレストランにとって、新規客獲得に直結する重要な集客方法である。しかし、その一方で、SNSなどネット予約のドタキャン客に悩まされる店も少なくない。

●**損害はドタキャン客に請求できる**

ドタキャンの場合、「キャンセル料がかかる」ことを予約客に伝えてあれば（ホームページや予約画面にその旨を明記しておくだけでもよい）、法律上、店側は**債務不履行**として、ドタキャン客にキャンセル料を請求できる。

この場合、キャンセル料の金額など具体的な取決めがあれば、その金額を請求すればいい。キャンセル料が店の実損額を超えている場合でも請求可能である。ただし、事前に取り決めれば（予約時に客がわかるように通知するか表示する）、キャンセル料をいくらにしてもいいということではない。その金額が実損額を著しく超えている場合には消費者契約法九条に違反し、無効になる。その場合、約定があっても、超過部分は請求できない。

なお、キャンセル料の取決めがない場合でも、実際の損害額を計算して、ドタキャン客に請求することは可能である。ただし、実際の損害額を超える金額や客単価を超える金額を請求することは認められない。また、用意した原材料などのうち、他の客に回すことができるものは、損害に算定できないので、注意が必要だ。

●**予約メールなど客とのやり取りは、必ず残しておく**

ドタキャンによる損害は、予約客に請求することは法律的には可能だが、実際には、請求をしても払ってもらえないケースも多いと思う。ドタキャン客の中には、予約したことを認めない悪質な客もいたり、そもそもスマホの番号やメールアドレスしかわからないため、請求の通知をしても無視されることも少なくないのである。

このようなドタキャンを防ぐ対策としては、①予約を受ける際、必ず相手の氏名や住所、団体の場合は会社名や学校名などを登録してもらい、②予約日の前日などに確認のメールなど連絡を入れるといい。

また、③予約メールや客とのメールや電話でのやり取りは、トラブルの際の証拠になるので、録音や保存を忘れないことだ。

なお、④予約料の支払いを客に義務付け、その支払いが確認できて初めて予約受付が完了するようなシステムにしておくと、ドタキャンはかなり減ると思われる。

第7章

結婚・離婚の抜け穴と急所

♣本書の内容は……

・妻を殴って自宅から退去を命ぜられた暴力夫の話――DV法
・浮気した夫とは離婚せず浮気相手から慰謝料をとった妻の話――民法七一〇条
・ウソ八百で結婚話をまとめても詐欺にはならない話――民法七四七条
・性交渉をいやがり五か月の同居で離婚と慰謝料を請求された妻の話――民法七七〇条
・婚約を解消しても結納金を返さなくてすんだ女の話――民法七〇三条
・嫁と姑の不和による離婚訴訟が棄却されたマザコン夫の話――民法七七〇条

など実例解説・一八話

結婚・離婚の法律の急所

令和四年一年間に結婚をした（婚姻届を市区町村が受理した）カップルは五一万九八二三組で、前年より五五八一組増加した（速報）。結婚件数は、二一世紀に入った平成一三年の七九万九〇〇九人をピークに減少傾向が続いているが、三年振りの増加である。なお、平均初婚年齢（令和三年）は、夫三一・〇歳、妻二九・五歳と、男女とも平成二六年以降大きな変化がなく、晩婚化が定着したと言える。

一方、正式に離婚した（離婚届を市区町村に出して受理された）夫婦は、令和四年は一八万三一〇三組で、こちらは平成一四年をピークに減少傾向にある。

★女性の再婚禁止期間が撤廃された

最近の結婚・離婚をめぐる法律の動きでは、女性の**再婚禁止期間**の撤廃が上げられる。

これは女性だけに課された規定（前婚の解消または取消しから一〇〇日間は再婚できない。民法七三三条一項）で、「一〇〇日を超える部分は違憲」とした平成二七年一二月一六日の最高裁判決により、その期間は「六か月」から現行法の「一〇〇日」に短縮された。今回の民法改正で、この規定自体が撤廃された（令和四年一二月一六日公布）。これにより妻も夫同様、離婚届が受理されれば、すぐに再婚ができることになった。ただし、この規定が実際に適用になるのは、令和六年四月一日からである。

★未成年者は結婚が認められない

令和四年四月一日から、男女とも**婚姻年齢**が一八歳に統一された（七三一条）。また、成人年齢も同日から「二〇歳」から「一八歳」に引き下げられた（四条）ので、結婚できるのは成人に限られる。当然、未成年者の結婚は認められなくなり、従来、民法の不適齢婚にあった「未成年者の婚姻についての父母の同意」の規定も、現行法では削除された。

★事実婚の夫婦も法律の保護を受けられる

結婚（婚姻という）は、当事者の男女間に、「相手と結婚する」という合意があれば成立する（憲法二四条一項）。ただし、法律上、正式な結婚（**法律婚**という）と認められるには、当事者の合意だけでは不十分で、その結婚が民法の禁止する不適法な結婚（不適齢婚、重婚、近親婚、女性の再婚禁止期間内の結婚など）でないことと、さらに婚姻届を市区町村に提出する必要

もある。この婚姻届が受理され、本籍地で夫婦の戸籍が作られて始めて、正式な結婚と認められる。

ところで、結婚の合意はあるが、婚姻届を出さない夫婦関係を**事実婚**（内縁関係とも呼ぶ）という。事実婚の夫婦も、互いに同居義務や協力扶助義務、そして貞操義務を負うなど法律の保護を受けられることは、法律婚の夫婦と同じである。

ただし、すべてで法律婚と同様の保護を受けられるわけではない。たとえば、事実婚の夫婦は互いに法定相続人にはなれず、夫婦の戸籍がないので、生まれた子は母親の戸籍に入ることになる。

また、夫婦の姓について、民法七五〇条が「夫または妻の姓を名乗る」と、夫婦同姓を定めているため、結婚後も互いの姓を変えずに暮らしたいという夫婦は、事実婚を選ぶしかない（最高裁は夫婦同姓の民法規定を合憲判断。平成二七年一二月一六日判決）。

★夫が離婚を拒否しても、いきなり裁判にできない

離婚は、夫婦双方が合意すれば、これといった理由がなくてもかまわない。離婚調停の場合でも、離婚の動機の第一位は「性格の不一致」で、夫は約六割が、妻も四割近くが上げている。もちろん、浮気した側が離婚を求めることも自由である。

民法は、夫または妻が相手方に、一方的に離婚を請求できる場合（**裁判上の離婚原因**）として、①配偶者の浮気（不貞という）、②悪意の遺棄、③配偶者が三年以上生死が不明、④配偶者が回復の見込みのない精神病のとき、の四つを具体的に例示し、さらに⑤その他婚姻を継続しがたい重大な理由があるとき、と定めた（民法七七〇条）。たとえば、性格の不一致、ＤＶなどが、⑤に該当する。

離婚も結婚と同様、夫婦間で合意しても、市区町村に離婚届を提出し、受理されないと、法律上は正式な離婚とは認められない。家庭内別居ではないが、様々な理由で離婚届を出さずに（あるいは出せずに）事実上の離婚をしている夫婦も多いと思われる。

なお、未成年の子がいる夫婦は、そのどちらかが子の親権者になるかを決めて、離婚届に記載する必要がある（七六六条）。話合いで決まらないからといって、離婚届の親権者の欄を空欄のまま出しても、市区町村では離婚届を受理してくれない。

ところで、夫婦が話合いにより離婚に合意、離婚届の提出により離婚が成立する**協議離婚**が、離婚のほぼ九割を占める。ただし、話合いがつかない場合でも、いきなり裁判（訴訟）にはできない。まずは家庭裁判所に離**婚調停**を申し立てることになっており、それも合意できないとき、初めて**離婚訴訟**が起こせる。

結婚離婚のアナ

妻を殴って自宅から退去を命ぜられた暴力夫の話

六か月間接近禁止の命令と併用も

宇田良江さんは、結婚以来ずっと夫の年男さんの暴力に悩んでいた。夫は甘やかされて育ったせいか、思い通りにいかないことや気に入らないことがあると、良江さんに当たり散らすのだ。激昂すると、彼女に殴る蹴るの暴力を振るうこともしばしばで、良江さんが顔に青あざを作ったり、唇を切るなどケガをすることも珍しくなかった。その様子を見かねて近所の人が一一〇番し、警察官に止めに入ってもらったことも何度かある。

結婚五年。自分さえガマンすればと耐えてきた良江さんだが、年男さんの暴力は益々エスカレートし、ついに全治一か月のケガを負わされてしまったのだ。そのうえ、謝るどころか入院中の病院にまで押しかけ、大声で「サッサと退院して、家事をしろ！」と怒鳴る年男さんの鬼のような顔を見て、良江さんは本能的に「殺される」と怯えたものである。病院の通報で事情聴取に来た警察官には、ケガは自傷事故と答えた良江さんだが、そのこともあって、退院後は年男さんのいる家には戻らず、実家や友人宅を転々としていた。できれば荷物を引き取って夫と別居し、いずれ離婚したいと考えていたが、年男さんに見つかれば、また暴力を振るわれるのは間違いない。そう思うと、おちおち

家にも帰れず、また夫にいつ居場所を嗅ぎつけられるかも知れないと考えると、毎日が不安である。

その後、市民法律相談で、弁護士さんから「配偶者（はいぐうしゃ）からの暴力の防止及び被害者の保護等に関する法律（ＤＶ法）の保護命令を申し立ててはどうか」と薦められ、良江さんはその弁護士に手続きを一任した。審尋のため地方裁判所に呼び出された年男さんは妻への暴力を否定、単なる夫婦ゲンカだと主張したが、裁判所は暴力が繰り返されていたと認め、年男さんに対し、①良江さんの住まいや勤め先に六か月間近づくのを禁ずるとともに、②自宅から二か月間退去するよう命じたのである。良江さんはホッとしたが、夫が命令を守らなかったらという不安も若干残っている。

問題点

平成一三年一〇月一日に施行された「**配偶者からの暴力の防止及び被害者の保護等に関する法律（ＤＶ法）**」は、夫婦ゲンカとして見過ごされてきた夫婦間の暴力（ドメスティックバイオレンス）を公式に「暴力」と認め、その防止と被害者の保護を目的としたものだ。

夫婦間での暴力沙汰は、一般的に夫の妻に対するものが多いが、同法では妻からの暴力も対象とし、また事実婚（内縁）の夫婦や離婚した元夫婦間のトラブルにも適用される。

なお、同法はＤＶ被害者への保護策として、**配偶者暴力相談支援センター**への相談、**警察**への通報、**保護命令**の申立てと、三つの規定を置いているが、良江さんのように長期間にわたって夫からの暴力を受け、今後も暴力が繰り返される恐れがある場合には、保護命令の申立てが効果的である。

ＤＶ被害が認められると、地方裁判所は加害配偶者に対し、①被害者への六か月間の接近禁止、②被害者と同居している場合は二か月間の自宅からの退去、を命ずることができる（ＤＶ法一〇条一項）。加害者側が保護命令に違反すると、一年以下の懲役または一〇〇万円以下の罰金の罰則がある（令和六年四月一日からは二年以下の懲役または二〇〇万円以下の罰金に罰則が引き上げられる）。

ただし、この保護命令は期間経過後の暴力防止には効果が及ばない（接近禁止については再度の申立てが可能）など不備な点もあり、ＤＶ被害をどれだけ食い止められるか、配偶者暴力相談支援センターや警察の対応も含め、改善すべき点は多い。その意味では、良江さんの不安も、もっともである。

なお、被害者が比較的軽い暴力しか受けていなくても、裁判所が保護命令を出すケースもあり、その点では被害者保護に大いに役立つ規定であるが、保護命令決定の翌日、被害者が申立てを取り消すといったケースもあり、夫婦間のトラブルを法律で裁く難しさも顕著になっている。

夫の意思に反して別居を強行し婚姻費用を請求できなかった妻の話

結婚離婚のアナ

勝手に飛び出すと生活費も貰えない

豊臣太郎氏と花子さんは、B市の会社の職場で知り合い、数か月間同棲をした後婚姻の届出をした。そして、翌年には長女春子が、四年後には次女夏子が生まれた。結婚五年目の頃、太郎氏の深酒による深夜の帰宅が多くなったことが原因で、花子さんが夏子を連れて数か月間実家に帰ったこともあったが、夫婦とも婚姻関係を改善する努力をし、平穏な共同生活が続いた。

ところが、数年後、太郎氏は医師からそううつ病による入院治療をすすめられ、これを拒絶したところ、会社から花子さんに太郎氏の入院についての同意を要請された。花子さんは親族とも相談したが判断を出せず、同意もしないまま、五日後に長女と次女を連れてA市内にある花子さんの実家に帰ってしまった。その後、太郎氏は実母を保護義務者として入院し、約五か月後に退院したが、この間、花子さんは全く面会にも行かず、医師の病歴照会にも応ぜず、二人の子とA市内への転出手続きをしてしまった。

☆生活費なんてやらないぞ!

太郎氏は翌年職場に復帰した後、花子さんに電話等で同居するよう話し合いを求めたが、花子さんは全く応ぜず、その後約八年間相互に全く音信のない状態が続いた。そして、太郎氏は淀君子という女性と見合をして交際するようになったことから、三回ほど花子さんの実家に行き、離婚問題を話し合おうとしたが、花子さんと直接話合いはできず、離婚を前提として君子さんと同棲生活を始めた。そして、数年後、太郎氏から離婚訴訟が提起され、花子さんからは婚姻費用分担請求が家庭裁判所に提起された。

　家庭裁判所では、太郎氏に婚姻費用分担の義務を認めたが、これを不服として太郎氏が控訴した高等裁判所は、夫婦の一方が他方の意思に反して別居を強行し、その後同居の要請にも全く耳をかさず、かつみずから同居生活回復のための真摯な努力を全く行わず、そのために別居生活が継続し、しかも右別居をやむを得ないとするような事情が認められない場合には、少なくとも自分自身の生活費にあたる分についての婚姻費用分担請求は権利の濫用として許されず、ただ同居の未成年の子の実質的監護費用を婚姻費用の分担として請求しうるにとどまる、と判示し、花子さんについては権利の濫用にあたるとして、長女と次女の実質的監護費用だけの請求を認めた。

問題点

　民法七五二条は「夫婦は同居し、互いに協力し扶助しなければならない」と定め、七六〇条は「夫婦は、その資産、収入その他一切の事情を考慮して、婚姻から生ずる費用を分担する」と定めている。前者は**夫婦間の扶助義務＝生活保持義務**が夫婦共同生活の本質であることを、後者はそれに必要な費用の負担者を定めたものと解されている。

　そして、夫婦共同生活とは未成熟の子を含む夫婦一体としての共同生活を意味し、「婚姻から生ずる費用」とは、未成年の子の養育費・教育費をも含む夫婦共同生活に必要な一切の費用とされている。

　さて、夫婦が別居する場合において、婚姻関係が事実上破綻していても婚姻が解消されない限り**婚姻費用分担義務**のあるのが原則である。なぜならば、このような場合でも夫婦の協力扶助義務はなくならないからである。

　ただし、別居の原因につき責任ある**有責配偶者**から請求があった場合について裁判例は分かれている。一方は分担額について考慮するとするものであり、他方は請求そのものを許さないとするものである。前記高等裁判所は権利の濫用の理論により後者の立場に立ったものである。

　花子さんの場合、夫の太郎氏の入院治療という夫婦間において最も協力を必要とされた時期にその義務を投げ出して別居を強行した点において、花子さんに別居原因の責任があると認められることは合理性があると思われる。

浮気した夫と離婚せず相手のホステスから慰謝料をとった話

結婚離婚のアナ

正当な妻の権利は主張すること

正妻のいわゆる〝妻の座〟を犯した女性は、正妻に対して慰謝料を支払う義務を負う。夫の不倫相手に対する、夫婦仲ひいては家庭を破壊した制裁として、次のような判例がある（東京地裁昭和六一年三月二四日判決）。

逢坂一郎氏は、今から一五年まえ、妻の花子さんと結婚、三人の子供をもうけ、平和な生活をいとなんでいた。

ところが、五年まえのこと、夫の一郎氏は、出張先で知り合ったバーのホステス木村かよ子さんとねんごろになり、出張のたびに、月に四日から七日ぐらい、かよ子さんのところに泊るようになり、とうとうアパートを借りうけてかよ子さんを住まわせ、月に数回、このアパートでかよ子さんと暮らすようになってしまった。やがてかよ子さんは、ホステスをやめスナックをはじめた。

☆これと取りかえっこしてあげるわ！

妻の花子さんにとっては、まさに強敵出現である。何度も何度も、夫の一郎氏に〝そんな女と手を切って家庭に戻ってくれ〟と泣きわめき、かよ子さんに対しても〝夫を誘惑しないで、キレイに手を切ってもらいたい〟とたのんでみたが、二人とも少しもこれに応せず、ズルズルと関係をつづけている。

ついに花子さんは、かよ子さんを相手どり「夫婦の愛情にひびを入らせて、その夫婦関係を侵害し、妻たる原告に対し、精神上の苦痛を与えたから、その慰謝料として五〇〇万円を支払え」という訴えを裁判所に提起した。

これに対してかよ子さんは「泊っていくことはあるが、肉体関係はない。一郎さんが私に借金があり、そのための訪問であり交際である。私の方から誘惑したようなことはない。一郎さんは奥さんとの仲が面白くなくて、息抜きに私とつき合ってくれと頼むので仕方がない」と、シラを切って応戦し、一郎氏も口裏を合わせた。

しかし、裁判所もこんな見えすいた言い訳を採用することはない。

「被告（かよ子さん）と一郎の間に不貞（ふてい）行為があり、これによって一郎と原告（花子さん）の夫婦仲が破綻（はたん）したことは明らかである。被告は、原告に対して不法行為による慰謝料を支払う義務がある」と断じ、その額は三〇〇万円が相当である、と判決した。

〝正妻〟の面目は立った。

問題点

この事例は、一郎氏とかよ子さんがあまりにも妻花子さんをないがしろにしたため、三〇〇万円という慰謝料が認められたものと思う。

この裁判に先立ち、花子さんは、家庭裁判所に夫婦円満調整の調停を申し立てたが、一郎氏が反省のポーズを示したので、申立てを取り下げた。しかし文字どおりポーズにすぎなかった。二人の情事は相変らずであった。

しかも、その二年足らずのうちに一郎氏の方から花子さんに離婚の本裁判を起こしたのである。花子さんは断固として離婚を拒否し、妻の座はそれほど弱くありません、と防戦する一方、憎っくきかよ子さんだけを被告として反撃の訴えを起こしたのである。

たしかに妻は勝った。しかし夫婦間の真の問題解決になったであろうか。

一郎氏からの離婚訴訟は、**有責配偶者**（ゆうせきはいぐうしゃ）からのそれであるが、花子さんとの別居が一〇年も続いて、子どもらが成人してしまうと、近時の離婚法の流れから離婚判決が下される可能性が高い。

花子さんが座っている妻の座も、愛人に対しては揺るぎないものであるが、夫婦同席であるはずの一方が席を立ってもはや戻ってこないとなると、朽ちる危険がある。

離婚に反対する妻に替え玉を立て調停離婚をした話

結婚離婚のアナ

本人確認は不徹底で替え玉の危険も

北野一郎さんは、結婚八年目。妻時枝さんとの間に子どもはいないが、夫婦仲はまずまずだった。ところが最近、時枝さんが北野さんの浮気に気づき、毎晩のように夫婦ゲンカが絶えない。

北野さんの浮気相手は、取引先の社員で、南村夢子さんという。仕事を通じて知り合い、いつしか男女の仲になったのである。夢子さんは独身だが、北野さんの家庭を壊す気はなく、結婚を求めないため、関係はもう三年も続いていた。時枝さんにバレなければ、北野さんは今後もハーレム気分を十分楽しめるはずだったのである。しかし、悪事は露見するの例え通り、ラブホテルから出たところを時枝さんの友人に見つかり、通報されてしまったのだ。時枝さんは激怒し、夜毎の夫婦ゲンカとなったという次第である。

時枝さんは、夫に不倫を清算するように迫ったが、北村さんは夢子さんと別れる気はなかった。というのは、彼女が妊娠したからである。夢子さんは、認知してくれれば、シングルマザーでもかまわないと言うのだが、北野さんは生まれてくる子どものため、時枝さんと別れて夢子さんと結婚しようと思っていた。しかし、時枝さんは北野さんの離婚の申出にはガンとして応ぜず、しばらくすると実家に戻ってしまったのである。

☆着替えのように簡単なハナシ？

北野さんは家庭裁判所に離婚調停の申立てをした当日、法律に詳しい友人の太田さんに会ったので、上手く調停をまとめるためのテクニックを教えてほしいと聴いてみた。ところが、太田さんは「奥さんが離婚に同意しないと調停は成立しない。といって離婚裁判を起こしても、有責配偶者である北野さんの申立てを裁判所が認めてくれるかどうかはわからない。このママじゃあ離婚は難しいよ」と言う。

不安になった北野さんが、重ねて「何か方法はないか」と訪ねると、太田さんは「奥さんの住所は実家にしてないから、裁判所からの呼出状はお前の家に来るはずだ。調停には替え玉を出せば、調停を成立させられるじゃないか」と、事もなげに言ったのである。調停調書さえあれば時枝さんと離婚ができ、しかも離婚届が受理された翌日には、夢子さんとの婚姻届を出せると言うのだ。

北野さんは悪いこととは知りながら、子どものためだと夢子さんを説得して、夢子さんを妻の時枝さんと偽って、調停に出させたのである。むろん、調停は成立、時枝さんとの離婚届も市役所で受理されたのだが……。

問題点

法律上の離婚は、離婚届を夫婦の本籍地か住所地の市区町村役場に提出して初めて成立する。ただし、離婚届は夫婦と成年の証人二人が署名押印し、必要事項が記載されていればよく、役所では夫や妻に真実離婚する意思があるかどうかまで確かめない。そのため、一方が離婚に反対している場合、第三者に離婚届を代筆させる悪質な配偶者もいる。

役所の実務上、提出者の本人確認は運転免許証、パスポート、マイナンバーカードなどで行うが、相手方配偶者の意思や筆跡鑑定をするわけではない。届書の記載内容や添付書類など形式が整っていれば、相手方から事前に**不受理届**が出されていない場合、**協議離婚届**は受理されてしまう。

離婚する意思がなければ、後から、取消しを求める審判などを家庭裁判所に申し立てることはできるが、すでに第三者と結婚し、婚姻届が役所に受理されている場合には、原則として離婚取消しは不可能である（提出者への賠償請求や公正証書原本不実記載罪で告発することは可能）。

ところで、協議離婚がまとまらない場合、いきなり離婚訴訟は起こせず、まず家庭裁判所の調停が利用される。この場合、裁判所は本人確認をするが、通常、市区町村のように身分証明書の提示は求めず、住所や氏名、生年月日などを質問して、本人とみなすのだという。そのため、替え玉を出席させて調停を成立させることも可能である。

新聞によれば、この事例と同様に、妻の替え玉を使って離婚調停をまんまと成立させた事件が、平成一六年六月に大阪家裁で起こったそうだ。

この場合、替え玉を使われた妻側は調停取消しを家裁に申し立てることができる。また、替え玉を使ったことが認められると、夫と替え玉の女性は、**公正証書原本不実記載**などで刑事責任を問われることもある。

結婚離婚のアナ

女性の六カ月の再婚禁止期間は憲法等に違反すると訴えた話

法の下の平等に反するか？

夫（男性）は、離婚すれば翌日に再婚できる。しかし、妻（女性）は、離婚後一〇〇日経たないと再婚できない（民法七三三条一項）。

もっとも、この女性の再婚禁止期間は、平成二八年六月六日までは、「一〇〇日」ではなく、「六か月」だった。この実例は、再婚禁止期間がまだ六か月だった時の話である。

妻は昭和六三年一二月一日、前夫との離婚調停が成立、未成年の子二人の親権者となった。彼女は、離婚直後から現在の夫と同居し、事実上の夫婦として生活している。

夫は同月九日、妻の二人の子を養子とする許可を家裁に申し立て、さらに平成元年三月七日には、夫婦で婚姻届を出したのである。しかし、婚姻届は妻が前婚解消後六か月間の再婚禁止期間であるとして受理されず、また養子縁組の許可も、再婚禁止期間中の養子縁組は将来婚姻しないままに終わったとき、子の福祉に反する結果を生むおそれがあるとして却下された。その後、夫婦は再婚禁止期間の経過直後に婚姻をし、子の養子縁組もしている。

夫婦は、「民法七三三条（当時）は、憲法や条約（**女子に対するあらゆる形態の差別の撤廃に関する条約**等）に違反する」として、①国会議員または内閣が同条の立法をし、同条を改正または廃止する立法をしないことが国家賠償法一条の違法行為に当たるとして、②再婚禁止期間中に受け

☆こんなの許せない！

た精神的苦痛に対する慰謝料を請求するとともに、予備的に憲法二九条三項（私有財産は、正当な補償の下に、これを公共のために用ひることができる。）を類推し、損失補償を求める訴訟を提起したのである。

最高裁判所（平成七年一二月五日判決）は、民法規定は合憲とし、夫婦の訴え全部を棄却した。その要旨は、「ある法規の違憲性と当該法規に関する立法行為の国家賠償法上の違法性の問題とは本来異なる」とし、民法七三三条が憲法などの一義的な文言に違反しているというためには、女性に対して六か月の再婚禁止期間を定めることに一見極めて明白に合理性がないと判断できるような場合でなければならないとし、民法七三三条は、もっぱら父子関係の確定の困難を避けることを立法趣旨とし、女性のみが懐胎するという男女の生理的な違いを理由として女性に対して六か月の再婚禁止期間を定めるもので、一見極めて明白な合理性がないとはいえない。」としている。また、国会議員や内閣の立法行為に国家賠償法上の違法性もない、と結論づけた（憲法二九条三項の類推適用による補償も認めず）。

しかし、二〇年の歳月を経て、裁判所の判断は変わった。

前夫との離婚後、速やかな再婚を望んだ女性が、民法の再婚禁止規定（女性は、離婚後六か月間再婚できない）は法の下の平等を定めた憲法一四条一項、結婚に関して個人の尊厳と男女の平等を定めた同法二四条二項に反して違憲で、また国が法改正をせずに放置してきたことにより再婚時期が遅れたとして、国家賠償法に基づき国に一六五万円の賠償を求めて提訴した事件である。

最高裁判所は、医療や科学技術が発達した今日、民法が定めた禁止期間のうち、一〇〇日を超す部分は過剰な制約で、違憲と判示した（賠償請求は棄却。平成二七年一二月一六日判決）。この判決に基づき、再婚禁止期間を「六か月」から「一〇〇日」に短縮する改正が行われて、平成二八年六月七日から施行されている。

問題点

平成二七年の最高裁判決は、六か月の禁止期間は必要以上に長期間、女性の再婚を制限すると認め、違憲の判断を下したにもかかわらず、再婚禁止規定そのものは、「出産時を起点とした明確で画一的な基準から父性を推定して、早期に父子関係を定め、子の法的身分を安定させる必要性に鑑みれば、父性の推定の重複を避けるために、女性の再婚を一時的に制約することには合理性がある」として、平成七年の最高裁判決と同様、合憲とする判断を踏襲している。

なお、この再婚禁止期間の規定は、令和四年一二月一六日の民法改正で撤廃され、民法七三三条は削除された（施行は令和六年四月一日から。一八六頁・本章「法律の急所」参照）。

性交渉をいやがり五か月の同居で離婚と慰謝料を請求された妻の話

結婚離婚のアナ

夫が妻を訴えるのは珍しい

水田春夫と油井雪子はともに再婚であった。二人は新婚世帯に必要な諸道具は、ことさら新しい物は買わず、結納金もなく、代わりとして春夫から雪子へ、五〇万円相当のサファイアの指輪が贈られた。

雪子は、春夫の高校時代の友人の妹で、離婚して実家に戻った彼女を友人が春夫に紹介したのが縁であった。一年後恩師の媒酌（ばいしゃく）で結婚した。春夫三一歳、雪子二七歳であった。

雪子は、ハタからみると社交性に富み、明朗、快活である。テニス、英会話を習いたいとせがんだ。春夫は再婚に大いに期待した。しかし、破局はあっけなくやってきた。五か月同居しただけで雪子は実家に去り、別居四か月の後協議離婚となった。最大かつ根本的な理由は、雪子のセックス拒否である。春夫は、ただの一度も雪子を抱くことができなかった。抵抗は強固をきわめたのである。

☆そんなバカなこと！

新婚旅行中は生理だからといった。帰ってしばらくは疲れていると背を向けた。新婚妻とセックスできないという煩悶は、生活のすべてに影響する。春夫はイラ立ち、求めはしつこくなり、雪子の拒否の言動もエスカレートした。「いや！」「大嫌い！」「そんなことするなら別れる」等々声は高く、近寄る春夫を叩く。「夫婦はみんなセックスするもんだ」と言っても、「そんなのそっちの都合じゃない、させないって分かってたら結婚しなかった?」と冷笑して口答えした。三か月ほどすると、「どうせ私はこんな身体よ。寝るところは別にする。触って欲しくない」などと言って寝室を別にした。

春夫は、日ごろ雪子が信頼している雪子の叔母に相談した。口ごもっていたが、やがて打ち明けてくれた。

「雪子から話は聞いてます。実は初婚のときも性交渉をいやがるのが原因でごたごたし、結局こちらが一〇〇万円払って離婚したのです。今度はそうならないように、夫婦生活では大事なことだからと説得し、産婦人科へも連れて行きました。お医者さんの話では、身体には異常はないが、年齢の割に精神面に幼児的なところがあるそうで……。異性に身体を触られると気持ちが悪いと本人は言うのです」

　春夫は雪子が実家に戻ると、母親に会い、彼女の説得を頼んだが、雪子の母親の態度は春夫を憤慨させた。

「あれがあるばかりが夫婦ではないでしょう。世間にはよくあること。私が知っているだけでも二件あります。あなたも世間も心も狭い」と、むしろ春夫のエゴだと非難したのである。春夫は夫婦関係調整の調停を申し立てたが、実りなきを知り、雪子から郵送されてきた離婚届に署名・捺印して提出した。

　セックス拒否症を承知のうえで、それを内密にして結婚したことは許し難く、その後の開き直った母娘の態度も悪い。指輪も返さないというのはまるで結婚サギだ。春夫は、雪子と母に慰謝料五〇〇万円の支払いと、雪子に指輪の返還を求める訴訟を起こした。

問題点

　正常なセックスが夫婦関係にとって重要な要素であることは誰しも認めることで、最高裁判所の判例でも、性交不能が「**婚姻を継続し難い重大な事由**（民法七七〇条一項五号の離婚理由）」になることを認めている。

　性格の不一致でなく、カク抜き、つまり性の不一致による裁判事例の多くは、妻側から夫側を訴えるものである。夫のインポテンツあるいはノー・セックス、異常性行動（ポルノ雑誌にばかり熱中、同性愛、変態的セックス）などを理由とする。

　春夫のように、男性から女性の性交渉拒否に対して慰謝料を請求する事例は珍らしい。しかし、夫婦間の性の重みは平等である。男からは駄目とする理由は何もない。当然、春夫は勝訴（ただし額は一五〇万円）した。指輪も返しなさい、とされた。結納代わりに渡されたが、結納の目的を達成したとはとうていいえないからである。ただ、母親への請求は棄却された。道義的にはともかく、春夫も雪子も一人前の大人だから、法的には二人で解決すべき問題なのである。

　なお、挙式後、事実上の結婚生活を始めたものの、男性が性交渉がもてなかったため、女性側が慰謝料九〇〇万円を求めた事件で、裁判所は「男性は性的不能を隠したとまでは言えないが、気付いた後も適切な対応を取らなかったとして、男性に五〇〇万円の賠償を命じている（平成一三年六月一日・大阪地裁判決）。

嫁と姑の不和が原因で離婚訴訟を起こしたが棄却されたマザコン夫の話

結婚離婚のアナ

夫らしく妻をかばうことも必要

真座紺二さんと花子さんは、相思相愛で結婚し、誰しも悩む住宅問題も、紺二さんの実兄名義になっているアパートに住むことで、何なく解決した。

ところが、この夫婦、結婚七年目に、離婚の裁判を起こすハメになったのである。七年目といえば「浮気か？」と誰しも考えるが、実はそうではない。犬も食わない夫婦喧嘩（げんか）に夫の母親が一枚噛んできたところに問題の根はありそうである。

まあ、その辺からご紹介しよう。

真座夫婦は、結婚後、夫の実兄名義のアパートに入って円満な生活をしていた。あるとき、しゅうとめが「このアパートも他人に貸せば一か月五～六万円は取れるのに、嫁にタダで貸してやっている」と恩着せがましいことをいい、それ以来、嫁としゅうとめの対立が始まった。

その後、真座夫婦が自分たちの家を建てようとの話になったとき、花子さんが「このアパートを他人に貸して収入を得よう」と提案したため、今度はしゅうとめが「他人のアパートで儲けようとは何事か！」と、さらに激しい対立

☆オレって無能なのかな

となった。

まだある。夫の帰宅が毎夜一〇時過ぎになるので、花子さんが「給料が安いのに労働時間ばかりが長い」と文句をいい、これを聞いたしゅうとめも加わって、一月に二度くらい嫁対しゅうとめ・夫との間で口論するようになった。

さらに、しゅうとめがある仕事の報酬として、息子と嫁とに一〇万円やると約束したのに三万円しかくれなかったので、嫁が夫に文句をいったところ、喧嘩になり、夫は妻になぐる、けるの乱暴を加え、その後も、こういう暴行が五～六回もあった。

そして結婚後四年目に、夫婦が家を建てることになったが、その際、資金一七〇〇万円のうち、七〇〇万円は銀行ローン、五五〇万円は花子さんの実家等から借金して集めた金であった。花子さんは紺二さんに、共有名義にしてくれといったところ、しゅうとめはこれを拒否し息子の単独名義とすると主張し、息子も同調、激しい口論となった。

そしてついに別居するようになり、三年を経過。真座紺二さんは、離婚の訴訟を起こしたのである。

問題点

近時の離婚訴訟にあらわれてきている特色の一つに、しゅうとめ（夫の母親）と嫁との対立が離婚原因（ないしは遠因）になっている事例が多くなってきている。

嫁対しゅうとめの対立はいまに始まったことではないのだが、近時の特色は夫がその母親に絶対服従をとり、嫁対しゅうとめ・夫連合軍との喧嘩になるという現象を呈している。昔の嫁いじめとは異なり、マザーコンプレックスを持ち、母親のロボットと化した夫が多くなってきている。

もっとも、このケースでは、嫁の花子さんも、普通の人より気性が激しくかつ攻撃的な言動が多く、そのために、しゅうとめ対嫁の対立が決定的となり、夫はその仲をとりもつことができずにいたのが現実である。

この夫の離婚請求に対し、裁判所は、第一に、本件夫婦の対立は主として夫の責任であること（有責性は両方にあるが夫の側に強くあること）、第二に、結婚後四年目に別居し、それから本件判決まで、まだ三年しかたっておらず、夫婦関係が完全に破綻したとはいえないこと、第三に 妻の花子は反省しており、夫のところに戻る希望を持っていること、以上の理由からして、夫からの離婚請求は認められないと判決を下したのである（東京高裁・昭和五六年一二月一七日、判例時報一〇三六号七八頁）。

これは学説上、**制限的破綻主義**（有責者からの離婚請求を認めないこと）に立った判決であるが、近時は、**破綻主義**（夫婦関係がこわれてしまっていれば離婚を認める）の傾向が強くなってきている。

結婚離婚のアナ

新興宗教に熱中し家事や育児をかえりみない妻を離婚した話

宗教もよいが家事を放り出せば離婚

甲野太郎氏と花子さん夫婦は結婚して約一〇数年たつが、今まで円満に暮していた。

ところが、最近になって花子さんはある新興宗教にハマり、その布教活動に熱心のあまり家事や育児がおろそかになった。しかも、太郎氏の親類にまでおしかけて強引に布教活動をするようになったために、太郎氏や親類の者との間の折合いが悪くなってきたのである。

そうこうしているうちに、花子さんは無断で新興宗教の本山に参詣のため出かけて家をあけることも再三あったので、いったんは太郎氏と花子さんの間で離婚話が出た、その時は、花子さんが謝って生活を今後はあらためるという約束をしたが、結局は、花子さんは宗教活動にのみ熱心で家事や育児を全くしなかったのである。その後、花子さんは家出をしてしまい、四人の小さい子供は、太郎氏の両親

☆あーりがたや教祖サマー

が面倒をみるようになった。

花子さんが新興宗教に関係するようになってからは、太郎氏と花子さんとの間には夫婦らしい対話は全くなくなっており、お互いに気まずい生活を続けていたのであるが、花子さんが子供をのこして家出をしたことによって、太郎氏は、このままではどうにもならないと判断して花子さんと離婚することを決意した。

花子さんの方は、離婚しようという気はなかったようであり、太郎氏から離婚の裁判が起こされてからも、今までのことを水に流して太郎氏と共に生活したい旨をのべて謝罪したのであるが、裁判所は両者の離婚を認め、太郎氏と花子さんとの婚姻関係には、これを継続し難い重大な事由が存するもの、としたのである。

夫婦の片方が宗教活動に熱心になり、家事をまったくかえりみなくなるおそれは、太郎氏と花子さんの場合だけでなく他にも大いにあるように思われる。自分の家庭と宗教活動の両立をはかるには、どの辺がリミットなのか難しい問題である。

この場合、自分の立場をわきまえて他の人の迷惑にならないようにするのが何よりも重要であると思われる。

問題点

離婚には、当事者間の合意による**協議離婚**と、当事者間で合意ができないために裁判によってなされる**裁判離婚**がある。

そして、裁判離婚が認められるためには、具体的に、①不貞行為、②悪意の遺棄、③三年以上の生死不明、④強度の精神病で回復の見込みがないこと、および抽象的に「**婚姻を継続し難い重大な事由があるとき**」などがあるが、抽象的離婚原因については、最終的に裁判官の自由裁量によって決定されることになる。

太郎氏と花子さんの場合は、花子さんが新興宗教にこって家事・育児をかえりみなかったことが夫婦間の愛情にひびが入った原因であるが、憲法では、信仰や宗教活動の自由が保障されてはいる。しかし、その自由が原因で家庭をこわしたということになるとやはり問題である。花子さんが家出をして小さな子供の面倒をみなかったということで、裁判所は婚姻を継続し難い重大な事由ありと判断したのであり、宗教活動と夫婦関係における和合との調和について、一つの具体例を出したものといえよう。

花子さんとすれば、妻としての立場、母としての立場を自ら放棄したものとみられても仕方がないようであり、法律的にも離婚は当然であろう。なお、小さい子供の親権者については、夫婦が離婚する場合、そのどちらかに確定しなければならないが、裁判所は太郎氏を親権者と定めていることも見逃せない事実である。

夫婦生活二〇日で離婚したのに財産分与までさせられた話

結婚離婚のアナ

男にとって厳しい現実の社会

乙野三郎は青年実業家。経営に苦しむ都内の旅館を買収し、リニューアルオープンさせることになった。しかし商売柄、接客や従業員の差配を考えると女性が表に立った方がいい、という友人の忠告があり結婚することを考えていたところ、しばらくして仲人をする人がいて、房子と首尾よく結婚することができた。

しかし、旅館の方はそれほど甘くなく、とてももうかるまでにいかなかった。開店して日が浅いとはいえ少しあせり気味でもあったが、房子に対してもあれこれ命令するようになった。三郎にしてみれば、あくまでも経営者は俺だという自負心があるし、房子を嫁にしたのも、旅館の経営に必要なためで、愛情などは二の次だ。必然に房子に対する注文も命令調で一方的であった。房子にしてみれば妻としてこれが我慢がならないのである。

☆たった 20 日間とはいえ、私も妻です

一方、三郎は青年実業家らしく、旅館経営がさして儲からないことに気づくと、房子に相談もせず、ラブホテルにすると決めたのである。房子は怒ったが、三郎にすれば、来客をみていると、若いカップルや不倫の男女が多い。しかも客の回転が早いのだから、当然、ラブホテルの方が儲かる。経営者なら儲かる方を選ぶのが常識と、妻の考えなど意に介さず計画を進めたのである。

三郎は房子だけでなく、上京した彼女の母とも言い合いとなり、「俺の経営に口を出す権利があるか。女のくせに何がわかる！」「房子はあんたの妻でしょ。少しは相談しなさい。使用人じゃないんだから。」「うるさい帰れ！」問答無用である。そして実力行使をきめこんで母を路上に連れ出す結末。その後仲人さんが入って話し合おうとしたが門前払い。

房子もたまりかねて母と一緒に帰省してしまった。三郎はこれ幸いとばかりに、家にあった房子の印を使用して離婚届を作成し区役所に届けてしまった。これで離婚成立。とにかく裁判でごたつくよりは追い出したほうがとくだ。どうせ裁判になったところで二〇日ばかりの生活だし、涙金ですむだろう。房子にしてみればとりつくしまもない。やむなく調停を申し立てたが三郎の欠席戦術にかかり調停不調（ふちょう）。しかも三郎はさっさと乙子と結婚してしまった。三郎は短期決戦で勝利とばかり喜んだが、話は三郎にだけ有利に進展しなかった。房子の申立ての裁判になり何回か法廷で争われた末に、裁判所から慰謝料七〇万、財産分与として三〇万、計一〇〇万円の支払いを命ぜられたのである。

問題点

三郎という男は本当に勝手気ままな男である。離婚届まで勝手に作成されたのではたまらない。離婚するにしても一応三郎作成の**協議離婚**を無効とし、裁判所で無効の判決を受け、房子の方で**裁判離婚**ということであらためて届出をし、合わせて**慰謝料**、**財産分与**をしてもらった事例である。

さて、財産分与の性質には、夫と妻の協力によって得た財産を分割清算するという意味と、離婚によって妻の場合、生活ができなくなる心配があるので、一時的に扶養をするという性質のものとがある。

前者の中には、夫の収入に対し内助の功を認めて、生活費を差し引いて、残額の二分の一は妻のものだという考えを含めて財産を清算させようとする裁判例もある。

なお、令和三年度司法統計年報家事編によると、全国の家庭裁判所で離婚調停（二四条審判を含む）が成立した夫婦の三〇・二％が財産分与・慰謝料を支払う取決めをしたが、その支払金額は約半数の四七・一％が四〇〇万円以下である。

結婚離婚のアナ

長年別居している有責配偶者からの離婚請求が認められた話

全ての有責配偶者に認められる訳でない

山田二郎が片野一子と結婚したのは今から約三五年前である。山田は二世が生まれるのを期待していたのであるが、二年経っても二世が生まれる兆はなかった。そこで、夫婦相談したあげく、養子をもらうことになった。幸い、友人の紹介で乙野春子の子をもらうことになり養子縁組をした。

このような縁から、未亡人であった乙野は色々なことを山田に相談するようになった。初めのうちは単に相談に乗っていただけの山田であったが、次第に、美人であり、気の優しい乙野のとりこになっていった。また、乙野は山田を頼りにするようになり、いつの間にか、山田と乙野は肉体関係をもつようになったのである。間もなく、乙野は山田の子を宿し、山田の妻一子の知るところとなった。

山田は一子から、乙野との関係を問いつめられ、なじられたりし、夫婦関係は悪化していった。山田は妻一子とは離婚するより方法がないと思い、一子に離婚の話をしたが、一子は全然聞き入れなかった。

山田は一子と別居し、乙野と同棲するしか方法がないと考え、これを実行した。山田が家を出るに際して、山田名義の建物の権利証等を一子に渡した。これは一子の生活費、一子に対する償いとして、山田の精一杯のものであった。というのは、山田の唯一の財産は、この建物であったからである。

☆私がどんな悪いことをしたというの…

その後、一子は山田名義の建物を売却し、一子の実家に戻って生活し、売却代金を生活費にあてた。

一方、山田は、そのまま乙野と同棲生活を続けて今日まで至ったのである。

この間、山田は一子に対し離婚の申入れをしたが、調停でも完全に拒否され続けたため、離婚訴訟を起こした。

一子側は、裁判でも離婚に同意しない。もちろん、たとえ婚姻関係は完全にこわれ、元に戻らない状態であっても、この原因は山田の不貞行為によるもので、離婚原因を作った有責配偶者からの離婚請求は認められないのが当然だというのである。そうでなければ、離婚したければ、不貞行為を働いて婚姻関係のぶちこわしをすれば離婚することができることになって不合理だと主張したのである。

しかし、山田側は、婚姻関係が破たんした以上、夫婦関係を続けてもムダと主張したのである。有責配偶者からの離婚請求は、かつては認められなかったが、裁判所の態度は近時、必ずしも認められないものとはいえないという態度に変わってきている。

問題点

裁判上離婚が認められるためには民法七七〇条一項の離婚原因が必要である。すなわち、配偶者に**不貞な行為**があったとき、配偶者から**悪意で遺棄**されたとき、配偶者の**生死が三年以上明らかでない**とき、配偶者が**強度の精神病にかかり回復の見込みがない**とき、の四つのほか、**婚姻を継続し難い重大な事由のある**とき、という抽象的な表現の事由がある。

問題はこの抽象的事由の意味の解釈である。従来、**有責配偶者**（夫婦関係をこわした責任のある配偶者）からの離婚請求を認めないのが判例であったが、最高裁昭和六二年九月二日判決はこれを変更した。婚姻を継続し難い重大な事由という中には、責任ある当事者からの離婚請求を許容すべきでないという趣旨まで入っていない。そして、離婚請求は**信義誠実の原則**に反しないときには容認されることもありうるとして、有責配偶者からの請求について諸事情を考慮して離婚を認めた。

その骨子は「夫婦の別居が同居期間との対比において相当の長期間で、その間に未成熟の子が存在しない場合には相手方配偶者が離婚により精神的・社会的・経済的に極めて苛酷な状態におかれる等離婚請求を認容することが著しく社会正義に反するといえるような特段の事情の認められない限り、有責配偶者からの請求であるとの一事をもって許されないとすることはできない（下級審には七年の別居で認めた例もある）とした。

本例はほぼ、この判例と同様の事例で、一子側に離婚により精神的・社会的・経済的に極めて苛酷な状態になる事情がない限り離婚が認められる。

ダブル不倫の夫は有責配偶者だと離婚請求を認めなかった話

結婚離婚のアナ

責任の大きさで判定される

熊倉和夫さんは、妻早苗さんの身勝手さに怒っていた。たしかに、浮気をした自分も悪い。けど、夫である自分の両親に言い付けるのはともかく、もうすでに別れた相手の職場や実家にまで乗り込み、相手を退職に追い込むまで責めなくても良さそうなもんだ。お前が浮気したとき、俺はもっと寛大だったぞ。和夫さんは、そう思っていた。いつまでも非難を止めない早苗さんを見て、和夫さんの頭には「離婚」という言葉が浮かんだ。

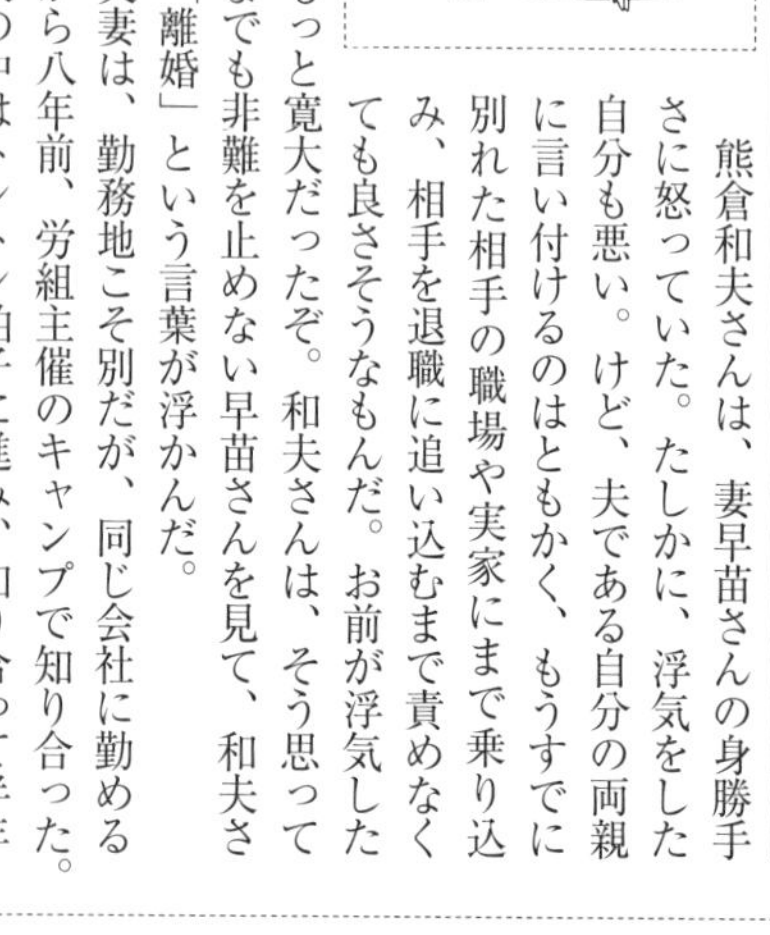

熊倉さん夫妻は、勤務地こそ別だが、同じ会社に勤める同僚で、今から八年前、労組主催のキャンプで知り合った。その後、二人の中はトントン拍子に進み、知り合って半年余りで結婚している。しかし、結婚間もなく夫婦の危機を迎えた。原因は、早苗さんの浮気である。結婚後も勤めを続けた早苗さんは、元々不倫関係のあった上司と結婚後もズルズル関係を続けていたのだ。それを知った和夫さんは怒ったが、早苗さんが上司との関係を清算、会社も辞めると謝ったので、和夫さんはすべてを許したのである。その後、早苗さんは専業主婦となり、五年前には長男も生まれ、また夫婦名義で一戸建ても買うなど、二人の仲は円満そのものといえた。

☆最初に浮気したのは妻なのにナァ…

ところが、今度は和夫さんが浮気したのである。相手は、取引先のOLだった。残業や接待、出張が急激に増え家を開けることの多くなった和夫さんの様子に、疑惑を感じた早苗さんは夫を尾行し、その浮気現場を押さえたのである。早苗さんは、怒った。女性のアパートや実家に押しかけただけでなく、職場にまで押しかけ、和夫さんと別れるよう執拗に迫ったのだ。

一方の和夫さんは、浮気がバレると、すぐに早苗さんに謝り、相手の女性とは二度と会わないと約束、何とか穏便に解決しようと試みていた。自分が早苗さんの浮気に目をつぶったように、早苗さんも許してくれると思ったのだ。しかし、早苗さんは納得せず、相手女性を非難し続けたのである。結局、女性の上司が中に入り、和夫さんと別れること、慰謝料として五〇万円を早苗さんに支払うことで、一応の示談は成立した。しかし、面白くないのは和夫さんである。早苗さんの暴挙のため、相手は勤め先を辞めざるを得なくなり、和夫さんと取引先との関係までギクシャクしてしまったのだ。そのうえ、早苗さんは顔を会わせば、和夫さんの浮気を非難する。当然、和夫さんも早苗さんの過去を非難するようになり、激しい夫婦ゲンカの末、早苗さんは長男を抱いて実家に帰ってしまったのだ。その後、和夫さんが何度迎えに行っても、早苗さんは「許さない。一緒に暮らしたくない」の一点張り。といって、離婚する気はないという。

しかし、別居状態が三年近く続き、和夫さんは早苗さんとの離婚を真剣に考えるようになった。有責配偶者からの離婚請求も認められるということだし、しかもダブル不倫なので、裁判になっても勝てると思っているのだが。

問題点

昭和六二年九月の最高裁判決により、**有責配偶者**からの離婚請求も認められるようにはなったが、これには①長期間別居状態にあり、②夫婦間に未成熟の子がなく、③経済的に十分な給付をしている場合など一定要件が必要で、裁判所が全面的に**破綻**（はたん）**主義**の立場で判決を下すわけではない。通常は、やはり有責配偶者からの請求は認められないのである。

この事例と同様、ダブル不倫をしている夫婦の一方が離婚請求した事件で、裁判所は、原告である夫の離婚意思は固く、また婚姻関係は破綻して回復の見込みがないと認定しながら、破綻の責任はもっぱら不倫を後からした夫側にあるとした。そして、被告妻の不倫は解決済みの問題であり、夫の不倫に対する対応に多少の行き過ぎがあったにしても、夫は妻を責める立場にないとして、本件請求は有責配偶者からのもので、原告夫の請求は認容できないと棄却したのである（岡山地裁・平成一四年一一月一五日判決）。

勝手に離婚届をした後夫が急死し離婚無効が通らなかった話

離婚は冷静に考えるべし

茂子は呆然自失した。「まさか！」信じられない。夫、いや前夫というべきなのか、康男が心不全で急死したという。

茂子は先月、夫康夫との協議離婚届を出したばかりである。それは夫と合意のうえでなされたことではなく、夫の浮気にカッとなった茂子が勝手にやったことである。

どうしてそんなことをしてしまったのか。結婚して一三年、一男一女がいながら、康男は浮気癖（ぐせ）があって、どれも長続きしなかったが夫婦間にとかく波風を起こした。茂子も勝気で嫉妬心が強かった。

最後の一件は、前年康男が交通事故で二か月ほど入院したとき懇意となった病院の看護婦昭子との浮気である。離婚してパート勤務をしていた昭子と康男は、全快してからも関係が続き、やがて康男は、自宅と昭子のアパートを往復するという深みにはまりこんだ。夫婦間に今回は険悪な気が漂った。

「別れるか、離婚するかはっきりしてください。子どもは連れて行きます」

「離婚はしない。だいたい離婚なんかしたらどうやって食

☆どうしてくれるのヨ！

べていくんだ、強がりはよせ」

　顔を合わせると争いはエスカレートし、ある夜激情にかられた茂子は、二人の子を連れて実家に身を寄せた。康男から音沙汰がないことにますます逆上した茂子は、区役所から離婚届の用紙をもらってくると、勝手に康男の名前を書き、市販の三文判を押し、子どもらの親権者を茂子とする協議離婚届を作り、区役所に提出してしまった。

　窓口ではさすがにドキドキした。職員は無表情に目を通していたが、「はい、結構です」と受理した。拍子抜けするほど呆気なく離婚になってしまった。法律的には康男の真意に基づくものではないので、無効とされる余地はあるが、戸籍には協議離婚と記載されたのである。

　康男急死の知らせを受けたのは、離婚届後二七日目、まだ一月も経たない。茂子は、届を出したあと、一時の激情が静まってくると、自分の軽挙盲動を後悔する気持が芽生えていたが、康男の死により、妻の座を放棄したことで、死亡退職金、相続の問題をはじめ、康男の両親、親族関係などに重大かつ決定的な影響を生じたことを思い知らされた。葬儀の列席さえその場所がなかった。

　茂子は後悔した。しかし、そんな離婚届は無効だ、と訴える康男はもうこの世の人ではない。亡夫の妻としてその供養をするにはどうしたらよいか。元へ戻れるか。

問題点

　茂子のなした離婚届は、康男の離婚の意思、届を出す意思を欠いているから無効である。康男が生存中に離婚無効の手続をすれば認められよう。この場合、夫婦がお互いを相手方とすることになる。

　康男のように、一方が死亡してしまったときは、**人事訴訟法**は、検察官を相手方として訴えることができると定めている（一二条三項）。茂子も弁護士に委任し、**離婚無効確認請求の訴え**を起こしてもらった。

　つぎの問題は、茂子の行為を裁判所がどう評価するかである。少なくとも離婚届を出す時点では、茂子には離婚の意思があってしたことで、目的を果たしたわけである。それが一転、康男の急死という事態の発生によって、「すみませんでした、届は勝手にやったことですので白紙にもどしてください」というようなことが通るだろうか。

　実際の裁判例では通らなかった。あらゆる法律関係の根底にある**信義誠実の原則**が浮上してきて、文書偽造、公正証書原本不実記載のような不法な手段を講じてまで離婚の結果を作り出しておきながら、今さら無効だと主張することは、明らかに信義則に反し、認められないという結論である。

　形式さえ整っておれば、代書、三文判であっても受理されてしまう。一時の感情にまかせてハンをついたり、届を出したりするのは禁物である。

離婚に際し婚氏継続の届出をしたが再び旧姓への変更が認められた話

結婚離婚のアナ

氏の変更にはやむを得ない事情が必要

やっぱり旧姓乙川にもどるべきであったと、松枝は後悔しきりである。

乙川松枝は、甲山英二と結婚して甲山姓となったが一〇年目に二人の女の子の親権者となって協議離婚した。原因は英二のアルコール依存症。酒のため勤め先を幾度もしくじり、人格もすさんだ。離婚にあたり、松枝は乙川姓にもどるつもりだった。しかし、四年生の長女は、「急に姓が変わるのは恥ずかしい、嫌だ」といって泣いた。子どもに辛い思いをさせてはならない、と思った松枝は、不本意ではあったが、「**離婚の際に称していた氏を称する届**」（戸籍法七七条の二）をして、甲山松枝で実家に帰った。

松枝は、役所の係員が、また乙川姓に変えることも不可能ではないという話を、簡単に変えられると誤信していたふしがある。

松枝の実家は、代々「食堂」をやっていて、松枝はその手伝いをしながら二女を養育し、将来は家業を受け継ぐことになった。店の取引関係一切が父乙川の名義で行われており、松枝も、乙川松枝名義の預金口座を開設したり、表札に乙川松枝と書いたり、日常では乙川姓も使っていた。

松枝が、甲山姓を辞めたいと決意したのは、前夫英二の葬儀のときの英二の親族から受けた冷遇による。離婚して二年四か月後英二は心不全で病死した。二人の子にとって

は父である。葬儀に出たが、甲山家では、「あんたに、線香なんかあげてもらいたくない」といい、座る場所さえなかった。子ども心も傷ついたのであろう、長女も、「もう絶対甲山のお家には行きたくない、甲山というのもいや」というようになった。英二が亡くなれば甲山家とは一切縁を切りたい。松枝は再び乙川姓にもどるべく役所に行き、そこではじめて、そう簡単には運ばないことを知った。家庭裁判所の許可が必要だが、許可するかどうかは難しい問題だという。

三年後、松枝は意を決して、家庭裁判所へ氏の変更申立て（戸籍法一〇七条一項）をした。家庭裁判所は不許可、高等裁判所へ即時抗告した結果、ようやく許可された。

問題点

結婚、離婚による氏の変更は、わが国においては特に女性の側から問題提起がなされ、最近は、夫婦別姓の声も高い。

離婚に際しては、昭和五一年の民法改正により、旧姓にもどることを原則としながらも、離婚の日から三か月以内に前記の届出をすれば、結婚中の姓を称することができることになった（民法七六七条二項）。本人の自由意思一つで、特別の条件、理由を要しないのである。

しかし、松枝のように婚姻中の氏を称すると選択しておきながら、その後、やっぱり旧姓にもどりたいといって氏の変更を申し立てる例がかなりみられる。その動機は、前夫あるいはその親族に反対される、前夫につきまとわれたり悪用される、やはり旧姓に復して気持の整理転換をしたい、引き取った子どもが納得してくれた、などさまざまである。

いったん婚氏の継続使用を選択した者が、その後生来の氏に変更しようとするときは、届出一つというわけにはいかない。手続は、一般の氏の変更と同じように、「やむを得ない事由」があるとして、家庭裁判所の許可が必要である。

やむを得ない事由は、姓名の「名」のほうの変更要件である「正当な事由」よりはるかに厳しい査定を受け、ほとんどムリというのが法曹界の常識なのである。

しかし、離婚に伴う氏の変更のケースは、迷い、事情変遷もあることだし、やむを得ない事由の基準を、ある程度緩やかにしてもよいという考え方があり、最近はその傾向が強い。

本件の高等裁判所も、婚氏継続の届出が本人の不本意な意思によるものであり、かつ、その使用期間と範囲が比較的短かくて社会的に定着せず、旧姓に復しても世間に弊害がほとんどないようなときは、やむを得ない事由があると認めてよい、として緩やかな解釈の立場で、甲山から乙川への変更を認めた。

支払不能の債務者が資産の大半を財産分与しても詐害行為にならない話

結婚離婚のアナ

不当に過大でなければ認められる

尾田俊介は建築業を営なみ、一五年前尾田建設株式会社という名称で会社組織にして頑張ってきた。しかし業界不景気のシワ寄せは弱小業者に容赦なくかかってくる。

資材納入業者、下請業者等に支払う手形の決済日は次々と到来した。とうとう決済の目途がたたなくなり、主力債権者五社の担当者を招き、いわゆる債権者会議を開いて、手形合計約二〇〇〇万円について満期延期のための書替えを懇請するとともに、その見返りとして尾田俊介個人が連帯保証することを約束した。その後、尾田建設所有の不動産を売却して一部の弁済にあてたりしたが、業績は好転せず、再び債権者集会を開いて、尾田建設および俊介個人の不動産をも売却してなんとか弁済する、と頭を下げ、売却の際は連絡して立ち会わせる意向を示し、かろうじて不渡りを免れていた。

尾田の妻芳江も一応会社の取締役になっていたが、とにかく働き者であった。結婚以来一五年、夫の仕事に積極的に協力し、注文取り、取引先の接待などに従事したほか、自らトラックやブルドーザーまで運転して産業廃棄物や残土処理を請負い、相当な収益をあげてきた。内助の功どころではない夫婦協力扶け合いの結婚生活であった。

☆これじゃおれたちウカバレン

しかし、いくら働いて少しずつ資産を増やしても、次々と担保に取られ、一部は債務弁済のために売却されてしまう有様を見ては、さすがに将来の生活に不安を覚える。このままでは四人の子の養育すら心配である。何か残しておきたいと切実に思うようになった。

尾田が二度目の債権者との話合いのあと、めっきりヤル気をなくして諦めの心境にあるようなのを知って、私や子どものためにいくらかでも残してほしいと申し出た。俊介も妻の言い分はもっともだと思った。

二人の結論は、俊介と芳江は離婚し、俊介は財産分与として一部の不動産を芳江の名義にすることであった。その気になれば手続きは簡単である。協議離婚届がなされ、財産分与を原因とする所有権移転登記が行なわれた。分与を受けたのは五件ほどある不動産の一つであるが、資産全体の三分の一をやや上まわるほどのものであった。

その後尾田は債権者らに連絡をせず、次々と不動産を処分し、そのまま所在をくらまし、尾田建設は、不渡手形を出して倒産してしまった。

債権者達はその不誠実に憤慨し、芳江に対する財産分与も債権者に対する詐害行為（民法四二四条）であると主張し、その取消しと登記を求める訴訟を起こした。

しかし裁判所は、詐害行為にはならないと判決した。

債権者にとっては大いに不満な判決であろう。

問題点

債権者を害する債務者の法律行為を**詐害行為**というが、この法律行為のうちには、結婚、離婚、縁組、相続放棄など、財産権を目的としない身分行為は含まれない。養子の債権者は、養親が資産家なのでいずれ相続するから、と安心していたところ、縁組を解消してしまったからといって、離縁を詐害行為として取り消すことはできない。

しかし、離婚に伴う**財産分与**は、離婚という身分行為に伴うものであるが、実際には直接財産権を目的とする行為であり、世間では時として財産隠し、執行逃れの手段に悪用する例もあるので、債権者としては目を光らせたい。詐害行為になるとされた例もある（東京地裁・昭和五七年七月一四日）。

裁判所も、原則として詐害行為とはならないが、財産分与が不相当に過大であって、財産分与を隠れミノとした不当な財産の処分と認められるときは、詐害行為になると述べているが、尾田夫婦の場合、芳江の結婚生活中の貢献度、離婚原因は俊介の数年来の不貞行為も原因であること、四人の子どもは芳江が引き取り養育することになったことなどの事情から、三分の一以上を占める不動産を取得しても、不当な財産処分とはとうてい認められない、と判断したのである（東京高裁・昭和六一年六月二六日）。

離婚話のある夫婦間の贈与契約は取り消せないという話

結婚離婚のアナ

一般には夫婦間の贈与の取消しは自由

捨田太郎氏と捨田花子さんとは一五年くらい前に結婚したが、三年くらい前から太郎氏の女性関係がもとで夫婦関係に亀裂を生じはじめてきた。

太郎氏と花子さんとの間には子供がいなかったので、二人で相談した結果、老後の生活保障にあてる目的で花子さんは太郎氏から二回にわたり不動産をもらい受け､夫婦間で｢夫婦相互協約覚書｣という書類を作り、不動産の贈与について明白にさせた。

ところが、太郎氏は約束に反し、花子さんにあげた不動産を花子さんの承諾なしに第三者に売却してしまったために、驚いた花子さんは、太郎氏に対し残っている不動産について花子さん名義に所有権移転登記をするよう頼んだが、登記をしてくれなかったので、やむをえず太郎氏に対して所有権移転登記手続きをすることを求めて訴えを提起した

☆約束もヘチマもあるか!!

のである。

太郎氏と花子さんとは、まだ正式に離婚をしていないけれども、実際には正常な夫婦関係が存在しないくらいに冷えきっており、これまでに離婚話は何回となく出ていたのである。

訴えられた太郎氏としては、以前に「夫婦相互協約覚書」を作っている以上、花子さんに不動産を贈与しなかったともいえないので、法律に規定のある「夫婦間で契約をしたときは、その契約は、婚姻中いつでも、夫婦の一方から取り消すことができる」(民法七五四条)ということを根拠に、以前になした贈与を取消すと主張したのであるが、裁判所は、太郎氏の主張を認めず、花子さんの請求を認めたのである。

その理由としては、「婚姻が実質的に破綻している場合には、それが形式的に継続しているとしても、夫婦間の契約を取り消すことはできない」ということであって、もし夫婦関係が円満である際に夫婦間で契約がなされた後、なんらかの理由で夫婦間で離婚問題が起きるような紛争があり、夫婦関係が破綻しているようなときには、夫婦間の契約は取り消すことができないのであるから、夫婦の間で、いくら仲が良いからといって、後になって絶対に別れないという保証がない以上、簡単に契約すると、後になって後悔することもありうるということを、太郎氏は身をもって実証したといえよう。

問題点

夫婦間の契約の取消権が問題になる場合は契約の時と取消しの時によってつぎの四つに区分される。

すなわち、①正常な関係にある夫婦間で締結された契約を正常な関係にある間に取り消す場合、②正常な関係にある夫婦間で締結された契約を婚姻破綻の状態で取り消す場合、③婚姻破綻の状態で締結された契約を夫婦関係が正常に戻ってから取り消す場合、④婚姻破綻の状態で締結された契約を婚姻破綻状態で取り消す場合。

そして、右のうち、夫婦間の契約取消しの対象になるのは①の場合だけであるが、反面、夫婦が円満に生活している場合には、取り消しの問題が起きないばかりか、取り消しをしたところでそれが裁判になるような事態に至ることは皆無であって、すべて話し合いでことがすむと思われるから、法律で規定する**夫婦間の契約取消権**はあまり意味がないといわざるをえないようである。

いずれにしても、夫婦となった以上は、お互いに協力しあって家庭を作るものであるから、「契約」なる言葉自体も問題であって、円満な夫婦関係には、法律も関与しないというのが原則のようである。

結婚離婚のアナ

二〇年続いた内縁関係を不当に壊されたため慰謝料を取った老婆の話

弱き者よ！汝の名は女なり

男女雇用機会均等法の普及など、法の建て前上は女性の地位が向上しているように見えるが、法廷からみた女性の地位、立場というものは、このような現象とは逆の様相を呈しているように思われる。

証人台に立つその老婆の供述には物悲しい女の一生があった。

〝五歳頃と思いますが、私は大病をわずらい、長い間の治療の甲斐もなく右足に後遺症が残って家の中での生活はともかく、外出はままならなくなりました。

二八歳の頃と思いますが、ある人から極楽寺の住職の祈禱で後遺症が治ると教えられ、溺れる者わらをもつかむの諺のように、片田舎の極楽寺を訪ねました。

四〇歳くらいの温和な住職が出てきて、毎日祈禱をすればすぐ治る。六カ月も通う必要があろうといわれました。そして通うのが大変なら私の寺に住み込んだらどうだろう、掃除の手伝いをしてくれれば食費も結構だ、といわれ地獄で逢った仏の言葉のように思い、さっそく住み込むようにしました。私も女の幸せをつかめる、と思いました。

極楽寺に住みついてからは、朝晩の祈禱と、寺の掃除などにあけくれる毎日でした。

☆おじいさん、私もウーマン・リブですヨ

住職もその頃は優しく、身体の不自由な私に何くれとなく気をつかってくれます。私が住職に感謝以上の気持ちを持ち、男女の関係になるまで、そう長くはかかりませんでした。

「一生面倒をみてやる……」住職の言葉を信じ、私は嫁になれる、そう思っていました。仏の慈悲に感謝しました。その後、住職は私を入籍してはくれませんでしたが、周囲の人は私を住職の妻として認めてくれました。私は住職の先妻の子供の養育、掃除などに精をつくし、私にも子供が生まれるようになりました。

しかし、その頃から住職は女遊びを始め、たびたび外泊するようになり、和美という女を囲うようになり愕然としました。しかしこんな足の悪い私が妻の座を得たのだ、耐えよう、気をとりなおし仏の慈悲にすがりました。

私にも三人の子供ができ、住職の先妻の子供はもう嫁をとる年頃になりました。しかし、住職にはなんの反省もなく、かえって私をいじめ、子供や嫁のいる前で殴るなどの暴力を振るうようになり、和美という女を寺に入れて、子供を生ませるようになりました。勤めに出て独立した私の子供を呼びつけ、私を引きとるよう強要し、これを拒むとしつこくいじめるようになりました。

こんな生活に耐えられず二〇年間の関係を精算し、今は寺を出て子供のところに身を寄せております。現在は年もとり病気がちで床についている方が多いのです。収入は全くありません……〟。

この事件は、内縁関係を不当に破棄されたことを理由に慰謝料として老婆が住職に三〇〇万円を請求した事件で、これに対し判決は五〇〇万円しか認めなかったものである。

問題点

この場合の慰謝料は正式に結婚し、離婚をする場合のそれと同様に考えていいであろう。

また、**内縁関係**（ないえんかんけい）として法律の保護を受けるのは結婚関係と同じような実態をそなえている場合で、ただ届出がされないとき、という意味に考えても間違いはない。

とすると、この女性の場合、事実上の妻として内縁関係が認められる。

慰謝料とは精神的な苦痛に対する賠償であり、これを金銭で評価するのは困難であるが具体的な金額を出さないと困るので三〇〇万円とか五〇〇万円とかの数字を出すわけである。

算定の基礎も双方の身分関係、資産、原因など考慮して決定されるが数字的に明確な根拠があるわけではない。本件の場合の五〇〇万円は、住職の仕打ちなどを考えると安い気がする。慰謝料の性質に制裁の意味・扶養（ふよう）の意味などを加味して考えると全く安いと思う。

それにしても、仏心のない坊主がいたものである。

ウソ八百で結婚話をまとめても詐欺にはならない話

結婚離婚のアナ

二人が合意すれば仲人に責任はない

昔から仲人の口車にのり、うかうか結婚したためひどいめにあった、という話が多い。信用性のない話を、まるで仲人口のようだということわざがあるくらい仲人のいう話はウソが多い。ウソとまではいえなくても、誇張が多いといえる。

さて二郎君は、持参金をもち、経済的に援助してもらえる女性がいればと広言するほど、チャッカリ、がっちりタイプの青年だったが、仲人の持込んだ話は、まさに彼の希望にピッタリとくる縁談であった。彼の気持は大いに動き、眼を輝かせて仲人の並べるある女性の話にきき入った。

この女性は三十娘である。両親が手放したがらないので、いままで降るようにあった縁談もことわり、こんな年齢になったという。容姿は普通、諸事万般に通じ、今度の結婚には持参金として相当まとまった現金や株をもたせ、新夫婦には新しい住宅まで一軒くれるという話。こんなウマい話はなかろう。年齢が多少不満でも、そんなことは考えようで、どうにでもなる。

仲人の話によると、相手に二郎の話をしたら、相手も大へん乗気だ。この話はきっとうまくゆく。相手には二郎のことを、実際は大学を卒業していないけれど某大学を卒業したとつたえ、現在の会社の収入も実際よりはいいようなことを話してある。もちろん将来の重役候補とほめてあるから、ボロを出さないように、となかなか芸の細かいところをみせた。

二郎は吉日をまって、はじめて相手の女性と見合をした

乗っちゃいけない、仲人の口車

が、このときは化粧のセイもあって容貌にはあまり不満な点もなく、難をいえば背丈が小さいぐらいで、話もあまりしなかったので頭の程度、教養などはわからなかった。

二郎の印象は大変漠然としていたが、仲人はさっそく翌日に彼をたずね、

「どうだ、いい娘さんじゃないか、あまりグズグズしないで早くきめんとあんな条件のよい相手は、すぐ他の人と話がまとまるよ」

と早期決断を迫り、逆に相手の女性の方に行っては、

「二郎君は大変よろこび乗気で、是非まとまるものならといっている。どんな感想かきかせてほしい」

といかにも二郎がすでにＯＫをいっているように伝え、何とか話をまとめようとした。

こんな仲人口があり、二郎と相手は結婚したが、持参金の約束は半分も果たされず、新築建物も旧い小さい家屋を一軒借りられたにすぎず、また妻にしても夫は大学出ではなく、収入も予想より下という調子で、さんざんな目にあったとお互いがやり合っている有様である。

問題点

うまく仲人口にのせられ結婚したが、実際の生活はその仲人が提案したようにはいかない。多くのケースがそうであろう。

これは確かに詐欺的なものである。二郎にしても有利な条件が提案されて気が動いたろうし、妻の方も二郎が立派な学歴があり、幹部社員として将来性があるという点で、彼をえらんだはずである。

結婚の意思が、この仲人の詐欺的説得によって生まれたわけで、もしそんないんちきがなければ当然結婚しなかったという場合もあろう。

しかしとにかく結婚の合意があったわけであるから、普通の取引のように契約をするときの基礎データにまちがいがあったから、その取引をとり消すといったことはゆるされない。

もちろん、このことが**婚姻を継続できない重大な理由**になるというのであれば、離婚の理由になるし、当事者双方が合意さえすれば、協議離婚をすることもできる。

それではうまく口車にのせた仲人の責任追及はできるか。

結婚詐欺とは全くケースは別でありこの仲人を詐欺だというわけにはゆかない。結婚詐欺はあくまでも結婚当事者の一方が、結婚するとダマして、相手方から金品をまき上げることが必要で仲人がこの詐欺の片棒をかつぐときは結婚詐欺の共犯となるが、この問題の場合にはもちろん詐欺とはならない。

なるほど道義的に非難されようが、それは昔から仲人口には警戒せよの鉄則を忘れた当事者自身がうっかりしていた結果にほかならないのだから、あきらめるほかない。

結婚離婚のアナ

婚約を解消しても結納金を返さなくてすんだ女の話

事実上の結婚生活がキーになる

花井いずみさんは、上司の部長さんから〝いい男がいるんだが、お見合いをしてみる気はありませんか〟ととつぜん縁談話をもちかけられた。

相手の村野一夫君は三三歳で某商事会社の販売課長。もっとも、その会社はお父さんが経営している会社であり、一人息子であるから、やがては二代目社長になることはうけあいという、まさに玉の輿縁談だ。

いずみさんは、〝母に相談してからご返事します〟と答えておいたが、早くも三日目の日曜日に、部長さんがやって来て〝お母さんもご一緒にドライブに行きましょう〟とさそわれた。

海の見える料亭に〝まあ昼食でも〟と招き入れられると、相手の一夫君とその両親が待機していて、思いもかけず豪華なお見合いが始まった。

☆私も大事なものをあげたのよ！

一夫君も、両親も、いずみさんが気に入って、それから一〇日目には正式な婚約の申入れがあり、まもなく五〇万円の結納金が届けられた。

さて、結婚式の日取りだが、男性の母親が非常に気学にこっていて、ともかく結婚式は今月中にしなければならない。それから、方除けとして三か月間西北の方角に家をみつけて二人だけで同棲生活をし、それから両親の家に移転しなければならないということを強く主張するので、正式な結婚式と披露宴は三か月先にすることにし、家族だけで仮祝言をあげると同時に、若夫婦は郊外にマンションを見つけて同棲を始めた。

ところで、いずみさんは少女時代から筋骨たくましく、ガッチリとしたスポーツマンタイプの男性を理想の男性像として夢見ていたのに、新郎の一夫君は何かフニャ、フニャとした気弱な男性であり、妻の前でも裸になるのが恥ずかしいという有様。それでいて夜のいとなみとなるとバカにしつこくからみつき、その上、胃腸の悪いせいか、明け方の口臭は腐ったようなにおいがするというので、いずみさんはお母さんの頑強な反対も押しきって、三か月目に逃げ出してしまった。

一夫君の両親は、部長さんを通して、いずみさんに、帰ってくる気がないのなら、結納金を返してくれと再三、しつこく催促してきた。さてこの場合、結納金を返さなければならないだろうか。

問題点

そもそも、結納金というものは、婚姻の成立を条件として男の側から贈与した金であるから、婚姻が成立しなかった場合は返すのがあたりまえ、返さなければ**不当利得**（民法七〇三条）をしたというわけで、民法上、返還義務を負うことになっている。

婚姻が成立したか否かは実態に即し社会通念によって決せられる。事実上の婚姻、すなわち内縁でもよいとされている。

最高裁の判例で、挙式後八か月間同棲をし、その間に婚姻届をしていた場合は返還義務はないとしたケースや、反対に挙式後二か月間同棲したが婚姻届をしておらず、かつ両者の融和がなかった例で、いまだに婚姻成立とはいえないとして返還義務を認めたケースもある。

また、婚姻解消の原因が結納の授与者にあった場合は返還請求できないとする下級審判例もある。

いずみさんの場合、正式な結婚式も婚姻届も出していないが、これは、一夫君の側で勝手に迷信にとらわれておくらせていたにすぎず、仮祝言までして二か月間夫婦生活を続けていたわけだから、結納金を返す必要はないであろう。

〔コラム〕元妻の不倫相手に離婚慰謝料は請求できない

夫婦は、互いに不倫（不貞という）しない義務を負っている。たとえば、夫が不倫（浮気）をしたとしよう。

法律上、妻は夫に離婚を請求できる（民法七七〇条一項一号）し、不倫が原因で離婚に至れば、離婚に伴う精神的苦痛の慰謝料（**離婚慰謝料**）も請求できる。また、夫の不倫相手に、不倫で受けた精神的苦痛の慰謝料（**不貞慰謝料**）を請求することも認めている。

なお、明確な判断が出ていなかった不倫相手にも離婚慰謝料を請求できるかどうかについても、平成三一年二月一九日の最高裁判所判決で、初めての判断が下された。

●下級審は請求の一部を認めて、不倫相手に慰謝料支払いを命じた

事件の概要は、次の通りである。

夫Xは、平成六年三月、Aと結婚、夫婦間には二人の子がいる。Xは仕事で不在が多く、Aは平成二〇年頃から職場の同僚のYと不倫関係になったが、XがAの不倫を知った平成二二年頃には、AはYとの不倫関係をすでに解消していたという（Xは、この時点では妻Aの不倫相手Yに対して、不貞慰謝料の請求をしていない）。

Aは不倫発覚後も、Xとの同居生活を続けていたが、平成二六年Xと別居し、その後、Xが離婚調停を申し立て、平成二七年二月、離婚が成立した。

Xは平成二九年、元妻Aの不倫相手Yを相手取り、Aの不倫が夫婦離婚の原因であるとして、離婚慰謝料支払いを求める裁判を起こした。

一、二審は、XとAとの結婚生活が破綻したのは、YとAとの不倫が原因であると認め、元妻Aの不倫相手Yに離婚慰謝料など約二〇〇万円の支払いを命じたが、その判決を不服としたYが上告した事件である。

●妻の浮気が原因で離婚しても、浮気相手から離婚慰謝料は取れない

最高裁は、「協議離婚でも裁判手続きによる離婚でも、離婚による婚姻解消は夫婦間で決められる事柄であって、不貞行為が原因で離婚に至ったとしても、不倫相手が直ちに当該夫婦を離婚させたことを理由とする不法行為責任を負うことはない」と指摘、不倫相手が責任を負うのは、「夫婦関係に不当に干渉し離婚させた場合など特段の事情があるときに限る」と、判示している。

その上で、「**離婚慰謝料は**、不倫など有責行為のあった配偶者に対し、配偶者の他方が請求できるもので、第三者である**不倫相手には原則請求できない**」とする初判断を下し、一、二審判決を破棄、Xの請求を棄却している（不倫相手Yの逆転勝訴が確定）。

第8章 親子・養子の抜け穴と急所

♣本書の内容は……
・認知されたが父の氏への変更申立てが本妻の反対で認められない話――民法七九一条
・有名人にあやかった小学生の改名がメデタク認められた話――戸籍法一〇七条の二
・養子縁組を解消したので約束の遺贈が一銭も貰えなかった夫婦の話――民法一〇二三条
・一度だけのセックスで子供の強制認知をさせられた話――民法七八七条
・婚約者のお腹の子をよその男に強制認知されてしまった話――民法七八三条
など実例解説・一四話

親子・養子の法律の急所

令和四年（二〇二二年）一年間に生まれた子どもは七九万九七二八人（厚生労働省・人口動態統計速報値による）で、明治三二年（一八九九年）に統計を取り始めて以来、初めて出生数が八〇万人を割った。新型コロナウイルス感染症の拡大により結婚（婚姻）件数が減少したこともその一因と言われているが、少子化のペースは予想以上に加速しているようだ。

なお、出生数から死亡数を引いた人口の自然増減数も、令和四年は七八万二三〇五人減と過去最大の減少だった。

★民法が改正され親権から懲戒規定が削除された

最近の親子・養子をめぐる法律の動きには、嫡出の推定、嫡出の否認に関する民法規定の改正（平成四年一二月二六日公布）が上げられる（後段参照）。また、この改正では、親権の効力についても改正された。

成人に達しない子の父母は、親権者としてその子を監護および教育する権利と義務を有する（八二〇条）が、その行使に当たって、**子の人格の尊重**および年齢や発達の程度に配慮することを義務づけられ、**体罰や子に有害な言動の禁止**も明文化された（八二一条）。

この改正規定は公布日から施行されており、**懲戒権**の規定は削除されている。

なお、全国の児童相談所が令和三年度に受け付けた児童虐待相談件数は二〇万七六六〇件で、過去最高だった。その内訳は、心理的虐待六〇・一％、身体的虐待二三・七％の順である。

★離婚後三〇〇日以内の出生子も再婚後の夫の子

生まれた子の親子関係について現行法では、①妻が結婚中に妊娠した子、または②結婚後二〇〇日以降か、③離婚後三〇〇日以内に生まれた子は、その夫婦の子（**嫡出子**）と推定する（民法七七二条）。たとえ、子の父親が夫以外の男性であっても、法律上の親子関係が原則成立する。

その親子関係を否認するためには、夫は子の出生を知ったときから一年以内に、**嫡出否認の訴え**を起こさなければならない（七七四条、七七五条、七七七条）。たとえ、DNA鑑定で、生物学的に父子関係がないとわかった場合でも、この訴えを起こさないと法律上の父子関係を無効にできない（嫡出推定を優先する）というのが裁判所の考え方である（最高裁・平成二六年七月一七日判決）。

ところで、この嫡出推定の規定は、平成四年一二月公布の改正民法の施行後（施行は令和六年四月一日から）は、同時に再婚禁止規定が撤廃される（前章・結婚離婚の法律の急所、巻頭グラフ①参照）こともあって、次のように変わる。

「妻が結婚中に妊娠した子は夫の子と推定する」原則は変わらないが、結婚前に妊娠して結婚後生まれた子も夫婦の子とすることが明記された（改正民法七七二条一項）。また、妻が子を妊娠してから出生までの間に、二度以上の結婚をしている場合、生まれた子は「**直近の夫の子と推定する**」との規定が新設された（同条三項）。離婚後三〇〇日以内に生まれた子も、法律上は再婚後の夫の子となる（グラフ①・6～8参照）。

この他、嫡出否認の訴えを起こせるのは、これまで夫だけだったが、父（前夫含む）、子、親権を行う母も行使できるようになり、出訴期間も一年から三年に延長された（改正法七七四条、七七五条、七七七条）。

★夫婦以外の男女間の子は認知で親子関係が成立

夫婦以外の男女間（事実婚の夫婦含む）に生まれた子を「**非嫡出子**」というが、法律上の親子関係の成立には認知の手続きが必要である（七七九条、七八一条）。父が認知しない場合、子は父を相手取り認知の訴えを起こすことができ、その訴えは父の死後三年以内なら認められる。

★一五歳未満の子は特別養子にできる

法律上、子どもには**実子**と**養子**がある。実子は文字通り、その親と血のつながり（自然血縁関係）があり、養子は民法の定める手続きにより「養子縁組」をした子をいう（七九二条以下）。なお、法律上、実子は相続人から廃除できる場合を除けば親子関係を切れないが、養子は養子縁組を解消（**離縁**という）すれば、互いの親子関係は消滅する。

ところで、養親の中には、「養子にした子どもを実子として育てたい」、「養子であることは、その子にも、周囲にも知られたくない」と、望む人も少なくない。このような養親に便利なのが、「**特別養子縁組**」の制度である（八一七条の二以下）。家庭裁判所の許可を得て特別養子にすると、その子と実父母の親子関係は終了し（普通養子の場合、実親との親子関係も残る）、戸籍上も、一見して養子とはわからないような配慮がなされている。ただし、この制度を利用して養親となれるのは、原則として満二五歳以上の夫婦である。

なお、特別養子にできる子の年齢は、満一五歳未満（満一五歳になる前から養親の監護を受けている場合は満一七歳未満）である。

親子のアナ

認知されたが父の氏への変更申立てが本妻の反対で認められない話

戸籍を同じくする者の意見を尊重

武田太郎には、花子という妻と同女との間に一郎、二郎という二人の未成年の子供がいるが、昭和五〇年頃、上杉春子という女性と知り合い情交関係を結んでからは、妻子と別居し、春子と同棲するようになった。

翌五一年、太郎は家庭裁判所に花子を相手として離婚調停を申し立てたが不成立に終わり、他方花子側でも家庭裁判所に夫婦同居の申立てをし、後に婚姻費用分担の申立てに申立ての趣旨を変更したところ、審判、抗告を経た上、五三年三月、太郎が花子に対し、婚姻費用の分担として月額一三万円を毎月支払うことなどを内容とする調停が成立した。

一方、太郎と春子との間には、五一年に夏子が、五七年に一夫が生まれ、太郎はいずれの子についても認知の届出をし、夏子については家庭裁判所の許可を得て氏の変更を行ない、父太郎の武田姓を称するようになっていた。

そこで、太郎は一夫の氏が上杉姓で父太郎と氏を異にするため、太郎、母上杉春子、姉夏子との共同生活において不便であること、とりわけ保育園入園に伴う不都合および

☆戸籍まで一緒なんてイヤダワ！

姉夏子が父太郎の氏への変更を許可されて、これを称していることから生ずる混乱を申立ての理由にして、家庭裁判所に一夫の氏の変更の許可を求める申立てをしたのである。

右申立てに対し、家庭裁判所は、本妻である武田花子側のこうむる感情ないし社会生活上の不利益を優先させる判断を示して、申立てを却下する審判を下したので、太郎はこれを不服として高等裁判所に抗告した。

そして、抗告審も、「認知された非嫡出子の氏を父の氏に変更することの許可を判断するにあたっては、当該子の福祉、利益を考慮すべきことはいうまでもないが、他方、氏ないし戸籍に関する一般の意識、国民感情に照らし、許可がなされることにより戸籍を同じくするに至る父の妻、嫡出子らの利害、意見等も無視することはできず、これらを斟酌すべきものと解するのが相当である」と判示して、氏の変更の許可を認めない第一審を支持して、抗告を棄却した。

問題点

子が父または母と氏を異にする場合には、子は家庭裁判所の許可を得て、父または母の氏を称することができる（民法七九一条一項、現・家事事件手続法三九条、別表第一第六〇）。その判断基準について法律は規定していないので、実務では、**裁判所の自由な裁量により氏の変更の許否を判断できる**ものとされている。

子の氏の変更が問題とされる例は、子の父母が離婚により氏を異にし、子が同居する親の氏と異なった場合が一般的であるが、右の例では、子側の利益だけを考慮すればよいので問題はない。しかし、上杉一夫の場合のように、認知された非嫡出子の氏を父の氏に変更するという事案においては、一夫が父武田姓を称することは父太郎の戸籍に入ることになり、そうすると父太郎の本妻花子や嫡出子の一郎、二郎と同じ戸籍となるため、本妻側の利害を考慮すべきか否か問題となる。

裁判例としては、①本妻らの反対を特に考慮することを要しないとするもの、②本妻らの意思に反する氏の変更は許されないとするもの、③子の福祉と本妻側の利害を比較考慮のうえ前者を優先させるもの、④後者を優先させるもの、に分かれている。

前記高等裁判所は、満二歳を過ぎたばかりの一夫の氏を父太郎の氏に変更することが一夫の福祉、利益のために現在差し迫って必要であるとはにわかに認めがたいとし、本妻花子や子供達の心労と氏変更に対する反対は無理からぬものとしたうえで、本妻側の利害を優先させたもので、前記④の立場をとっている。もっとも、一夫の例では、姉夏子の氏の変更が許可されていることから、同居の姉弟が別個の氏を称するという事態は解決されてはいないので、問題を残すものと思われる。

認知せぬことを条件に金を貰いながら認知させた話

親子のアナ

認知請求権は金で放棄させられない

S電器株式会社営業課長の原田茂男は、マージャンでもうけた小遣いで、課の若い連中をキャバクラで遊ばせてやり、いい気持で帰宅した。明日は休みだし、少し時間は遅いが、近頃機嫌のいい妻を相手に、もう少し飲み足すか、と思いながら玄関のベルを押した。しかし、迎え出た妻の態度は明らかに不機嫌そのものであった。

「何だ。どうかしたのか」という茂男の目の前に、敏江は一通の手紙を置くと、ぷいと奥の部屋に入ってしまった。

茂男は手紙の差出人を見て驚いた。四年前、一大家庭争議のすえ、ようやく関係を清算した好村良子からだった。良子の手紙の内容は〝あなたとの間の子供は元気でいるが、風邪を引きやすく、医者代がかかる。自分が勤めに出ている間、母や兄嫁に世話をかけるので気を使って何かと金がかかる。今度幼稚園に入れるが、父のない子ではやはり不びんだ。将来、学校・就職・結婚のことを考えると、認知してほしい〟と、丁寧（ていねい）な文体ではあったが、押しつけられるような印象を受けた。

☆親子の縁は死ぬまでツヅク

茂男は憤然とした。冗談じゃない、何て勝手なことを言う奴だ、二〇〇万円の金を渡し、今後一切認知の請求もしない、と誓約書を一札書いたではないか。茂男は重要書類の中から、その一札を探し出した。見ろ、良子の自筆で、〝二〇〇万円を養育費等として受け取りました。今後金銭上の請求はもちろん、認知の請求もしません〟と書いてあるではないか。書類にしてとっておいてよかった。茂男は、敏江に、これさえあれば心配することはない、と言い聞かせ、翌日、良子の家に車を走らせた。

四年ぶりの良子は一廻りふとっており、茂男はわが子を見ると胸が痛んだが、良子には、誓約書を突きつけて、これを忘れたわけではあるまい、当時どれだけ苦労して金策したか、平穏をとりもどした家庭にまた波風を立たせるつもりか、金のことなら何とかできるかもしれないが認知はできない、と強調した。自分勝手はわかっていたが、妻と三人の子を思うと、弱気にはなれなかった。

話合いは平行し、良子は、「私の言いたいことはすべて手紙に書いた。どうしてもわかってくれないなら、私は裁判してでも、一郎の父になってもらいます」と言った。茂男は、裁判という言葉には不意をつかれ、カッとなった。

「やれるものならやってみろ、俺にはちゃんと証拠があるんだ」

問題点

茂男が杖(つえ)とも柱とも頼む誓約書は、茂男一家を支えるにはあまりにもろい。裁判になれば、おそらく茂男は負ける。

良子は、金二〇〇万円を受け取るかわり、一郎の**認知**(にんち)を請求する権利を放棄する契約をした。それを誓約書という書類にまでした。

しかし、最高裁判所をはじめ一連の判例、学説は、**子の父に対する認知請求権**は、それが身分上の権利であり、それを認めた民法の精神に照らして、放棄することができないものであるという立場をとっている。良子がそれを承知で誓約書を書き、二〇〇万円を受け取ったとすれば、まことに頼もしい母親である。

もっとも、学説の中には、形式的な認知請求権よりも、子の実質的な保護を重視し、その身の安全な成長のために十分な金銭的保障を与えた場合には、認知請求権の放棄も有効とみるべきであるという見解もある。もし、良子、一郎が十分な対価を得て、生活の不安がなければ、茂男の家庭を乱してまで認知を許す必要はない、とみる。しかし、裁判では今のところそういう見解は通りそうもない。

認知されれば当然、**相続権**もある。自分のまいた種にはどこまでも責任がついてまわる。認知請求しません、という書類など絵に書いた餅に等しいことを知るべきである。

一度だけのセックスで子供の強制認知をさせられた話

親子のアナ

血液鑑定などの人類学的検査がキメ手

〃世の男どもは、一度はわが子を真のわが子かと疑わぬものはない〃などとウガったことをいう人があるが、ただ一回のエッチで父親の認知請求を受けてしまった事件がある。

早野征夫(まさお)君は二一歳。S大学の学生である。たまたま同じクラスの女子学生で二〇歳の上野月子さんと親しくなり、昭和五五年二月八日頃、月子さんを誘って横浜市内をドライブした。その時早野君は月子さんに、〃ぜひキミと結婚したい。卒業したら一緒になろう〃と意中を打ち明け、月子さんもこれを承諾して手を握り合った。

ところが、同月二〇日頃、もう一度月子さんをドライブに誘ったとき、彼女は早野君にこんな意外な告白をした。

〃じつは、わたし、K大学のM君と、すでにあやまちを犯してしまったことがあるんです〃——と。早野君は、この意外な告白を聞いて、ガンと一撃を受けた思いをしたが、その反面、この月子さんとは自由に気楽に交際してもかまわないという奇妙な心理が生じたものと想像される。

その場は、〃なあに、そんなあやまちはボクなんとも思わないよ〃といって、そのまま二人は別れたが、新学期が始まってまもないその年の四月二五日、二人は新宿区内で映画を見た後、新宿区歌舞伎町にある旅館あけぼの荘には

☆「これあなたの赤ちゃんよ」なんていわれたって……?

いり、その一室で若い情熱をぶつけあった。早野君と月子さんの性交は、前にも後にも、ただこの一回だけであったという。

ところが、翌昭和五六年一月一〇日、月子さんは妊娠一〇か月で女の児を分娩(ぶんべん)した。市代さんと名づけたが、早野君は〝これはボクの子ではない〟といって父子関係を否認した。そこで、やむなく月子さんは市代さんの法定代理人（親権者母）として早野君を相手どり認知請求の調停を申し立てたが、調停が不調に終わったため、事件は東京地方裁判所の法廷に持ち込まれた。

その結果、裁判所は第一、第二審とも、市代さんの父親は早野君だと認め、認知請求を認容した。

判決は、まず月子さんが市代さんを受胎(じゅたい)した時期を昭和五五年四月上旬から同月下旬までの間であると認定し、つぎに、その期間前後における月子さんの他の男性との情交関係の有無を調べ、他に情交関係があったと認めるべき明確な証拠はないと認定した。

なお、たしかに月子さんは早野君に告白したとおり、K大学のM君とあやまちを犯したことがあるが、M君との性行為は昭和五五年二月一一日のことで、時期的にみて市代さんの受胎可能期以前であることが明らかであると認定された。

問題点

父子関係確認の証拠のキメ手として、判決はつぎの三点を列挙している。

① 東京女子医大でなされた血液検査では早野君が市代さんの父親である確率八〇数パーセントとされたこと――また、早野君は、昭和五五年八月、月子さんから妊娠四カ月だと打ち明けられた際「おろすならおろせ、金は都合する」と、暗に自分が父親であることを自認するような返事をしている。

② N大医学部法医学教室A教授の鑑定により、早野君、月子、市代さん三名について行なった血液によるABO式、MN式、RH式、唾液(だえき)による分泌型S式、血清によるハプトグロビン型およびGC型等の血液型検査、指紋、掌紋(しょうもん)、耳垢(じこう)、顔部の結果からみても早野君は市代さんの父親である必要条件をいくつか備えており、その父親肯定の確率は九三・九四パーセントであること。

③ 顔のかたちについて、耳垂(じすい)の型態は父子関係存在の有力なキメ手となるが、早野君と市代さんの耳垂の顔面への付着状態、耳垂前面のヨコの線状陥凹(かんおう)の存在は両者共通の特徴を示しており、これは月子さんにはないこと。

以上から判決は「情交関係は一度しかないが、なお両者間には父子関係が存在すると認められる」と判断したのであった（最近はより正確な**DNA鑑定**もある）。

親子のアナ

婚約者のお腹の子を よその男に 認知されてしまった話

母の承諾があれば胎児も認知できる

関本和夫と野木三枝は婚約者であった。三枝はある旅行会社に勤めるOLで明朗活発、プロポーションもグーで、和夫はのぼせていた。旅行好きな二人は、婚約後間もないドライブ旅行の際、婚前交渉をもち、以来和夫は三枝のしなやかな肢体のとりこになり、三枝のアパートや、モーテルなどで情熱を発散させた。

あと半年で結婚式という頃から、三枝の態度に微妙な変化が生じた。和夫のデートの誘いを断わる回数が増え、セックスはとくに避けようとし、肌を合わせても以前ほど燃えない。三枝はほかに好きな人ができたのである。和夫は、結婚を早めようとしたが、三枝はそれはいやだといい、デートは、気まずい別れになるばかりであった。

ある夜、衝撃的な告白をした。妊娠したらしいと……。

それなら、いっそう早く結婚式をあげようという和夫に対

☆そんなバカな、ゆるせん！

し、あなたの子かどうかわからない、と予想もしないことをいわれた。そのあと、どういうことを話合ったか記憶にない。怒り、嫉妬、狼狽、逆上のはて、泥酔して帰宅した。

結局、ライバル岡野勝彦と会談することになった。冷たく重い三者会談であったが、勝彦の態度が自信ありげで、和夫は、すでに三枝の心が離別していることを感じた。しかし、三枝のお腹の子は自分の子であり、父親になる身として、身を引くわけにはいかない、だから三枝に考え直せ、婚約は解消しないといって譲らなかった。勝彦は、すべてに責任をとる、と期するものがある様子であった。

それからまたしばらくして、勝彦と三枝から話がある、と呼出され、またまた想像を絶することをいわれた。三枝のお腹の子を、勝彦が認知したというのである。そんな身勝手が許されるものだろうか。もはや三枝に未練はないが、胎児についてははっきり黒白をつけたい。和夫は決心して、家庭裁判所の門をくぐった。

問題点

男女関係のもつれは、ときとして、予想もしない事態に発展する。そこに子供をまき込むことは、事態を深刻化させ、子供の不幸は目に見えている。まず、母の胎内にある子を認知することができるものであろうか。これはできる（民法七八三条）。しかし、この場合には、母の承諾を得なければならない。おそらく、勝彦と三枝は、相談し合った結果であろう。もし、和夫が三枝から妊娠を打ち明けられたとき、大事をとって、認知してしまおうとしても、母三枝の承諾書がないと、**胎児認知の届け**はできない（戸籍法六一条、三九条、三八条一項）。

認知された子は、その父母、つまり勝彦と三枝が婚姻すれば嫡出子の身分を取得する。勝彦が、すべてに責任をとる、といったのはここまで考えてのことかもしれない。

しかし、問題は、三枝の腹の中の子が、果たして勝彦の子か、和夫の子か、ということである。もしかすると、三枝は知っているかもしれないし、三枝じしんわからないかもしれない。

和夫が自分の子だと信じて争うなら、勝彦と認知された子を相手として**認知無効の調停・審判または訴え**を提起しなければならない（民法七八六条、家事事件手続法二七七条、二七九条、人事訴訟法二条）。認知した者と認知された者との間に、生理上の親子関係つまり血のつながりがなければ、そのような事実に反する認知は無効であるから、認知無効の裁判を経て、その審判または判決の謄本を添付して、戸籍の訂正届をすれば、他の男の認知を消除できる。

この裁判は、多くの困難が予想される。血のつながりの有無をたしかめる裁判は、時間も、費用も、精神的な苦痛も、相当なものであることを覚悟しなければならない。

認知もされないまま実父に死なれた娘が遺産相続できた話

親子のアナ

父の死後三年以内は認知請求できる

美津子は二〇歳のＯＬである。多くの友人は、高校から大学にすすんだが、美津子はＯＬとなり、昼間は商社に勤め、夜は、母のやっている小料理店の手伝いをしている。美津子には父がいない。いや、正確には父はいたが、認知されないまま二年前に亡くなった。

幼い頃は、父は死んだと聞かされていたが、高校一年のとき、戸籍の父親の欄に何も書かれていないことに気づき、ひどいショックを受けた。一週間ほど家出をする騒動があったが、母が、すべてを包みかくさず話してくれたとき、そして放心したような母の姿に接したとき、母と二人で生きていこう、父なんかいらない、と決心したのである。母は父と別れたあとも、父を愛しており、認知を求めて父を苦しめるようなことはしたくない、今の商売も父の援助があってできたのだから、と美津子に訴えた。

☆日陰者にもフクあり……

美津子は、昔風の母の考えに反発、疑問をもたないわけではなかったが、しいて、父を求める気もないまま、母との平穏な暮しの中ですごしてきた。二年前父が亡くなったことを知ったときも、特別の感慨はわかなかった。

しかし、最近、自分達親子が、ふとみじめに思えて仕方がないことがある。世の中の不景気とともに、母の店も以前ほど繁盛せず、不安そうにため息をつく姿が目につく。美津子も、会社に好きな人がいるが、彼の父が大手広告会社の役員と聞くと、何となく心にわだかまりが広がって、デートに誘われても、常日頃のように快活に振舞えない。もし、認知されていたら、私も父の遺産を分けてもらえたのではないか、そうしたら母ももう少し楽にやれるのではないかという思いにかられるのである。母に話すと、「父は死んじゃったし、今さらどうすることもできないよ。お前にはすまない」と、諦め切った口振りだが。

そんなある日、会社の用足しに行った帰り、あるデパートの前に、無料法律相談の広告を見た。美津子はふと思い立って、相談を申し込んだ。相談を終えて出てきた美津子は、胸が高鳴っていた。担当弁護士の解答では、父が死んでからでも、認知の請求ができるというのである。

問題点

民法では、結婚届のある正式な夫婦の間の子以外の子を、**非嫡出子**（ひちゃくしゅつし）といい、嫡出でない子と、その父は、戸籍法の定めに従い**認知届**をした場合にかぎって、法律上の父子関係を認める。父が嫡出でない子を、自分の子であると承認しただけでは効果がない。ただし、遺言書で認めれば**遺言認知**（いごんにんち）として効果がある。父親が認知（**任意認知**）してくれなければ、裁判にして認知させることができる（**裁判認知**、**強制認知**）。

父親が死亡していても、死亡の日から三年以内なら認知請求の裁判が起こせる。美津子の父は死後二年なので、この訴えを起こせる。ただし、相手は公益的立場から検察官を相手どることになっている（人事訴訟法一二条三項、二六条二項、四二条一項、二項）。美津子は成人に達しているから、自ら訴えを起こすことができる。

認知の判決があると、その効果は、出生の時にさかのぼり、美津子は生まれた時から父と法律上の親子関係があったことになり、父の遺産を相続できる（その相続分は嫡出子と同じ。民法九〇〇条一項四号）。

しかし、父の死後の認知の場合は、遺産分割の話合いがすんだあとで、実は私も相続人である、ということになりやすい。遺産分割の協議がすんでいなければ、直接協議に参加して話合えばよいが、すでに分割協議がすんでしまっているときは、あらためてやり直すのも煩らわしいし、第三者にも迷惑が及ぶことにもなるので、認知された子は、現物、たとえば土地・建物などの分割請求はできない。自分の相続分に見合うだけの価額評価をして、すでに相続した他の相続人から、その受けた相続分に応じ、お金で払ってもらうことになる（民法九一〇条）。

生まれてない子供が祖父の財産を相続したという話

親子のアナ

胎児の相続権を忘れないコト

田中家では葬儀が二つ続いた。長男雄一が不測の交通事故で亡くなった一か月後、老父庄太郎もあとを追うように脳溢血で亡くなった。

庄太郎家はその地方ではかなりの資産家であった。庄太郎の相続人は、妻のよねと、次男健次、長女洋子、次女久子である。長男雄一に子のないことが一同の悩みであり、妻の静子は、いつも肩身の狭い思いをさせられていたが、庄太郎の亡きあと、兄嫁の立場の静子には、庄太郎の遺産を相続する権利がないとわかると、姑のよねをはじめ、小姑たちも妙にやさしくなり、雄一との不幸な結婚生活に同情を示した。

庄太郎の三五日の法要のあと、親類一同寄合ったところで、庄太郎の遺産をどうするか親族会議が開かれた。話合いは夜おそくまで続いたが、静子は列席することもなく、台所で接待に追われるだけであった。

結局、庄太郎名義の土地、建物の大部分は跡をつぐことになった次男の健次が相続し、よね、洋子、久子ら女性は、残った不動産や相当の金銭を取得することが決まった。静

子に対しては、気持として一〇〇万円が贈られることになった。そして、あなたをいつまでも田中家にしばりつけておくつもりはない、あなたの自由にしてよい、と言った。表面上はいかにも思いやりのあるやり方だが、庄太郎の遺産からすれば、一〇〇万円などほんの僅かなはした金で、ていのよい手切金、縁切料であることを静子は感じとっていた。結婚して一〇年の年月の空しさと、何も残さず先立っていった雄一がうらめしかった。

数日後実家へ帰ろうと心に決めて夕食の仕度をしていた時、突然、胃の奥から突上げられるような不快感に襲われた。葬儀などの疲れか、食当りかと思ったが、翌朝再び嘔吐感に襲われたとき、はっとした。つわりではないか。まさか今になって、と否定する気持と、もしかして…と思い当たるふしもないではなかった。

医師の診断の結果、妊娠三か月であることがはっきりした。姑や義弟らは狼狽した。そして、暗に中絶をすすめ、特に遺産については、すでに話合いがついており、今さら話をむし返すことはできない、と念を押すのであった。しかし、静子は、胎児は天国からの贈り物のように思え、これからの自分の生活のハリのために生む決心をした。

問題点

静子が無事出産した場合、田中家の相続はどうなるか。父雄一、祖父庄太郎が死亡した時は、まだ胎児にすぎない。

民法の大原則は「私権の享有は、出生に始まる」（民法三条）であり、母の胎内を出て始めて権利主体となる。この原則からすると、相続開始のつぎの日に生まれても相続権はないことになる。これは、できるだけ身近な者に相続させようという相続法の精神にそぐわない。そこで、民法は、特に胎児の相続権について規定を設け、「**胎児は、相続については、既に生まれたものとみなす**」（八八六条一項）が、死体で生まれたときはだめである（同条二項）。

静子が無事出産すれば、その子は、雄一の遺産の二分の一、祖父庄太郎の遺産については、父雄一を**代襲相続**して、健次、洋子、久子と同じ割合の相続権をもつ。これは、胎児の存在を知っていたかどうかとは関係がない。

胎児の存在を知らずして、あるいは無視して、他の相続人だけで遺産の分割協議をしても、その分割協議は、胎児が元気に出生すれば、相続人全員の協議があったとはいえないから無効である。もう一度やり直すほかない。田中家の親族が、遺産分けのやり直しに応じなければ、家庭裁判所に遺産分割について調停を申立てるとよい。当然の権利である。したがって、相続人として胎児のいる場合、あるいはその可能性があるときは、胎児の出生を待ってから、遺産分けの話合いをすべきである。

愛人の子に扶養料を三年間だして親子関係を消滅させた話

親子のアナ

何をおいても認知手続きを

加藤きぬ子は、田舎から上京し、飲食店に勤めていたが、容ぼうもうるわしくまた非常に働きものであったのでたちまち評判になった。

ところが、お客の森忠太郎といつのまにかよい仲になってしまい、ついに可愛いい女の子を出産してしまった。

ところで、驚いたことには、森はすでに一女のある一家の主人であったのである。それでも森は義理固い人で、さっそく奥さんとも相談したといって月一〇万円の子供の扶養料を届けてくれたので、きぬ子も何とか生活ができて安心していた。

ところが、人間の運命というものははかないもので、森は交通事故のため急死してしまった。

しかし、森は生前に奥さんにきぬ子との間に子供があることを打ちあけていたらしく、森が死亡してからも月一〇万円の仕送りは奥さんから必ず送られていたので、きぬ子も何とか生活していたが、月日がたつのは早いもので、森が死亡してから三年余り経過し、子供も大分大きくなってきて、手数もあまりかからなくなった頃、突然、森の奥さんからの仕送りがたえてしまった。

きぬ子は、相当長い間仕送りしてもらったのであまり無理なおねがいはできないが、それにしても毎月送られていた一〇万円がぜんぜん送ってこなくなると、とうてい生活もできないので、森の奥さんをたずねてみた。

☆コレッキリ　コレッキリですネー

はじめてみた森の奥さんは非常に立派な家に住み、ごうせいな生活をしているようすであったので、きぬ子もいくぶん安心してその奥さんに相談したところ、意外につめたい返事でことわられてしまった。

さて、きぬ子は森と結婚したわけではないから、生まれた子供は、嫡出ではない。

しかし、嫡出でなくても認知をしてもらって親子関係を法律上認めてもらうことができるし、また、死亡した後でも三年間は認知の訴えができるのである（民法七八七条）。

ところで、森は、生前、きぬ子に子供の扶養料を支給しているから、その子供が自分の子供であることは認めているわけであるが、ただ、そのような事実があっても法律的には認知の届出をしなければ認知の効力がないのである（民法七八一条）。認知の効力がない以上、森はきぬ子が生んだ子供の法律上の父ではないわけである。

そして、認知は森が死亡しても訴えによって認知してもらうことができるわけであるが、きぬ子は、なんらその手続きをとっていないから、永久に認知の請求はできない。

その結果、森との関係はもちろん、森の奥さんとも全く他人である。したがって、きぬ子が生んだ子供は、森の相続もできなければ、扶養の請求もできない。

森の奥さんは、森が死亡してからも三年以上きぬ子に対し子供の扶養料を仕送りしていたので、きぬ子としても森に対し認知の請求をする必要を感じなかったのである。

森の奥さんがこの三年たつのを考えて仕送りしていたのかどうかわからないが、いずれにしても、森の死亡後三年たった今、きぬ子としては、法律的に扶養料を請求できる手段はない。

法律上、ぜんぜん扶養の義務のない森の奥さんから扶養料を仕送りしてもらった好意に甘んじて、認知の手続きをとらなかったので、認知請求ができなくなってしまったというわけなのだ。

問題点

結婚しても、その届出をしない限り、法律上夫婦とは認められないように、婚姻外にできた子供も**認知の届出**がなされない以上、法律上、親子関係は発生しない。

それでも結婚の場合は、いわゆる**内縁関係**として法律上保護されるわけだが、認知届のなされていない婚姻外の子供はまったく法律上保護される余地がない。

だから、扶養料を請求すると否とを問わず、相続権を主張すると否とを問わず、婚姻外で生んだ子供の母としては、必ず認知してもらって届出をすませるか、さもなければ死亡後は必ず三年以内に認知の訴えをおこして親子関係を法律的にも明白にしておくよう心掛けておくべきである。

親子のアナ

夫を奪った女性に妻と子が慰謝料を請求し子の分は拒否された話

浮気をされた妻や夫の分はOKです

不貞の夫に対する妻の感情は、愛憎ともに錯綜(さくそう)して、複雑なものである。花子さんは、銀行に勤めていた夫の五郎さんが、銀座のバー「ねずみ鳥」のママと仲好くなって家に帰ってこなくなったときひたすら、「ねずみ鳥」のママ根津とり子さんをうらんだものである。しかし、夫の五郎さんに対しては、不思議と、とり殺してやりたい、という気は起こらないのである。

霞ケ関の家庭裁判所に相談にいくと、方法としては、夫の五郎さんに対して、離婚、財産分与、慰謝料請求の調停、訴訟を起こすことができる、と聞き、すべて五郎さんと縁が切れてしまうような気がして寂しくなってしまった。

そして、五歳になる坊や、五郎次くんと、三歳になる坊や、六郎次くんに添い寝をしながら「お父ちゃんがいないと寂しいかい?」と聞くと、「ウウン、母ちゃんがいるからチットモ。でもお父ちゃんが早く帰ってきたらいいな。一しょにオスモウをとりたいな」という返事である。

そこで花子さんは、覚悟した。夫が帰るまで待とう、離婚はすまい、この子たちを立派に育てて、「おのれ石女のとり子め」と見返してやる気になった。

苦節一〇年、夫の五郎さんと戸籍上は離婚せずに、未亡人暮らしを続けた。

しかし、シャクの種は「ねずみ鳥」のママである。銀行

員の彼氏もいることで、結構お店も繁盛している。これに経済的な打撃を与えんものと、法律相談に出かけた。

「あなたもごぞんじでしょうが、五味川賞を受賞した女流作家の××さんが、妻子ある男と恋に落ちて、本妻から慰謝料を取られた事件がありますよ。あなたも「ねずみ鳥」のママさんに対して、家庭を破壊したという理由で慰謝料を請求してみなさい。夫は敵に廻さなくともよいから。なお、そのとき、長男の五郎次くん、次男の六郎次くんも、とり子さんに父を取られて、精神的に苦痛を与えられたということを理由にして、三人の名義で訴を起こしなさい」というのが、担当の弁護士の意見であった。しかも法律扶助協会（**法テラス**が引き継ぐ）という、訴訟費用、弁護士費用の立替えをしてくれる機関も紹介してくれた。

訴訟の結果、第一審の裁判所は、花子さんについては三〇〇万円、五郎次くんと六郎次くんについては合計八〇万円の慰謝料の請求権のあることを認めた。

ヤレ嬉し、と思ったが、第二審では逆転して、全部敗訴（はいそ）となってしまった。理由は、家庭の破壊はすべて、夫の五郎さんの不徳のいたすところ、「ねずみ鳥」のママには責任はないというのである。しかし、この判決は、余りにも不当である。愛憎の錯綜する、ある意味ではなつかしくもある夫の五郎さんを悪者にして、「ねずみ鳥」のママに肩を持っているのは許し難い、と最高裁判所に上告した。

最高裁判所は、花子さんの請求する部分について、第二審がこれを認めなかったのを破棄したが、子どもたちの慰謝料請求は承認しなかった。

問題点

最高裁判所の態度は、不倫の相手に対する被害者である妻（夫の浮気のとき）または夫（妻の浮気のとき）の慰謝料請求は認めるが、子どもたちの慰謝料請求権は特段の事情がないかぎり、認めないという方向で打ち出されたのである。本来ならば、家庭を破壊されたとき、子の方も被害者である。愛情的な利益を侵害されている。しかし、それについての慰謝料請求までは認められない、というのである。例外的な特段の事情というのは、不倫の相手が子供に養育費を送金しようというのを積極的に妨害したりしたような場合だという。

しかし、最高裁判所の態度には少々納得しにくい面がある。現実には、父または母の浮気の相手（不倫（ふりん）相手）は、必ず養育費の支払いを陰に陽に邪魔をするのが一般である。不倫の相手は、他人の子に対して、養育費を送るのを妨害すると考えた方が自然である。とすれば、最高裁の議論は現実離れの理屈であるとの批判を免れない。

しかし実際は、子の分も考慮して慰謝料の額をふやせば、裁判としては実効をあげることができよう。

親子ゲンカがもとで子供夫婦を立ち退かせた怒れる老親の話

親子のアナ

親の面倒もみずにタダで使用とは

世の中には姑と嫁の仲にみられるように、義理の親族間がゴタゴタしていることはよく見聞する。しかし、実の親と一人娘がこれほど仇敵のように対立することはめずらしいのではないか。「欲張りじじい、死んでしまえ」克子がののしりざまテーブルに叩きつけたティッシュペーパーの箱が、大きくはね返って安太郎の顔面を直撃した。克子は安太郎、とよ子夫婦の一人娘で、安太郎はすでに八〇歳、とよ子七三歳である。

克子は、夫の和夫の事業資金の借入に際し、父親の安太郎名義の土地・建物を担保にしようとしたところ、銀行から克子夫婦の名義に移した方がこのましいといわれた。そこで父親に「そういうわけだからわたしの名義にしてくれない?どっちみちわたしのものになるんだし、面倒見てやっているのだから、名義を移すぐらいしてくれてもいいでしょう」と頼んだのだ。しかし安太郎も、近頃の克子ととよ子の仲などを考えると不安がある。自分も高齢であるし、死後のとよ子の生活の資のためにも、この土地・建物は残してやりたいという思惑から「今すぐにはなあ……」と断り続けたことから、克子の激昂を招いたのであった。

もともとこの土地・建物は、克子が結婚するとき、安太

郎夫婦の希望で娘夫婦に同居してもらうために購入し、建築したものである。三番目の孫ができたときに二階を若夫婦専用に増築し、親子二世代まあうまく暮してきたのであるが、安太郎が退職し一時病床についたあたりから、二世帯の生活のバランスがくずれ、生活費を含めた暮しの柱が事実上ムコの和夫になってからというもの、親子の断絶、親子の誤算の様相が顕著になり、とくに克子と母親の折合いが悪くなった。孫達までロクに口を聞かない。

名義を変えろ、変えられないという騒動のあと、親子の関係は急速に悪化を深めた。克子は二言目には、欲張りじじい、くそじじい、死んでしまえ、扶養義務がないのに食べさせてやってる、と吐き捨て、安太郎名義のまま担保に入れたので、返済はどうなっているかをたずねると、「返せなかったらどうなるかわかっているでしょう。担保が返ってきたってこなくたって仕方ないでしょう」と不安を助長させるようなことを言い続けた。

やがて生活費の一つ一つにまで対立するようになり、別会計とし、電話の取次ぎ、入浴時などあらゆる面で犬猿の仲となり、日常の挨拶さえ全くなくなったのである。

年金に頼らざるを得なくなった安太郎は、冷ややかな生活に精神的にも耐えられず、生きている間に自由をとりもどしたい、それには克子に出てもらうしかないと判断し、ついに克子夫婦に対し建物から退去せよという明渡しの裁判を起こした。親子裁判である。

克子は、もともと安太郎の要望で同居し、応分の扶養をしてきた私たちを追い出すのは親子間の扶助義務に違反し許されないし、使用貸借契約に基づく使用権限がある、と主張して争った。

問題点

親が所有する建物に、親子二世代が同居している例は少なくない。とくに、このケースなどは、それを目的として建築された。このような場合、建物の使用関係は法律的にどうみられるか。**賃貸借契約**なり**使用貸借契約**をはっきり結んでいる場合はそれに従うことができるが、親子の間では、はっきり契約することはまれだから、紛争になると厄介だ。

東京地方裁判所は、親と子との間の親族的扶養の要素が加わっており、このような場合は、黙示の使用貸借という構成をとるまでもなく、親からする建物所有権に基づく明渡請求は、**親が負担する生活扶助義務**の面から制限を受けるものとし、親に右の義務を履行させることが公正かつ合理的ではないと認められるほど、子に反社会的、反倫理的な行為があるなど「明渡請求を正当と認められる特別な事情があるときはこれを認める」として、安太郎の請求を認めたのである（昭和五六年一〇月一二日判決）。

有名人にあやかった小学生の改名がメデタク認められた話

親子のアナ

子に名前を付けるのも難しい

Aさんは小学校六年になる息子B君の名前を変えることができてホッとしている。B君が生まれた十数年前といえば、学歴も閨閥（けいばつ）もないC代議士が華々しく活躍していた時代だった。政界のホープとして、マスコミも世間もCをそろってもてはやしたものである。

そんな時、若いAさん夫婦に待望の男の子が生まれたので、Aさんは迷うことなくその子にC代議士と同じ名をつけた。その後、C代議士は出世街道を邁進（まいしん）し、やがて内閣総理大臣にまで上りつめたのである。

Aさん夫妻も、得意だった。自分の息子は、政界の頂点をきわめたC首相の名をもらったと、周囲に鼻高々に話したのである。

ところが、世の中わからないものである。それほどもてはやされたC首相が金権疑惑で退陣してしまったのである。

その後、マスコミはC首相を攻撃するキャンペーンを張り、Cは国民から疑惑の目で見られる政治家の一人になった。

そして、贈収賄（ぞうしゅうわい）事件に連座して、逮捕されたのである。

☆こんな名前、いまの子供は知らん…？

B君が小学校に入学する直前だった。あの偉いC首相と同じ名かと、皆から羨ましがられるようにと考えてつけたのに、あの刑事被告人と同じ名前なのかと言われることになってしまったのだ。

B君は学校でも近所でもからかわれるため、学校に行くことだけでなく、家の外に出るのも嫌がるようになったのである。

Aさんは、よかれと思ってつけた名がB君の日常生活に悪影響を及ぼしたことを認め、B君が小学校二年生になると、別の名前で呼んでくれるよう、学校や近所の人たちに頼んだ。そして、家庭裁判所に改名の申立てをし、小学校六年になった時に、許可が下りたのである。

問題点

名は親がつけるもので、生まれた本人のあずかり知らないところである。

しかし、一度名をつけられると、一生その名で社会生活を送らなければならない。著名人、たとえば時の総理大臣やスターの名にあやかって子どもの名をつけることはままあることだが、現役の著名人の名をつける時には十分心すべきであり、さもないとAさんのように後からとんでもないことになることがある。

さて、一転非難されることになった名でも一生背負っていかなければならないとすると、何の責任のない子どもがかわいそうである。

そこで、戸籍法一〇七条の二では、正当な事由があれば家庭裁判所の許可を得て、戸籍上の名を変更することが認められている（姓＝氏の変更は同法一〇七条。結婚、離婚、養子縁組などを除けば、やむを得ない事由が必要で名の変更より難しい）。

どのような事由が正当事由にあたるかといえば、家業の承継者が代々同一の名を襲名してきた場合とか、異性とまぎらわしい場合などがこれにあたる。また、これ以外にも、永年通称として戸籍上の名以外を使用していて、その通称の方がその人の名として社会的に認識されているときも変更できる。

もちろん、通称名を使い出したからといって直ちに変更が認められるわけではない。それなりの使用期間がなければならない。名の変更の場合には、一般に一〇年程度通称を使用していることが必要であるといわれる。

Aさんの場合は、ある程度使用実績があり、Bという名の子に与える影響を考慮して変更が認められたものであろう（神戸家裁豊岡支部・昭和五八年三月三〇日決定）。

なお、平成一六年七月一六日施行の**性同一性障害者の性別の取扱いの特例に関する法律**に基づき、家庭裁判所の審判により他の性別への変更が認められた場合などは、旧性を予想させる名の変更は当然認められると考えられる。

有名校に息子を モグリ入学させるために 養子に出した話

親子のアナ

仮装縁組が紛争のタネです

坂東太郎君は、中学三年生。なかなか優秀なので、両親もその将来を嘱望し、太郎君もまた一流大学に進学するつもりであるが、困ったことに、この町のX高校は大学進学率がはなはだ芳しくない。

だから、伝統的に進学率の高いY市の名門Y高校へ入学したいのだが、学区制の関係上、X町に住んでいる限りは入学を許されず、太郎君ひとり仮装的にY市へ転入してみたとしても、そんな幼稚な手段では当局が認めてくれそうにもない。そうかといって、一家を挙げてY市へ移住するわけにもいかない。

家中で考えあぐねた末、父の坂東氏が、Y市に住む遠縁の筑紫氏方に出向き、この間の苦境をうったえて、「筑紫氏と太郎との間の養子縁組の届出をし、戸籍(こせき)面だけ養子にしてもらいたい。太郎は自分の家から学校に通わせ、学資その他の費用も一切迷惑をかけないから」と頼み込む仕儀となった。

筑紫氏は、仮装の養子縁組で戸籍がよごされるのも気が重いし、家庭裁判所の許可を受ける手続もおっくうなのでちゅうちょしたが、何分頼まれると嫌とはいえない性分だから、「情(なさけ)は人のためならず」とばかり、坂東氏の申出を承諾してしまった。

幸い、筑紫氏には男の子がなかったので、家庭裁判所もその裏のからくりには気がつかず、あっさり縁組の許可が出て、届出もすみ、ここに筑紫太郎君が誕生した。もちろん太郎君はめでたくY高校に入学した。

ところで、縁組後一年も経たないうちに、筑紫氏は交通

☆養子になってまでして…

事故で働き盛りの生命を失ってしまった。

　そうなると、太郎君は縁組の日から筑紫氏の嫡出子たる身分を取得している（民法八〇九条）のだから、事故の賠償金・慰謝料はもとより、遺産について、ほんとうの遺児の琴さんと平等の立場で筑紫氏の相続人となってしまう。

　太郎君にはまだ欲がないし、坂東夫妻は義理人情を重んずる戦前派なのだが、兄貴の武者之助君が断固相続権を主張してきかない。武者之助君はZ大法学部の学生なのである。生かじりの法律知識を振り廻す奴は始末が悪いものだが、それが欲と道連れときては、多少常識から外れていても、存外説得力を持つから手に負えない。

　こうして、筑紫氏の誤れる平和主義は、太郎君と琴さんとの全面戦争へと発展してしまったのである。

　さてこういった、真実の親子関係を生ぜしめようという意思がなく、便宜上、戸籍面だけ形式的に親子となろうという縁組は、民法八〇二条一号の、「人違いその他の事由によって当事者間に縁組をする意思がないとき」にあたり、法律上その養子縁組は無効とされるのである。

　おまけに、仮装の養子縁組の届出をして戸籍簿にその記載をさせることは、刑法一五七条一項の、「公務員に対し虚偽の申立てをして」権利義務に関する公正証書の原本に不実の記録をさせたものとして、五年以下の懲役または五〇万円以下の罰金に処せられても仕方がない。

　裁判所は、養子縁組までの経過と、親族や周囲に披露もされなかったこと、太郎君が筑紫氏方に同居しなかったこと、訪問や手紙のとり交しもしなかったこと、筑紫氏の葬儀に参列さえしなかったこと等の事情から、仮装の養子縁組と認めてその無効を確認し、琴さんの勝訴となった。

問題点

　だいたい、親子関係などというものは――当然戸籍の変動を伴う――本来貸し借りすべき性質のものでないことはいうまでもない。かりにごたごたが起きなくとも法律悪用のそしりは免れないところだが法律上形式的に親子関係が創設されてしまうと、筑紫家の相続問題の例のみならず、**相互扶助義務**（民法七三〇条、八七七条）だとか**近親婚の禁止**（七三四条、七三六条）のような派生的な法律関係を生じて、不都合な結果をひき起こすおそれがある。

　先廻りをして「この縁組はウソです」というような念書をとってみたところで、結局は裁判沙汰になりかねないし、刑事罰も恐ろしい。

　卵をかえしてみたらほととぎすであった、などという嘆きをみないためにも、軽率な養子縁組は戒められるべきだが、真実その意思のない仮装の縁組に至っては、たとえ、どんなに頼まれても引受けない方がお互いの身のためである。

養子縁組を解消したので約束の遺贈が一銭も貰えなかった若夫婦の話

親子のアナ

離縁の際にキチンと処理すること

石渡太郎は、子供がなく妻と二人きりで暮してきたが、先祖代々の墓を守っていくことに不安を持つようになっていた。そうしたとき、妻が急性心不全で急死したので、右のことがいっそう気がかりになった。

そこで、親類筋の三〇歳の会社員夫婦が、太郎の養子になってもよいということだったので、太郎とこの養子志願者である斉間春夫とその妻ユキとの間で養子縁組をすることとなり、その際、太郎は、春夫夫婦との間に、太郎累代の墓守をすること、太郎の死亡後の遺産は、春夫が所有するなどを内容とする契約を締結し、太郎と春夫夫婦が養子縁組をした旨の届出をしたのである。

春夫夫婦は、太郎の家に入り同居したが、無類の酒好きであった太郎と、酒癖のことから喧嘩になることがしばしば起きるようになった。しかし、このような生活を送ってはいたものの、養子縁組の届出をしてから二年ほどたって、太郎は、春夫に対して、太郎の財産の全部を包括遺贈（ほうかついぞう）するという公正証書による遺言をしていた。

それから一年ほどたって、太郎と春夫夫婦の仲は、先のような原因からだんだんにこじれて、とうとう協議離縁をしてしまったのである。春夫夫婦は、太郎の家を出ていってしまったのはもちろんだが、それから半年ほどたって、太郎は死んでしまったのである。

このような場合、春夫は、右の太郎の遺産をもらうことができるかである。つまり、協議離縁してしまえば、太郎と春夫は他人である。にもかかわらず太郎がした、太郎の全財産を春夫に遺贈するという公正証書による遺言は有効に働くであろうか。

民法では、一定の事実が存在する場合には、遺言の撤回があったものとする制度がある。一〇二三条がそれで、その二項で、遺言と生前行為とが抵触する場合に、撤回が擬制されることになっている。すなわち、前の遺言が法律上または物理的に全く執行不能となった場合とか、後の行為が前の遺言と両立させない趣旨でなされたことが明白であればよいとされている。

この石渡太郎の場合、太郎の遺贈は春夫夫婦が太郎の累代の墓守をすることから事が始まっていることを重視すべきであり、養子関係が解消されてしまったことは、前記の「抵触行為」にあたるとする考え方には、たいてい反対はないだろうと思われる。

問題点

この石渡太郎のケースにおいて、太郎のなした公正証書による遺言、すなわち、太郎の全財産を、太郎が死んだならば春夫の所有とする、としていることは、これより先に、太郎の養子となることが条件となって、全財産を春夫に贈ることが契約されているのであるから、この段階では、遺贈ではなく、「**死因贈与**」を約したものと考える方が実際に適している。

公正証書による遺言の形をとっているが、それは、右の死因贈与を公正証書によって遺贈の形にしたまでのことと考えられる。

このようにみてくると、石渡太郎の真意は、春夫との養子縁組は、遺贈の前提として動かし難いもので、両者の関係は、別々には考えられない不即不離の関係に立っている、ということになる。

そうだとすると、協議離縁は、この公正証書による遺贈行為と両立させない趣旨でなされたものと考えるのが条理にかなっているといわなければならない。したがって、この遺言は、民法一〇二三条二項によって撤回されたものということになる。

この結論には、多くの人は反対しないと思うし、判例においても同様の結論を出している（広島高裁昭和五六年一二月一六日判決、判例時報一〇四三号六九頁）。

他人の子を実子として半世紀、今さら親から縁切りできないという話

親子のアナ

権利の濫用で離縁を許さず

伊東さんは、八〇歳。ここ数年、病気がちで、入退院を繰り返している。死期が近いことを知った伊東さんは、自分の財産すべてを次男の肇(はじめ)さんに譲りたいと考えていた。伊東さんの子どもは二人。肇さんの他に長男健一さんがいるが、彼には財産を渡したくなかった。というのは、健一さんは伊東さんの実の子ではなかったからである。

五〇年前、なかなか子どものできない伊東さん夫婦は、知り合いの医師を通じ、産んでも経済的な事情などで養育ができない母親の子どもを養子にもらうことにした。だが、奥さんが、「戸籍(こせき)に養子と載るのはかわいそうよ」「どうせなら実子として育てたい」と言い出し、医師に頼み込んで、子どもは伊東さんの奥さんが産んだことにした出生証明書を書いてもらったのである。伊東さんは、子どもに健一と名付け、自分たち夫妻の実子として入籍したのだ。違法であることは知っていたが、当時は戸籍上に「養子」の記載がない特別養子制度はなかった。

ところが、その五年後、奥さんが妊娠。肇さんを産んだのである。伊東夫妻は健一さんを実子として届け出たことを悔やんだ。といって、今さら籍を抜くわけにも行かず、本人に事実を告げないまま月日が過ぎたのである。むろん、その間、夫妻は健一さんを肇さんと分け隔てなく可愛がり、健一さんもまた二人を実の両親と信じて、よく懐いていた。

ところが、三年前、伊東さんの奥さんが亡くなり、その葬儀の席で、親戚の一人が健一さんの出生の秘密を話して

☆親子の情なんてこんなもの…？

しまったのである。それ以来、伊東さんと健一さんの仲はギクシャクし、伊東さんが入院しても見舞いにも来ない。一方、肇さんは父親によく尽くすので、伊東さんは自分の財産を肇さんだけに残したいと考えるようになった。

　しかし、遺言で「肇に全財産を譲る」と書いても、戸籍上は嫡出子の健一さんには遺留分があり、遺留分減殺請求（現行法は遺留分侵害額の請求）をされると、遺産の四分の一は彼のものになる。そこで、伊東さんは「健一さんはもらい子で実子ではない」として、親子関係不存在確認の調停を申し立て、調停がまとまらないと訴訟を起こした。

　会社員時代、法務部にいた伊東さんは、法律に詳しい。実子として届けた「もらい子」については、最高裁が血縁に反する戸籍の記載は認めないという立場で、また虚偽の出生届に養子縁組の効果は認めないという判断を繰り返し出していることを知っていた。勝訴を確信していたのだ。

　しかし、裁判所は、「原告は半世紀近く長男が他人の子であることを否定したことがなく、実子として届け出たことに何ら責任のない長男の相続権を失わせる目的だけの訴訟は権利の濫用で認められない」として、伊東さんの訴えを退けたのである。

問題点

　従来の判例は、たしかに伊東さんが学んだように、実子として届け出た「もらい子」との親子関係を否定するもので、また**養子縁組**の成立も認めないなど、もらい子には厳しいものだった（最高裁・昭和五〇年一二月一八日判決他）。その結果、子どもは戸籍から削除され、相続権を失うことになったのである。

　しかし、長い間、その事実を隠して実の親子として暮らしてきた場合には、虚偽の出生届を出した親が、子どもが実子ではないと主張することは当事者の公平に著しく反する。学説は、このような場合は養親子関係を認めるべきという説が多くなっていたが、裁判所も、同様の事例で従来の判例を変更、相続問題絡みで**親子関係不存在の確認**を求めることは権利の濫用に当たるとして、戸籍上の親からの縁切りを認めなかった（東京高裁差戻し控訴審・平成一八年一〇月判決。最高裁・同年七月七日判決が原審）。

　最高裁は、血縁関係がなくても長年実の親子として暮らしてきた場合には、親子関係を否定された子ども側が被る精神的苦痛や相続権喪失などの経済的不利益、また親子関係否定の動機などを総合的に考慮して判断すべきだと、指摘している。

　事例の場合、目的は相続財産を次男に独占させるためで、明らかに権利の濫用である。また、健一さんは長年、実子として遇されているから親子関係を否定すべきではなく、伊東さんからの縁切りはできないとされるのである。

親子のアナ

実子として出生届をした養女を相手に訴訟し逆に慰謝料をとられた夫婦の話

ニセの届をした者を法は保護せず

早野一郎と加代は、結婚後五年もたったのに、一向に子供ができそうもない。

子供がなければ年とってから寂しい思いをしなければいけないし、とかねがね悩んでいたところ、幸いにすでに五人も子供がある姉が女の子を出産したので、これを養女にもらい受けることにした。

そこで一郎と加代は、A子と名前もつけ、後々もらい子といわれたのでは可哀想と思い、町役場へは、自分達の実子として届け出た。

ところがなれないことでもあるために、授乳もうまくいかず、このためになかなかなつきもせずといったことから、とうとう六年後にはA子を実の親である姉のところに返してしまった。困ったのは戸籍関係だ。というのは自分の実子として届け出ているので、離縁というわけにもいかないし、ということで結局実親のところに養子縁組という形にして戸籍面の問題も一応解決した。

だが世の中皮肉なものである。その直後に加代が妊娠し無事男子を出産したのである。

すると一郎の友人が、戸籍をこのままにしておくと、養子縁組で戸籍上はいなくなったA子も、実子ということに

☆ワタシの立場はどうなるのヨ！

なっているから親の財産を相続できる。いまのうちにうまく解決しておかないと、死後相続問題でごたごたすることになるというのである。

びっくりした一郎と加代は、さっそく近所の弁護士さんに相談にいったところ、法律上は確かに友人のいうとおりとのことである。

そこで両人は、その弁護士さんのいうとおり、Ａ子を相手方として、まず家庭裁判所に親子関係不存在の調停を申し立てたが、こんな事情を全く知らないＡ子は、どうしても一郎達の言い分を聞かないので、とうとう本裁判にもちこんで、この解決を図ったのである。

戸籍の記載を信用して、一郎・加代こそ自分の本当の親と信じていたＡ子が、ひどい精神的ショックを受けたのはいうまでもないだろう。

こんなＡ子の精神的損害については、慰謝料を請求することができないものだろうか。

問題点

本件のようにもらい子をしても、後日のことを考えて、戸籍上は自分の実子として届け出るといったことも時折耳にする。

こうはしても、もらい子との関係がうまくいっているときは、親子ともに大変よいことには間違いない。

ところがＡ子のように、親子の関係がうまくゆかず、もとの実親に返されたといったときは問題である。

本件でＡ子は一郎・加代に対し、「一郎・加代のした行為は不法なものであり、したがって精神的ショックに対し慰謝料を払え」と反訴を提起した。

このＡ子の訴えに対し、裁判所は、その主張を全面的に認め、一郎・加代に対して、慰謝料の支払いを命じた。

この判決の理由とするのはこうである。すなわち、一郎・加代のした、Ａ子を実子として届け出た行為は、一応の縁組意思があると考えるべきであるが、これを子の同意その他正当な理由なしに、勝手に撤回する行為に及んだ場合には、縁組の予約をこえて、事実上の**養親子関係の不当破棄**に準じて、その法的保護を図るべきである。

というのは、現代における戸籍の公証機能の大きさから考えると、Ａ子のような形での出生届に裏付けられた親子関係の存在への信頼に対する毀損と、事実上の養親子関係に内包する生活事実に裏づけられたそれに対する毀損とは、質的に同じであり、**人格に対する侵害として不法行為を構成する**といわなければならないからである。

もらい子の将来を考えて実子として届け出たという一郎達の考えもわからないことではないが、戸籍のもつ重要な役割を考えると、やはり虚偽の届出は許されるべきでないし、この戸籍の記載を信頼したＡ子の気持もまた保護されるべきである。

〔コラム〕ＤＮＡ鑑定では不倫の子でも法律上は夫の子

民法は、「結婚中に妻が妊娠した子は夫の子と推定する」と定めている（法七七二条。嫡出推定という）。これは、父親を早めに特定することが子の利益につながる（子の身分を安定させる）からだという考えから来ている。

もっとも、生まれた子の本当の父親は必ずしも夫とは限らない。妻が不倫で妊娠する場合もあるからだ。生物学的な父親が夫かどうかは、ＤＮＡ鑑定をすればほぼ確実に判明する。

●妻が「夫の子ではない」と訴える

子の父親が夫以外の男性とわかった場合、夫は通常、子を相手取り「嫡出否認の訴（法七七五条）」や「親子関係不存在確認訴訟（子の出生から一年が経過した場合）」を起こして、法律上の親子関係の無効を訴えるだろう。

しかし、子（以下、妻側）が戸籍上の父親（以下、夫側）を相手取って、親子関係の不存在確認を求めることもできる。しかも、子の父親が自分ではないとわかっても、法律上の親子関係があると主張する夫もいるのである。

実際、旭川と大阪では、妻側が親子関係の無効を認めない戸籍上の父親の夫を相手取り、「親子関係不存在確認」を求める裁判を起こし、最終的に最高裁まで争われた事件がある。

この二組の夫婦は、ともに妻が結婚中に夫以外の男性と交際し、生まれた子はＤＮＡ鑑定により不倫相手の子と判明している。また、妻と子はどちらも訴訟前から夫と別居し、子の生物学的な父親と暮らしていた。

●裁判所はＤＮＡより法規定を重視

双方の事件で、夫側は、「血縁はなくても生まれた時から接してきた子には父親としての愛情がある」「嫡出推定を厳格に適用すべきだ」などと主張したが、一審、二審は、ともにＤＮＡ鑑定を重視した上で、夫婦は別居し、子は生物学上の両親と暮らしている現状を考慮して、妻側の請求を認めて夫との父子関係を取り消している。

しかし、最高裁は、「夫と子との生物学上の父子関係が認められないことが科学的証拠により明らかで、子が親権者の妻と生物学上の父親の下で監督・保護されているなどの事情があっても、子の身分関係の法的安定を保持する必要がなくなるものではないから、民法七七二条の嫡出推定が及ばなくなるとはいえない」とし、生物学的な血縁関係が否定されても法律上の父子関係は無効にできないとの判断を下した。

その上で、夫との親子関係を無効とした一、二審判決を取り消し、妻側の請求を棄却したのである（平成二六年七月一七日判決）。

第9章

不動産売買の抜け穴と急所

♣本書の内容は……

・売買契約後に融資が得られず錯誤により契約を無効にした話——民法九五条

・欠陥マンションの買主が売主ではなく、施行業者に賠償させた話——品確法九五条

・登記簿と違う土地を売り付けられて、大失敗した話——刑法二四六条

・よく調査もせずに相続不動産を買い大損した隣人の話——民法五六〇条

・クーリングオフを知らずにマンションを買って損した話——宅地建物取引業法三七条の二

・仮登記を調べず本登記だけを信用して損をした話——不動産登記法一〇五条

など実例解説・一六話

不動産売買の法律の急所

令和から平成にかけて、私人間の紛争解決の基本法である民法が大幅に改正された。令和三年四月二八日公布の**民法等の一部を改正する法律**では、相隣関係、共有の規定が改正され、また所有者不明不動産や管理不完全不動産の管理についての規定も新設された。

なお、この改正法は一部を除き、令和五年四月一日から施行されている（相隣関係については、一一八頁、五章・隣近所の法律の急所参照）。

★持分過半数で決められる範囲が拡大された

友人数人で、資金を出し合ってマンションの一室を購入したり、親の土地を子ども全員で相続したという場合、その部屋や相続した土地は、友人や子ども全員の共有物となる。共有者である友人や子どもは、各自が部屋や土地の全部について、その持分に応じて使用することができることになっている（民法二四九条）。この共有についての規定（二四九条〜二六四条）が、現状に合わせて改正された。

たとえば、共有の土地を売るとか、家を建て替えるなど共有物の変更には共有者全員の同意が必要である（二五一条）。しかし、共有者が多い場合は、それぞれの思惑が絡み合うことも多く、全員一致の決定を得るのが難しいことも少なくない（連絡の取れない共有者もいる）。そこで、共有物を円滑に利用し、管理できるよう、形状や効用に著しい変更を伴わない軽微な変更、共有物の管理者の選任・解任、短期賃借権の設定などは、共有物の管理行為の決定方法（二五二条）と同様に、各共有者の持分の価格の過半数で決められるよう改正された。さらに、共有物が相続財産である場合には、相続開始から一〇年が経過したときは、共有物の持分について、原則として共有物分割訴訟が起こせる規定が設けられている（二五八条の二）。

なお、各共有者は共有物の使用にあたり、その持分を超えて使用する場合は他の共有者に対価を払う義務（償還義務という）を負い、また善良な管理者の注意を持って使用する義務（善管注意義務という）を負うことも新たに明記された。

★契約の内容に適合しない物件を購入した場合の買主の救済手段が増えた

不動産売買をめぐるトラブルとしては、その物件の瑕疵（隠れたキズ）の有無が問題になることも多い。

買主が、瑕疵があることを知らずに土地建物を購入した場合、買主は売主に対し、そのキズの修理や損害賠償を請求でき、場合によっては売買契約自体を解除して代金返還を求めることもできることは、令和二年三月末までの民法にも明記されていた。売主は原則として、その請求に応じなければならなかった（これを**売主の瑕疵担保責任**といった）。

この売買に関する民法規定が令和二年四月一日から改正施行され、契約内容に適合しない物件を購入させられた買主の救済手段は、従来より増えている。

なお、現行法の売買の条文から、「瑕疵」という用語がなくなり、売主は「契約の内容に適合しない」場合に、担保責任を負うと変わった（**契約内容不適合責任**という。五六二条）。契約内容不適合責任は債務不履行責任の特則で、従来の瑕疵担保責任と違って、買主が善意無過失であるとする要件は不要である。

契約内容不適合の物件を購入した買主の救済手段には、従来の「損害賠償請求」「契約解除」の他、新たに「追完請求」や「代金減額請求」も設けられた。ただし、損害賠償については、売主の責めに帰することができない原因（帰責事由がない）で不適合になった場合、売主は免責される（四一五条一項但書）。

また、買主が売主に対し、右の損害賠償などを請求する場合には、「不適合を知った時から一年以内」に、不適合物件である旨を売主に通知しなければならない（五六六条）。一年以内に請求しなければならない従前規定と異なり、一年以内に通知さえしておけば、実際に請求手続きを取るのは、それ以降でもかまわないのである（消滅時効にかかることはある）。

※瑕疵という用語は、民法の「売買」や「請負」など「契約」の章の条文からは消えたが、「不法行為」の章や住宅の品質確保の促進等に関する法律の条文には従前どおり「瑕疵」の用語が残っている。

★新築住宅の瑕疵担保責任は一〇年間

民法では、土地建物の買主は不適合を知った時から一年以内に不適合物件である旨を売主に通知しなければならない。しかし、不動産業者（宅建業者）が自ら物件を売る場合、**建物引渡しの時から二年以上**の期間とする特約ができる（宅地建物取引業法四〇条）。なお、これより短い期間を定めても無効である。

また、**住宅の品質確保の促進等に関する法律**では、新築住宅について、さらに買主の保護が図られ、新築住宅の売主は、土台や主要な柱、梁など基本構造部分、屋根など雨水の浸入を防止する一定部分は、**物件引渡しから一〇年間**、瑕疵担保責任を負う（九五条。新築住宅の請負業者も同様の瑕疵担保責任を負う）。

不動産売買のアナ

売買契約締結後に不動産融資が得られず錯誤を主張し無効にした話

要素の錯誤とは何か！

マイホームを不動産会社から買う場合、現金で全額を支払って買う人は稀(まれ)であろう。そのような恵まれた人もいるが、たいていは、頭金を支払って契約し、残金は銀行などの住宅ローンを組むのが一般的である。

そこで、こうした契約をする場合に、陥り易い落し穴があることを知っておくべきである。そしてまた、それを回避するためには、どんな点に注意したらよいか、次の事例からその教訓を得たいと思う。

吉沢さんは、地方都市の中小企業に勤めているが、ホテルで開かれた不動産大バザールを、奥さんと一緒に見に出かけたのである。そこで三〇件ほどの物件情報（チラシ）を見て歩いたのだが、関心をいだく一つの情報があった。土地の面積が一一五・六七平方メートル、建物の延面積が九九・〇〇平方メートルとあった物件である。

右の物件は、実際の土地面積は、九九・一七平方メートル、建物の延面積は六七・五〇平方メートルであったのだが、こうなったのは、道路用の土地の持分面積を加えたものが記載されていたのである。

この物件の価格は、値引きして合計三八五〇万円で売却するというので吉沢さんの心が動いた。吉沢さんの手持資金は一五〇〇万円であったので、足りない額はなんとかしなければならなかったが、勤務先の会社で財形貯蓄をしていたので、五〇〇〇万円位は財形融資を受けられると考え、これらで不足する一八五〇万円について、住宅ローンを利用したいと考えて、この物件の住宅販売会社のセールスマンに相談したところ、住宅ローンは、銀行の住宅ローンを

☆俺が悪いんじゃないんだ……

世話するということで話がつき、売買契約書に調印した。

売買代金は、三八五〇万円。支払方法として、手付金七七〇万円、中間金七三〇万円と五〇〇万円を支払い、残金一八五〇万円は、販売会社の世話で某銀行から借り入れて決済することになったのである。

ところが、財形融資が受けられないことが明らかになったのである。それは、実際の面積がチラシに記載されていた面積より少なく、中古一戸建住宅の融資条件に適合しないということであった。それでは、銀行からの住宅ローンを増額できるか、セールスマンを通して銀行に当ってもらったが、二三五〇万円のローンは無理という結果になった。

そこで、吉沢さんは、売買契約はとりやめたいと考え、住宅販売会社に対してその旨を申し込んだが、契約書にはこのような場合に契約をとりやめることができる旨の記載がなかったので、販売会社は吉沢さんの申入れを承諾しなかった。しかし、吉沢さんは、財形融資を受けられるものと考えて契約したのだから、その物件を買うという意思表示には要素の錯誤があったと主張したのである。

問題点

サラリーマンのマイホーム獲得には、財形（住宅）融資や住宅ローンは絶対必要で、その借入れができるかどうかは、土地建物の売買契約の成否に影響を与える。右の吉沢さんの場合も、住宅販売会社のセールスマンとの間で、売買契約書に調印するにあたり、売買代金の支払いについても具体的なやりとりがあった。手持資金一五〇〇万円で、残金をどう払うかを相手に話していたのである。

このような場合に、財形融資が受けられないことがハッキリして、しかも住宅ローンの増額も無理という結果が出たとき、吉沢さんは売買について、**要素の錯誤**で無効、と主張することが許されるだろうか。

吉沢さんは財形融資で五〇〇万円は受けられると信じ、そのことを前提にセールスマンと交渉したのであるから、それができないとなると要素の錯誤にあたり、契約は無効となる。ただし、この場合には、吉沢さんに重大な過失がないことが条件である。民法には、「意思表示は、法律行為の要素に錯誤があったときは、無効とする。ただし、表意者に重大な過失があったときは、表意者は自らその無効を主張できない」と規定されている（九五条）。

吉沢さんの場合は、財形融資が受けられるかどうか確認する必要があったのではないかともいえるが、セールスマンが相談に乗っていたことを考えると、彼に重大な過失があったとするのは酷である。要素の錯誤を認めて契約は無効とする結論に、賛成である。

なお、令和二年四月一日から施行の改正民法では、錯誤は「無効」でなく、「取り消すことができる」と変わった。

欠陥マンションの買主が売主ではなく施工業者から損害賠償を取った話

不動産売買のアナ

業者は安全性を欠かさない配慮必要

田中美幸さんは、母親と乳幼児向けのブティックを経営している。子どもの肌に優しい天然の繊維を使ったオリジナル商品は母親同士の口コミで拡がり、店は客で賑わっているが、少々手狭だった。しかも、縫製工房から離れていて、何かと不便だったのである。

美幸さんは店舗と工房を一体化したいと考え、同じ通りにある赤城商事所有の事務所兼マンションが売りに出ると、迷うことなく購入した。築六年の四階建てで売値は三億円。少し高いが、一階を店舗、二階が工房、三、四階を自宅に使えるのが気に入ったのである。支払いは、手持ち資金と今ある物件の売却代金を当てれば、借入れをせずに済む。

契約を終えて、赤城商事に代金を払い、引換えに建物の引渡しを受けたのである。来客の数に合わせて、一、二階を自由に行き来できる新しい店は、これまでより広くて、また機能的で、美幸さんはいい買物をしたと喜んでいた。

ところが、三か月ほど過ぎたある日、三階の美幸さんの部屋の台所付近から水漏れし、一、二階の商品が水浸しになってしまったのである。原因は、床下を這う排水パイプが割れたためだった。しかも、調べてみると、あちこちの配管にキズがあり、また壁紙で隠れた壁やベランダの一部にも大きなひび割れが入っていたのである。後でわかったことだが、この物件は明らかに欠陥住宅で、赤城商事では美幸さん購入以前、マンションの住民やテナントから何度も漏水の補修をさせられていたのだ。しかし、赤城商事は

☆欠陥工事責任者を逃すな！

美幸さんに、賃借人からのクレームも、またトラブルも、一度もなかったと、ウソの事実を伝えていた。

美幸さんは赤城商事に、隠れた瑕疵があったのだから、補修費と汚損した商品代金計八〇〇万円を払うよう求めた。

しかし、赤城商事は、「悪いのは欠陥工事をした施工業者だ」と開き直り、話合いの席に付こうともしなかったのである。

美幸さんは今、赤城商事を相手取り補修費等の支払いを求める民事裁判を起こすことを考えている。しかし、赤城商事は経営不振で、たとえ美幸さんが勝訴しても、賠償金を取れる保証はない。そこで、美幸さんは施工業者にも賠償を請求しようかと考えているのだが・・・。

問題点

本事例は、令和二年三月三一日より前の事件で、買主の美幸さんは、購入物件に隠れた**瑕疵**（キズ）があるとして、売主赤城商事の**瑕疵担保責任**を追及、損害賠償を求めたのである。

床下の配管のキズや壁のひび割れは、「隠れた瑕疵」に当たるので、買主が契約解除または損害賠償請求ができるのは言うまでもない。もっとも、売主が宅地建物取引業者（不動産業者）でなければ、契約解除や損害賠償請求ができるのは、買主が隠れた瑕疵がある事実を知った時から一年以内である。赤城商事が不動産業者の場合は、瑕疵担保責任を負う期間は二年間となる。

また、購入物件が新築の場合、基礎、屋根、柱、壁、梁など建物の構造耐力上、主要な部分の隠れた瑕疵については、不動産業者が売主なら一〇年間、瑕疵担保責任を負う（**住宅の品質確保の促進等に関する法律九五条**）。

しかし、赤城商事は支払能力がないと思えるので、美幸さんが勝訴判決をもらっても、結局は「画に描いた餅」に過ぎない。しかも、瑕疵担保責任による賠償請求のできる相手は売主だけで、施工業者には通常、瑕疵担保責任による請求はできない。

ただし、事例の物件は欠陥住宅で、漏水などの原因は、施工業者の手抜き工事である可能性が高い。美幸さんは、施工業者の**不法行為**に基づき損害賠償を請求できると考えられる。

同様の事件で最高裁は、「紛争物件に基本的な安全性を損なう欠陥があり、居住者らの生命や身体、あるいは財産が侵害された場合、設計・施工業者は不法行為に基づく賠償責任を負う」と、従来よりも救済範囲を拡大している（平成一九年七月六日判決）。

なお、令和二年四月一日から施行の改正民法からは「瑕疵」という用語が消え、代わりに「契約の内容に適合しない」目的物などと表記され、事例の場合は、買主は売主の**契約内容不適合責任**を追及し、損害賠償などを求めることになる（五六二条～五六四条）。

欠陥住宅被害の賠償請求で住み続けたことによる減額を免れた話

不動産売買のアナ

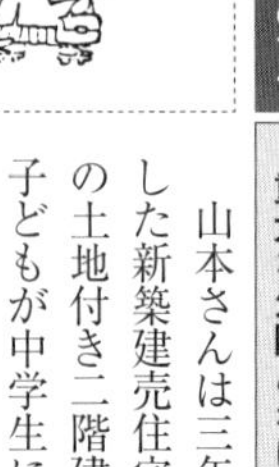

重大な欠陥あれば減額できない

山本さんは三年前、悪質不動産が販売した新築建売住宅を購入した。一〇〇㎡の土地付き二階建てで四ＬＤＫ。二人の子どもが中学生になり郊外の一戸建てを探していた山本さんは、二五〇〇万円という手頃な価格も気に入って、それまで住んでいたマンションを売って、それを頭金に新たに一五〇〇万円の住宅ローンを組み、建売住宅を購入したのである。

ところが、その家に移り住んで三月ほど経った頃から、購入した時には気づかなかった瑕疵（隠れた欠陥）が次々に見つかったのだ。外観はきれいな建物だが、実際は欠陥住宅だったのである。とくに、柱の接合部や土台、屋根の作りが雑で、そのため床は傾き、わずかな降雨でも雨漏りがするようになった。山本さんは悪質不動産に対し、再三欠陥個所の補修を求めたが、悪質不動産は「すぐ直します」「業者を手配します」などと口約束をするだけで、一向に補修しようとはしなかったのである。その結果、住宅購入

☆新築のはずなのに、これは…!?

後一年近くたった頃には、壁一面に大きなひび割れが走るようになり、山本さんの自宅はちょっと大きな地震がくれば倒壊する怖れも出てきたのだ。

山本さんは、悪質不動産に補修させることを諦め、良心建設に自宅の修繕を頼んだのである。しかし、建物全体をチェックした良心建設は、「柱、土台などの基本構造部分と屋根の傷みが思ったよりひどいですね。修繕も可能ですが、費用的には建て替えの方が安く上がります」と、山本さんに告げたのだ。山本さんは悩んだ末、まだ痛んでない床材や柱、ドアやサッシ窓などは再利用することで、建築費のコストを下げてもらい、建て替えを選んだ。住宅は四か月ほどで建て替えられ、山本さんは、やっと新居で安心して暮らせるようになった。

なお、良心建設に払った建て替え費用、自宅完成までの四か月間の仮住まいの家賃、引越し代などを、山本さんは悪質不動産に請求し、拒絶されたので裁判を起こした。

問題点

悪質不動産は、欠陥住宅であることは認めたものの、建て替えまでは必要なく、欠陥の箇所の修繕だけで十分だと主張した。また、山本さんが建て替え工事の直前まで、欠陥住宅に居住していたことを指摘、その利益は賠償額から差し引くべきだと主張したのである。

購入した住宅に、隠れた欠陥（瑕疵）があることは珍しくない。山本さんのケースのように、売主が不動産業者の新築住宅では、売主はその住宅を買主に引き渡した時から一〇年間、住宅の構造耐力上主要な部分（土台、床、壁、屋根など）の瑕疵について、担保責任を負う決まりである（住宅の品質確保の促進等に関する法律九五条）。

また、買主は、瑕疵を知った時から一年以内であれば、業者に対し、契約の解除、瑕疵個所の修繕、損害賠償の請求ができる。なお、事例は前話同様、令和二年三月三一日以前の事件だが、同年四月以降の事件なら、代金の減額も請求可能だ（改正民法五六三条）。

山本さんの場合、倒壊の恐れがあるから建て替えは必要で、修繕で十分という悪質不動産の主張は根拠がない。裁判所も、被告業者に建て替え費用を支払うよう命じている。その賠償額は、同様の裁判で、購入物件に倒壊の恐れがあるなど重大な欠陥があり建て替えが必要な場合は、買主が居住を続けていても売主の賠償額を減額することはできないと判示した判例がある（最高裁・平成二二年六月一七日判決）。

山本さんの場合も、裁判所は減額を求めた悪質不動産の主張を退けた上で、マンション売却で得た頭金を除く建て替え費用、建て替え工事中の仮住まいの家賃、さらに引越し費用を山本さんの損害と認めて、悪質不動産に支払うよう命じた。

登記簿と違う土地を売りつけられて大失敗した話

不動産売買のアナ

登記と実際とを照らし合わせる

山崎さんは、勤続三〇年のサラリーマンである。やっと預金もできたので、自分の家を持ちたいと思いY土地会社の宣伝広告につられ、一㎡二五万円という郊外の丘陵地にある新規売出しの分譲地を見に出かけた。

Y会社社員の案内で現地をみると、丘陵地は雑木林のままで、まだ宅地に造成されていないが、丘の中腹で日当りもいいし、地形も間口約一二m、奥行約一〇mの長方形で一二〇㎡と広さも手頃である、将来を楽しみに買うことにし、預金をはたいて代金三〇〇〇万円払って移転登記もすませた。

しかし、まだ子供が学校へ行っているので、せめて卒業してから、家を建てようと思い、その土地には、近くへハイキングに行ったときに立ち寄るていどで、二年ほどそのままにほおってあった。

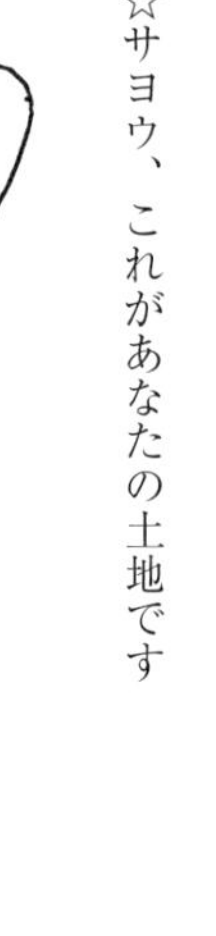
☆サヨウ、これがあなたの土地です

その間に建物の頭金もでき、住宅ローンのメドもたったので三年目の春、現地へ行ってみると、驚いたことには山崎さんの買った土地に知らない人が家を建築していた。

山崎さんが、工事に来ていた工務店の人にきくと、そこは、川島さんの所有だという。いやはや全く驚いてしまい、さっそく川島さんという人を訪ねてみた。

川島さんは、その土地を三年前に、Y土地会社から一㎡四〇万円で分譲を受けたもので、間違いなく自分のものだというのである。

山崎さんは、慌てて登記所などに行って調べたところ、山崎さんがY土地会社から購入し移転登記をうけた土地は、川島さんの土地のずっと下の谷のところで、間口四m奥行三〇m、という帯状のもので、とても家など建てられない土地であることがわかった。

山崎さんは、さっそく、Y土地会社を探してみたが、一年あまり前に、事務所を閉め、どこへ行ったかわからないというのである。

登記所も調べてみたが、Y土地会社という会社登記もなく、結局、泣寝入りのほかないこととなってしまったのである。

問題点

Y会社の行為は、刑法二四六条の**詐欺罪**として、一〇年以下の懲役にあたるのだが、Y土地会社そのものが存在せず、担当した社員や責任者の氏名も不明ではどうしようもない。

仮りに、氏名がわかったとしても、Yのほうで、当時山崎さんに対して谷のほうの土地を指示したのだ、山崎さんの勘違いですよ、中腹の土地が一㎡二五万円なんて安いはずがない、とがんばられた場合は、山崎さん側は、契約書や図面で、川島さんの土地を売買したことを立証しないかぎり、Y会社の責任を問うことは、およそ困難なことである。

土地、ことに分譲地を買う際は、売主が現地で指示した場所と、所有権移転登記を受ける登記簿上の表示の土地とが、真実一致しているかどうかを、十分調べてみなければならない。登記所で表示された土地の謄本をとって、公図を調べて、現地と照らし合わせ、その土地の不動産業者や、隣地所有者にも問い合わせてみるべきである。

ことに、隣地の所有者とは、境界線についても争いを生ずることがあるから必ず面会して境界を確かめ、くいを打つとか、有刺鉄線の垣を設けるとかすべきである。

付近一帯が、同じ分譲業者の所有であるときは、前所有者や近隣の人についても調べることだ。たとえ、売主が有名な土地会社とか、大きな私鉄会社の不動産部門とかであっても、買主は要注意と考えるべきである。

仮登記を知らず本登記を信用して損した話

不動産売買のアナ

登記簿をみなかったのが手落ち

中野氏は、小さなラブホテルを経営していたが、ある金融会社に勤めていた社員にだまされて、月五％の利息でいくらでも儲けさせてやるといわれ、その社員のアルバイトである高利の手形割引に、金を回してやった。はじめは一か月期限の約束手形をよこし、利息は天引同様に最初に割り引いて、差額さえ渡せばいいので、安心して繰り返しているうちに、段々金額が大きくなってきたので、とうてい自分の手持ち金だけでは足りなくなり、喫茶店をやっている友人からも三〇〇万円の融資を受けて、それも資金の一部に回したものである。

それが半年ほど続いてから、とうとう七〇〇万円近く不渡りが出て、さすがの中野氏もあわてだした。中野氏は、その社員を追っ駆け回し、結局、その貸し先である合成樹脂の製造会社の工場の名義を書替えてもらっておいて、そのうち景気が出てきたら買い戻すという条件で解決することにした。

そのとき、中野氏は登記所に行くといったが、その社員とその仲間という三人が現われて、あなたはただ委任状と

住民票さえだせばそれで登記はできるので、権利証は必ず持ってきてあなたに渡すから、心配することはない、われわれに万事任せなさい、と口を揃えていうので、それもそうかなァと思って行かなかったところに失敗がおきた。

連中は確かに登記済みの権利証（現在は、**登記識別情報**を交付）を持ってきた。それにはりっぱにその建物が、中野氏の所有として登記がされていることが明瞭である。

ところがその後半年ほどたって、本郷のほうの見も知らぬ人から訴えが出されて中野氏の所有権移転の登記を抹消しろというのである。

中野氏には、何のことかさっぱりわからないので、近所の法律事務所に相談に行ったら、建物の登記簿謄本をとってこいというので、それをとってきて見せたところ、この建物には、中野氏に名義書替えをする以前に、その本郷の人物なる者に、売買の仮登記がしてあって、最近その者に所有権移転の本登記をしているのである。

中野氏は憤慨して、調べて見ると、以前その工場の専務格で骨折ったことがあった男で多少融資はしていたかも知れないが、とにかく工場主と馴れ合いで、名義書替えの本登記をし、その場合、中野氏が名義書換えをするときに渡した実印を悪用して、本登記に同意する承諾書を偽造したものと判断されるのである。

問題点

仮登記というのは、将来それに基づいて本登記がされると、その順位の保全ができる登記手続きである（不動産登記法一〇五条）。だから、中野氏より以前に売買の仮登記をし、その後になって中野氏が本登記をして完全に所有権が移転したように見えても、さらにその後、その仮登記に基づいて本登記をされると、その本登記は仮登記のされた日にさかのぼって対抗力をもつことになる。

金融会社の社員とその仲間が中野氏の登記所への出頭をとめたのも、その仮登記の存在がバレることを怖れてのことであったことがわかったが、そうすると計画的に仮登記をしておいて、中野氏に渡すように見せかけて、結局のところ、中野氏の方の登記の無力化をたくらんだと推測されるが、今ではどうすることもできない。

一体、この中野氏のばあい、どこに落し穴があったのであろうか。それはいうまでもない。登記簿を見ることなく、単に権利証だけをみて安心したことにある。もともと**権利証**（**登記済証**）というものは「当該物件の権利者が誰それであることを証明する」というだけのもので、はたしてその物件に他のどのような権利が設定されているのかということはわからないものである。この物件の履歴書が登記簿であり、登記簿をみれば「仮登記」の存在も一目でわかったはずである。

とりこわしを理由に家屋を買ってボロ儲けした男の話

不動産売買のアナ

目先の欲は落し穴をかくす

K旅館では、老朽化した建物を建て替えることにした。都合の良いことに、来年国体が開かれる。どうせなら、その客も見込んで、この際、近所の土地、家屋を買収し、地上一〇階、地下二階のホテルを建築しようということになった。

さいわい、近所の住民との話合いもうまく進み、まず、最初に建物収去の補償料として、一戸あたり二〇〇〇万円を支払い、残金五〇〇万円は、二か月後に、一切の地上建物を取りこわしたら、それと引きかえに支払うということでうまく話がまとまった。

住民たちは、思いがけない入金にホクホクしながら転居先を探したが、約束の二か月以内に現在の建物を取りこわし、サラ地にして引き渡さなければ、残金五〇〇万円をK旅館からもらえないことは、右に述べたとおりである。

ところが、困ったことに、建物を取りこわすには、現在相当の費用がかかる。解体業者にマトモに頼めば、解体に三・三㎡当り三万円はかかるというから大変である。

こんなことなら、その分も、ホテルに補償してもらえばよかったとボヤいている。といって自分で家を打ちこわしても、産廃の古材は勝手に捨てることもできない。皆ホトホト困りぬいている最中、突然そこに解体業者だという男がやってきた。

「どうです。皆さん、ここの家の取りこわしを私にまかせてくれませんか。私のほうでは、柱や、敷居の材料など、利用できるものは何でも利用する方針だから、逆に私のほうから皆さんに、この家の買取料をお払いしよう。一戸当

り五〇万円ずつお払いするから、ひとつ私にこの取りこわしをまかせてください」

まるで、夢のような相談である。

みな、これには大喜びで賛成し各人五〇万円ずつ、この男から買取料をもらったのだが、さて、この男、お金を払うのと引きかえに、抜け目なく、次のような念書を一札各人から取り上げた。

「念　書

一、金五拾万円也

右正に受領しました。ついては、私所有の家屋は一切貴殿に譲渡し、貴殿において、これを如何様に措置されるも後日一切異議を申し述べません」

男は、この念書を各人から受け取ると、強面の男達を多勢呼び集め、ナベ釜をもたせて、各人の家に住み込ませたのである。さあ、それ以後何日たっても、一向にその家を取りこわそうとはしなかった。

問題点

その後、約束の二か月が近づくので、皆が何回も、この男に取りこわしを催促したが、男は涼しい顔をして受け付けず、あげくのはては、右の念書をふりかざし、「この家は、あなたがたから、五〇万円ずつで買い取ったものだ。おれの家となった以上、煮て食おうと、焼いて食おうとおれの勝手だ」と、空ウソぶいているばかりである。

二か月以内に取りこわさねば、あとの五〇〇万円がもらえない。皆が青くなったのと同様、K旅館でもビックリした。もう二か月後を見込んで、ある建築会社との間に、ホテル建築の請負契約を正式に結んでいるからである。それに、ぐずぐずしていたのでは来年の国体にも間に合わなくなる。

とんでもない男に、家の取りこわしを頼んでしまったと思っても、もう後の祭りである。

K旅館の支配人は、やむなく一策を考えた。

住民たちは、約束の期限に家をこわさなかったのだから、後の五〇〇万円ずつは払わずにすむ。ひとつ、その分を居すわった男に持って行って、すぐにも家をこわしてもらおう。

こう考えたK旅館の支配人が、この提案を男に持ち込むと、男は二つ返事でOKをし、各家に分散していた男達がアッという間に、全部の家を取り払ってしまったというのだから、まことに現金な話だ。

気の毒なのは、住民たちで、当然もらうべき五〇〇万円を男に持って行かれた結果となり、中にはこれはK旅館の支配人と、男とが、なれ合いで打った大芝居ではないかと、なかなかするどい見方をしている者もある。ともかく、うかつに家の解体は頼めないという、笑えない話題の一つである。

不実の登記を知って放置していたため所有権を失ってしまった話

不動産売買のアナ

権利の上に眠るなかれ！

Oさんは、その所有していた不動産を、昭和四一年三月にTさんに売り渡して、所有権移転登記に必要な関係書類を渡した。ところが、Tさんはこれを使って所有権移転登記手続きをしなかった。同四二年に、Tさんの代理人を務めたBは、自分の名義に移転登記をし、さらにCに所有権移転登記をした。Tさんは、昭和四六年一月か二月頃、Cに移転登記がなされている事実を知っていたが、そのまま放置していた。

ところが、これらの事情を知らないYさんは、Cさんからこの不動産を買い受けて、所有権移転登記手続きをしてしまった。

Tさんが0さんから本件不動産を買い受けてから一〇年余が経ち、Cに移転登記がなされてから五年余を経てから、Tさんは、現在の所有名義人であるYさんに対し、真実の所有者は自分であるとして、自分に所有権移転登記を請求する訴を起こした。

このような場合、真実の所有者がTさんであるから、Yさんから所有権登記を取り戻すことができるのであろうか。

☆売ったおぼえはないのに！

Tさんが、実際の権利関係に反する虚偽の登記を作出し、または、作出されたことについて密接な行為をしたという事情がある場合には、Tさんの主張は認められず、Yさんの登記が保護されるという原審の考え方に対し、大阪高裁民事五部（昭和五九年一一月二〇日判決）は、理由こそ若干異なるものの、結論としてはTさんの主張を認めなかった。すなわち真実の権利者が不実の登記の存在を知りながら相当の期間これを放置しているような場合には、その登記を信頼して利害関係を持つ第三者が出現することは予測できるから、真実の権利者が不実の登記を是正する手段を採るべきで、これを怠った者が、登記を信頼して取引関係に立った第三者よりも厚く保護されるべき理由はないとし、少なくとも禁反言もしくは権利が外に示されている状態を保護すべきとの法理（権利外観法理）により、真実の権利者は登記を信頼した善意の第三者に対抗できないのが相当であるとした。

この場合は、不動産の売買から一〇年余、第三者の不実登記を知ってから五年余を経ているようなときは、Tさんは、現在の所有名義人Yさんに対し、自分が真実の所有者として、Yさんの所有権を否定することはできないとした。

問題点

この結論は妥当である。

実際の状態と合致しない登記に対し、真実の所有者の承認がある場合は、登記を信頼した第三者は民法九四条（①**相手方と通じてした虚偽の意思表示は、無効とする。**②**前項の規定による意思表示の無効は、善意の第三者に対抗することができない**）の類推適用によって保護されることは、判例の認めるところであるが、右の事例による大阪高裁の判断は、真実の所有者が、不実の登記関係を承認したか否かは問題とせず、真実の所有者が、不実登記の存在を知っていながら、放置していたという単なる不作為にあった場合においても、善意の第三者を保護すべきだとの立場を採っているところが注目される。

このような見解については、わが国の登記には、いわゆる**公信力**を認めていないところから、反対の考え方も生まれる余地は大いにある。しかし、このケースのように、不動産売買のときから一〇年余、第三者の不実の登記を知ってから五年余もたってからの請求では、善意の第三者であるYには対抗できず、現状の権利関係を保護すべきであるとし、「**権利外観法理**」を正面から推し進めた見解には注目すべきものがある。

真実の所有者が、不実の登記を発見した場合には、これを真実の所有関係に合致させる手続きをとることが極めて大事であることを、この事例は教えているのである。権利の上に眠るなかれ、というわけである。

土地の時効取得をハネつけて移転登記をしてしまった話

不動産売買のアナ

所有権は早く登記すること

電気器具の販売をしている中村さんは、終戦直後の昭和二〇年から自分の住居と店舗に使っている土地を登記簿上一五〇平方メートルあるということで買ったが、実測面積は一七五平方メートルあった。

登記簿の面積と実測面積が違うことは、世間でよくあることでもあるし、四方が石垣と道路とドブになっていたので、その一角は自分が買った土地であると信じていた。

ところで商売は順調で、相当に、利益もあがってきた。ところが、突然店舗の敷地の部分二五平方メートルの土地を譲り受けたという木村さんが現われて、店舗を取り除いてその土地を明け渡してくれといってきたのである。

驚いた中村さんは、さっそく登記簿を調べてみたところ中村さんが買ったと思っていたその土地は、一五〇平方メートルと二五平方メートルの二筆になっており、二五平方メートルのほうは山本という人の名義になっており、昭和五一年二月三日付で、木村さんがその土地を買い受けて登記しているのであった。

中村さんは、終戦直後の昭和二〇年から今日まで自分の土地であると思っていたので、明らかに時効で自分のものになっているから、木村さんの要求には応じられないとつっぱねたが、不安でならないので、知人を通じて弁護士に尋ねてみた。

するとその弁護士は、

「あなたは、完全に二五平方メートルの土地を時効取得しているけれども、土地の場合には登記をしておかなければ、第三者に対して自分の土地になったのだということはいえない（民法一七七条）。だから、木村さんが登記をしてしまえば、その土地は木村さんのものになってしまうわけだ。ちょうどこの関係は甲が建物を乙に売り、乙にまだ移転登記をしない内に甲が更に丙に売って丙に移転登記をしてしまえば、丙がその建物の所有権者となるのと同じだ。現にこのような場合には、丙の所有になるという判例（最高裁・昭和三三年八月二八日判決）もあるくらいだ」

とのこと。中村さんは、店舗を取り除けばたちまち商売ができなくなってしまい、せっかく今日まで営業の基礎を固めてきた努力が何にもならなくなってしまうのが残念でならなかった。

さて、中村さんは、時効取得を主張して、なんとか木村さんの請求に応じなくてもよい方法はないものかといろいろ考えてみた。

問題点

木村さんが五一年二月に登記したなら、自分はその後に時効で取得したことにすればよい。だからあの土地は昭和二〇年から使ってきたとせず、時効期間を考え遅らせて、昭和三一年四月頃から使っていたといえば、ちょうど五一年三月頃に時効ができ、木村さんに対抗できる気がした。

そこで、中村さんは、弁護士にききにいった。

「その点については学者の間で相当論議されているが、そのようなことはできないという判例（大審院・昭和一四年七月一九日判決）があるから、おそらく訴訟しても勝ち目がないだろう。無駄な費用を使うより、木村さんと交渉してできるだけ安く買った方がよい」とのことであった。中村さんは、買うのはよいがそれだけの資金も今すぐにはないし、登記をしなかったことの不注意をつくづく反省した。

土地とか建物とかの不動産は、第三者に対する関係では、登記の名義が誰になっているかということがいちばん問題なのである。だから中村さんとしても、登記簿上は誰のものになっているかはよく注意して、調査しておく必要があったのである。

そして、もし、時効が完成しているのに、その土地がまだ他人の名義になっておれば、すぐに自分の名前に移転登記する手続きをとらなければならないのだ。しかし、その手続きに手間どっていると、すぐに山本さんのように、木村さんに移転登記をしてしまえば、せっかく中村さんが時効取得をしていたとしても何にもならなくなってしまうから、まず山本さんに対して**処分禁止の仮処分**をしておいて、その後で山本さんと交渉して移転登記をするなり、**時効による移転登記の請求訴訟**を起こすべきなのである。

他方、山本さんは、長年の間、自分の所有土地を放置しているが、登記簿上自分の所有になっていても、他人が占有を継続すれば、時効取得される危険がある。所有権というものは**消滅時効**にはかからないが、逆に**取得時効**は成立して所有権を失うこととなる。

だから、山本さんとしては、中村さんの時効期間の満了前に、明渡しの請求をするなり、あるいは訴訟を起こすなりして、時効中断（現行法では「時効の更新」という）の手続きを怠ってはならなかったのである（民法一四七条以下）。山本さんが時効取得された土地を木村さんに移転登記できたのは、中村さんが時効取得による自分への登記手続きを怠っていたからにすぎない。

不動産売買のアナ

地主の承諾なしの家屋を買って大損をした話

地主に会わなかったのはウカツ

武蔵野郊外の住宅地。腹野黒男氏は、売りに出した自宅を見にきた山田さんに「この家は、作家の只野夏彦氏が建てたもので、その後、人気歌手の沢山チエ美さんが住んでいた時に、私が譲り受けたものです。家自体は改良に改良を重ねはしましたが、一か所たりともキズはありません。借地ですが、こんな家に目を付けられたあなたは、流石（さすが）です」と、半ば自慢げに話したのである。

山田さんは、フンフンとうなづきながら、天井の板から台所の柱、床柱のみがき具合から畳の痛み具合まで詳しく調べて回った。たしかに、ここといって、悪い個所はないようだ。値段も、借地権付で二〇〇〇万円というのは格安である。ただ、地主は、転売を承諾してくれるだろうか。それだけが不安だった。

ところが、腹野さんは「それなら心配いりません。地主の悪井は私の親友で、私の頼みなら何でも聞いてくれます。何なら、一筆念書を書いておきましょう」といい、その場で次頁のような念書をスラスラ書いて、山田さんに渡してくれたのである。

その念書に、実印をもっともらしく捺印（なついん）してくれたことで、山田さんはすっかり腹野さんの言葉を信じてしまい、ダマされたのも知らずに取引を済ませ、代金二〇〇〇万円を支払ったのである。その後、家屋の移転登記も完了し、畳やカーテンなどを新しく入れ替えて、山田さんは念願の一戸建てに引越しをした。

畳は新品、古女房も年をとったりとはいえ、お化粧して初々（うい）しい。また、どこからともなく鳥のさえずりも聞こえ、まったく住み心地満点の家である。良くも、こんな出物が

☆借地は地主に必ずアタレ

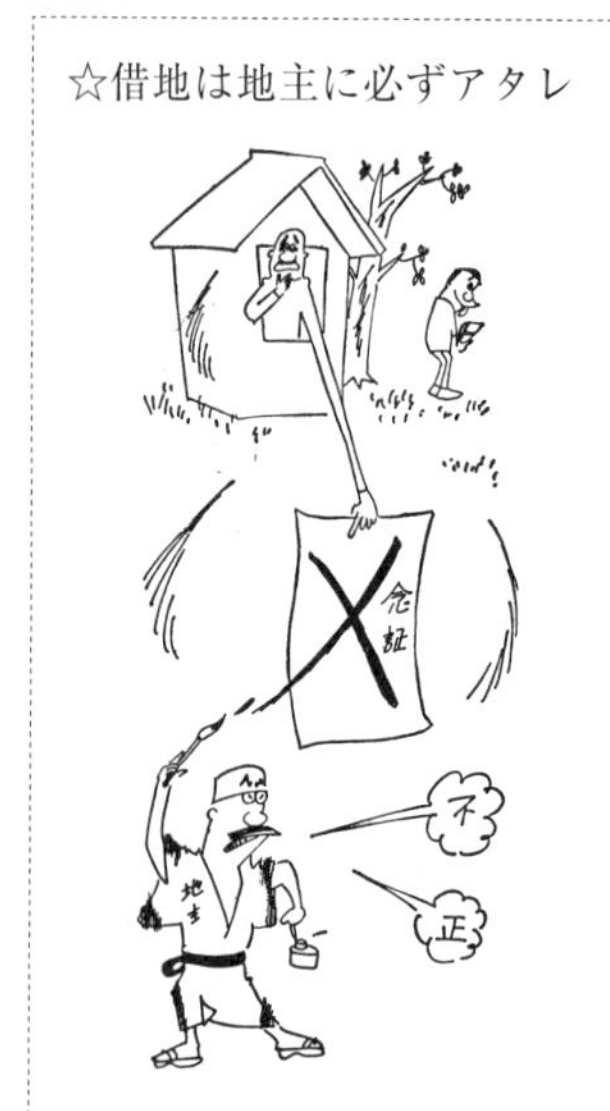

念　書

私所有の東京都武蔵野市池田山八丁目六九番地所在の家屋、木造瓦葺平屋建住宅、建築延面積六六㎡を今般貴殿に譲渡したことに相違ありません。

右敷地の借地の件については、私が地主悪井勇三氏の同意を得、貴殿に譲渡することを承認済であることを保証いたします。

平成二二年二月二三日

売主　腹野黒男　㊞

買主　山田良信殿

あったものだなと、自分の運の良さに一人悦に入っていた山田さんだが、引越しから一か月後には、自分の運の悪さを嘆くハメになったのである。

ある日、地主の悪井氏がやってきて、いきなり「自分の知らぬ間に、こんなことになっていた。地主に一言の挨拶もなく売った腹野も腹野だが、あなたもウカツじゃないか。こんな不正を黙って見ているわけにはいかない」と、凄い剣幕である。山田さんは「これ見て下さい。腹野氏が保証すると言ったんですよ」と、例の念書を見せて反論したが、悪井はますます怒って、とりつく島もない。当然のごとく、多額の承諾料や権利金を請求すると息巻いている。一体、山田さんはどうすればいいのだろう。

問題点

家屋を買うに当たって、地主と家屋の持主が別なため、売主に一応念を押したところ、売主は昔から地主とは懇意な間柄で、今度の家屋の売却についても了解済みと言われ、念のためそのことを念書として売主に書かせておいた。しかし、後で地主から「何の相談もなく売買をしてけしからん」と怒鳴りこまれ閉口している。こんな例は非常に多い。

事例の山田さんもそうだが、自分が買い受ける前に、地主に面会し、その点を確かめておかないと、地主の承諾があった旨の売主の保証だけでは全然意味がない空証文ということになるのである。山田さんは、完全にいっぱい喰ってしまったわけだ。借家人が建物を売りたいと思っても、地主が借地権譲渡の承諾をしないので、このような詐欺の手に出る悪者がいるのである。

借地借家法では、売買の前に売渡人から裁判所に申請して、**地主の承諾に代わる裁判**をしてもらう道が開かれている（一九条）。したがって、譲渡人の方でも地主の許可の得られない借地上の建物の譲渡をして、人をダマさなくてもすむようになったが、これからも借地上の建物を譲渡するには地主の承諾書か、地主の承諾に代わる許可の裁判が必要であることに変わりはない。

相手が賃借権の登記をしてないので土地を買い追出しに成功した話

不動産売買のアナ

こんなうまい手はそうザラにはない

小林は赤木から土地を賃借し、その上に家を建てて居住していたが、間もなくその一部を改装してクリーニング店を始めた。しかも、そのうえに賃借土地の範囲を一五平方メートルも超えて隣接地にまたがり、営業に必要な物干場を作ったのである。

小林の二軒隣には一〇年以上前からクリーニング屋をやっている石原がおり、石原は小林が新しくクリーニング屋を始めたので少しずつお客を失い、営業上の脅威を感ずるようになった。そこで、その報復手段として小林が建物の登記をしていないのを知ると、赤木から右の小林の建物の敷地と物干し場として使用している土地全部を買い取り、土地の所有権移転登記をすませた後で、小林に対し「自分は赤木からお前の建物の敷地を買い取って所有者となったんだから、建物をとりこわして、土地を自分に明け渡してほしい」との訴訟を起こした。

裁判所は石原の言い分を正当と認め、小林は赤木から土地を借りて建物を所有しているが、土地賃借権の登記はないこと、また建物は未登記のままであることの二つの理由から小林は新しい地主である石原に対抗できないこと、そのため明渡要求を拒むことはできず、建物を取り壊して土地を明渡せと命じた。

小林は赤木の土地を侵奪し、また石原に対しては二軒隣りでクリーニング屋をはじめて商売仇(がたき)となり、両者に多大の迷惑をかけているが、さりとて自分の建てた建物を収去させられて、立ち退かされてはいかにも可哀そうである。しかし、実例の場合には、小林には他に抜け道があるとは

☆悪い賃借人は追い出せ

考えられない。少なくとも、小林は、石原が土地の所有権移転の登記をする前に賃借権の登記をするか、または借地上の建物について小林名義の登記をしておくことが必要であった。こうしておけば、小林は石原の明渡請求を拒むことができ、しかも、前の地主である赤木のときと同じ条件で引き続き借りておくことができた。

問題点

以上でわかるとおり、土地を借りて家を建てたときはなるべく早く土地賃借権の登記か家の登記をしておくのが望ましい。

ただ土地の賃借権を登記するには地主の協力が必要であり、また実際上地主が協力してくれることはほとんどない。しかし、家の登記（**保存登記**）のほうは家の所有者、つまり借地人だけですることができるから、このほうは簡単にできる。

また実例の場合、第三者である石原が土地を買って、新しい地主となっても土地の登記名義が石原の名義に変わってなければ、借地人小林は自分名義の建物の登記がなくてもいっこうに差し支えない。今までの地主赤木へ地代を持って行き、受け取らなければそれを供託しておけばよい。ただその場合でも、急いで自分の建物の表題登記か保存登記をしておく必要がある。

借地人が以上の条件を備えていない場合でも、新地主がその土地の上に建物があることを熟知して、借地人を困らす目的だけで土地を買ったような場合には、新地主の主張は多くの場合は**権利濫用**として許されないとする判例が多い。ただ実例の場合には、借地人小林も新地主石原に対し二軒隣りで同業のクリーニング屋を始めて営業の邪魔をしているので、あまり石原に対して権利濫用の点を云々することができない立場になっている。

ついでに家屋の保存登記の方法を説明しておこう。まず建物表示の登記（**表題登記**）をしなければならない。

この表題登記申請は、建物の所在、地番、家屋番号、種類（居宅、店舗、事務所など）、構造、床面積、建物の番号があるときはその番号、付属建物があるときはその種類、構造および床面積、所有者の氏名および住所を記載した申請書に、建物図面、各階の平面図および申請人の所有権を証する書面を添付して、その土地を管轄する登記所（法務局、地方法務局、その支局・出張所）にすることになっている。

この表題登記があれば、登記をした申請人またはその相続人は、建物の保存登記をすることができる。この建物表題登記と保存登記の申請は、同時に申請することもできる。また、表題登記には、登録免許税はいらないが、保存登記には、建物価額の一〇〇〇分の一・五の登録免許税が必要である（令和六年三月三一日まで一定の住宅用家屋を登記する場合）。

よく調査もせずに相続不動産を買い大損した隣人の話

不動産売買のアナ

不動産の売買では権利関係の確認を

木村太郎は、永年材木店を経営しているが、隣りの山田一雄から、「お宅と隣り合っているこの土地を、父から相続したけれども、私は東京でマンションに住んでいるため、この土地を処分したいと思っている。ついては、お宅で買ってもらえないだろうか」との話を受けた。

木村太郎としても、材木置場として土地を探していたところでもあり、隣りの土地なら願ってもない話である。

木村太郎は、山田家とは、二〇年以上も近所付合いをしてきた関係から、山田一雄の母はすでに死亡しているが、一雄には姉と妹が一人ずついることは知っていた。しかし、すでに二人とも他家へ嫁いでおり、山田一雄は長男でもあることから、山田一雄が、単独で隣りの土地を相続したものと安易に考えていた。

山田一雄との売買契約と同時に、代金も全額支払い、その土地を材木置場として使用しはじめた。

一年ほどして、資金繰りの必要から、右土地を担保にし

て銀行から融資を受けようと考え、銀行に相談に行ったところ、まだ移転登記がなされていないことに気づかされた。早速、山田一雄に連絡し、移転登記をすぐにしてくれるよう請求した。

ところが、いつまでたっても、山田一雄は、移転登記をしないばかりか、山田一雄の姉妹達から、「お宅は、山田一雄から、父の遺産の土地を買ったようですが、その土地は、私たちにも権利がある土地です。一雄が勝手に売ったもので、その売買は無効です」との旨の内容証明郵便による通知が届いた。

この通知に驚いた木村太郎は、早速、知合いの弁護士のところに相談に行ったところ、つぎのことがわかった。

現在の相続法では、子供たちは、平等の権利を持ち、他家へ嫁いでも、その権利には変わりはないこと、さらに、共同相続人は、その遺産の分割につき、相続人間で話し合って、その分割方法を決めなければならないとのことであった。

そして、共同相続人のうちの一人から、その遺産相続した財産を買っても、他の共同相続人には「買ったから自分のものだ」と主張できないこともわかった。

したがって、木村太郎としては、山田一雄が、一人でこの土地を相続したと思って買っても、実際に山田一雄の姉妹との間で遺産分割の協議ができていなければ、山田一雄の持分である全体の三分の一を買うことができるにすぎず、その姉妹たちの持っている権利までは取得できないことになる。

問題点

この場合、木村太郎が、とりうる方法は、つぎの二つである。

第一は、山田一雄に対し、共同相続人たちの同意を得て、山田一雄の相続登記をいったんしたうえで自分へ所有権移転登記をするよう請求する方法である。

しかし、この方法は、山田一雄の姉妹たちが承諾しないかぎり実現は不可能である。

そこで、木村太郎がとりうる第二の方法は、契約の解除というものである。これによって、木村太郎は山田一雄に対して支払った売買代金の返還を請求することになる。

しかしこの場合も、すんなり金を返してくれれば問題はないが、返してくれなかった場合には、訴えを起こさなければならなくなる。

このように、売買の対象物件が相続財産であるときには、遺産相続につき、共同相続人間に**遺産分割の協議**が成立しているか否か、および、それに基づく**相続登記**がなされていることを確認したうえでないと、相続人の一人と売買の話をすることは危険である。

クーリングオフを知らずにマンションを買って損した話

不動産売買のアナ

事務所以外での契約であること

早野見氏は、美しい女の声の電話で、目尻を下げた。

「あのう、ワンルームマンションはいかがでしょうか」

いつものマンションの売込み電話であるが、野太い男の声ではない。つやのある若いメゾソプラノで、色気がある。

「彼女との浮気用のマンションですなあ」と、ちょうど部屋の部下が昼食のため出払っていたので、からかいたくなった。

「とてもよい雰囲気ですわ」

「あなたのような方と、利用できたら、楽しいでしょうね」

「私でよかったら、ご案内いたします」

その女性は、慎ましやかに答えた。早野見氏は、ふとその女性の顔を見たい、と思ったので、夕刻の五時半に、モデル・ルームを見に行く気になった。

☆契約書を見ないなんて！

そのマンションは、ほとんど出来上がっていた。販売の女性は、胸の大きく開いたエンジ色の薄地のワンピースを着て待っていた。銀座ホステスとしても通用しそうな服装である。薄暗い入口をはいり、二人きりでエレベーターに乗り、八階のモデルルームにはいると、早野見氏はなんとなく胸がときめいてきた。窓を開けるために、少しかがんだとき、おさわり魔の早野見氏の右手がぴくりと動いた。
「あなたの彼女がお羨ましいわ」
とその女性は早野見氏を見つめた。部屋は狭いが、赤い絨毯を敷きつめてあるし、小ぶりの皮の応接三点セットに坐って向き合っていると、早野見氏は、もう一度こんな美人とともに青春をやり直してみたいという気になった。

要するに早野見氏は、ふところにあった金五万円を手付金として渡し、契約書に「買主早野見高美」とサインをし、印鑑を押してしまった。代金は総額金二四〇〇万円。もちろん銀行ローン付である。

一週間後に手付金の不足分四七五万円を支払わねばならないので、早野見氏は取引先の信用金庫に預金の引出しのため出かけた。顔見知りの石部金吉課長は「ワンルームマンションでもお買いですか」と聞いた。「いやね。美人の営業ウーマンにうまく丸めこまれて、安かろう悪かろうのマンションを売りつけられた人がいましてね」という。

その後早野見氏の得た情報は悪いものばかりだった。売買契約をキャンセルしたいと思ったが、損害賠償として、代金総額の二割を払え、と書いてある。だが、よく読むと契約書の末尾には、「本契約が売主の本店事務所以外の場所で締結された場合には、買主は八日以内に限り、本契約を解除することができる」と小さく印刷してある。

しかし、早野見氏の場合は決断せずにいる間に、八日間がすぎてしまったのである。代金総額の二〇%を払うか、二四〇〇万円で、大きなお荷物である小さな部屋をかたつむりのように背負いこまねばならない運命となった。

問題点

脅迫的に別荘地を売りつけたり、温泉に招待して酒をのませてリゾートマンションを売りつけるような悪質業者もいる。

ついつい売買契約書に署名捺印させられてしまうと、早野見氏のように断わったり、解除したりできずに、泣く泣く高額の違約金をとられたり、不良のマンション、熊の出そうな別荘地、不良建売住宅などを背負いこまされるのである。これに対抗するためには、一般消費者である買主側に対して、頭を冷やして考えてみたあと、売買契約を解除する（または買受けの申込みの撤回をする）ことができる道を与えてやらねばならない。それが、不動産売買の**クーリングオフ**の制度である。

この制度が利用できるのは、①売主が宅地建物取引業者であること、②売主の事務所以外の場所で契約したこと、③クーリングオフのできることを告げられてから八日以内に書面で解除すること等の条件が必要である（宅地建物取引業法三七条の二）。

なお、早野見氏はクーリングオフはできなくても、**消費者契約法**による取消しが可能と思われる。

眺めが悪いと売買契約を解除した話

不動産売買のアナ

実際の見聞と同程度の説明義務がある

鎌田良雄さんは青年実業家で、都心の一等地にマンションを探している。最近東西不動産から売り出された東西スカイマンション（一四階建て）に目星を付け、モデルルームに行ってみたところ、担当者から「東京タワーも見えるイチ押しの物件ですよ」と説明され、すっかり気に入ってしまったのである。その場で一二階一室の購入契約を結び、手付金四〇〇万円を業者側に支払った。その際、東京タワーに面した側の隣地に一〇階建ての事務所ビルがあったので、眺望のジャマにならないか確かめたところ、担当者は「一一階以上なら大丈夫です」と太鼓判を押したのである。

ところが、完成後、そのマンションの内覧会で、隣りのビルには屋上に大きな広告塔があり、鎌田さんの購入した部屋からはその看板がジャマして、東京タワーがほとんど見えないことがわかったのである。鎌田さんは約束が違うと東西不動産に解約を申し入れたが、会社側は「完成した以上、今さら解約はできません。どうしてもというなら、それなりの違約金をいただきますよ」などと、半ば脅迫的な言い方をする。

☆建ててみなきゃわかりません

その横柄で、高圧的な態度に怒った鎌田さんは、会社側に虚偽説明があったとして、東西スカイマンションの購入契約を解除、支払った手付金の返還など総額五〇〇万円を求める民事裁判を起こした。

裁判では、会社側は「市街地のマンションでは隣接建物の変動により眺望が阻害される場合もあり、東京タワーの眺望が絶対に可能とは説明していない」などと反論した。一方、鎌田さんは担当者が眺望を確約したと主張、売出しの際、同社から受け取った販売用のパンフレットを証拠として提出したのである。それには「一一階以上の階からは、どの部屋からも東京タワーが一望できます」というコピーとイラストが、はっきり明記されていた。

裁判所は「未完成のマンションでは、売主は実物を見聞できたのと同じ程度まで説明する義務があり、その状況が販売時の説明と一致しなければ、買主は売買契約の解除ができる」と、鎌田さんの主張をほぼ認める判断を下したのである。その上で、東西不動産側の虚偽説明を認め、同社に四八〇万円の賠償を命じた。

問題点

鎌田さんの例でもわかるが、未完成マンションを購入する場合、業者の説明と完成後の現実の眺望とが大きく食い違うことも少なくない。そして、業者の説明義務をめぐって、最高裁まで争われた事件がある。

この事件は、買主がモデルルームで業者から「二条城の眺望が広がる」と説明を受け、購入契約を結んだものの、完成後の内覧会で隣接するビル屋上の冷却塔により眺望を遮られ、ほとんど二条城が見えないという事実に気づき、業者側に契約解除を申し入れたが拒否されたため、買主側が提訴したというものである。買主は、不動産業者側に虚偽説明があったとして、売買契約の解除と支払った手付金（四六〇万円）の返還などを求めた。

一審京都地裁は「市街地では、隣接建物により眺望が阻害されても、特段の事情がない限り受忍せざるを得ない」と買主側の請求を棄却したが、控訴審の大阪高裁は逆に「**未完成マンションの売買契約にあたっては、売主は眺望について実物を見聞できたのと同程度にまで説明する義務を負う**」と指摘、さらに「**完成後の眺望の状況が当初の売主の説明と一致しなければ、買主は売買契約を解除できる**」と、業者側に虚偽説明があったと認定し、買主勝訴の逆転判決を下している。

業者側は、控訴審判決を不服として上告したが、最高裁はこの上告を受理しなかった（平成一二年一〇月決定）。これにより、売買契約の解除を認め、業者側に手付金の返還など約五六〇万円の支払いを命じた二審判決が確定している。

不動産売買のアナ

売主が借家人からとった権利金や敷金を新しい家主に払わせる話

借家人の請求権はヤッカイです

太吉さんの勤めていた、山重商事会社では、課長クラス以上は、社宅が借りられるので、総務課長の椅子に一〇年も座っていた太吉さんも、在職中は住宅費の心配もなく最新型の家電にＡＶ機器にと文化生活を楽しんできたのだが、いよいよ定年退職ということになって、今度は、自分で老後を過ごす住居を見つけなければならなくなったのである。もちろん、金に糸目をつけないならば、いとも簡単に手ごろな家が見つかるのだが、太吉さんのふところぐあいからすると、大金を投ずるわけにはいかない。

そこで、太吉さんは八方手をつくした結果、現在借家人の栄太さんが住んでいるけれども、栄太さんは家族ぐるみ田舎へ引き揚げなければならぬ事情があり、ただその時期がのびのびになっているだけで、頼みこめば太吉さんが定年退職する頃には、明け渡してもらえるかも知れない、というまことに都合のよい建物を、広助さんから割と安く買い受けることができた。

もちろん、この家を広助さんから買い取るにあたっては太吉さん自ら栄太さんと面会して、本当に明け渡してもらえるかどうかを確かめ、栄太さんから「何月何日までに、間違いなく明け渡します」という一札を取った上で、正式に売買契約をして所有権の移転登記もすませたのだから、太吉さんとしては万全を期したつもりだった。

そしてその後何か月かすぎて、太吉さんは予定通り定年退職して、退職後二か月以内に社宅を明け渡すことになったので、太吉さんはさっそく栄太さんのところへ、引越しの打ち合わせに行った。

☆せいてはコトを仕損じる

もとより、栄太さんは、約束通りの期間に明け渡してくれたが、「この家を広助さんに借りるときに、敷金を一〇〇万円と権利金を五〇万円払ってある。借家期限は五年のところ、太吉さんの頼みを聞いて、三年しかたたないのに明け渡すのだから、前に家主に入れた敷金の一〇〇万円はもとより権利金の五分の二の二〇万円もあわせて一二〇万円を返してくれないか」というのだった。

これを聞いて、太吉さんは、夢にも思わなかったことなので、びっくりして、「この家を栄太さんに貸したのは広助さんであり、敷金も、権利金も、広助さんが受け取っているのだから広助さんから返してもらうのがスジ道でしょう」と主張したうえ、今度は広助さんに会って栄太さんがこういっているから一二〇万円返してやってくれと頼んだ。すると、広助さんは、そっけなく答えた。「いやそれは太吉さんが、払ってやるのが当然である。そのために私はあの家も格安で譲ったではありませんか」

太吉さんは、そんなバカな話はないと思って大いにむくれたが、しかし一二〇万円は返さなければ、栄太さんが家を明け渡さないことは、わかり切っているからやむをえず、栄太さんに泣きついて、敷金の一〇〇万円だけを返して、権利金の方はまけてもらい、どうにか片をつけることができた。しかし、納得がいかない太吉さんは、自分が払った一〇〇万円を弁償してくれ、という訴訟を起こそうかと、現在思案中である。

問題点

借家人の入っている家を買い受けた太吉さんは、法律上当然に、その家の賃貸人になるわけだから、広助さんとの間で、何らの話し合いが行なわれなくても、その賃貸借契約の終了したとき、栄太さんに対して**敷金**（しききん）一〇〇万円（ただし、家賃の滞納があったりした場合には、その分を差し引いた残額）を返還する義務を引きつぐ。したがって太吉さんは、栄太さんから請求があったかどうかにかかわらず、明け渡してもらうときに敷金を返さなければならない義務を負う。この場合、敷金を受け取ったのは広助さんだから、広助さんが払うべきだというのは間違いだ。

誰でもうっかりしがちであるが、こういう場合は、旧家主から家を買い受けるとき敷金関係も調査して、あらかじめ旧家主から敷金を受け継いでおくか、さもなければ売買代金支払のときに、敷金分だけ差し引いておかなければならない。もとより栄太さんに敷金を返還した太吉さんは、今度は広助さんに対して、一〇〇万円払ってくれという訴訟が起こせるけれども、時間と費用もかかり、広助さんもおいそれと応じないかも知れないので、いずれにしてもついうっかりが損のもとになるわけである。

不動産売買のアナ

差押えられた家屋は公示書がはがれても使えない話

刑法には封印破棄罪があるけれど

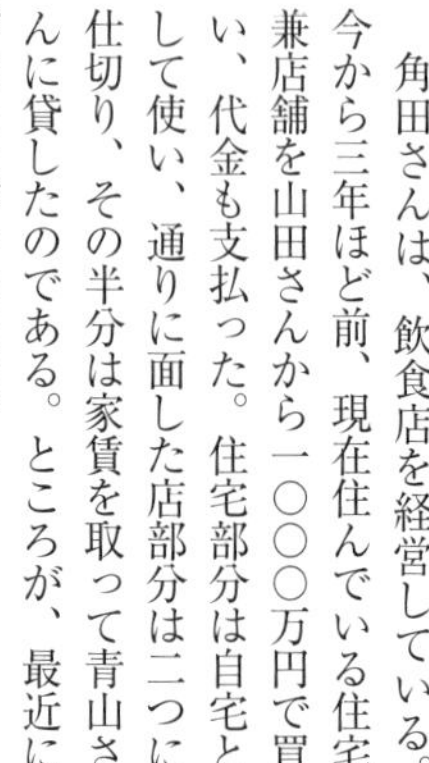

角田さんは、飲食店を経営している。今から三年ほど前、現在住んでいる住宅兼店舗を山田さんから一〇〇〇万円で買い、代金も支払った。住宅部分は自宅として使い、通りに面した店部分は二つに仕切り、その半分は家賃を取って青山さんに貸したのである。ところが、最近になって厄介な問題が持ち上がったのだ。

建物の売主の山田氏から、「この建物は一〇〇〇万円ではなく、一二〇〇万円で売った。ところが、もう三年にもなるのに、角田さんは残金二〇〇万円を払ってくれない。この売買契約は解除する。だから、建物を明け渡せ」と、角田さんに内容証明が届いたのである。しかも、それから一〇日も経たないうちに執行官がやってきて、建物全部を仮処分していったのだ。**現状変更禁止の仮処分**である。

その上、間もなくして、店を借りていた青山さんも他にいい場所を見つけたとかで引っ越して行った。約二〇平方メートルの広さがある店は、その後、次の借主が決まらずに空いたままである。

当然のことながら、執行官はこの店舗の壁にも、「現状を変更してはいけない。何人も許可なく、この部分を占有してはならない」という内容の公示書を、ペタッと貼っていった。もちろん、仮処分の公示書が張られた店を借りるような物好きはいない。しかし、貼り方が不十分だったのか、壁の公示書が自然にはがれ、床に落ちたのである。

残り半分を使っている角田さんの店からも、この落ちている公示書が見えたのだ。あんな札一枚で、自分が買った家が差し押さえられていると思うと、角田さんは忌々しくて仕方なかった。

☆たかが紙一枚なのに……

しかも、これから稼ぎ時である。どうせなら間仕切りをはずし、自分の店を広くしたい。角田さんはそう考えた。むろん、角田さんが飲食店として現在使っているスペースには公示書が貼られているので、現状を変更するわけにはいかないから、間仕切りを外すのは無理だろう。しかし、青山さんに貸していたスペースは公示書が貼られていないのだから、勝手に使ってもわからないはずだ。床に落ちた公示書は、角田さんが無理矢理はがしたわけではない。

角田さんは公示書の上に、それが隠れるようにテーブルを置き、二号店を始めるつもりである。執行官から仮処分の妨害だと言われても、公示書を故意にはがしたわけではないので、「人に貸していた部分で、仮処分の対象とは知らなかった。公示書が貼ってあれば気づいたはずだが、壁には何もなかった」と言い訳できると思っている。

問題点

代金が一〇〇〇万円か、それとも一二〇〇万円か、つまり角田さんと山田さんの言い分のどちらが正しいかということと、執行官が貼った仮処分の公示書(封印)の効力とは何ら関係がない。仮に、山田さんの主張が間違いで、仮処分後の本訴訟で角田さんが全面勝訴したとしても、角田さんは仮処分違反という犯罪を犯したことになる。よって、**封印等破棄罪**(刑法九六条)に問われる。

なお、その法定刑は平成二三年七月一四日から、三年以下の懲役もしくは二五〇万円以下の罰金(併科もある)に、引き上げられている。

ところで、青山さんが引っ越して、その店のスペースが空いたとしても、仮処分が取り消されるまでは、そこを誰も使用できない。では、自然に公示書がはがれた場合はどうか。

この場合、公示書が壁からはがれて床に落ちたとしても、執行官が行った封印や差押えの効力に変わりはない。つまり、公示書が貼ってある時と同じ効力があるのである。

本件と同じような事件で、「執行官が仮処分の執行として被告人所有の物件に対するその占有を解いて自己の占有に移し、その旨の公示書を物件に貼付したが、その物件は依然として被告人の工場内にあり、被告人が事実上これを占有していた場合、公示書が自然にはがれた時は、被告人は元通り公示書を物件に貼っておく義務がある。このような場合、その公示書を他に仕舞い込んで、同物件をほしいまま使用することは、刑法九六条の差押えの標示を無効ならしめた場合に当たる」と指摘した判例(高松高裁・昭和二八年五月一三日判決)もある。

結局、公示書が自然にはがれたことを幸いに、角田さんがスペースを使用することは許されず、はがれた公示書は貼ってあった壁に元通りにしておく義務があるということだ。

国有地である廃道の一部を時効取得した話

不動産売買のアナ

公共用財産として維持すべき理由なし

Ｂの土地（イロホヘイを順次直線で結んだ範囲内の土地＝次頁図参照）は、もともと国有地で里道の一部である。したがって、この土地は国有財産法三条二項二号の公共用財産である。

しかし、金沢五衛門は、里道であることなど知らずに買い受け、宅地として占有していた。

経過をたどってみると、金沢は、昭和一二年七月、Ａの土地（ロハニホロを順次直線で結んだ範囲内の土地）を石川氏から買い受けた。買い受けの際、土地の面積の測量を加賀氏が担当し、右測量にあたっては、Ａ・Ｂの土地に隣接する私有地の所有者が立ち会って境界を確認したが、当時Ａ・Ｂの土地は畑であって、Ａ・Ｂが一筆の土地であるかのごときであった。里道であることをうかがわせる形状はまったくなかった。

そこで、測量士の加賀氏はＡ・Ｂを一筆の土地として測量し、実測面積一一〇坪であった。その実測図面には北側公道と西側公道の記載があったが南側の公道の存在をうかがわせる記載はまったくなかった。そして売主石川氏と買主金沢は土地の坪単価に右一一〇坪の面積をかけて売買代

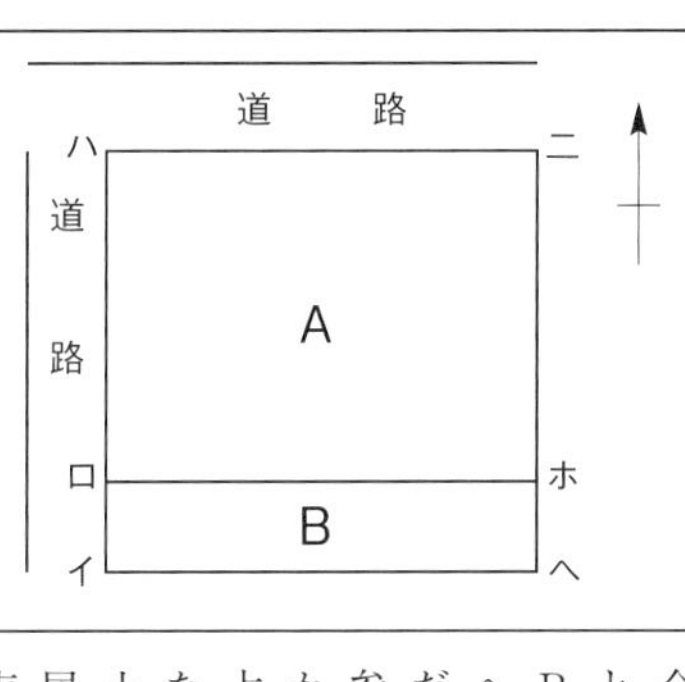

金を算出して売買代金とした。金沢は、A・Bの両地（イロハニホヘイを順次直線で結んだ範囲内の土地＝上図参照）が自己の所有にかかるものと信じ、以来、占有を継続してきた。すなわち、金沢は、本件土地に居住宅を建築して居住している。さらに南側境界線については、イへを直線で結んだ線と了解し、その内側に生垣を設置し、B地を建物の敷地として使用してきた。昭和四五年には、南側土地所有者の要望により費用折半で同線上に万年塀を設置し、今日に至っている。

ところが、金沢は、数年前役所から突然に公共用地であるからB地を明けるようにと言われた。そして公共用地に時効取得は成立しないという説明を受けた。

どうしても納得できない金沢は、弁護士に依頼して、国を訴えた。B土地について、善意・無過失・平穏・公然の一〇年の占有による時効取得が成立している（民法一六二条二項）として、所有権移転登記手続きをせよとの裁判を求めた。その結果、金沢の主張が認められた。

問題点

公物（こうぶつ）の取得時効については、従前の判例は一貫して否定していた。その後裁判（最高裁昭和五一・一二・二四）は取得時効が認められるためには、少なくとも占有開始時において**公用廃止の状態**があったことを要すると判示している（最高裁平成一七・一二・一六も同様）。

本件の類似事案について裁判所は、

「本件係争地付近は完全に宅地化されており、それぞれの居住住民の敷地のほかには、その周辺に道路が存在したことをうかがわせる痕跡すらない状況にあることが認められ、右事実に前項認定の事実を総合すれば、本件係争地は、公共用財産としての形態、機能を全く喪失しており」

と認定した上で、

「本件土地の前所有者の時代以前から引き続き私人の平穏かつ公然の占有が継続したが、そのために実際上公の目的が害されることもなかったことが明らかであるから、もはやこれを公共用財産として維持すべき理由がなくなったものというべきであり、本件係争地については黙示的に公用が廃止されたものとして、取得時効の対象となりうるものと解すべきである」

として、取得時効の成立を認めることとした。

〔コラム〕将来危険が現実化する瑕疵があれば賠償責任を負う

新築住宅については、その構造耐力上主要な部分（基礎、土台、壁、柱、床など）や雨水の侵入を防止する部分（屋根など）（基本構造部分）は引渡しから一〇年間、売主や請負業者が瑕疵担保責任を負うなど（住宅の品質確保の促進等に関する法律九四条、九五条）、住宅の欠陥（瑕疵）で生じる被害への業者の責任は重くなっている。

この欠陥住宅をめぐるトラブルで、将来的に危険が生じる瑕疵について、業者に賠償責任を認める判決が出た。

●欠陥住宅の購入者、注文者の被害は幅広く救済されることになった

争いになった物件は、住宅品確促進法施行（平成一二年四月）以前の平成一二年に完成した九階建てマンションで、原告Xは建築主Aから完成後に同物件を購入した。Xはその後、建物にひび割れやたわみ、バルコニーの手すりのぐらつきや配水管の亀裂など、瑕疵が見つかったとして、施工業者Yらに、不法行為に基づく損害賠償を請求した事件である。

福岡高裁は、XとYとが契約関係にないこと、建物の瑕疵は構造耐久上の安全性を脅かすまでのものではないとして、Xの請求を棄却した。Xは上告し、最高裁は、契約関係にない居住者との関係でも、施工業者は建物としての基本的な安全性が欠けることのないように配慮する注意義務を負い、安全性を損なう欠陥があれば賠償を認めるべきだとの判断を示した。その上で、二審の判断には誤りがあるとして、審理を福岡高裁に差し戻している（平成一九年七月六日判決）。

差戻し控訴審は、現実的な危険性を生じさせる瑕疵はないとして、再びXの請求を棄却したが、差戻し上告審は建物としての基本的な安全性を損なう瑕疵とは、居住者等の生命、身体または財産を危険に曝すような欠陥を言い、現実的な危険をもたらしている場合に限らず、その瑕疵を放置するといずれ危険が現実化するおそれがある将来の危険も、基本的な安全性を損なう瑕疵に当たるとの判断を示した。

なお、瑕疵を放置した場合、鉄筋の腐食や劣化、コンクリートの耐力低下を引き起こし、建物の倒壊につながるような構造上の瑕疵だけでなく、外壁の落下や建物利用者が転落するような欠陥、また漏水や有害物質発生による健康被害も安全性を損なう瑕疵に該当すると、賠償が認められる基準を具体的に示している。その上で、法令解釈に誤りがあるとして二審判決を破棄、再度審理を福岡高裁に差し戻した（最高裁・平成二三年七月二一日判決）。

第10章

土地家屋の抜け穴と急所

♣本書の内容は……

・借地の立退きで一億八千万円の提供により正当事由が認められた話——借地借家法五条

・建物名義を息子にして失敗をした借家人の話——借地借家法一〇条

・地代増額請求に低額の供託を続けて契約を解除された借地人の話——借地借家法一一条

・合意した更新料の支払いを怠ったために賃貸借契約を解除された話——民法四一五条

・家賃滞納を理由に勝手に借室の鍵を替え訴えられた大家の話——民法七〇九条

など実例解説・一五話

土地家屋の法律の急所

土地家屋をめぐる法律の動きでは、平成から令和にかけての民法改正が重要だ。令和三年四月には、相隣関係や共有の規定が改正公布された。主な改正点は、相隣関係は五章（隣近所の法律の急所）、共有については前章（不動産売買の法律の急所）に紹介してある。

この他、マンションの管理の適正化の推進に関する法律が改正され、都道府県など行政機関はマンション管理適正化指針に基づき、個々の管理組合や管理業者に助言や指導ができるようになった。

★敷金に関する規定が新設された

民法（**債権法**）は平成二九年六月、一二〇年振りに大改正されたが、賃貸借に深く関わる「**敷金**」、「**原状回復義務**」、「**賃貸借の存続期間**」についての改正規定は、令和二年四月一日から施行されている。

敷金は、家賃滞納など借家人（賃借人）側の債務不履行を担保するため、貸主（賃貸人）が入居時に借家人から預かる金銭である。礼金や権利金と違って貸主は契約期間が終了したら、滞納家賃など借家人の債務を差し引いて清算し、その残金は借家人に返還しなければならない。しかし、具体的な条文は、従来の民法や借地借家法にはなかった。そのため自然損耗による補修費や退去時のクリーニング代など借家人の責めに帰さないものまで敷金から差し引く貸主も多く、裁判沙汰になるケースも少なくなかったのである。

この敷金についての条文が、この改正で初めて盛り込まれた（六二二条の二）。いかなる名目であっても、滞納家賃など借家人の貸主に対する金銭債務を担保する目的で借家人から貸主に交付される金銭は、すべて**敷金**とすると、定義されている。敷金の返還時期は、**賃貸借契約が終了し、かつ賃貸物の返還を受けたとき、または借家人が適法（貸主の同意があるなど）に賃借権を譲り渡したとき**と、明文化された。

なお、家賃の滞納が生じたときなど、貸主は敷金の中から、その金額を充当できるが、借家人の方からは、「滞納家賃を敷金から取ってくれ」と言うことはできないことも明記されている（同条二項）。

また、不動産の譲渡などで建物の所有者（貸主）が変わった場合、前貸主が借家人から預かっていた敷金の返還義務は、新貸主が当然に引き継ぐと、改正法で規定された（六〇五条の二第四項）。

★自然損耗や通常使用による借家に生じたキズや汚れは、借家人には原状回復義務がない

敷金をめぐるトラブルでは、この他、借家人に課す原状回復義務の範囲が貸主に一方的に有利な特約だとして、その有効性が争われることも多かった。今回の改正では、契約終了後に、借家人が負わなければならない借家・借室に生じたキズや汚れの**原状回復義務**についても明文化されている（六二一条）。

たとえば、経年劣化など自然損耗は特約がない限り、借家人には負担義務がないとする判例（最高裁・平成一七年一二月一六日）があるが、改正法の条文には、通常使用や経年劣化によるキズなどの損傷は「借家人が原状回復義務を負うキズから除く」と、明記された。また、損傷の原因が、借家人の責めに帰すことができないものも、借家人に原状回復義務がないことが規定されている（同条但書）。

★賃貸借の存続期間が五〇年に延びた

民法では、これまで二〇年を超す**賃貸借の存続期間**を認めなかった。更新は可能だが、当事者間で二〇年を超える期間を定めても、その期間は二〇年とされた。

今回の民法改正では、その**存続期間が五〇年に延長**された（六〇四条）。**ただし、この規定**が適用されるのは、令和二年四月一日以降に契約締結される賃貸借で、それ以前の契約には適用されない（施行日後に更新する場合、更新後の契約の存続期間は五〇年にできる）。

なお、土地建物の一部が賃借人の過失によらずに滅失した場合、従来は、その滅失割合により賃借人は貸主に対し**賃料の減額を請求できる**ことになっていたが、改正民法では賃借人の責めに帰する事由がないのに、土地建物の一部が滅失、その他の事由により使用収益できなくなった場合は、賃借人の請求は不要。**賃料は当然減額される**ことになった（六一一条一項）。

★家賃増減額トラブルは、いきなり裁判にできない

借地借家法は、借地条件の変更や家賃の増減額などのトラブルについて、次のように定めている。

借地紛争のうち、借地条件の変更、増改築の許可、土地賃借権譲渡または転貸の許可をめぐるトラブルは、話合いがつかなければ裁判所に**借地非訟手続き**による申立てをすることになっている。裁判所は職権で証拠調べを行い、地主の承諾に代わる許可を出してくれるが、この手続きの申立ての後でも、和解や調停による解決を図ることが可能である。

なお、借家の紛争では、家賃の増減額のトラブルについてはいきなり裁判にできず、その前に必ず調停による解決を図ることが定められている（**調停前置主義**。民事調停法二四条の二）。

土地家屋のアナ

自然損耗分も負担する特約は無効だと、大家から敷金を取り戻した話

借主が自然損耗分負担の特約は無効

橋本君は二年前、今いる益田アパートを借りた。家賃は月八万円、敷金・礼金ともに二か月分という条件である。建物は古いが駅にも近いので、橋本君は気に入っていたが、恋人の京子さんが妊娠し、いわゆる出来ちゃった婚をすることになり、広い部屋に移ることにしたのだ。

何かと物入りだが、橋本君は二人の新居への引越し代は益田アパートの敷金の返還分でまかなえると考えていた。家賃滞納は一度もないし、壁や畳は入居した時と比べると、少しは色褪せたが、キズもなく部屋もきれいに使っている。敷金は間違いなく全額戻ってくると、思っていた。

ところが、大家の益田不動産は敷金は一円も返せないと言うのである。驚いた橋本君が理由を問いただすと、益田氏は「次の人に貸すのに、畳を入れ替えなきゃならんし、壁も塗り替える必要がある。敷金じゃ足りんくらいだ」と言うではないか。

橋本君は当然、「大家さん。畳や壁は、たしかに色褪せましたけど、あれは自然損耗でしょ。法律上は、自然損耗は大家の負担のはずじゃあ……」と反論した。すると、益田氏はアパートの賃貸借契約書を取り出し、「自然損耗分であっても、大家が畳替えと壁の塗替えが必要と判断した場合、借家人は退去に際し、敷金でその費用を負担する」という特約条項が契約の中に入ってると、言い出したのだ。

☆欲の量だけ体も重い…？

契約書の中に、その特約条項は確かに入っていた。契約の際、益田氏から聴いた覚えはないが、サインは橋本君自身のものである。橋本君は契約の際、しっかり契約書の中身を読まなかったことを悔やんだ。

しかし、納得いかない橋本君は市民法律相談で弁護士に相談してみた。すると、その弁護士は「自然損耗分の原状回復も借主の責任という特約について、不動産屋はあなたにその内容を十分説明していないんでしょう。だったら、消費者契約法により特約は無効だね」と教えてくれたのだ。

また、その弁護士は、内容証明で敷金の返還を求めても相手が応じなければ、わずかな費用で手続きも簡単な少額訴訟を起こせばいいというのである。橋本君はさっそく、「敷金二か月分一六万円を返せ」という内容で、増田氏宛に内容証明郵便を出すことにした。

問題点

アパートやマンションを借りる場合、一般的に、賃借人（借家人）から賃貸人（大家）に敷金を支払うのが普通である。

敷金とは賃借人が賃貸料（家賃）の支払いを怠ったり、その賃借中に借家本体や付随する畳や襖など（造作という）を汚したり傷つけた場合、その損害の賠償債務を担保するもので、賃貸人は、未払い家賃や補修費用を敷金の中から受け取ることができる（賃借人側からは借家退去時以外、原則として敷金により家賃や補修費用を補てんするよう請求はできない）。

もちろん、契約期間中に何の損害も生じなければ、契約終了時に、賃貸人は敷金を賃借人に返済しなければならないし、損害が生じた場合でも、その損害額を引いて残金があれば、それも返済する義務を負う。

ところで最近の借家契約は、賃借人に責任のない畳や壁の経年変化や通常使用による汚れや痛み、いわゆる自然損耗の補修費用までも、賃借人に負担させる特約を付けたものが増えているようである。その特約が適用されると、解約後賃借人に返還される敷金は皆無に近いため、賃貸人と賃借人との間でトラブルが起きる場合が多い。

もっとも法律上は、この自然損耗（そんもう）分の補修義務や退室後のクリーニング代の負担は賃貸人側にあると考えられている。

なお、裁判所は、この事例のように特約条項で「自然損耗分は賃借人負担」と定めた場合、特約そのものは無効ではないと、しているようである。ただ、特約の成立を認めるハードルをかなり高くしており、通常使用による自然損耗の修繕費用は原則賃貸人負担とし、賃借人に負担させる場合には、「賃借人への具体的な説明と明確な合意が必要」としている（平成一七年一二月一六日・最高裁判決）。下級審では、敷金全額の返還を賃貸人に命じた判決もある。

土地家屋のアナ

団地自治会を退会し その後の共益費の支払いを 免れようとした話

自治会費の支払義務は退会時まで

戸山さんは、郊外にある東南団地A棟に住んでいる。各一〇階建てで五〇戸、全四棟のマンションからなる団地は、元々中堅ディベロッパー東南不動産がバブル前に売り出した物件で、共用部分の管理や共益費の徴収は同社管理部が行っていた。ところが、今から五年前、東南不動産が倒産し、同社から共用部分の管理などが受けられなくなったのである。

共用の廊下や階段の清掃、給水タンクやエレベーターの点検など、同社に管理すべてを任せていた団地住人が途方に暮れたのは言うまでもない。正式に管理組合を作ろうという意見もあったがまとまらず、当面の措置として、住民の親睦団体である団地自治会が共益費の徴収と共用部分の管理を代行することにした。共益費は自治会と同様、銀行振込みだったため、とくに自治会役員の手間が増えることもなかったので、大きな反対がなかったからである。

『東南団地自治会』は、見知らぬ住人同士の近所付き合いを推進しようと、第一期の入居者たちの間で自然発生的に始まったものだが、その後、口コミ的に加入者を増やし、今では全戸が加入している。新しく団地住民になった場合、自動的に加入するという暗黙の了解もできていた。ただ、あくまで住民の親睦が目的の団地自治会は、正式な法人でもなければ、強制加入という規約もなかったのだ。

当時の自治会長の戸山さんは、全戸の同意を取り付けると、共益費の入金口座を東南不動産から団地自治会の口座（実際には、自治会長＝戸山さん名義の銀行口座）に変更してもらい、共用部分の管理は団地近くの住宅管理会社に一任したのである。その結果、団地住民は従来同様の管理サービスを受けられることになり、戸山さんが感謝された

☆両方はカンベン…

ことは言うまでもない。そして、彼の任期中には、大きなトラブルも起きなかった。

しかし二年前、戸山さんが二期四年間にわたる自治会長を辞め、C棟の内田さんが自治会長に就任すると、風向きが変わったのである。内田さんは、団地自治会の収支決算に不可解な点があると、戸山さんがあたかも団地自治会の金を着服しているような発言を始め、また現在の住宅管理会社の選定に当たっても、数社から見積りを取らずに最初から一社に絞り込んだのは癒着があったからだと攻撃したのだ。団地のため、自分の時間を犠牲にしてきた戸山さんにしてみれば、何をかいわんやである。

すっかり嫌気のさした戸山さんは、団地自治会を退会し、以後約一年半、自治会費も共益費も支払いを拒んでいた。団地自治会は、戸山さんを相手取り、滞納した自治会費と共益費（六万四八〇〇円）を払えと、裁判を起こしたのである。裁判所からの訴状を受け取った戸山さんは、さすがに放っておくわけにもいかず、知り合いの弁護士に、どうしたものかと相談に行った。

問題点

弁護士は戸山さんに次のような説明をした。

一般的に、**共益費**（きょうえきひ）は共用部分の管理のために支出される費用である。

共用部分には、共用の玄関、廊下、階段、エレベーター、電気設備、排水ポンプなど各所有者の専有部分以外のマンション内の部屋や付属物といった**法定共用部分**と、集会室や管理人室、倉庫、車庫などの**規約共用部分**があるが、団地住人が支払う共益費は、この共用部分の管理・維持に使われる。

ところで、事例の団地自治会では、共用部分の管理と共益費の徴収を代行しており、戸山さんも退会する一年半前までは自治会に共益費を払っていた。とすると、戸山さんは自治会に共益費の支払いを約束していると認められ、団地から退去しない限りは、その支払義務が残ると考えるのが普通である。つまり、戸山さんは自治会に加入しているかどうかとは無関係に、未払共益費六万四八〇〇円を支払わねばならず、また今後も団地を退去するまでは共益費を支払い続けなければならない。

次に、自治会費であるが、この団地自治会は住人同士の親睦（しんぼく）を目的とするもので、その住人は当然加入することとされているが、いわゆる強制加入の団体ではなく、また会員の退会を制限する規約も設けていないので、退会は原則自由である。

よって、戸山さんは退会以前の未払自治会費については支払義務を負うが、退会後の自治会費については支払義務を負わない。入居者が当然加入するとされている公営団地の自治会をめぐり、同じ趣旨の判例が出ている（最高裁・平成一七年四月二六日判決）。

土地家屋のアナ

公営住宅の貸借でも信頼関係をこわせば契約の解除が認められる話

無断増改築には注意する

東京都が都営住宅に入居しているYさんに対して、都営住宅の明渡しを請求して訴えた。その理由はつぎのようなものであった。

東京都は、公営住宅法および東京都営住宅条例に基づいて、Yさんに公営住宅の使用を許可し、家賃一カ月二一〇〇円、毎月末日払いで賃貸し、Yさんはこれに入居していたが、東京都の許可を得ないで、本件建物敷地に、増築工事をしてこれを完成させてしまった。また、東京都が昭和四一年一〇月頃、Yさんに対し、同年一一月から一ヵ月あたり二一〇〇円の割増賃料を徴収することを通知したが、これに応じなかった。

そこで東京都は、Yさんに対し、昭和五〇年一月三一日までに、右の増築建物（本件建物という）を撤去して、その敷地を原状に回復すること、また、割増賃料の支払いを求めたが、これに応じなかったので、東京都は、これは本件公営住宅の明渡請求事由に該当するとして、昭和五〇年二月二四日、Yさんに対し公営住宅の使用許可を取り消して、明渡しを求める訴を起こした。

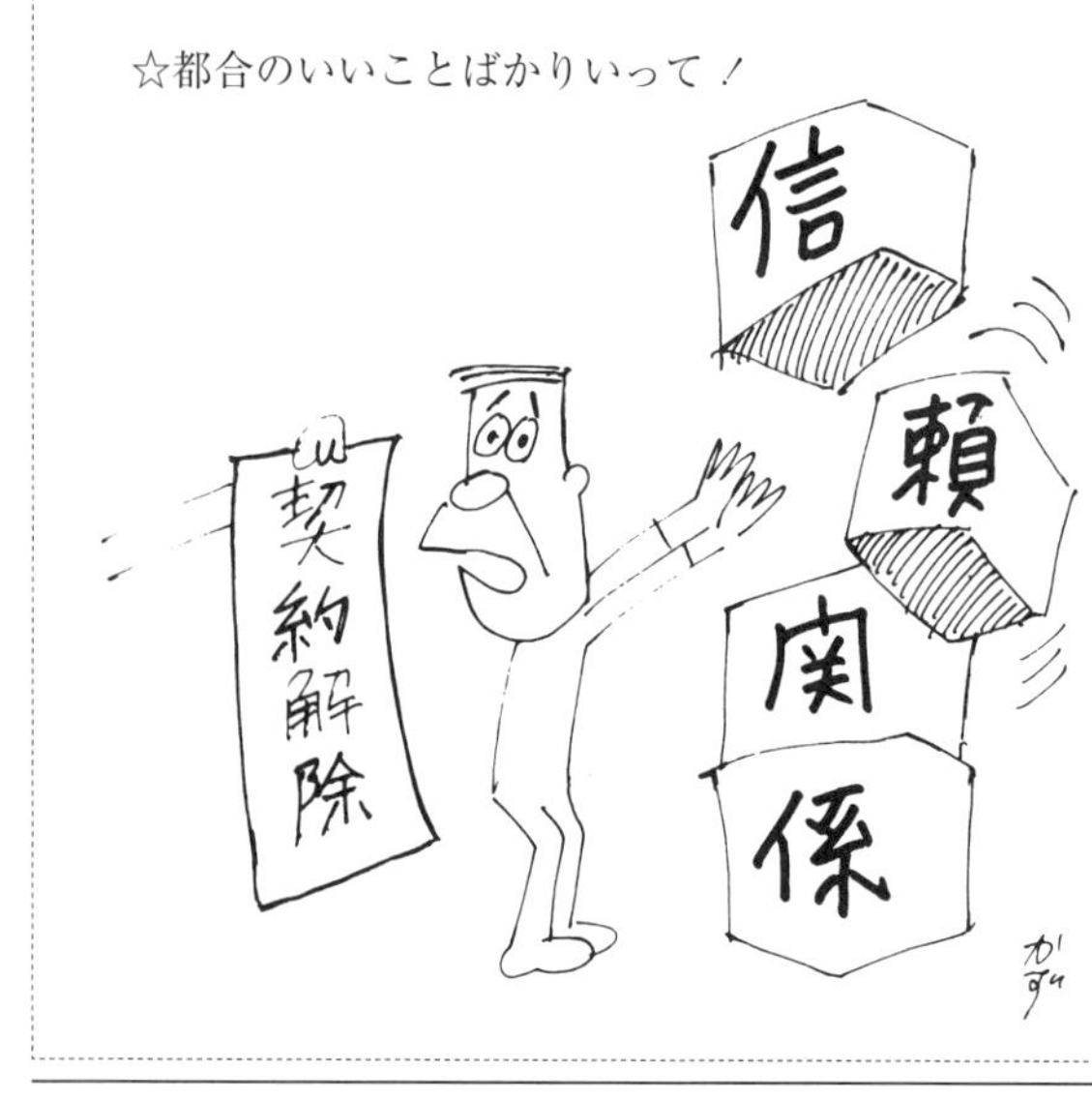

これに対し、Yさんの反論は、①無断増築が明渡請求の理由になるとしても、東京都とYとの間の信頼関係を破壊するとは認めにくい特段の事情がある、として、その家族構成をあげ、住居の狭さからくる不便から、止むなく原状回復が容易であり、住宅維持保存にも適している本件建物を増築したものである。②他にも都営住宅の無断増築の例が多数あるが、東京都はこれを黙認している。③都が本件建物の増築を許しても、他の使用者がこれに追随するということは考えられない。④割増賃料の徴収は、借家法七条一項（現・借地借家法三二条一項）の賃料増額請求にあたるので、借主Yが正当と認める賃料を支払えば債務不履行の責は免れると考えられるから、正当の賃料と考えられる一カ月二一〇〇円を供託している、と主張したのである。

東京高裁は、無断増築は、本件住宅の明渡請求事由に該当するとし、さらにYさんの信頼関係を破壊するとは認め難い特段の事情があるとの主張に対しては、このような公営住宅の使用関係については、信頼関係理論は適用されないとした。

しかし、最高裁（第一小法廷、昭和五九年一二月一三日）は、法や条例による規制はあっても、事業主体と入居者との間の法律関係は、基本的には私人間の家屋賃貸借関係と異ならないから、信頼関係の法理が適用されるとし、公営住宅の使用者が法の定める公営住宅の明渡請求事由に該当する行為をした場合でも、使用者と事業主体（東京都）との間の信頼関係を破壊するとは認め難い特段の事情があるときは、明渡請求はできないとしたが、本件の場合には、Yさんの増築の構造から、原状回復が容易であり住宅の保持にも適しているとは認め難いとし、また家族事情を考えても、信頼関係を破壊するとは認め難い特段の事情があるとはいえないとして、明渡請求を認めた。

問題点

公営住宅の使用関係の特質は、私人間の家屋の賃貸借関係と同一であるかについては、多くの下級審の判例は、同一としている。問題は、あらゆる場面で一般の家屋賃貸借関係とまったく同一に取り扱われるかどうかである。

たとえば、割増賃料の請求について借家法七条（現・借地借家法三二条）が当然に適用されるとはいえないこともある。右の件で東京高裁は、借家法七条の適用はないとしている。公営住宅の賃料割増の制度がどう規定されているかを検討しなければならない。

公営住宅の使用関係にも、**信頼関係の法理**が適用される。そして、軽微な無断増改築であれ、直ちに信頼関係を破壊するとは必ずしもいえないという点に注意すべきで、双方間の一切の諸事情を総合して判断することになるであろう。

暴力をふるう借家人を信頼関係を破るとして追い出した家主の話

土地家屋のアナ

家主と店子の関係は信頼の上に立つ

長田さんは長男夫婦と同居生活をしていたが、長男が会社の命令で地方に転勤することになった。長田さんとしては現在退職金で生活している身なので、長男が出たあとの二階を誰かに貸して、家賃を生活費の一部や旅行などの費用にし、生活を楽しみたいと考えた。

しかし、ひとたび他人様に貸してしまうと、長男が戻ってきたときに困るので、本社に戻ったときには三カ月以内に明け渡してくれるという約束で、友人の紹介の川村夫婦に貸すことにした。

これで少しは余裕をもって生活を楽しむことができると思ったのもつかの間、川村は家賃が滞納がちなので奥さんにそのことを注意したところ、それからが大変である。川村は酒を飲んで二階から、「おい長田、可愛がってやるから出てこい」とわめき、とりあわずにいると「殺してやる」などと暴れる始末。みかねた近所の佐山さんが一一〇番でパトカーを呼び、警察の姿をみてやっとおとなしくなった。こんなことが続き長田さんは困り果ててしまった。川村の暴言はその後も止むどころか、ますますエスカレートするばかり。そのうえ長田さんが少しでも言葉を返すと腰を蹴

☆憎まれっ子世にはばかれず

りあげるなどの暴力を振るうようになった。

あげくの果て、長田さんの子供が通学している小学校に「長田の子供はウソつきで不良だ。その親は酒を飲むと子供の前でも暴れ、精神状態が疑われる」などの手紙を送りつけたので、子供までも被害を受ける結果になった。

同じ屋根の下で生活している長田さんは、川村のデタラメ振りにいい加減ノイローゼ気味になり、毎日どうしたら川村を追いだせるかとばかりを、深刻に考えていた。そして、いろいろ友人・知人に聞いて回ったが、借家契約があるかぎりは期限がくるまでは無理だろうとか、さわらぬ神にたたりなしだよなどと、無責任なことをいう。

だからといって、川村の態度は一向に改まる気配さえない。逆に、ますますいやがらせをしてくる始末である。

ところが、法律はやはり正義の味方であることを再認識する出来事があった。というのは、そんな長田さんが区役所の前を偶然通りかかったところ、区民法律相談というのが行なわれていた。

さっそく、長田さんは、自分の悩みを、相談に応じてくれた老弁護士に話したところ、つぎのようにすればよいといって、かいつまんでその解決の方法を教えてくれた。

問題点

長田さんと川村の間で賃貸借契約が存在する以上、川村を追い出すにはまず賃借権を消滅させなければならない。そのためには**契約の解除**が必要である。

契約の解除ができるのは賃料の不払い、無断譲渡・転貸または債務不履行の場合だが、川村の場合はこれに該当しない。

しかし川村の場合は、暴行などの実力行為をしているため、それ自体問題がある。そこで、家の賃貸借とは直接関係ないが暴行を理由として契約を解除するといい。解除ができるかどうかは、理屈として、むずかしいかも知れないが、こんな場合にまで賃貸借を存続せしめなければならないとすれば、人情として長田さんには気の毒である。

そもそも賃貸借は貸主と借主の継続的な関係なので、**対人的な信頼関係**もある程度考慮しなければならない。川村の行為は賃貸借契約から出てくる権利義務と直接関係はないけれども、川村のような目にあまる行為があるときは、賃貸借契約の信頼関係を著しく破るもの、として契約関係を消滅させることができるとする裁判例がある。

これは賃貸借の場合は継続的な関係として対人的信頼関係を無視できないからである。長田さんも、このことを理由に訴訟を起こせば、川村もいずれは裁判所の執行官の手によって追い出されることであろう。

このことを聞いた長田さんは、晴々とした気持ちになって帰ったことはいうまでもない。

家賃値上請求の和解調書によっても明渡しができなかった話

土地家屋のアナ

和解調書とその内容が問題

家主にとって更新時に更新料をとることと家賃の値上げをすることは骨の折れる仕事だ。弁護士に相談しても賃借人が本気で争うと、その間家賃を供託されたり、家賃の鑑定を依頼したりで、費用もかかり、あまり妙味がないのでなるべく話合いで解決した方がよいといわれる。そこで介在するのが事件屋である。裁判になればどうなるかを知らないだけに、いうことに迫力がある。

家主の北山は、店子の南川に家賃を上げてもらっても妙味がない。家賃の値上げには限界がある。場所柄を考えたら、立ち退いてもらって、新しく賃貸すれば、保証金も家賃も、店舗であるだけに大幅にアップする。北山は事件屋氏に相談したところ、南川との賃貸借契約は公正証書になっているが、公正証書では、契約違反があっても、明渡しの強制執行はできないとのことである。この際少し金はかかるが、家賃の値上請求の裁判をして、敷金、家賃を少し上げてもらって和解をし、和解調書で、契約違反の場合には、家屋を明け渡す旨の条項を入れてもらう。そうすれば判決と同じ効力があるから、南川が契約に違反すれば明渡

☆ハクジョウな！
たった一回の滞納で

しの強制執行ができるとのことであった。

そこで、北山は南川に対し、敷金、家賃も大幅に値上げを請求して裁判をすることにした。敷金や家賃の大幅な値上げを要求したのは、新しく賃貸したときの相場を考えてのことであるが、それよりも、裁判の途中で和解がしやすいようにという意図があったからである。裁判所で何回か口頭弁論を開いたのち、南川の方は、裁判所の勧告もあって和解をすることになった。南川の方は、敷金も家賃もいくらか上げることに同意するが、過去の家賃分も含めて一括して支払えないので、割賦払いにしてくれとのことであった。

北山の方としては、隠された意図は、南川が約定に反したときに家屋の明渡しを求めることである。この申出を承諾し、和解が成立した。和解調書に「前項の割賦金を一回でも怠ったときは本件賃貸借は当然解除となり、家屋を明け渡さなければならない」旨の条項を忘れずに入れた。南川は、値上げした家賃はきちんと支払い、過去の精算金もきちんと支払っていたが、従業員の手違いで、精算金だけを忘れたことがあった。北山はなにくわぬ顔でその月分の家賃だけを受領して、腹の中で「しめた」と思った。和解調書にもとづいて執行をした。

問題点

びっくりした南川は、保証金を供託して**強制執行の停止**をし、裁判で争うことになった。和解をするときに、家賃の支払いを怠ったとき、割賦金の支払いを怠ったときは賃借権を消滅させる明渡条項を入れることがある。しかし、わずか一回分の滞納で、催告もなしに明渡となるような条項を**和解調書**に入れることはめずらしい。過去にしばしば家賃を滞納しているとか、賃借人の敗訴が確実な場合でないと、このような条項にはなかなかならないものである。

本件の場合、北山の意図は別にして、形式的に和解調書に違反すれば明渡しもやむを得ない。しかし明渡条項が著しく不利益なとき（この場合無催告で、違約が一回ということも参考になる）、賃借人側にその他格別不誠実な違反がないこと、現在家賃を受領しながら、その際遅滞した分についてなんらの催告もしないとき、遅滞する方に特別な意図がないとき、明渡しによって重大な損害があることを考慮し強制執行が認められない場合がある。

和解調書の条項に形式的に違反していることは間違いないのだから、裁判例では強制執行を認めない根拠に**権利の濫用理論**を適用する場合がある。たとえ和解調書が存在したとしても、記載の内容が、賃貸借契約なのだから、賃貸人賃借人間の信義則にもとづく信頼関係から考慮することもできる。賃借人についてもその後きちんと家賃を供託していれば有利な事情として働くであろう。

土地家屋のアナ

不法行為として慰謝料を取られる

家賃滞納を理由に勝手に借室の鍵を替え訴えられた大家の話

佐々木さんは一年前、須賀川アパート一〇五号室を月五万円の家賃で借りた。家賃は毎月月末までに翌月分を入金する前家賃の契約だ。入居した時は運送会社の正社員で、手取りが月二〇万円を超す給料があった佐々木さんは最初の四か月はキチンと家賃を払っていた。しかし、入居半年後の昨年一〇月、ささいなミスを理由にリストラされてしまったのだ。今は派遣社員として別の運送会社で働いているが、仕事はほとんどなく、収入は月七万円程度にしかならない。そのため、昨年の暮れから家賃が月末に払えず、今年一月支払い分との二か月にわたり、支払いが一〇日ほど遅れてしまったのだ。その際、大家から「家賃が払えなければ、次からは即部屋の鍵を取り替える。払えるまで鍵は渡さない」と通告されていた。しかし、二月末日も、三月分の家賃を払えなかったのである。

☆貸したからには閉め出しはダメ！

佐々木さんは大家に電話し、一〇日ほど待ってほしいと頼んだが、大家は翌日、彼の留守に無断で貸室に入り込み、部屋の鍵を勝手に付け替えて、佐々木さんをその部屋から締め出したのだ。佐々木さんはアパートに戻っても、自分の部屋に入ることができなかった。

付け替えた鍵の代金五〇〇〇円と三月分の家賃五万円を大家に払うまで、佐々木さんは三月前半の一五日間を一日一〇〇〇円の安ホテルで過ごしたのである。今は滞納家賃を払って部屋に戻れたが、来月分の家賃を工面するメドが立たないまま、今月もまた、数日後に月末が迫っていた。

「家賃を払えないと、佐々木さんは大家に部屋から閉め出される」……そう思うと、佐々木さんは不安で夜も眠れない。

佐々木さんは、友人の園田君に事情を説明し、部屋代を貸してほしいと頼んだ。すると園田君は、「いくら家賃を滞納したからといって、大家には勝手に部屋の鍵を取り替えて借家人を部屋から締め出す権利はない。それって、居住権の侵害だよ。不法行為だし、損害賠償を請求すべきだぜ」と言ったのだ。佐々木さんは大家を相手取り、慰謝料一〇〇万円、ホテル代一万五〇〇〇円など計一五〇万円を払えと、訴えたのである。

問題点

裁判では、鍵交換の違法性が問題になった。大家の行為は、居住権侵害で不法行為だと主張する佐々木さん（借家人）に対し、大家は、借家人が家賃（賃料）遅延の常習者で、大家との信頼関係を著しく悪化させたこと、本人には家賃を約定期日の月末に払えない場合、鍵交換をすると再三警告しており、佐々木さんは十分予見できたのに三月分の家賃を滞納したことなどをあげ、鍵交換は正当行為だと、反論したのである。

裁判所は、大家が借家契約の解除、貸室明渡しを求めなかったことなどから、鍵交換の目的は、借家人を貸室から閉め出し、それにより滞納家賃の支払いを促すものだと指摘した。その行為は、通常許される大家の権利行使の範囲を著しく超え、借家人の平穏に生活する権利を侵害する行為であり、不法行為だと認めたのである。自力救済かどうかの検討を待つまでもなく違法な行為だとして、大家に慰謝料五〇万円の支払いを命じた。なお、部屋を使えなかった三月中の一五日間のホテル代も、佐々木さんの損害として認容している。

本件同様、マンションの借室の鍵を無断交換され、滞納家賃支払いを強制された借家人が賃貸業者に損害賠償を求めた裁判で、業者による法律無視の鍵交換や住居不法侵入行為は、国民の住居の平穏と居住権とを侵害する違法な行為であると業者の不法行為責任を認め、請求を認容した判例がある（大阪簡裁・平成二一年五月二二日判決）。

非権利者から賃借して建物の賃借権を時効で取得したという話

土地家屋のアナ

自分の権利を放置すると泣きをみる例

他人の物であっても、長い間これを自分の物として持っていれば、しまいには自分の物となってしまう。たとえば、有名な三億円事件…むかし府中で起きた方(一九六八年)のみならず有楽町でのそれ(一九八六年)でも、すでに二〇年を経過しているので、大金はすべて犯人の物となってしまう。これを「**取得時効**(しゅとくじこう)」という。

なお、これと並んで「**消滅時効**(しょうめつじこう)」という制度もあり、右の例は二〇年で被害者の損害賠償請求権が消滅時効にかかったとみることもできる。

ところで、取得時効が成立するのは、通常は所有権である。ところが本件では、賃借権の取得時効が問題とされた。

前野氏は今野氏から金を借りており、以前からそれを返すように催促されてはいるが、なかなかそのメドが立たない。そこで代わりに父親から受け継いだ工場を今野氏に譲り渡すことにして、登記名義も今野氏に移してしまった。このように借金の肩代わりに物を譲り渡すことを「**代物弁済**(だいぶつべんさい)」というが、当事者でそのように合意をすれば、もちろん有効である。

このようにして、この工場は今野氏のものになった。ところが前野氏の友人に不動産屋の仲田氏という人がおり、

☆こんな話ってあるの!

この人はまだ工場が前野氏のものだと思っている。この仲田氏が「工場が遊んでいてはもったいない」とのことで、借り手として時田氏を探してきたうえ、前野氏の家へ連れてきてしまったのである。

　このとき、前野氏としては、事情を話してお引き取り願うべきであったかもしれない。しかし前野氏としては「借金のカタに取られたのだから今に金を返して取り戻してやろう」との思いがある。そんなわけで、この工場を家賃八万円で時田氏に賃貸する契約書を作ってしまった。時田氏はその後毎月の家賃を前野氏に支払うようになり、このようにして一〇年が経過した。

　その間、前野氏は今野氏に以前の借金を返して工場を返してもらおうとしたが、今野氏に断られてしまった。その周辺の地価が値上がりしていたからである。そこで前野氏は今野氏を相手に工場を返してもらう訴訟を起こしたが、負けてしまった。前に述べたように代物弁済が有効に成立していたと認められたのである。

　この訴訟を通じて、今野氏は工場を時田氏が借りていることを知った。そこで今度は、今野氏が時田氏に対し、工場の明渡しを求める訴訟を起こした。所有権者である自分に無断でなされた賃貸借契約など認めないというのがその理由である。

問題点

　前述のように、長い間他人の物を使っていると取得時効が成立することがある。その場合、他人の物と知らずに使い始めたものであり、しかも知らなかったことについて過失がなければ、一〇年間で時効が完成する。他人の物であることを知っていた場合や、知らなかったことについて過失がある場合には、この期間は二〇年となる。

　本件では、賃借権のような所有権以外の権利についても取得時効が成立するのかということが問題となった。

　時田氏としては、工場が前野氏のものだと信じて一〇年以上も家賃を払い続けてきたものであり、しかも専門の不動産屋を通じて契約をしたのだから過失はない。そこで、取得時効により賃借権を有効に取得したと主張したのである。

　この訴訟では、時田氏の主張が認められて、工場を明け渡さないでもすんだ。賃借権のような権利についても、取得時効が成立するというのがその理由である。

　今野氏としては、一〇年が経過する前に時田氏を相手に訴訟を起こすべきであった。そうすれば、時効の完成を阻止することができたのである。なお家賃については、工場が今野氏のものであると判明した後の分については、もちろん今野氏の方に払われるべきである。

土地家屋のアナ

借地の立退きで一億八千万円の提供により正当事由が認められた話

立退料の提供は正当事由を補充する

　甲社は、不動産賃貸業を営む会社である。駅前などに社有地を数多く有し、借地人は一〇〇名を越すが、バブル期になっても本社事務所は他社のビルの一室を賃借していた。

　そこで、甲社は乙社に貸している土地を返してもらい、そこにビルを建てることを計画した。都市再開発、土地の有効利用である。

　一方、乙社は全国展開する飲食店チェーンで、その一店舗をJR線の某駅前の甲社土地を借りて営業していた。

　一九六八年借地契約は更新されたが、この計画により一九八八年の更新時に紛争となった。

　甲社は話合いつかずとみて、乙社に対して、前年にあらかじめ借地法六条一項（現・借地借家法五条一項）の異議を述べ、建物収去、土地明渡しの訴訟を提起した。

　甲社は、明渡しを求める正当事由として、

・乙社に貸している土地とその隣地（他に貸していたが返還を受けて空地にしている）上に本社ビルを建て、本社事務所を移転する必要性がある。隣地だけでは狭すぎて用をなさない（自己使用の必要）、

・乙社は、全国的な営業規模で、本件土地上の店はその一つに過ぎず、他に代替店舗を求めることは容易である、

ことを強調した。

☆こんなにもらっていいの！

乙社は、「甲社こそ他に不動産を有しており、この地に本社ビルを建てる必要性は全くない。乙社の某駅前店舗は、近隣地域の中核的存在で、失う場合の営業損は深刻である」と反論した。

しかし、どちらもその土地がないと、あるいは離れると日常の生活に響くわけではない。もっと利益を上げたい、利益を失うのはいやだ、という利害の対立である。

裁判所も、甲社が本社ビルの敷地として自己使用する必要性は、ないとはいえないが、高度ではない。また乙社が失う損失も深刻とはとうてい言えない、必要性は五分五分である、とし、結局のところ、明渡しを求める意図は「土地の有効利用を図りたい」というに尽きると認定した。

二〇年前とちがって、駅前は活性化し地価も高騰し、中層店舗ビルの適地になっている。裁判所も、再度更新して、あと二〇年甲社に現状を維持させる（二〇〇八年期限）のは、やや酷に失するきらいがある、と述べた。

ではどうするか。甲社には、相当額の立退料の提供によって、正当事由を補完することが認められた。土地利用の希望プラスお金、合わせて一本勝ちというわけである。

甲社は、裁判の過程で、初め四〇〇〇万円、次いで一億円の提供を申し出、一億円を若干超える程度の金額であれば支払いの用意がある、と意思表示した。

ちなみに、土地のサラ地価格は四億三四〇〇万円、借地権割合は七割と評価されている。

判決は、正当事由を補完するに足りる立退料としては、一億八〇〇〇万円が相当と認めた。主文は、「被告は、原告に対し、金一億八〇〇〇万円の支払いを受けるのと引き換えに、建物を収去し、土地を明け渡せ」となった。

問題点

借地関係の終了に際しては、「**正当の事由**」の有無がカギとなる。地主側は、更新拒絶あるいは借地人の土地使用継続に異議を申し出ても、それが正当事由に基づかないと効果がない。

正当事由だとしてあれこれ主張しても、帯に短かし襷（たすき）に長し、でなかなか認めてもらえない。特に、衣食住といわれるときの「住」の部分にあたるような借地関係については、そのような傾向が強い。

しかし近年は、主に営業用の土地・建物の貸借の場合、立退料を提供することによって、正当事由がそなわったとする判決がみられるようになった。

平成四年八月一日から施行された新借地借家法では、借地契約の更新が生じない**定期借地権**が設定できるようになったほか、この事例の判決を追認するような相当の**立退料**（たちのきりょう）（財産的給付あるいは清算金という表現）で、借地関係の終了に伴う地主と借地人の利害を調整する規定が設けられた。

土地家屋のアナ

借地契約の更新拒絶で建物の賃借人の事情をはねつけた地主の話

勝手に賃貸した事情など知らぬ

土地や建物は、いったん他人に貸したら最後、返してもらうのは非常にむずかしい、といわれるが、橋本さんも今それを痛感している。

橋本さんは、亡父の代から駅前通りにある土地を、鳥井さんに貸している。鳥井さんは、借地上に二階建の店舗兼居宅を建て、一階で理髪店をやっていたが、五年前に商売を辞め、店を他人に貸して今は美容院になっており、自分は近くにできたマンションに移り住んでいる。

橋本さんは、少し離れたところで食堂をやっているが、道路拡張で相当収用されることになり、あまりにも手狭になるので、この際鳥井さんに借地を返してもらい、駅前に新しくレストランを開きたいということになった。

ちょうど借地期限も切れるので、どうしても自分のほうで使う必要があるからといって、今回は借地契約の更新はできない、と申し入れた。鳥井さんは自分で使っているわけではないから、なんとか話合いはつくと思っていた。

もちろんそれ相当の立退料、あるいは建物の買取りなども考えていたが、鳥井さんは、「それは困る、私も店を人に貸した以上、借地期限が切れましたから出て行ってくださいとはいえない。こちらにも事情がある」と契約更新を

☆ムシのいいのもホドホドに

要求し、もしどうしてもというなら立退料は、三〇〇〇万円だという。

　市の法律相談で聞くと、借地契約の更新拒絶には「**正当の事由**」が必要だという。正当な事由があるかないかは、地主側の事情と借地人側の事情を比較、ハカリにかけて決めるが、橋本さんの場合、なかなか微妙であるというだけで、ズバリ診断をしてくれない。しかし、橋本さんは、鳥井さんが現在建物を借りている借家人の事情まで云々することはどうも納得できない。鳥井さんの家族ならまだしも、橋本さんにしてみればなんの契約関係もない赤の他人である。もともと鳥井さんが使うということで貸した土地であり、本人がその地を離れて他のマンションまで購入した以上、土地使用の必要性はなくなったのではないか。

　三〇〇〇万円などとんでもない。これなれば裁判所に判断してもらうしかない。橋本さんは、鳥井さんに対し、建物収去土地明渡しの裁判を起こすことにした。

問題点

　建物所有を目的とする借地契約（**定期借地権**の設定契約でない場合）の更新拒絶に、「正当な事由」が必要なことは借地借家法六条が定めている。正当な事由があるかどうかを判断するにあたっては、地主側の事情だけでなく借地人側の事情も斟酌することになっている。

　ところで借地人側の事情としてどういう点を斟酌するのか。この点に関して、橋本さんの考えは核心をついている。従来、ややもすると、漠然と借地人側の事情としてあれこれ取り上げられていたが、〝借地上の借地人所有の建物賃借人の事情についてまで、これを借地人側の事情として斟酌することは許されない〟というのが新しい最高裁判例である（昭和五六年六月一六日、同五八年一月二〇日）。

　橋本さんの思うように、建物の賃借人は第三者であり、借地人ではない。こういう建物賃借人の事情をも斟酌することが許されるのは、借地契約が初めから建物賃借人の存在を承知していた場合（たとえばアパートや貸店舗の建築を目的とした借地契約）や、実質上建物賃借人を借地人と同一視することができる場合（たとえば、借地人である親の営業を子が引きついで、親から建物賃借という形でやっていたり、個人で借地したが商売を会社組織いわゆる個人会社にして、建物を会社が賃借した形態をとっているもの）など、特段の事情がある場合に限られてくる（前記昭和五八年一月二〇日判決）。

　橋本さんも、契約当初は、鳥井さん自身が使うということで貸したものだ、という点を強調すべきであろう。鳥井さんが**建物買取請求権**を行使すれば、橋本さんが家主の地位を引きつぐことにはなるが、それは第二の問題ということになる。

地代増額請求に対し長年低額の供託を続けて契約を解除された借地人の話

土地家屋のアナ

相当と認められる地代であること

借地人が地主の請求する地代増額の請求を無視して、著しく低額の地代（賃料）を供託し続けていると、どういう結果になるかを示す事案（福井地裁平成四年二月二四日判決）である。すなわち、信頼関係を破壊するとして賃貸借契約を解除できるかである。

松川さんたちの先代である梅子さんは、藤波さんの先代剛造さんに対し、昭和三七年に一四五坪ほどの宅地を普通建物所有を目的として賃貸した。そして、剛造さんはこの土地の上に建物を所有していたが、平成元年に死亡して藤波さんが建物を相続し、借地人の地位も承継した。一方、地主である梅子さんも昭和五四年に死亡し、松川さんが地主の地位を承継していた。

昭和四八年当時の地代は、一か月二万一八二二円（坪当たり一五〇円）に改訂されたが、その後、固定資産税等が増加を続けたため、梅子さんや松川さんは剛造さんに対し、昭和四九年一二月以降七回にわたって地代の増額の意思表示をしたのに、これを不服とする剛造さんや藤波さんは、昭和五〇年一月分以降の地代として、増額請求前の昭和四九年度の地代額の供託を続けて、平成元年九月分からやっと一か月四万三六四四円（坪当たり三〇〇円）に増額し

たにすぎなかった。

　そこで、平成二年三月二九日、松川さんは藤波さんに対し、同年二月分までの不足地代として一三二八万九五一四円を七日以内に支払うよう催告するとともに、それを支払わないときは本件賃貸借契約を、解除する旨の意思表示をしたのである。

問題点

　問題となるのは、①地代の増額請求をした当時の適正な地代額（**相当賃料**）はどのくらいか、②剛造さんや藤波さんの供託額は、旧借地法一二条二項の「相当ト認ムル」賃料額（現・借地借家法では「相当と認める額の地代等」…一一条二項）といえるかどうか、③藤波さんたちの行為により信頼関係が破壊されたといえるかどうか、の三点である。

　この種の訴訟では、地代の増額請求当時の適正賃料額を知るために、鑑定人に鑑定を命じるが、その鑑定額の範囲内に各増額請求額が入っていれば、問題なく適正賃料の増額請求といえるわけである。本件事案もこれを認めた。

　次に、借地人側が、旧借地法一二条二項によって供託する地代額が「相当ト認ムル」ものか否かの点については、客観的に適正額かどうかではなく、借地人側が相当と認める額と考えているが、供託額が適正額に比較して著しく低額なときは、「相当額の供託」とはいえない。本件の場合の供託額をみると、昭和五〇年度の時点で公租公課の五七％、適正賃料額の三七・五％であって、その比率はだんだん低下している（昭和六一年度は公租公課の約三〇％、適正賃料額の二〇％）。これは著しく低額といえるだろう。

　最後に、このような著しく低額の供託を長期間にわたって続けることは、賃貸人と賃借人間の信頼関係を破壊することになるのかどうか、そして、それは賃貸借契約の解除事由となるのかどうか、である。

　判決は、借地人側が、このような著しく低額の賃料額を一五年という長期間にわたって供託し続け、地主から増額請求や税額増加等の説明を受けても耳をかさなかったなどにより、本件賃貸借関係における信頼関係は破壊されたとして、契約解除の効力を認めるのが相当であると判示した。

　本件のような事案で、「相当ト認ムル」地代とは、客観的な適正額ではなく、借地人が相当と認める額とするのが、通説、判例であるが、著しく低額の賃料を長期間提供し続けた場合、契約解除が認められるかは問題とされ、この場合は、賃借人の態度が考慮される。しかし、長期間著しく低額の賃料を供託し続けた場合の契約解除を認めた事例は、ほかにも出ている（最高裁平成八年七月一二日、千葉地裁昭和六一年一〇月二七日など）から、借地人としては「要注意」である。

合意した更新料の支払いを怠ったために賃貸借契約を解除された話

土地家屋のアナ

信頼関係維持の基盤か否か

Yさんは昭和九年に、自分の所有地をSさんに、普通建物所有を目的に、期間二〇年として賃貸した。戦前のことでもあって、権利金や敷金を取らず、ただ、無断譲渡、転貸禁止の特約だけはつけておいた。そして、二〇年たって、昭和二九年に更新し、さらに四九年になって再び更新したのである。

最初の更新の際に、Yさんは、地上建物の無断増改築禁止の特約をSさんとの間に結んだが、Sさんは、昭和三九年に、こっそり長男名義で増改築をしてしまった。しかし、ゴタゴタを嫌うYさんは、抗議はしたものの、特約違反を理由とする契約解除の手はうたなかった。

そうこうしているうちに、Sさんの方では地代の支払いも遅れるようになり、Yさんとしては、このままSさんに土地を貸しておくことに不信と不安感を抱くようになっていた。

たまたま、自分の方で土地を利用する計画も考えたが、二回目の更新時を迎える昭和四九年一二月の更新に先立って、Sさんに対し、こんど更新する時には、更新料を支払って欲しいと申入れておいた。

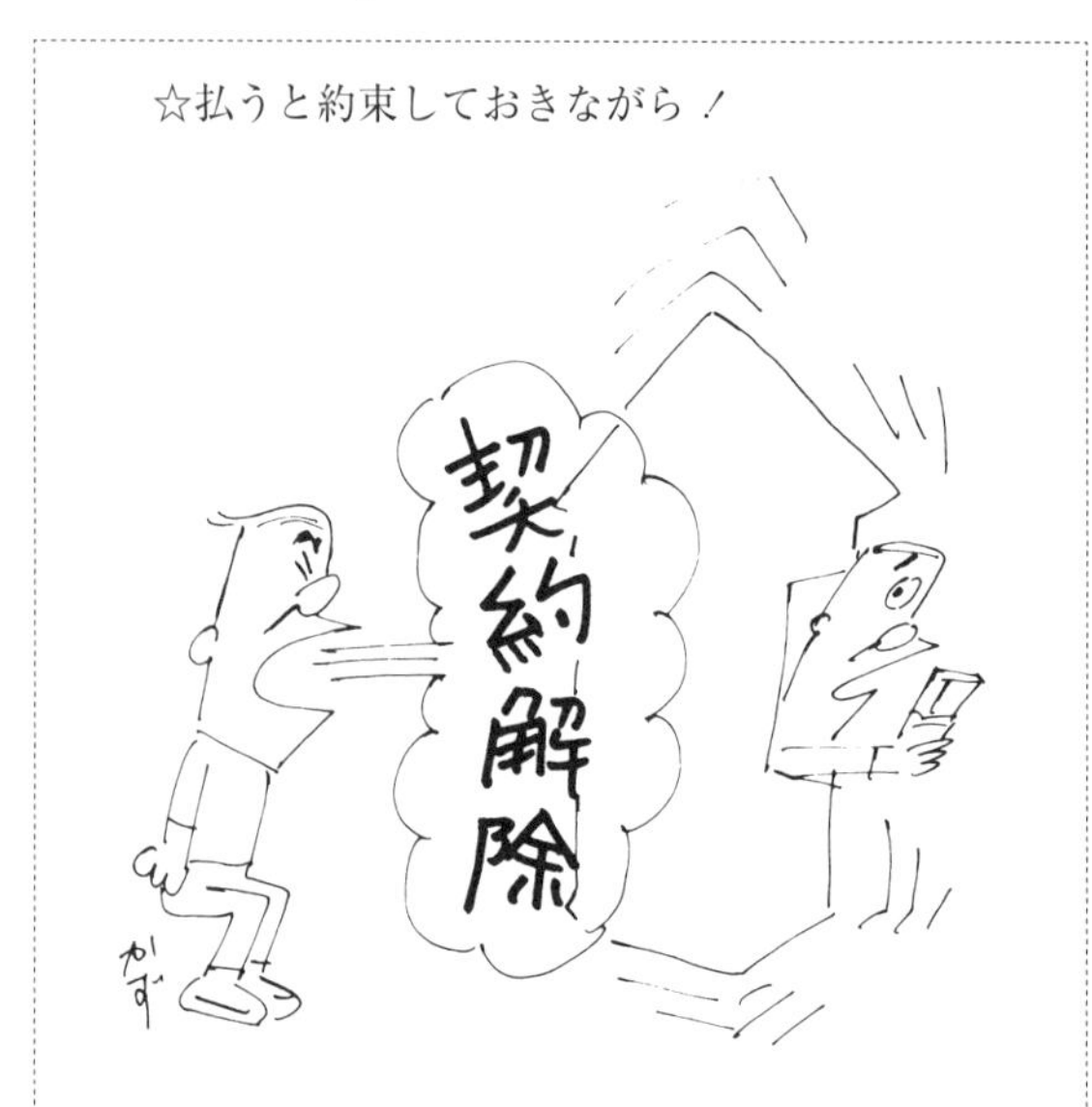

そこで、Ｙさんは、某信託銀行に土地の鑑定をしてもらったところ、土地の更地価格は二五八五万三〇〇〇円と出たので、借地権価格をその七割とみて、さらにその一割を更新料とする金一八〇万九七一〇円をＳさんに請求したが、Ｓさんはこれを拒否したので、Ｙさんは、調停の申立てをした結果、Ｓさんが、一〇〇万円の更新料を支払うことで妥結し、Ｓさんは、これを二回に分けてＹさんに支払う合意ができた。

しかし、Ｓさんは、五〇万円を支払ったのみで、残額五〇万円の支払いをしないので、Ｙさんは、内容証明郵便で、猶予期間をおいて催告したが、なお、Ｓさんが支払わないので、本件賃貸借契約を解除する意思表示をし、建物収去土地明渡しの訴訟を提起した。

一審判決は、Ｓさんの更新料不払いがあっても、まだＹさんとの信頼関係は破壊されていないとして、Ｙさんの請求を棄却したが、二審では、Ｙさんの主張が認められた。その理由は、ＹさんとＳさんとの間の更新料支払いの特約は、地代の支払いと同様に、本件賃貸借の重要な要素となっており、賃貸借契約の当事者の信頼関係の維持の基盤をなしているから、その不払いは、その基盤を失わしめる背信行為として、本件賃貸借契約の解除原因となるとしたのである。

問題点

これは、最高裁も肯定した判決（昭和五九年四月二〇日）の考え方である。

賃貸借の更新には二通りがある。一つは**法定更新**で、二つは**契約による更新**である。

法定更新にあっては、賃貸人の請求があっても賃借人が当然に更新料を支払うべき義務が生ずる商慣習または事実たる慣習は存しない、というのが判例の立場である（最判昭和五一年一〇月一日判時八三五・六三）。

問題は、更新に際し、当事者の合意で更新料を支払う約束がなされた場合、その支払いをしなかった場合に、契約の解除原因になるか否かである。

これまで、これを否定する見解と、これを肯定する見解に分れていた。否定の主な理由は、更新料は賃料とは別だとし、その不履行をもって本体の賃貸借契約は解除できないとしたが、肯定説は、更新料不払いが賃貸人と賃借人間の**信頼関係を破壊するものであれば、契約の解除原因になる**とする考え方である。

右の最高裁の考え方は、後者の当事者間の信頼関係の破壊に視点を置いて、合意された更新料の支払いが、具体的な事案において、賃料の支払いと同様、更新後の賃貸借契約の重要な要素であり、信頼関係維持の基盤である場合には、その不払いは信頼関係破壊であり、解除原因になるとしたわけである。

土地家屋のアナ

無断転貸を理由とする土地明渡請求でも一〇年以内にせよという話

契約解除権も一〇年の消滅時効にかかる

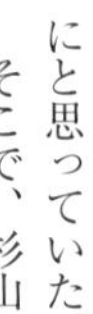

杉山さんは父から相続した土地を沢山もっていた。しかし、これらの土地は戦前から他人に貸しているものばかりで、自分で使える土地はない。そんなわけで地代を得るだけであきらめていた。ところが、土地の価額が高くなり、そのうちの一か所でも更地があれば高く売れるのにと思っていた。

そこで、杉山さんは借地人にその敷地を買ってもらおうと思って、土地の賃貸借関係書類を整理し、借地人の土地の利用状況を見て回った。

ところが、太田さんに貸してあるはずの土地が二つに区切られて別々の建物が建っているので調べたところ、その土地の半分は太田さんが使っているが、残りの半分は高崎工業株式会社が建物を建てて使っていることが判明した。杉山さんは高崎工業の社長に会い、何時、誰に許しを得て建てたのか確認したところ、約一五年前に太田さんから借りて建て、地代も太田さんに支払っているとのことであった。杉山さんが父から相続したのは約一二年前であり、父が転貸を承諾したかどうかを調べたが、その様子はなかった。そこで、確認のため、太田さんに聞くと、知人が貸してほしいといって困っていたので貸しただけで、別に杉山さんの父の承諾を求めていないということであった。

杉山さんは、これを機会に敷地を明渡してもらうか、敷地を買ってもらうかの交渉をしようと、太田さんと高崎工業に申し入れた。

高崎工業は敷地を借りるのに太田さんに権利金を払っている。また、ここで一五年も商売をしているので、たとえ立退料を多額に払ってもらっても、簡単には出られないというのである。

太田さんは、高崎工業を立ち退かせる資力もなく、そうかといって老後なので、転居する所も金もないというのである。

そこで、杉山さんは最後の切り札を出すことにした。太田さんが高崎工業に土地を貸しているのは無断転貸になるので、このままだと杉山さんは賃貸借契約を解除することになりますといったのである。

これに対して、太田さん、高崎工業は、今まで長い間使ってきているのに、そのようなことは通らない。転貸していたのは外見からわかるはずで暗黙の承諾があったと見られるので無断転貸にならないという。杉山さんは、無断転貸で賃貸借契約を解除しようと思う。長い間の放置は解除に影響を及ぼすのであろうか。

問題点

民法六一二条は、賃借人は賃貸人の承諾がなければ賃借物を転貸（てんたい）することができないと定め、賃借人がこれに反し転貸したときは契約の解除ができるとしている。

本例の問題点は、長い間放置されていたことであり、これが①**転貸の暗黙の承諾**となるか、②一五年も解除権を行使しなかったというのが**消滅時効**にかかっているかという点である。①についてみると、店子を広範囲に持っており、地代は送金か振込みの場合は、借主が地代を払っている限り転貸の事実は知りうる余地がなく、暗黙の承諾にはなり得ないと考えられる。

②の問題については二つの考え方がある。その一つは**無断転貸**という事実が継続している以上、その間はいつでも解除できるという考え方である。この考え方であれば解除権は時効によって消滅することはなくなる。

もう一つの考え方は、無断転貸が始まってから一〇年間のみ解除権の行使ができるという考え方である。

これについて最高裁判所は昭和六二年一〇月八日判決で、無断転貸を理由とする契約解除権は、地主が一方的に契約を解除できるという点から、時効の起算点は、無断転貸による土地使用が始まった時とし、時効期間については、主たる債権である時効期間が一〇年であるので、解除権は形成権であるが、主たる債権の時効の範囲一〇年で消滅時効にかかるとした。

本例は時効を援用されれば杉山さんの敗けである。

土地家屋のアナ

借地人が建物を賃貸し八年以上も所在が不明で無催告解除された話

信頼関係を著しく破壊する

樫田さん姉妹の、借地人雁田さんに対する建物収去・土地明渡請求の訴訟は、最高裁判所まで持ち込まれ、四年の歳月を経て、ようやく樫田さんの勝訴に終わった。裁判する前からのゴタゴタを通算すると、一〇年戦争の難儀であった。

樫田さんと雁田さんとの借地関係は、更新の頃から地代が滞りがちとなり、樫田さんはいっそ土地を返してもらいたかったが、どこの法律相談でも土地明渡しの難しさを教えられ、不本意ながら更新したものであった。

更新後二年も経たないうちに、雁田さんの姿が見えなくなった。事業に失敗して行方をくらましたという話が伝わった。間もなく、雁田さんの家の玄関脇に「雁田一郎管理人斎頭七太郎、連絡先×××電話〇〇」と記した張紙が貼られた。

樫田さん姉妹は、斎頭という人を全く知らない。雁田さんからの挨拶・通知もない。そのうち斎頭という人らしい夫婦が住み始めたので、樫田さんは様子を聞きに赴いた。

斎頭氏は、「自分は雁田さんの債権者の一人で、雁田さんからこの家を借りた。地主さんには迷惑かけない。地代は私が間に入ってきちんと払う。

雁田さんの現住所は教えられない。他の債権者の追及も厳しいので止むを得ない」、と地代さえちゃんと払えば何も文句はないだろう、という態度であった。暴力団ではないらしいが、債権者から逃げ隠れしているかと思うと、不

☆住んでるのはダレ？

快であり不安な気持ちにもなる。

斎頭方から雁田名義で地代が現金書留で郵送されてきたが、受け取る気にならない。送り返すと、法務局に供託してきた。地代を増額したいと思っても、斎頭氏は頑として雁田本人の所在を教えないので協議のしようがない。自分が一切任されているといっても、本人から何の連絡もないので、信用していいものか、むしろ相手にしたくない。

樫田さんはほとほと困った。

「雁田さんも、事情はあるにせよ、全然ナシのつぶてというのはひどすぎるわよ。無断で借地権を処分したか、又貸ししたのと同じじゃない」

二人は溜め息をさんざんついた末、五年後に建物を収去して土地を明け渡せ、という訴訟に踏み切った。一審では、無断転貸による契約解除を理由にしたが、敗訴した。家を貸しても、土地の転貸しにはならないというのである。

証拠調べで被告の本人尋問があり、七年ぶりに法廷で雁田さんの姿を見たが、雁田さんから何の挨拶もなかった。

樫田さんは納得できず控訴し、家を他人に貸したまま出奔し、所在を明らかにしないまま八年も経過したことは、賃貸人に対する信頼関係を著しく破壊するものであることを理由とする契約解除をつけ加えた。

二審で樫田さんの主張が通った。逆転勝訴である。信頼関係の破壊は許されない。この判断は最高裁でも支持され終結に至った。

問題点

大家といえば親同様、店子といえば子同様というのは古きよき時代の人間関係といわれるかもしれないが、賃貸借とか委任のように、人様のものの貸し借りや、人様のために事務処理を委せる、という契約では、おたがいの信頼関係が基礎をなす。

そこから、土地賃借人は、**善良な管理者の注意**をもって土地を保管する義務を負う。この義務は（略して）**善管義務**といわれ、**「自己のためにする注意義務」**よりレベルが高いものである。単に賃料を払えばよいとはいえない。

民法六一二条が、賃借権の無断譲渡や転貸を契約解除の事由としているのもそのあらわれであり、賃貸人に対する**「背信行為」**とみなしているからである。

雁田さんの八年に及ぶ音沙汰なしの行動は、いくら家を貸すことじたいは家の所有者の自由であり、地代も他人を介して払っているから樫田さんに経済的な不利益は与えていないといっても、契約の基礎をなす**信頼関係を破壊する**もので、解除の原因となる。このような場合は、催告なしに解除できる。土地の明渡しは難しい事件であるが、突然、借地人あるいは借家人がいなくなった場合の参考になる。

建物名義を息子にして失敗した借地人の話

土地家屋のアナ

無効の登記では対抗できない

古代中国の杞の国に天が落ちてきはしないか、と心配した男がいるそうだ。これを「杞人の憂」または「杞憂」という。自分が死んだ先まで心配するのも「杞憂」に近いと思うが、凡夫の浅ましさ、死後の相続税のことを心配する人は多い。

木田優三氏は、お医者さんであるが、利殖にたけ、節税（税務署から見ればもちろん脱税というだろう）に長じている。不動産を沢山持っている。心配なのは相続税のことである。

不動産、特に土地はこれからも値上りするだろう。しかも相続税の評価は時価に近い。計算すると何億円という相続税を払うことになる。現金、預金を沢山残しておいてやらないと、だいじな不動産を売って相続税を払わねばならないことになる。息子よ、娘よああ可哀そうに。おのれ、憎っくきは相続税なりと夜も日も寝ずに考えたのである。

☆弱い地主にも五分の魂

木田優三氏は、息子名義、娘名義で毎年贈与税がかからない範囲で預金をし、まとまると娘名義、息子名義で土地を買ってやった。

本宅は借地である。木田氏名義の家も古くなった。借地権も相続税の対象として高く評価される。だからうまく息子名義に借地権をスリかえてしまえ、と、これも贈与税のかからない範囲で、息子名義の小さな家を建て、古い家は取りこわして、抹梢登記も済ませた。そして息子名義の建物をふやしていって、まだ高校生の息子、木田頓二名義で保存登記もすませたのである。

　地主の井狩氏は、木田優三氏に抗議を申し込んだ。息子名義の家を建てたのは、ケシカラン、土地の無断転貸だというのである。木田優三氏も負けてはいない。

「井狩さん、借地の無断転貸の裁判例を見てごらんなさい。息子名義、娘名義の建物を作っても、借地人が負けている例は余りないですよ。やれ黙示の承認だ、権利の濫用だなどということで、結局は借地人の勝ですよ。親子ですからね。相続すれば結局は息子のものですよ。やかましく言うなかれ」

　と井狩氏を追い払ってしまった。井狩氏は怒り心頭に発し、「おのれやぶ医者、三百代言のごとき言を弄して、地代値上げには協力せず、またまた息子の建物を建てて、けしからん。どうするか見ろ」と心中秘策を練った。

　それから数か月して、木田優三氏宛に、訴状が送達された。原告は井狩氏にあらず。井狩氏と土地の交換で、木田邸の敷地の新しい地主になったと称する加藤勝蔵氏だ。この訴訟で木田氏は敗訴して、一等地の借地権を失い、建物をスゴスゴ取払わねばならないことになった。

問題点

木田優三氏は地主の井狩氏の借地人であるから、借地上の建物につき、木田優三氏の保存登記がしてあれば、新しい地主、加藤勝蔵氏に対しても、借地権を主張することができたはずである。（借地借家法一〇条）。これを新しい地主にも「対抗」できる、という。

　そもそも借地権や地上権は、借地権や地上権の登記がないと、敷地を新しく取得した地主に対して、借地権、地上権などを対抗することはできなかったのである。

　そこで、容易に立ち退かない借地人を追い出すため、地主は敷地を第三者に売り、第三者から借地人を立ち退かせるということが行なわれた。これを防いで、借地人を保護するため、土地自体に、借地権の登記をしなくとも（地主はふつう登記に協力しないので、借地権の登記は難しい）その土地上の建物に登記があれば（これは建物所有者、すなわち借地人だけでできる）新しい地主にも対抗することができるようにしたのが、前記の法律である。

　しかし木田優三氏が息子の木田頓二氏の名前で勝手にやった建物の**保存登記**は、権利の実体にあわない無効の登記だから、登記が無いに等しく、新地主の加藤勝蔵氏に対抗できなかったのである。すでに最高裁判所で同様の事件で判例が出ている（昭和四一年四月二七日大法廷判決）。

土地家屋のアナ

見積りより質を落とした建築材料を使ったので代金を値引きさせた話

契約どおりの材料を使う義務がある

山本さんは地方勤務が長いが、やっと東京本社に戻れることになった。停年も近いことから、もう地方への転勤もないだろう。そこで、奥さんと相談し、念願のマイホームを建てることにした。土地は一〇年前、都心から電車で一時間ほどの郊外に買ってある。

山本さんは、土地の管理を任せている親戚に建築を請け負わせる工務店の紹介を頼んだ。すると、小さい業者だが、東西工務店というのが丁寧で信頼できるという返事が来た。山本さんは早速、東西工務店に連絡、カウンターキッチンや書斎など自分の希望を伝えたのだ。数日後、工務店からパソコンメールで完成予想図や平面図などが送られてきた。なかなか瀟洒（しょうしゃ）な建物で、見積書を見ると材料はすべて一級品である。奥さんも賛成したので、山本さんは東西工務店と請負契約を締結し、建築代金の三分の一を払ったのだ。

☆約束と違うじゃないか

しかし、山本さんは三か月後、会議で上京するまで自宅の建築現場を見に行かなかった。というのは、東西工務店が、「上京するのは大変でしょう。地鎮祭（じちんさい）も上棟式も私どもですべて引き受けますよ。昔と違って、ご近所の人たちを呼ぶこともないですから…」と言ったからだ。親戚も、「時々、現場を見に行って報告するよ」と言って、実際、月に二、三度、デジカメの映像とともに、仕上がり状況を報告してくれたので、安心していたのである。

山本さんが初めて自宅の建設現場を訪れたのは、二回目の代金を払った後で、すでに九割がた出来上がっていた。家の外観は見積り完成図通りで、山本さんはホッとしたが、中に入ると、何か貧弱な感じがしたのだ。普請はしっかりしているが、見積りより柱も細いし、床や天井なども安物の気がする。山本さんは東西工務店に行き、説明を求めた。

東西工務店は当初、見積りどおりの材料を使っているとトボけたが、山本さんが専門家を現場に呼んで、見積書とチェックしてもらうと言うと、渋々材料の品質を落としたことを認めたのだ。しかし、「契約後、資材が急騰しましてね。こういう場合、施主さんに値上げ分を請求できるんだが、それも申し訳ないんで等級を下げたんですよ。けど、悪い材料じゃないですぜ」と、弁解したのである。

たしかに、ガソリンの先物価格が一バレル一〇〇ドルを超え、その関係で物価が徐々に上がっている今日、資材が値上がりしたことは想像できる。しかし、契約の際には、そんな話は一言もなかった。契約書にも、工務店側が勝手に材料の品質を下げてもいいとは書いてないはずだ。

残り三分の一の代金は、建物引渡しの後、支払うことになっている。山本さんは、値引きを要求したいのだが…。

問題点

請負契約(うけおいけいやく)は、仕事を完成することを約束し、一方はこれに報酬を支払うことを約束して成立する（民法六三二条）。したがって、材料の品質を落としても、家を作って引き渡せば、請け負った工務店側には債務不履行はないという理くつもある。また、民法の請負に関する規定には、完成した物についての瑕疵(かし)の修補などの定めはあるが、品質を落とした悪い材料を使った場合の処理規定はない。

だからといって、請負人の工務店が勝手に材料の品質を落としてもいいということはない。工務店は施主に渡す見積書で使用材料の程度を定めている。この見積書も契約の一部であるから、工務店が約束した材料を使用する義務を負っていることは間違いない。

ゆえに約束した等級の材料を使用しなければ**債務不履行**(さいむふりこう)になる。完全な義務の履行をしていないということだ。ただし法律上は、注文者の施主による値引き要求を認めた規定はなく、この場合には工務店に対し、**損害賠償**(そんがいばいしょう)を請求することになる（同法四一五条）。

施主は工務店に対し、請負代金支払義務を負うから、この債務と、工務店の債務不履行に対する損害賠償請求債権とを対当額で**相殺**(そうさい)する方法をとる。結局は値引きと同じことになる。

なお、請負業者は「住宅の品質確保の促進等に関する法律」により、住宅の構造耐力上主要な部分（基礎、柱、梁(はり)、壁、床など）などについては、住宅の引渡し後一〇年間は瑕疵担保責任(かしたんぽせきにん)を負わなければならない。

〔コラム〕法律の抜け穴とは何か

●法律の常識と世間の常識は違う

「法律の抜け穴」とは、いわゆる脱法行為のことではない。一言で言えば、①法律上の欠落、②法律と世間の常識とのギャップ、のことである。

たとえば、通信教育大手の会社から延べ一億件にもなる膨大な顧客データが流出し、名簿業者によりそのデータが販売されたという事件は大きな社会問題になった。流出したのは、受講生の子どもの名前や性別、その保護者の名前や住所、電話番号などで、同社の顧客データベースの管理委託会社の派遣社員が無断で持ち出し、名簿業者に売ったことがわかっている。

犯人の派遣社員は、不正競争防止法違反（営業機密の複製・開示）で逮捕された。その法定刑（現行法）は、一〇年以下の懲役もしくは二〇〇〇万円以下の罰金（併科あり）である。しかし、実行犯からデータを購入した名簿業者、名簿業者からデータを買った会社は、そのデータが不正に取得された事実を知らない限り、法律上は何の処罰も受けず、また民事上の責任も負わない。実際、両社とも、違法な手段で入手されたとは知らなかったと供述している。

法律上は、データを返済する義務もない。しかし、私たち世間一般の常識からいえば、納得しがたいのである。

●法律は現状の後追いになる

法律は、日々変化する社会の現実に追いつかないことも多い。たとえば、他人の話を盗聴することや携帯メールを盗み見ることは、たとえ夫の浮気や子どもの非行を心配しての行為でも、倫理的には好ましい行為ではない。

しかし、わが国の法律には、他人宛の封書の無断開封を禁じた信書開封罪（刑法一三三条）はあっても、盗聴やウェブメールの盗み見そのものを取り締まる法律はまだないのである。他人の家に侵入して盗聴機器を取り付けた場合はともかく（これは住居不法侵入罪になる）、たんに無断で聞いただけでは、行為者は罰せられない。

また、携帯メールも、他人のＩＤやパスワードを不正に入手してメールを開けるのでなければ、盗聴同様、処罰の対象にはならないのである（他人のＩＤやパスワードを無断で使いメールを開ければ不正アクセス禁止法違反）。いずれも、法律上の欠落と言えよう。

このように、法律あるいはその適用は、世間一般の常識や倫理観と合致しないことも珍しくないのである。

法律は難しい。多くの人がそう思う原因の一つには、この法律の抜け穴があるからである。

第11章

交通事故の抜け穴と急所

♣本書の内容は……

・飲酒運転黙認が原因の死傷事故で実刑になった同乗者の話――道交法一一七条の二の二

・十歳児の死亡事故で女の子が賠償額を安く呈示された話――自賠三条・民法七〇九条

・事故にあっても責任を負わぬ約束が通らなかった話――自賠法三条

・胎児を死亡させ父親にも慰謝料を支払ったタクシー会社の話――民法七一一条

・自転車で当て逃げ事故を起こし免停処分を受けた男の話――道交法七二条・一〇三条

など実例解説・一五話

交通事故の法律の急所

令和四年一年間の交通事故死者（事故後二四時間以内の死者）は、全国で二六〇一人と、警察庁が公表を始めた昭和二三年以降、最少だった。また、人身事故の発生件数も、平成一六年の約九五万件をピークに一八年連続減少し、令和四年は事故件数三〇万八三九件、負傷者数三五万六六〇一人だった。事故件数は七年連続五〇万件を割り込んでいる。

★あおり運転罪が創設された

交通事故をめぐる法律の動きとしては、**道路交通法**が改正され、妨害運転（あおり運転）に対する罰則が創設された。法定刑など具体的な内容は次の通りで、令和二年六月三〇日から施行されている。

①他の車両などの通行を妨害する目的で、急ブレーキ禁止、車間距離保持、追越し禁止、進路変更禁止などの規定に違反する行為で、相手方に危険を生じさせるおそれのある運転をした場合、三年以下の懲役または五〇万円以下の罰金（一一七条の二の二第一項八号）。

②①の罪を犯し、よって高速自動車国道等において、他の自動車を停止させ、その道路における著しい交通の危険を生じさせた場合には、五年以下の懲役または一〇〇万円以下の罰金（一一七条の二第一項四号）。

なお、**自動車の運転により人を死傷させる行為等の処罰に関する法律**も改正され、いわゆるあおり行為は危険運転致傷罪となる行為に追加された（二条）。

具体的には、①車の通行を妨害する目的で、重大な交通の危険が生じることとなる速度で走行中の車の前方で停止し、その他これに著しく接近することとなる方法で自動車を運転する行為、②高速自動車国道や自動車専用道路で、①の行為により、走行中の自動車に停止または徐行をさせるような行為で、法定刑は、人を負傷させた場合は一五年以下の懲役、また人を死亡させた場合は一年以上の有期懲役、である。

この規定は、令和二年七月二日から施行された。

★違反歴ある高齢運転者に運転技能検査を義務づけ

高齢者の運転免許証更新に当たっては、これまでも七〇歳以上の者は「加齢に伴って生ずる身体の機能の低下が自動車の運転に及ぼす影響があることの可能性を理解させるための講習」の受講が、また七五歳以上の者には認知機能検査が義務づけられていたが、道路交通法の改正により、七五歳以上で三年以内に信号無視、逆走など一定の違反歴のある者は、令和四年五月から運転技能検査も義務づけられた。

この他、道交法改正により、最高速度二〇キロメートル未満の電動キックスケーター＝特定小型原動機付自転車は、満一六歳以上であれば免許なしで公道使用ができるようになった（令和五年七月一日から施行）。

★加害者は、刑事上、民事上、行政上の責任を負う

自動車を運転中に交通事故を起こすと、**刑事責任**、**民事責任**、そして**行政責任**を負わなければならない。

たとえば、Aさんが車を運転中、信号機のある交差点にさしかかった際、前方の信号が赤信号であったにもかかわらず、交差点手前で車を停止せず、そのままのスピードで直進したため、交差点の右方から青信号で直進してきた会社員Bさん運転の車に衝突、Bさんに全治一か月のケガを負わせたとしよう。

この事故の場合、Aさんの刑事責任は、自動車運転死傷行為処罰法五条の過失運転致傷罪に当たり、法定刑は七年以下の懲役もしくは禁錮、または一〇〇万円以下の罰金である。また、Aさんは信号無視で、道路交通法七条（信号機の信号に従う義務）にも違反しており、こちらの罰則は、三月以下の懲役または五万円以下の罰金（一一九条一項二号）。

交通人身事故を起こすと、このように致傷罪の他、道路交通法の責任を問われることも多い。

なお、加害者に科される刑の軽重は、被害者の負傷の程度、両者の過失度合、示談の有無、加害者の改悛の情などが考慮される。また、Aさんが無免許運転や飲酒運転で、しかも運転が困難な状態だった場合は、処罰法二条の危険運転致傷罪（法定刑は一五年以下の懲役）が適用され、その量刑ははるかに重い。

★被害者に過失があれば賠償額が減額される

交通事故の加害者は、被害者に損害賠償責任を負う（**民事上の責任**、民法七〇九条）。ただし、いつも損害額全額を負担するわけではなく、被害者の過失の程度に応じ、その負担額は減額される（**過失相殺**という）。

なお、加害者が民事責任を果たしたかどうか（被害者との示談が成立したかどうか）で、刑事責任を負う際の量刑に大きく影響する。

また、人身事故については加害運転者だけでなく、**運行供用者**（加害自動車の保有者や運転者の雇主などケースにより異なる）にも民事上の無過失責任が負わされており（自動車損害賠償保障法三条）、車の保有者も被害者から賠償請求されることがある。ただ、物損には民法七一五条の**使用者責任**が適用され、これは無過失責任ではないので、車の保有者や加害者の雇主の責任を追及するには、被害者側に立証責任が生じる。

飲酒運転を黙認したため死傷事故で実刑になった同乗者の話

交通事故のアナ

同乗者が危険運転を助長と判断

「被告人を懲役二年に処す」。

俺は同乗していただけで、ハンドルを握ってたわけじゃない。たとえ有罪でも執行猶予は付く。そう高をくくっていた熊谷君は実刑を宣告され、自分の判断が甘かったことに気づいた。そして、飲酒運転の車に安易に同乗した自分の行いを、心から悔いたのである。

去年の暮れのことだ。熊谷君は会社の忘年会帰りに、いきつけのスナックに寄り、たまたま居合わせた高校の後輩の本庄君と大いに盛り上がったのである。店を出た熊谷君は当初、女の子を車で送るという本庄君と別れ、自宅まで一五分ほどの道をブラブラと歩いて帰るつもりだった。女の子のアパートとは逆方向だったからだ。

しかし、本庄君から「先輩も乗ってください。家まで送りますから」と誘われると、眠気が襲ってきたこともあり、言われるまま彼の車に同乗したのである。むろん不安はあった。本庄君は「このぐらいの酒で、運転ミスなんかしないですよ」と言ったものの、実際に走り出すと、車が時々左右に蛇行したからだ。しかも、明らかにスピードオーバーである。熊谷君は、「道路はこの時間、車も人も通らない。

☆同乗者も「同罪者」になる！

今までだって、何度となく飲酒運転の彼の車で送ってもらったけど、一度も事故を起こしたことはない。今日も大丈夫さ」と、自分に言い聞かせるしかなかった。そして、店の女の子を送り届けるまでは何も起こらなかったのである。

　ところが、自宅まで後数十メートルという交差点で、本庄君は一時停止を怠って猛スピードで進入、優先道路を左から進入してきた乗用車に衝突し、相手の運転手と同乗者を死傷させてしまったのだ。もちろん、本庄君はその場で逮捕された。しかも、事故現場手前の路地でも走行中に、民家の塀や電柱に何か所か車をぶつけていたため、危険運転致死傷罪で起訴されたのである。裁判所は、本庄君に懲役一六年を言い渡した。

　そして、熊谷君もまた、「本庄君が正常な運転ができないことを知りながら、彼の運転を黙認した」として、同罪のほう助罪で起訴されたのである。このまま実刑が確定すれば、間違いなく会社はクビだ。しかも、被害者側からは損害賠償を求める民事裁判も起こされていた。

　あの日なぜ、本庄君の運転を止められなかったのか、それがダメなら車への同乗を断らなかったのか、裁判官の判決理由を聞きながら、熊谷君は後悔していた。

問題点

「ちょっとぐらいなら」という安易な思い込みで、人身交通事故を引き起こす飲酒運転が後を絶たない。もちろん、道路交通法は飲酒運転を禁止しており、運転者にアルコールを提供することも、飲酒運転と知りながら車に同乗することも禁止である（六五条）。

　なお、違反者には罰則が科される。たとえば、飲酒の影響で正常な運転ができないおそれがある場合、運転者は五年以下の懲役または一〇〇万円以下の罰金、アルコールの提供者や同乗者も三年以下の懲役または五〇万円以下の罰金である（一一七条の二第一項、一一七条の二の二第一項五号、六号）。

　また、飲酒運転で死傷事故を起こすと、運転者は道路交通法の他、自動車運転死傷行為処罰法の過失運転致死傷罪（五条。法定刑は七年以下の懲役・禁錮または一〇〇万円以下の罰金）にも問われ、通常は実刑の可能性が高い。同乗者やアルコール提供者は有罪でも執行猶予が付くのが普通である。

　もっとも、熊谷君のように、運転者が泥酔状態で正常な運転ができないと知りながら同乗したケースで、運転者の危険運転を黙認、助長したとして、道交法の他、危険運転致死傷罪（前出処罰法二条。死亡事故一年以上の有期懲役。法定刑は同じだが判決当時は刑法の条文）の共犯とされ、ほう助の罪で懲役二年の実刑判決を受けた同乗者もいる（さいたま地裁・平成二三年二月一四日。最高裁・平成二五年四月一五日決定で被告の上告を棄却、確定）。

十歳児の死亡事故で女の子が賠償額を安く呈示された話

交通事故のアナ

年少者の逸失利益は男女統一

田所夏子さんは三四歳。バツイチだが、一〇歳になる小学四年生の娘を抱えて、一生懸命頑張っていた。ところが、その娘が通学路で、暴走トラックにひかれて死んでしまったのだ。事故は、横断歩道の青信号で渡っていた小学生の列に飲酒運転のトラックが飛び込んできたもので、娘さんらには何の落ち度もない。そして、夏子さんの娘の他、同じ一〇歳の男の子も亡くなっていたのである。

事故から半月。葬式も終わり、加害者も**危険運転致死罪**(自動車運転死傷行為処罰法二条、最高刑は懲役三〇年)で起訴されたと聞かされても、夏子さんはまだ娘が死んだという実感が沸かなかった。夕方になると、勢い良く部屋のドアが開き、娘が「ママ、ただいま」と帰ってくるような気がするのである。

そんな夏子さんに、実感として娘の死を確認させたのは、加害者が加入している任意保険会社の担当者の訪問だった。担当者は、加害者側から示談交渉一切を任されていると述べ、また加害者側が一方的に悪いケースだと断ったうえで、娘の逸失利益、慰謝料など、総額一七〇〇万円の損害賠償を支払うつもりだと話したのである。良江さんには、

☆まだ働いてもいないのよ！

その額が多いのか少ないのかわからなかったが、何気なくもう一人の亡くなった少年にはいくら払うのかと尋ねると、総額二一〇〇万円だと言うではないか。同じ小学四年生で一〇歳同士。何で賠償額が違うのか、良江さんでなくてもその理由を聞いてみたくなる。

担当者の話では、逸失利益の算定において、男児は男子労働者の平均賃金を基礎とするのに対し、女児は女子労働者の平均賃金によるからだと言う。つまり、男女間の賃金格差（同一年齢、同一学歴では、男子の方が高い）がそのまま賠償額に反映するというのだが、まだ働いてもいない子供の将来得るであろう賃金を男女差別するのはおかしい。良江さんは、そう思った。

しかし、何とか男児と同じ賠償額をという彼女の申出に、担当者は「規則ですから、これ以上は無理です」と、冷たい返事だった。

納得できない良江さんは、市民法律相談で出会った弁護士に依頼し、保険会社に対し、男児と同じ二一〇〇万円の損害を請求する民事訴訟を起こした。

その結果、裁判所は「**男女雇用機会均等法**や女性が積極的に社会進出するなど社会環境が大きく変化した今日、年少者の逸失利益算定に現状の男女間の賃金格差をそのまま適用することは可能性を性により差別することにもつながり、男女平等の理念に照らし適当でない」と良江さんの主張を認め、男女全労働者の平均賃金で算定し直したうえ、慰謝料なども加えて、男児と同額の二一〇〇万円を支払うよう保険会社に命じたのである。

問題点

年少者の**逸失利益**（いっしつりえき）は従来、男女別平均賃金を基準に算定していたため、どうしても女児は金額が低く、差別という指摘があった。

交通事故で娘（当時一一歳、小学校六年生）を失った父親が、加害者らに総額四〇〇〇万円の損害賠償を求めた事件で、裁判所は逸失利益の算定基準に男女別の平均賃金を使う従来の方法を不合理な差別と認め、男女とも年少者の逸失利益の算定には男女合わせた**全労働者の平均賃金**を使う方が妥当と述べた（平成一三年八月二〇日・東京高裁判決）。この事件では、第一審の東京地裁が、女性の社会進出など社会情勢の変化を初めて明記したうえで、現在ある男女間の賃金格差をそのまま基準にするのは適当でないと指摘し、男女全労働者の平均賃金で算定して、女性の平均賃金より約四〇〇万円高い総額約二二三〇万円の支払いを加害者側に命じている。

控訴審でも第一審同様、男女全労働者の平均賃金を基準に逸失利益を算定し、同様の支払いを加害者側に命じた（高裁レベルで、男女格差を不合理と認める判決が出たのは初めて）。

入試当日の交通事故で浪人、運転者と同乗者に予備校代も賠償請求した話

交通事故のアナ

加害行為助長の同乗者には賠償責任

島田君は高校三年生。本当なら今頃は入学する大学も決まり、残り少ない高校生活をエンジョイしているはずだった。ところが、大学入試センター試験当日、試験会場に向かう途中で交通事故にあい、大腿骨骨折など全治三か月のケガで病院に運び込まれたのである。

事故は、コンビニ店員の吉野さんが運転するワゴン車の信号無視が原因だった。見通しの良くない交差点で、信号が黄色に変わったのに、速度を上げて侵入し、さらに右折したのである。車は曲がりきれず路肩を歩いていた島田君をはねた。警察での取調べで吉野さんは、同乗者で会社員の和田さんに、「黄色はGOだ！　行け！」と煽られ、ついその気になってしまったと供述したそうである。和田さんは取調べでは否認したが、道路交通法違反のほう助行為は不起訴となったため、吉野さんの刑事裁判では、その事実を認めた。いずれにしても、島田君に落ち度はない。

島田君はその場から病院に直行、二か月近く入院し、受験予定のすべての大学入試に間に合わず、結局、浪人することになったのである。卒業式を数日後に控え、ようやく退院した島田君は、すぐに予備校の入学手続きに出かけた。しかし、受験に失敗したわけでもないのに受講料と合わせ一〇〇万円近い出費をさせられるのは納得いかない。事故の責任はすべて車側にあるのだから、かかった費用は吉野さんが払うべきだと、思っている。

ところが、その吉野さんは、まるで誠意がなく、病院に

☆来年の受験成功で完全復活！

見舞いにも来なかった。治療費も、「金がない」と払わないため、病院の支払いは全額、島田君側が出している。それどころか、刑事裁判で執行猶予が付くと、示談の話合いにも応じようとしなかった。事故車には任意保険がかかっていないため、このままだと自賠責保険しか受け取れない。自賠責の保険金は傷害事故だと最高でも一二〇万円。病院への支払いで、ほぼすべてが消えてしまう。

島田君と両親は、弁護士に相談、吉野さんを相手取り、損害賠償請求訴訟を起こすことにした。治療費や入院費の他、浪人を余儀なくされた精神的慰謝料、それに予備校の受講料なども含め、計六〇〇万円余りを請求したのである。

しかし、吉野さんはバイトで賠償金を払う余裕などない。そこで、弁護士の勧めもあり、給料収入のある和田さんも被告に加えることにしたのである。

問題点

結論から言うと、事故に関して落ち度のない島田君が、裁判で勝訴判決をもらえるのは間違いない。問題は、予備校の受講料まで損害と認められるか、同乗者にも賠償責任があるか、である。

交通事故の被害者や遺族は、加害者に対し、**財産的損害**（積極損害・消極損害）と**精神的損害**（慰謝料）を請求できる。**積極損害**とは、治療費や入院費、葬儀費用など実際の出費で、**消極損害**は、事故で働けなくなったことによる収入減（**休業損害**）や将来の収入減（**逸失利益**）である。予備校の受講料は積極損害に入るが、ケガで休学を余儀なくされ留年した場合の重複授業料や、勉強遅れを取り戻すための補習授業の費用は損害と認められている。同様の事例で、加害運転手と雇主に、浪人中の予備校受講料約六七万円の支払いを命じた判例もある（仙台地裁・平成一九年九月二六日判決）。島田君の場合も法外な金額でなければ、裁判所は認容するはずである。

ところで、交通事故の損害賠償では、賠償責任を負うのは、事故を起こした加害運転者だけとは限らない。法律上は、車を自分のために利用し、それにより利益を得る者（**運行供用者**という）が、賠償責任を負うことになっている（自動車損害賠償保障法三条）。事例の場合、車がコンビニ名義であったり、コンビニの仕事（たとえば商品の配送中）で運転していた場合には、島田君は吉野さんを雇っているコンビニにも賠償を請求できる。

なお、刑事事件としては不起訴だが、同乗した和田さんの言葉が加害行為を助長したのは確かなので、和田さんへの請求も認められると思われる。飲酒運転による死傷事故の損害賠償事件で、飲酒を制止せずに加害行為を助長したとして、同乗者にも賠償を命じた判決がある（仙台地裁・平成一九年一〇月三一日判決）。

事故にあっても責任を負わぬ約束が通らなかった話

交通事故のアナ

好意で乗せても責任は免がれない

A子さんは短大の一年生。高校時代の友人B子さん・C君・D君と伊豆へ海水浴に行くことが決まって、嬉しくてたまらない。

そもそもは、大学生で遊び好きのC君とD君が、ナナハンを飛ばして伊豆に遊びに行こうと相談したのがはじまりで、二人とも親に買ってもらったナナハンに夢中なのである。

ところが、この話をC君の恋人であるB子さんが聞きつけて、「オートバイに夢中になるのもわかるけど、一緒に連れていってくれたってバチはあたらないでしょう」とC君に泣きついた。困り顔のC君に、B子さんは、D君の相手にはA子さんがいいわねと勝手に決めこみ、C君にしぶしぶ承諾させたというのが、ことの成り行きであった。

A子さんはD君のことが好きだったが、プレイボーイのD君はなかなかA子さんの方に振り向いてはくれなかった。

☆交通事故が縁の切れメ

そして日頃B子さんは、A子さんからどうしたらよいだろうかと相談されていたのであった。さて、四人が喫茶店に集まって、具体的な旅の相談をたてることになったが、C君とは反対にD君はあまり乗り気でない風であった。

D君はA子さんに向かって言った。「俺のに乗っかるのか。乗り慣れない奴を乗せるのはいやだな。事故があっても責任はもたないぞ」

A子さんは「もちろんいいわよ」と答えた。大好きなD君の運転で事故にあったのなら本望だと思った。

伊豆での海水浴は楽しいものだった。夜の砂浜で飲んだお酒、踊ったダンスは忘れられない。翌日の夕方、帰路についた。来るときと同じく、C君のナナハンにはB子さんが同乗し、D君のナナハンにはA子さんが同乗した。

D君は猛烈なスピードで飛ばした。A子さんはD君の背中にしっかりと抱きつきスピードと快感にひたっていた。

昇り坂のカーブで、D君は減速しないまま、ハンドルを左に切った。後輪が右にすべった。あわててハンドルを右にきるとセンターラインを越えてしまい、進行してきたダンプに激突した。

A子さんは、右腕を骨折したほか、顔に一〇針も縫う大ケガをした。D君は全身打撲であったが、軽くてすんだ。

A子さんが大ケガをしたというのに、D君は一度お見舞いに来ただけで、あとは知らん顔。むろん治療費さえ払おうとしない。D君は、事故になっても責任を負わないという約束で同乗させたのだから、損害賠償の必要がない、と友人に広言している。

問題点

人身事故の損害賠償の請求をあらかじめ放棄することは、原則としてできない。

事前の放棄が有効とされるのは、①同乗の目的がもっぱら同乗者の利益にのみ関し、②同乗者と運転者とが極めて親密な間柄にあり、③同乗者の挙動が事故の発生原因に寄与し、④運転者の過失が軽過失であり、⑤被害の程度が軽微である場合である。

A子さんの場合、「責任はもたないぞ」「いいわよ」との会話があっても、右の要件を全部みたしていないので、D君に損害賠償を請求できる（東京地裁・昭和四九年七月一六日判決）。

請求できるとしても、A子さんは**好意同乗者**である。好意同乗とは好意的に無償で他人を自動車に同乗させ、相手の指定する目的地まで運送することで、その途中で人身事故が発生したときに、その**運行供用者**（車の持主など）や運転手の責任が軽減されるかが問題となる。裁判所は、同乗していて利益もあったのだからと、逸失利益と慰謝料の額を三割減額した。「事故になっても責任は持たないよ」と言われていたからと諦める必要はない。事故を起こした加害者に堂々と請求すべきだが、賠償額が三割くらい減額される可能性があることは覚悟すべきである。

胎児を死亡させ父親にも慰謝料を支払ったタクシー会社の話

交通事故のアナ

原則として父親にも請求権がある

花子さんは二八歳で、結婚四年目。長男二歳がいる。ところが、二番目の子を妊娠して五か月目に交通事故にあった。事故は、花子さんがタクシーに乗っていたとき、タクシーがトラックと衝突したもので、タクシーとトラックとが全責任を負うべきもので、その点問題はない。

ところで、この事故は四月三日であり、その時、腹部を強く打ったところ、翌四月四日に花子さんは軽い出血をおこした。医師に安静を命ぜられ、自宅で寝ていたが、その後も痛みが続き、ついに四月七日に入院し、手厚い医師の治療をうけたが、四月一八日に死産してしまった。

花子さんは、事故前は健康体であり、それまでに早産や流産の経験もなく、医師の診断書にも本件交通事故による打撲が原因である、とされていた。

花子さんの悲しみは当然のことながら、その夫の苦痛も

☆男女同権なら父親にも慰謝料よこせ

大きかった。幸いにも、長男がいたので、その点は救いがあったが、今後、再び子供を産めるかの心配もあり、少なくとも、しばらくは妊娠をあきらめなければならない。

花子さんの夫は、こういう場合、花子さんが損害賠償請求権を持つことは当然だが、そのほかに、夫にも（死産した子の父親であるが）慰謝料請求権があると考えた。そこで、花子さんと夫は、タクシー会社に対し、一人当たり五〇〇万円（合計一〇〇〇万円）の慰謝料を請求した。

さて、タクシー会社はどうしたか。タクシー会社の事故係は、花子さんに対しては五〇〇万円の慰謝料を支払うがその夫には支払わないと回答した。事故係が研究したところによると、民法七二一条に、胎児は損害賠償の請求権についてはすでに生まれたるものとみなす、という規定があるが、これは、たとえば、胎児の父親が自動車事故で死亡したときには、胎児もその加害者に対して損害賠償請求権を持つのだ、ということであって、本件のように、胎児自体が被害者のときの問題ではないと判断したからである。

花子さんの夫は、裁判でもやろうかと考えたが、むしろ事故のことは早く忘れたかったので、結局、一〇〇万円で示談解決した。

問題点

本件は、法律的にはたいへんむずかしい問題を含んでおり、裁判例も分かれている。

まず、胎児（たいじ）を死産したことは、その母親に対する傷害となり（法律的には殺人にはならない）、当然、母親たる花子さんは、自分の身を傷つけられたものとして、加害者に対し損害賠償請求権をもつのである。

問題は、胎児の父親の慰謝料請求権である。

たしかに、民法七二一条の規定は、タクシー会社の事故係が研究したとおりに理解されている。また、民法七一一条は、直接の被害者でない者は**「他人の生命侵害」**の場合にのみ賠償請求権があると定めている。判例は**「生命侵害に比肩すべき精神上の苦痛」**がある場合にも、その適用の範囲を広げている。

ところで、本件の場合について、東京地裁昭和四六年六月三日の判決は、父親には慰謝料請求権はないと判断したが、その後の下級審の裁判所は、「胎児の生命の尊さとこれにかける両親の想いは相応の法的保護を受ける資格がある」として、父親の慰謝料請求権を認める方向にあり（東京地裁・昭和五一年一二月二二日判決、福井地裁・昭和五五年一月三一日判決等）、金額的には一〇〇万円前後の慰謝料を認容している。

金額の点については異論もあろうが、常識的な結論というべきであり、花子さんの夫もおおむね妥当な結果だったといえる。

交通事故のアナ

むちうち症で保険金の支払いを打切られたが裁判で認めさせた話

むちうち症の判断は難しい

信号が赤になり小山洋子は前車に続いて停止した。そして、助手席前の床に落ちたバッグを取ろうとかがみ込もうとしたとき、突然ドンと追突衝撃を受けた。

後続の運転者大川夏子も停止しようとしたが、同乗の子供につい気を取られて制動措置が十分でなかったため追突してしまった。時速は一〇キロ足らずであったので、洋子の車には後部バンバーにわずかな凹損が生じた程度であった。

事故直後のレントゲン検査では、明確な異常は認められなかったが、事故後一週間を経た頃から症状が悪化し、頸部、肩甲骨痛、腰部痛、しびれ感等の症状を呈し、外傷性頸部症候群および腰部捻挫の診断を受けた。

結局、洋子は入院治療こそしなかったものの、二つの病院で二年半の通院治療を受け、自賠責保険一四級九号（局部に神経症状を残すもの）の後遺障害を残した。

示談は難航した。夏子は治療費のうち二〇〇万円を保険から支払ったが、その余の通院費、慰謝料は払わない。保険会社も同じ姿勢である。理由は、このような軽微な追突では洋子が主張するような傷害は発生するはずがない、それは詐病である、治療中に車を乗り回していることが原因である、などという。

洋子は外回りの営業の仕事をしているので、生活のため休業して安静療養を行うこともままならず、投薬、理学療法を受けながら、余儀なく運転に従事したものである。

加害者側は、「ムチ打ちの通常の治療期間はほとんど一か月以内、長くても二、三か月以内に普通の生活にもどれ

☆モウ、ケチなんだから…

るものだ、裁判でもなんでもやってくれ、入、退院をくり返し、一〇年も治療を続けたが、三年分しか認められず、しかも本人の気分が作用するところが大きいとして、その六割をカットした判例もある（東京高裁、昭和五八年九月二九日判決、これは最高裁・昭和六三年四月二一日判決で支持された）」といって、交通事故紛争処理センターのあっせんも拒否した。

やむなく洋子は弁護士を頼んで裁判を起こした。一審ではほぼ全面的な勝訴であった（東京地裁・昭和六三年一月二二日判決）。症状はすべて本件追突事故と相当因果関係があると認められたうえ、慰謝料の点で、とくに加害者側の責任回避、示談解決への努力の懈怠などの不誠実な態度を考慮し、三七〇万円を認め、弁護士費用も五〇万円賠償せよと命じた。

問題点

近年、交通事故による損害賠償の分野で、いわゆる「鞭（ムチ）打ち症」の損害について論争がさかんである。とくに、低速度の追突事故による鞭打ち症について問題が多い。

それは、症状に関して、医学的他覚所見＝一般には、レントゲン・四肢反射・筋電図各検査、筋力・疼痛誘発・緩解各テストなどによる異常所見をいう＝に乏しく、被害者の自覚症状を主とするという特殊性に由来する。

そのため保険金詐欺の手段として悪用されたり、一部医師による過剰・濃厚診療の対象とされることもあり、関係者の中には、「日本の奇病」「打算病」「医原病」などという人もみられる。保険会社の対応も、こうしたモラル・リスクの介入を排除するため、厳しくなっているのが現状で、洋子に対する交渉姿勢も近時の傾向といえる。オーバーにいえば、鞭打ち症は保険会社側からは目の仇にされている。

工学鑑定や法医学鑑定でも、被害者に加わった外力の程度では、受傷はありえないとするものがあり、一方、治療の長期化は、被害者の個性的な体質素因、心因的要因等に基づくものであるとして、賠償額の範囲を限定、減縮する。

前掲の最高裁判例も、損害が通常生ずる程度、範囲を超えるものであって、かつ、その損害の拡大について、被害者の心因的要因が寄与しているときは、損害を公平に分担させるという損害賠償法の理念に照らし、民法七二二条二項の過失相殺の規定を類推適用して、損害の拡大に寄与した被害者の右事情を斟酌することができる、と判示するものである。

しかし、物理的衝撃の弱さ、被害者の体質、性格などから賠償責任を否定、減縮するには、慎重な審理をすべきで、ムチ打ちに対する短絡的警戒、敵視の姿勢は不当である。

交通事故のアナ

運転者に酒をすすめて事故を起こされ損害賠償を請求された話

運転者に酒をすすめると高くつく

〝酒は静かに飲むべかりけり〟で、無理に酒をひとに強いるのは一種の脅迫というべきだ。万葉集のなかに、無理に酒をすすめる人の顔が鬼に見えるというのがあるが、無理にこの酒をすすめたために、交通事故が起き、なんと三八万二五〇〇円の損害賠償をさせられたという世にも痛快な事件がある。

昭和四〇年八月九日の夜のことである。熊本市水前寺体育館前の市電安全地帯に、小型四輪乗用車がドカンという音と共に激突。その車は見るかげもなく大破した。

この大破した車を運転していたのは河野鉄夫さん。そして、家永太郎さんと佐藤道夫さんの二人がこの車に同乗していた。

安全地帯に激突した原因は、運転者の河野さんが相当酔っぱらっていたために、目先がチラチラとして前方が注視できず、それで思わず安全地帯にぶつけてしまったというわけである。

ところで、この車は河野さんの義兄にあたる山田光一さんの所有であり、車をメチャクチャにされて山田さんは思わぬ損害を受けてしまった。車の持主山田さんこそいい面(つら)

☆アトの後悔サケに立たず！

の皮というべきである。

そこで、山田さんは、いろいろ事情を調べてみたら、このとき車に同乗していた家永さんと佐藤さんの二人が、義弟の河野さんに相当しつこく酒をすすめ、それで河野さんを酩酊させてしまったことがわかった。

つまり、この夜まず佐藤さんの家で、この三人が梅酒の水割りと清酒を飲み、〝もう一杯飲もう〟と外に出て、河野さんに運転をさせてホルモン屋という飲屋にいき、そこでビールを飲んだあげく、また、二人を乗せて帰途につくとき、この事故を起こした事実が判明した。

そこで、山田さんは、この三人を被告にして、車を破損された損害を賠償しろと熊本地方裁判所に民事訴訟を提起したのである。

三人の被告のうち、義弟の河野さんは、原告山田さんの主張を全部認めたので、まず、河野さんに対してだけ切りはなして、山田さんに勝訴の判決がくだされた。

問題は、残る被告二人である。

第一審の裁判所は、まず、この二人に損害賠償義務を負わせるためには、〝河野に対し積極的に酒をすすめ、同人をして酩酊させたという事実が認められなければならない〟と前提要件を論じ、当夜の状況を判断すると、ホルモン屋においては、むしろ河野さんがこの二人をしり目にして、自分でビールを一本ずつ二回も注文している事実などをとりあげて、この二人は、それほど積極的に飲酒を無理強いしたことはないと判断し、二人には損害賠償責任はないと認定して、山田さんに敗訴の判決を言い渡した。

この判決を不服として、山田さんは控訴をした。この控訴は認められるだろうか。

問題点

第二審の福岡高等裁判所は、第一審判決をつぎのような理由をもとにして取り消してしまった。

〝この二人は、河野さんが飲酒後自動車の運転に従事する者であることを知りながら、河野さんにすすめて酒を飲ませ、酩酊状態にある河野さんが、自動車の運転に従事するのを制止もせずに、自らもこれに同乗して**運行の利益**を得たものというべきである〟

この認定に立って、第二審判決は、〝被告両名は**共同不法行為者**として連帯して本件事故によって原告に生じた損害を賠償すべき義務がある〟と断定し、二人に対し三八万二五〇〇円を支払えという判決をした。

負けた二人は、第二審判決を不服として最高裁判所に上告した。

しかし、最高裁判所は「両名の共同不法行為責任を認めた原判決は正当である」として山田さんの勝訴判決を支持した（昭和四三年四月二六日、最高裁第二小法廷）。

自賠法三条では同乗の妻も他人と頑張った話

交通事故のアナ

自賠法は被害者の味方です

優三君の唯一の趣味は車である。サラリーマンで毎年というわけにはいかないが、せっせとお金をためて車を買い替えた。早速、日頃帰宅が遅いといってふくれている妻の佳子さんにせいぜいサービスして、一気に名誉挽回（ばんかい）しようと、つぎの日曜日に助手席に愛妻を乗せ、張り切ってドライブに出かけたのである。

周囲の山合いのいい景色と妻の笑顔を傍で見ていて、つい調子に乗りスピードを出し過ぎ、急カーブにきてハンドルが思うように切れず、アッ！　という瞬間に、出っぱった山肌にぶつかったのである。

優三君は左眼の上まぶたを打ち、腫れ上がったが、幸い眼のほうは大丈夫であった。しかし、妻の佳子さんは、斜め向きに座っており、おまけに左手に魔法瓶などを抱いていたので、左上腕の複雑骨折で約七か月の治療を要する重傷を負ってしまったのである。

☆ウチの妻は他人なんですよ

ツイてないときはツイてないもので、まだ車のローンの支払いがある上に、優三君夫妻の治療費がかさみ、困り切っているのである。優三君の治療費分は少額であるし、これはこれで自業自得と思い、あきらめもつく。

問題なのは妻の分である。医者はすっかり治癒するとはいっているが、なにしろ完治するまで、だいたい優三君の給料一年分くらいかかるとのこと。

事故の第一原因は優三君の運転技術の未熟さであり、さらに車のぶつかった相手が出っぱった山では、相手の情にすがって、少々でも面倒を見てくれと頼むこともできず、途方にくれている。

「確かに悪いのは自分ですが、私も妻を喜ばせてやろうというい心掛けがきっかけだったのですから、その点をくんで、誰か相談に乗ってほしいのです」

と優三君はいっている。法律上、彼を救うことはできないのであろうか。

問題点

昭和四七年五月三〇日の最高裁判所第三小法廷判決はこの妻の保険金請求権をはっきり認めた。このことは、夫と妻の立場が逆でも、また子と親の関係でも同じようなことがいえる。

若干（じゃっかん）法律的に説明しよう。**自動車損害賠償保障法**三条は「車を運行する者が他人の生命または身体を害した時は損害賠償の責任がある」と規定している。優三君の場合は、車を運行する者というのが優三君に当たるわけである。そして、妻の佳子さんは、この規定の「他人の生命または身体」に当たるわけである。

そして、さらに同法一六条で「……被害者は政令で定めるところにより保険会社に対し保険金額の限度において損害賠償の支払いをなすべきことを請求できる」と規定している。したがって、この場合、妻の佳子さんは保険会社に保険金の請求ができるわけである。以前には、夫婦は妻や子供は最も近い身内であり、夫婦は家庭で車を一緒に利用しているのだから、車の名義が夫のものであっても、実質的には妻も車を保有して運行している者にあたり、優三君のような事件の場合、ケガをした妻が、他人の中に入らないと解釈されて、保険会社は保険金の支払いを拒んできたのである。

この従来の実務の解釈に対し、裁判所は、右の法律がもともと受傷した被害者である弱者を保護しようという主旨のもとに作られたことを考慮し、被害者保護の間口を今一歩ひろげたわけである。

以上の通りであるから、自賠責保険から治療費（一二〇万円限度）を払うよう、妻の佳子さんは強制保険会社に請求することができる。保険会社では、このような配偶者、親子、兄弟姉妹間の事故については、治療費や休業補償については通常全額支払う。

ただし、慰謝料まで請求ができるかどうかは問題であり、前記最高裁判決は、この点明確ではない。

損害額の算定で妻の無収入を主張した加害者の話

交通事故のアナ

女性の家事労働費はいくらか

夏野春子さん（当時三六歳）が乗用車にはねられたのは金曜日の午前一一時頃だった。中学生の長男と小学生の次男を学校に送り出し、主婦の腕の見せどころである買物に出かけたのが九時半頃。その日は、三日前から出張で名古屋に出かけていた宿六の秋男さんが今夕帰ってくるので、久しぶりにご馳走の品物を盛りだくさん買い込んでの帰りである。

春子さんが、幅八メートル位で坂になっている舗装道路を、坂の上から下へ向かって歩いてきたときである。坂の上から誰も乗っていない乗用車が、ころげるようにして走り出してきて、春子さんはうしろからはねられてしまったのだ。この無人の乗用車はエンジンをかけたまま駐車してあったのが、大型ダンプがすぐわきを通ったときの震動で動き始めてしまったものだった。こういう不運な事故も起こり得るのである。全く自動車はこわいといわざるを得ない。

春子さんは、医師の必死の努力のかいもなく、二四時間後に亡くなったのである。その間、かつけてきた秋男さん

☆冗談じゃない！あの人にそんな収入あるの…

や子供達の顔がわかったかどうか、一度、目を開けてじっとご主人の方をみたとのことである。

ご主人の秋男さんが、この事件について、加害者と損害賠償の話を始めたのは悲嘆のどん底から立ち上がりかけた半年後のことである。そのときである。

車の持ち主である加害者、腹野黒三は、家庭の主婦は無職、無収入だから、葬儀費と慰謝料を払えばそれでよいのだ。現に、裁判所もそういっているのだといってきたのである。最愛の妻春子さんを亡くし、気も弱くなった秋男さんは、ほとほと困ってしまった。

問題点

一般に交通事故で死亡した被害者は、第一に治療費や葬儀費用、第二に死亡者の収入損、第三に慰謝料を加害者に請求できる。右の第二の死亡者の収入損というのは、**死亡者の将来の得べかりし利益**ともい い、たとえば、サラリーマンが死亡時から定年にいたるまでの全月給を合計した額になる。

では子供や主婦のように月給のない人はどうするか。実は、裁判所の判例でも、この主婦の収入損をどう考えるかで大いにもめたものである。主婦には収入が全然ないのだとすると、どうも主婦がかわいそうだと思われる。

そこで主婦は家事労働に服しているのだから、この家事労働を金銭に評価して、それを主婦の収入とみようと考えたわけである。

具体的には、女子労働者の平均賃金を統計から算出して、これを主婦の収入とみなし、だいたいその主婦が六七歳になるまでの間、この収入があったとするわけである。そして、東京地方裁判所・昭和三九年一二月二一日判決、大阪地方裁判所・昭和四一年五月三日判決等はいずれも主婦に収入があるという見方をしている。ところが、昭和四二年四月一九日に大阪地方裁判所のある裁判官が、主婦に収入があったと考えることは正当でないとしてこれを否定したため、大いに問題になった。

しかしその後、同じ大阪地方裁判所の別の裁判官は主婦にも収入はあると考えるべきだ、として判決を出しており、紆余曲折はあったが、「主婦にも収入あり」という考えが一般的となり、今日では、主婦にも逸失利益を認めることになっている。

主婦の家事労働をいくらに評価すべきかが問題だが、女子労働者の平均賃金は統計上は賞与等込みで月約三二万一六〇〇円（令和三年）である。

この点を最高裁判所の判例でみてみると、「現在の社会情勢等にかんがみ、家事労働に専念する妻は、平均労働不能年齢に達するまで、女子雇用労働者の平均的賃金に相当する財産上の収益をあげるものと推定するのが適当である」という判断が示されている（昭和四九年七月一日判決）。

従業員の無断使用上の交通事故で会社が責任を追及された話

交通事故のアナ

管理が不十分だと責任は免れない

田中商事は、日用雑貨類の卸を業とする会社である。

田中商事の従業員山下明は、日常、商品の梱包および配達を仕事としているが、ある日仕事を終わり一旦、自分が仕事上で使っている会社の自動車を会社の車庫に納め、帰宅しようとしたところ、同僚から、ボーリングにさそわれた。

ボーリング場は、場所的に不便なところにあるため、同僚と相談のうえ、山下明が仕事で使っている自動車で行くことにした。

田中商事では、就業時間外に上司に無断で自動車を使用することは一応、禁止されている。しかし、自動車のキーは事務所に置いてあり、上司が監視しているわけでもないから、従業員なら、誰でも無断で使用することも可能であった。

実際、山下明も過去に、何回か無断で使用したことがあった。そこで、山下明たちは、会社の自動車で、五キロほど離れたボーリング場に行き、さんざんボーリングをして遊んだ。そしてボーリングを終えて、自動車を上司にわからないように元の位置に戻しておこうと考え、会社への帰りを急いだ。ところが、事はそううまくは運ばなかった。好事魔多しである。遊び疲れから眠気をもよおし、一瞬ではあったが眠ってしまった。

山下明が、はっと気がついたときには、数メートル先の横断歩道を老婆が歩いているところだった。咄嗟にブレーキをかけたが、すでに遅く、老婆をはねて、即死させてしまったのである。

その後、老婆の遺族より田中商事を被告として、山下明が起こした老婆の死亡事故にともなう損害賠償請求事件が提起された。

田中商事としては、山下明の今回の事故は仕事中の事故ではなく、ボーリング場に遊びに行くというまったくの私用であり、会社の自動車を使用しているとはいえ、会社にまったく無断で持ち出したものであるから、会社は一切責任を負う必要はないと考えていた。

しかし、念のため、知り合いの弁護士のところに相談に行ったところ、弁護士の解答は会社が考えていたのとはまったく異なるものであった。つまり、損害賠償の責任を負うというものであった。

問題点

自動車事故については、**自動車損害賠償保障法**という法律があり、その法律の三条によれば、自動車の所有者等の『**自己のために自動車を運行の用に供する者**』は、ほとんど無過失責任を負うことになっている。運行供用者責任の基準は、①無断運転者と会社との雇用関係等密接な関係の存在、②日常の車両運転状況、③車の保管状況である（最高裁・昭和四〇年一二月一一日判決）。

それ故、従業員が無断で持ち出して事故を起こしたという事情があったとしても、従業員が勝手に持ち出すことを禁止し、このようなことのないような万全の管理状況がとられていないかぎり、責任を免れることはできないのである。したがって、本事例の場合、田中商事としては被害者の遺族に対し、直接の加害者である山下明と連帯して、損害賠償義務を負うことになり、責任を免れることはできなかった。

このように、自動車の所有者は、自分自身が起こした事故ばかりでなく、自己の所有する自動車を他人に使わせている場合には、その者の起こした事故についても責任を負うことになる。

したがって、他人に自動車を使用させるような場合には十分な注意が必要である。

自動車事故の示談後に後遺症を理由に賠償請求した話

交通事故のアナ

錯誤による契約は効力がない

T交通株式会社の運転手松本清さんは道路の左側に停車してお客さんをおろそうとしたとき、うしろから来たWタクシーの自動車にドカンとばかりに後尾を突かれてしまった。運ちゃん仲間で、こんな場合を〝おカマを掘る〟というのだそうだ。

さいわいお客さんは無事だったが、松本さんは追突された瞬間に、頸部に打撲傷を負ってしまった。

しかし、事故の直後は気が張っている。〝バカヤロー、気をつけろ、オカマなんか掘りやァがって〟とどなったときには、たいした傷とも思わなかった。

Wタクシーの運転手は、平あやまりにあやまった。思えば同じ稼業の運ちゃん同士だ。Wタクシー会社の事務所で、松本さんは気持よく示談に応じ、医者の治療代も、休業補償も一切、自動車損害賠償責任保険金の範囲内でケリをつ

☆後遺症に対するキビシイ裁判所の見解！

けよう、それ以上の損害賠償はしないという示談書にハンを押して帰宅した。

ところが、それからが大変である。軽いと思った傷は意外に重く、首や、右肩や、大腿部にシビレが生じ、東大病院、慶応病院、東京労災病院などで診療をうけたが、少しも症状はよくならない。それどころか、病状はますます悪化する一方だ。

もちろん、もはやタクシー運転手としての就労は不可能となり、会社も休職し、治っても雑用ぐらいしかできない身体になってしまった。

松本さんの医療費は、保険の範囲でまかなえるような少額ではなく、これから先、いくらかかるかわからない。休業補償費だって莫大な額に達するだろう。まして、この負傷によってうけた精神的苦痛に対する慰謝料は、相当多額でなければならない。

松本さんは、やむなくWタクシーに対して保険金以外の治療費を出してもらいたいと申し入れたが、Wタクシーの方では、先に調印した示談契約書をタテに取って、すげなく松本さんの要求をハネつけてしまった。

軽卒に示談はすまじ、かりそめに和解はすまじ、松本さんは自分の軽率を後悔しつつ泣き寝入りするほかないのだろうか。

問題点

原則として、**示談**（じだん）や**和解契約**には、確定的な拘束力が発生する。たとえば、契約後、一〇万円の損害が発見されても、二〇〇万円の追加費用が発生しようと、契約書面の上で、一切の紛争を八〇万円の限度で解決しようと約束してしまえば、それ以上の請求権は消滅したものとされてしまう（民法六九六条）。

だから、示談はウカツにできない。十分に実害の範囲をたしかめ、いくら先方から取らねばならないかということを調査しないで、ウッカリいい加減な金額で手を打つと、あとで思わぬ不覚をとる。

だが、松本さんの場合は事情がちがう。彼は事故でうけた傷害が、実際は非常な重傷であるのに、軽い傷害と錯覚し、その錯覚を前提として契約書面に調印したのだ。

もしも、松本さん自身、その当時そんな重傷とわかっていたら、果たして調印したであろうか。してみれば、そのときの示談契約は**錯誤**（さくご）によってできたものだ。錯誤によってできた契約には効力はない（民法九五条）。

これに関して裁判所は、松本さんの主張を全面的に取り上げて、Wタクシーに対し、前の示談とは関係なく治療費その他の損害賠償をする義務があると認め、松本さんに四〇〇万円余の支払いをせよ、という名判決を下しているのである。

自転車で当て逃げ事故を起こし免停を受けた男の話

交通事故のアナ

ひき逃げは一〇年以下の懲役

間島君はあの時、一一九番通報して救急車を呼び、事故を起こしたと正直に警察に報告しなかったことを、後悔している。半年前のことだ。

バイトに遅れそうになった間島君は、自転車を飛ばしていた。猛スピードで路地を抜け、市道を横切ろうとして、市道を直進してきたバイクとぶつかったのだ。二台とも転倒したが、幸い前後に車はなく間島君も無事だった。しかし、バイクの若い男性は肩をひどく打った様子で、意識はあるものの肩を押さえ、呻いていた。

間島君は、いったんは救急車を呼ぼうと、携帯電話を取り出した。だが、早朝で周りに人や車がいないのを見て、その場を逃げ出したのだ。事故の原因は飛び出した自分にあるから、被害者の治療費やバイクの修理代も間島君が払わなければならない。そんな金はなかったし、第一、救急車を呼べば、警察も来る。当然、長時間事情聴取を受けるだろう。そうなればバイトに遅れて、遅刻常習者の彼は今度こそクビだ。

男性はヘルメットを被ってたし、どこからも血が出ている様子もない。たいしたケガではなさそうだなと判断した間島さんは、自転車を起こすと、被害者を残して、その場を立ち去ったのである。

☆自転車のツケが自動車に回る

しかし、彼は二月後、その選択の浅はかさを知ることになる。警察は、現場付近にある監視カメラの映像から、事故の起きた時間帯に市道を走る自転車を発見、被害者の証言とも一致したことから間島君を犯人と断定したのだ。事情聴取を受けた間島君は、その事実を認め、ひき逃げと過失傷害で書類送検されたのである。検察の処分はまだ決まらないが、幸い被害者は軽傷で、間島君が親から借金して示談金を払ったこともあり、起訴されても罰金刑で済みそうだった。

ただ、間島君にとって何より痛かったのは、県警から一五〇日間の運転免許停止の行政処分を受けたことだ。宅配便のドライバーをする彼にとって、この処分が解けるまでは仕事ができない。遅刻はしなかったものの、結果的に職を失ってしまったのである。

もし、あの事故が自転車ではなく、自動車を運転中に起きたなら、間島君は躊躇することなく一一九番をして救急車を呼び、また警察にも連絡しただろう。自転車による事故だったばかりに、甘く考えたのである。

問題点

自転車による事故は年々増加している。しかも、重大事故になったケースも珍しくはない。しかし、自転車やその運転者に、道路交通法の規制が適用され、違反者には罰則も科されることを、運転免許を持っている人でも意外に知らないのである。道路交通法には、自転車の交差点への侵入方法、自転車の歩道および車道の通行方法、ブレーキの点検などを定めた「自転車の交通方法の特例」の一節が設けられている。

自転車が引き起こした重大事故で、運転者が実刑になったものもある。この事例のように、直接自動車や二輪車、歩行者と接触したわけではないが、安全確認を怠ったまま国道を自転車で横断、国道走行中のタンクローリーに歩行者二人をはね死亡させる事故を誘発させたとして、重過失致死罪に問われた事件がある。

裁判所は、「交通量の多い現場で、安易に横断したら事故が起きることは予見できた」として、自転車の運転者に禁錮二年（求刑禁錮三年六月）の実刑判決を言い渡した（大阪地裁・平成二三年一一月二八日判決）。また、この運転者は、大阪府警から行政処分として、一八〇日間の自動車運転免許の停止処分も受けている。

自転車で交通事故を起こし、自動車運転免許停止処分を受ける例は多くはない。しかし、重大事故でなくても、免停処分を受けたケースもある。

この事例の間島君と同様の事故で、加害者は、「自動車に乗っても同様の事故を起こす可能性がある」として、警察は自転車の運転者に一五〇日間の免停処分を科した。

交通事故のアナ

交通標識がまぎらわしく違反したが罪にならなかった話

憲法のなかに短歌調の条文がある。

何人も、裁判所において裁判を
受ける権利を奪われない

という第三二条がそれだ。

「裁判をうける権利」は憲法で保障されている国民の権利であるが、さて、この権利を十分に行使して正邪曲直を明らかにするためには、なかなか実行できない一種独特のド根性が必要だ。

そのド根性を遺憾(いかん)なく発揮して、ついに裁判上の正義を獲得した裁判美談――これは一人の市民が日本の憲法史にきざんだ尊い記録といえるだろう。

昭和四二年六月、京都市東山で公衆浴場を経営している下津嘉吉さんは、京都市下京区東洞院通四条の〝右折禁止〟の交差点を、トラックを運転して右折してしまったということで調べをうけ、その年の一一月、京都簡易裁判所から

☆スッキリシネエ標識だなあ?

「罰金三〇〇〇円を支払うべし」という略式命令の送達をうけた（現在の罰金額は五万円以下・道交法一一九条）。これが、ふつうの人間なら、理くつは山ほどあったとしても、ええめんどうだ、三〇〇〇円でことがすむならアッサリ罰金を払ってしまえと思うだろう。

事実、刑事訴訟法の規定によれば、この略式命令を受け取ったものは、それに不服であるかぎり一四日以内に「正式裁判」の請求ができることになっている（刑事訴訟法四六五条）。

つまり、一片の命令で罰金を払えというのはけしからん。自分に罰金を払わねばならない落ち度があるかないか、公開の法廷で黒白を明らかにしてもらいたいという請求権があるわけなのだ。

しかし、法律にこのような規定があっても、〝正式裁判をするためには、時間と費用が必要だ。ことに自分のいいぶんを十分に裁判のうえに反映させようと考えたら、有能な弁護士を選任する必要があるだろう。

三〇〇〇円の罰金どころか、その何十倍の費用がかかるかわからない。だが、下津さんは、そこで持ち前のド根性を発揮し、だんぜん正式裁判の請求をしたのである。

その理由はこうだ。

右折通行が道交法違反であるというが、あのとき交差点に立っていた道路標識にハッキリ〝右折禁止〟ということが表示されていたとしたら、それを承知で右折するはずは絶対ない。

しかし、現場の道路標識の補助標識には『左折を除く』などと、ちょっと見ただけでは、その意味を理解しにくいような標示がしてあって〝右折禁止〟という趣旨が明確に打ち出されてはいなかった。

こんなチンプンカンプンな道路標識をしておいて、違反者に罰金を科するとはもってのほかのことである——これが下津さんの主張なのだ。この下津さんの主張は果たして正当だろうか。

問題点

第一審の裁判所も、第二審の裁判所も、下津さんの主張に耳をかさなかった。ともかく右折禁止の道路を右折した以上、罰金を払うのがあたりまえだといわぬばかりの判決である。

ふつうの人間なら、第二審まで争って、それでもだめだとわかったら〝裁判なんてアテになるか〟とヨマイゴトのひとつもいってあきらめてしまうところだろうが、下津さんはガンバッた。最高裁判所に上告をした。

さすがに、最高裁判所は、下津さんの主張を認めた。

〝交通標識は見えさえすればよいというものではない。自動車の運転者などに、どんな規制があるか、たやすくわかる方法で設置しなければ意味をなさない。この事件現場の補助標識は右折についての禁止事項を標示していることが一見わからぬまぎらわしいものであるから下津さんは無罪である〟（昭和四三年一二月一八日、最高裁第三小法廷判決）。

交通事故のアナ

バイクの運転手が死亡した衝突事故で歩行者が罰せられた話

違反が重大なら責任を負う

　多田邦夫さんは、急いでいた。好きな彼女から、ようやくデイトＯＫの返事をもらったからである。ところが、その日に限って、退社間際に取引先が来社したため、その応対でいつもより会社を出るのが遅れてしまったのだ。彼女には携帯電話で事情を説明し、待っていてくれるよう頼んだが、すでに約束の時間から一時間近く経過している。むろん、多田さんは会社を飛び出すと全力で走った。彼女が待つ喫茶店まで、必死に走ったのである。

　大通りを挟んで、その正面に約束の店が見えてきたとき、多田さんは考えた。

　通りの向こう側に行くには、こちら側を一〇〇ｍほど左側に歩いて、交差点を渡らなければならない。目的地はすぐ目の前なのに、信号待ちを考えれば約五分かかる。だが、ここを渡れば一分で済むと…。

もう一時間も待たせているのだから、後たった五分遅れたってどうってことない。

　今ならそう思えるのだが、そのときは、すっかり冷静さを失っていたのだろう。これ以上遅れたら、彼女は帰ってしまうかもしれない。最初のデイトに遅刻するようじゃ、きっと彼女に嫌われる。などと、不安に襲われていた多田さんは、片側三車線の通りの手前側が渋滞で車がまったく動いてないことをいいことに、中央分離帯にある「歩行者横断禁止」の標識も無視して、止まった車の間を縫うように通りを渡り始めたのだ。

事件は、高さ一mの中央分離帯を超えた所で起こった。

多田さんが反対側の車線に飛び降りた所に、久慈実さんが運転するオートバイが突っ込んだのである。気が急いていた多田さんは、オートバイが走ってきたのに気づかず、道路に飛び降りてしまったのだ。転んで、足を折る大ケガをしたのは言うまでもない。だが、不運なのは、久慈さんの方である。避ける間もなく、多田さんと衝突、転倒し、全身打撲で亡くなってしまったのだ。

事故を捜査した警察は、事故の原因は歩行者横断禁止を無視して通りを横断した多田さん側により重い過失があると判断、多田さんを重過失致死の容疑で書類送検したのである。相手から治療費をいくら取れるかなどと、のんきに考えていた多田さんは刑事被告人となって、ようやく事の重大さに気づいた。そして、簡易裁判所から罰金四〇万円の略式命令を受けたのである。しかも、相手から治療費を取るどころか、逆に久慈さんの遺族から多額の損害賠償を求める民事裁判を起こされている。多田さんは、たった五分のために遠回りを厭うたことを今さらながらに悔やんでいる。もちろん、彼女との仲が、そのまま終わったのは言うまでもない。

問題点

交通事故では、歩行者は常に被害者。たとえ過失があっても、治療費や慰謝料など損害賠償を請求する際、過失相殺をされるだけで、刑事事件の被告人になることなどありえない。それが、一般の方の考えではないだろうか。ところが、歩行者が**重過失致死罪**に問われ、罰金刑を言い渡されたケースもある。

平成一〇年七月、歩行者横断禁止の標識のある都心の片側三車線の道路で、歩行者とバイクがぶつかって、双方が転倒、バイクを運転していた大学生が死亡するという事故が起きた。

警察では、歩行者の会社員が、事故現場から五〇mほどの場所に横断歩道のある交差点があるのに、標識を無視して横断禁止の現場道路を歩いて横断したこと、事故は会社員が中央分離帯の高さ一mの鉄棚を越えた所で起きていることなどを考慮し、バイク側より歩行者側の方が事故の責任がより重いと判断、会社員を重過失致死罪で書類送検をした。裁判所も「歩行者の側に安全を確認する注意義務を怠った重大な過失がある」として、会社員に罰金四〇万円の略式命令を言い渡している(東京簡裁・平成一一年九月二八日)。

なお、本件の多田さんは、民事訴訟でも賠償を命じられる可能性が高い。

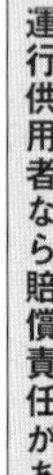

駐車場業者が回送中の交通事故は利用者も賠償責任を負うという話

運行供用者なら賠償責任がある

西川さんは海外出張が多い。朝一番のフライトでということもある。出発前夜は空港近くに泊まりたいが、予算削減の昨今、会社はホテル代まで負担してくれない。といって毎回、自腹で泊まるのは出費が大きすぎる。

自宅が遠く、朝家を出たのでは間に合わないが、タクシー代が出ないため、西川さんは空港まで自分の車で来ていた。車を空港の駐車場に置きっ放しにして出かけるのである。一日三一五〇円の駐車場代だけは会社が出してくれたからだ。

しかし、今年になって、西川さんは空港から少し遠いが、格安の北山駐車場を見つけたのである。

「七日で一万円」が、その駐車場の売りで、駐車場に車を預けると、出発時は利用者を空港まで送ってくれ、利用者の帰国便がわかると、その時間に合わせて、車を空港まで回送してくれるというシステムだった。

☆フライト中も責任はついてくる…！

駐車場代が浮くと考えた西川さんは、会社には空港の駐車場を使うと届け、実際には北山駐車場を利用することにした。

しかし、西川さんが北山駐車場を利用するようになって半年ほどたった頃、駐車場の係員が西川さんの車を運転中に交通死亡事故を起こしたのである。

係員はその日、西川さんから帰国連絡を受けた駐車場のオーナーに命じられ、車を空港に回送する途中の事故だった。急いでいた係員は交差点で右折しようとして、直進してきたバイクと衝突、バイクを運転していた学生が死亡したのである。事故は、北山駐車場の係員に八割の過失があるとされた。

帰国した西川さんは空港で事故の報告を受けたが、駐車場側が車の修理も遺族との交渉など事故の処理も、「すべてこちらでやりますから」と言うので、まさか自分がトラブルに巻き込まれるとは思わなかったのである。

ところが、遺族と駐車場側の和解交渉が決裂、死亡した学生の両親は事故から三月ほど経って、加害者の係員と西川さんを相手取り、四〇〇〇万円の賠償を支払うよう裁判を起こした。

問題点

争点になったのは、駐車場の係員が回送中に人身交通事故を起こした場合、駐車場利用者である西川さんが**運行供用者**として責任を問われるかどうかだった。運行供用者とは、自動車の運行を支配し、運行の利益を得ている人のことだが、運行供用者に該当すれば、たとえ車の運転をしていなくても、交通事故で人を死亡させたり、ケガをさせたりした場合、事故によって生じた損害を賠償する責任を負うのである（自動車損害賠償保障法三条）。

西川さんは、出張中に起きた事故で運行供用者に当たらないと主張した。しかし、裁判所は西川さんが、回送のために駐車場の係員が預けた車を運転することを承知していたこと、駐車料を安くするために利用していること、預けた期間が短期間だったことなどから、自賠法三条の運行供用者に該当すると判示し、過失相殺の上、三〇〇〇万円を支払うよう西川さんに命じた（実際に支払うのは、西川さん所有の事故車が加入している自賠責保険または任意保険の保険会社）。

西川さん同様、海外出張のため駐車料金の安い駐車場に自家用車を預けたところ、駐車場のバイトが空港まで車を回送する途中で交通死亡事故を起こし、その遺族から駐車場利用者が損害賠償を請求された判例がある。第一審の裁判所は、利用者は出張中で運行供用者には当たらないと賠償責任を否定した。しかし、控訴審では運行供用者に当たるとして、運転していた駐車場のアルバイトとともに、利用者にも損害賠償が命じられている（大阪高裁・平成二〇年一〇月二二日判決）。

〔ニュース〕東名あおり運転事故の差戻し審も危険運転致死で懲役一八年

あおり運転は、一歩間違えば大事故を引き起こしかねないが、直接事故が起きない限り、違反者は従来道路交通法の車間距離保持義務違反や車線変更義務違反などに問われるだけで、法定刑も三月以下の懲役または五万円以下の罰金と軽かった。

しかし、令和二年六月二〇日施行の改正道路交通法で、「あおり運転罪」を創設、重罰化された。

相手車に危険を生じさせるおそれのある急ブレーキ、追越し、進路変更、車間距離不保持など一〇類型の妨害運転をしただけで、直接事故が起きなくても、三年以下の懲役または五〇万円以下の罰金に処せられることになった（一一七条の二の二第一項八号）。この妨害運転で高速道路上に他の自動車を停止させ、道路における著しい交通の危険を生じさせた場合は、五年以下の懲役または一〇〇万円以下の罰金である（一一七条の二第一項四号）。

なお、自動車運転死傷行為処罰法も改正され、あおり運転は危険運転致傷罪となる行為に追加された（三三八頁本章法律の急所参照）。

●**東名あおり運転は危険運転と認定**

平成二九年六月、東名高速で悲惨なあおり運転による事件が起きた。

被告は、東名高速のPAで駐車方法を注意されたことに腹を立て、被害者の車を追跡、進路妨害などあおり運転を繰り返し、高速道路上で停止させて被害者に暴行を加えた。直後に、大型トラックが被害者の車に追突、被害者とその妻が死亡、二人の子が負傷するという惨事が起きたのである。

被告は、自動車運転死傷行為処罰法の危険運転致死傷罪などに問われたが、停止中の事故に危険運転が適用できるかどうかが、争われた。

裁判所は、停車中の事故に危険運転致死傷罪を適用することは、法解釈上できないとしたが、執拗なあおり運転を危険運転致死傷罪の実行行為と判断、被害者の死傷との因果関係が認められるとして危険運転致死傷罪の成立を認定し、あおり運転をした被告に対し、懲役一八年を言い渡している（横浜地裁・平成三〇年一二月一四日判決）。

なお、控訴審も危険運転致死傷罪の成立を認めた一審判決を支持したが、一審公判手続きに不備があったとして、審理を横浜地裁に差し戻した（東京高裁・令和元年一二月六日判決）ことでも注目を浴びた事件である。

横浜地裁の差戻し審でも、再び危険運転致死傷罪の成立が認定され、被告には求刑通り懲役一八年が言い渡されている（令和四年六月六日判決）。

第12章

事故と賠償の抜け穴と急所

♣本書の内容は……

・子供会のハイキングで水死事故の責任を負わされたボランティアの話——民法七〇九条
・子どもが蹴ったボールで負傷した被害者が両親から賠償を取った話——民七一四条
・サインミスでケガをした捕手が投手から治療費をとった話——民法七〇九条
・通勤ラッシュのため、乗客が二週間の怪我をし損害賠償を請求した話——民法七〇九条
・無認可保育所での幼児の死亡事故で親の過失を八五%とした話——民法四一五条
など実例解説・一六話

各種事故の賠償の法律の急所

★生命身体を害する不法行為に対する損害賠償請求権の消滅時効は、加害者を知った時から五年

平成二九年六月二日、一二〇年振りに民法の**債権法**が大改正の上、公布された。この章に関連する改正点としては、不法行為による損害賠償請求権の消滅時効(七二四条、七二四条の二)、また人の生命身体の侵害による損害賠償請求権の消滅時効(一六七条)の整備が挙げられる(令和二年四月一日から施行)。

・不法行為による損害賠償請求権(七二四条)

次の①②の場合には、請求権は時効で消滅する。

①被害者(または法定代理人)が**損害および加害者を知った時から三年間**請求権を行使しないとき

②**不法行為の時から二〇年間**権利を行使しないとき

請求権がなくなるまでの期間は、①②とも改正前と変わらないが、改正法では、①②とも「**時効期間**」と明示された。被害者側が請求権を行使すると、時効は中断する(改正前は、②は**除斥期間**)。ただし、その期間は①または②のいずれか早い時期までである。

・人の生命身体を害する不法行為による損害賠償請求権(七二四条の二。新設)

被害者(または法定代理人)が**損害または加害者を知った時から五年間**請求権を行使しない場合は、その請求権は時効で消滅する。

・人の生命身体の侵害による損害賠償請求権

被害者(債権者)が**権利を行使できる時から二〇年間**、その権利を行使しないときは、債権(請求権)は時効により消滅する(一六七条)。

なお、他人から、生命や身体に対する侵害を受けた被害者は、不法行為に基づく損害賠償請求をしても、債務不履行による請求をしても、そのどちらでも時効期間は変わらない。

★過失がなければ賠償責任はない

故意または過失により、他人の権利(生命や身体の他、財産や名誉なども含む)を侵害した者は、民事上、被害者に生じた損害を賠償する義務を負う(**不法行為**という。民法七〇九条)。

言い換えれば、不法行為により損害を受けた被害者は、①相手(加害者)に**故意または過失**があったこと、②正当な**権利や利益を侵害されて損害を受けた**こと、③損害と加害者の行為との間に**因果関係**があること、を立証できた場合には、賠償を請求できるということだ。反対に、相手方に過失がなければ、たとえ相手の行為で損害を被っても、被害者は賠償請求ができない。

ただし、この賠償責任には例外がある。たとえば、失火によるもらい火（類焼）で損害を被った被害者は、原則失火者に損害賠償を請求できない。失火者が賠償責任を負うのは、故意または重大な過失があった場合だけである（失火ノ責任ニ関スル法律）。

また、その一方で、加害者の故意または過失の立証を必要としない、つまり加害者が無過失責任を負っている場合もある。交通人身事故における自動車の運行供用者の責任（自動車損害賠償保障法三条）であり、欠陥商品の拡大被害に対するメーカーの責任（製造物責任法。一般的にＰＬ法という）である。

★損害賠償の対象には精神的被害もある

被害者が加害者に賠償請求できる損害、つまり法律により保護される利益は、必ずしも物質的なものとは限らない。個人の名誉感情など精神的なもの、著作権や特許権のような形のない財産的利益もある。他人から不当にケガを負わされたり、命を奪われたりしないということも重要な利益である。このように、保護の対象はかなり広いが、それを個別的に判断して賠償を認めるのが妥当かどうかを考えなければならない。

たとえば、人妻と不倫しても、その人妻に対しては、貞操権侵害にはならない。しかし、彼女の夫の精神的利益を侵害したことになり、不倫相手は夫に対しては慰謝料を支払わなければならないのである。

なお、名誉回復のため謝罪広告を要求したり、生活侵害をなくすため行為の差止めを求めるなどの例外を除けば、法律上は、**金銭による賠償しかできない**ことになっている（民法七二二条、七二三条、四一七条）。たとえば、死んだ者を生き返らせろとか、壊れた物を元に戻せなど、実現不可能な要求はできない。

★裁判費用がなくても、裁判は起こせる

他人の行為で、自分の身体や財産、あるいは権利が大きな損害を被った場合、被害者は加害者に損害賠償を求めることができる。しかし、相手が話合いに応じなければ、最終的には民事裁判を起こして、勝訴判決を取るしかない。

とはいえ、裁判は訴額六〇万円以下の少額訴訟などを除けば、一般的に時間と多額の費用がかかる。そのため、ある程度資力がないと提訴には踏み切れない。

裁判に必要な費用を支払う資力のない国民を助ける仕組みが**民事法律扶助**で、**総合法律支援法**により日本司法支援センター（**法テラス**という）が、資力のない人の弁護士報酬や裁判の実費を立て替えてくれる。

サインミスでケガをした捕手が投手から治療費をとった話

事故と賠償のアナ

意思疎通の過失を認定する

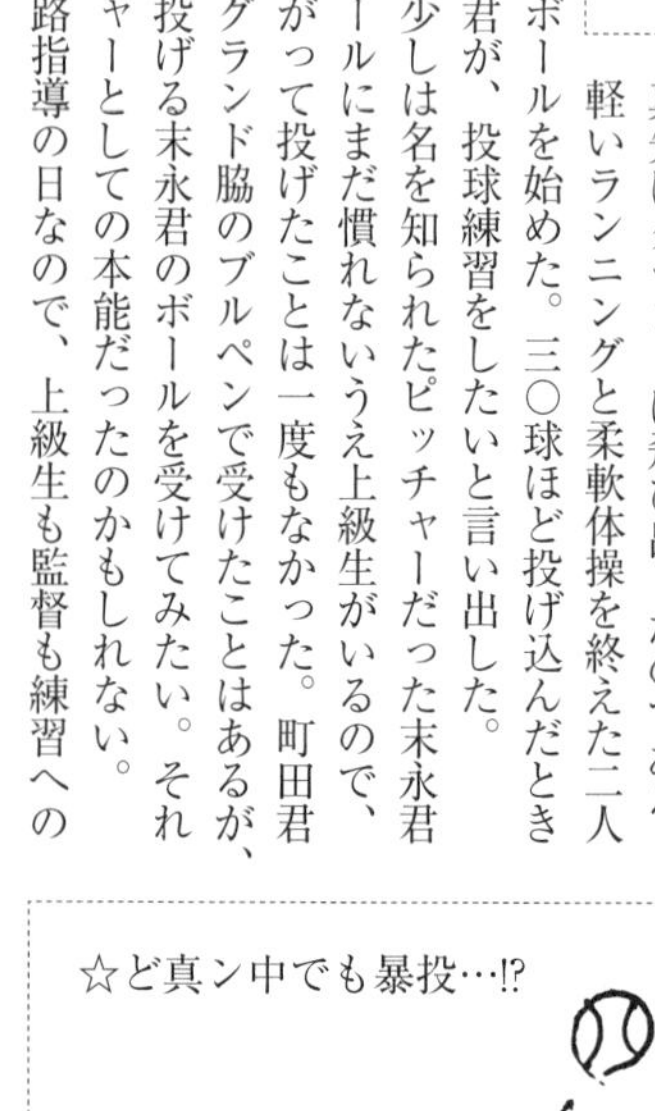

町田信二君と末永智仁君は高校一年生。中学は別々だが同じ高校に進学し、野球部で甲子園目指して頑張っていた。

その日も授業が終わると、二人はユニフォームに着替えて、いつものように、真先にグランドに飛び出したのである。軽いランニングと柔軟体操を終えた二人は、キャッチボールを始めた。三〇球ほど投げ込んだときである。末永君が、投球練習をしたいと言い出した。

中学時代、少しは名を知られたピッチャーだった末永君だが、硬式ボールにまだ慣れないうえ上級生がいるので、マウンドに上がって投げたことは一度もなかった。町田君も賛成した。グランド脇のブルペンで受けたことはあるが、マウンドから投げる末永君のボールを受けてみたい。それは、キャッチャーとしての本能だったのかもしれない。

しかも、進路指導の日なので、上級生も監督も練習への参加は後一時間ほど遅れるはずだ。とんぼをかけておけば、バレやしない。グーはストレート、パーはカーブと簡単なサインを決め、マウンドへ上がった末永君はホームベースの後ろに座った町田君のミット目掛けて、気持ち良さそうに投げ出した。キレのいいボールが次々にミットに収まる。遅れてやってきた一年生部員も、自分の練習そっちのけで、二人の周りに集まり出し、その中の一人が「打たないから、

バッターボックスに立ってもいいか」と、右のボックスに入ったのである。

素面でボールを受けていた町田君は、バッターが立ったのを見て、念のためマスクだけは付けておこうと思った。末永君の方に「ちょっと待て」と、右掌を開いて前に付き出して合図し、それから足元に置いたマスクを取ろうと、一瞬マウンドから目を離した。

一方、末永君は久しぶりのマウンドに感激し、町田君の「待て」の合図を、勝手に「パーだからカーブ」と勘違いしたのである。ミットは構えていなかったものの、町田君が腰を下ろしたままマスクを探していたのも不幸な出来事につながった原因の一つだったかもしれない。

末永君が大きくふりかぶった。

そのことに気づいた町田君は慌ててミットを差し出したが、ボールは大きく曲がると、ミットをはじいて町田君の右頬を直撃したのである。町田君はその場で昏倒、グランドは大騒ぎになった。

町田君は失明は免れたものの、右目視力は著しく低下し、また頬骨と顎骨も骨折したため、少なくとも野球を続けることは不可能になってしまったのである。町田君にとってはケガをしたこと以上に、大好きな野球ができなくなったことの方がショックだった。

町田君は、事故原因は末永君のサイン見落としと学校側の事故防止対策を怠った注意義務違反にあるとして、末永君と高校を相手取り、治療費と慰謝料など一五〇〇万円の賠償を求める民事訴訟を起こしたのである。

問題点

町田君がケガを負うことになった事故が、末永君や学校側の過失により引き起こされたものであれば、損害賠償の請求が認められる。少なくとも事故は、末永君が町田君から送られた投球中断を伝えるサインやキャッチャーが捕球動作に入っていないことに気づけば、防げたことは確実である。とすると、末永君の過失が事故を引き起こしたと認められ、末永君は**不法行為に基づく損害賠償責任**を負うと考えられる。しかし、学校側の過失は微妙である。

野球部の練習中、キャッチボールを中断するよう求めたのに、そのサインに相手側が気づかず投球し、ボールを右目に当てて大ケガをした当時二年生の元野球部員が、キャッチボール相手と学校を相手取り、約三七八〇万円の賠償を求めた事件で、大阪地裁堺支部は「投球者には、相手の動きの確認と相手との意思疎通を怠った過失がある」として、投球した元部員に約五七五万円の賠償を命じた。なお、事故の防止策をとらなかったとされた学校側の過失は認めなかった（平成一二年二月一八日判決）。

子供会のハイキングで水死事故の責任を負わされたボランティアの話

事故と賠償のアナ

無償の行為にも責任はある

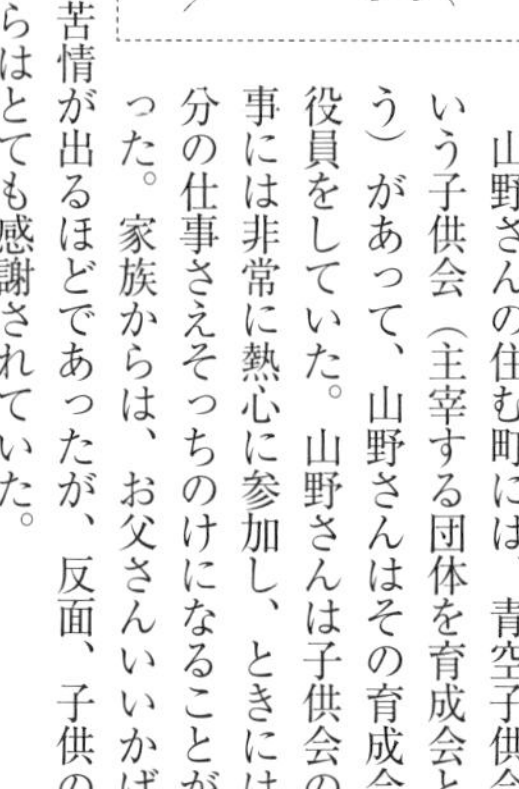

山野さんの住む町には、青空子供会という子供会（主宰する団体を育成会という）があって、山野さんはその育成会の役員をしていた。山野さんは子供会の行事には非常に熱心に参加し、ときには自分の仕事さえそっちのけになることがあった。家族からは、お父さんいいかげんにしてよ、と苦情が出るほどであったが、反面、子供の親や町内の人からはとても感謝されていた。

さて、今年も夏休みの子供会の行事としてハイキングを行うことになり、ある県の渓谷(けいこく)に行き、河原で飯ごう炊飯することになった。当日は、保護者も付き添わすべきか問題になったが、子供達の自立心を養うため、子供と育成会の役員だけで行くことになった。

まず山野さんは他の役員とともに下見に行き、昼食する場所を選定してきた。山野さん達が選んだ河原は、けっこう平坦で広く、川の水深も河岸から五メートルぐらいまでは大人の膝下程度で、流れもゆるやかで、さほど危険な場所ではなかったが、下流へ五〇メートルほど行ったところに水深二メートルぐらいの深みがあった。

さて、ハイキングの当日、山野さんは青空子供会の子供達三〇人、それと育成会の会員一五人で、その渓谷に向か

☆水をさされたボランティア

った。昼食をとる予定の河原に着き、子供達に飯ごうでご飯をたかせると、ガスがま、電気がましか知らない子供たちは、薪でたいた経験などまったくなく、しんのあるご飯あり、おかゆありで、大喜びであった。山野さんは、このような子供達の姿をみて、育成会の役員をしていてよかったなとしみじみ思った。

楽しい昼食が終わってからしばらくは自由時間とし、山野さんが子供達に危いから下流に行ってはいけませんよと注意しておいた。山野さん達役員も昼食のあと片づけや、帰りの予定などを話したり、時々子供達の様子を見にいったりしていた。

昼食後三〇分ほどしたころ、子供達が太郎君が下流の深みに落ちたと飛んできた。山野さん達は太郎君を助け出し、人工呼吸をしてみたが、太郎君は冷たくなったまま蘇生しなかった。子供のためと思って行ったハイキングが暗い結末になってしまったのである。

この事故のあと、太郎君の両親が、青空子供会育成会の役員である山野さん達を相手にして、損害賠償を求める訴を提起してきた。育成会の人達が子供の監視体制をきちんとさえしておれば、このような事故は起こらなかった、監視を怠った過失があるというのである。

育成会の会員の間からは、もう子供会は解散しようという声も出てくるし、家族からは面倒見のよいのもほどほどにと責められるし、山野さんにとっては非常につらく、悲しい出来事であった。そして、これからの訴訟のことを思うと、憂うつになるのだった。

問題点

ボランティアとして無償で奉仕していたのに、たまたま事故が起きたからといって、損害賠償責任を負わされるのではたまらないであろう。まして山野さんは、ときには自分の仕事も放り出し子供会に参加していたのであるから、なんとなく割り切れないところが残るだろう。

しかし、善意に基づく無償の行為だからといって、責任が免除されるわけではない。たとえそのような行為であっても、過失があれば不法行為などの法律上の責任を問われることはある。

まして、いたずら盛りの小学生達をつれて河原でハイキングをしていれば、当然水の事故の危険があるのだから、山野さんたちは分担をきめてきちんと監視体制をとるべきであった。口頭で漫然と注意しただけで遊ばせておいたのだから、責任を問われることもやむを得まい。もっとも、太郎君も危険なところに行ってはいけないと理解できる年齢であるので**過失相殺**(かしつそうさい)されて賠償額はかなり減額されるだろう。またボランティア活動ということも判決では考慮されるであろう(津地裁・昭和五八年四月二一日判決)。

事故と賠償のアナ

無認可保育所での幼児の死亡事故で親の過失を八五％とした話

親の育児態度が斟酌される

小夜子さんは、当時一歳半の息子を、夕方六時半から午前○時三○分まで、保育所の「ダンボ」に預けていた。料金は一か月四万五○○○円、超過料金は、三○分超の場合、一時間分一○○○円の追加支払いということになっていた。

「ダンボ」というのは、マンション式のアパートの一室で個人が経営している、無認可のベビーホテルであった。担当者は、保母資格のある女性が一人、無資格の女性が一人であった。

ところが、ある晩、九時半頃、小夜子さんの息子は、睡眠中、食べたものを吐いて、それをのどにつまらせ、窒息して死亡してしまったのである。

小夜子さんと、内縁の夫とは、「ダンボ」の経営者を相手に、各人が五○○万円、合計金一○○○万円の損害賠償の請求訴訟を名古屋地方裁判所に提起した。

訴えの理由としては、「微熱があるから注意して」といって預けたのに、消化のよくないコンニャクを食べさせたり、乳幼児は風邪の際には、食べたものを吐くおそれがあるのに、二時間以上も寝かせたまま放置していたところに、担当者の過失がある、というのである。

これに対して無認可保育所「ダンボ」の側では、預かったとき、小夜子さんは「熱はない」といっており、子供にもさしたる異常は認められず、食事も残さず、元気に遊んでいたのであるから、食べた物を吐くような事態は予測不可能であった、と主張した。

裁判所は、まず、小夜子さんが、熱があるから注意してといった事実は認めず、特に注意を要する体調とは認められない状態で預かったものであるし、夜間は担当者一人で八人にも及ぶ乳幼児を見ていたのであるから、異常に気づかなかった点に過失はない、と認定した。

この点では、「ダンボ」側の責任、民法七一五条の使用者責任――すなわち小夜子さんの息子の保育にあたった従業員の過失責任による経営者の責任は、まったく無い、とされたのである。

しかし、一方では、八人とか九人とかの乳幼児を、一人の者が十分に注意して保育するのはほとんど不可能である。かりに、もう一人、保育の心得のある者が、保育にあたっていたら、小夜子さんの息子の窒息死は防止できたという蓋然性は高い。したがって、不法行為責任は否定されても、「ダンボ」側には、乳幼児を預かった保育所として、小夜子さんの息子の窒息死については、保育委託契約上の債務不履行責任がある。このように裁判所は判断し、小夜子さんらを勝訴させた。しかし、損害賠償の金額は、合計で金一七三万七八四一円にすぎなかった。

問題点

預かった坊やを、階段から落したり、ブランコから転落させた、というのであれば、保母さんの過失は明らかである。そして雇主の「ダンボ」の経営者は使用者として、損害賠償の義務がある。しかし、一応元気な子として預かったのであるから、保育所側の過失は認めにくい。その点、判決は正当である。

この判決で注目すべき点は、損害賠償を、大きく割り引き、**過失相殺**（かしつそうさい）を八五パーセントとした点である。小夜子さんと内縁の夫は、経済的に二人で働きに出る緊要性もないのに保育所に預け放しで働きに出ていた点、無認可で人的にも十分でないことを知りつつ預けていたこと、息子の健康チェックがいい加減だったことを指摘し、育児態度が、あまりにも安易であった点に、過失があるとしたのである。

なお、生後四か月の長女が他の乳児と同じベッドに寝かされ、うつぶせの状態で死亡した事故で、母親が保育者の注意義務違反だとして、無認可保育施設の経営団体に約四〇〇〇万円の損害賠償を求めた裁判では、施設側が哀悼の意と再発防止を約し和解金約二〇〇〇万円を支払うことで和解が成立している（平成一三年九月四日・横浜地裁川崎支部）。

子どもが蹴ったボールで大けがをした被害者が両親に損害賠償を請求した話

事故と賠償のアナ

末成年の事故は親に責任

新井一郎さんはラーメン屋の店主である。一週間前、自転車で公園脇の道路を走っていて転倒、大腿骨を折る大けがをした。原因は、公園の中から飛んできたサッカーボール。公園の中でボール遊びをしていた小学五年の長田健二君が、誤ってボールを公園の外に蹴り出し、運悪く通りかかった新井さんは、ボールを避けようとして転倒したのだ。

新井さんは、近くにいた通行人の通報により救急車で病院に運ばれ、全治一か月と診断されたのである。ケガも痛いが、リハビリも含めると二〜三か月店を開けられないことが痛手だった。それなのに、加害者の長田君もその両親も、まだ一度も見舞いに来ないのである。それどころか、新井さんの自宅に長田君の母親と名乗る女性から電話があり、応対した妻に、「息子は普通にボールを蹴って遊んでいただけで何も悪くない。塾の時間なのに警察で事情聞かれたりして、息子の方が被害者よ!」と、いきなり怒鳴られた上、「あなたのご主人、慰謝料欲しさにわざと転んだんじゃない」と、言われたという。その話を聞いた新井さんは激怒した。

☆ツケの請求書は両親に…

「悪いのは自分の息子じゃないか！　なのに、謝罪もしないなんて・・・。なんて非常識な母親だ！」

新井さんも、長田君がわざとボールを公園の外に蹴り出したとは思ってはいない。だから、病室に来て素直に謝ってくれれば、それだけで許すつもりだった。元々、治療費など金品を請求する気などなかったのだ。しかし、電話での暴言を聞き、治療費や入院代、それに休業期間の営業補償など一切の損害を、長田君とその両親に請求することにしたのである。

そもそも問題の公園はボール遊び禁止であり、入口には「球技禁止」の注意書きが大きく張り出されている。公園でサッカーボールを蹴ったこと自体、違法であり、また小学生でも、ボールを公園の外に蹴り出せば他人に当たる危険性は予想できるから、長田君はボールが外に飛び出さないよう注意する義務があった。それを怠った長田君には賠償責任があるはずだ。しかし、未成年者の彼には賠償する資力はない。そこで、監督義務者である両親にも請求することにしたのである。

もちろん、長田君側が何ら違法性はないとして、その請求を拒絶したのは言うまでもない。

問題点

請求が認められるには、まず長田君に不法行為がなければならない。これについては、小学五年生であれば、公園でのボール遊びが禁じられていること、ボールが公園の外に飛び出せば人に当たる危険性があることを理解できる能力（事理弁識能力）はあると考えられる。ケガは長田君の過失により起きたのだから、彼の行為は不法行為に当たる。

問題は、未成年の長田君に賠償責任があるかどうかである。民法上、自分の行為責任を弁識できない（事理弁識能力とは異なる）未成年者は賠償責任を負わない（七一二条）。ただし、その場合は、監督責任ある親が未成年者に代わって賠償責任を負う（七一四条）。裁判実務では、概ね一一歳から一四歳前後で責任能力を認めているようだ。

もっとも、未成年者は一般的に資力がなく、その賠償責任が認められても、監督義務者である親の監督責任が否定されると、被害者は事実上、損害賠償を受けられない。

サッカーボールを校庭から外に蹴り出した児童の過失を認めた同様の事故の損害賠償訴訟で、最高裁は、「通常は危険のない行為によって偶然に損害を生じさせた場合、原則として親の監督責任は問えない」とする初判断を示し、両親に賠償を命じた一、二審判決を破棄する両親勝訴の逆転判決を言い渡した（平成二七年四月九日判決）。

事例の場合にも、両親の監督責任を認めない可能性もあり、被害者は裁判より示談で解決する方が得策である。

事故と賠償のアナ

一二歳三か月の小学生が駅の階段での衝突事故で責任を負わされた話

責任を認めても賠償能力はない

太郎君は一二歳三か月の小学校六年生であるが、ある日、学校から帰宅した後児童絵の展覧会に出かけるため、最寄り(もより)の駅の階段を下りて行く途中で、前を歩く花子さん(当時四四歳の事務員)に後方から衝突してしまった。そのため花子さんは転倒、階段を転げ落ちて負傷し、救急車で病院に運ばれた。

このため花子さんは、六日間会社を休み、その後一四日間は治療のため三〇分の早退を余儀なくされ、長期間にわたって通院加療にあたった。

花子さんと太郎君の両親との間の示談交渉もなかなかまとまらず、双方とも弁護士をたてて交渉したが、決裂してしまった。

そこで花子さんは、この事故は、太郎君が狭い駅の階段で、ふざけて故意に花子さんに衝突したか、少なくとも花子さんに接触しないように通行すべき注意義務があったのに、これを怠った過失があり、太郎君はこの事故当時、自分の行為がどのような責任をもたらすかについて「責任を弁識」するに足りる知能を備えていたので、民法七〇九条による不法行為責任がある。

また、太郎君の両親である一郎さんと春子さんには、太郎君が無謀な行為をしないよう普段から親権者として注意する監督義務があったのに、これを怠ったから、監督義務違反があったと主張して、花子さんは、太郎君と両親の三名に対し、総額二五五万円余の損害賠償を請求して訴えを

起こしてきた。
　この花子さんの主張に対し、太郎君と両親は法的責任を争い、花子さんには二年半ほど前に脊髄腫瘍摘出手術を受けたという既往病歴があって、花子さんの主張する諸症状と花子さんが階段で転倒したこととの間には、相当因果関係はない、と反論して争ったのである。

問題点

　この訴えに対し東京地方裁判所は、花子さんが階段を下りているところに、太郎君に後方からぶつけられて転倒し、そのため頭頸部外傷、左第一一肋骨亀裂骨折等の傷害を負ったことを認め、それは太郎君の過失によるものとして、その責任を認めたが、花子さんの既往病歴も考慮して、本件事故と**相当因果関係**を肯定できる治療期間を三か月と一二日分と限定したうえで、合計九七万円余の損害賠償義務を太郎君に命じたのである（東京地裁・平成四年五月二九日判決）。ただし、太郎君の両親に対しては、監督責任を否定した。

　注目される問題として、**未成年者の責任能力**の有無がある。裁判実務上、未成年者の責任能力の限界は、だいたい一一歳ないし一四歳前後とされているようである。責任能力の有無は、不法行為の種類によって違うであろうが、判例によると、親権者の監督責任を認める前提として未成年者の責任能力を否定している（一二歳七か月の少年について、大判大正一〇・二・三）。

　これは、民法七一二条で、未成年者の責任能力について、行為責任を弁識する能力がないときには、その未成年者は賠償責任を負わない、とあり、さらに同法七一四条に、右のように未成年者に行為責任を問うことができない場合に、これを監督すべき法定の義務ある者（この場合には、少年の親権者＝両親）が、賠償責任を負う、と規定していることから出てくる。

　裁判例としては、一二歳三か月の小学生の自転車事故について（大阪地裁昭和六〇・一・二九）、一三歳六か月の少年による暴行について（東京地裁昭和六〇・五・三一）、一一歳一か月の少年の自転車事故について（東京地裁平成元・九・六）のいずれもが、親の監督責任を認める前提として、少年の責任能力を否定しているのである。

　一方、一四歳一〇か月の少年の損害賠償責任を認めた事例があり（仙台地裁昭和六二・七・二八）、また、一四歳の少年の責任能力を肯定することにより、親の監督責任を否定した事例（東京地裁昭和六三・一・二九）がある。

　この事件の判決が、対象者が小学校六年生であったことから、「小六でも賠償責任」などと新聞に報道されて注目されたのである。このように、少年であっても、不法行為の賠償責任を認めて、親の監督責任を否定する事案があることに注意しなければならない。

事故と賠償のアナ

小学生が放課後の自習中左眼失明した事故で責任なしとされた教師の話

一般につきっ切りで監督する義務はない

　北九州市の吉田邦夫君は市立小学校の五年生で、担任の村上先生の許可を受けて、同クラスの者一〇人と、放課後も教室に残って自習をすることになった。はじめのうちは、皆それぞれに自習に熱心であったが、一時間も経つと、なかには勉強にあきてきて、ちょっと悪さをする者も出てくるのは、よくあることであった。

　居残った友達のなかに古川敬一君がいて、これがちょっとした軽薄子で、勉強を放ったらかして紙飛行機を作り、その先端に少し重みをつけるため、画びょうをつけて教室の中で飛ばしはじめたのである。

　敬一君の紙飛行機を面白がる者、無視して学習する者など、さまざまだったが、教室内の空気はだんだん学習から紙飛行機に移っていった。

　邦夫君も、勉強が手につかなくなって、みんなと一緒に、わいわい騒いでいたが、敬一君の飛ばした飛行機がどうしたことか、邦夫君の左眼に命中したからたまらない。上を下への騒ぎとなったことはいうまでもなかった。そのため、邦夫君の左眼は失明してしまったのである。

　ここから問題は難しくなった。邦夫君の両親は、この事故は担任の村上先生が教室におらず、勝手に生徒たちに教

☆そこまでは目がとどかない

室を使用させたことから起きたといい、村上先生の監督義務違反だとして、邦夫君と両親は、敬一君の両親と北九州市を相手どって、一八〇〇万円の損害賠償請求訴訟を起こしたのである。

これに対し、一審の裁判所は、敬一君の両親に対しては、親として子供に対する一般的な監督義務を怠っていたことを認めて、損害賠償責任を認めたが、担任の村上先生に対しては、小学校高学年ともなると、いちおう学校生活にも適応し、相当の自律能力、判断力もあるから、危険の発生を予測できる特別の事情がない限り、担任の先生は、放課後の学習までつきっ切りで監督する義務はない、として、この分を棄却し、敬一君の両親だけに三二五万円の支払いを命じたのである。

邦夫君とその両親が、この一審判決を不服として控訴したところ、二審は、敬一君の両親に対して、一二〇〇万円の損害賠償を認める判決をしたが、村上先生には監督義務違反はないとし、北九州市に対する分は、一審判決同様に邦夫君とその両親の請求を棄却したのである。これに対し、邦夫君と両親は、北九州市に対する関係について上告したが、結果は二審判決どおりになった。

問題点

放課後の教室の使用を許可した担任の村上先生に過失はないかを考える前提として、村上先生の監督義務とはなにか、そして、それはどの範囲まで及ぶものかを検討する必要がある。

一般に、課外のクラブ活動や、放課後の教室使用などについても、それが学校の教育活動の一環として行なわれるものであるから、**事故を未然に防止する一般的な義務**があることは否定することはできない。

しかし、だからといって、なんでもかんでも監督責任を問われるものとはいえず、安易に教師の過失責任の追及が許されていいものではない。一般的な監督責任があるとしても、事故発生の危険性の予見が不可能な突発事故に対してまで、教師の監督義務は及ばないと解される。

要は、個々の具体的な場合において、予見可能であったかどうかが問題となるのである。放課後の学習のための教室使用を許した村上先生に、はたして敬一が画びょう付の紙飛行機を飛ばすことは予見されたであろうか。予見不可能といわなければならない。

同趣旨の判決として、中学生徒の課外クラブ活動中の、生徒同士の喧嘩（けんか）から失明した事故について、クラブ顧問の先生が立ち合わなかったとしても、このような喧嘩は予見できなかったとして、監督義務を否定している（最高裁昭和五八年二月一八日判決）。なお、予見可能か否かの判断に、生徒の学年が問題になることに注意したい。

中学生のプールでの事故で一億四〇〇〇万円の賠償金が認められた話

事故と賠償のアナ

監督責任の追及は厳しい

今井一郎さんは、念願がかなって、横浜の山の手にようやく一戸建ての家を持つことができた。美人の奥さんはいるし、子供も中学三年生の太郎君と小学五年生の和美ちゃんの二人。このままいけば、同僚のうらやむような幸福な家庭だった、といえよう。

幸福はゆっくりとやってくるが、不幸は突然やってくるものらしい。

長男の太郎君が、七月のある日、体育の授業中に、先生の指導のもとで、水泳の飛込みの訓練を受けていた。

「つぎ、今井、やってみろ」といわれ、太郎君は、級友と同じように、助走をし、プールに飛び込んだ。その瞬間、太郎君は空中でバランスを失い、水面にほぼ直角に、頭からプールに突っ込んでしまい、プールの水底にしたたか頭を打ちつけてしまった。

異変に気づいた先生は、すぐに太郎君を助け上げ、救急車を呼んで、病院へ運んだ。

打ちどころが悪かったのか、快復は思わしくなかった。長い入院生活、度重なる検査の結果、出された結論は、首から下はほぼ全身麻痺、肩を上げることと、ひじを曲げることはできるが、それ以外は快復の見込みはない、というものであった。食事も排便も、何一つ自分ですることがで

☆浅いのに直角では！

きなくなり、一日中、付添人が付き添わなければ生活できない状態に追い込まれたわけである。

　これから高校、大学へと、夢を描いていた両親にとって、この事故は残酷なまでの打撃を与えた。

　しかし、人はどんな不幸の底からでも立ち上がらなければならない。今井さんは、これからの太郎君の将来のこと、かかった経費のこと、さらにこれからかかると思われる費用のことを考えざるを得なかった。

　子供が先生に厳しく叱られたといっては、すぐ学校に文句をいうような風潮に批判的であった今井さんではあるが、今度の事故は、学校の授業中の、それも先生の指導のもとで起こった事故である。当然、学校側にも過失があったのではないか、と思い、弁護士に相談することにした。

　相談を受けたA弁護士は、これまで起こった学校事故の判例を示しながら「太郎君の場合には、かなり高額な請求になるでしょう」とのことであった。

問題点

　この損害賠償請求事件では、二つの点が問題となった。その一つは、学校側の過失と太郎君の過失がどうか、という点である。太郎君の側にも過失が半分あるとされれば、過失相殺が行なわれ、損害賠償額も、半分に減らされる（民法四一八条、七二二条）。

　裁判所は、①文部省（現・文部科学省）の学習指導要領（事故当時）によると、中学校ではプールの飛込み練習は助走をつけた飛込みは認められていないこと、②プールの水深が一メートルで普段より浅かったこと、③先生の指導のもとで飛び込んだのだから指導と事故との間に因果関係があり、また、太郎君には責められるような過失は認められないこと、を認めた。

　第二の点は、賠償金額である。

　今井さん側の請求金額は、一般の死亡事故の場合に比べ、高額な請求だったのであるが、これに対して裁判所は、つぎのように認定した。

①　一八歳から六七歳になるまでの逸失利益約五三〇〇万円
②　付添看護人費用五八〇〇万円
③　医療費約五〇〇万円
④　自宅での療養のための自宅改造費約五九〇万円
⑤　慰謝料二〇〇〇万円
⑥　合計約一億四一九〇万円

　このように**重度の後遺障害を受けた人に対する逸失利益は、死亡事故より高額となる。**そのわけは、死亡事故の場合は死亡者本人の消費支出分（生活費）を控除するが、後遺障害の場合はこれを差し引かないからである。この事件の特徴点は、付添看護人費用として五八〇〇万円を認めた点で、重度後遺障害者保護の見地から高く評価できる（横浜地裁・昭和五七年七月一七日、最高裁・昭和六二年二月六日）。

犬に咬まれて大けがをした少女の両親が飼主に自分達の慰謝料も請求した話

事故と賠償のアナ

飼主にはペットをしつける義務あり

近松さん夫婦は、近くに住む穂積さんに対し、猛烈に怒っている。八歳になる娘の香奈ちゃんが、穂積さんの飼い犬に襲われ、大ケガを負わされたからだ。

事件は五日前に起きた。その日、香奈ちゃんは学校が終わると、いつものように穂積家の前を通る市道を帰ってきた。

自宅が、その先にあるからだ。ところが、穂積家の前までくると、突然家の中から穂積さんの飼い犬ドンが飛び出し、香奈ちゃんに襲いかかったのである。

香奈ちゃんの泣き叫ぶ声に、隣家の奥さんがその異変に気づいた。彼女はゴルフクラブを手に飛び出すと、興奮し、倒れた香奈ちゃんに覆いかぶさっていたドンを追い払ってくれたのである。しかし、抱き起こした香奈ちゃんの顔は、血で真っ赤に染まっていた。救急車で病院に運ばれ、すぐに手術が行われたが、香奈ちゃんの左頬には長さ二㎝の傷が残ったのである。

☆親の心痛は本人以上！

その場に居合わせた人の話を総合すると、穂積家では犬を放し飼いにするため、敷地の周りをフェンスとネットで囲っていたが、玄関脇の庭との仕切りのドアが開いていて、犬はそこから飛び出したらしい。警察は、穂積さんがドアの施錠を忘れたという見解で、近く動物愛護法違反、狂犬病予防法違反、過失傷害などの疑いで、飼主の穂積さんを逮捕するという噂である。

ところが、穂積さんの方は、近松さんの娘の香奈ちゃんがドアを開けたと、警察や近所で言い触らしていたのだ。

近松さんは、「犬嫌いの香奈が、あんな大きな犬のいる家に近づくはずがない。第一、警察の現場検証でも、フェンスから出た犬が通りかかった香奈を襲ったと証明されてるんだ。明らかに穂積さんの管理ミスだと警察でも言ってるのに、娘のせいにするなんて…」と、怒っている。しかも、問題の犬は、狂犬病の予防注射をしていないらしい。近松さん夫婦は、娘が狂犬病になったり、将来他の病気を発症しないかと不安で一杯である。

近松さん夫妻は、香奈ちゃんの法定代理人として、飼主の穂積さんを相手取り、治療費や慰謝料などを求める裁判を起こそうと思っている。その際、自分達夫婦への慰謝料も請求できないだろうか。

問題点

犬や猫は、ペットというより、いまや家族の一員である。以前は、飼育禁止が当たり前だった賃貸マンションやアパートでも、飼育ＯＫのところが増えている。とはいえ、放し飼いにし、糞尿を放置するなど好き勝手に飼えるというわけではない。ペットの飼主は、そのペットが他人を害したり、隣近所に迷惑をかけないように飼育する義務と責任がある。

飼主が守るべきルールは個々の地域や団地、マンションごとに決められているが、**動物の愛護及び管理に関する法律**や各自治体の**条例**でも、犬の飼主の遵守義務が明記されている。それによれば、犬は原則として放し飼い禁止である。放し飼いにする場合は、その場所をフェンスなどで囲い、犬がその外に飛び出せない設備を施さなければならない。また、散歩に連れ出す場合は、リードなどを付けて犬が逃げ出さないようにする義務がある。もちろん、狂犬病などの予防注射や市区町村への飼い犬の登録も忘れてはならない。

なお、この事例のように、ペットが他人の生命や身体、財産などに損害を与えた場合には、その飼主（法律上は、**動物の占有者**という）は損害について、賠償する責任がある（民法七一八条）。もちろん、飼主がその管理義務を十分果たしている場合には免責だが（同条但書）、事例の事故は穂積さんが施錠を忘れたのが原因であり、香奈ちゃん側に落ち度がないことを考えると、穂積さんは賠償責任を免れない。

この場合、手術代や入院費など治療費全額（通院費用などを含む）、事故の際に破れたり、汚れたりした服の代金などの他、精神的苦痛に対する慰謝料も払わなければならない。この被害者は女児なので、左頬に傷痕が残る場合、慰謝料額の算定に当たって、その容貌を損なわれた苦痛も通常考慮される。

両親の精神的苦痛に対する慰謝料については考えの分かれるところだが、娘の将来への不安など、その心痛は並大抵なものではなく、本人の慰謝料と合わせて請求することをお勧めする。

通勤ラッシュのため乗客が二週間の怪我をし損害賠償を請求をした話

事故と賠償のアナ

ラッシュに備え体をきたえておこう

早野さんは丸の内の商社に勤務しているOLである。通勤には私鉄を利用していたが、運賃値上げなどで、通勤地獄も多少は解消されるのではないか、と期待をしてみたものの相変わらずのラッシュに、いささかうんざりしていた。

三月某日の午前八時半頃、いつものようにすしづめの電車に乗りT電鉄のN駅に到着したところ、N駅は地下鉄との乗換駅なので降車する乗客が多いため、満員の乗客に早野さんはホームに押し出された。

そのとき、後方の乗客に押し出されたはずみに足元をすくわれホームに転倒し、後続の乗客に足を踏みつけられ、激痛を覚えたと思った瞬間、そのまま気を失い、やがて気がついたときは病院のベットに横たわっていた。

医師の診断によると下腿骨骨折(かたいこつ)で二週間の入院、五カ月の通院を要する重傷であることがわかり愕然(がくぜん)とした。

早野さんはさっそく治療費などの補償についてT電鉄側と話し合ったところ、見舞程度のものしか払えないというにべもない返事であった。

早野さんは、運賃値上げはする、通勤地獄はちっとも解消されない、毎日の殺人的なラッシュは、ささいなことで

☆なにしろ駅も人手不足なモノデ……

大惨事になりかねない。それでも責任を負わないというのかと、頭にくることおびただしい。

そこですぐ裁判手続きをとることにした。とくに殺人的なラッシュが毎日続いているのだから、ホームに乗務員を配置して、乗客の整理に万全を期すべき注意義務があるのに、これを怠った結果、傷害を受けたものである、と主張し、入院治療費、休業補償費などを請求した。

電鉄側としては、早野さんには誠に気の毒だが、当日は車内放送で「順序よく、押しあわずに降車されたい。扉付近のお客様は一度下車した後に乗車してください」という旨をたびたび放送している。

また、早野さんの扉付近には従業員を八名ほど配置し万全を期していたもので、むしろ早野さんの方で、事故を回避する義務がある、と居直りの態度に出た。

しかし、最後は私が勝つ、と期待していた。やがて判決が出されたが、裁判所は早野さんの請求を認めてくれなかった。

T電鉄の責任を考えてみると、早野さんの傷害は乗客に押されたものであってT電鉄の直接の行為によるものではない。ホーム上のラッシュの安全対策は現在の交通状態の下ではホームの乗客整理、車内放送などで現在T電鉄が行なっている方法しかないのではないか。早野さんには気の毒だが、あなたの損害をT電鉄に支払えというのは無理である。早野さんは、会社を休み、給料を減額され、治療費もばかにならず、全く踏んだりけったりとはこのことかとこみあげる憤りを押えることができなかったのである。

問題点

早野さんの事故は、直接は後続の乗客により加害されたものだ。後続客の加害について、T電鉄N駅の乗務員なり駅側が直接に関係しているかが問題となるところである。彼女がホームの穴につまずいて転倒したとか、N駅の工作物の不備などに直接関係した事故であれば、早野さんも救済されたと思われる。

都会の通勤ラッシュの殺人的な混雑ぶりでは当然予想される事故であるが、公共的企業としては、やはり事故防止のため万全の注意を払ってもらいたいものである。

この責任が、このような場合の乗客に対する損害賠償責任と違うところに、法律関係の難しさがあると思われる。

早野さんの場合、後続客の中に直接、間接に転倒に原因を与えた者が、彼女の治療費などの損害を払うことになると思うが、その乗客を特定することはなかなか困難だろう。このような場合、乗客は自衛しかないというのが、裁判所の結論のようである。

もっとも、駅ホームの防犯カメラの映像を確認すれば、原因を作った相手を特定することも可能だと思える。

酩酊客が手スリから落ちて死亡し賠償金をとられた飲屋の話

事故と賠償のアナ

酔客の動作に見合う安全設備をする

町の飲屋の店主である甲野太郎さんは、このところ非常にゆううつである。その原因は、こうなのだ。

甲野さんの店では、二階の座敷を宴会場として使わせ、お客にお酒を飲ませている。

先日も近所の学生さんが、コンパをするからというので、一人、五〇〇〇円の料理ということでこの二階の座敷を使わせた。

学生さんのこととて、飲めや歌えやの大騒ぎ、甲野さんも、自分の学生時代のことを思いだして、お酒一本を無料で提供するなどサービスにこれつとめたのである。

宴会が終わってみると、一人の学生さんが酔って座敷に寝こんでしまっていたので、そのまま寝かしておいたら、しばらくして店の表の方で「ガラガラどすん」と大きな音がしたので、あわてて飛びだしてみると、二階で寝込んでいた学生さんが、表のアスファルト道路に転落している。

驚いて一一九番に電話して、救急車にきてもらったが、打ちどころがわるかったためか、その学生さんはすでに死んでいた。

ところが二、三日前にその学生さんの両親が、弁護士と

☆大学にやっと入ったのに……

一緒にきて、その学生さんが、二階から落ちたのは、宴会場の窓が床上三六センチと低いのに、手すりもなく、宴会場としての安全設備が不十分だったからだ。転落死の責任は、甲野さんにあるのだから三〇〇〇万円の賠償金を払えといってきたのだ。

甲野さんは、学生さんと思いサービスもしたのだし、ちゃんと締めておいた窓を開けたのは学生さんなのだから、自分が、弁償をしなければならないということはどうも合点がいかないし、こんなことになっては、店もつぶれてしまう。それやこれやで甲野さんは、このところ夜もゆっくり寝られないのである。はたして甲野さんはこの損害賠償を支払わなければならないのだろうか。

問題点

土地の工作物（建物など）の設置または保存に瑕疵（かし）があることにより、他人に損害を生じたときは、その工作物の占有者は被害者に対して損害賠償の責任を負わなければならないことになっている（民法七一七条）。

この土地の工作物というなかには、建物が入ることはいうまでもなく、この建物内の工作物には鎧戸、エレベーター、窓なども含まれると考えられている。

つぎに、瑕疵（かし）ということであるが、これはその物が通常備えているべき安全性を欠くことをいうのであるが、甲野さんの店の宴会場の窓が床上三六センチと低いのであれば、当然にそこに手すりをつけるとかして、人がその窓から転落するのを防止するような設備をしておかないと瑕疵があるということになる。

まして甲野さんの場合には、飲食店なのだから、客が酔っぱらってふらついたり、騒いだりすることは当然に予想しなければならず、これに対応した十分な安全設備をしなければ、その工作物の設置に瑕疵があることになる。たとえ甲野さんが、その店を借りていた、造作をしたのは家主さんだといった場合でもこの責任に変わりはない。

こんなわけで甲野さんも、一般に座敷を宴会場として使わせ、客にお酒を飲ませた場合、酔客の動作に見合う安全設備をしなければならず、この点で甲野さんの店の窓は安全性を欠いていたことになるから、甲野さんは、学生の両親に対して損害の賠償をしなければならないことになる。

とかく大工さんの手間や材料が高いといって、目に見えない造作工事など手をはぶきがちであるが、お酒を出す店などは、窓、手すり、階段、電気・ガスの設備、火災のときの避難階段などには細心の注意が必要である。

もっとも二階からねぼけて落ちた学生さんにも過失があることも確かであるから、損害額の算定について過失相殺は認められるだろう。

事故と賠償のアナ

隣室のガス事故で中毒になり家主に賠償させた借主の話

各室間の気密性が要求される

最近、ワンルームマンションを中心として、賃貸アパートの建築が盛んである。アパートを持って、老後の収入のめどをつけるのは、庶民の夢である。

ところが、アパートで恐ろしいのは、火事とか、ガスの事故である。大井金作氏の鉄筋アパート、金作コーポラスの四階の一部屋で、賃借人の女性が一人死亡した。

原因は、その女性が浴槽用ガス湯沸器（ゆわかしき）をつけっ放しで眠ってしまい、不完全燃焼による一酸化炭素中毒であった。眠りこけてガスを出していた女性が死亡したのは、止むを得ないとしても、気の毒なのは隣室の三一歳の女性である。幼い乳児の息子と二人暮らしであったが、重い一酸化炭素中毒にかかった。乳児の方は無事だったが、母親の方は、全身が完全に麻痺（まひ）状態になってしまい、その後回復したが、よちよち歩き程度、知能も幼稚園程度以下ということで、息子の世話もできない状態になったというのである。

さて、問題は、この損害賠償の請求者である。被害者の女性は、幼稚園児程度の知能までにしか回復しなかったのであるから、訴訟はできない。母を事実上失った乳児も、訴訟はできないこと明白である。

☆ガスもれを防げなんて！

この事件では、被害者の姉が、被害者を禁治産者（平成一二年四月一日より禁治産制度が**成年後見制度**に改められ、この被害者は成年被後見人、その姉は**成年後見人**という）にして、後見人となった。乳児については、姉の夫婦が養父母となった。これで、攻撃側は態勢を整えた。

相手は、誰か。もちろん、眠りこけてガスを不完全燃焼させた隣室の女性が、過失責任を負うのは、明らか。しかし死亡してしまっている。その相続人は、損害賠償債務を相続するが、相続人が相続放棄したら、もう行き止まりである。そこで、被害者の姉夫婦は、家主の大井金作氏に対し、ガス洩れは、アパートの壁、天井の欠陥にもとづいたものだから、民法七一七条によって、損害賠償の責任を負担せよ、と名古屋地方裁判所に訴を起こした。

家主の大井金作氏は、隣室からの一酸化炭素侵入説に対し、大いに疑問を投げかけ、独自に、ガスによる自殺未遂、もしくは他殺未遂の疑いありと主張した。また、アパート自体、建築基準法の要求をすべてみたしているから、民法七一七条にいう「設置又は保存」に瑕疵ある場合に該当しない、と反論した。

しかし裁判所は、ガス洩れ事故に対応して、各貸室間は気密性は保つべきであったとし、家主の大井金作氏に対して、約一六〇〇万円の賠償を命じた（名古屋地判昭五八）。

問題点

被害者の女性が未婚の母であったり、その後、被害者の息子の父が訴訟に現われてこない点は、家主側の自殺説等もまったくの絵空ごととも思えない点がある。しかし裁判所は、あくまで隣室の一酸化炭素洩れによるものであると認定し、ミステリー説には加担しなかった。

一般に、借家人は、建物の占有者であるから、民法七一七条の適用の上では、所有者の賃貸人に対する関係では、「他人」にあたらない、とされている。しかし、本件では、建物の仕切壁、天井裏など、マンションの共用部分に該当する場所は、相変らず所有者である賃貸人の占有部分であって、貸借人の占有が及ばない、という前提で、論を進めている。

さて、問題は「気密性保持」の要請が、どこまで法的に義務づけられるか、という点にある。建築の上で、まったくガスの浸透しない構造は不可能だからである。したがって、気密性の保持といっても、相対的な問題である。仕切壁にキレツがあり、隣室との間が、天井などでは、スカスカにあいていたり、配管のまわりに、つめ物を充填していなかったり、というように、ガスも空気もすいすい通り抜け自由という構造では、家主の責任は免れられないであろう。家主としては極力建築費を押えたいアパート建築でも、見えない所にも安全対策が要求されよう。

台風で隣家のブロック塀が倒れ車庫と車が壊れたが賠償を取れなかった話

事故と賠償のアナ

設置物の瑕疵と工作物責任

検見川さんは、念願のマイホームを建てた。庭付き一戸建てで、隣家とは頑丈なブロック塀で仕切られている。検見川さんとしては開放感のある低い塀の方が良かったが、彼が購入する前に隣家が建てた塀なので、文句も言えなかった。それに、車庫を塀ギリギリに作れたので、ある意味ラッキーとも思っていたのだ。

ところが、数日前に大型台風が彼の住む地方を直撃、最大瞬間風速五〇メートルを超える強風が吹き荒れたのである。その結果、隣家の塀が一部崩れ、検見川さんの車庫と中に置いてあった乗用車とバイクが押し潰されたのである。その被害は総額三〇〇万円ほどであった。

検見川さんとしては、車庫や車が壊れたのは、隣家のブロック塀が倒れたことが原因だから、当然、その被害は隣家に請求できると思っている。しかし、隣家の主人は謝罪こそしてくれたものの、損害賠償の話を持ち出すと、「塀は基礎や支柱など、地震や台風など通常の災害には十分耐えうるよう建ててある。今回塀が倒れたのは、想定外の強風が吹いたからで、これは天災だ。たとえ、倒壊が原因で他人に被害を与えても、うちには賠償義務はない。」と、まったく相手にしてくれなかったのだ。

納得いかない検見川さんは、市役所の無料法律相談に行き、隣家から車庫や自動車、バイクの被害を賠償してもらえないか、担当の弁護士に相談したのである。

☆自然の猛威には逆らえず…！

弁護士は、まず家屋や塀など土地の工作物の占有者や所有者は、その工作物が他人に損害を与えないよう設置や保存にあたって、十分な注意をする義務があること、そして、設置や保存方法に不完全なところ（瑕疵という）があり、それが原因で工作物が倒壊するなどして他人に被害が発生した場合は、その損害を賠償する責任を負うことになっている（工作物責任という。民法七一七条）と、教えてくれた。

検見川さんの場合、隣家のブロック塀に瑕疵があり、それが原因で塀が倒壊したのであれば、隣家に対し被害を弁償するよう請求できるという。弁護士から、隣家の塀の状態などを聞かれた検見川さんは、台風が来る前のブロック塀を思い出した。

あの強風で倒れたことは確かだ。しかし、誰が見ても隣家の塀は頑丈で、今回のような強風が吹かなければ、倒壊することはなかっただろう。

検見川さんが正直に、塀についての感想を伝えると、弁護士は「過去になかった強風でしたし、その風速の風を予測した強度でなかったために塀が倒れたとしても、それだけで瑕疵ある工作物というのは難しいですね。」と、隣家の工作物責任を問えない可能性が高いだろうという見方を話してくれたのである。

問題点

令和元年、台風一九号の強風によりゴルフ練習場の鉄柱が倒れ、隣接する住宅を壊した事故は記憶に新しいだろう。このように、土地に接着して建てられた家屋、塀、橋や公園の鉄棒やブランコなどを「土地の工作物」という。

その工作物の占有者および所有者は、設置や保存の方法に瑕疵があった場合、その工作物により他人に損害が生じたときは、賠償責任を負うことになっている（民法七一七条）。

なお、賃借人など工作物の占有者が、損害が生じないよう十分な注意をしていた場合、賠償責任は所有者が負う。また、その責任は過失がなくても負ういわゆる無過失責任である。

ブロック塀の強度については、高さ二・二メートル以下、厚さ一五センチメートル以上、控え壁や基礎の設置など守るべき構造強度が決められている（建築基準法施行令六二条の八）。

隣家の塀が、その設置や保存において、この基準をクリアしている場合は瑕疵は認められず、塀の倒壊により生じた被害を、隣家に請求することは難しいと思われる。ただし、当初クリアしていても、後日、ひび割れを見落としていたような場合、保存上の瑕疵があると言える可能性はあるだろう。

なお、これまで経験したことのないような強風を予測して、塀の構造強度を隣家に義務づけることはできない。

事故と賠償のアナ

真夜中に大騒ぎする酔っ払いを大ケガさせ刑事・民事責任を免れた話

なにごとも適度の行為が身を救う

世の中には全く予測しえない事態が起こるものだ。偶然が重なりとんでもない結果が現実にあらわれる。

浜松時男は隣家の犬のほえる声で目を覚ました。夜中の一時だ。熱帯夜のうえ、二歳の娘が発熱して機嫌が悪く、ようやく寝ついたばかりであった。

「うるさいわねえ」妻も目を覚まして眉をひそめた。時男は床を出て二階の窓から見下した。「しようがないなあ、酔っぱらいがけしかけてるよ」いったんはあきらめて床にもどったものの、酔っぱらいは立ち去らないらしく、犬のほえ声はやまないばかりか、何かを叩く音などが加わってますますうるさい。そのうち隣人が出て行くかと辛抱していたが、一時間も続いているので、時男はたまりかねて路上に出て行った。

酔っぱらいは路端（ろばた）の電柱に寄りかかり、足をバタバタさせたり、電柱に巻いてあるアルミ板を叩いたりして、「もっとほえろ、もっとほえろ」とけしかけている。

「うるさいじゃないか。いい加減迷惑だから帰ってくれ」

「うるさいのは犬だろう、犬が騒いでいるんだから犬にいえよ」「今何時だと思っているんだ、帰れ」

酔っぱらいの胸ぐらをつかんだ時男は電柱から引き離そうとしたが、酔っぱらいを相手にしてもいかんと思い、いったん手を離した。そしてぶつぶつ訳のわからないことを

☆軽く押しただけなのに

いっている男の左肘をつかみ、「もう帰れよ」と押しやった。決して突きとばしたわけではない。いくら酔っていても、大の男が転倒するとは思えない程度である。それなのに、時男がどうしたのかと思うほど、フワッとした感じで男は脇のブロック塀に頭をぶっつけ、ずるっと腰を落とすと仰向けにひっくり返った。そのまま動かない。驚いたのは時男のほうである。

「どうした？　どうかしたのか？」

「うーん、手足が動かない…」

時男はやむなく一一九番にダイヤルし救急車を手配した。何という不幸な偶然か。男は日本人には一〇〇〇人に二人しかかからないというほどめずらしい頸椎の病気を持っており、思わぬ転倒で四肢の完全なマヒを引き起こす可能性があったのである。男は病院を転々とし、手術・リハビリテーションを受けたが、寝たきりで起居寝食に至るまで付添い看護を要する状態になってしまった。好転する見込みもない。

時男のとった行動は、社会生活上誰でもその場に居合わせたら行なったのではなかろうか。ちょっと勝気で、短気な者なら胸ぐらをつかみ、そのままもっと手荒な行動をとりかねない。しかし、結果はあまりに重大だ。時男は、傷害事件の被疑者として調べを受け、民事上は一八〇〇万円近い損害賠償の請求を受けるに至った。酔余のいたずらが過ぎて、一生を棒に振った男も気の毒で、逸失利益が相当の額になるのももっともだが、時男にしてみればふってわいた災難である。

問題点

法律を形式的にあてはめると、たしかに時男は相手の男の左肘をつかんで押しており、そのために相手は転倒し受傷したのだから、刑事上は傷害罪、民事上は不法行為になりそうである。しかし、法は正義の味方である。善良な市民をムチ打つようなことはしない。

刑事事件も情状酌量されて不起訴となり、民事裁判でも賠償義務はないと判決された（東京地裁・昭和五六年八月二八日）。

裁判所は、酔余の騒ぎの時間帯、続いた時間、しつこさ、周囲の住民に与える迷惑、時男の説得にも応じない反抗的な態度などをあれこれ考えると、時男の行為は酔っぱらいの喧騒行為をやめさせる説得方法として、社会的に是認される範囲の適法な行為であると評価したのである。

カッとなって胸ぐらをつかんだものの、直ちに思い直して手を放し、肘を押すにとどめたという時男の自制心が自らを救ったわけである。ピアノの音がうるさい、テレビ、子どもの声が邪魔だといって、人を殺してしまうようなケースとは根本的なちがいである。

事故と損害のアナ

殺人事件の損害賠償請求の事件の起算点は犯人が自白した時という話

指名手配を新聞で知った時ではない

損害賠償請求権には短期の時効がある。三年だ。三年経つと損害賠償は請求できなくなる。といってもいきなり三年ではない。条文にはこうある。「損害および加害者を知った時から三年間」である（民法七二四条）。ただし、令和二年四月一日からは法改正により、人の生命または侵害についての損害賠償請求権の時効は「五年間」になった（七二四条の二。新設）。

ところで、事案によっては三年間で訴訟を起こすまでにいかないことがある。訴訟など、そう簡単に起こす気になるものではない。そうすると損害賠償請求の権利は失われることになるが、実情にそぐわない場合もある。

話は殺人事件、となると穏やかでないが、実際にあった事件である（法改正前の事件なので時効期間は三年間）。

A子が殺された。犯人は以前から交際のあったB男であるとされたが、B男は逃亡した。証拠もあって新聞にもそのことが出た。警察はB男を指名手配した。A子の母はB男の父に手紙を出しB男を犯人として思いのたけを述べたが、このため、後日争いになった。というのは、B男は姿をくらまして捕まらず、数年が経った。しかし、ついにB男は逮捕され、A子の殺害の事実を自白した。むろんB男は刑事事件の被告人となったが、A子の殺害による慰謝料その他の損害賠償もB男に民事上請求できる。

☆時効は自白から進行する

A子の母はその頃死亡したが、息子A男が相続人となり、A子殺害の損害賠償請求権をも相続した。A男はB男を被告として慰謝料その他の損害賠償請求の訴訟を起こした。ところが、B男はこれに対し、三年の時効を主張したのである。証拠はA子の母が犯人B男の父に出した手紙であった。これによるとA子の母はこの時すでにB男が犯人であることを知っている。そのことを書いた手紙がある。

「加害者を知った時」

その時から三年の時効が進行する。したがって、訴訟提起のときにはすでに時効期間が経過し、時効が成立している。B男はこの時効成立を援用する。したがって、もはや損害賠償金の支払義務はないというのである。

これに対し、A男側は反論した。

そのような手紙を出したことは認めるが、B男の行為について違法性や損害の明確な認識はなかった。したがって、時効は進行していない。こうした争いはしたものの、手紙という証拠があるだけに、A男側もなんとなく自信のない反論のように見える。しかし、事件当時の状況は浮動的であったし、A子の母親が行方不明のB男に対し訴訟を起こさなかった心情も理解できる。

裁判所はどのような判断を下しただろうか。その内容はA男の主張を一歩進んだものであった。A男の勝訴である。

問題点

判決の示した理由はこうであった。

A子の母は手紙を出した当時、新聞等の報道でB男が犯人であること否応なく信じざるを得ず、知ってはいたが、男が当時行方不明で十分な情報も得られないままであるから、とにかくB男本人の口から事実を聞くまではとの思いが一杯で、とうていB男に対する損害賠償を請求するような心境でなかった…。

A子の母がB男に対する損害賠償請求が可能な状況で、「加害者を知った」といえるのは、B男が逮捕され自白をした時である。

――つまり判決は、加害者を知った時とは損害賠償請求が可能な状態で知ることだ、としているのである。

本件の事実では妥当な結論のように見えるが、時効の制度は請求を妨げる側の防御、特に証拠の散逸なども考慮に入れて定められているのだから期間を緩めることが常に正しいかどうかは疑問だろう。むしろ、この事件ではA子の母が犯人がB男であることを知っていたといっても、それは新聞報道による推測であり、知ったとはいえず、確実な事実を知ったのは逮捕自白の時だ、という認定をする方が正しいように思える。

このように期間が裁判上延びることがあり、簡単にあきらめるべきでないことの教訓ともいえる。

自動ドアが人の通過中に閉まり客がケガをして損害賠償を取られた店の話

事故と賠償のアナ

店は広範な注意義務を負う

衣料スーパー『ルクス北条』では、客足の鈍い午前中の客を増やそうと、平日は連日、開店から一時間のタイムバーゲンを始めた。効果はてきめんで、毎日開店前から五〇人近い客が店先に並ぶようになったが、入口が狭く、一斉に入店されると、転倒事故が起きかねない。そこで、入口の前に店員を配置、並んだ客を一〇人ずつ入店させることにした。一〇人全員が店内に入り、入口の自動ドアが閉まったら、次の一〇人を入店させるのである。これなら狭い通路で客同士がぶつかり渋滞や転倒事故が起こることもないし、また後ろの客も長く待たされるわけではないのでクレームが出る心配もなかった。客の入店はスムースに運んだのである。

ところが、バーゲン開始から一か月後、客が大ケガをする事故が起きたのである。その朝、二組目の一〇人が全員店内に入り、自動ドアが閉まる直前のことだ。八歳の男の子が店員の脇をすり抜けて、店に駆け込んだのである。閉まり始めた自動ドアは止まらず、その子にぶつかり、しかも靴のひもを巻き込んだのだ。男の子はその場に倒れ、床に顔面から叩きつけられた。幸い命に別状はなかったが、子どもは鼻骨を折り、また顔面や上半身の打撲で、全治二か月の大ケガを負ったのである。

☆偶然も起きてしまえば必然…

大事故になった原因は、①左右からの引き戸式の自動ドアのセンサーが、それぞれの戸袋側五〇センチは感知しない構造になっていたからだ。子どもは、この隙間を通ったため、自動ドアは停止しなかったのである。また、②少年の靴が編みひも式で、片方がほどけており、ドアが靴のひもを挟み込んだため、子どもは転倒したのだ。もっとも、子どもは母親と一緒に買物に来ており、母親が自転車を駐輪場に停めている間に、自分だけ先に店に入ろうとして事故にあったのである。

店側としては、子ども側に非があると考えた。だが、子どもの両親は店側の自動ドアの管理に問題があったとして、子どもの治療費と入院代を全額払え、と請求してきたのである。

店側が拒絶すると、両親は損害賠償訴訟を起こした。その結果、裁判所は子どもの過失と母親の監督義務違反は認めたものの、自動ドアの設定や管理に過失があったとして、ルクス北条に対し、治療費など損害の三割を支払えと命じたのである。

店側は、裁判が長引くと会社のイメージが落ちるので、控訴は諦めたが、判決には納得いかない。

問題点

店側の過失は、自動ドアのセンサーが感知をする範囲の設定ミスが上げられる。このセンサーは通過する人や物を感知し、感知した場合にはドアが開いた状態を保つ（閉まらないようにする）仕組みである。ただ、センサーが感知できるのは設定された範囲であり、その範囲の外を通過した場合は感知できない。ドアの開閉事故を防ぐには、センサーの感知範囲を自動ドアの開閉範囲一杯まで広げてある方が安全である。

しかし、ルクス北条ではドア中央部だけ感知し、戸袋側から五〇センチの範囲は、センサーが感知しない設定であった。これでは、被害者の子どもでなくても、センサーに感知されず通り抜ける客が出ることは明らかである。当然、ドアの開閉事故も起きやすいと考えられ、よって店側には感知範囲を拡大しなかった過失があり、子どもの事故について賠償責任を負う。

自動ドアの感知範囲が狭くて、客がまだ通り抜けないのにドアが閉まり、そのため客が転倒し負傷した事故で、店側は様々な客が利用することを予想し、センサーの感知範囲を広めに設定すべきだったとして、店側に損害賠償を命じた判例もある（東京地裁・平成二三年二月三日判決）。

なお、このような事故をめぐる損害賠償では、当事者の一方に一〇〇%非があるとは言い切れない場合も多い。ルクス北条の場合、被害者の子ども側の過失も大きく、賠償額は、その分を過失相殺して算定されることになる。

事故と賠償のアナ

警察官の暴行で警察官個人からも損害賠償をとった話

公務員でも被害者への民事責任あり

　なにげなくホームの掲示板に目をやると、重要犯人指名手配と書かれ、人相の悪い奴らの写真が並んでいる半紙大の掲示がよくある。この頃は、この種の掲示が特に多いせいか、あまり見ることもしないようだが、この指名犯人とかかわりをもった事件がおこり、良夫君は若い警察官にささいなことで連行され、警察の派出所で地獄のような苦しみを味わうとは考えてもみなかった。思い浮べるだけでも苦しみにみちた日々であったが、いまの時代にもこんなことがおこりうることだ、ということを是非知っておいて欲しい。

　桜の花も散り緑が美しくなった五月のことである。良夫君は神田にある取引先の会社に寄って仕事をすませ、御徒町のあるバーで酒やビールを飲み、帰宅しようと上野駅に行った。意識はしっかりしていたが、足に酔がきていたよ

うである。改札口に向いかけたところ、少し足がふらつき倒れそうになり、近くにいた一八歳位の女の子にぶつかってしまった。女の子は良夫君を変質者と思ったのか、「キャー」と奇声を発して横に飛びのいたので、良夫君は重心を失って女の子の方に倒れかかり、よろけてしまった。

そのときである。若い警官が良夫君の腕をとり「ちょっと来てくれ」といって近くの交番に連れて行った。なんでも「公衆に著しく迷惑をかける暴力的不良行為等の防止に関する条例」に違反する行為があったというのである。良夫君には条例の意味がわからないし、自分がなにをしたのか全く見当がつかなかった。「お前、女の身体に手がさわったろう」「私は酔って倒れかかっただけでさわったかもわかりませんが覚えていません。さわったところでどうだというのです。倒れようとすれば誰れでも手を出すだろう。なぜ俺はこんなところに連れて来られなければならないのか」「この野郎！　酒なんかくらいやがって、すれちがうとき女の身体に手がさわったろ！　女がそういってんだよ」良夫君もムッとして二三やりとりしたが、警官は良夫君の胸倉をつかみ、ひざ頭で胸や腹を何回も蹴り、ついに良夫君は一時的に失神してしまった。

そして本署まで連行されたが、「どうも指名犯人と違うようだから始末書だけとって帰せ」という言葉が遠くから聞え、やがて夜の一一時に書類に私印をして帰宅を許された。帰宅してから息苦しいのですぐ医者に診察してもらったところ、第一一肋骨骨折、胸部打撲で安静にするように指示を受け、一年以上も通院しなければならなかった。

問題点

昭和四三年五月に実際にあった事件で、警察は**特別公務員暴行陵虐致傷罪**等で告訴された加害警察官の名をあかさず、捜査も意識的に進めなかったようである。人権擁護部への申立てでようやく氏名が判明し、警察官の所属官庁である東京都と当該警察官を相手に賠償請求をしたところ、裁判所は双方に連帯して一一五万円の支払いを命じた。**国家賠償法**の請求なので、多数説は公務員個人には被害者に対する民事責任はないとしていたが、本件裁判所は、民法七〇九条、同七一五条と区別する理由がなく、公務員に対する個人責任を認めることは、国民が公務員の職務執行を監督する作用からも当然である、との見解に立ってこの人の主張を認めた。

しかし、通常は公務執行中の公務員個人の賠償責任は認めない。公立中学の教師に授業中、侮蔑的内容のプリントを配られた主婦が教師個人に慰謝料を求めた事件で、東京高裁は「プリント配布行為は公権力の行使で公務員個人は責任を負わない」と、主婦の請求を棄却している（平成一二年四月二六日判決）。

〔コラム〕認知症の父親の徘徊中の事故は妻子に賠償責任なし

厚生労働省によると、認知症高齢者は二〇一二年には約四六二万人だったが、二〇二五年には約七〇〇万人と、その数は一・五倍になると予測する。認知症高齢者を持つ家族は、その介護や本人が引き起こすトラブルへの対応で、大きな負担を強いられる。

たとえば、認知症の症状が進んで、徘徊中に事故を起こした高齢者の家族が、その賠償責任を請求され、最高裁まで争った事件がある。

●下級審は家族に賠償を命じる

在宅介護をしている要介護四の男性が家族の気づかない間に外出、徘徊中にJR東海道線の駅構内で電車にはねられて死亡した事故で、JR東海が、男性の遺族に遅延損害など約七二〇万円を求めた事件である。

一審名古屋地裁は、男性が徘徊することは医師の診断書などから予見でき、同居する妻が夫から目を離すなど家族が注意義務を怠ったために、死亡事故は起きたと指摘、その結果、第三者のJR東海は損害を被ったと判示した。

その上で、男性の介護体制（同居の妻と近所に移転した長男の嫁が介護）を決めた遠隔地に住む長男を事実上の監督者と認定、妻と連帯して原告請求額全額を支払うよう命じている（JRには過失はなかったと判断）。

判決を不服とする遺族側が控訴したが、二審名古屋高裁は、同居の妻には夫婦としての協力扶助義務が履行できないような特段の事情はなく、配偶者として男性の保護者の地位にあって、監督責任を負うと指摘し、一審同様、賠償責任を認めた。

もっとも、長男は二〇年以上も別居しており、賠償責任を負わせるような監督者には該当しないとしている。

また、JR側の過失を五割として、妻にのみ三六〇万円の賠償を命じたが、事件は最高裁まで争われた。

●最高裁は家族の責任を認めず

介護する家族が監督義務者に当たるかどうかは、介護者本人の生活状況、親族関係の有無、同居や日常の関わり、財産管理への関与、本人の問題行動、問題行動への対応など介護の実態などを総合的に考慮して判断すると、その判断基準を最高裁は初めて示した。

その上で、本件では、妻は要介護一の認定を受け、長男は二〇年以上別居していることから、二人とも監督義務者には当たらず、男性の事故についての賠償義務もないとして、一、二審の賠償命令を破棄し、JR東海の請求を棄却した。これにより、遺族側の逆転勝訴が確定した（最高裁・平成二八年三月一日判決）。

第13章 男女・性犯罪の抜け穴と急所

♣本書の内容は……

・襲った女性にキスマークをつけて強姦致傷罪にされた話——刑法一七七条・一八一条
・ホステスに客を紹介し管理売春とされたバー経営者の話——売春防止法一二条
・現場に行かずに集団強姦を手引した男が告訴なしに起訴された話——刑法一七七条
・出会い系サイトのサクラとメールし高額利用料金を取られた話——民法九六条
・女子高生とセックスして逮捕されたが恋愛と主張、無罪になった話——児童買春処罰法
など実例解説・一四話

男女関係と性犯罪の法律の急所

★DVの相談件数は一九年連続増加している

警察庁によると、令和四年一年間の性犯罪認知件数は、強制性交等一六五五件（前年比一九・二％増）、強制わいせつ四七〇八件（前年比九・九％増）で、検挙率は、強制性交等八四・七％、強制わいせつ八六・三％だった。

また、DV被害は、全国の警察が令和四年一年間に認知した件数は八万四四九六件（前年比一・七％増）と、一九年間連続で増加しており、DV防止法の施行以来最多である。一方、ストーカーの認知件数は一万九一三一件（前年比三・〇％減）で、平成二九年をピーク（二万三〇七九件）に五年連続減少した。

もっとも、DVやストーカーについては新たな被害を防ぐため法律で規制強化しているが、被害者の個人情報を扱う役所や事業者がその意図を職員や従業員に周知させ、情報の漏えいを防ぐ措置を徹底しなければ、その効果は上がらない。

実際、本来閲覧させてはいけない被害者の住民票を役所が誤って加害者側に開示してしまい、殺人や傷害など凶悪事件に発展したというニュースが報じられることもある。DV被害防止やストーカー対策の難しさがよくわかる実情である。

なお、強制わいせつ、強制性交など刑法一七七条～一七九条、一八一条の罪に関わる刑事事件の裁判では、被害者側からの申出により、被害者の住所、氏名など被害者を特定する事項を公開の法廷で明らかにしないことができるようになった（刑事訴訟法二九〇条の二）。また、性被害の被害者が加害者に対し、損害賠償などを求める民事裁判でも、裁判所はその申立てにより、被害者の住所、氏名など被害者を特定する事項を秘匿する決定ができる（民事訴訟法一三三条）。

★性犯罪は親告罪ではなくなった

男女関係と性犯罪めぐる法律の動きでは、まず平成二九年六月の刑法改正で、強姦罪が**強制性交等の罪**と、条文の名称や内容が変わった（一七七条）ことが上げられる。従来の強姦罪では、被害者（客体という）は女性だけに限定されていたが、改正された強制性交等の罪では、その客体は男女を問わない（法定刑は五年以上の有期懲役）。なお、強制性交等の罪の保護法益は個人の性的自由であり、暴行や脅迫により相手に性交等を無理強いする行為が処罰対象である。

また、準強制わいせつ及び準強姦の罪も、**準強制わいせつ及び準強制性交等の罪**と改められた（一七八条。法定刑は準強制わいせつが六月以上一〇年以下の懲役、準強制性交等が五年以上の懲役）。この法改正では他に、一八歳未満の未成年者に対する親など監護者による強制わいせつや強制性交等の犯罪行為を処罰する**監護者わいせつ及び監護者強制性交等の罪**も新設されている（一七九条。法定刑は前条と同じ）。

なお、強制わいせつの罪（一七六条）以下の性犯罪は、これまで親告罪だったが、この改正により**非親告罪**になった（被害者の告訴なくても起訴できる）。

ところで、最近（令和五年三月末）の報道によると、同年中の国会で、強制性交等の罪の名称を再び変更、その成立要件を明確化する法改正の予定だという。

改正点としては、名称を「**不同意性交罪**」と変え、犯罪の成立要件に、暴行や脅迫の他、経済的・社会的・地位の利用、虐待など具体的な加害行為が追加される。また、被害者が恐怖などで不同意の意思表示が困難な状態に陥った場合に性交に及んだ時も、処罰の対象になる。この他、性交同意年齢が、一三歳から一六歳に引き上げられ、公訴時効も五年間延長される。

※性犯罪の罪について、その名称が今後変更される見込みなので、この章では、現行法の「強制性交等の罪」「準強制性交等の罪」の罪名を、改正前の「強姦罪」「準強姦罪」と併用する。

★GPSによる位置情報取得はストーカー行為等規制法の規制対象となった

別居中の妻の車に、無断でGPS機器を取り付けた事件で、最高裁は「GPSにより位置情報を取得しただけではストーカー行為等規制法の見張り行為にならない」との判断を示した（令和二年七月三〇日判決）。

しかし、令和三年五月の法改正により、相手の承諾を得ないでGPS機器を取り付けたり、それによって位置情報を取得する行為も、「つきまとい等」の規制の対象に追加された（ストーカー行為等規制法二条三項・**位置情報無断承諾取得**という）。また、これを反復して行なえば、ストーカー行為となる（同条四項）。実情に即した改正と言えよう（同年六月一五日から施行）。

なお、男女間のトラブルでは、SNSを使って相手を誹謗中傷する事件も増えている。投稿内容によっては、名誉毀損や侮辱罪に該当する場合もあるが、令和四年六月の刑法改正で、侮辱罪の罰則が「一年以下の懲役もしくは禁錮もしくは三〇万円以下の罰金または拘留もしくは科料」と重罰化された（二三一条。同年七月七日から施行）。

露天風呂に入浴中の女性を盗撮して名誉毀損罪に問われた話

セックスのアナ

初犯でも懲役刑がある

真野秋男さんは旅好きのサラリーマン。土日を使い、毎週のように泊まり掛けの旅行に出掛けている。しかも、そのうち一～二回は一人旅で、恋人の香菜さんに行き先も教えない。秋男さんは、いつも「ちょっとしたバイトさ」と笑ってゴマかすが、香菜さんは彼が他の女性と一緒なのではと、心配で仕方がなかった。だが、秋男さんは、本当にバイトをしていたのである。

秋男さんは旅好きであるばかりでなく、カメラ好きで、写真投稿誌の常連だった。隠し撮りで、タレントのお忍びデートの現場を何度かスクープしたこともある。そして、その腕を見込まれて、アダルトビデオの業者から露天風呂の盗撮を頼まれたのだ。旅行費用と器材一切は業者持ち、しかも「若い女性の入浴シーンをビデオに収めてくれれば一本につき五万円払うよ」という誘いに、つい引き受けてしまったのである。もちろん、秋男さんには自信があった。なにしろ、どの温泉にどんな混浴があるか、若い女性客が多いのはどこか、あるいは盗み撮りがしやすいかなど、それまでの旅行で十分下調べは出来ていたからだ。そして、秋男さんのバイト旅行は毎回確実に成果を上げ、業者から月々給料並みのバイト料を受け取っていたのである。

☆頼めば撮らせてあげたのに！

ところが、バイトを始めて半年ほど経った日の朝、会社に出勤しようとした秋男さんの部屋に刑事がやって来て、「あんた。秘湯の露天風呂で女性の入浴シーンを盗み撮りしたな。業者が、撮影したのはあんただとゲロしたんだよ」と、任意同行を求められたのだ。刑事の話によると、秋男さんが業者に渡したビデオは二時間テープ数本に編集され、レンタルビデオとして販売されていたのだという。そして、そのビデオをたまたま借りた男性が、その中に自分の恋人が映っているのに気づき、彼女に連絡、その女性が警察に相談、被害届を出したということだった。

取調室で事情を聞かれた秋男さんは、盗み撮りのことは素直に認めた。しかし、自分で楽しむつもりで撮っただけで、知人に貸したことはあるが、まさかレンタルビデオになっているとは知らなかったと弁解した。業者から、警察に摘発されたら、そう言えと教えられていたのだ。刑事も、「知人とはスナックの常連同士ですが、アダルトビデオを作ってるなんて知りませんでした」という秋男さんの話を信じたようで、最初は「初犯だし、県の迷惑防止条例違反で罰金だな」と言っていた。

ところが、その後の捜査で、秋男さんが業者からバイト料として月々多額の現金を受け取っていることが判明し、彼は身柄を拘束され、警察と検察官の厳しい取調べの後、名誉毀損罪で起訴されたのである。

起訴後、保釈はされたものの、会社はクビになり、香菜さんからも別れを告げられた秋男さんは、近づく裁判の日を前に、戦々恐々としている。

問題点

高性能な器材を、誰でも手頃な値段で買える今日、盗撮は他人事ではない。最近も、主婦が銭湯で盗み撮りされ、そのレンタルビデオをたまたま見ていた夫が犯行に気づいて犯人も逮捕されたという事件が報道されたが、いつでもどこでも、盗撮にあう危険性がある。

ところで、女性の下着や裸身を盗撮した場合、そのほとんどは**各都道府県の迷惑防止条例**違反に問われ、初犯の場合は罰金刑で済むことが多いだろう。しかし、その罰則は強化されており、都条例は初犯でも一年以下の懲役または一〇〇万円以下の罰金となっている（平成一四年一〇月一日から施行）。

なお、この事例と同様、露天風呂で盗み撮りしたビデオを販売した元社長が、名誉毀損罪に問われた事件もある。裁判所は「被害女性が自ら望んで撮影させたという印象を与えかねない」と、その社会的評価を下げることもあるので名誉毀損罪に当たると認定、被告に懲役二年、執行猶予四年を言い渡した（東京地裁・平成一四年三月一四日判決）。また、銭湯の盗み撮りの犯人は、**建造物侵入罪**で起訴された。

禁止命令を守らないストーカーは刑務所行きもあるという話

セックスのアナ

ストーカー行為は法で禁止できる

大野紀代美さんは大学三年生。二〇歳になった今年から、念願の独り暮らしを始めた。ところが最近、出会い系サイトで知り合った会社員の花井誠にしつこく交際を迫られて困っている。一人ぐらい顔も知らないメル友がいるのも楽しいと、気軽な気持ちでメールの交換を始めたのが間違いの元。相手はストーカーだったのである。

ハンドルネームを使わず、相手に聞かれるままに本名や大学名を教えたところ、花井は彼女のアパートを調べ当て、ある日、突然訪ねて来たのだ。それ以来、学校やバイトの行き帰りに待ち伏せしたり、直接彼女の部屋に押しかけてきて、しつこく交際を迫るのである。付き合う気などない紀代美さんが何度断っても、また時にはボーイフレンドに「紀代美は、あんたと付き合う気はない。もう来るな！電話もするな！」と、半ば脅しめいた言葉を吐かせても、花井は「彼女を好きになるのは、僕の勝手だ」と言い放ち、一向に止めようとしない。それどころか、彼女のアパートの住人に「彼女は僕の婚約者だ」などと言いふらしたり、彼女の外出先まで付けてくるなど行動がエスカレートしてきた。危害をくわえられるのではと怯えた紀代美さんは、近くの交番に駆け込んだ。

話を聞いた警官は、ストーカー行為を規制し、被害者を保護する「ストーカー行為等規制法」があるということを

☆あんたなんか嫌い！近づかないで！

教えてくれ、紀代美さんはその勧めに従って被害届を出し、ストーカー行為を禁止してくれるよう申し出たのである。申出を受理した警察では、花井に対し「つきまとい等」を止めるよう、署長名で警告を出した。その警告が効いたのか、ここ数日、花井からの電話も待ち伏せもない。何でも、この警告を無視すると、禁止命令が出され、それでも行為を止めないと刑務所行きもあるということらしい。交番の警官も時折アパート周辺を見回ってくれるので、紀代美さんはようやくホッとしているが、安易に出会い系サイトなどにアクセスした自分の行為も反省している。

問題点

交際やヨリを戻すことを求めて、相手にしつこく連絡したり、あるいは待ち伏せしても、暴力や脅迫を伴わない限り、いわゆるストーカー行為を、これまでの法律で規制するのは難しかった。そのため、野放しになったストーカーが被害者を殺害するなど悲惨な事件が続いたのである。その反省を踏まえて「**ストーカー行為等の規制等に関する法律**」ができた（平成一二年一一月二四日から施行）。

　この法律では、規制の対象を「つきまとい等」と「ストーカー行為」とに分け、つきまとい等を同一の相手方に繰り返して行う者をストーカーと規定している（同法二条）。つきまとい等とは、特定の相手に対する恋愛感情を満足させる目的（満たされない時の怨恨感情も含む）で行う次の行為をいう。

・つきまとったり、待ち伏せしたり、住居や学校、勤務先等に押しかける
・義務のない面会や交際を要求する
・断られても電話をかけ続ける
・乱暴な言動をする
・相手の名誉を害する内容を広める
・性的羞恥心を害する図画やメールなどを送りつけたりする・など

　花井の行為も、この「つきまとい等」に該当する。しかし、この場合の加害者に対する規制は、警察署長の警告に過ぎない（同法四条）。加害者が警告を無視し、つきまとい等を繰り返して始めて、ストーカー行為と認定されるのである（ストーカー行為者への法定刑は、一年以下の懲役または一〇〇万円以下の罰金・同法一八条）。

　ストーカー行為者に対しては、聴聞を経たうえで、都道府県公安委員会が**行為の禁止命令**を出す（同法五条）。この禁止命令に違反すると、二年以下の懲役または二〇〇万円以下の罰金と刑罰が重くなっている（同法一九条）。なお、つきまとい等が繰り返されて、被害者の生命、身体、あるいは財産が害される危急の恐れがある場合には、警察署長は聴聞などを経ないで「**仮の禁止命令**」を出すこともできる。

　いずれにしても、ストーカー被害にあったら、迷わず最寄りの交番に相談した方がいい。

脅迫電話で被害者がPTSDとなり傷害罪で罰せられた話

セックスのアナ

恐怖体験は外傷と同じ

松本行雄さんは、かつて交際していた花園真利子さんのことが忘れられない。何度も「ヨリを戻してほしい」と、彼女に頼んだが、いつも「あなたとのことは、もう終わったことよ」と、冷たい返事である。友人からも「もう諦めろ。女は他にもいるんだし、あんまりしつこいと、ストーカーだって言われるぞ」と、忠告された。

松本さんも、友人の言うことは頭では良くわかってる。直接彼女に会うことだけはかろうじて思い止まったのだが、彼女恋しさの感情はどうにもならず、気が付くと、彼女の部屋や勤務先に電話を入れてしまうのだ。そして、彼女が彼からの電話に一切出なくなると、今度は、真利子さんの実家や母親の経営する喫茶店「カフェ花園」に、日に数十回も無言電話をかけるようになり、「真利子を電話に出せ！」「殺してやる！」などと、怒鳴ったこともある。

☆モシモシご注文は？　あなたです…

そんなある日、松本さんの部屋を警察官が訪ねて来て、「花園真利子さんとカフェ花園から訴えが出てる。事情を聞きたいから、一緒に署まで来てほしい」と、任意同行を求められたのである。松本さんは「来るものが来た」と、観念した。ただ、つきまとったわけではないし、いたずら電話をしただけだから、せいぜい説諭（せつゆ）か罰金だなと、タカをくくっていたのである。

しかし、そう軽い処分では済まなかった。事情聴取した警察は犯情悪質と逮捕、検察庁に書類送検し、検察庁では真利子さんに対する傷害罪（刑法二〇四条）とカフェ花園に対する業務妨害罪（同二三三条）で起訴したのである。県の迷惑防止条例違反で罰金か軽犯罪法違反で科料、あるいはストーカー行為等規制法による警告か、と考えていた松本さんは、驚いてしまった。

　傷害罪は、一五年以下の懲役または五〇万円以下の罰金（平成一七年一月一日より罰則強化）、業務妨害罪は三年以下の懲役または五〇万円以下の罰金と、その法定刑ははるかに重い。それに、真利子さんに暴力を振るったこともないのに傷害罪は間違いではないかと思った。

　検察側は傷害罪適用の理由について、度重なる嫌がらせ電話により、真利子さんにＰＴＳＤ（心的外傷後ストレス障害）を負わせたことをあげ、裁判所も「一連の脅迫電話は外傷体験に該当する」と、嫌がらせ電話とＰＴＳＤとの因果関係を認めて、松本さんに有罪判決を言い渡したのである。

問題点

交際を拒否されたことに腹を立て、相手方に頻繁に嫌がらせ電話をかけたような場合、ストーカー行為等規制法による警告や禁止命令を受けることがある。しかし、その回数や内容が度を超し、相手方に極度の恐怖心などを与えると、たとえ直接的な暴行行為がなくても、刑法の**傷害罪**で処罰されることもある。

　たとえば、二〇代の女性会社員が、恋人の昔の彼女が、今でも彼に好意を抱いていると思い込み、その女性宅や職場、実家などへ三年半にわたって計一万二〇〇〇回以上の嫌がらせ電話や無言電話をかけ、その結果、相手女性に**ＰＴＳＤ（心的外傷後ストレス障害）**を負わせた事件で、裁判所は傷害罪の成立を認めている。

　この事件の被告女性は、当初被害者の母親が経営する美容院への業務妨害罪で起訴されていたが、専門家の鑑定で、被害者は長期間、無言電話や脅迫電話を受けた結果、ベルの音に過剰に怯え、極度の恐怖心から情緒不安定に陥って、治療を必要とするＰＴＳＤを負ったとわかったため、検察側が訴因を傷害罪と**業務妨害罪**とに変更したというものである。

　弁護側は「嫌がらせ電話が必ずしも恐怖を与えているとは言えず、女性はＰＴＳＤではない」などと主張したが、裁判所は「被告の一連の嫌がらせ電話や無言電話は、被害者に強い恐怖心を与えるもので、それによる精神的苦痛は外傷体験に該当する」と判断、嫌がらせ電話とＰＴＳＤとの因果関係を認めて、被告に懲役二年、執行猶予四年を言い渡した（平成一三年四月一九日、富山地裁判決）。

妻子もちと知りながら肉体関係を結び慰謝料を請求した女の話

セックスのアナ

女性の貞操侵害は高くつく

小林春奈さんは二一歳。この春、短大を卒業し、東西商事に入社したばかりだ。営業部に配属されたが、分からないことだらけで、ミスをしては怒られている。そんなとき、春奈さんをかばい、優しく教えてくれたのが、上司の大井だった。

春奈さんとしても、優しくしてくれる大井に心を許し、仕事上の悩みだけでなく、プライベートの悩みも相談に乗ってもらうようになったのである。最近すれ違いがちの恋人の話も黙って聴いてくれた彼に、春奈さんが上司としてではなく、一人の男性として好意を持つのは当然のことだった。もちろん、大井に妻子がいることは知っていたし、それなりに恋愛経験もある彼女は好意はあっても、不倫するつもりなどなかったのだが…。

ところが、そんなある日、仕事帰りに春奈さんを飲みに誘った大井は、「悩んでるのは誰でも同じさ。僕だって、妻とは上手くいってない。同じ家に住んでても、もう何年も夫婦関係はないし、別居してるのも同然さ。お互い、離婚を切り出すタイミングを図ってるのさ」と、酔ってグチをこぼしたのである。

春奈さんは、ため息をつき、弱みを見せた大井に同情し、

☆私だって妻子のあることで苦しんだのよ

その晩、自然の成り行きで彼と肉体関係を結んでしまった。それ以後、ズルズルと関係が続き、やがて春奈さんは妊娠したのである。

大井は、子どもを産みたいと言う春奈さんに対し、「近く妻とは離婚する。そしたら、君と結婚するから、それまで僕のことは秘密にするんだ。妻にバレたら大変だからね」と、あえて出産には反対せず、生活費は面倒見るからと、会社を退職させたのである。

しかし、春奈さんが退職すると、大井はそれまでの態度を一変させ、生活費を出してくれないばかりか、春奈さんが連絡しても電話にも出なくなった。後から分かったことだが、大井の家庭はそれなりに円満で、妻との間に離婚話が出たことなどなかったのである。ようするに、春奈さんに会社で騒がれ、スキャンダルになるのを恐れた大井に、体よく会社を追い出されたのだった。

騙されたと知った春奈さんは会社帰りの大井を待ち伏せ、その不信をなじったが、大井は、「最初から僕には、妻子がいると話したはずだ。君だって、それを承知で、僕と付き合ったんじゃないか。今さら、文句言うなんて…。第一、そのお腹の子だって、本当に僕の子かどうか」と、彼女に対し、言い放ったのである。

その態度に怒った春奈さんは、大井を相手取り、ウソの離婚話と結婚をエサに貞操を侵害されたとして、慰謝料を求める裁判を起こした。

問題点

相手に妻子がいることを知りながら関係を結んだ女性が、男性に慰謝料を請求できるかどうか、判例も分かれる。

「妻と離婚し、君と結婚する」という男性の言葉にダマされ（欺もうという）、女性が相手と肉体関係を持ったとしても、浮気（**不貞**という）は**公序良俗**に反する行為であるから、法律上の保護を受けられない。女性は男性に対し、慰謝料を請求するのは民法七〇八条の趣旨からみて許されないとする大審院判例がある。

しかし、慰謝料請求を認めた判例もある（最高裁・昭和四四年九月二六日判決）。最高裁は、「女性の浮気の動機が、主として男性の詐言を信じたことに起因しており、女性の不法性に比し、男性側の違法性が著しく大きいときは、貞操侵害を理由とする慰謝料の請求も許される」と、判示している。

事例の春奈さんも、大井と肉体関係を結んだのは相手の言葉を信じたからで、大井に対し慰謝料を請求できる。また、大井との間には、子どももいるから、春奈さんは慰謝料だけでなく、子どもの**認知**、そして**養育費**を大井に請求するといい。なお、大井のほか、東西商事も被告に加え、**使用者責任**を追及すべきである。

メール相手がサクラと気づかず出会い系サイトにメールし続け高額の利用料を払わされた話

セックスのアナ

詐欺的で違法と返金を要求

松本君は、彼女いない歴一五年で、合コンに参加してもデートまでこぎ着けたことは一度もない。俺は女性に縁がないと自嘲し、最近では合コンに誘われても断ることも多かった。

そんな彼に、女性のメル友ができたのである。相手は三つ年上の三一歳のＯＬ裕子さん。ネットの出会い系サイトで「メル友募集中」の書込みを見つけたのだ。サイトに公開された彼女のスナップは、美人タレントそっくりである。一目見て気に入った松本君は、ダメ元で「メル友」になりたいと、サイト指定のアドレスにメールを送信したのだ。すると思いもかけず、彼女から返信メールが届いたのである。

松本君は喜んだ。さっそく彼女宛に第二信を送信したところ、今度もすぐ裕子さんからメールが返ってきた。その後も、彼がメールを送ると、瞬時に彼女からメールが届く。内容はどれも日常の出来事を簡潔に伝えるたわいのないものだが、松本君は、すっかりのぼせ上り、多い日には二〇回以上、メールのやり取りを続けたのである。

しかし、翌々月、出会い系サイトから届いた請求書を見て、松本君は驚いた。利用料として一五万円近い金額が書かれていたのである。そのサイトは入会無料だったので利用料もかからないと思い込んでいたのだ。だが、サイトのトップページには、たしかに送信や受信のたびに一回一〇五円の利用料がかかると、明記されていた。会社員の彼には、このまま月々一〇万円以上の利用料を払い続ける

☆１文字何万円のサービス？

ことなどできない。といって、やっとできた裕子さんというメル友を失うのも惜しかった。そこで、彼女に、サイトを通さずメールできないかと提案したのである。サイトのうたい文句に、「交流が深まれば、直接メールをするのは自由」と、書かれていたからだ。

裕子さんからは、個人的にメルアドを教え合うのは、もう少ししてからにしてほしい、とのメールが届いた。以前、メルアドを教えた相手が、そこから彼女の住所を調べ上げ、ストーカーまがいの行為をされたことがあるからだと言う。ただ、メールはサイト経由のままだが、会ってもいいとも書かれていたのだ。

松本君は有頂天になった。前にもましてメールのやりとりを繰り返し、一年後、松本君のサイトへの支払いは二〇〇万円を超えたのである。しかし、彼が裕子さんと会うことはなかった。何度か約束は取り付けたが、直前になると彼女に急用ができ、キャンセルされたからだ。

さすがにおかしいと感じた松本君が、そのことを問いただすと、以後、裕子さんからメールが返信されることはなかったのである。サイトに問い合わせても、ネット上の出会いの場を提供しているだけで、個人のトラブルには責任は持てないという事務的なメールが返ってきただけだった。友人は、メール相手はサイトのサクラで、騙されたんだと言う。それが本当なら、払った利用料を返してもらいたいと、松本君は思っているが……。

問題点

松本君が利用したサイトのように、会員（利用者）間のメールのやりとりに課金システムを導入している出会い系サイトは多いと思われる。法律上、サイト運営者が課金することは問題がない。ただし、メールを長期間継続的に使わせるため、サイト側がいわゆるサクラを使って、利用者を誘い込む行為は違法で、不法行為に当たる。この場合には、利用者はサイト運営者に対し、支払った利用料の返還を請求できる。サクラ行為により多額の支払いをした被害者が返金などを求めた同様の裁判で、裁判所が詐欺的で違法なサイト運営と認定し、出会い系サイトの運営会社に支払った利用料全額の返金を命じた事件もある（さいたま地裁越谷支部・平成二三年八月八日判決）。

松本君の場合も、裕子さんがサクラであれば、返金を要求できるだろう。ただし、彼女がサクラかどうかの立証は、松本君がしなければならない。

なお、出会い系サイトは、インターネット異性紹介事業を利用して児童を誘引する行為の規制等に関する法律により規制されている（通称、出会い系サイト規制法という）。サイト開設には、各都道府県への届出が義務付けられている（無届開設には罰則がある）。

ヌード撮影会が警察にバレたが何の罪にもならなかった話

セックスのアナ

完全な個室での撮影なら問題ない

秋野さんはポルノ写真のコレクターだが、自分でもモデルを使ってヌード写真を撮る。いっぱしの芸術家気取りだが、ようは女の子の裸を見たいだけである。といっても、撮った写真は自分で密かに楽しむだけで、人に見せるつもりはない。しかも、金払いもいいので、彼にヌード写真を撮らせる女の子は多いのである。

そんなある日のこと、前々から口説いていたホステスが、「一〇〇万円くれるなら」と、ようやくOKしてくれたので、秋野さんは自宅でヌード撮影会をした。カメラマンは秋野さん一人、モデルはそのホステスと、出会い系で知り合った女子大生二人である。最初は、ホステスをメインに撮るつもりだったが、裸になるとホステスの身体は貧弱で、後ろに立たせた女子大生と比べて見劣りがする。そこで、急遽女子大生たちをメインに撮影することにしたのだが、プ

ライドを傷つけられたホステスは、「私、やめる！」と、服を着てしまったのだ。そのくせ、彼女は金を要求する。怒った秋野さんは、「金なんか払えるか！」と、彼女を部屋から叩き出したのである。

ところが、そのホステスが腹立ちまぎれに、「本番ありのポルノを撮ってる」と通報したため、警察官が秋野さん宅を急襲した。部屋にいた秋野さんと全裸の女子大生二人は公然わいせつの現行犯で逮捕され、撮影に使ったデジカメとメモリーカードも押収された。しかし、三人はすぐ釈放され、何の罪にも問われなかったのである。

問題点

いわゆるヌード撮影会は、いくら目的が芸術のためでも、ただそれだけの理由で撮影会がわいせつ罪を構成しないと考えるのは早計である。

チャタレー裁判で示されたように、芸術的な見地から是認されても、道徳的、風俗的に見てわいせつなものは罪を構成する。しかし、わいせつの評価は社会通念の変化により大きく変わる。チャタレー裁判からほぼ半世紀過ぎた最近の判例では、男性器が写る写真の含まれた写真集に高い芸術性を認め、全体として風俗を害さないと判断し、わいせつ性を否定している（最高裁・平成二〇年二月一九日判決）。

しかし、本件の場合は、秋野さんの助平心が発端であるから、わいせつ性があることは間違いない。問題は公然性があるかないかであるが、撮影場所は秋野さんの自室で、しかも外部とは遮断され、不特定または多数の人から見える余地はないから、いわゆる**公然わいせつ罪**（刑法一七四条）には当たらない。その場にいるもの同士が撮影を了解していれば、法律上は通常、何の問題もないわけだ。

本件で、ホステスの通報を間に受け、秋野さんらを公然わいせつ罪で現行犯逮捕したのは、警察の勇み足といえる。撮影データも彼個人のコレクションとして本人が所蔵するだけで、もとより公開も販売目的もないから、**わいせつ物所持罪**の証拠品として没収することも許されない。

しかし、この撮影会が誰でも自由に参加できるとなると、不特定多数の人にヌードを観覧させたということで、主催者の秋野さんは公然わいせつ罪に問われる。モデルも同罪で、法定刑は、六月以下の懲役もしくは三〇万円以下の罰金または拘留もしくは科料である。

また、秋野さんが撮影データをCDロムにダビングして知り合いに配ると、たとえ無償でも、**わいせつ物等頒布罪**を構成する（刑法一七五条、法定刑は二年以下の懲役または二五〇万円以下の罰金もしくは科料）。その他、データをパソコンに取り込み、ホームページやブログで公開しても同罪に問われるおそれがある。注意が必要である。

女子高生とセックスして逮捕 恋愛だと主張して無罪となった不倫男の話

セックスのアナ

恋愛感情があれば犯罪にはならない

間島竜三さんは妻と中学生の娘がいる三八歳。二か月前、女子高生のユマさんとホテルから出てきたところを逮捕され、現在、青少年保護育成条例違反で判決を待つ被告人である。しかし、間島さんは一貫して、彼女は恋人で、エッチは恋愛感情に基づくものだと主張していた。

二人の馴れ初めは、去年の夏。間島さんが店長を勤めるファミリーレストランに、ユマさんがバイトで雇われたのが切っ掛けである。働き始めた当初、なれない仕事でミスを連発し、先輩や客にどやされて落ち込んでいる彼女を、優しく慰め、根気強く仕事を教えたのが間島さんだった。間島さんにとっては従業員教育の一環であったが、両親が離婚し母親と暮らすユマさんにとって、間島さんは父親のように感じたのだ。ユマさんはバイトを辞める日、給料で間島さんにネクタイをプレゼントした。

そのお礼にと、間島さんが彼女を食事に誘ったことから、二人の付き合いが始まったのである。最初は、食事や映画に行くだけだったが、やがて二人は愛し合うようになった。むろん、二人は遊びではなかった。間島さんは奥さんと離婚して、ユマさんと結婚するつもりだったし、彼女もそれを望んでいたのである。間島さんが妻に、そしてユマさんが母親に、二人の決意を打ち明けようとした矢先に、間島さんが逮捕されたのだ。

☆愛はたいていのことに勝つ！

間島さんは警察で、彼女が一八歳未満であることを知りながら性的関係を持ったことは認めたが、金品のやり取りなどはなく、二人が恋愛関係で、真摯な交際だと主張した。しかし、警察は児童買春処罰法（児童買春、児童ポルノに係る行為等の規制及び処罰並びに児童の保護等に関する法律）での立件は諦めたものの、間島さんが自己の性的欲望を満たすため、上司であることを利用してユマさんに関係を求めたとして、少女との淫行を禁止した青少年保護育成条例違反の容疑で送検、検察官も間島さんを同条例違反で起訴したのである。

ところが、裁判所は、「二人は恋愛感情に基づいて性的な関係を持ったもので、犯罪の証明もない」として、無罪を言い渡したのである。裁判で、ユマさんが間島さんに妻子がいることを知っており、そのことを承知した上で関係を持ったこと、また交際を始めたのはバイトを辞めた後で、何度もデイトを繰り返してから男女関係に進んだ、と証言したことが、無罪の決め手だった。

もっとも、裁判では無罪を勝ち取ったが、間島さんには今後、奥さんとの離婚問題、そして逮捕が公表されたことによる会社での処分問題が残されている。

問題点

自らの性的欲望を満たす目的で、満一八歳未満の未成年者と性交渉を持つことは、**児童買春処罰法**や各都道府県の**青少年保護育成条例**（条例名は自治体で異なる）で禁じられている。たとえば、金品を提供して性的な関係を持つ、いわゆる援助交際は児童買春処罰法違反、違反者は五年以下の懲役または三〇〇万円以下の罰金が科される（関係する相手は、少年、少女の別を問わない）。また、金品の提供がなくても、性的な欲望を満たすためだけの反倫理的な性的関係は淫行として条例で禁止されている。東京都では、違反者に対し、二年以下の懲役または一〇〇万円以下の罰金を科す（東京都の「青少年の健全な育成に関する条例」一八条の六）。

ところで、この事例のように、性的な関係が恋愛感情に基づくものである場合まで摘発の対象になるのだろうか。一般的には、まだ未成熟な未成年者を「恋愛感情によるもの」と錯覚させて性的な関係を結んだと判断し、摘発をする場合が多いと思われる。しかし、この事例のように、二人の関係を真摯な交際と認めて、互いに恋愛感情から性的行為を求め合ったとして、無罪を言い渡した裁判もある（名古屋簡裁・平成一九年五月二三日判決）。

なお、満一三歳未満の少年少女との性的関係は、相手の同意があっても、**強制わいせつ罪**（刑法一七六条。罰則は六月以上一〇年以下の懲役）や**強制性交等の罪**（同法一七七条、罰則は五年以上の有期懲役）となる。

ホステスに客を紹介し管理売春とされたバー経営者の話

セックスのアナ

ホテルなどを指定してはダメ

この頃は新聞を見るのがいやになる。「会社の接待費削減」「銀座のネオン街倒産続出」。景気がよくなるどころか、ますます悪化していく傾向を記事などで知るのを一郎はおそれるようになっていた。しかもそれに符合するかのように、店の客もめっきり減ったし、収益もあがらなかった。そのうえホステスの日給は高いし、このままではやがて俺の店も倒産するだろう。

どんな時代でももうける道は一つある。どうせ飲みにくる客だって店の子をくどくのが目的だ。それに世はまさに〝援交時代〟。一郎の渋い額にも微笑がもれた。早速つぎの日の開店前にホステスを集めて訓示した。

「この頃不景気になったことは君たちもよく知っているだろう。会社の接待費削減でこの種の店は倒産続出だ。この店がつぶれると前のように他の店へ移れるという時代も過

☆どうぞお早く、あちらのホテルで！

ぎたし、君たちにも重大な影響がある。したがって今後店の方針として固定給は払わない。そのかわり成績がよければ今まで以上の収入があるようにする。チップ全額返還、水あげの二割は収入とし、成績のいい者には割増を支給する。水あげを得るために必要なら俺の経営する鎌倉旅館を利用してくれ。宿泊代、休息料は店で負担する」。

日給一万円をあてにしてマンションを借り、豪華な生活になれたホステスは、生活を維持するためにいやがうえでも水あげをあげなければならない。困惑したのも無理はない。不景気が続いているときに水あげがあがるわけがなかった。水あげの少ないホステスを呼びつけて、「これじゃ生活ができないだろう。着る物も考えて、化粧品もいいのを使え。なんなら金を貸すから和服でも買いなさい。大いにかせいで豊かな生活をしよう」。これらのホステスには金を貸しつけ造作をきれいにし、エッチな遊客を重点的にふりむけた。この道もすきなホステス達である。一郎の方針にはまりこむのに時間がかからなかった。

不景気だというのに派手な一郎を心配したのは女房である。「手が後に回ることはないでしょうね」と問われた一郎は得意になって答えた。「俺はホステスから一銭もピンハネはしていないよ。売春を強制したわけでもあるまいし、第一女と客は自由意思で恋愛しているもの。警察だって手が出せないヨ。どうだい俺の頭のよさは、業界仲間では六法を越えた七法先生というアダ名でとおってるんだ」。

問題点

売春防止法一二条は「人を自己の占有し、若しくは管理する場所に居住させ、これに売春させることを業とした者は一〇年以下の懲役及び三〇万円以下の罰金」と規定されている。俗に**管理売春**といわれ、一郎はこの罪に問われた。

売春の対価を得ておれば、「売春させることを業とする」という認定がされやすいと思うが、逆に対価を得ないからといっても、一郎の場合のように店の「客寄せ」、「店の水あげの増加」などによる経済的利益が、ホステスの売春と密接に関連しているからである。また売春がホステスの自由恋愛だなどといっても、店の方針が売春をせざるを得ない雰囲気を醸成（じょうせい）するものであれば、本罪の成立をさまたげない。

とくに一郎は店の遊客をホステスに紹介したり、前借金で拘束したりしていたのである。一郎が旅館「鎌倉」を指定しないで宿泊料などをホステスにもたせ、場所もホステスや客の好むところを選択させていたら、管理売春でなく売春の周旋（しゅうせん）行為となり罰が軽くなったかもしれない。〝援交（援助交際）時代〟とはいえ、売春が容認されることはむずかしいであろう。売春防止法は、人としての尊厳を害することを防止するためにもあるからである。

セックスのアナ

襲った被害者にキスマークをつけて強姦致傷にされた話

強姦行為に関連した行為も含む

「まずかったなあ。顔を見られたのは」。山田は、女に顔を見られたのを悔やんでいた。深夜、街灯もなく人気のない場所を通る方が悪いと、勝手な理屈を付けて公園や暗がりでレイプを繰り返していた山田は、今夜も隣の県まで車を走らせ、あらかじめ下見した公園で獲物が現れるのを待ったのである。

山田はレイプの常習犯だが、今まで一度として捕まったことはない。それは、女を襲う場所を決めたら数日間下見し、それなりの獲物がいることと、警官の巡回などジャマが入らないことを確認し、それから犯行に及んでいたからだ。もちろん、同じ場所で二度犯行を繰り返すようなマネはしなかった。しかも、必ず目なし帽を被ってコトに及ぶなど、それなりの注意をはらっていたので、被害者が告発しても犯人が山田であることまでわからなかったのである。

そして、今夜もレイプをし終えたまでは良かったのだが、ふと気を許した瞬間、相手の女はいきなり山田の目なし帽をハギ取ったのだ。山田は、女を突き飛ばすようにして、その場を逃げ出したのだが、後ろから「あんたの顔、忘れないから！」という女の怒鳴り声が追いかけてきた。

女は顔見知りではなかったが、山田は半ば観念していた。あの女は、きっと警察に駆け込み、何としても自分を探し出すに違いない。そんな予感がしていたのである。そして、

その予感は的中した。一〇日ほどして、山田が事件のことを忘れかけた頃、刑事がアパートを訪ねてきたのだ。「やっぱりな」。山田は顔を見られたことを後悔したが、初犯だし執行猶予が付くと安易に考えていた。とにかく、警察や検察で心証を良くしておくことだ。そう考えながら取調室の椅子に座ると、いきなり「強姦致傷（現在は「強制性交等致傷という」）で調べる」と言われたのである。

山田は、問われるまま素直にレイプの様子を供述した。その上で、自分は殴ったことはなく、絶対ケガなどさせていないと、必死に弁明したのだ。しかし、山田が一部始終を供述した後で、刑事は一通の診断書を出した。それには、乱雑な字で「吸引性皮下出血で全治加療一〇日を要する」と書かれていたのである。吸引性ナントカって、いったい何のことだ。山田には、何のことかわからなかった。

刑事は、山田がそんなケガをさせた覚えがないと言うと、笑いながら、「キスマークのことだよ。お前、あのときに、被害者の左乳房の上にキスしたんだろう。その跡だな」と、告げられたのである。山田は焦った。とぼしい法律知識でも、たんなるレイプと違い、強姦致傷となれば初犯でも実刑は免れない。それにしても、キスマークが傷害になるなんて。山田は、罪への反省は棚に上げ、「ついてねえや」と、法廷でもツブやいたという。

問題点

これは、強姦罪が「強制性交等の罪」と名を変え、また非親告罪になった刑法改正（平成二九年七月一三日から施行）より前の法律が適用された事件である。

強姦罪（強制性交等の罪）と強姦致傷罪（強制性交等致傷の罪）との違いは、前者が告訴を必要とし（現行法はどちらも告訴不要）、その刑罰も前者は三年以上（現・五年以上）の有期懲役だが、後者は無期懲役または五年以上（現・六年以上）の懲役と、相当重い。

キスマークが刑法上の傷害にあたるかどうかは、被告人の山田にとって、量刑の重要な要素となる。

この事件の裁判所は「人体の生活機能に障害を与え、その健康状態を不良に変更したものである」という見解をとり、キスマークは傷害に該当すると認定した。ちなみに、本件キスマークは消去に一〇日以上要するものだ。

また、強姦と同致傷の間の因果関係であるが、行為の際の暴行脅迫の手段として受傷させたものでなくても、「強姦行為に随伴する行為によって発生したものも含む」とされている。判例には、姦淫後被害者が山道を逃げる途中で転倒して傷を受けても、強盗致傷罪の成立を妨げないとしたものもある。

被害者は、抵抗したり、逃げようと一生懸命だから、場所や状況により、自身の行為でケガをすることは、当然予測されるところである。

セックスのアナ

現場に行かないで集団強姦を手引きした男が告訴なしに起訴された話

ほう助犯も被害者の告訴はいらない

A、B、Cは、女好きの悪仲間である。イベントサークル主催のパーティーに参加しては狙う女性を物色。三人でその女性を襲って暴行するというやり口だ。しかも、悪らつなのは暴行シーンを撮影し、「警察に話したらネットに流すぞ」と、被害女性を脅すのである。

三人は、「輪姦は告訴がなくても処罰できるけど、女が何もしゃべらなきゃあ、警察だって俺たちを逮捕できないさ」と、集団強姦したことを自慢顔で話していた。現に、いろいろな噂は出るが、これまで三人が捕まったことはない。

こんな三人の行動に、ほとんどの人は眉をひそめるのだが、中には「かっこいい！」と、ヒーロー扱いをする人間も出るから世の中不思議である。三人の後輩Dもその一人で、彼らが自分の同級生Xを狙っていると知ると、「自分が誘い出してあげますよ」と申し出て、Xに「研究を手伝ってほしい」というメールを送ったのである。

XはDの呼出しを疑いもせずに、三人が待つアパートに出かけ、結果的に三人から暴行を受けてしまった。三人は行為後、いつものように「しゃべったら、ネットに流す」と、Xを脅したが、Xは解放されると、その足で最寄りの警察に駆け込んだのである。その後、実行犯A、B、Cが集団強姦罪（刑法一七八条の二・・・法改正で削除）で逮捕、起訴（公訴という）されたのは言うまでもない。

そして、現場にいなかったDも、集団強姦のほう助犯として、現在取調べを受けている。しかし、Dは、「俺は強

☆離れていても同じ穴のムジナ！

姦に加わったわけじゃないし、そもそも現場にいたわけでもない。法律の条文には、『現場において』と書いてあるから、俺は処罰されないはずだ」と、取調べの刑事にうそぶいていた。だが、法律はそう甘くない・・・。

問題点

これは、平成二九年七月一三日から施行の改正刑法以前の刑法が適用された事件である。

この時点では、強姦罪（現行法では**強制性交等の罪**という。一七七条）は親告罪だった（現在は、強制わいせつ罪＝一七六条以降の性犯罪は**非親告罪**となり告訴は不要）。被害者が、「犯人を処罰してください」と、警察や検察庁に告訴しなければ、いかに罪状明白でも、検事は起訴することができなかったのである（警察が捜査できないということではない）。

もし間違って、告訴がないのに起訴しても、裁判所は「公訴棄却」という門前払いの判決を出す。ただし、犯人が二人以上の集団による強姦（輪姦ともいう）の場合には、被害者の告訴がなくても起訴できることになっていた。

有名大学の学生サークル主催のパーティーで、その主宰者らが狙った女性を泥酔させ、集団で襲った事件を契機に、強姦罪の刑罰強化（法定刑が二年以上の懲役から三年以上の懲役になる。現行法は五年以上の有期懲役と、さらに重罰化された）と、いわゆる輪姦の刑罰をより重くした集団強姦罪が設けられた。法定刑は四年以上の懲役で、起訴されると実刑の可能性が高かった（集団強姦罪の規定は性犯罪が非親告罪になったため現行法では削除）。

この事例で、A、B、Cは共同して現場で強姦したのだから集団強姦罪が成立し、被害者の告訴は不要である。しかし、事件の際、現場にいなかったDを被害者の告訴なしに集団強姦罪のほう助犯で起訴できるのだろうか。Dを起訴するには被害者の告訴がいるのではないか、告訴なしに起訴するのは、条文の不当な類推解釈にならないか、という問題である。

これについて集団強姦罪の施行前の事件だが、告訴なしにDを起訴できるとした判例が出ている（最高裁・昭和四三年一〇月一五日決定）。この事件で、一審札幌地裁は告訴が必要だとして、公訴棄却の門前払いだった。しかし、二審札幌高裁は、告訴がなくても、ほう助犯を起訴できると一審を取り消し、Dに有罪判決を言い渡している。

最高裁も、これを支持し、「正犯につき刑法一八〇条二項（輪姦の場合には告訴不要とする条文。現行法では削除された）がある以上、そのほう助犯が事件現場に居合わせたかどうかを問わず、これを訴追するについて告訴を要しないと解すべきである」と判示した。

よって、Dが集団強姦の一役を担う場合、非親告罪として扱われると考えられ、起訴に被害者の告訴は要しない。

ガメック示談金だけとり告訴は取下げなかった被害者の話

セックスのアナ

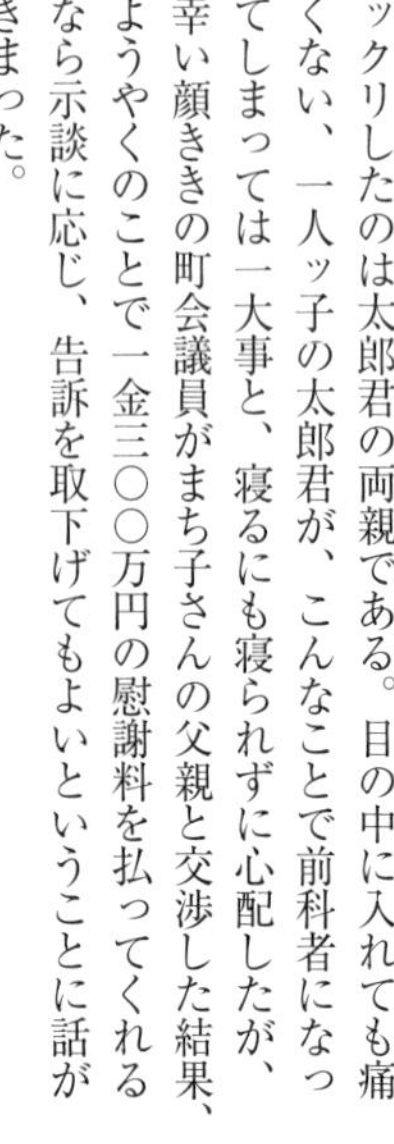

示談は特効薬ではありません

太郎君は成人式を迎えた有望な青年であるが、ある夏の夜、悪友の健太君、五郎君にそそのかされ、健太君が自分の下宿の部屋に引っぱり込んできたまち子さんをレイプしてしまった。

まち子さんは、そのままではおさまらず、この太郎君の両親である。目の中に入れても痛くない、一人ッ子の太郎君が、こんなことで前科者になってしまっては一大事と、寝るにも寝られずに心配したが、幸い顔ききの町会議員がまち子さんの父親と交渉した結果、ようやくのことで一金三〇〇万円の慰謝料を払ってくれるなら示談に応じ、告訴を取下げてもよいということに話がきまった。

慰謝料としては相当高額の方である。だいたい慰謝料というものは、精神的なものなのでソロバンをはじいてすぐに計算できるものではない。とにかく太郎君は三〇〇万円を払う破目におち入った。

それに、まち子さんのお父さんというのがなかなかガメツく、健太君や五郎君の家からはとても慰謝料を払わせることはできないと見込んで、

「あなたがたがどんなエライ人たちと相談してきたかしれないが、キズモノにされた娘の慰謝料は三〇〇万円がビタ一文欠けても受け取るわけにはゆかん」

と頑強にその支払いの受領を拒絶した。

だが、毎日、拘置所で面会をするたびに悄然として今にも泣き出しそうな太郎君を見るにつけ、親として、たとえ石にかじりついても太郎君を救い出すためのお金をこしらえてあげねばならないと必死になって奔走した。

ともかく金に替えられる物はすべて金に替え、さらに借財までして三〇〇万円を調達し、ようやくのことでまち子さんのお父さんから示談書と告訴取下書を書いてもらい、弁護人を通してそれを裁判所に提出した。

太郎君の両親は、この書類を出した以上明日にも太郎君が晴れてわが家に帰れるものと待ちこがれていた。しかし、太郎君はなかなか釈放されなかった。

被害者のまち子さんにしてみれば日がたつにつれ、同僚たちから向けられる冷視を帯びたような白い眼を見るにつけても、今さらながらにこの太郎君の仕打ちがうらめしく

証人として公判廷に立たされたときは、憤然として、
「太郎さんを厳罰に処してください。わたしは憎んでも憎みきれない気持です」
と叫んだのだ。
それかあらぬか、判決は太郎君親子の期待を裏切り、懲役刑に対して執行猶予もつかなかった。
太郎君の両親はいま、不安な気持で控訴審の審判を持っているが、まち子さんの家では、俄かに畳替えをしたとか、テレビを買ったとかいうことであり、何かそこに割切れない気持をいだいたというのも無理ではあるまい。

問題点

古い刑事訴訟法では、公判が始まっても、それが終わるまでの間なら告訴を取り下げることもできた。しかし、現在の訴訟法では検事が起訴をしてしまえば、もはや告訴は取り下げられない。

実例の場合は、太郎君の父親がかけずり回って三〇〇万円の都合をつけ、このお金で示談をしたのだが、太郎君は強姦罪（現行法は**強制性交等の罪**）で判決まで受けてしまったのである。

これは結局、告訴の取下げができる期間を過ぎてから示談金を払ったことを意味しており、元来、被害者の側でも、もう告訴の取下げはできなくなっていたのだ。強姦罪は**親告罪**（強制性交等の罪は非親告罪で告訴は不要）であるから、被害者である女性の側から告訴がなされねば検事はこれを告訴することができず、告訴もしないのに検事が起訴をした場合は、裁判所は**公訴棄却の裁判**をしなければならない。

検事の起訴をストップさせるには、いわゆる検事勾留の期間内に、告訴を取り下げることが必要で、検事が起訴状を裁判所に提出してしまってからでは、もはや手遅れである。ようするに、起訴されてしまってからの告訴取下げは、刑事訴訟法上は、まったく無意味ということである（二三七条）。

もちろん、裁判所としては、その量刑を考慮する上において、その書面から被害者との間に示談ができ、犯人に対する感情が和らいでいるという事情を汲んで刑を軽くしたり、または執行猶予を付ける上の資料として取り扱われることもあろうが、裁判官は決してこれにとらわれるわけではなく、たとえ示談ができていても、社会防衛その他の見地からみて執行猶予を付けず実刑を科するにふさわしいと判断すれば、何の容赦もなく、実刑を言い渡すこともあるわけである。

つまり、慰謝料の授受は民事上の問題、刑事は刑事という前提で、両者は決して同一線上のものではない。

示談をするということは、刑を軽からしめ、執行猶予の裁判を仰ぐためにぜひ必要なものであるが、示談さえできれば、何が何でも執行猶予がもらえると思ったら間違いである。

自分の妻を襲って婦女暴行罪で罰せられた男の話

セックスのアナ

夫婦とは名のみの場合は無理じいは禁物

春子さんが強田一夫と結婚したのは、二年前のことである。男前だし、職人としての腕も良さそうなので、親の反対を押し切ってのことであった。

ところが新婚旅行から帰ってきても、一夫は一向に仕事に出ようとしない。そればかりか、朝から晩までしつこくセックスを迫る。いやがって春子さんが拒むと、殴る蹴るの乱暴である。その振舞いたるや、まさに常軌を逸した言語に絶するものである。

一夫が働かないので、しばらくすると生活費にも窮することになった。春子さんは、実家からお金を借りたり、パートに出たりするが、それでさえ「勝手に家を空けるとは何事か」と殴られる始末である。

このようなことから、春子さんは一夫を忌み嫌うようになり、夫婦関係も冷え切ってしまった。それでも一夫は別れてはくれず、相変わらずセックス三昧(ざんまい)の毎日である。

このような日々が二年ほど続くと、思い余った春子さんは実家に逃げ帰ってしまった。ところが、それを許してく

☆俺の女房だというのに!

れるほど一夫はやさしい男ではなかった。友人の光男と二人して車で春子さんの実家に押しかけると、春子さんを無理矢理連れ戻しにかかった。実家の両親がこれを引き止めようとしても、「女房を連れて帰るのがなぜ悪い」と開き直り、ついに春子さんをさらってきてしまったのである。

　問題は、その後の一夫たちの行動であった。始めのうちは勝手に実家に帰ったことをなじっていたのが、さみしい山道にさしかかると車をわき道に停めた。そして二人で何やら話し合っていたかと思うと、二人して春子さんに襲いかかってきた。俗にいう「輪姦（りんかん）」である。もちろん春子さんは抵抗したが、大の男二人にかなうはずもない。いいように二人に犯されてしまったのである。

　夫の乱暴もさることながら、その友人にまで犯されるというのは、只事ではない。屈辱感に耐えかねた春子さんは再び実家に逃げ戻ると、今度はすぐに警察に相談をした。そして二人を強姦罪で訴えたのである。

　この刑事事件では、夫である一夫の暴行についてまで強姦罪が成立するかという点が争われた。

問題点

夫婦の間では、性生活が営まれるのは当然のことで、まったくないとしたら、そのこと自体問題である。時には、離婚理由にもなり得るであろう。そればかりか、夫が妻以外の女性と性的関係を持てば、「不貞」である。不貞を働けば、それ以外の点でどんなに理想的な夫でも、一方的に悪者にされてしまう。決定的な離婚理由になるし、離婚すれば妻に離婚慰謝料を払わされることもある。

　こう考えると、夫が「今夜は疲れているから」と嫌がる妻を犯したからといって、直ちに強姦罪が成立するとは言いがたい。しかし、夫婦とは名のみで、その関係が冷え切っている場合は、おのずから結論が異なってくる。

　この場合は、妻に性行為を強要し、行為に及べば、「**強制わいせつ罪**」あるいは「**強姦罪※**」に問われる可能性が高い。本件の一夫も、裁判で光男とともに強姦罪を宣告されてしまい、懲役二年の実刑に服することになった。

　なお、本件が第三者との共犯であったこと、犯行が屋外で行われたことも、有罪判決に影響を与えているものと思われる。もし、自宅での単独行為なら、結論は違っていたかもしれない。

※強姦罪の保護法益は女性の性的自由なので、婦女暴行罪などと使うこともある。もっとも、これは法律用語ではない。また、加害者が複数いる場合、平成一七年以降は強姦罪ではなく、非親告罪の集団強姦罪ができ、この規定が適用されていた。なお、平成二九年七月一三日施行の改正刑法で、性犯罪は被害者の告訴が不要になり、強姦罪は**強制性交等の罪**と名を変えて、集団強姦罪の規定も削除されている。

自分の不倫を隠すため相手の男を強姦罪で告訴した妻の話

セックスのアナ

相手・場所・方法次第で強姦になる

昌代さんは、いい男と見ればベッドに誘いたくなるという肉食系主婦である。最近では、夫の部下の杉山と半年前から不倫関係にある。夫の留守中に、自宅に杉山を呼んで、関係を続けているのだ。ところが、たまたま早帰りした夫が、家の玄関を出て来る杉山と鉢合わせしたため、事件になったのである。

「オイ、杉山！　ここで何してる！」

杉山は浮気がバレたと思い、問い詰める夫の制止を振り切り、慌てて逃げ出したのだ。一方、室内で夫の怒鳴り声を聞いた昌代さんは、とっさに杉山にレイプされたことにしようと考えたのである。彼女は、その場で下着まで着ている物すべてを力ずくで、手荒く破り取られたかのように脱ぎ捨てると、右腕を背中に回し、仰向けになって右腕を床にグイグイ押し付けたのである。夫が寝室に駆け付けた時、目にしたのは、肌も露わな姿で床に倒れ、苦痛に呻く昌代さんだった。

救急車で病院に運ばれた昌代さんは、「右腕捻挫。全治三週間」という診断を受けたのである。彼女が杉山を告訴

☆誘ったのは女の方なのに…

したのは言うまでもない。その後、杉山は逮捕され、強姦致傷で起訴されたのである。

しかし、杉山にしてみれば、とんでもない言いがかりである。第一、自宅に誘ったのは肉食系の昌代さんである。杉山は取調べでも、法廷でも、合意の上だと主張したが、裁判所と裁判員がどんな判断を下すか、不安である。

問題点

この場合、杉山は圧倒的に不利である。昌代さんと不倫関係にあり、過去に何度も情を通じている（肉体関係をもった）ことを証明するしかないが、それが合意によるものか、暴行や脅迫によるレイプなのかを知る者は、二人以外にいないからだ。また、肉体的な機能上、男性はセックスにおいて能動的立場に立つことも、杉山には不利な点である。

肉体関係をもった女性から、強姦されたと訴えられた男性が、相手女性と交わしたメールの内容を合意（和姦という）の証拠として提出し、裁判所で無罪を勝ち取ったケースもあるが、元々肉体関係がある男女でも事件が起きた際、女性が関係を結ぶことを拒否したとすれば、強姦罪（現行法では強制性交等の罪）が成立する場合もある。

いずれにしろ密室の出来事であり、合意ではなくレイプだと主張し続ける昌代さんの供述を覆す証拠を、杉山が見つけ出すのは容易ではない。

ところで、レイプと和姦とは、どう違うか。判例によると、レイプは暴行または脅迫をもって相手の女性の抵抗を抑圧した上で姦淫をすることであるというが、両者を区別する手がかりは、次のようなものが上げられる。

①相手の女性の年齢、経歴、生活環境などが強姦罪の成立に影響するか

被害者が成人女性の場合、その年齢により量刑の軽重が決まるということはない。ただし、女性が満一三歳未満であれば、姦淫（セックス）しただけで強姦罪が成立する（刑法一七七条）。

また、女性の性体験の有無は、強姦かどうかの事実の認定上の問題として、影響はあると言える。

この他、加害者と被害者が初対面か、それとも顔見知り、あるいは肉体関係はなくても交際があった場合などで、事実認識に違いが出て来る。

②事件の起きた場所からくる影響

肉体関係をもった場所も、有罪無罪を決める有力な証拠になる。事件現場がホテルやラブホテルなどであれば、ナイフで脅して連れ込んだというような特別な事情がない限り、女性は関係を持つことを承諾した（合意だった）とみなされる可能性が高い。

③方法による影響

レイプ和姦の区別は、結局女性側の承諾があったかどうかによる。行為の後、二人で食事をしたり、コーヒーを飲んだような場合、承諾があったと、みなされる可能性が高い。

強姦未遂で告訴されたが電話告訴だったので無罪になった話

セックスのアナ

被害者のママ母が告訴したので

この事例は、強姦など性犯罪が親告罪で、その告訴期間も六か月間だった頃の事件である。

事件を起こした佐川君は三二歳だが、大人の女性より少女が好きという困った性癖がある。ある日、公園で見かけた一〇歳のミヨちゃんを園内のトイレに連れ込み、襲ったのである。ただ、被害者に騒がれたため、行為そのものは未遂だった。

その後、少女や目撃者の証言から佐川君の犯行とわかり、彼は警察に逮捕された上、強姦未遂罪（現行法では**強制性交等未遂罪**・・・刑法一八〇条）で起訴されたのである。彼は強姦の行為には着手したが、その目的を遂げられなかったため、強姦罪（現行法では**強制性交等の罪**。一七七条）の未遂に問われたのだ。

ところで、刑法四三条には、「未遂の場合はその罪を減軽できる」と規定されている。これは、裁判官の判断一つで、被告人の刑を軽減してやることもできれば、その反対に、既遂の場合と同様、重く処罰することもできるということだ。ようは、軽減するもしないも、すべて裁判官の胸三寸となっているから、未遂と既遂の刑の差別は絶対的なものではない。被告人が、未遂だから当然刑も半分で済むなどと思ったら、大きな間違いなのである。

また、強姦という犯罪は、その性質上、計画的な場合は少なく、多くは偶発的、突発的に行われる。被害者を見た途端、急にムラムラとして、突然飛びかかっていくわけだ。だから、失敗する確率も案外高い。しかも、強姦未遂でも、刑は大して変わらない。そんな割に合わない強姦未遂の罪名で起訴されたのが、佐川君である。

ところが、どうしたことであろう。裁判所は半年余りの審理の結果、以外にも彼を放免したのだ。佐川君に対する検事の起訴は法律の規定に違反しており、無効というべきだから事実の黒白を調べずに、「公訴棄却」という門前払いにしたというのである。一体、佐川君に対する検事の起訴は、どこが法律の規定に違反していたというのだろうか。

この事件当時、強姦罪は**親告罪**とされていた。親告罪であるから、被害者が直接捜査官に対して、「憎い犯人を法の裁きによって処罰してください」と、正式に告訴をしなければ、法律上、その事件を公判（裁判）にかけることはできないことになっていたのだ。

法の狙いは、レイプという外聞をはばかる出来事が公になってもかまわないから、犯人を公判廷に引きずり出して処罰してくれと、被害者が申し出た場合に限り、その事件を起訴しようというものである。だから、被害者の告訴がなければ、いかに極悪非道の強姦犯人であろうと、強姦の際に、被害者にケガを負わせたり、物を壊すなどの損害を与えない限り、検事はこれを起訴できない。告訴なしに起訴すれば、それは無効の起訴となる。

では、佐川君の場合には、どうであったか。

被害者のミヨちゃんは満一〇歳の未成年者である。それゆえ、彼女の母親が警察に告訴したのだが、その母親は、

☆電話の告訴は受付けません

継母であり、しかも戸籍簿上、ミヨちゃんの正式な親権者ではなかったのだ。法律上の親権者でない者が、未成年者に代わって告訴してみても、その告訴の効力は当然ない。だから、検事は少女の真の親権者である父親から、改めて告訴をさせるべきだったのだが、どうしたわけか、検事はその父親に出頭を求めず、電話で告訴するかどうかを打診しただけだったのである。父親は、検事の電話に対し、「告訴は取り消さない。犯人を厳重に処罰してもらいたい」と答えている。検事はその返答を「電話聴取済」なる書類にしたため、これで大丈夫と、佐川君を強姦未遂罪で起訴したというわけだ。しかし、裁判所は、かかる電話の告訴は無効であってまかりならぬと、判断したのである。

告訴は厳格な要式行為だ。**告訴状**という一定の書面を被害者に提出させるのが原則で、例外として口頭で告訴した場合は、捜査官が特別に「**告訴調書**」をしたためねばならないと規定している。要式行為とは、一定の形式をとらない限り、その法律行為が無効になってしまう種類のものである。これは、刑事訴訟行為にも、もちろん存在する。

このように、厳重な規定を置いてする法の建前に照らしてみれば、対話者同士が直接に面接していない電話の告訴は、法律でいう「**口頭の告訴**」とは称しがたいと、裁判所は判断したのである。

問題点

告訴というものは、このように厳格なものである。しかも、強姦未遂の罪は、事件当時は**親告罪**で、一定の告訴期間があった。被害者側は犯人を知った時から六か月以内に、告訴をなさねばならなかったのである。六か月が過ぎてしまうと、もう告訴はできなかったのだ（相手が真犯人でも罪に問えないということ。刑事訴訟法二三五条）。

ところで、この告訴期間については、その後、法改正があり、強制わいせつ、強姦、準強制わいせつ、準強姦の罪は親告罪のままで、平成一二年六月八日以降は告訴期間の規定のみ削除されたのである（未遂は告訴期間がある）。

この事例が、告訴期間の規定が削除された後に起きた事件で、強姦が既遂だったら、たとえ犯行の日から六か月が経過していても、被害者であるミヨちゃんの側は改めて告訴できた。佐川君は未遂だったため、告訴を免れたのである。

なお、平成二九年七月一三日施行の刑法改正で、強制わいせつ罪、強姦罪（**強制性交等の罪**）などの性犯罪は、未遂も含めて親告罪ではなくなった。被害者側の告訴がなくても犯人を起訴できるようになったのである。

もし、この事例の事件が今日起きたものなら、ミヨちゃんの側から告訴がなくても、佐川君は強制性交等未遂罪で起訴されていたに違いない。

第14章

刑事問題の抜け穴と急所

♣本書の内容は……

・AIで作ったフェイク動画を配信し名誉毀損で訴えられた話――刑二三〇条等
・携帯電話の充電に自販機のコンセントを無断で使い捕まった話――刑二三五条等
・酔漢をホームから転落死させたが正当防衛が認められたダンサーの話――刑三六条
・電子ペットの模造品を売って逮捕されたが無罪になった話――著作二条・一一三条
・マリファナ密輸の相談に乗り共同正犯で起訴されたうかつな男の話――大麻取締法四条
・誤って振り込まれた預金を払戻して詐欺で訴えられた話――刑二四六条

など実例解説・二〇話

刑事問題の法律の急所

令和四年の刑法犯認知件数は六〇万一三八九件で、平成一四年をピーク（約二八五万件）に減少し続けていたが、二〇年ぶりに増加した。中でも、特殊詐欺は前年に比べ、約二割増えている。また、検挙率も四一・六％と前年より五・〇ポイント悪化した。

なお、刑事問題をめぐる最近の法律の動きとしては、**刑法**改正（令和四年六月一七日公布）、**ストーカー行為等規制法**改正（令和三年五月二六日公布）、**少年法**改正（令和三年五月二八日公布）が上げられる。

★懲役刑や禁錮刑がなくなり拘禁刑が創設された

刑法では、刑の種類が改正された。自由刑（身柄を刑事施設＝刑務所に拘置され、行動の自由を奪われる刑罰）の懲役刑と禁錮刑が廃止され、代わりに**拘禁刑**が新設された（改正刑法一二条）。

改正前の規定では、懲役刑の受刑者は所定の作業を義務づけられていたが、禁錮刑の受刑者は作業をする義務はなかった（希望すれば作業できる）。

改正法では、拘禁刑の受刑者は刑事施設に拘置され、改善更生を図るために必要な作業を行なわせることができると、定められている（同条二項、三項）。

また、前に拘禁刑で執行猶予が付いた者が再度罪を犯し二年以下の拘禁刑の言渡しを受けた場合、今度も執行猶予を付けられる要件が緩和された（二五条）。

なお、右の改正については、公布の日から三年以内に施行される（それまでは、懲役、禁錮が使われる）。

★侮辱罪の法定刑が引き上げられた

ＳＮＳで他人を誹謗中傷する事件が増加しているが、その投稿内容によっては、名誉毀損罪や侮辱罪に該当する場合もある。しかし、**侮辱罪**（刑法二三一条）の法定刑はこれまで「拘留または科料」と、軽かった。拘留も懲役と同じく身柄を刑務所に拘置されるが、その期間は「一日以上三〇日未満」、科料は「一〇〇〇円以上一万円未満」である（一六条・一七条）。

今回の改正では侮辱罪の法定刑が重罰化され、「拘留または科料」から「一年以下の懲役もしくは三〇万円以下の罰金または拘留もしくは科料」に引き上げられた（令和四年七月七日から施行）。

なお、刑法は平成二九年六月の改正で、性犯罪関連の規定の一部が大きく変わっている。たとえば、「強姦罪」は「強制性交等の罪」と罪名が変わり、法定刑も引き上げられた（一七七条）。また、強制わいせつの罪（一七六条）以下の性犯罪の罪は、被害者からの告訴がなくても起訴できる非親告罪になっている。

ただし、令和五年の通常国会では、強制性交等の罪の名称を「不同意性交渉」と、再び変え、また同罪の成立要件をより明確にする刑法改正が行なわれる予定だという（三九九頁・前章法律の急所参照）。

★ＧＰＳによる位置情報取得はストーカー行為

ストーカー行為等規制法の制定当時は、今日のように誰でも簡単にＧＰＳ機器を取得して、無断で被害者の位置情報を取得できるなど、予想もつかなかった。そのため、被害者の車に無断でＧＰＳ機器を取り付け、相手の行動を見張っていた事件で、裁判所は「ＧＰＳにより位置情報を取得しただけではストーカー行為等規制法の見張り行為にならない」と判断を示している（最高裁・令和二年七月三〇日判決）。

しかし、令和三年五月の法改正により、相手の承諾を得ないでＧＰＳ機器を取り付けたり、それによって位置情報を取得する行為も、「つきまとい等」の規制の対象に追加され（二条三項・**位置情報無断承諾取得**）、警察は警告や禁止命令を出せるようになった。また、この行為を反復して行なえば、ストーカー行為となる（同条四項）など、実情に即した法改正が行なわれている（令和三年六月一五日から施行）。

★一八歳以上の犯人は氏名が公表される

民法規定が改正され、令和四年四月一日から、成人年齢が「二〇歳」から「一八歳」に引き下げられた。ただし、二〇歳未満の少年少女が罪を犯した場合は、これまでどおり原則は保護事件として扱い、少年法が適用されることは変わらない。

なお、令和三年五月の少年法改正では、一八歳以上の少年を「**特定少年**」と定め、原則逆送（検察官送致という）することになった。これにより、一八歳以上の特定少年は「死刑または無期もしくは短期一年以上の懲役もしくは禁錮に当たる罪」の事件を犯した場合、通常は成人と同じ刑事裁判に付され、刑事処分を課されることになった（六二条）。

また、事件を起こした少年が家庭裁判所の少年審判に付されたり、刑事処分相当として検察官により起訴された場合、その少年の氏名、年齢、職業、住居など本人であることが推知できる情報や写真の公表は原則禁止されていた（六一条）。

ただし、特定少年については特例として、この規定を適用しないことになった（六八条）。その少年が起訴された場合は、氏名の公表や顔写真掲載も原則可能ということである（令和四年四月一日から施行）。

AIで作った偽動画を配信し名誉毀損で訴えられた話

刑事事件のアナ

いたずらも過ぎると犯罪になる

角田玲奈は、三年振りに開かれた高校のOB会で、当時から憧れていた担任の山内先生に再会した。彼女の思いを知る級友から焚きつけられた玲奈は、酔った勢いもあって、周りに大勢の人間がいるのも気にせず、彼に告白したのである。

しかし、山内の返事はつれなかった。周りに大勢の参加者がいる前で、「昔も今も、君を生徒以上の存在と思ったことはない」と、言い放ったのだ。OB会後、同級生の男女二人と二次会をした玲奈は、その振られ様を二人から散々酒の肴にされたのは言うまでもない。

「しかし、速攻で振られたな」。

「何よ！　人を笑いものにして。だいたい、あんたたちがコクれって煽ったからじゃない。責任取んなさいよね」。

「責任って…。本当に悪いのは、山内でしょ。元教え子の玲奈を万座の中で恥かかせたんだから」

☆フェイク投稿には毅然たる対応を！

「そうだ。あいつにも恥かかせりゃいいじゃん」

「そんなこと、できるの？」

男はうなづくと、フェイク動画を作ってネット上に配信しようと提案したのだ。匿名で配信するから、玲奈たちが発信者とバレる心配はないし、もしバレたら、いたずらと言えば、説諭くらいで済むはずだと言う。それを聞いて、玲奈も話に乗ることにしたのである。

それから、数日が経った頃、玲美が卒業した高校の校長室では、山内先生が深刻な顔で、厳しい表情の五〇歳代の校長と向き合っていた。二人の視線は、校長が手に持ったタブレットの画面に釘付けだった。

画面はネット上に公開された動画で、そこには山内先生が制服姿の女子高生とラブホテルに入り、ベッドで性行為をしている様子が映っていた。

画面上には、「#高校教師のパパ活」の下に、「こいつ、○○高校の山内っていう教師だぜ！」「教師が、こんなことしてもいいのかよ」「こんな先生、すぐ辞めさせるべきよ！」などという書き込みが次から次へと現れた。

「山内先生！　これ、あなたですよね。現職の教師が女子高生を買春するなんて…」。

「ち、違います！　これ、私じゃありません」

「とにかく、教育委員会の処分が出るまで、あなたには、自宅謹慎を命じます。これは、校長命令です」

山内先生がいくら弁明しても、校長は耳を傾けてはくれなかった。このままだと、彼は諭旨免職処分で教職を追われることになる。教育委員会の処分が出るまでに、何とか画面で女子高生とラブホテルに入った男が、彼ではないと証明するしかなかった。

そして、その動画を繰り返し見ているうちに、気づいたのである。動画が、とあるアダルトものの映像の一部だと言うことに…。

山内先生は、探偵事務所に依頼し、その元となる映像を探し出してもらい、校長にネット上に流れている動画の彼は、アダルト作品のコピーで男の顔を加工したものだと、無実を訴えたのである。校長は山内の話を信じた様子で、教育委員会に彼の処分の発令の一時差止めを依頼するとともに、彼には警察に被害届を出すよう指示したのである。

玲奈の元に、警察が事情を聞きに訪れたのは、それから間もなくのことだった。玲奈は匿名で配信したのに、なぜバレたのかわからない。

問題点

警察は、山内先生の被害届を受理すると、ネット上に公開された動画の配信者(制作者)が誰かを調べる。匿名の場合は、その配信者の氏名や住所、メールアドレスなどの発信者情報を開示するように、サイトやプロバイダーに要請する。

玲奈は匿名だからバレないと考えているようだが、この事例ではサイト側が開示に応じる可能性が高い。

また、フェイク動画は、山内先生の社会的信用を明らかに貶めているので、名誉毀損に当たる。よって、いたずらのつもりだったという言い訳は通用しないだろう。なお、無断で男性俳優の顔を加工しているので、元のアダルト映画の制作会社からは、著作権法違反で訴えられる可能性もある。

実際、AIの技術を使って、女優の顔を合成したアダルトのフェイク動画をネット上に公開した動画制作者が、顔を使われた女優に対する名誉毀損と元の動画の制作者の著作権を侵害した容疑で逮捕された事件もある。

宗教活動を理由に犯人を匿まったが無罪になった牧師の話

刑事問題のアナ

迷える小羊を救うのは正当な業務行為

犯人蔵匿罪（刑法一〇三条）という犯罪がある。明らかに罪を犯したとわかる者を匿まったりして、犯人の逮捕を妨害すると、この犯罪が成立する。しかし、これには例外がある。自分の父や、自分の子が罪を犯した場合、これを官憲に突き出すことは、父として、子として、人情上忍びがたいものがある。孔子も、「子は父のために隠し、父は子のために隠す。直きことこの中に在り」として、父が他人の羊を盗んだのを、その子が役人に申告したことを、かえって反倫理的な行為であるとたしなめている。だから、刑法も、この精神を汲んで、「犯人または逃走者の親族が、犯人または逃走者の利益のためにこの罪を犯したときは、その刑を免除することができる」と規定している（刑法一〇五条）。

☆迷える小羊です、アーメン

ところで、昭和四五年一〇月二〇日のこと、日本の刑法史の上で前例のない一大事件が突発した。犯人が日本キリスト教団龍野教会に潜入したのを、その教会の牧師が約一週間もその教会に宿泊させて、犯人を匿まってしまったというのである。その教会牧師田根利一氏は、犯人蔵匿罪の被告人として神戸簡易裁判所に起訴された。起訴事実はつぎのとおりである。

「被告人は、日本キリスト教団龍野教会牧師と共謀の上、兵庫県立××高等学校生徒であるAとBが、右高等学校で発生した建造物侵入、兇器準備集合、暴力行為等処罰に関する法律違反および窃盗事件の犯人として、兵庫県尼崎中央警察署が捜査中のものであることを知りながら、昭和四五年一〇月二〇日右両名を龍野市龍野町日山三九六番地の日本キリスト教団龍野教会に同行し、同月二八日まで同教会教者館に宿泊させてこれを蔵匿したものである」

さて、この事件、果たして有罪か無罪か、その結論は微妙である。その理由はほかでもない。教会とは、牧師が自分に託された羊の群を養い育てるところであるといわれている。キリスト教ではあらゆる人を〝羊〟にたとえる。そこで、牧師は、中に〝迷える羊〟が出れば、何をおいても、その羊に対する「魂への配慮」を要する。つまり、牧師は、その人が人間として成長していくようにあくまでもその人を導く。これは牧師の神に対する義務、すなわち宗教上の職責だといわなければならないからだ。

ゆえに、この事件は、宗教活動の自由と、国家の刑事司法作用との衝突とをいかに調和し、解決するかを示すべき試金石的事件である。それゆえに、この事件の判決は、日本の刑法判例史上きわめて大きな意義をもつ。それゆえに、この判決は各方面から注目された。そして、その判決は、新聞、テレビその他を通じて、「牧会権を認めた判決」として、大きく、大きく報道された。

問題点

判決理由は次のとおりであった。「被告人の所為は、自己を頼って来た迷える二少年の魂の救済のためになされたものであるから、牧師の牧会活動に該当し、被告人の業務に属するものであったことは明らかである。ところで、それが正当な業務行為として違法性を阻却するためには、行為そのものが正当な範囲に属することを要するところ、牧会活動は、もともとあまねくキリスト教牧師の職として公認されているところであり、かつその目的は個人の魂への配慮を通じて社会へ奉仕することにあるのであるから、それ自体は公共の福祉に沿うもので、業務そのものの正当性に疑いをさしはさむ余地はない。一方、その行為が正当な牧会活動の範囲に属しており、その手段方法において相当であるかぎり、正当な業務行為として違法性を阻却する」

つまり、刑法は「法令又は正当な業務による行為は、罰しない」と規定しており（刑法三五条）、判決は、ここに根拠を求めてこの牧師を無罪としたのである（神戸簡易裁判所昭和五〇年二月二〇日判決）。

酔漢をホームから転落死させたが正当防衛が認められたダンサーの話

刑事問題のアナ

酔った勢いとはいえからむのも程々に

栗原美佐さんは、いわゆるストリップダンサーであった。三二歳のときから踊りはじめ、今年四一歳になる。九州福岡には、全国を巡業する栗原さんの帰りを待っている夫と子どもがいる。昨年一月のことだ。ショーがはねて栗原さんは宿に帰るため、JR線のホームで電車を待っているところに、中年の酔っぱらいが近づいてきて、栗原さんにからんできた。無視している栗原さんに、男はしつこくからみ、こづいたり、足げにしようとしたりした。あげくのはては、「このばか女」とののしり、栗原さんは、手を振り払ったりして逃がれようとし、近くにいた他の男性に助けを求めたが、男達は、酔っぱらいの行為を笑って眺めている有様だった。

そうこうしているうちに、酔った男は、栗原さんの後頭部をつかみ、さらにコートの襟をつかんできた。栗原さんは、このままだとどういうことになるかと思った。遠く福岡に残してきた夫や子どものことが頭をよぎった。酔っぱらいから逃がれようとして、ホーム中央のベンチの付近で、両手で酔っぱらいの右肩あたりを突いたところ、その勢い

☆誰も助けてくれないとは……

で、男はとっとっと後ずさりして、ホームから下に落ちた。そのとき、運悪く電車が入ってきて、酔っぱらいは轢死してしまったのだ。

駅員の通報でとんできた最寄りの警察官に栗原さんは逮捕され、やがて地方検察庁から傷害致死罪として起訴されたのだ。

死んだ酔っぱらいは、地元の高校で体育を担当する教師で、当時四七歳であることを知ったのは、栗原さんが逮捕された留置場での中であった。

この事件が新聞やテレビで報道されると、世論はさまざまな反応を示した。酔っぱらいが、通りがかりの若い女性などにからむ光景はめずらしいことではない。ホームにいた他の男性達に助けを求めた栗原さんに手を貸さず、にやにや眺めていた男達も、まさかそれが酔っぱらいの死につながるとは思わず、見慣れた風景の一つくらいに思っていたのだろう。そこには、男の女に対する蔑視があり、危害から逃げようとして男を突いた栗原さんの行為は正当防衛だという同性達の声が多数あったが、法律専門家の間では、酔っぱらいの男の死という現実から、過剰防衛だとする意見が出ていたのである。

問題点

栗原さんは、たちまち時の人になったが、栗原さんの行為が法の上で**正当防衛**として認められるためには、酔った男の栗原さんに対する行為が、「差し迫った危害」といえるかどうかが問題である。次に、自分の権利を防衛するため、「やむを得ずにした行為（酔っぱらいの肩をつく）」であったかどうかだ。刑法三六条一項は、そう規定し、これに該当する行為は罰しない、としている。

具体的には、男のいやがらせやからみが、どの点で認められるかであるが、この事件の判決は、栗原さんが、襟のあたりを手でつかまれた強いからみの点で、栗原さんが男からどんなことをされるのか不安になったこと、それから恐怖を感じたことは、通常の生活で経験し理解できることだとしている。

次に、栗原さんが男の肩を突いたことの妥当性が問題になった。**過剰防衛**（かじょうぼうえい）になるか否かの分岐点がここにある。

判決では、両手を前に出して突くという行為は、他人を離すための手だてとして通常見られるとし、栗原さんの突き行為の力は、男を離すのに必要な限度を越えていたとは思われないとしている。

たとえば、刃物を出して突いたとなると、判決の結果も変ったであろう。最後に、他の手段があったかどうかが検討されなければならないが、判決は、逃げればよい、という論を排して、やむをえない行為とし、栗原さんを無罪としたのである。大方の支持を得て、判決は確定した。

ボケた母親の預金を勝手に引き出し逮捕された成年後見人の長男の話

刑事問題のアナ

親族相盗の特例の対象外

加茂明美さんは、久しぶりに実家に戻って驚いた。実家は他人の手に渡り、母静代さんの預金も、ほぼ底をついていたからだ。母親は数年前から認知症を患い、長男で明美さんの兄の大垣徹さんが成年後見人に就任して、一切の面倒を見ていた。

その兄から、母親の病状が進んだので施設に入れたいが、入居費を半分出してほしいと言ってきたのである。しかし、結婚し他家に嫁いだ明美さんは、母の世話を兄に任せる代わりに、昨年父親が亡くなった時、その遺産を放棄している。母と兄は、各自一〇〇〇万円近い預金と時価三〇〇〇万円の自宅を半分ずつ相続したはずだ。

「その中から出せばいいじゃない。私は相続放棄したんだもの、出す義務ないでしょ」。明美さんがそう言うと、兄は、「完全介護だから高いんだよ」と答えるだけで、母をどこ

☆親子の仲でも公の任務！

の施設に入れるのかも、教えないのである。明美さんは、キチンと話を聞こうと実家に帰り、初めて母親の財産が消えた事実を知ったのだ。

兄を問い詰めると、株で失敗して多額の借金を作り、その返済に兄の預金だけでは足りず、母親の預金と実家も売って返したのだと言う。そして、買主から明渡しを迫られ、母親を介護施設に入れるしかなくなったのだ。

明美さんは激怒した。静代さんが兄のため、自分から預金を出したのならかまわない。だが、認知症が進んだ彼女は子どもの顔も認識できないのだ。兄は成年後見人であることを悪用し、母親の代理人として勝手に預金の払出しや不動産の売買契約をしたのである。

「兄さんのしたことは泥棒よ。警察に訴えれば、刑務所行きだわ！」。明美さんがそう怒りをぶつけると、徹さんは謝るどころか、「警察？　訴えたきゃ、訴えろよ。けど、子が親の財産盗んでも、罪にならないんだぜ。刑法で刑を免除するって決められてるのさ。いくら訴えても、警察は俺を逮捕できない」と、開き直ったのだ。

明美さんは、いくら親子でも、こんな兄を懲らしめることができないなんて、法律がおかしいと思っている。

問題点

人の物を盗んだり、許可なく使い込めば、窃盗や横領という犯罪である。その犯人は、窃盗罪や横領罪で刑事裁判に付され、有罪になれば刑罰を受ける。ただし、犯人が被害者の配偶者、直系血族または同居の親族の場合、刑法は特例で刑を免除すると定めている（親族相盗という。窃盗は法二四四条一項。横領は法二五五条）。

徹さんは、この親族相盗の例外規定を知っていたから、明美さんの追及に開き直ったのだろう。

しかし、法律はそれほど甘くはない。徹さんには親族相盗の特例は適用されないのである。彼が母親の成年後見人に就任し、彼女の財産管理をする職責を家庭裁判所から任された公人でもあるからだ。たとえ親子であっても、母親の財産をくすねた徹さんの行為は刑事罰の対象になり、彼が刑を免除されることはない。この場合、罪状は窃盗罪（法二三五条）ではなく、業務上横領罪（法二五三条）である。

同様の事例で、裁判所は成年後見人への特例の適用を否定、養子の預金を使い込んだ男に懲役三年の実刑判決を言い渡している（最高裁・平成二四年一〇月九日決定。一、二審判決が確定）。

なお、親の成年後見人になる場合、他に子（兄弟姉妹）がいると、彼らの同意も必要で、また就任後は一定期間ごとに家庭裁判所に管理する親の財産の動きを報告する義務なども負う。

妻の浮気現場を撮りに自宅に忍び込み住居侵入とされた夫の話

刑事問題のアナ

自分の家に入って不法侵入とは

我が物にして我が物ならず、ということがある。我が物顔して、というのは、公共の物、あるいは他人の物を傍若無人に取り扱うときにいう。

我が妻に対し、我が所有家屋に対し、我が物顔に振る舞ったため、刑事被告人になった可哀そうな人がいる。須磨井信夫氏は、飲食店を経営している妻と別居している。発端は須磨井氏の貞操に対して、妻多芽子さんが疑いの目を向けて、夫婦仲が悪くなったからである。須磨井氏は、腹立ちまぎれというか気紛れというか、人形の家の男性版よろしく、夫婦で同居していた自己所有の家を出てしまったのである。

かくして、三年間の別居生活が始まった。もちろん須磨井氏は、妻に対して離婚の民事訴訟を起こしたが、ラチがあかないのである。和解も不可能なのである。というのは、妻の多芽子さんが、財産分与とか慰謝料の要求を持ち出すからである。

須磨井氏は、はかばかしくいかない離婚の民事訴訟を有利に導くためには、多芽子さんの浮気、つまり不貞(ふてい)を主張し、立証しなければならない、と考えた。事実、多芽子さんに愛人がいる、というのは、確かな噂なのである。

しかし愛人関係ほど、立証しにくいものはない。須磨井氏の妻が、その不倫相手の男性が、法廷で、セックスの関

☆証拠の写真を撮りにきたのに

係はありません、と証言すると、これに対して、関係あり、と反証をあげるのは至難のわざである。

A男とB女の情交を立証するに際し、本人たちが否認したら、他の証拠をもって証明せねばならないが、情交の証拠ほど集めにくいものはない。温泉マーク、ラブホテルの出入口におけるA男B女の写真は撮影できるが、本番の行為は第三者には撮影できない。

須磨井氏は、この難関に挑戦した。よし、多芽子と愛人の本番写真を取ってやる、と昭和五六年六月のある夜、草木も眠る丑三つ時（午前二時）かつての自宅にインスタントカメラを持ちこんで忍び込んだのである。

須磨井信夫氏に、何ら罪の意識はない。というのは、忍びこむ家は、ちゃんと登記所の登記簿に、所有者須磨井信夫と登記されている自分所有の家だからである。カギも持っている。自分の家に入るのに、何の遠慮があるか。しかも、目的は、物盗りや強盗の類ではない。別居中とはいえ、戸籍上も妻である多芽子が、不貞を働いている現場を押さえて、証拠写真を撮影するためである。

封建時代ならば、「おのれ姦夫姦婦」と、二つに重ねて四つに切っても許される、という意識もあった。須磨井氏は、バッチリ浮気の現場の写真をとったが、納まらないのが多芽子さん、夫の信夫氏を住居侵入罪で訴えた。須磨井氏の無罪の主張に対して裁判所は冷たく、有罪、罰金七〇〇〇円（現行は一〇万円以下）に処する、と判決を下した。自分の家、しかも戸籍上の妻の家に入って、罰金とは、あまりにもひどいと、控訴して争うつもりでいる。

問題点

過去に**住居侵入罪**のおもしろい例がある。貞女たるべき出征兵士の妻と密通するために、兵士の妻の家に立ち入った情夫を、住居侵入罪で罰したのが、戦前の裁判所なのである。

当時は**姦通罪**があったが、これは親告罪である。何も知らぬ戦場の兵士が、妻を姦通罪で告訴することは現実には不可能である。したがって、住居侵入罪で情夫側をこらしめた、という次第である。

信夫さんは、戸籍上の妻の密通場面の証拠写真をとるため、自己所有の家に立ち入ったのであるから、刑法一三〇条の「正当な理由なく」ひとの住居に入ったのではない、と主張した。しかし裁判所は、「適当な限度」を超えている入り方だとして、信夫さんの主張を斥けた。民事上の紛争とは別に、刑法では現状（別居中）の秩序を尊重する、という思想がある。

理屈としては裁判所のとおりであるが、犬も食わない夫婦げんかの一部であるから、検事さんの段階で起訴猶予にして、かんべんしてやるのが、常識的な解決だろう。

飼い犬が他人にかみつき送検された飼い主の話

刑事問題のアナ

けしかけたかどうかが争点

武藤亮一さんは几帳面(きちょうめん)で、きれい好きである。朝晩、犬の散歩と家の前の掃除だけは欠かしたことがない。ところが、通行人の中には行儀知らずの人も多く、平気でタバコの吸殻(すいがら)やガムの包み紙などを掃いたばかりの通りに投げ捨てて行くのである。見つけた武藤さんが注意して、通行人と口ゲンカになることも、しばしばだった。

その日も、犬の散歩から戻った武藤さんは、出勤途中の山田三郎さんがポイと、くわえタバコを玄関先に捨てたのを見とがめたのである。そのタバコを拾った武藤さんは、飼い犬を連れたまま山田さんを五〇mほど追いかけ、追いつくと厳しく注意したのだ。ところが、山田さんの方も、負けてはいない。謝るどころか、逆に「チャンと火は踏み消した。朝の忙しい時間に、くだらんことでガタガタ言うな！」と、武藤さんにくってかかり、路上で口論になったのである。そして、腹を立てた武藤さんが山田さんの腕をつかむと、山田さんは腕を振り払おうと、武藤さんを突き飛ばした。その拍子に、武藤さんは飼い犬の手綱を放してしまったのだ。すると、飼い犬はいきなり山田さんに襲いかかり、その腕や足に噛みついたのである。

☆ペットの悪事は飼い主の責任

武藤さんは、慌てて飼い犬を山田さんから引き離したが、山田さんのスーツやズボンは大きく破れ、傷口からは血が噴き出していた。急いで救急車を呼び、病院に搬送したが、山田さんは計八針を縫う大ケガで、治療した医師は、完治まで約三週間と診断結果を告げたのである。

武藤さんは山田さんに謝罪し、ケガの治療費やスーツ代を支払うと申し出たが、怒った山田さんは示談に応じず、病院を出ると真っ直ぐ警察に向かい、武藤さんを告訴したのだ。しかも、山田さんは応対した警察官に「武藤さんが飼い犬をけしかけた」と説明したのである。飼い犬が気性の荒い闘犬種で、それ以前にも何人かに噛みついた前歴があったため、警察は武藤さんがいくら「故意ではない」と主張しても、信じてくれなかった。

結局、武藤さんは身柄拘束は免れたものの、傷害容疑で検察庁に書類送検されたのである。山田さんが、別に民事訴訟も起こすと言ったため、示談交渉も一度切りで諦めてしまい、それ以後、進めなかったことも悪影響したようだ。最終的に、検察庁がどんな処分をするのか、まだ不明だが、傷害罪で起訴されて有罪となれば、前科が付く。武藤さんは、不安で仕方がない。

問題点

犬や猫を飼う人は多いが、飼い犬が他人を噛む事件も少なくない。しかし、大概のケースは示談により、飼い主側が治療費などを支払うことでケリが付き、よほどの大ケガでもない限り、一般的に警察が捜査に乗り出すことはまずないだろう。また、たとえ被害者側が告訴しても、刑事事件として起訴されるケースは稀である。

もっとも、この事例のように、飼い主が**傷害罪**で書類送検されたり、逮捕されるケースを、時折新聞記事などで見かける。一般的に、飼い主が被害者を襲うよう犬をけしかけたり、その犬が過去にも他人を噛んだ前歴があるのに口輪をせずに散歩に連れ出したり、放し飼いにしていたという場合が多いようだ。

刑法二〇四条には「人の身体を傷害した者は、十五年以下の懲役又は五十万円以下の罰金」と、傷害罪の法定刑が規定されており、意外に重罪である（平成一七年一月一日より重罰化）。

なお、飼い主側に誠意がなく、示談にも応じない場合、被害者側は警察に飼い主を**告訴**するだけでなく、飼い主を相手取り、治療費や慰謝料を求める**民事訴訟**を並行して起こすことも多い。むろん、裁判開始前や裁判中に相手方と示談や和解の交渉をするのが普通で、示談が成立すれば、被害者側は民事の裁判を取り下げるだけでなく、告訴の取下げもするのである。ただし、飼い主が起訴されてしまうと、もう告訴の取下げはできない。

握手券を偽造し有価証券偽造罪で有罪になった男の話

刑事問題のアナ

握手券に財産的価値を認める

渡部君は最近デビューした女性デュオのファンである。ライブやイベントには欠かさず参加し、DVDやCD、写真集など彼女たちが露出した媒体も購入している。ところが、CD、DVD購入者の中から抽選で当たる握手券だけは、くじ運が悪く、渡部君は一度も当たらない。

もちろん、ネットオークションへの出品もあるが、人気のデュオとあって、その落札額は何万円にもなり、フリーターの渡部君には手が出ないのである。

そんな愚痴を渡部君がツイッターでつぶやいたところ、そのデュオのイベントで知り合った湯村氏から、「握手券を余分に持っているから、1枚1万円で譲る」と、メールが届いた。彼が、その話に乗ったのは言うまでもない。

渡部君は握手会当日、会場近くで湯村氏と会い、1万円と引き換えに、握手券を受け取った。オークションに出品された握手券の写真とそっくりなので、すっかり本物だと信じてしまったのだ。ところが、会場受付でその握手券を

☆ファンの夢につけこむ悪いヤツ！

出すと、係員から「これはニセモノです」と言われ、事情を聞きたいからと、別室に連れて行かれたのである。渡部君が連れて行かれた部屋には、ファンらしい数人の若者がいて、口々に、握手券は湯村氏から買ったと話していた。もちろん、渡部君も同じで、握手券は本物と信じていたのだ。湯村氏にダマされたのである。後で聞かされた話では、偽造券は本物をスキャンし、パソコンに取り込んでコピーしたものだという。

　しかし、事情はどうであれ、渡部君たちが偽造握手券を使おうとしたのは事実で、主催者宛に、「二度とこんなマネはしません」という始末書を書かされたのである。むろん、1万円は返ってこなかった。

　湯村氏はその後、別のイベント会場近くで、偽造握手券を売っているところを、ダフ屋行為として、迷惑防止条例違反で逮捕された。警察は詐欺と有価証券偽造でも調べていると言うが、彼は警察に、「コピーとして売っただけで、買った人が使うとは思わなかった」「握手券は有価証券ではないから、犯罪にはならない」と、主張しているという。

問題点

　イベント会場の近くで、「チケットがある」とか、「チケットが余っていれば買う」と、不特定な人にチケットを転売し、または転売目的で買い入れることをダフ屋行為という。このダフ屋行為は、都道府県条例で禁止されている。東京都の場合、罰則は六か月以下の懲役または五〇万円以下の罰金である。チケットを買った客も処罰対象なので、どんなにレア物でも、絶対に買わないこと。

　ただし、湯村氏が渡部君に売ったケースは、彼のツイッターを見てメールで直接やりとりをしているので、不特定な相手とは言えないから、ダフ屋行為にはならない。この場合、湯村氏の行為は**詐欺罪**か**有価証券偽造罪**に問われる可能性が高い。有価証券とは手形・小切手や国債など、財産上の権利がその券面に表示された証券（財産的価値がある）のことをいい、列車の切符や定期券、宝くじなども入る。一方、郵便切手や収入印紙、通帳などは、有価証券ではない。

　問題は、握手券が有価証券かどうかである。湯村氏は、握手券には財産的な価値がないと主張している。しかし、握手券は、ネットオークションで売買されているので財産的な価値があり、やはり有価証券と考えてよさそうだ。湯村氏の罪名は有価証券偽造罪、同交付罪になる。

　なお、人気グループＡＫＢ48の握手券を偽造した事件で、握手券には財産的価値があるから有価証券に当たるとして、偽造した犯人（被告人）に懲役1年6月、執行猶予3年を言い渡した判例が下級審で出た（東京地裁・平成二二年八月二五日判決）。

三歳の子供の証言が否定され業務上過失致死罪をまぬがれた話

刑事問題のアナ

疑わしきは罰せずとの法諺あり

事件は、昭和三六年二月三日の夕暮れごろのことである。

大阪府××市下中条の路地で遊んでいた当年二歳の杉本さよ子ちゃんは、とつぜん疾走してきたトラックにはねとばされ、肝臓破裂で死んでしまった。

そして、そのトラックは、さよ子ちゃんをはねとばしたままサッとゆくえをくらましてしまい、あいにく付近に目撃者もいなかったため、さよ子ちゃんを死亡させた加害者はだれか、かいもく見当がつかなかった。

その後、さよ子ちゃんと一緒に遊んでいた近所の山村吉広ちゃん（当年三歳四ヵ月）が事件の直後、家族の者に向かって、

〝さよ子ちゃんが○○○屋のブーブーに当たって泣いてはるわ〟と話したことがキッカケとなり、××市駅前の菓子製造会社○○○屋の重役佐藤隆志さんが、この事件の容疑者として調べをうけ、ついに業務上過失致死罪（現行法では、自動車運転死傷行為等処罰法の過失運転致死罪を適用）の被告人として大阪地方裁判所に起訴された。

佐藤さんは、終始一貫、〝さよ子ちゃんをひいたおぼえも、はねとばしたおぼえもない〟と否認しつづけた。キメ手と

☆ボクはホントに見たんだヨ

なる証拠は、三歳四ヵ月の吉広ちゃんの証言である。〝三歳の翁、百歳の童子〟などというコトワザがあるが、はたして三歳の幼児のことばに、どこまで客観的真実性があるのだろうか。

大阪地方裁判所は、吉広ちゃんの証言を信用して、佐藤さんを有罪と認定し、禁錮八か月、執行猶予三年という判決を言い渡した。

この有罪の認定には、児童心理学の研究者である大阪市大教授某氏の、つぎのような鑑定が、有力な証拠資料になっている。

つまり、某教授の鑑定によれば、〝吉広ちゃんの知能は正常であり、表現力も年齢相当で、証言の信ぴょう力は軽視できない。とくに事故直後、母親に向かって、「さよ子ちゃんが○○○屋のブーブーに当たった」と語ったことばは、なにもまわりの者から暗示をうけていない時期と状況で語ったものであり、十分信用できるものである〟というのである。

三歳の童子、四一歳の会社重役を有罪とす――まことにおどろくべき事件である。

むかしの中国の物語には、五歳の童子が火を司どる話があったり、布衣が八歳で秦の使者となったとか、または司馬温公が幼少のとき、友達の一人が水ガメのなかに落ちておぼれそうになったとき、石で水ガメをたたきこわして友達を助けだした話などがあり、〝賢愚巧拙歳をもって論ずべからず〟などといっているが、えてしてこのような話には、たぶんに着色と誇張がある。

日本にも赤穂義士伝のなかに、大石内蔵助が、年齢わずか一六歳の若さで山鹿素行を無事に播州赤穂へ送りとどけたという「山鹿護送」のはなしがあるが、正確な史実によって計算すると、山鹿素行が赤穂へ流されたときは大石は六歳でなければならない。いかに大石が早熟の神童であったとしても、六歳で山鹿を護送したとは考えられない。

問題点

佐藤さんの弁護人は、この有罪判決を不服として、〝吉広ちゃんの証言は、さよ子ちゃんのひかれたことと、○○○屋のトラックを小児特有の想像力で結びつけたもので信用できるものではない〟と大阪高等裁判所に控訴をした。

大阪高等裁判所は、審理の結果、第一審の有罪判決を取り消して、佐藤さんに〝無罪〟の判決を言い渡した。

〝疑わしい点もあるが、さりとて積極的な証拠もなく、吉広ちゃんの証言も信用できないわけではないが、その証言内容は簡単なことばで、キメ手とするのは危険だ〟というわけである。

〝疑わしきは罰せず〟という現行の刑事裁判の原則に基づいた妥当な判決と思われる。

占いでおどして金をまきあげる占い師を脅迫罪にかけ損なった話

刑事問題のアナ

一般人に恐怖心を与えることが必要

山田さん夫婦は、そろって縁起かつぎをする。しかも、数年前から天竜斉峰亀という占い師を信頼し、この先生の言うことなら何でも実行し、当然相当の寄付を差し上げているのである。

夫妻には子供がなく、これまでもあちこちに二世誕生を祈願して歩いていたのだが、初めて天竜斉先生を訪ねた時、一目で子供がいないことを指摘され、それ以来、すっかり信じてしまったのである。先生から「あなたがたのご先祖が、揃いも揃って、神様のお使い姫をつとめる高貴な蛇を殺してしまったのだ。そもそも、そんな先祖の末裔が夫婦になるのも悪因縁だが、子宝に恵まれないのは、すべて無益に殺された蛇のたたりじゃ」と言われ、神様の怒りを和らげるためと、言われるまま、かなりのお金を貢いでしまっていた。

しかも、先月になって、天竜斉先生は「まだまだお供えが足りんと見えて、ご夫婦の寿命も四十半ばを出ずと占いに出た。お二人の顔にも、はっきり死相が出ている」と、言い出したのである。四十半ばといえば、夫の山田さんは後数年、奥さんの方も十年足らずの命である。二人はガタガタと震え上がり、暗にもっと金を出すよう求める先生に、更なる献金を誓ったのは言うまでもない。

だが、山田さんの甥に当たる太郎君は、かねがね叔父・

☆起りそうもないことをいっても脅迫罪にはならぬ

叔母（おば）から金をむしりとる天竜斉先生を不審に思い、いつか化けの皮をヒンむいてやると思っていた。叔父から、この「死相が出ている」という言葉を聞くと、しめたとばかり、天竜斉先生を「脅迫罪」で告訴したのである。

太郎君が考えたのは、他人に対して「死相が出ている」と通告するのは、刑法二二二条の「生命…に対し害を加える旨を告知して人を脅迫した者」に当たるから、先生の叔父への通告は脅迫罪を構成するというのだ。

たしかに、この条文は、ちょっと見ると、通告をした者自身が、生命に対して害を加えるべきことが必要であるかのように読めるけれども、自分以外の第三者によって生命に危害を加えられるぞといって通告しても、脅迫罪は成立する（大審院・昭和一〇年六月二四日判決）。そんなわけで、太郎君は、天竜斉峰亀先生自身が手をかけるのでなく、「お使い姫様が山田夫妻の命を奪う」といって通告しても、りっぱに脅迫罪が成立すると考えたのだ。

だが、天竜斉先生のこの脅しは、果して脅迫罪に当たるのであろうか。

問題点

「お前の命はもうないぞ」

この一言は、楽に**脅迫罪**（きょうはくざい）を成立させる。聞き捨てならない、恐ろしい言葉だ。だから刑法は、こういう言葉を告げて脅した場合を、二年以下の懲役または三〇万円以下の罰金に処する旨を規定する。

だが、この場合「どうして俺の命がなくなるのだ」という問いに対して、「お前の周りには、俺の命令を受けた殺し屋が、いつもハジキを持ってお前を付け狙っているからだ」というのであれば、たしかにその通告そのものに、十分な危険性が感じられる。

これに反して、何百年前か知らないご先祖様が、蛇を殺した祟（たた）りによって、それで「お前の命がなくなる」というような場合、果してその通告そのものに危険性があるだろうか。

もちろん、人一倍縁起かつぎをするという山田さん夫妻にとっては、その一言が、総理大臣の言葉より権威をもって響くだろうが、法律というものは、どこまでも社会の平均人を対象として作られているのである。

そうでなければ、極端に臆病（おくびょう）な人に対しては、軽い気持ちで言ったツマラない冗談までが脅迫罪になってしまい、他方、多少の脅しくらいではビクともしない大胆不敵な人に対しては、何を言っても、脅迫罪は成立しないということになってしまう。

ようするに、オドカシというものは、社会の一般人に恐怖心を与える程度の通告でなければならず、縁起かつぎをする人だけに恐怖心を与える程度では脅迫罪は成立しない。よって、天竜斉先生のオドカシは、刑法上の脅迫罪には当たらないのである。

携帯電話の充電に自販機のコンセントを無断で使い窃盗罪で捕まった話

刑事問題のアナ

窃盗は微罪処分でも損害賠償は…

坂井君は、自分のちょっとした甘えが大きな災難になって降りかかってきたことに、今さらながら「あの時、あんなバカなことさえしなければ……」と、悔やんでいる。

半年ほど前のことだ。彼女と会話中、携帯電話が切れてしまったのである。

坂井君の携帯がバッテリー切れを起こしたのだ。彼女に、今夜のデイトの待合わせ場所を確認するため連絡したのだが、その大事な用件に入る前に切れてしまったのである。坂井君は焦った。公衆電話から架けたくても、彼女の部屋の電話番号も携帯電話の番号も、あるいはメールアドレスも、データはすべて坂井君の携帯電話に入っているのだ。商店街にはいるものの、時間は深夜近く、簡易バッテリーを売っているコンビニもなかったのである。

その時、困った坂井君の目に、路地にある一台の缶入り飲料の自販機が飛び込んできた。辺りに人がいないのを確認した坂井君は、自販機のコードを壁のコンセントから外すと、自分の携帯電話を代わりに差し込んだのである。タバコ一本吸う間、五分か一〇分あれば、当面の会話に困らない程度の充電ができる。充電終了後、またコードをコンセントにつなげばいい。坂井君は「腐るもんじゃないし、少しならいいだろう」と思っていた。ところが、その現場を、警ら中の警官に見つかってしまったのだ。近くの交番で、こってり絞られた後、坂井君は初犯ということもあって、二度としないと約束をして、釈放されたのである。

坂井君が、この事実を反省し、慎重な行動をしていればよかったのだが、再び携帯電話の充電で、電気窃盗を繰り返してしまったのだ。しかも、また同じ巡査に発見されたのである。坂井君は逮捕され、検察庁に書類送検された。

窃盗罪

☆見えなくても価値はある！

ただし、携帯電話の充電のために盗んだ電気の被害額は、電気会社の算定では1円以下ということがわかり、警察は「処分を求めない」微罪処分を望むと言う意見をつけて、送検したのである。幸い、坂井君は今度も刑事罰を受けずに済みそうである。

ただし、コードを抜いた自販機が缶入り飲料だけでなくアイスクリームも販売するもので、その中身が傷んでしまったとして、被害者から損害賠償を求められているのだ。

問題点

コンビニやファミレス、デパートや駅のトイレで、客が清掃などに使うコンセントから、携帯電話の充電をしているという話を聞いたのは、二〇年以上前のことだ。その行為を犯罪とみるのか、それともマナーの問題ととらえるか、論争した記憶がある。

事例の坂井君のケースも、その時代の話である。実際に、路上の自販機のコンセントを抜いて携帯電話を充電し、逮捕された事件がニュースになった。

電気も無断で拝借すれば刑法二四五条（**電気窃盗**）に問われることがある。

もっとも、今日では、ファミレスの店内や列車の車内、パチンコ店など、客へのサービスとして、自由に充電ができる設備を備えた施設も増えた。

他人の物を盗むことを窃盗という。刑法犯として認知される七割以上が、窃盗である。刑法は**窃盗罪**について、「他人の財物を窃取した者は、窃盗の罪とし、十年以下の懲役又は五十万円以下の罰金に処する」と、定めている（二三五条）。

ところで、この窃盗罪の客体（犯罪の対象）となる財物としては、現金、財布、衣服、食料品、電化製品、自動車など、いわゆる**有体物**（実体のある物）が上げられる。

では、実体のない物、たとえば電気やコンピューターのデータも、窃盗罪の客体になるのだろうか。

コンピューターのデータそのものは、窃盗罪の客体となる財物とはならない。データが盗まれた場合、ハッカーなど不正な手段によりデータを収集した者は、不正アクセス防止法など特別刑法で処罰されるが、刑法は適用されないというのが、法律的な考えだ。

しかし、事例の坂井君が盗んだ電気は、刑法に「電気は財物とみなす」という明確な規定があるので、窃盗罪が適用されるのである。

ただし、坂井君に限らず、携帯電話充電のため盗んだ電気の被害額（電気代）は通常わずかなので、警察は施設管理者からの通報により犯人の身柄を確保しても、説諭程度で釈放するのが普通だろう。また、逮捕しても処罰を求めない**微罪処分**で書類送検するのにとどまるはずだ。もっとも、自販機の中身が劣化すれば、被害者から多額の損害賠償を求められることはある。

死後約二日経過した死人の物を盗み窃盗罪となった男の話

刑事問題のアナ

占有離脱物横領罪となるときもある

アングラバーで知り合った竹中君の友人林が、自分のアパートで死体となって発見されたのは、昭和五一年一月三日のことであった。

林はアパートに独り住まいをしていて、ネオンがまたたきはじめると、風のようにアパートから姿を消してどこかに出かけていた。そして、深夜、アルコールの入ったほてった顔をして、男友達ともつれながらアパートに帰ってくるという生活をしていた。特に職業についているという様子はなく、近所の人たちも、彼を敬遠して、遠くからささやき合っているという状態であった。

そんな生活をしていた林のことであるから、彼が死体となって発見されたとき、ベテラン刑事は「あれが原因だ」と直ちに判断した。林は明らかに殺されたのである。その原因は愛憎のもつれ、と判断したベテランのカンは後日正しいことが証明されたが、若い山中刑事には、先輩の判断に多少ひっかかるものがあった。なぜなら、林の居室は荒らされ、一銭の現金もなく、扇風機やステレオ、テレビなどまで持ち出されていたのだから、流しの犯行ではないかしら、と思うのも無理からぬことであった。山中刑事はそ

☆死後二日もたってるからイイだろう

の疑問を上司に申しでたが、聞き込みで得た林の日常生活を知るベテラン刑事は、長年のカンで「流しの犯行と考えるのは、現場の荒らされようでそう思うのだ。これは恋愛関係にあった者による犯行に違いない。品物を持ち出したのは、偽装行為か、そうでなければ、殺してから盗ったものであろう」というのであった。

やがて容疑者として、林と恋愛関係にあった竹中が逮捕され、竹中の自供がはじまるにおよんで、ベテランのカンは事実として証明されたのだが、一つ問題が起きた。

竹中の自供によると「林が心変わりをしたので自分が首をしめて殺した。急いでアパートを飛び出したが、林が息を吹き返してはいないかと思い、約一六時間たったころ、再びアパートに行ってみると林は死んだままになっている。そこでかねて林が小金をため込んでいると聞いていたので、盗る気になって、そこらを探したところ財布が出てきたので、一万円札が三枚が入っていたその財布を盗って一旦逃げ、また殺してから四九時間ほどたって再びアパートに行って、ステレオやテレビ、扉風機を盗ったのである」と述べたのである。

事件を検察庁に送致するとき、山中刑事は先輩からその起案を命ぜられ、竹中が林を殺してから盗った行為は窃盗にあたるのか、それとも占有離脱物横領になるのかとハタと迷ったのであるが、彼は、林が死んですぐに盗ったものではなく、一六時間ないし四九時間を経過したあとでの行為だから、占有離脱物横領で送致したのである。しかし後日裁判所は、竹中のこの行為を窃盗罪としたのである。

問題点

人を殺害したあとで財物を窃取する行為が、**窃盗罪**になるのか、**占有離脱物横領罪**となるのか、窃盗罪になるとすれば、それはどんな場合で、理由は何か、ということにつき学説は区々に分かれている。

先例として、殺害後加害者が被害者の懐中物を持ち去ったものについて窃盗罪、同棲中の情婦を殺して死体を遺棄した後三時間ないし八六時間経過した室内から死者の財物を盗った事件について窃盗罪を認めているが、殺害後九時間を経過し立戻って財物を持ち去った事案について窃盗罪を否定したものもある（東京地裁昭三七・一二・三）。

この事案について判決は「被告人は自ら財物に対する占有離脱の原因となった被害者林の死を惹起させて、これを知りながらこれを利用した盗取行為」といっているように、死後においても被害者の占有にあると認められる事情を重視している。第三者であれば逆の結論になり、占有離脱物横領罪となる。窃盗罪は一〇年以下の懲役または五〇万円以下の罰金だが、占有離脱物横領罪は一年以下の懲役または一〇万円以下の罰金もしくは科料で軽い。

誤って振り込まれた預金を払戻して詐欺で訴えられた話

刑事問題のアナ

詐欺罪と横領罪の接点にある

棚からボタ餅——というが、もっと思いがけない大金が外から飛びこんでくることがある。ある日、銀行の預金通帳を見たら、とんでもない高額の金額が「振込み」として記帳されているということなどは、まさに棚から札束である。こんなうまい話はそうザラにはないだろうが、それでもときどき銀行や振込人の手違いで、Aの口座に振り込まれるべきお金が、無関係なBの口座に振り込まれてしまうことも、まったくない話ではない。

南北商事株式会社は、取引先の東西化工株式会社（札幌市）に対し商品代金を送金するため、○○銀行八戸支店に設けられている東西化工の普通預金口座に振り込みの手続きをする際、あやまって「○○銀行中央市場支店」と支店名を書きまちがえてしまった。ところが、同行中央市場支店には有限会社陶材化工という会社が普通預金口座を開設していた。「東西化工」と「陶材化工」——ホンの一字の違いであり、耳で聞けば、ともに「トウザイカコウ」である。銀行では片仮名で通知するため、本来、東西化工の口座に振り込まれるべき商品代金二二八万九九四六円が、ま

☆タナからボタモチ！一寸先はヤミ！

ちがって陶材化工の口座のほうに全額そっくり振り込まれてしまった。

陶材化工札幌営業所で経理の仕事を担当していた大野建一は、思いがけない大金が銀行の手違いで振り込まれてきたのを知って、小おどりしてよろこんだ。これぞまさしく〝天与〟である。〝天与取らざれば、かえってその咎めを受く〟などと、手前勝手な理くつを並べて、この天与、天恵をいただいてしまおうと考えた。自身、○○銀行中央市場支店に出かけて普通預金払戻請求書に社長の印を押し、これを払戻しの窓口に提出して、まんまと二二八万九九四六円を手に入れてしまった。

しかし、このような犯罪は、すぐ発覚してしまう。大野建一は札幌地方裁判所に詐欺罪の犯人として起訴された。そして、その結果、裁判所は大野に対し懲役一年二月という実刑の判決を言い渡した。執行猶予の判決が言い渡されてもいいように思うが、大野には道路交通法違反により懲役四月に処せられた前科があったため、執行猶予はつけられなかった。大野は、この判決を不服として、目下、第二審に控訴中であり、また最終的結論は出ていないが、天与をいただいた代償としてはずいぶん重い処遇である。

問題点

さて、この事件、果たして**詐欺罪**（刑法二四六条）が成立するか。ここにむずかしい問題がある。

第一の学説は、まちがって振り込まれたお金をもって、これを「遺失物（占有離脱物）」だと解釈する。だからそのお金を銀行から払い戻していただいてしまうと「**遺失物横領罪**」（刑法二五四条）が成立すると説くのである。この遺失物横領罪だと、法定刑は一年以下の懲役又は一〇万円以下の罰金・科料ということで、刑は軽い。被告人にとっては有利である。

第二の学説は、まちがって振り込まれたお金をいただくのは「横領罪」（刑法二五二条）だと説くのである。横領罪は「自己の占有する他人の物」を領得する犯罪である。自分の一存で自由に引きおろすことのできる口座のお金は、まさしく自己の占有する他人の物に該当するから、横領罪の成立を認めるというのが最もふさわしい解釈であると説くのである。横領罪の法定刑は五年以下の懲役である。

第三の学説は、この事件の判決のように詐欺罪（刑法二四六条）が成立すると説くのである。つまり、本来は他人のお金であるから、払戻請求権がないにもかかわらず、自分の預金をおろすような顔をして銀行員をだましてそれを受け取るのは、まさに詐欺罪だと説くのである。詐欺罪の法定刑は一〇年以下の懲役であり、これが最も重刑である。どの条文が適用されるかにより、結論は異なる。

自分の犬を助けるために他人の飼犬を殺しても無罪という話

刑事問題のアナ

刑法では犬にも緊急避難を認める

野犬を殺しても罪にはならぬが、他人の飼犬を殺したばあいは、「器物損壊罪」（刑法二六一条）という犯罪になり、刑は、三年以下の懲役または三〇万円以下の罰金・科料というのであるから、過失で人間をあやめたばあいより、重く罰せられることもある。犬だと思って、かるがるしく殺したりしたら大変だ（動物の愛護及び管理に関する法律にも抵触する場合がある）。

N県の猟友会長本山氏は、すばらしい猟銃とともに、血統の正しい、折紙つきのポインターで、「ジョン」という愛犬を自慢にしていた。

今日も今日とて、ジョン君をつれて鉄砲を撃ちまくり、キジやら、やまどりやらを腰にぶら下げ、悠然と駅のほうに向かって歩いてきたが、街の中にさしかかったとき、一軒の荒物屋の店先に、大きなムク犬がキバを鳴らして立っていた。そのムク犬とジョン君とは往来のまんなかでニラミ合いの喧嘩（けんか）をはじめた。二匹の犬は、組んず、ほぐれつの闘争を開始したが、ついに、ムク犬はジョン君の上に〝馬〟乗りになり、いま、まさにジョン君のノド笛に噛（か）みつくばかりの形勢になってしまった。

このときである。本山氏は、愛犬の一大事とばかり、自慢の猟銃を肩からおろすと、ムク犬の急所をねらって、ズドンと一発ブッぱなした。ムク犬は、一発でコロリと倒れてしまったが、おさまらないのは荒物屋だ。

子供の喧嘩に親が出るというが、犬の喧嘩に飼主が飛び出し、本山氏をつかまえて、「さあこのヤロー、うちの大事な大事なゴロ助をよくもよ

☆悪いのはオマエだ

くも、殺してくれたな。いったいこの始末をどうつけてくれる気か」とスゴイ剣幕でつめ寄った。

本山氏も、なかなか負けてはいない。

「うちのジョンは一匹五〇万円もする高価な犬だ。それにひきかえお前の犬は、見るもうすぎたない乞食のような雑種犬だ。それに第一、この喧嘩はお前の犬からしかけた喧嘩だ。うっかりジョンが殺されたら、こっちは五〇万円をフイにする。殺されるのはあたりまえだ」

荒物屋は、ますます興奮した。

「どっちがしかけた喧嘩かしらぬが、喧嘩両成敗のたとえがある。おれの犬が殺された以上、お前の犬も殺してやる。そこの天ビン棒をもってこい。そのヤセ犬をぶち殺してやるからそこを動くな」

さわぎはますます大きくなった。

荒物屋さんはついに、警察に出頭して、本山氏を器物損壊罪で告訴した。その上、直接、担当検事に手紙を出し、本山氏を厳重に処罰してくれと申し送った。だが、裁判の結果、本山氏は無罪ということになった。

問題点

本山氏は他人の飼い犬を殺してしまったのだから、これは刑法の**器物損壊罪**（二六一条）にあたる。しかし、刑法三七条をみると、こういうことが書いてある。

「自分または他人の生命、身体、自由または財産に対する現在の危難を避けるため、やむを得ずにした行為は、これによって生じた害が避けようとした害の程度を超えなかった場合に限り、罰しない」と。つまり、やむを得ずした行為の結果、「誰かの権利を侵害しても、侵害されたものよりも、助けようとしたものの方が価値的にみて上位の場合は、より価値の低いものを、やむなく犠牲に供したというわけだから、そういう行為は、刑法上犯罪にはならない」というのである。

これは、**緊急避難**と呼ばれるものだが、本山氏の行為はまさにこれに当てはまる。時価五〇万円の本山さんの犬は、その財産的な評価において、高価な犬だ。それに引き換え、荒物屋の犬は、ちょっと市価の決めかねる値段の低い雑種である。

そうしてみると、本山氏の行為は、五〇万円という財産が今まさに生命の危険にさらされていて、即座に荒物屋の犬を殺してしまわないと、その危急を避けることができないという状況におかれていて、やむなく彼の犬よりも相場の低い犬を殺してしまったというわけだ。よって、刑法三七条により、無罪の判決を受けるだけの理由があると言えるのである。

一方、愛犬を殺された荒物屋さんを救う道は、民事訴訟により本山氏から損害賠償をとることである。それほど多額の金額はとれないにしても・・・。

有罪判決を覆せなかった少年が民事裁判で無実を勝ち取った話

刑事問題のアナ

少年法には再審制度がない

岩田哲治君と金山五郎君は、同じ中学に通う一五歳。悪仲間だった。カツアゲで、何度か警察に捕まったこともある。そんなある日の放課後、いつものようにゲーセンで遊んでいた二人は、刑事達に取り囲まれ、有無を言わさず取調室へと連れて行かれたのだ。半年前のケンカか、それとも先週のカツアゲか、どっちにしても白ばっくれるしかねえなと、開き直っていた二人だが、逮捕容疑が婦女暴行殺人と聞いて青くなった。

三日前、町外れの公園で、一七歳の女子高生岡田真由美さんが何者かに暴行され、あげくに絞殺(こうさつ)されていた。その犯人だと言うのだ。むろん、二人は事件とは無関係である。だが、二人がいくら無実を主張しても、刑事達は一切聞き入れようとせず、入れ替わり立ち替わりにやってきては、「お前達がやったんだな」「早くしゃべって楽になれ」と怒鳴る。

☆そう決めつけられても…!

厳しい取調べが何日も続き、耐えかねた二人は、とうとう言われるままに犯行を自供してしまったのだ。

少年審判では、二人は自白を翻し、無罪を主張したが、家庭裁判所は事件は岩田君と金山君の犯行と判断、二人に初等少年院送致を言い渡した。最高裁で、この保護処分が確定した後も、二人は弁護士の勧めで、三度にわたり刑事事件の再審請求に当たる**「保護処分の取消し」**の申立てをしているが結局は棄却され、保護処分を終え成人となった今も、再審への途は閉ざされたままである。

その一方で、事件は民事裁判でも争われていた。被害者岡田真由美さんの両親が、岩田君と金山君の両親に対し、総額五〇〇〇万円の損害賠償を求めたのである。その裁判で、二人が無実を主張したのは言うまでもない。そして、裁判所は、少年二人の自白は捜査官の誘導による可能性が高く、また物証も二人の犯行を裏付けるには乏しいとして、真由美さんの両親の請求を棄却したのだ。

岩田君と金山さんは、たとえ民事訴訟であっても無実の判決を得たことを喜んだが、できれば少年審判をやり直し、刑事事件でも「無罪判決」を受けたいと熱望している。

問題点

本件と同様に、**少年審判**では犯人とされた被告人が、民事裁判で有罪認定を否定されたケースがある（草加事件損害賠償請求訴訟、最高裁・平成一二年二月七日）。

この事件は、昭和六〇年、当時中学三年生の少女が殺害され、一三歳から一五歳の少年六人が、殺人、婦女暴行容疑で逮捕、補導されたものである。少年らは少年審判で自白を翻したが、浦和家裁は全員の有罪を認定、**少年院送致などの保護処分**を下した。

保護処分の確定・終了後、少年らは刑事裁判の再審にあたる「**保護処分の取消し**」を申し立てたが、保護処分は刑罰ではないという少年法の建前から、無実が明らかになれば刑期満了後でも再審申立てができる成人事件と異なり、処分継続中でないという理由で申立ては認められなかった。いわゆる再審の途は閉ざされたのである。

ところが、被害者の両親が三人の元少年の親を相手取り、五五〇〇万円の賠償を求める民事訴訟を起こしたことから、裁判所で再び有罪・無罪の事実認定が争われることとなった。一審の浦和地裁は「捜査段階での自白は信用できない」として少年らの無罪を認定したが、二審東京高裁は逆に少年らの犯行と有罪の認定を行い、少年らの親に約四六〇〇万円の支払いを命じた。

しかし、最高裁は「少年らの自白に秘密の暴露があるわけではなく、また捜査官の誘導による可能性が高い虚偽が含まれており、遺体に付着した犯人の血液を少年らのものと判定するのは困難で、犯行を裏付ける客観的証拠はない」と、有罪と認定して元少年側に賠償を命じた二審判決を破棄、審理を東京高裁に差し戻した。

同一事件で、民事裁判と刑事裁判の結論が異なるケースはこの他にもある。たとえば、地検不起訴の無理心中事件で、自宅で焼死した女性の両親が同居男性に損害賠償を求めた民事裁判で、横浜地裁は「死亡女性は首を切られた後に放火された」と被告男性の「殺人」を認定している（平成一二年九月）。

刑事問題のアナ

警察やパトカーの無線周波数を全公開したが法に触れなかった雑誌社の話

電波法では電波公開が原則

これは、昭和五〇年代半ばの話である。最近、パソコンのハッカーやメールアドレスの漏洩（ろうえい）問題が話題に上がることが多いが、盗聴など誰でも簡単にできる（犯罪になる可能性も大きいが）ことは今では一般の人にも良く知られている。しかし、かつて一冊の趣味の無線雑誌が警察庁の幹部以下全国の警察関係者に、いっせいにニガ虫を噛みつぶさせることもあったのである。

趣味の無線雑誌の刊行を企画したP社は、その創刊号で「誰が聞いてもよい、警察無線」と題し、七頁の特集記事で、なんと全国の警察本部が使っている警察無線の周波数を、一覧表にして全公開したのである。

甲市A警察署の無線は××MHZ（メガヘルツ）、乙市B署は△△MHZ……と警察署単位で、パトカーや受信機などに用いられている電波の周波数を詳細に紹介したのだ。

☆パトカーは向こうにいったな！

もちろん、警察が協力したわけではない。周波数を公けにすることは、捜査の手の内を公開するようなものだから、当局としては秘密扱いが当然だ。

しかし、人の秘密事項は知ってみたいのが凡人の常だから購買意欲をそそろうというものだ。この雑誌とは別に、警察無線を簡単に傍受（ぼうじゅ）できる受信機じたいが、東京、大阪の電気器具問屋街で相当大量に販売されている事実も、そうしたことを物語っていた。

このような受信機と、警察無線周波数全公開の本件無線雑誌があれば、ラジオのダイヤルを合わせる如く、全国どこへ行っても、そこの警察の無線連絡をキャッチできる。

警察にしてみれば、鬼に金棒を与えたようなものである。現に、警察無線を傍受して交通取締りを肩すかししたり、内偵した犯人の隠れ家を急襲したところ受信機だけが待っていた、など捜査にも障害を生じた。P社の一覧表が捜査の妨害に拍車をかけることを憂慮した警察当局は、何とかP社にお灸をすえられないか、と法律＝電波法を研究し、郵政省（当時）にお知恵を拝借したが、靴の底から足を掻く如く、検挙のキメ手となる条文がないのである。

それどころか、電波法二六条は「総務大臣は、免許の申請等に資するため、割り当てることが可能である周波数の表を作成し、これを公衆の閲覧に供するとともに、公示しなければならない」と、電波公開の原則を定めているのである。

問題点

電波法の目的は、電波の公平かつ能率的な利用を確保することによって、公共の福祉を増進することにある（同法一条）。そして、前述の公開の原則も定めており、電波は国民の共有財産という精神に立脚している。

ただ、**通信の秘密**を侵してはならないことは憲法上の要請であり、電波法にも「何人も法律に別段の定めがある場合を除く外、特定の相手方に対して行われる無線通信を傍受して、その存在もしくは内容を漏らし、またはこれを窃用してはならない」（五九条）とか、「無線局の取扱中に係る無線通信の秘密を漏らし、又は窃用した者は、一年以上の懲役又は五〇万円以下の罰金に処する」（一〇九条一項）という規定があるが、雑誌に一般的な周波数を公表するだけでは、通信秘密を漏らしたり、電波泥棒にはならないのである。

警察無線を傍受して捜査の手の内を知り、検挙、逮捕を免れるとすれば、そういう受信機の販売、周波数の公開は、捜査妨害であり何とか歯止めをかけたい、と思う当局のいら立ちはわかるが、捜査妨害罪という罪はないし、公務執行妨害罪、業務妨害罪の構成要件にも該当せず、法網にかからない。

しかし、悪用がはびこると、法改正という事態はあり得る。電波法の目的である公共の福祉の増進に反するとして、公開の原則にワクがはめられ、警察無線は不特定多数の人に対する電波ではなく、特定の相手方への捜査という公共のための通信だから、傍受するだけで犯罪になる、周波数を秘密にする、ということになれば、自分で首に縄することになる。

いたずら電話をかけ逆探知で逮捕され正式裁判にかけられた話

刑事問題のアナ

イタズラも度が過ぎると厳罰になる

「ウップン晴らしはどうぞお電話で！」というようなコマーシャルはＮＴＴなど電話会社ではやっていない。あくまで電話は用件を伝える実用的目的に用いられるべきものである。

ところが、電話は、あやしげな娯楽の目的に用いられることがある。恋人同士なら、それもよかろう。プライバシイの問題だからである。他人に迷惑をかけ、あるいは騒動を起こし、社会不安を助長し、秩序を乱すような目的に用いられると、コトは厄介になってくる。

電話を利用する犯罪の陰険さは、犯人が顔を見られない、という点にある。犯人は安易に考えている。見つからないだろう、という安心感があるのだが、ドッコイ、そうは問屋がおろさない、のである。

砂天野真々子さんは、おとなしい性格だが、恋人に振られて以来、ムシャクシャしてたまらないとき、電話でウップン晴らしをすることにしている。たとえば、近所の美容院で、よその奥さんより粗略に扱われたときなどは、「こちらは神野美容院ですが、ムスメが拾った青酸入りコーラをのんで苦しみ始めました。至急きてください」と一一〇番に電話をする。するとパトカーが飛んでくる。救急車が

☆いたずらママさん　ゆるすまじ！

走ってくる。神野美容院のママさんが呼び出され、店の前で、オロオロ応待しているのを眺めている、という具合である。

真々子さんは胸が「すうっ」とするのである。

また、こんなこともある。近所の奥さんが、真々子さんに対して、

「おや、まだ結婚してらっしゃらないんですか。この前の美男の方はどうしたの。オホホ」となれなれしげにいわれたので、これまたしかえしを考えた。一一九番をまわして

「こちらは〇〇ですが、風呂場から火事が……」

消防自動車が一三台も走ってきて、近所の奥さんの玄関を蹴破らんばかりに消防士がはいってゆく、そばでニタニタしている、という調子である。

ところが、その直後、所轄の警察から、逆に真々子さんの所に電話があった。

「今の火事を知らせた電話は、アナタの所からですね。そちらに派出所の警官が廻りますから、本署の刑事課に来てください。もし、出頭を拒めば、逮捕します」

足がふるえて止まらない所に、近所の派出所からお巡りさんがやって来た。

取調べの結果、真々子さんは検察官から簡易裁判所に起訴された。交通違反によくあるような「略式裁判」ではない。レッキとした「公判請求」すなわち、正式裁判を求める、という刑事の手続きが始まるのである。

問題点

真々子さんの電話は逆探知されたのである。たかがイタズラ電話と考えることはできない場合がある。真々子さんの行為は明らかに**軽犯罪法**に違反している。つまり、同法一条一六号にある「虚構の犯罪又は災害の事実を公務員に申し出た者」にあたるし、これは、拘留または科料に処せられるのである。

科料というのは、罰金より軽い刑罰であるから（刑法九条）せいぜい一万円未満という低い金額ですむ（刑法一七条）。

だが、恐ろしいのは**拘留**である。これは三〇日未満の間、拘置場に入れて、身体の自由を拘束されてしまうのである（刑法一六条）。

真々子さんの行為が軽犯罪法の名のとおり、非常に軽いものであればともかく、非常に悪質、と判断したので、正式裁判を請求したのである。これには、「一罰百戒」という、警察庁のイタズラ電話に対する厳しい態度がうかがえるが、最近では傷害罪となったものもある。

ちなみに、軽犯罪法違反という軽い罪でも、犯人が正当な理由がなく出頭しないときは、逮捕することもできることになっている（刑事訴訟法一九九条一項但書）。

電子ペットの模造品を売って逮捕されたが無罪になった話

刑事問題のアナ

著作権法の美術品に当たらず

島尾氏は玩具卸売会社のオーナー社長だが、ここ数年、経営不振が続き、このままでは早晩倒産というところまで追い込まれていた。そんな島尾氏のところに美味しい話が持ち込まれたのである。

相手は業界でも評判の良くない倉田というブローカーで、今人気の電子ペットを大量に輸入したので、買わないかという話だった。倉田が持ち込んだのは、むろん模造品だが、単価は本物の三分の一以下だ。本物が品薄の今、小売店によっては模造でも仕入れるところもあるに違いない。

だが、模造品を扱ったことがわかれば、親の代からコツコツ築いてきた会社の信用は一気に地に落ちる。それに、著作権法違反で訴えられる心配もあった。ただ、島尾氏のような弱小業者は本物を仕入れることはまず不可能だし、仮に二次卸しとして扱えても、その利幅はわずかなものだ。

☆芸術品のコピーとは言えぬので…

それに引き替え、模造品は利幅が厚い。扱えば、倒産寸前の会社は助かる。信用を取るか、儲けを取るか、島尾氏は迷った。倉田は、返事をせず、考え込んだ島尾氏を見て、このままでは断られると思ったようだ。当初の言い値を、さらに下げてきたのである。島尾氏の迷いが吹き飛んだのは言うまでもなかった。「このままじゃ、どうせ会社はツブれる。だったら、一発賭けてみるか」。

島尾氏は倉田から模造品を引き取ると、取引のある小売店に一斉に売り込みをかけた。目論見通り品物はさばけ、島尾氏の会社は持ち直したが、代わりに、本物を扱う会社から告発を受けたのである。島尾氏と倉田は著作権法違反で逮捕され、やがて起訴された。

島尾氏は、刑事が会社に現れ、家宅捜索令状を示されたとき、やはりショックを受けたのは事実だ。だが、倉田の口車に乗って品物を買い取ったときから、法律上の知識と情報を必死に収集していたのである。そして、告発内容がデザイン形態の模倣についてだけと知ったとき、島尾氏は刑事処分を免れる方法を思いついていた。

公判が始まると、島尾氏は模造品を販売したことを認めながら、無罪を主張したのである。そして、電子ペットは実用性のある玩具であり、その風体から著作権法の美術品に当たらないという島尾氏の主張を、裁判所もまた認めて、結局二人に無罪判決を言い渡した。

問題点

著作権法では、著作権等を侵害する行為によって作成された品物を情を知って頒布し、また頒布する目的で所持する行為は、著作権等を侵害する行為として、この権利を侵害した者は「五年以下の懲役または五〇〇万円以下の罰金に処する」と定めている（一一三条一項一号違反、一一九条二項三号罰則）。

この事例では、電子ペットが著作権法の保護を受ける著作物であるかどうかが、争点になった。絵画や彫刻など、もっぱら鑑賞目的の創作物である純粋美術が同法の保護を受けることは明白であるが、実用に供され、産業上利用される美的創作物の応用美術も、純粋美術と同視しうる場合には同法の著作物となると、判例で認められている。つまり、客観的に見て実用面や機能面以外に独立して美的鑑賞の対象となる美的特性のある物については、実用品のデザイン形態であっても著作権法上の著作物になるということだ。

しかし、問題となった電子ペットは、愛らしさがあって親近感を抱かせるという意味で美的特性を備えているが、玩具としての実用性および機能性保持のための仕様が強く表れたため、これにより美感が削がれ、その結果、全体としては美術鑑賞の対象となる審美性が備わっているとは認められないと、裁判所は判断したのである。そして、この電子ペットのデザイン形態は著作権法二条一項一号の定める「著作物」には該当しないとして、島尾氏に無罪を言い渡したのだ。

人気の電子ペット「ファービー」の模造品販売事件でも、裁判所は「実用性や機能性を重視するつくりが目立ち、純粋美術と同程度の審美性はない」として、ファービーのデザインは著作物に当たらないとし、著作物に当たるとする検察側の主張を退け、被告に無罪を言い渡した（仙台高裁・平成一四年七月九日判決）。

模造千円札を個展の案内状に使い罰せられた画家の話

刑事問題のアナ

千円札が本物に似すぎたのがアダ

パソコンとカラープリンターを使って一万円札や千円札をコピーする偽札(にせさつ)事件のニュースが時折流れるが、使用目的がなく、単なるオブジェとして作った場合でも処罰される。また、いわゆる模造品であっても、同様だ。

これは、まだパソコンなどない時代の話であるが、本物そっくりに千円札を描いてしまった新進気鋭の画家が有罪になったケースである。問題になったのは、周りをアッと言わせようと考えた個展の案内状だ。

そのアイデアというのが、千円札を手書きで模造し、これに案内の文句を書込む、というもので、大ていの案内状などチラリと見てポイと屑籠(くずかご)へ放り込む主義の人物がいたとしても、こいつを見ればいちおうは驚いて手に取りしげしげと眺めるぐらいのことはするのじゃあないか、そうすればいやでも案内の文句を読むにちがいない。なんといっ

☆こんなにウマク書いちゃいかん！

てもカネ、カネ、カネの世の中、カネにしか気の散ることがないという人物にだって、たまには美の世界に気を向けさせるのが画家の社会的義務である。いや、そんな人物をこそ、ぜひとも我輩の個展に引きつけたいものだ、と考えたのだった。

前にもいったとおり、大した腕を持つ画伯であるから、上下不明の抽象画に優れているだけでなく、写実だってしっかりしたものである。

ちょっと見にはわからぬくらいの出来ばえで、千円札そっくりの案内状を画き上げたのであるから大したもの。早速これを配ったところ、他からも案内状の要求が続々ときたというのだから大反響があったわけであるが、なんだか穏やかならざる話であった。

とはいえ案内状のせいかどうか、個展の方は大成功で、ヒステリー性がパニックを起こして描いたような画には残らず赤い売約済の札をはられ、画伯の声望は一段と高まった。ということで、それで終わればめでたかったのであるが、それから後がいけなかった。

数日後、画伯の所に刑事が現われ、警察署までご同行を願う、という申し入れである。

天才肌の画伯だから、一たんは逆上して、なんで我輩にそのような失礼なことをいうのか、とわめきたてたのだが、刑事に理由を囁かれると、たちまち青菜に塩としおれ返ってしまった。

問題点

刑事がいったのはもちろん、例の千円札まがいの案内状のことである。これには「**通貨及証券模造取締法**」という、明治二八年いらい通用しているきびしい法律が適用になるというのが、画伯をして青菜に塩の現象におち入らしめた理由である。同法の一条にいわく「貨幣、政府発行紙幣、銀行紙幣、兌換銀行券、国債証券及地方債証券ニ紛ハシキ外観ヲ有スルモノヲ製造シ又ハ販売スルコトヲ得ス」そして、その第二条には「前条ニ違犯シタル者ハ一月以上三年以下ノ重禁錮ニ処シ五円以上五十円以下ノ罰金ヲ附加ス」（ただし、重禁錮は有期懲役で、現行は罰金廃止）という恐ろしいことが書いてあるのである。

千円札はいうまでもなく、日本銀行発行の銀行券である。画伯はこれに紛らわしい外観を有するものを作ったことは争い難いという次第で、禁錮三か月、罰金三万円という判決をくった。

刑の内容は別の法律で現在に合うよう修正してあるので、こういう結果になったのだ。画伯もせめて千円札とは似てはいても紛らわしいとはいえぬ、図案やサイズのものを作れば、このような処罰はまぬがれたろうに、こうなったのも悲しい天才の宿命といえるだろうか。

マリファナ密輸の相談に乗り共同正犯で起訴されたうかつな男の話

刑事問題のアナ

実行行為がなくても罰せられる

若者相手のスナックのマスター赤坂光雄は、大麻（マリファナ、Marjana）の取締りに疑問をもっている。二年ばかり前から何百回となく吸っていた。そのため、半年前に懲役四か月執行猶予三年の判決を受けた。いいたいことはあったが、ゴネると裁判が長引きそうなので、はいはい、ごもっとも、今後気をつけます、と頭を下げたまでで改悛の情はあまりない。大麻ぐらいいいじゃないかという気持の方が強い。

ある夜、昔のサーフィン仲間の豊島義明から、「タイにつてができたから手を貸してくれないか」と大麻密輸の相談を受けた。赤坂は、執行猶予中であり、とにかくあのわずらわしい取調べ、裁判手続きはもうご免だ、という気持から、「俺は今ちょっとまずいよ」と断わったが、ふと渋谷浩三のことを思い出し、「心当たりの奴がいるから紹介するよ」と約束した。

渋谷は五、六歳年少で、赤坂がかねてからサーフィンに連れて行くなどして面倒みてやっていたが、先般一緒にグァム島旅行をする予定が台風のためおジャンになり、えらく残念がっていた。赤坂はそこに目をつけて、翌日、浩三を呼び出し、「旅費なしでバンコックに行ける話があるが

☆ケムにまかれたようだ

……」と誘うと、二つ返事で承知した。豊島との大麻の件も話したが、渋谷は兄貴分がそういう事情ならと簡単にOKした。

その夜、赤坂は豊島に渋谷を紹介し、話はとんとんと運び、赤坂は「手に入ったら少し分けてくれよ」といって、豊島に金一封二〇万円を餞別に渡した。

二人のタイ旅行は順調に運び、秘密の土産品も手に入れて帰国したが、税関で御用となってしまった。大麻取締法、関税法違反である。

取調べに対し、渋谷は、赤坂に頼まれたことをしゃべったため、赤坂にも捜査の手が及び、赤坂も共同正犯として起訴され裁判にかけられることになった。赤坂は、自分は豊島の誘いを断わっているし、渋谷を紹介したが強いてやらせたわけではないし、実行行為には全くノータッチであり、共同正犯とはとんでもない、と強硬に抵抗した。

芸能界で検挙された人達は、ひたすら神妙な態度を示して、情状酌量一本で裁判に臨んでいるようであるが、赤坂は、この裁判では、共同正犯を否定したほか、大麻は使用者個人にとっても社会的にみても無害である、かりに有害であるとしてもその程度は小さいのに、栽培、輸入、輸出について懲役七年以下、所持、譲り渡し、譲り受け、使用等について懲役五年以下という重い刑罰を定めている大麻取締法の規定は、合理性を欠き、憲法に違反する、という大上段の構えで争った。

国民の保健衛生というなら、ニコチン中毒、アル中をもたらす煙草、酒類も同罪だというわけである。

問題点

残念ながら赤坂の主張は通りそうもない。前の執行猶予は取り消され、今回の刑と合わせて実刑を受けることになる。学者は反対する人が多いが、裁判所は、実行行為にはタッチしない者でも、犯行の謀議に加わる者は共同正犯として取扱う（**共謀共同正犯**）。

豊島、赤坂、渋谷間に大麻密輸入の謀議があったとされれば、赤坂も同罪である。渋谷が赤坂のいうことなら、はいはいと聞くような立場だとなおさら赤坂には不利である。

大麻取締法の罰則規定が憲法に違反しないことは、いくつかの判例もある（東京高裁・昭和五六年六月一五日）。

なお、摘発された大麻が、植物分類学上、大麻取締法のいう大麻の種類（たとえばサテイバ種）であることの証明がなされない限り無罪という主張もあるが、最高裁はカンナビス属に属するすべての種を含むと判断している（昭和五七年九月一日判決）。

また、最近では、大麻以外にも覚せい剤、LSD、コカインなど、様々な麻薬が出回っており、規制対象外の合法麻薬も若者を中心に広がっている。

宿帳に偽名を使い 旅館業法違反で 訴えられた男の話

刑事問題のアナ

偽名は本名と似せないのがコツ

山田太郎君はこれまであまり女性にモテタことがなかった、というのが悲観の種である。ある日、このことを友人のY君にこぼしたところ、Y君は、

「キミ、女の子にモテるモテないは、面や風采の問題じゃないぜ。モテようという気力があるかないかの問題だよ。俺をみろ俺を！」

と妙な自慢のしかたで力説するではないか。

なるほど、たしかにY君だってハンサムというには縁が遠いのだが、季節の変り目ごとに女が替る、というぐらいのプレイボーイである。

その日から心を改めることにした山田君は、Y君の指導のもとに、かねてから目星をつけていた知り合いの光子さんにモーションをかけはじめたのである。

最初のうちは軽くあしらわれているようで、あまりしつ

☆浮気もいいが正々堂々とやってもらいましょう！

こくすると肘鉄砲をくって赤恥をかきはしないかと心配だったが、Y君にいわせると、

「軽くあしらってくること自体がまんざらでもない証拠だよ。万一肘鉄砲をくったら、その肘を掴まえて放さぬ、というくらいの意気込みで当たらないとだめだ。押して押して押しまくれ」

とのことである。

なるほど、と発奮して、ひるむ心をたて直し、ついにある夜、一緒に映画を見るところまでこぎつけた……。で、次々と引き起こしたいきさつは語れば長くなることであるし、ここでは女の子の口説き方を賢明な読者諸氏に伝授しようというのではないから、惜しいところだがはしょることにする。

やがて山田君はついに光子さんを心身ともに我ものとしたのはよかったが、人間万事「塞翁が馬」という言葉もあるくらいで、先のことはわからないものである。

ある日、休みができたので山田君と光子さんは一泊の小旅行としゃれたのである。

ところで宿に着いて浴衣に着替え、よもやま話をしながら出された饅頭を食べたとたんに、仲居が宿帳のカードを持って来た。

これまでモーテルではこんなことはなかったので、宿帳のことまでY君の教えも聞いたことがなかったのが運のつきである。不意をつかれたのであわてて住所欄には本当の住所を書いてしまってから、なんだかこれではまずい、というような気がして、咄嗟に名前はデタラメ――というつもりだったがそこは素人の悲しさ、山田十郎、と本名に似た名前を書いてしまったのである。光子の方はどうしたものかと目を白黒させたが、この方は外一名と書いて済ませてしまった。

問題点

さて、このような状態の男女が旅館に泊まって本名を書きたがらないのは無理もないのだが、法律はそこまで粋をきかせていない。**旅館業法**というものがあって、このようなことをすると処罰される。

山田君の場合も、ただこれだけなら特になんということもなく済んだであろうが、運悪く、その旅館に別の事件が起こり、宿帳に記載された宿泊人全部が調べられたのが運が悪かった。別の事件とは関係がないのに旅館業法違反で拘留五日に処せられた。

山田君が控訴したところ第二審ではこれは重すぎるとして、原判決が破棄差し戻しとなった。

偽名を用いたこと自体が悪いのはもちろん、すぐに足がつくように、住所は本物を書き、偽名も本名に似たものを使ったために、最悪の事態となってしまったのであった。

〔コラム〕東電福島原発事故で津波の予見性認めず旧経営陣に二審も無罪判決

東日本大震災（二〇一一年三月）の巨大津波で、東京電力福島第一原子力発電所一～三号機は冷却用電源を喪失、炉心損傷や水素爆発が発生し、大量の放射性物質が外部に放出された。

この事故で、原発周辺の住民は強制的に避難を余儀なくされ、一二年以上経過した今日でも、まだ帰還できない元住民が多数いる。

●津波対策を怠ったと旧経営陣三人を業務上過失致死傷罪で強制起訴

事故は、東電側が高さ一〇mを超す巨大津波襲来の可能性を震災前に知りながら、十分な対策を放置したために起きたと言われたのである。その結果、原発近くの病院からの避難患者や事故処理で出動した自衛官らが死傷したとして、同社旧経営陣三人が業務上過失致死傷罪で告発された。

しかし、東京地検が三人を不起訴としたため、検察審査会の二度の「起訴相当」の議決を経て、検察官役の指定弁護士が三人を強制起訴している。

裁判では、被告が高さ一〇mを超す津波が襲来する可能性を知りながら、対策を放置したかどうか、巨大津波による事故の発生を予見できたかどうか、対策で事故が防げたか、が争われた。

●裁判所は予見可能性を認めず

指定弁護士は、「三被告は、同原発に最大一五・七mの津波が襲来する可能性があるとする同社子会社の試算結果を聞いており、また国の長期評価でも一〇mを越す津波の可能性を指摘していることから、巨大津波を予見できた」と指摘、防潮堤設置や事故直後の原発運転の停止など必要な対策を講じれば、本件事故を回避できたと主張した。

被告側は、長期評価に信頼性はなく、巨大津波の襲来を予見することはできなかったと、無罪を主張している。

一審東京地裁は、防潮堤の設置などの対策を着手していても本件津波には間に合わず、事故回避には原発の運転停止しかなかった、と指摘した。その上で、「国の長期評価には信頼性、具体性があったとは言えず、被告らが津波対策完了まで原発の運転停止をしないと重大事故につながるとの認識を持ち得なかったことに不合理はなく、法律上の義務があったとするのは困難で、原発の運転停止措置を講じるべき結果回避義務を課すに相応しい予見可能性あったと認められないと、無罪を言い渡した（令和元年九月一九日判決）。

二審東京高裁も、被告は津波の襲来を予測できなかったとして、三被告に対する一審無罪判決を支持し、指定弁護士の控訴を棄却している（令和五年一月一八日判決）。

第15章

会社経営の抜け穴と急所

♣本書の内容は……

・会社形態にしても法人格を否認され個人責任を負わされるという話――会社法三条
・雇われママは肩書きが社長でも実際は社員という話――民法六二三条・六五一条
・個人経営で作った会社を新会社設立で棒引きにする話――会社法一〇四条
・会社の名前を貸したため名義貸人の責任を問われた話――商法一四条・会社法九条
・株主代表訴訟の原告株主の弁護士費用は会社が出すという話――会社法八五二条

など実例解説・一二話

会社経営の法律の急所

中小企業庁のデータによると、わが国の企業数は、その九九・七％が中小企業（うち八四・九％が小規模企業）で、従業員数でも約七割を占めている。なお、中小企業とは、資本金と常用雇用の従業員数により、概ね次のような企業をいう（中小企業基本法）

①**製造業、建設業、運輸業**　資本金三億円以下
従業員三〇〇人以下（小規模企業二〇人以下）

②**卸売業**　資本金一億円以下
従業員一〇〇人以下（小規模企業五人以下）

③**サービス業**　資本金五〇〇〇万円以下
従業員一〇〇人以下（小規模企業五人以下）

【例外】旅館業二〇〇人以下、娯楽業二〇人以下。ソフトウェア業、情報処理サービス業三億円以下、三〇〇人以下。

④**小売業**　資本金五〇〇〇万円
従業員五〇人以下（小規模企業五人以下）

★株主総会の資料はウェブサイト掲載になる

会社経営をめぐる法律の動きでは、令和元年一二月に公布された改正**会社法**が上げられる。社外取締役の設置を義務付けた改正規定など、その大半は令和三年三月までに施行されたが、企業が株主改正資料を自社のホームページなどウェブサイト上で提供する「電子提供制度」と企業の支店所在地の登記廃止の改正規定が、令和四年九月一日施行された。

株主総会資料の電子提供制度は、上場企業の場合、令和五年三月一日以降に開催される株主総会から利用されており、株主には事前に株主総会資料を提供するウェブサイトなどのアドレスが書面で通知されている。

この制度は、上場企業だけでなく、非上場企業も定款変更により利用できる。

なお、インターネットが普及したことから、企業の本店所在地を調べる（確認する）ため、支店所在地の登記所から検索する必要性がなくなっており、支店の所在地の登記制度は廃止された

★大企業は社外取締役を一人以上置くことになった

令和三年三月までに施行された改正会社法では、大企業の社外取締役設置義務付けの規定が重要である。

社外取締役は、外部の目で会社や取締役の不祥事や不正行為の有無をチェックして、企業経営の透明性を高める目的で起用するものである。これまでも、社外

取締役を置かない場合は、株主総会でその理由を説明しなければならないため、多くの大企業で社外取締役が置かれていたが、今回の改正で、資本金五億円以上または負債総額二〇〇億円以上、監査役会を設置するなど一定の条件を満たす大企業は、**社外取締役を一人以上置く**ことが明文化された。ただし、取締役の親族や親会社の役員は、会社法でいう社外取締役とはみなされず、取締役の報酬が不当に高額になるなど、その決定方法が恣意的または不透明なものにならないよう、取締役会が役員報酬の決定方法を定めて、その概要を開示することも義務付けられている。

★事業後継者の相続分は他の相続人より法律上有利

わが国の企業の大半は中小企業だが、創業者一族の現経営者が株式の大半を所有していたり、実際は会社の資産であっても名義を経営者個人のものとしている会社も多い。その場合、遺言がないまま経営者が亡くなると、法定相続人（推定相続人）が民法九〇〇条に従って遺産を分配することになるが、それでは会社の株式や資産が分割されてしまい、新しく会社の事業を引き継いだ後継者は、資金繰りに苦しむことになる。

もっとも、現経営者が、そのような不安をなくし、後継者にスムースに事業を引き継げるように、生前、自分の財産の大半を後継者に贈与したり、遺言で遺贈する旨を書き残す方法を取ることもあるが、この場合には、後継者への事業の引継ぎは上手くいくが、反面、他の相続人の遺留分を侵害することもあり、他の相続人との間でトラブルが起こる可能性もある。

また、引き継ぐ際に、会社が借金など多額の負債を抱えているため、後継者のなり手が見つからないこともあり、中小企業の後継者問題は容易には解決しないことも少なくないのである。

そこで、中小企業の後継者が会社を円滑に引き継げるよう相続面で後継者に有利な規定（**遺留分に関する民法の特例**）を盛り込んだ**中小企業における経営の承継の円滑化に関する法律**（中小企業の事業活動の継続に資するための中小企業等経営強化法等の一部を改正する法律）が改正され、令和元年六月五日施行された。

これによると、一定期間継続して事業を行っている株式会社（**特例中小企業者**という）の旧代表者は、他の相続人の遺留分を考慮することなしに後継者に所有する同社の株式や個人資産を贈与または遺贈することができるようになった。ただし、旧代表者の推定相続人と後継者が、後継者が相続、贈与、遺贈により取得した株式その他の財産について、その価格の全部または一部を**遺留分算定の価格に含めない**ことを全員で合意し、書面にする必要がある（四条、五条）。

会社形態にしても 法人格を否認され 個人責任を負わされるという話

会社経営のアナ

法人格の濫用などは否認される

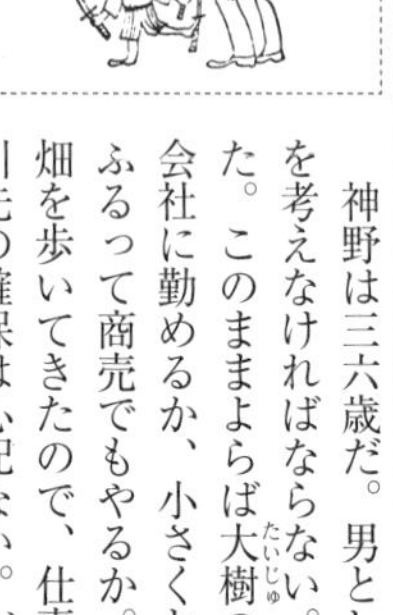

神野は三六歳だ。男として将来のことを考えなければならない。先も見えてきた。このままよらば大樹（たいじゅ）の陰で定年まで会社に勤めるか、小さくとも自由に腕をふるって商売でもやるか。幸いに、営業畑を歩いてきたので、仕事を始めても取引先の確保は心配ない。どうにかやれそうだ。最初は苦しいだろうが、張合いがあるというものだ。神野は三月末日で会社を退社する決意をした。

小さな会社を設立して企業活動をするようにしたが、会社の運営については、さすが大企業のサラリーマンをしていただけに慎重である。商売の方は自分の力でなんとかやれるが、税務や会社の設立などは苦手である。そこでしかるべき人に相談した。

「神野さんね、商売なんていい時もあるし悪いときもある。一生懸命にやっていても、売掛金がとれなかったり、不渡りをつかまされると、自分の会社だって倒産しかねない。そのときは年齢を考えたら、女房子供のためにも財産はきちんとしておかないとね」。人にいわれるまでもなく会社と個人は別だくらいなことは知っている。

☆会社のものはワシのもの！ウッシッシー

万が一にも会社が倒産するようなことがあっても、個人財産は確保し、生活はできるようにしておかなければと十分留意することにした。もともと、会社を設立するにしても、会社の財産は当初出資金くらいなものである。家や土地などはみんな個人の物だ。銀行から金を借りるときは、やむなく担保を提供しなければならないだろうが、それはあまり心配はいらない。

　神野は慎重に計画を立てて、商売をはじめた。最初は仕入れをするにしても、個人保証をしてくれの、現金取引でなければならないのと、注文もきつかったが、そういうところはなるべく避けた。

　とはいえ、だんだん取引も大きくなると仕入れの金額も張るようになる。売掛も手形取引が多くなり、すぐには現金化はできない。受取手形と支払手形の期日をにらめっこして、毎月の資金繰りをする。中にあやしげな受取手形が出てくると振出手形の決済が大変だ。これはサラリーマン時代にない苦しみである。こんなときこそ個人財産をむやみに会社に提供したら倒産のときは大変だ。他人の忠告がよくわかった。しかし、会社組織にしても、債権者から個人責任を追求されることもあるのである。

問題点

個人と法人とは別個の人格であり、責任も別個である。そもそも**株式会社**などは、有限責任を本質として会社財産で責任を画することを目的として考えられた制度である。

　しかし税務対策などから、個人とも会社とも区別のつかない会社が乱立しているのである。中小企業は、会社をうまくのばそうとすれば必然的に個人資産を提供しなければならないしくみになっている。しかし倒産のときとか、事件屋の出入りするあやしげな会社ほど個人と会社の資産の区別を、はっきりさせるものである。

　近時このような傾向に備え債権者を保護する立場から、**法人格を否認**したり、代表者の個人責任を拡張したりして、債権者の保護をはかっている。まず法人格を否認して、関連会社の責任を資産のある会社に負わせたり、代表者や取締役に個人責任をも負担させる。法人格を否認される場合は(イ)法人格が形骸にすぎないとき、(ロ)法人格を乱用している場合、(ハ)会社名義の営業の倒産と再開のくりかえしをしているとき、あるいは第三者に対し詐害の意思があるとき、などがあげられる。

　乱用というのは、資本金が見せ金であったとき、商号をしばしば変更して、類似の商号を使用してその責任主体の所在を不明にするとか、会社の営業活動は全くなく個人的な営業で資産も個人に帰属しているとかの場合である。だから資産を個人名義にすればよいというわけではない。

会社経営のアナ

雇われママは肩書きが社長でも実際は社員という話

役員の退任には業務引継ぎが必要

羽田さんは、手広く飲食店を手がける穂高興業グループのグループ企業である野尻産業のクラブNに、ホステスとして雇われた。客に人気がある彼女は、当然売上げも多いので、穂高興業グループの実質経営者・野尻氏に請われて、同グループの副代表と野尻産業の代表取締役に就任し、Nのママを任されたのである。

その際、羽田さんと穂高興業との間では業務委任契約書が締結された。その内容は、羽田さんの義務として、Nの売上げの一〇%をグループ本部の穂高興業に支払うこと、顧客情報漏洩など秘密保持義務違反があった場合は違約金一〇〇万円を払うことの他、穂高興業が彼女に同グループ傘下の飲食店の監督、指導、助言などの業務を委任、その対価として、月五〇万円を支払うことなどであった。

しかし実際は、羽田さんがN以外の店舗の監督、指導をすることはなく、またNについても通帳は野尻氏が管理しており、羽田さんは必要なときだけ野尻氏から通帳を渡され、その指示で仕入れ、支払いの事務をするに過ぎなかったのである。なお、羽田さんはNおよびグループの借金の

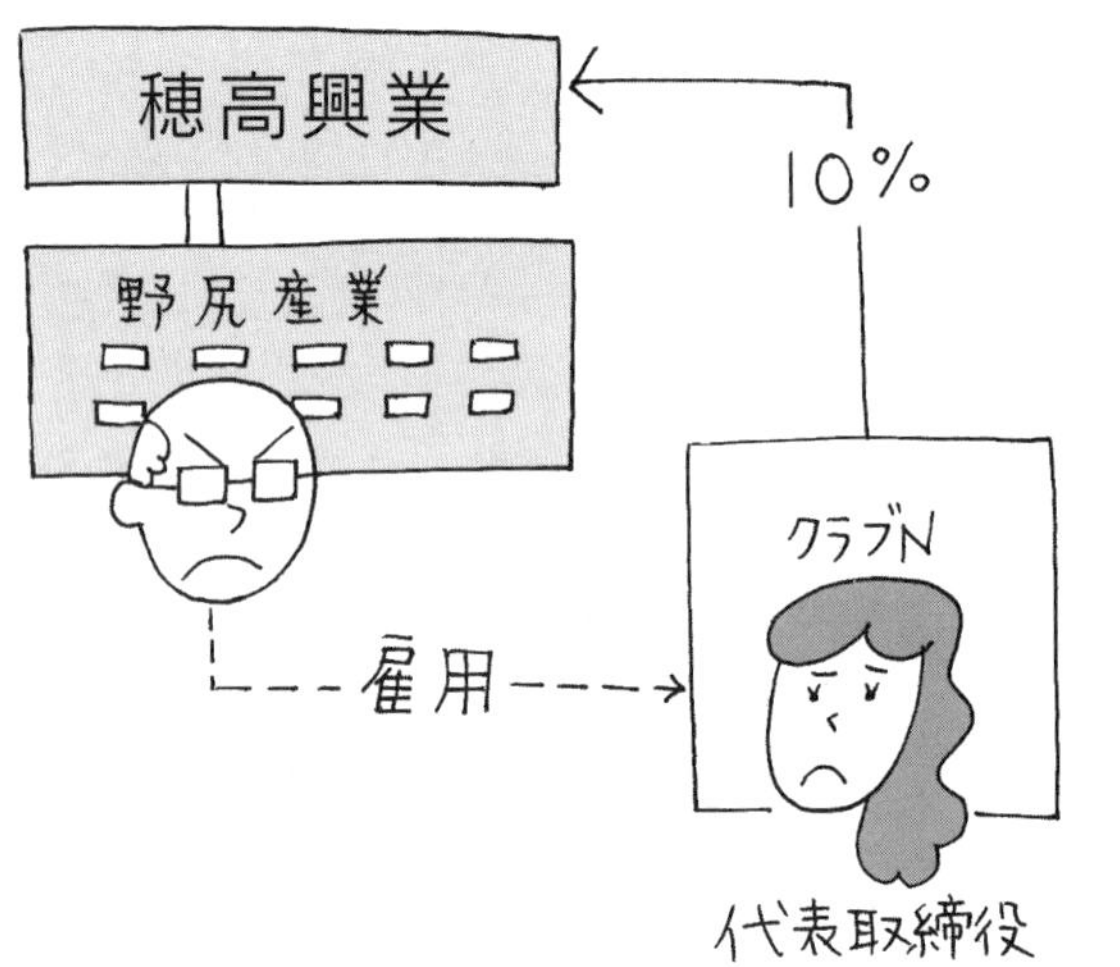

☆肩書きは立派でも実態は雇われの身……

連帯保証人にもなっていたが、その対価は野尻産業の給与支払明細書で払われており、Nの売上げノルマ未達成の場合は自腹を切らされてもいたのだ。

店のママを任されてから三年ほど経ち、羽田さんは店の客である奈良氏と付き合うようになり、そのプロポーズを受け入れた。しかし、彼女が「結婚するので店を辞めたい」と申し出ると、店の客が減ることを心配した野尻氏から猛烈に反対され、引止めにあったため、このままでは奈良氏との結婚がダメになると考えた羽田さんは、店にとって一番のかき入れ時である一二月まで後数日という夜から一方的に店に出るのを止め、姿を隠したのである。

彼女の一方的な退任行為に怒った穂高興業と野尻氏は、羽田さんが必要な業務引継ぎをせず、同社に不利な時期に退任したのは代表取締役としての業務引継義務違反、または受任者としての義務違反だと主張した。その上で、羽田さんに対し、債務不履行ないし民法六五一条二項に基づく損害賠償として一五〇〇万円を払えと訴えた。

羽田さんの方では、登記上はNの代表取締役でも実際には雇われママにすぎず、穂高興業および野尻氏との契約関係は実質的には雇用関係であって委任関係ではなく、また委任関係が仮に存在しても、民法六五一条二項のやむを得ない事情があると主張、賠償義務はないと争った。

問題点

本件裁判では、代表取締役である羽田さんの法的地位、業務引継義務違反の有無、不利な時期に代表取締役から退任したことによる民法六五一条二項に基づく損害賠償責任の有無が争われた。

裁判所は、羽田さんは登記上、会社の代表取締役であっても、雇主の野尻氏の指示で仕入れ、支払いなどすべての業務を執行しており、実質的には代表取締役として独立した業務執行権限を有していないとした。彼女の法的地位は、いわゆる雇われママで、野尻産業の従業員に過ぎないと指摘している。

なお、従業員である以上、結婚退職する羽田さんに格別の業務引継義務があったと認めることはできず、また委任契約の成立も認められないから、民法六五一条二項の損害賠償責任が発生する余地がないとして、野尻側の請求を棄却したのである。

同様の裁判で、雇われママと飲食店経営企業とは雇用関係にあるとして、両者間の委任契約を認めず、その上で、雇用関係は、法律を遵守したものではなく、労働者の契約不履行に違約金・損害賠償額を予定することを禁止した労働基準法一六条違反または公序良俗違反だと指摘し、雇われママへの賠償請求を退けた一審判決と同様に、飲食店経営企業の控訴を棄却した例がある（名古屋高裁・平成二〇年一〇月二三日判決）。

個人経営でつくった借金を新会社設立で棒引きにする話

会社経営のアナ

大口債権者の抱き込みが焦点

中村商店は中村大三の個人経営する相当名のとおった老舗であった。しかし営業がうまく行っていたのは先代までで、若い当主になってからは競争も激しく、昔からいた番頭も、先年、中村と意見が合わず別に店舗(てんぽ)をかまえるにいたり、それやこれや悪い条件が重なり、営業は苦しくなってきた。

そんなあがきが、こんどは中村のあせりをまねいて、最近大きな手形の不渡りをくい、重大な打撃をこうむった。取引銀行の態度もいっぺんに冷淡なものとなり、いまのままでは早晩お手あげの運命にあった。

中村商店の債権者は、本山をはじめ多数おり、いずれも昔ながらの中村商店の名前につられ、まさか中村のふところ具合がそんなに悪化しているとは夢にも思っていない状態で、このことがわずかに中村の破産をおくらせる原因でもあった。

本山は、中村とは親の代からの交際で、取引高も他の債権者にくらべ遥かに多く、中村の倒産でこうむる打撃は、他の債権者よりも大きいことが予想され、逆に、本山の支援がえられるならば中村商店の再建も見通しが立ち、本山の他の債権者に対する発言権もなみなみならぬものがあるところから、恐らく他の人も本山のゆき方に同調してもらえるはずである。中村はこんなふうに判断して、ある日思い切って本山にあたった。

果たして本山はびっくりしたり怒ったり、はじめてきく中村商店のピンチ話だから、それも無理はない。しかしいくら怒ってみても仕方がないので本山も冷静になって自分の債権回収方法を考えはじめ、中村の話に親身になって協力しようと思いはじめた。

とにかく中村をころしてしまっては元も子もなくなると悟ったわけで、ここから中村商店再建の方法がひそかに中村・本山間で進められることになった。

再建の方針といっても、とにかく中村個人の経営であるので、中村商店はいつ差押えをくうかわからず、何としても会社組織にあらためてその危険を防がなければならない。商品什器(じゅうき)類などはこの新会社に譲渡し、中村の個人所有である店舗もできればこの新会社名義にする。個人債務のために営業が成り立たなくされてはかなわない。

このようなことが中村・本山間の合意できめられ、とにかく中村商店がつぶれそうだということは絶対に外部にもらさないで、どんどん新会社設立の手続きが進められることとなった。

株式会社中村商店の設立は、本山が登記完了次第返済してもらうとの約束で提供した見せ金を利用して、株式払込が行なわれた形をとり、店員などを発起人、株式引受人にして募集設立の方法で、わずか一日ででっちあげられた。

そして設立登記を終わると同時に、中村は払い込まれた株金（実は見せ金）をそっくり引き出し、これで株式会社中村商店が、中村所有の店舗・商品什器備品など従前の中村商店の資産一切を買い取った形をとり、差押えのおそれがないようこの売買を証明する書類として公正証書まで作成し、その見せ金をそっくり本山に返済してしまった。

株式会社中村商店はその設立された日以後、ゆうゆうと営業はつづけており、取引先も中村商店が株式会社に組織替えされたことはちっともしらず、いよいよ中村商店の手形不渡事故の発生の日を迎えた。

債権者は一せいに騒ぎはじめた。本山もこの日のくることを十二分に知っていたものの、他の債権者の手前もあって、まったくおどろいたという風を装って、中村のところにやって来た。もちろん中村もさるもの、事前に相談したなどとはおくびにも出さず、ただ頭を下げて申し訳ないの一点ばりである。

債権者の中には、仮差押えをやるべきだと思い、店舗の名義を調べあげたところ、すでに株式会社中村商店に買収

されたあとであることを登記簿上で発見し、くやしがったがあとのまつりである。それではと商品を仮差押えしようと執行官をつれて店頭に現われたところ、中村は公正証書や株式会社中村商店の登記簿謄本（とうほん）などを示し、商品など一切は法人の所有物であるというのであるから、腹を立ててもどうしようもない。

こんなところから、債権者集会がひらかれ、大口債権者本山を委員長として、中村商店からの取立を協議したが、最後は委員長一任ということに落ち着き、株式会社中村商店のほうで中村個人の債務も承継するが、その支払いは株式会社中村商店の能力のゆるす範囲で行うということでケリがついた。

問題点

この例は旧商法時代の話だが、個人経営と法人組織というものは、法律上まったく別個だという法律上の原則をうまく利用してピンチを切り抜けた典型である。

その場合でも、大口債権者本山の協力をあらかじめ確保しておいたことが、はなはだ危険な切り替えをやっていたのにそれが問題化しないでうまくすんだ要因ということになる。しかし、いつもこんなことになるとは限らないから注意が肝要である。

それでは、こんな場合、どんな罰則がまっているか。

まず、債権者の差押えをまぬがれるために、個人営業を法人営業に切り替え、それに全財産を譲渡しているわけであるから、**強制執行免脱の罪**（きょうせいしっこうめんだつのつみ）（刑法九六条の二）で追及されることは間違いない。そのほか、債務の支払いをまぬがれるためにとられた処置であるから、**詐欺罪**の成立も考えられる。**所得税法**に違反する場合もあろう。

実際上、このような方法で個人企業の更生が行なわれることが各種の罰則にふれることがあるとしても、現行法制上、**民事再生法**等の適用により再建可能な場合を除けば、適当な方法もないところから、会社組織に切り替えて、後でしかるべく話をつけることがはなはだ多い。ことに差押えでも受ければそれこそ倒産してしまうため、まだ再建の見込みのあるときはこの方法もやむをえない（平成一二年一一月に民事再生法が改正され、個人債務者の生活再建にも適用できるようになった）。

逆に、債権者の立場となると、この種の会社の設立による債務の踏み倒しには、各種罰則を活用するなり、**破産申立て**を行ない、中村個人から株式会社中村商店に対する全財産の譲渡を**否認権**行使で解消させ、それを処分して代金の分配をうける方法がある。

しかし、たとえ腹は立っても相手の目論見が立つようにしてやり、それから長く細く、そして結局は、なるだけ多くの債権回収をはかるようにすることが得となって賢明な場合もある。

会社の名前を貸したため名義貸人の責任を追及された会社の話

会社経営のアナ

名前を貸すとタダではすまなくなる

株式会社妻木材木店は、兵庫県姫路市に本店をおく材木問屋である。

この妻木材木店に、ある日一通の訴状が送られてきた。妻木材木店の代表取締役である妻木五郎氏は、突然の訴状(そじょう)に驚き、いそいでその訴状を開いてみた。

訴えを起こしたのは、大阪市にある中央パルプ工業という会社で、福山支店の未収金二五〇〇万円を支払えというものであった。

福山支店というのは、長い間妻木商店で働いていた川下という者が、五年ほど前に定年で同店をやめ、独立して広島の福山市で材木店を開いた。その際、妻木材木店の福山支店ということで、その名前を使用させてもらいたいとの申出があったので、代表取締役の妻木氏が、これを認め、川下は四国方面と材木の取引をやっていたものである。

ところが、川下と中央パルプ工業との間の取引きで事故が生じ、中央パルプはその代金決済を川下に求めたのであるが、ラチがあかないとみて、妻木材木店を相手どって訴えを起こしたのにちがいない、ということが川下からの電話でわかった。

中央パルプの主張は、妻木材木店は川下に対し、その名

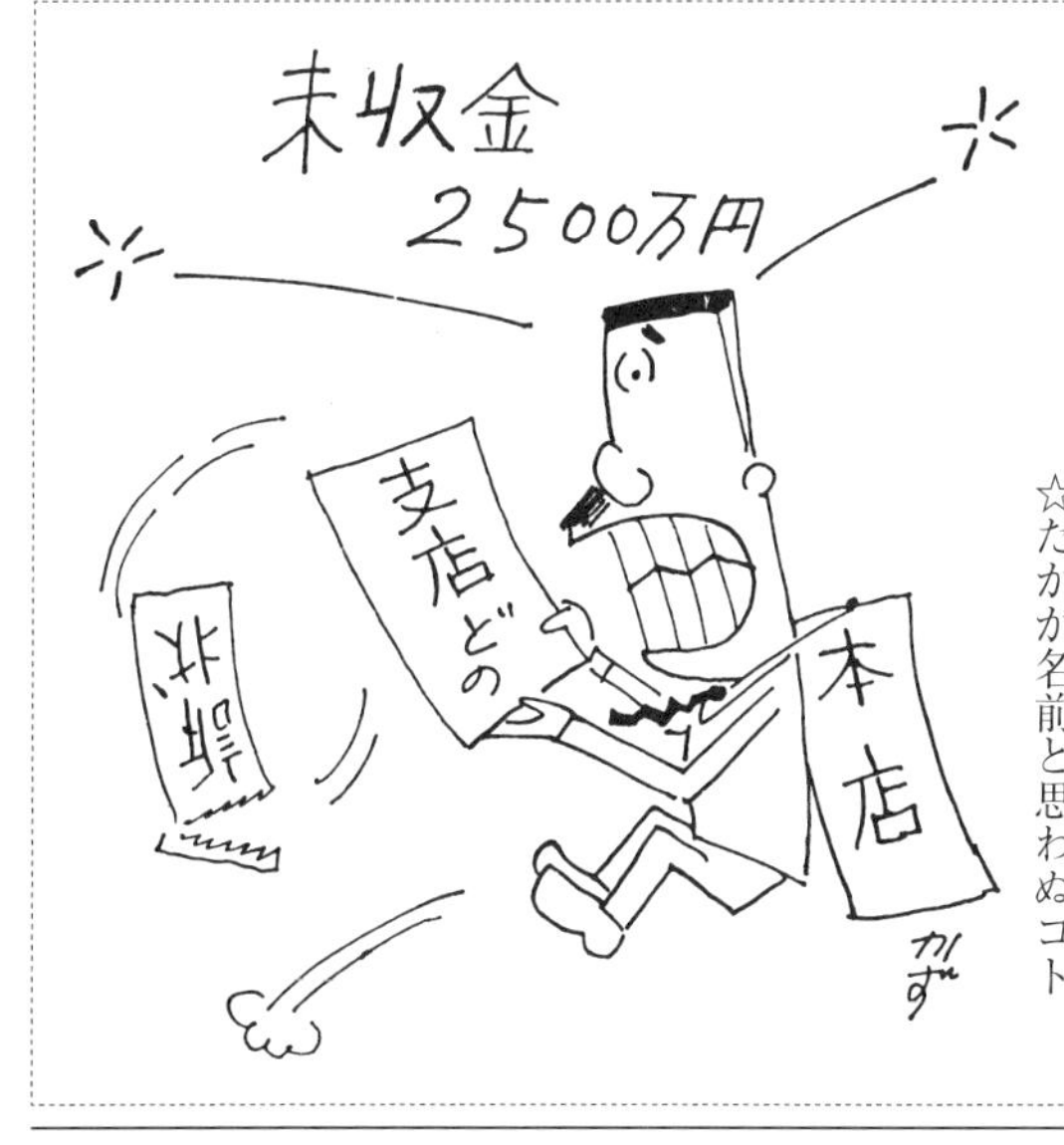

☆たかが名前と思わぬコト

義（**名板**（ないた））を貸していたものであり、営業主は妻木材木店であると考えていたもので、この場合、商法一四条（法人の場合は会社法九条）の名板貸人は妻木であるから、代金支払いについて妻木は責任がある、というものであった。

いわゆる**名板貸人**（ないたがしにん）を営業主と誤認した場合について、最高裁判所昭和四一年一月二七日の判決によると、「商法一四条（旧二三条）の**名義貸与者**（めいぎたいよしゃ）（この場合妻木材木店）の責任は、その者を営業主なりと誤認して取引きをなした者に対するもので、たとえ誤認が取引きをなした者の過失による場合であっても、名義貸与者はその責任を免れ得ないものというべく、ただ重大な過失は悪意と同様に取り扱うべきものであるから、誤認して取引きをなした者に重大な過失があるときは、名義貸与者はその責任を免れるものと解するのを相当とする」旨が述べられている。

この場合、**重大な過失**とはいったいどんなものをいうのであろうか。重過失をあまり軽々しく認めては、名義貸与者の責任を免れることが容易となるところに問題があるとされている。

問題点

この場合のケースにおいて、裁判所は、つぎのような判断を下したのである。商人が信用取引をする際は、売掛代金を確保するために自分から相手方の資産を調査し、または、相手方と折衝して資産内容を知るなどの措置をとり、その信用状態を十分考慮するのが通常である。

しかるに、本件の場合、中央パルプは本件売買の相手方が個人営業であり、かつ、本件売買が継続的で、金額、数量ともにかなりのものというべき信用取引であるにもかかわらず、本件売買をなすに際し、相手方に対する照会はもちろん相手方の資力につき十分の調査をする等の措置をとらなかった。

さらに、中央パルプの使用人が、川下から同人と妻木材木店と経理が別であると告げられていたのに別段の調査をせず、これを上司にも報告せず、漫然と取引きをなしていたものであった。

また本件の取引きで受け取った約束手形に振出人となっていた川下と妻木材木店とのつながりが記載されていなかったことを見逃している。

これらの点を考えあわせると、中央パルプは、**本件の取引相手方を妻木と誤信したことについて重大な過失がある**、と判断して、中央パルプの請求を排斥（はいせき）したのである。

この判決に対しては、取引きの相手方の調査をしなかったことが、ただちに重過失といえるかどうか問題だとの批判があるが、商取引において、相手が何者で、どのような信用状態にあるか注意し、必要があれば調査をし、これをしない場合には、受けた損害を名義貸与者に請求できない、ということを教えているのである。

会社経営のアナ

会社の業務を任せきりにした代表取締役が個人責任を負わされた話

監督すべき任務の懈怠を追及される

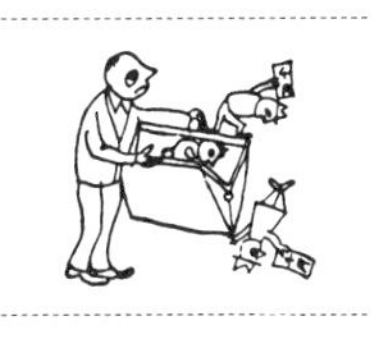

甲乙建設は、工務店としては三〇年の歴史をもつ業界では知られた老舗だった。父親で創業者の太郎は、七〇歳で事実上経営からは手を引き、会社は長男一郎に任せて悠々自適の毎日である。もっとも、本人は会社から完全に手を引くつもりはなく、代表取締役会長の肩書きは残したままだった。一方、長男の一郎は代表取締役社長の肩書きで、会社を取り仕切っていた。

しかし、まだ若い一郎にとって、経営すべてを任されても、父親のように上手くはいかない。しかも耐震偽装問題の影響で、建築確認が急に厳しくなり、上向きだった建設需要が一気に萎んでしまったのだ。受注は激減、ここ半年、ほとんど仕事が来ないため、資材の仕入先に対する支払いや社員の給料の資金繰りに苦しんでいる。もっとも、父親が会長職に留まったことで同社の信用度は高く、振出手形(ふりだしてがた)で貸してくれる金融業者も少なくなかった。一郎とすれば、国は建築確認手続きを緩和すると発表したし、当座を切り抜ければ、いずれ仕事も回ってくると甘く考えていたのだ。だが、思ったように仕事は増えず、気が付くと金融のために振り出した融通手形(ゆうずうてがた)は膨大な額になっていたのである。

☆そんな殺生な…

やがて、会社には金融業者から手形を買い取った人相のよくない取立て屋が押しかけるようになり、一郎は不渡りを出さないため、ヤミ金からも借りるようになった。だが、それにも限界があり、ついに不渡処分を出したのである。父親にも相談できない一郎は、その前日、自分名義の資産を換金し、長期出張の名目で姿をくらましていた。会社は事実上の倒産となったが、会社にはほとんど資産はない。債権者たちは、財産のある父親の太郎に責任を取るように迫った。

しかし、私財の提供を求められた父親は、「会長といっても名誉職で、会社のことはすべて息子に任せてますから。第一、私だって会社の株の出資金、全額損したんですよ」などと追及をかわし、債権者に対し、何の言質も与えない。『連帯保証もしてないのに、出資金以上の責任を負う必要なんかない。法律だって、そうなってる』。父親は、会社法一〇四条の株主の責任だけ取れば十分と豪語したのだが、世の中そう甘くない。財産を差し押さえられたのである。

問題点

倒産会社の代表取締役や取締役は、会社と個人は、法律上、別ということを口実にして、会社は倒産しても個人資産を手付かずに残し、債権を回収し損なった債権者から「詐欺だ！」「横領だ！」と、個人責任を追及されることがある。事例の父親も会社は息子に任せ、すでに実務から離れているが、登記上は甲乙建設の代表取締役であり、この場合、債権者などの第三者に対し、直接個人責任を負わなければならないこともある。

会社法は、**取締役の第三者に対する損害賠償責任**について、「役員等（取締役、会計参与、監査役、執行役、会計監査人）がその職務を行うについて、悪意または重大な過失があったときは、当該役員等は、これによって第三者に生じた損害を賠償する責任を負う」と定めている（同法四二九条一項）。

取締役は業務執行を執る機関であるから、会社財産を**善良な管理者の注意**をもって把握し、使用人を監督すべき注意義務があるのは言うまでもない。他に取締役がいたとしても、その職務を相互に監督し、その過失または不正行為を未然に防止すべき義務がある。そして、他の取締役の不正行為や任務の懈怠を見逃したときは、取締役自らも重大な過失があるものとみなされ、その任務懈怠と第三者の損害の発生に相当因果関係があれば、取締役は当然、直接第三者に損害賠償する責任を負う。

事例の場合も、父親は、名目上とはいえ代表取締役であり、同様に代表権をもつ取締役の息子が**融通手形**を乱発していることに気づかなかった点は、取締役としての任務の懈怠があったと言うべきであり、役員として第三者の損害に対し、個人責任を負わなければならない。ただし、これは親子だから責任を負うということではない。

会社経営のアナ

社外重役だといって頑張ったが責任を免れなかった話

議事録に異議を記録しておく

今は政界を引退した岡村氏だが、今も代議士時代と変わらぬ影響力と情報収集力があり、いくつかの会社で社外取締役を頼まれている。東西商事も、そのうちの一社だった。といっても、会社に行くのは取締役会の時だけ。それも、提案にただ賛成するだけの員数合わせのためであり、内容など分からないが、それなりの報酬がもらえるので、代表取締役の坂東社長から言われるまま、「賛成！」と挙手し、議事録にサインするという無責任さだった。

今日の取締役会でも、いつものように他の取締役の話も聞かず、配られた書類にも目を通さずに、ウツラウツラと居眠りをしていた岡村氏だが、「反対がないようですから、本案件は全員一致で承認と致します」と言う、議長である坂東社長の声で目が覚めたのである。岡村氏は回ってきた取締役会議事録にサインし、ハンを押そうとして、なぜか手が止まったのである。代議士時代、鋭い嗅覚（きゅうかく）で常に政治の中枢に居続けた岡村氏は、この時、危険を感じたのだ。

そこで、隣りにいた専務の中村に話を聞くと、「タコ配を決めたんです。無配だと株主がうるさいもので」と、事もなげに言い、岡村氏に調印を促した。何となく気になったものの、中村から、「どこでもやってることです」と言われ、岡村氏は、「そんなものか」と、それ以上追及することなく、議事録にハンを押したのである。

しかし、やはり気になった岡村氏は、事務所に戻ると、

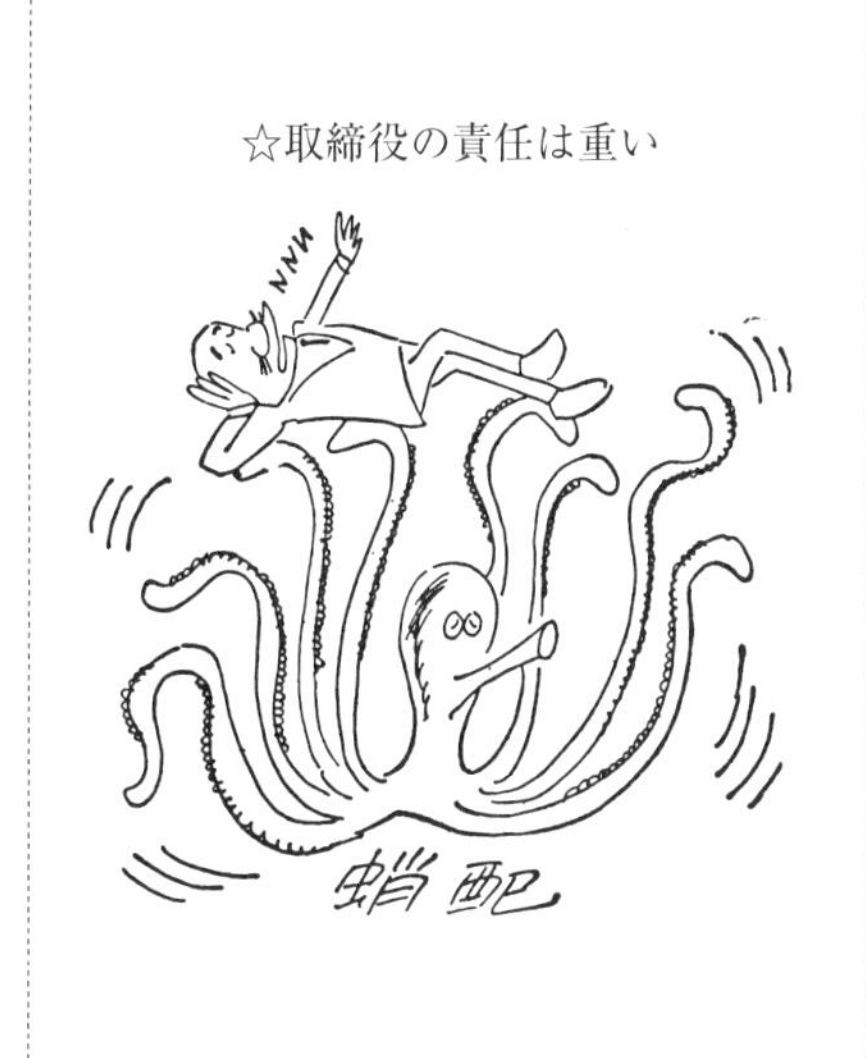

友人の弁護士に電話をかけた。話を聞いた友人は、「そいつは、明らかに会社法違反だぞ」と、言うではないか。ようするに、分配可能利益を超えて配当することで、当然会社には損害を与える。友人は、不正だとわかった以上、もう一度取締役会を開いて、その決議を撤回すべきだと勧めたのである。しかし、ここでまた無責任の悪い癖が出た。『他の取締役は全員賛成している。とすると、何か目算があるに違いない。第一、あんな景気いい会社が…』。岡村氏は、もし違反がバレて問題にされても、社外取締役の俺は大して責任を追及されないだろう、と思ったのだ。

問題点

社外取締役というのは、その会社（子会社含む）の業務執行取締役、執行役、使用人に過去も現在もなったことのない取締役で、**取締役会の決議**には参加するが、日常出社して会社の業務に携わることはない。ただし、**委員会設置会社**では、取締役や執行役を監査監督し、会社のガバナンス機能を果たす指名委員会、監査委員会、報酬委員会の過半数は、社外取締役でなければならないことになっている（会社法四〇〇条三項）。

社外取締役は、いわゆる**社内取締役**（代表取締役を含む業務執行役員）のように、直接会社の業務に携わるわけではないが、だからといって彼らより地位が下というわけではない。通常、代表取締役に選任された取締役以外は、取締役としての権限は皆同じである。すなわち、取締役会の一員として決議に参加する権限を持っていることは、他の取締役と変わらない。

むろん、その一方で決議に参加した以上、決議した内容に責任を負うことも他の取締役と同じである。その決議に、とくに異議を述べて、しかも議事録に、その事実を記載してもらわない限り決議に賛成したものとみなされる（同法三六九条三項、五項）。社外取締役でも決議に賛成したとなれば、その決議に基づいてなされた他の取締役の行為についても責任を負わなければならない（同法四二三条、四二九条、四三〇条、四六二条）。

たとえば、会社に対しては、会社の利益に反する一定の行為がなされて、それにより会社に損害が生じた場合、社外取締役も社内取締役と連帯して、その損害を弁償または賠償しなければならない。また、第三者に対しても、他の取締役が職務行為において、悪意または重大な過失があったために損害を与えた場合には、やはり賠償責任がある。

事例の岡村氏が、いわゆるタコ配の議案に賛成したことは明らかで、これは**剰余金の配当**を制限した規定に違反しており（同法四六一条一項）、会社に与えた損害に対し、取締役として賠償や弁償の責任を免れることはできないのである（同法四六二条一項）。

取締役会の承認なしに会社に金を貸したが有効に回収できた取締役の話

会社経営のアナ

会社が損をしないことが条件です

「自己取引き」ということばがある。取締役が、取締役であることをよいことにして、自分の会社からお金を借りたり、自分の商品を会社に売りつけたりすること、つまり、取締役と会社との間の取引きをいうのである。

会社の取締役ともなれば、自分のハンコ一つで自由に会社からお金を借りたり、会社の商品を安く買い取ったりすることができる。これでは取締役の私利私欲によって会社が食いつぶされてしまう心配がある。そこで会社法は規定を設けた。このような自己取引きをするためには、あらかじめ取締役会（取締役会のない会社では株主総会）の承認を受けなければならない――と（会社法三五六条、三六五条）。つまり、取締役と会社との自己取引きには「取締役会の承認」という関所を一つ設けておいて、承認決議を受けたものはオーケーだが、その承認を得られぬ自己取引きは無効にしようというのである。

☆ドレミファソラシ……
ドーころんでも損しないドー

ところで、小宮山義雄氏は梅宮ピアノ株式会社に対し五四〇万円を貸し付けた。このとき梅宮ピアノの代表取締役梅宮辰夫氏は、この借金について梅宮ピアノと連帯して返済の責任を負うという個人保証契約を結んだ。ところが、この返済期日が到来しても、梅宮ピアノは小宮山氏に借金の返済をしない。そこで、やむなく小宮山氏は借主の梅宮ピアノと連帯保証人の梅宮辰夫氏双方を相手どり東京地方裁判所に貸金返還請求訴訟を提起した。

　ところが、訴えられた梅宮ピアノと梅宮辰夫氏はつぎのように反論した。

　小宮山氏が梅宮ピアノに五四〇万円を貸し付けたとき、小宮山氏は非常勤ではあったが梅宮ピアノの取締役として、その末席をけがしていた。してみると、小宮山氏は取締役の地位にあって自分の会社にお金を貸し付けたということになる。すなわち、この五四〇万円の金銭貸借契約は取締役と会社との取引き——〝自己取引き〟に該当する。したがって、取締役会の承認を受ける必要があったにもかかわらず、その承認は得られていない。してみれば、この金銭貸借契約は会社法三五六条に違反する無効の契約といわねばならない。だから、梅宮ピアノには借金の返済義務はなく、梅宮辰夫にはその連帯責任はない、と。

　これに対し、原告の小宮山義雄氏は、さらにつぎのように反論した。

　取締役が会社からお金を借りる場合には、万一、その返済不能ということで会社が不利益を受けるおそれがある。だから、この場合には、あらかじめ取締役の承認を受けることが必要となる。しかしながら、会社が取締役からお金を借りる場合には、会社にとって利益こそあれ、どうころんでもそのために会社が損害を受ける心配はない。

　このように会社が利益だけを受け、まったく損害を受ける心配のない取引きにおいては、たとえ、それが取締役と会社との直接取引きであったとしても、取締役会の承認を受ける必要は全然ないといわねばならない。こう小宮山氏は反論したのである。

問題点

　さて、この訴訟どちらに軍配があがったろうか。

判決は、小宮山氏に対して軍配をあげた。取締役が会社にお金を貸す場合には原則として取締役会の承認は必要ではない。したがって、取締役会の承認がなくても五四〇万円の貸金契約は有効であり、借主の梅宮ピアノと連帯保証人梅宮辰夫氏は小宮山氏に対して五四〇万円を支払え——こう判決は結論をくだした。だが、この判決はつぎのような論点を指摘している。すなわち、取締役が会社にお金を貸す場合でも、貸主の取締役が会社から貸金の利息を取るような利息つきの貸金契約の場合や、またその貸金の見返りとして会社の財産を担保に取るような場合においては、やはり会社法三五六条（判決当時は商法二六五条）の適用を受け、取締役会の承認を受けることが必要である。こう判決は指摘している。

　つまり、小宮山氏が勝ったのは、無利息、無担保の貸金契約であったことが有効なキメ手になったのである。

会社経営のアナ

従業員以外への株式譲渡を禁止し

社外流出を防いだ話

当事者間の株式譲渡の制限は有効

東西タクシー株式会社は約一〇〇名の従業員を抱える会社だが、従業員の定着を図るため従業員に会社の三割に当たる株式を分配譲渡した。従業員もせっかく会社から株式の譲渡を受けたのだから、自分達の意思を会社運営に反映させようといろいろ思案を重ね、その結果、次のような規約の従業員持株制度を全員で発足させた。

まず、従業員持株制度の維持のために株主代理委員会を結成する。そして、株主代理委員会から三名の者を取締役として会社の運営に参加させる。さらに、従業員所有株式が他に流出しないようにするため、従業員が退職したり、あるいは株式を第三者に譲渡する場合には、株主代理委員会の推薦する者に株式を譲渡する、という内容だった。

この規約案に、当時の東西タクシー株式会社の従業員は全員が賛成し、株主代理委員会が発足、会社側もこの案を

☆退職者からは株券を取りあげろ

了承したのである。

数年後、発足時の従業員だった片山氏は定年で退職することになった。そこで、株主代理委員会は片山氏に対し、彼の株式を現従業員の一人である杉本氏に譲渡するように通知し、杉本氏も片山氏に株式を譲り受ける旨の通知をし、片山氏もそれを了承、杉本氏は株式の譲渡を受けた。

ところが、その直後、東西タクシーは新株を発行し株主に割り当てたのである。わずかな差で持株が増える機会を逃した片山氏は、自分が杉本氏に株式を譲渡したのは株式の自由譲渡性を認めた会社法に反し無効であるから、自分は現在も東西タクシーの株主であり、会社の発行した新株は自分に割り当てるべきだと、主張した。

しかし、東西タクシーは片山氏の主張は間違いであるとはねつけて相手にしなかった。それというのも、たしかに株式の自由譲渡性は法律で保障されているが、これは従業員持株制度という特殊性と、従業員全体の賛成を得た規約にのっとって、譲受人を指名したにすぎず、会社法にいう株式の自由譲渡性を奪うものではないと考えたからである。

問題点

株式の譲渡は、原則自由である（**株式の自由譲渡性**という）。株主が会社に投下した資本を回収する方法が、株式を他人に譲渡する以外に方法がないからだ。株式の自由譲渡性は、上場企業だけでなく、株式非公開の企業でも認められている。ただし、わが国の株式会社は小規模の会社が多数あり、すべてに自由譲渡性を認めると実情に合わないため、株式会社が定款で同社の株式を譲渡により取得する場合には同社の承認を要すると定めて、株式譲渡を制限することは許されることになった（**株式譲渡制限会社**という。会社法一〇七条）。

また、同条では、株式会社が敵対的買収などに備え、定款で、一定の条件が生じたとき、株主から強制的に株式を取得できる**取得条件付株式**の発行も認めている（株主には対価が払われる）。

もちろん、これ以外の場合には株式の譲渡は原則自由であり、事例の東西タクシーのように**従業員持株制度**維持のために株式の自由譲渡を制限しても、第三者を拘束することはできない。

しかし、株主相互間や会社株主間の契約で譲渡制限をすることは、当事者間では債権的な効力があるので、制限することは可能である。

事例の従業員株主と株主管理委員会間の株主譲渡契約は、退職従業員株主の株主譲渡の自由を在職従業員のみに制限するものであるから、契約が契約当事者以外の第三者にまでその効力を生じせしめようという趣旨であれば、会社法の規定に反し無効だが、これは単に当事者間の債権的効力にとどまるものであるから、同法に違反するものとは言えない。

会社経営のアナ

株式を譲り渡す相手が気に入らないと株式の売却を撤回した話

株売却の承認請求を撤回する

田中さんは、専門商社田中商事の株主である。田中さんは同社の創業者一族の出で、五年前まで同社取締役として経営にも携わっていた。しかし、同社を中心とした市役所への商品納入をめぐる入札談合疑惑が起き、刑事告発は免れたものの、イメージダウンをおそれた会社は、営業担当の取締役だった田中さんが引責辞任することで、疑惑の幕引きを図ったのである。それ以後、田中さんは、同社の一株主として株主総会や会社主催の行事に出席する以外、田中商事とは何の関係も持っていない。

もちろん、引責辞任は当時の状況ではやむを得ないことと、田中さんも考え、了承もしていた。ところが、最近になって、談合疑惑を週刊誌にリークしたのは、田中商事の現社長で、経理担当の取締役としてメインバンクから送り込まれた山本だと分かったのだ。山本社長は創業者一族の会社への影響力を弱めようと、最長老の田中さんの失脚を狙ったと言うのである。田中さんは怒ったが、明確な証拠もないし、また自身が持病の心臓病で入退院を繰り返す今となっては、山本と正面からぶつかるのは無理だった。

そこで、田中さんは山本と対立関係にある同族出の取締役の久保氏に、所有する田中商事の株式を譲ることにしたのである。田中さんの持株はそう多くはないが、現状では

☆売らせたらこちらのクビが飛びますから…

彼の支持を取り付けた方が、株式会社の議決権の過半数を取れるという状況だった、そして、田中さんはこれまで、現社長の山本を支持してきたのである。

田中さんは、持株を久保氏に譲渡する旨を会社側に通知、会社側の承認を求めた。田中商事の定款では、「株式譲渡は取締役会の承認を必要とする」と定める株式譲渡制限会社だったからである。しかし、取締役会は久保氏への譲渡を認めず、譲渡相手に山本を指名してきたのである。

田中さんは、株式売却を撤回することにした。しかし、撤回通知を会社側に通知すると、会社側は撤回を認められないと返答してきたのである。田中さんがそれを拒否すると、会社側は裁判を起こしてきた。

問題点

会社の株式は自由に譲渡できるのが原則である。

株式を市場に公開する上場企業だけでなく、公開していない非上場企業でも、その原則は変わらない。しかし、その一方で、譲渡自由ということは、特定の第三者が株式を買い占め、大株主として会社の経営に口出しし、あるいは経営権を奪取するということも起こりうる。日本企業が外資のファンドから敵対的買収を仕掛けられたニュースがしばしば報じられている。

ところで、株式譲渡は原則自由だが、株式会社が定款で、「株式を譲渡により取得する場合は会社の承認を要する」と定めておけば、例外的に株式の譲渡を制限できる（**株式譲渡制限会社**という。会社法一〇七条）。

一般的に非上場会社、とくに事例の田中商事のような同族会社の場合には、この株式譲渡制限のある会社が多い。これは、会社にとって好ましくない人（あるいは会社）が新しい株主として入ることを防ぐ手段で、経営の安定に寄与するものである。なお、この承認は、取締役会設置会社の場合は取締役会が、また取締役会がない会社は株主総会で行うことになっている。

具体的には、株式を譲渡したい株主が会社に対し、譲渡する相手、株式の種類、株数を通知し、譲渡を承認するか否かの決定をするように請求すればよい（同法一三六条）。また、この承認請求は株式取得者からもできる（同法一三七条）。なお、会社が譲渡を承認しない決定をした場合、会社は直接その株式を買い取るか、譲渡相手を指名しなければならない（同法一四〇条）。

それでは事例の田中さんのように、会社から指定された株主の買主（譲渡相手）には売りたくないと思っている場合、株主はその売却意思を撤回することができるだろうか。

最高裁は、取締役会指定の買主が株の売却を求める前なら、株主は株売却の承認請求そのものを撤回できると、認めた（平成一七年七月一一日判決、二審福岡高裁に差し戻す）。

決算報告書の提出が債務の承認とみなされ時効が中断した話

会社経営のアナ

会社の債務承認の一方法

小島氏は、三星工業株式会社の取締役であったが、三星工業が取引先である川鉄産業株式会社に対する取引上の債務一切の担保として、川鉄産業との間に小島氏所有の家屋敷を債権元本一五〇〇万円とする根抵当権を設定する等の契約を締結し、その旨の登記を経由していた。

ところが、その後約一年が経って、三星工業は業績不振で倒産した。契約には、このような場合として、いわゆる**期限の利益喪失特約**があったので、川鉄産業の三星工業に対する債権は履行期を迎えたが、川鉄産業は、その履行を三星工業に求めなかった。そこで、小島氏は、川鉄産業の三星工業に対する手形債権および売掛金債権は、いずれも時効によって消滅したものと主張し、川鉄産業に対し、自己の家屋敷に設定されている根抵当権設定登記の抹消を求めて訴えを起こした。

ところで、これを受けた川鉄産業側は、小島氏の主張に反論して、川鉄産業は、三星工業から毎年、川鉄産業に対する三星工業の債務を記載した決算書類の提出を受けており、その都度両者の間で詳細に内容が確認されている。こ

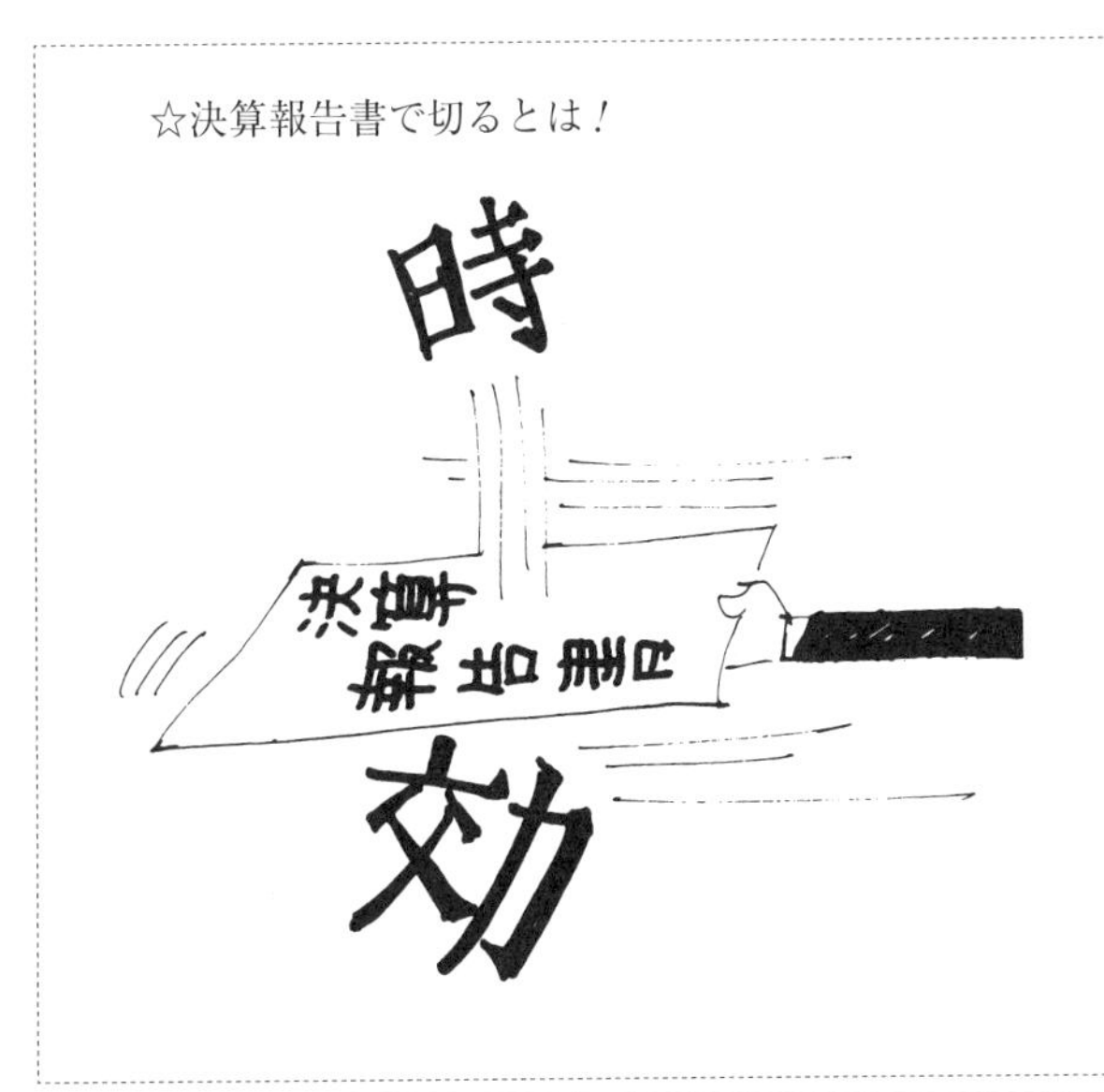

☆決算報告書で切るとは！

れは三星工業がその債務を承認したことになるから、川鉄産業の三星工業に対する手形債権および売掛金債権についての時効は中断されている、というものであった。

これに対し、一、二審とも、裁判所は、川鉄産業の主張を認め、決算書の提出は、時効の中断になるとしたので、これを不服とする小島氏は、上告したが、最高裁は、一、二審の判断を支持した。その理由は、① 三星工業が川鉄産業に提出した決算報告書の中に、川鉄産業に対する支払手形金と買掛金（かいかけきん）が記載されていたから、報告書記載の手形金について債務の承認があったものと認められるし、手形債務を承認することによって、その手形の振出しあるいは裏書原因債務についても承認による時効中断の効果を認めるべきだ、と。

② 小島氏は、決算報告書の提出は、単に営業状態の報告程度にすぎないから時効中断事由としての承認にあたらないというが、川鉄産業が取引先の三星工業から決算報告書の提出を受けていたのは、三星工業の経営状況や信用状態の調査あるいは相互の債権債務の照合等をするためであり、その決算報告書の内容について説明を求めたり、記載内容の確認をすることもあったというから、報告書に記載された川鉄産業の債権について三星工業がその存在を認識していることを債権者である川鉄産業に表示したものとみられるから時効中断事由としての承認にあたる、というものだった（現行法、時効の更新という。一五二条一項）。

問題点

この裁判所の結論には問題はない。**債務の承認**というのは、**時効中断**という法的効果を望んでする意思表示ではなく、時効にかかろうとしている権利の存在を認識しているという表示に過ぎず、これに時効中断という法的効果を与えるものと解されている。

消滅時効が完成していない場合は、債務の承認があれば、時効の中断事由となり、消滅時効が完成したのちである場合には、その後の**時効の援用**（えんよう）は、信義則上許されないとされている（最判・昭和四一年四月二〇日民集二〇・四・七〇二）。

債務者が自己の債務を記載した決算報告書を作成して債権者に提出すると、これが債務の承認と認められるかが、本事例であるが、裁判所の結論は妥当として差支えはないと考える。決算報告書はそもそも税務署に提出するため、あるいは株主に対し会計内容を開示する目的のために作成されるものであっても、それを債権者に提出し、自己の経営状況や財産状態を明らかにするとともに、債権者との債権債務の照合のために利用するということもありうるからである。

会社の債務承認に、決算報告書の存在があることに注意したい。

会社経営のアナ

株主代表訴訟の原告
株主の弁護士費用は会社が出すという話

株主の勝訴が条件である

渡辺豊さんは、株式会社南北社の株主である。南北社は大手ではないが経営は堅実で、かつての銀行株のように倒産の心配がないから騰貴目的の薄い個人株主には人気の銘柄だ。渡辺さんも、すでに一〇年近く株主で、ことあるごとに株を買い増していた。ところが、創業社長がなくなり、二代目社長にその長男の南田義隆氏が就任した二年前から、急速に経営状態が傾いてきたのである。株主総会などで義隆氏は「当社も不況の影響を受け」と説明し、渡辺さんら株主の多くも、そのことを信じていた。しかし、最近になって、経営悪化の要因は、社長の義隆氏が自分の個人企業「ヨシタカ」の赤字穴埋めに、南北社の金を流用しているのではという疑惑が浮上してきたのだ。義隆氏は南北社の取引の大半を「ヨシタカ」を迂回させることで、合法的にマージンを稼いでいたのである。

その事実の発覚で義隆氏は社長を辞任、三代目には実弟の隆史氏が就任した。隆史氏は就任に当たり、兄の不正について、会社として徹底的に追及したいと述べたのだが、実際には「ヨシタカ」迂回の取引を止めただけで、義隆氏に対する過去の不正追及は掛け声ばかりだったのである。

渡辺さんは腹が立った。いくら同族企業だからといっても、株式を上場している以上、たとえ相手が親子兄弟でも、経営者には不正追及の義務があるはずだ。会社がやらないなら、俺たち株主がやってやろう。そう思った渡辺さんは、株主総会などで知り合った個人株主一〇人ほどを集めて、いわゆる株主代表訴訟を起こしたいと提案したのである。

これだけ集まれば、株主代表訴訟を起こすだけに足る持株数は揃うし、訴訟費用は一人当たり八二〇〇円とリーズナブルだ。他の株主たちにも依存はなかった。

だが、その中の一人、山岡氏が「株主代表訴訟を起こすことには賛成だ。しかし、我々は裁判にも経営にも素人だし、しかも会社は非協力的。できれば弁護士を雇った方がいいんじゃないだろうか」と、言い出したのである。全員、その意見はもっともだと思った。

とはいったものの、誰も弁護士の知り合いなどいないし、だいたい弁護士を頼むのに、いくらかかるかわからない。そのことに気づいた渡辺さんたちの話は、ハタと停まったのである。そもそも株主代表訴訟は、たとえ勝っても被告の取締役から得た賠償金などは会社に入り、自分たち株主は直接金銭的な利益を受けるわけではない。裁判は手弁当でやるにしても、とても弁護士費用までは払えないという現実に気づいたのである。渡辺さんたち株主の勢いは急速に萎んでいった。とりあえず、結論は次回に持ち越しとし、散会したのだが、その帰り道、渡辺さんは市の法律相談を受けてみることにした。

法律相談を受けてくれた弁護士は、ときおり質問を挟みながら、渡辺さんの話を聞きおわると、こう言ったのだ。「株主代表訴訟で、株主側が勝訴した場合、かかった弁護士費用などは、会社が負担する決まりです。あなたの場合、十分勝訴の可能性がありますよ」

渡辺さんが勇気づけられたことは言うまでもない。早速、その日集まった株主に電話、その同意を取り付けて、法律相談を受けた弁護士に、自分たちの株主代表訴訟の代理人を引き受けてくれるよう頼んだのである。

問題点

株主代表訴訟（会社法の法文上は「責任追及等の訴え」）は六か月前からの株主なら（非公開会社では株主でさえあれば）できるが、まず会社に被告取締役に対し賠償訴訟を起こすよう要請、会社が六〇日以内に裁判を起こさない場合に初めて訴訟の提起ができる（会社法八四七条）。弁護士費用は、株主が勝訴した場合、会社に請求できる（会社法八五二条）。この費用には弁護士報酬の他、裁判に必要と認められる費用で訴訟費用を除いたものも入る。

なお、同様の規定は地方自治法にもあり、住民が自治体に代わり**不当利得の返還**などを求めた裁判で勝った場合、住民側は自治体に弁護士費用の請求ができる。最近では、被告が訴訟中に違法支出の公金を返還し、損害がなくなったとして住民側が形式的に敗訴した事件で、勝訴以上に自治体会計の是正に貢献したとして、自治体に弁護士費用の支払いを命じた判決もある（名古屋地裁・平成一四年三月一三日判決）。

倒産会社の債権者に売掛金の損害を賠償させた話

会社経営のアナ

取引きの相手方を事前に調べること

吉野株式会社の社長吉野氏は、金融引締めによる倒産が続いているという朝刊の記事を読みながら憂うつな気分になっていた。そこに突然電話が鳴り、取引きのない北見商会株式会社の北見社長からパンケース一万個を購入したいとの注文を受けた。

吉野社長は、不景気が続いていたおり、ひさしぶりの大量注文に気分をよくし、さっそく北見社長に会った。

「……実はうちの会社の取引先である四井商事がパンケースを大量に必要となりましたので売ってください」と北見社長はニコニコと握手を求めてきた。

そこで、吉野社長は北見商会との取引きは初めてであるが、四井商事は大手の商社であるのですっかり気分をよくして、さっそく四井商事の営業部に電話したところ、川上営業部長が電話に出たので、北見商会からパンケースを購入する話があるかどうかをたずねた。

☆早トチリは大損のもと…

「ハイ、確かに北見商会にパンケースを注文しました。よろしくお願いします」と電話の相手は心よい返事をしてくれた。

そこで、吉野氏は取引先を四井商事と思い込み、北見商会にパンケース一万個を納品して代金として額面五〇〇万円の約束手形を受領したが、この手形は不渡りとなった。吉野氏はかんかんに腹を立て北見を呼びつけて不渡りになった理由を説明しろとつめよった。

「実は、私の会社は半年前に倒産してしまい四井商事の川上営業部長から、四井商事の売掛金五〇〇万円を払え。お前の会社で払えないのなら、どこかから品物を仕入れてうちの会社に納品しろ。その代金とうちの売掛金と相殺にしてやるといわれ、この始末です」と、北見は平謝りに謝まるばかりである。

そこで、吉野氏は四井商事の川上営業部長に会って、吉野株式会社の損害をどうしてくれるんだと談判した。

「いや、うちの会社も北見商会から五〇〇万円の損害を受けたので、その損害を回収したまでです」と、川上営業部長は当然のことをしたまでだという態度である。

そこで、吉野株式会社は、四井商事を被告として損害賠償請求の訴えを起こし、裁判所も四井商事に損害賠償義務を認めた。

問題点

会社が倒産した場合、倒産会社の債権者は債権回収のため、あらゆる手段を尽くすものである。四井商事の川上営業部長も倒産会社に品物を仕入れさせ、これを納品させ、その代金と回収不能の売掛金とを**相殺**し、実際には全額の債権を回収したことになった。

経済活動の自由を保障され、早い者勝ちの取引社会において、ある程度のかけひきや術策は許されるとしても、そこには限度がある。**信義誠実の原則**に反したり、**権利の濫用**をすることは禁止されている（民法一条二項・三項）。四井商事の取引きの相手方である北見商会の倒産による損害を、あらたに善意の第三者である吉野株式会社を取引きにひき込んで、これにしわよせしてその損害において回復するがごときは、もはや社会的妥当の域をこえ、それ自体違法性を帯び不法行為責任を生ずる（民法七〇九条）。

しかし、吉野株式会社が損害をこうむるにいたったことについては吉野株式会社にも過失がある。大量注文に眩惑されて、取引きの相手方を四井商事と誤認したり、四井商事と北見商会との従来の関係を調査せずに北見商会の倒産を認識しなかった点、四井商事に対し直接納品書・請求書を交付せず、究極の購入者が資力信用のある四井商事であることに頼りすぎ大量の物品を短期間に納入した等の点は軽率である。

吉野氏がこれらの点につき慎重であったならば、その損害は避けられたはずである。吉野氏のこれらの過失は裁判所により当然に考慮され、損害賠償額は**過失相殺**により減額されることになった。

第16章

商取引の抜け穴と急所

♣本書の内容は……

・インサイダー情報教えたが共謀は無罪になった話——金融商品取引法

・スキミング情報を売り信販会社から賠償を求められた話——民法七〇九条

・一〇〇万円の支払いに「壱百円」の手形をもらい失敗した話——手形法六条一項

・売った品物を引渡す前に焼失したが代金はとった話——民法五三六条

・融通手形を好意で出して自分まで倒産してしまった話——手形法一条

など実例解説・一四話

商取引の法律の急所

商取引の法律をめぐる最近の動きとしては、**債権法**（民法）の改正（平成二九年法律第四四号）がある。改正個所は民法第三編「債権」の他、第一編「総則」にも及ぶなど多岐にわたっている。そのすべてを本書で紹介することはできないが、消滅時効、法定利率については第三章「金銭貸借の法律の急所」で、売主の瑕疵担保責任は第九章「不動産売買の法律の急所」で、さらに「敷金」「原状回復義務」「賃借権の存続期間」など宅地建物の賃貸借に関する改正は第一〇章「土地家屋の法律の急所」で紹介した。

また、不法行為による損害賠償請求権の消滅時効については第一二章「各種事故の賠償の法律の急所」に、その概要を紹介してある。

ここでは、**定型約款**、**危険負担**、**個人保証**についての改正点を紹介する（令和二年四月一日から施行）。

★定型約款の規定が新設された

事業者が、不特定多数の者を相手に取引する場合、画一的な契約内容で取引することが双方にとって合理的である取引を「**定型取引**」といい、その取引のため、事業者側が準備した契約内容などを盛り込んだ規約を「**定型約款**」という。相手方が、その事業者と取引する場合は、約款に同意（合意）したものとみなされる。

この定型約款は、すでに私たちの日常生活でもよく使われている。たとえば、電車通勤する人は鉄道会社の「運送約款」、ツアーの参加者は旅行社の「旅行約款」に合意したことになる。この他、電気やガス、電話の契約、銀行の預金取引、保険契約、ネット通販の購入などにも、定型約款は使われている。

このような**定型約款**についての規定が、改正民法に新たに盛り込まれた（五四八条の二～五四八条の四）。

たとえば、定型取引の相手方は、事業者（**定型約款準備者**という）の定型約款の個々の条項すべてに合意（同意）しているとは限らないため（一般的に約款は長文で、その全文を読んでいない人の方が多い）、後日トラブルが起きる場合も少なくない。

しかし、事業者があらかじめ、約款の内容をホームページに掲載するか、書面で渡すなど、相手方に表示していれば、相手方（約款を契約の内容とすることに合意していることも要件）はその個別条項も合意したとみなされることになった（約款が有効ということ）。

ただし、取引の相手方の権利を不当に制限し、不当にその義務を加重するような条項、また相手方の利益を一方的に害するような条項については合意しなかったものとみなすことも、明記されている。

なお、約款を変更する場合についても、その変更に合理性があること、取引先に著しく不利な変更でないこと、変更内容を周知することなど、事業者への規制内容が盛り込まれた。

★借入れの個人保証は公正証書作成を義務付け

会社が事業資金を借り入れる場合、その会社の社長など代表権を持つ取締役が連帯保証人として個人保証をすることは珍しくないが、中小企業の場合は事業に無関係な妻子にも個人保証を求められることも多い。ときには「迷惑をかけないから」と頼まれ、友人や知人が連帯保証人にさせられることもあるという。ただし、その企業が返済できなくなると、連帯保証人の妻子や友人らも経済的に破綻に追い込まれることになる。

今回の法改正では、そのような悲劇を避けるため、会社の理事、取締役、執行役などに準ずる個人（取締役等という）以外の第三者から個人保証を取る場合、借入れなど債務についての保証契約を締結する日の前一か月以内に、保証人になる人が公証役場で、「保証人になる意思がある」ことを述べ、**公正証書を作成することが義務付けられた**（四六五条の六）。

また、債務者は保証人に対し、財産や収支の状況、他に債務があるかどうか（その額や履行状況）、保証人以外に提供している担保があるかどうかなどの情報を提供することが義務付けられた（四六五条の一〇）。

★当事者双方に責めのない履行不能の危険負担は債務者主義に変わる

改正前の民法では、売買（双務契約）の目的である特定物が、債務者の責めに帰することができない事由で滅失した場合、その危険負担は債権者が負うことになっていた（**債権者主義**）。

しかし、令和二年四月一日から施行された改正民法では、「**当事者双方の責めに帰することができない事由によって債務を履行できなくなった場合**」には、その**危険負担は債務者が負う**と変わった（五三六条一項。五〇九頁問題点参照）。

この他、法律の動きとしては、**情報通信技術の進展に伴う金融取引の多様化に対応するための資金決済法**の改正（令和元年六月七日公布）がある。仮想通貨の呼称を「**暗号資産**」と変更するとともに、暗号資産を取り扱う暗号資産交換業者が広告や勧誘で虚偽の表示をすることを禁じ、また利用者の金銭を信託することを義務付けるなど、業者に対する規制を強化した。

商取引のアナ

スキミングしたカード情報を売り、信販会社から代金を請求された話

情報を売ると三年以下の懲役も

篠田は今、自分のしたことを悔やんでいる。遊ぶ金ほしさに、スキミングしたカード情報を使った悪仲間の買物代金約三〇〇〇万円を信販会社に支払えという判決を受けたからだ。

話は、平成一二年夏に遡る。篠田は、悪仲間から頼まれ、当時バイトしていたガソリンスタンドで、客のクレジットカードをスキミングした。もともとパソコンなどOA機器の扱いに慣れていて、しかも盗聴やスキミングに興味があった篠田は、専門店や通販でカードリーダーを手に入れ、遊び半分にカード情報の読み取りをしていたので、こんなことは簡単にできた。しかも、手に入れたカード情報を一件三万円で買い上げてくれたので、それに味を占めた篠田は、その後も頼まれるたびに、スキミングを続けたのだ。

もちろん、その情報を使って悪仲間が偽造カードを作り、電化製品などを買っては、すぐに換金をしていたことに気づいてはいたが、手軽で割のいいバイトを止められるほど篠田は真面目でもなかった。それに、自分が使うわけではないから、何の罪にも問われないとタカを括っていたのである。実際、半年ほどして偽造グループが摘発された際、篠田も警察の取調べを受けたが、悪仲間から「カード客の

☆刑事がムリなら民事でご用！

利用状況を調べるために必要だと言われて、それを信じてデータをスキミングしただけで、まさか偽造カード作りに使われるなんて知らなかった」と言い張り、結局刑事責任を免れたのである。

ただし、事件の摘発を機会に、篠田はスキミングをキッパリ止めていた。直後の平成一三年七月から、偽造行為の準備行為に当たる情報の取得を禁止する改正刑法が施行されたことも、その理由の一つだったが。

篠田は、情報を売り渡した悪仲間が詐欺容疑で立件され、次々に有罪判決を受けるのを見てホッと胸をなで下ろした。

しかし、世の中、そう甘いものではない。刑事裁判の過程で、カード情報は篠田がスキミングしたものであることがわかると、偽造カードによる買物により被害を被(こうむ)った信販会社は彼を相手取り、立て替えた商品代金約三〇〇〇万円の賠償(ばいしょう)を求める民事裁判を起こしてきたのである。

篠田は、民事裁判でも、警察で言ったのと同じように、自分はたしかにデータを盗み出して悪仲間に売ったけど、まさか偽造カードに使われるとは知らなかったと言い訳をした。

しかし、裁判官は、その主張に耳を傾けるほど甘くはなく、裁判所は篠田に対し、信販会社の請求した通りの金額を支払うよう命じたのである。

問題点

平成一三年七月二四日、クレジットカードの偽造、偽造カードの所持や譲渡、**スキミング**などによるカード情報の取得を禁止する改正刑法（一六三条の二～一六三条の五）が施行された。これによると、偽造目的で支払用カードのデータをスキミングした者も、三年以下の懲役または五〇万円以下の罰金である。篠田君が刑事訴追を免れたのは、この規定がなかったからに過ぎない。

しかし、**刑事責任**を問われないからといって、**民事責任**まで免れることはできないのである。

この事例と同じように、スキミングによりクレジットカードの情報を盗み出し、第三者にデータを売った男性に対し、信販会社が損害賠償を請求した事件もある。第三者が、このデータをもとに偽造カードを使用、電化製品等を購入したため、信販会社はその代金約二六〇〇万円を各販売店に立替払いしており、その立替代金を支払うようスキミングした男性に求めたもの。

裁判所は、信販会社の主張を認め、被告に対し、約二六〇〇万円を支払うように命じた（東京地裁・平成一四年五月二五日判決）。この事件も、改正刑法の施行前だった。

なお、スキミングとは、クレジットカードの磁気情報を磁気読み取り装置などを使って盗み取る手口で、カード社会の信頼を揺るがすものである。

金銭貸借のアナ

ビルには融資額以上の担保価値があると信じ連帯保証債務を免れた話

銀行員の詐欺的説明が錯誤の原因

岡野さんはごく普通のサラリーマンである。二年前、義弟の横山から銀行からの借入れ四億五〇〇〇万円の連帯保証人になってほしいと頼まれた。

駅前で手広く不動産業を営む横山は、岡野さんの亡き妹の夫で、妹の死後も付き合いを続けていたのである。

四億五〇〇〇万円と聞いて、岡野さんは驚いた。もし横山が返済できなくなった場合、岡野さんが自宅を売り、預金や退職金をかき集めても、その一割にもならない。保証人になる資格はないと、岡野さんは一度は断った。しかし、横山が同伴してきた銀行の融資担当者が、「連帯保証は形だけです。融資金は駅前の商業ビルの購入資金ですが、時価一〇億円はする物件で、担保価値は十分にあります。本来は、ビルに抵当権を付けていただくだけでいいんですが、当行の決まりで、一億円を超す貸付は連帯保証人を付けることになってまして」「お義兄さんには絶対に迷惑を掛けません」などと言うのだ。

不動産取引の事情や実態などを知らない岡野さんは、銀行員が二倍以上の価値があるというからには、横山が返済できなくなっても、そのビルを売ればよく、銀行が自分に保証債務の履行を迫るようなことはないと、誤解したのである。そして、連帯保証人になった。

しかし、銀行員の話は真っ赤な嘘で、ビルには購入額以上の価値はなく、銀行の査定上の掛け目は七割、一億三〇〇〇万円ほど担保割れだったのだ。しかも、横山の買ったビルは入居者が思うように集まらずに、借入れをほとんど返さぬまま倒産してしまった。銀行はその直前に横山にビルを一億円で任意売却させ、彼の会社や個人名義の預金と

☆金融屋の常とう句

ともに、貸金返済に充当したのだ。

そして、残元金等約一億五〇〇〇万円を連帯保証人の岡野さんに支払うよう要求し、岡野さんが応じないと、裁判を起こしてきたのである。

岡野さんは、銀行の担当者が融資金の二倍以上の価値がある物件で、売れば借入金は全額返済でき、銀行内の手続き上、保証人になってもらうが、岡野さんに迷惑はかけないと言うからハンを押したに過ぎない。そうでもなければ、給与生活者に過ぎない自分が、いくら義弟とはいえ、連帯保証人にはならなかったと主張した。

一方、銀行側は、担当者が保証債務を請求しないなどと言ったことはなく、「迷惑かけない」という言葉は儀礼的なものにすぎないと反論した。なお、問題のビルについては、当初は家賃収入で十分返済が可能で、担保価値も十分あると見込まれており、その後の価格下落は結果論にすぎないから、連帯保証人が動機の錯誤をするほどの食い違いはなかったと反論した。

しかし、裁判所は岡野さんの主張を認め、動機の錯誤により連帯保証契約は無効として、銀行側請求を退けたのである。

問題点

金融機関が取引先に融資をする場合、この事例のように物的担保の他、人的補償として取引先の経営者家族を連帯保証人にすることは珍しくない。その際、債務者本人だけでなく、融資担当者が自ら「絶対に迷惑はかけません」「形式的なものですから」などと半ば騙すような発言で、連帯保証人にサインを促すこともあるという。

実際、同様の事件で、銀行員の発言が連帯保証人に錯誤を生じさせたとして、保証債務契約は無効とした判決もある。（東京高裁・平成二四年五月二四日判決）。この事件は、岡野さんのケースより事情が込み入っていて、債務者に融資した銀行が経営破たん、その債権を譲り受けた整理回収機構が、残元金約一億五〇〇〇万円を債務者の兄である連帯保証人に請求したものである。

一審新潟地裁は、機構側の返済請求を認めたが、二審東京高裁は、保証人は岡野さん同様、融資担当者の説明により、担保ビルは融資金を上回る価値があり、債務者が返済できなくても、保証債務の履行を求められないと誤認していたと判断している。その上で、本件連帯保証契約は動機の錯誤により締結されたもので、無効と指摘、一審判決を取り消し、機構側の請求を棄却したのである。

なお、民法改正（令和二年四月一日施行）で、個人が事業資金の融資に連帯保証する場合、公正証書作成が必要になった（本章法律の急所参照）。

売った品物を引き渡す前に焼失したが代金は取った話

商取引のアナ

売買取引にはこんな危険がある

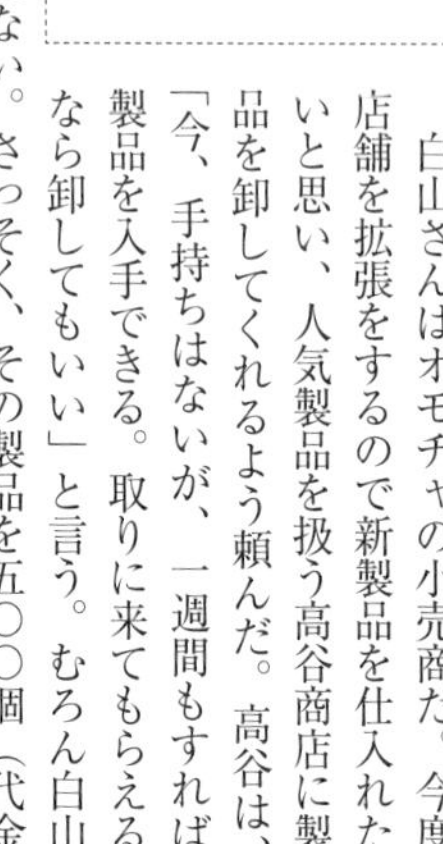

白山さんはオモチャの小売商だ。今度、店舗を拡張をするので新製品を仕入れたいと思い、人気製品を扱う高谷商店に製品を卸してくれるよう頼んだ。高谷は、「今、手持ちはないが、一週間もすれば製品を入手できる。取りに来てもらえるなら卸してもいい」と言う。むろん白山さんに異存はない。さっそく、その製品を五〇〇個（代金一〇〇万円）買い入れることとし、代金は商品引取りの連絡を受けてから一か月後に払うものと、取り決めた。

それから五日後、「入荷したから、いつでも引き取れるようにしておく。なるべく早く引き取ってくれ」と連絡が入った。しかし、白山さん側は店舗の拡張工事中で、完成するまで保管しておいてくれるよう高谷に頼んだのである。

ところが翌日の夕方、高谷の隣家から出火、高谷の倉庫が類焼して、白山さんに引き渡す分の製品も全部焼けた。

☆灰なら
お渡しできますが…

そして、それとは知らない白山さんは、工事が済むと高谷に製品の引取りに出かけたのである。

高谷商店は、「製品が隣家の失火で焼失したから渡す分はない。新しく契約するというのならともかく、焼失したものの代わりを引き渡す義務はない」と、そっけない返事だった。白山さんは困った。しかも、高谷から白山さんに代金一〇〇万円を払うよう請求書が届いたのである。白山さんが、「品物は受け取っていないから、代金は払えない」と拒絶したのは言うまでもない。

それから数日後、ある弁護士から、「高谷商店のあなたに対する製品代金の取立てを依頼されたが、一〇日以内に払ってくれないときは訴訟を起こす」という内容証明郵便が届いた。白山さんは、その弁護士の事務所を訪れ、製品を受け取っていない自分が、なぜ払わなければいけないのかを尋ねたのである。

問題点

この事例は、改正民法の施行(令和二年四月一日)前のもので、改正前の法律では、白山さんは代金を払わなければならない。

これは、当事者の責任ではない理由(隣家の火事による類焼)で、一方の債務が消滅した(白山さんが買おうとした製品が焼け、高谷商店は製品を引き渡せなくなった)場合、他方の債務(白山さんの代金支払義務)はどうなるか、という**危険負担**の問題だ。

改正前の民法には、「特定物に関する物件の設定又は移転を双務契約の目的とした場合において、その物が債務者の責めに帰することができない事由により滅失したときは、その滅失は債権者の負担に帰する」と、**特定物の危険負担は債権者主義を取る**ことが明記されていた。事例の場合には、白山さんの支払義務だけが残る。

もっとも、白山さんが買おうとしたオモチャ製品は、初めから「この人形」とか、「この車」と、特定の個別商品を指定したわけではない。取替えのきく一定の種類の製品を買うつもりだったから、これは**不特定物**である。

不特定物は、売主が債権者に品物を引き渡すに当たり、一定の物を定め、それを他の種類のオモチャと区別して引渡しの準備をすることにより、初めて引渡しすべき物が決まる(**特定物になる**)ことになっている。改正前の民法も、「不特定物は、**債務者が債権者に物を給付するのに必要な行為を完了すれば確定する**(特定物になる)」と定めている。

この「物を給付するのに必要な行為の完了」とはどの程度の行為か、白山さんと高谷商店のケースで検証する。

売買契約では、白山さんが取りに行くことになっていたから、高谷商店の方は彼に対し、取りに来ればいつでも引き渡せる程度に準備し、取りに来るよう通知すれば、「**給付に必要な行為の完了**」と言える。高谷商店は、そうして待っていたのに、白山さんが取りにいかない間に、隣家からの失火で製品が消失したのだが、これは債務者たる高谷商店の「責めに帰すべき事由」とは言えない。債権者の白山さんが、その物が滅失したことの危険(責任)を負わされることになる。その物が引き渡されなくても、白山さんは代金を支払わなければならない。白山さんは売買契約の際、「危険負担は高谷商店が負担する」という特約を結んでおくべきだったのである。

ただし、令和二年四月一日から施行された改正民法では、この事例のように、「**当事者双方の責めに帰することができない事由によって債務を履行できなくなった場合**」は、**その危険負担は債務者**(高谷商店)**が負う**と変わった(改正法五三六条一項)。高谷商店から代金を請求されても、白石さんは代金支払いを拒むことができる。

インサイダー情報を教えたが何の見返りももらわず共謀については無罪になった話

商取引のアナ

法改正で教えただけで罪になる

阿久井は証券会社の役員で、会社が関わる株式公開買付などの未公表情報を知る立場にあった。

その情報を昔関係のあった徳子さんに教えてしまったのだ。阿久井は入社直後、彼女と恋仲だったが、重役の娘との結婚話が出ると彼女を捨て、出世の途を選んだのである。彼女は退職し、以後会うこともなかったが、大学の同期会の三次会で入ったスナックで、三〇年振りに彼女と再開したのだ。

阿久井と別れた後、結婚した男性と、この店を開いたのだと言う。ただ、昨年逝った夫の治療費などで借金が一〇〇〇万円近くあり、この店も近々手放す予定だとも彼女は話した。

阿久井は、彼女に同情したのか、彼女に対する仕打ちへの謝罪の気持ちだったかはわからないが、つい未公表情報をしゃべってしまったのだ。有り金全部、その株に注ぎ込むようにと。そして、彼女はその通りにしたのだ。その株に対するＴＯＢが直後に公表され、彼女が短期間で一五〇〇万円近い利益を上げ、借金を清算できたのは言うまでも

☆めぐる因果で教唆犯……

ない。平成二五年の暮れのことだ。

しかし、彼女がインサイダー取引をしたとして、証券等監視委員会から告発を受け、金融商品取引法違反容疑で逮捕されたのは、それからまもなくだった。そして、取調べで未公表情報は阿久井から聞いたと自白したため、阿久井も取調べを受け、彼女と共謀して不正取引をしたとして、逮捕起訴されたのである。

阿久井は、取調べでも、公判でも、彼女に未公表情報を話したことは認めた。だが、彼は何の見返りも受けていない。彼女がインサイダー取引をした時点でも、公判中の現行法（平成二六年九月現在）でも、未公表情報をしゃべっただけでは罪に問えないはずだ。

阿久井は無罪放免になると信じていた。思った通り、裁判所は何の見返りをも受けていないことから、彼女との共謀は認められないと述べた。だが、彼は無罪にはならなかったのである。

裁判所は、阿久井が彼女にインサイダー取引を唆したとして、教唆犯で有罪判決を下したのである。

問題点

金融商品取引法は、事例の阿久井のように未公表情報を知った者が、株取引をすることを禁じている。

しかし、現行法では、その情報を人に教えただけでは、罪に問えない（処罰規定がない）。ただし、平成二六年六月一九日、インサイダー取引が起きた場合、情報提供者も刑事罰の対象とする改正金融商品取引法が公布された（五年以下の懲役または五〇〇万円以下の罰金。併科もある。）。

もっとも、この事例の阿久井同様、証券会社役員が職務で知った未公表情報を知人に教えただけで、有罪判決を受けた事件もある（横浜地裁・平成二五年九月三〇日判決）。

役員から、ＴＯＢ未公表情報を教えられた金融業者はインサイダー取引を行い、懲役二年六月、執行猶予四年、罰金三〇〇万円、追徴金一億円の判決を受けた（横浜地裁・平成二五年二月二八日判決）。しかし、見返りを受け取っていない証券会社役員との共謀を、裁判所は認めなかった。

その結果、情報を教えただけの行為は現行法では刑罰がないため、同事件で別に審理が行われた役員は無罪になる確率が高かったのである。

ところが、検察はその後、この役員の起訴内容に、金融商品取引法違反の教唆およびほう助を訴因追加したのである。裁判所は、金融業者との共謀は否定したが、業者にインサイダー取引するよう唆（そそのか）したと判断、教唆罪に当たるとして、役員に懲役二年六月、執行猶予四年、罰金一五〇万円を言い渡している（横浜地裁・平成二五年九月三〇日判決）。

商取引のアナ

一〇〇万円の代金支払に「壱百円」の手形を貰い失敗した女社長の話

数字より文字による記載を重視

株式会社河野は、建物の内装を主たる業務としている。女社長の河野美香のセンスの良さから注文にことかかない。

株式会社河野は、昭和五五年、栗田建設株式会社から内装を請負い、一〇〇万円の代金支払として栗田建設株式会社の裏書した約束手形（株式会社金沢工務店が振出人）を受け取った。

株式会社河野の女社長は、期日に株式会社金沢工務店に金一〇〇万円の手形として支払請求したが、支払を拒絶された。女社長がその手形をよく見てみると、右手形の金額欄には、「壱百円（いち）」との記載があり、その右上段に「￥1,000,000−」と記載され、同手形には一〇〇円の収入印紙が貼付（てんぷ）されていた。

女社長が手形を受け取ったときにも、手形金額欄を見ているが、「壱百円」との記載が「壱百万円」と記載されて

いるものと錯覚していたのである。当時の印紙税法によると一〇〇万円未満の手形は非課税であり、一〇〇万円以下の手形の印紙税額は一〇〇円であった。手形を振り出した株式会社金沢工務店でも「壱百万円」のつもりであったから、一〇〇円の印紙を貼ったはずだと女社長は疑問でならなかった。

株式会社河野としては、手形債権とは別に、栗田建設株式会社に対し請負代金一〇〇万円の債権を有してはいるものの相手方の業績はそれほど思わしくなく、債権の回収も困難である。

女社長は、何とか手形金を回収したいと知り合いの弁護士に相談し、本裁判を起こし、四年かけて最高裁まで争ったのであるが、結局、株式会社河野は、敗けてしまったのである。

手形金額欄に「壱百万円」の「万」の字が入っているかどうかを十分に見なかった女社長が損をしてしまったのである。

本件で問題となったのは、手形金額欄に「壱百円」と書かれ、右上段に「￥1,000,000-」と書かれた本件手形金額を一〇〇万円とみるのか一〇〇円とみるのかということである。

昭和五五年当時の貨幣（かへい）価値から考えて、一〇〇円の手形が振り出されることは経験上考えられないし、一〇〇円の手形に一〇〇円の収入印紙を貼ることも常識では考えられないことである。

しかし、手形は、有価証券として転々とすることから取引の安全をはかるためには、厳格な外観解釈をとらなければならないのである。

問題点

最高裁昭和六一年七月一〇日第一小法廷判決は、「本件手形の『壱百円』という記載は、手形法六条一項にいう『金額ヲ文字及数字ヲ以テ記載シタル場合』に当たるものと解すべきである。

けだし、同条項において文字による記載を数字による記載に比し重視しているのは、前者が後者よりも慎重にされ、かつ、変造も困難であるからであると解されるところ、前示の『壱百円』という記載は右のような文字による記載の趣旨に適（かな）った記載方法であるということができるのであり、また、このような記載が文字による記載に当たるものと解しないと、仮名文字による記載が現実的でないことに鑑み、同条項の対象とする文字による記載がありえないことに帰し、不合理だからである」と言っている。

結論として、同法廷は「本件手形上に記載された手形金額については、同条項を適用して一〇〇円と解するのが相当である」と判示したのである。

届出印と異なる印の偽造手形の支払いで銀行の過失が認められた話

商取引のアナ

実印より届出印の確認が必要

栗山産業株式会社の社長栗山太郎は、五年前、知人の紹介で小野咲子を経理担当の社員として入社させたが、ほどなく二人の間は愛人関係となって、栗山は、咲子に秘書的な役割を与えて、自分の実印をも保管させるようになっていた。

こうした関係が五年ほど続いていたが、咲子は年齢が離れており、また妻子もいる栗山と結婚する望みもないところから、取引先の社員といつしか情を交わすような仲になっていた。

たまたまその取引先の社員の実母が癌で入院したことから金策を依頼され、咲子は、残業で社に残った際、保管していた会社の手形、小切手用紙を用いて、手形、小切手を偽造して、これを換金することを思いついたのである。

しかし、当座取引のため取引銀行であるY銀行に届け出てある取引印（届出印）は、いつも社長の栗山太郎が常に携帯していたから、咲子が保管していた栗山太郎の実印を用いて、約束手形と小切手を作成して、これをその取引先の社員に交付して、それぞれ取立てに廻すように指示したのである。

ところが、これらの手形と小切手が呈示された取引銀行であるY銀行は、届出印と手形、小切手に用いられている

☆そんなハンコ押さないで

印影とを照合したところ、明らかに異なることを発見したが、印鑑届の裏面にある、代表取締役栗山太郎の実印が手形、小切手にある印影と一致したので、栗山産業ないし栗山太郎に照会することなく、支払ってしまった。

そこで、栗山産業は、これを不当とし、Y銀行に対し、当座取引契約の債務不履行だとして、同額の損害賠償を請求した。

Y銀行は、当時、栗山産業から事故届も出ておらず、偽造を疑わせる事情も認められなかったし、実印が押されているのだから、真正に振り出されたものと信じて支払ったから過失はない、と主張したのである。

第一審の裁判では、実印の取引の重みを考え、Y銀行に過失はないとして栗山産業の請求は認めなかったが、第二審では結果が逆になってしまった。

第二審は、実印が用いられていても、当座取引契約によって届けられた取引印は、銀行、取引先の双方にとって、実印以上に重要な価値を有するもので、このような約束手形や小切手が取立てに廻ってきたときには、栗山産業に照会すべきである、としたのである。

なお、判決は栗山太郎の実印の保管に過失があったとして、銀行の過失相殺の主張は認めている（大阪高裁・昭和五五年一〇月二三日）。

問題点

一審と二審との考え方が正反対になったように、この問題については説も対立している。

しかし、やはりポイントは、銀行の調査事項として最も重視しなければならないのは、手形、小切手に押捺されている印影が、届出の印鑑と相違していないかどうかの照合にある、と考えるなら、二審の結論の方が説得力があるように思う。

二審は、取引印として届け出られた印鑑の方が、取引においては実印以上だとし、実印が必要になるのは、取引開始時と取引印喪失による改印時に本人確認のために用いられる、いわば一過的なものだとしている。したがって、たとえ実印が押捺されていたとしても、Y銀行は栗山産業に照会した上で、支払いに応ずるか否かを決めるべきであったろう。

右の銀行の過失以上に考えなければならないことは、栗山産業社長の栗山太郎であろう。経理担当の小野咲子を愛人にして実印まで預けておいた管理上の問題がより重要である。

端的にいえば、いくら愛人関係にあったからといって、実印を無雑作に預けた過失はかなり重いと思う。管理が十分であれば、そもそもこのような問題は発生しないし、仮に発生したとしても、Y銀行の手形、小切手の届出印の照合の段階で容易にチェックされたであろうことは明らかである。

記名押印した手形用紙を盗まれて手形金を支払わされた話

商取引のアナ

最終所持人の悪意の立証が困難

丁寧な若い女性の声であったが、電話を受け取った春野はギョッとした。「モシモシ春野工業さんですか。本日入金の予定はございませんか、お宅の振り出した一〇〇万円の手形が回ってきていますが、当座の残がありませんので、このままですと不渡りになりますが……」。手形決済日も過ぎ、資金繰りのつらさからやっと解放されてホッとしていた。毎月資金繰りで苦労し、ホッとする日は月のうち何日もない。そのわずかな安息の日を銀行からの連絡でショックを受けた。

春野は一〇〇万円の手形を振り出した記憶はまったくない。手形帳の耳を調べたが今日の支払日となっている手形を振り出した旨の記帳はない。さっそく銀行にかけつけた。手形をみせてもらったところ、春野が手形振出しの際使うゴム印と印鑑が振出人欄に押印されていた。名宛先の秋川製作所というのは知らないし、あと二名ばかり裏書されて、取立てに出している最終所持人は冬山工業株式会社だ。「春野さん、振出人欄の記名押印が確かなものであれば、決済しなければなりませんので、このままでは不渡処分となりますよ」。「この手形は振り出した覚えもないし、冬山工業株式会社なんて知りませんよ」。銀行側の説明に、春野はそう抗弁したが、銀行としては形式が揃っていれば決

☆盗まれて泣くより盗まれる前にご用心

済しなければならないし、引当ての預金がなければ預金不足で不渡りとするとのことであった。

春野は早速自宅に帰り、理髪店を経営している妻に相談した。手形の振出しや支払先への支払いは、妻に任せていた。どうも問題の手形は、六ヵ月程前に、春野が旅行する際、支払日に手形を渡せるように、手形に記名押印だけして机の引出しに入れておいた数枚の手形の一枚であるらしい。妻が支払先の請求書をみて、この手形に金額を記入して渡せるよう春野が用意していたものである。しかし用意をした手形が何枚か不用となり、そのままにしていたものが、空巣にはいられたときに盗まれたものであることがわかった。

「盗んだ手形に勝手に一〇〇万と記入して取立てに回しているのだ。なんで払う必要があるのか」。春野には納得がいかない。しかし、いちおう銀行のいわれるまま、盗難届を出し、その上、一〇〇万円の異議申立提供金を預託し、銀行取引停止処分は防いだ。ところが、後日、冬山工業株式会社から手形金請求の訴訟が提起された。

問題点

現在の取引社会では手形が安易に支払いの手段として使用されている。それでいて手形の意味は案外理解されていない。金額が記入されていなくとも、白地手形として有効で、呈示のときに金額を補充すればよいわけである。

本件と類似の事例につき、妻の手で白地部分を補充し、事業上の債務支払いの手段に供することが適宜できるようにしておれば、手形を流通におく意図があったと考えられ責任を負わなければならないとする判例がある（東京高裁昭和四九年五月二九日、判例時報八四三号九八ページ）。

手形の性質上、手形の振出行為については見解の相違があるが、手形の法定の要件を具備した作成行為があれば、第三者に交付しなくとも責任を負わなければならないか、交付行為があってはじめて手形の振出しがあったといわれるのか、問題となるところである。特に本件のように盗難されたときの振出人の責任をどう理解するかである。

しかし振出人の意思に反して流通におかれたとしても交付行為が振出しに必要だという見解からでも**手形の外観理論**から振出人は責任を負わなければならないと考えられている。いずれにしろ、春野は手形金を支払わざるを得ないのである。

この場合、最終所持人の冬山工業株式会社はこの手形が盗難された手形であることを知っているときは、悪意の抗弁（こうべん）で通常訴訟では春野の勝ちとなるが、裏書（うらがき）がかさなっている場合、春野の方で、盗難手形であると知っていたことを立証するには大変に苦労するのである。

商取引のアナ

日付をわざと間違えて手形を振出し割引に成功した話

暦にない日の手形の効力は？

洋服商の成山さんはさいきん株の方で大分もうかった。そんな成山さんのところへ、知人の名刺をもって赤堀と名のる男が、赤堀振出(ふりだし)の、約束手形の割引を頼みにきた。額面三〇〇万円で満期は四〇日先であるが、赤堀は、

「利息はいくらでもご希望どおり前払いします。決してご迷惑はおかけいたしません」

といって頼むし、赤堀の身なりも悪くない。成山さんとしても、株の配当を受けたばかりで、三〇〇万円くらいの余裕はあるし、高い利息をもらうのだから欲を出して、割引くことにした。

満期になって、成山さんは取立を依頼するため、この手形をもって、自分の取引銀行に行ったところ、銀行員は手形をしばらく見て、

「この手形は無効でダメです」

☆あぁー幽明、無日！

といった。驚いて成山さんがわけを聞くと、銀行員は、

「この約束手形の振出日は、平成八年一一月三一日になっていますが、一一月三一日なんていう日はありません。そんな暦にない日を振出日とした手形は無効です。ほかの要件はちゃんと記載してあるのですが」と答えた。

成山さんは約束手形を受取ったとき、金額や満期日はよく見たが、振出日が一一月三一日で暦にない日だということまでは、まったく気がつかず、銀行員にいわれて驚いたのである。

さっそく、赤堀にこのことを話し、すぐ三〇〇万円を返してくれるように要求したが、赤堀は、

「金がない」の一点ばりで払おうとしない。赤堀を紹介した友人も、

「赤堀が手形の割引を頼むなんてことは知らなかったのだし、赤堀にかわって金を払う義理もない」

というしまつである。

赤堀が、一一月三一日という、暦にない日をわざと、振出日として記載し、無効の手形を振り出しながら、成山さんが法律知識にうといのに乗じ、有効な手形と信じこませて、割り引かせ、金銭をだましとったのであれば**詐欺罪**（刑法二四六条）となる。

しかし、赤堀は取り調べを受ければ、必ず、

「振出日が、一一月三一日になっている、というのは成山さんにいわれて、はじめて気がつきました。あの手形を振出したのが一一月の末日だったものですから、つい不注意で一一月三一日と書いてしまったわけでして、別にした心はありません。成山さんもだまって受けとったし、今頃になって詐欺よばわりは、こちらも大いに不満です」

と弁解するに違いない。そうすれば、ほかに特別の事情でもない限り、詐欺の意思があったと認められないだろう。

問題点

振出日や満期が暦にない日、たとえば、九月三一日とか一一月三一日などと記載した手形の効力について、判例は、満期が一一月三一日と記載されたものを、一一月末日に該当する記載があるとして有効としたもの（大判昭和五・七・一四）と、振出日が一一月三一日の約束手形は暦にない日の記載だから無効であるとしたもの（大判昭和六・五・二二）に分かれており、学説もいろいろに分かれている。

実例の場合も、この約束手形は無効だといいきってしまうことはできないが、支払場所に指定された銀行は、振出人の承諾がない限り、このように有効か無効かわからない手形の支払いには応じないだろう。

だから、こういう手形は受け取らないように注意することが、くれぐれも大切である。

パクリ屋に手形割引を依頼し倒産寸前に追い込まれた話

商取引のアナ

手形をパクられたら取り戻せない

幸田さんは、個人商店としてはかなり大きな洋品店を営んでいたが、年末の商品仕入れの資金繰りに頭を悩ましていた。めぼしい担保もなく、ほかから借入れができるあてもなかったので、幸田さんは自分名義の手形を振り出し、それを割引いてくれる相手を探していたのだ。

ある日、ときどき幸田さんの店へも買物に来る太田と、店で立ち話をしていたら、たまたま金融事情に話が及び、幸田さんが、「こう金づまりでは、資金繰りが苦しくてねえ。誰か信用できる人で、手形を割ってくれる人はいないものでしょうか」と何気なく話した。すると、太田は、「A銀行B支店の支店長が私の友人だから、頼んでみましょう」と答えて帰ったのである。

三日ほど経って、太田から電話で、「話がついたから、明日の午後二時にA銀行B支店に来てください」と知らせてきた。幸田さんは、喜んだ。A銀行で割り引いてくれると信じたのである。約束の時間に、幸田さんは自分名義で振り出した額面五〇〇万円の約束手形をもって、A銀行B支店を訪れた。

幸田さんが銀行に着いたとき、すでに太田が来ていて、銀行員と何か話していたが、幸田さんに気づくと、「私が先に支店長に会ってきますから、手形を出してください」と言われたので、幸田さんは太田に手形を渡した。太田は、その手形を持って支店長室の方へ行ったが、五、六分して出て来ると、「今は来客中だし、銀行としても一応あなたの信用を調べたいと言ってますから、明日もう一度、ここへ来てください。手形は支店長に預けておきました」と言われたが、幸田さんは怪しみもせず太田と別れたのである。

翌日、約束の時間が三〇分以上過ぎても太田がやってこないので、不安になった田中さんは支店長に面会を求めた。ところが、支店長は、「太田は以前、銀行の近くで金融業を営み、この店とも取引があったので知っているが、現在は取引もない。それなのに我が物顔で出入りして、こちらも迷惑している。昨日もちょっと顔を出したが、挨拶程度の話で、手形割引の話なんか聞いたことはないし、もちろんそんな手形なんか預かっていない」と言うではないか。

太田も手形も、その後どこに行ったかわからなかったが、手形の満期日に、金融業者の平山から幸田さんの取引銀行に手形が提示されたのである。

不渡手形を出しては、幸田さん自身も経営する洋品店の信用も致命傷を受けるので、幸田さんはやむを得ず、あちこちからやっと五〇〇万円をかき集めて払った。

太田のように、資金繰りに追われている個人商店や会社に、手形を割り引いてやると偽って、手形を詐取する者を、通常「**パクリ屋**」と呼ぶが、その行為は、もちろん刑法の**詐欺罪**だ。ただし、そのパクリ屋が、「最初からダマし取るつもりはなかったが、割り引いて現金を見たとたん、むらむらと悪い心が起こり、その金を使い込んだのです」などと弁解し、その弁解が認められると、これは詐欺罪ではなく**横領罪**となる。どちらも犯罪には違いはないが、詐欺罪の刑罰が一〇年以下の懲役であるのに、横領罪は五年以下の懲役と、ずっと軽くなるのである。

問題点

約束手形の振出人幸田さんが、手形所持人平山から手形金の請求を受けたとき、たとえ、その手形が太田にだまし取られたものであっても、太田からその手形を譲り受けた平山に対しては、それを理由に支払いを拒絶することは、原則として許されない。ただ、平山がその手形を太田から譲り受けたとき、満期に幸田さんが詐欺にかかったことを主張して、その支払いを拒絶することは確実だ、ということを知っていたときは、幸田さんは平山に対しても、支払いを拒絶することができる。

しかし、幸田さんがその手形はだまし取られたものだと平山が知っていたということは、振出人の幸田さんが証明しなければならない。だが、実際問題として、裁判でこれを立証することは非常に困難である。

約束手形の振出人が手形金を満期に払わないときは、その手形は**不渡手形**となる。しかし、商人や会社が不渡手形を出すことは、その信用を地に落とすことで、ほとんど致命傷となるばかりか、六ヵ月の間に二度不渡りを出すと**手形交換所**加盟の全銀行と、当座勘定および貸出の取引が停止され、事業の継続は事実上、不可能となる。

振出人は手形を詐取されたのだから、所持人に対し手形金を支払う義務がないと考えるときは、手形交換所に手形金額に相当する現金を提供して不渡処分の中止を求め、審判の結果を待つことができるが、審判の間はこの現金を寝かせておかなければならず、不利益は免れないことになる。

パクリ屋は、手形法の規定と手形のもつ経済的な価値を利用し、手形をだまし取って、この犯罪と関係のない金融業者のところで割り引き、ぼろ儲けをするのである。いずれにしてもパクリ屋は、振出人を信用させて、手形をだまし取るために、あらゆる努力を傾けるのである。

融通手形を好意で出して自分まで倒産してしまった話

商取引のアナ

名前は気やすく貸さぬこと

高山さんは、相当数の従業員を抱える電気店を営んでいるが、真面目な人柄と手堅い商売で業者間に信用がある。

ある日のこと、ここ数年来音沙汰のなかった旧友の戸田君が突然訪ねてきて、「食品スーパーをやってるが近くに大型店ができて経営が思わしくない。周りに家電の量販店はないので、できれば転業して、家電製品の販売をしてみたい。協力してもらえないか」と相談をもちかけたうえ、高山さんの代理店の形でもいいから、店頭に並べる商品を貸してほしいと頼まれたのである。

高山さんは突然のことでもあり、考えておくとその場は帰したが、戸田君はその後も、再三再四同じことを頼みにくる。高山さんは、家電の販売業も同業者が多く、客は少々遠くても、安くて品数豊富な量販店に行ってしまうので、新規参入しても簡単にはやっていけないと、業界の事情を説明し、代理店の話はいったん断ったのである。

ところが、戸田君は、代理店の話は引っ込めたものの、自分で電気店を始めると言い出し、「店舗(てんぽ)を改造中だから、ぜひ見てくれないか。直さなきゃいけない個所があったら指導してくれ」と頼んできたのだ。高山さんは、それなら協力すると、戸田君の店を訪れ、二、三、留意すべき点を指摘してあげたのである。

その際、戸田君から、「店の開業資金は何とかできたが、問屋に信用がないので手形で商品を買えない。できたら、君の手形の名前を貸してくれないか。迷惑はかけないから」と頼まれた。高山さんは旧友でもあり、気の毒に思って、戸田君の責任で手形をきちんと決済してくれるなら、手形を貸しても良いと返事をしてしまったのである。

最初は金額も小さく、満期直前には手形金を高山さんのところに持参してきたので、戸田君のことをすっかり信用するようになった。しかし、その金額は増え続け、やがて高山さんが頼まれて書く約束手形の金額は、戸田君の商品取扱量の数倍になっていたのである。そのことに気づいた高山さんは、戸田君に問いただした。すると、戸田君は、資金繰りに困って、手形を担保に高利の金融業者から融資を受けていることを白状したのだ。

高山さんは戸田君のいい加減さをなじったが、いま彼が手を引けば、戸田君の商売は立ち行かなくなり、結果的に高山さんの手形が不渡になる危険性も出てきたのである。

高山さんの名義で振り出した手形が不渡になれば、これまで堅実な経営で築いてきた高山さんの店の信用は一度に失われ、これからの営業にも支障をきたす。仕方なく、その後も戸田君の希望を入れて、手形の名義を貸していたが、同時に一日も早く名義を貸すのをやめさせてくれと、戸田君に頼み込むハメに追い込まれたのである。

ところが、その後も戸田君は高山さんから借りる手形の金額が減らないどころか、かえって増加する傾向にあったため、高山さんは立腹して手形を書くのを拒絶した。戸田君は平身低頭頼んだが、断固として拒絶したのである。

すると、まもなく高山さんの取引銀行から手形が回ってきていることを知らされ、至急現金を口座に入金するよう求められたのだ。戸田君が入金をしなかったためだが、彼とは連絡が取れず、高山さんは仕方なく銀行に現金を持参し手形を落とした。しかし、その後はほとんど毎日のように手形が回ってきたため、結局は手形を落とす金の工面ができなくなり、預金不足で不渡を出してしまったのである。二度の不渡で、高山さんは当座取引を解約され、その信用も失墜し、倒産の憂き目を見たのである。

問題点

売買や金銭の貸借がないのに、もっぱら戸田君に高山さんの信用を貸すため振り出す手形を**融通手形**（**好意手形**ともいう）というが、これは相手の信用や誠実さが基礎となって維持されるものであり、相手が不誠実だったり、経済力がない場合には、きわめて危険である。

この例のように、自分の予期しない事情から不渡事故が発生し不測の損害を受けるので、よく注意して相手の人を選ぶ必要がある。

たんに、手形の名前を借りるだけだから、けして迷惑をかけないなどと言われ、軽率にこれに応じると、後日、とんだとばっちりを受ける恐れもある。

これを防止する方法は、絶対に安心のおける人に対してでない限り、融通手形の振出人にならないことが、まず肝心である。もし頼まれた場合には、「自分は前に融手で失敗した苦い経験があるから、もう二度と手形で名前を貸すまいと覚悟している。誰か、別の人間に相談してみてはどうか」とか、「あまり難しい手形操作をするのは、危険だし、それに自分は、融通手形のようなものを使うのは気が乗らない」と、婉曲に断るのが上策である。

事実、高山さんのように、融手で人のために自分の信用をなくし、莫大な借金を作った例や、融手の乱発の末、その後始末に困って高利で借金をして、結局営業に破綻を生じ、閉鎖した例は現実に山ほどある。

『君子危うきに近よらず』が、賢明の策と言えよう。

二つの会社がグルになって約手を発行して支払をしない話

商取引のアナ

訴えれば絶対に払ってもらえる

春山さんは、釘製品を販売する商人で、A株式会社は梱包材料を販売する会社、B株式会社は木工業を営む会社である。

春山さんは、昭和四八年頃、ある知人の紹介でA会社を知り、間もなく梱包材料の製作用として、釘製品の注文を受け取引するようになった。注文を受けた商品はA会社本店に納入したり、A会社の指定する工場（後に判明したことであるがB会社工場）に納入したりしていた。代金の支払方法は、はじめはA会社振出の約束手形であったが、数回後からは、B会社振出の約束手形に変わったが、春山さんは、通常、取引において廻し手形を用いることが少なくないので、別に気にとめていなかった。

というのは、B会社の事務員は、A会社の事務室の一部を使用し、その出入口にあたるドアーには「A会社木工部」の標札が掲げられていたし、B会社の役員、社員などは、その名刺の肩書に「A会社木工部」という表示と「B会社」という表示を併記して使っていたようである。

春山さんはあくまでA会社と取引しているものと信じていたから、納品書にしても、請求書にしてもすべて宛名は、A会社木工部という表示を使っていたし、相手方から異議を述べられたことは一度もなかった。実は、これがB会社のツケ目だったわけだ。

そういった形の取引が、約二年間続いたので、あるとき春山さんが代金として受け取っていた約束手形（B会社振出）を、取引銀行に取立委任したところ、不渡処分を受けた。春山さんはさっそくA会社にとんでいって、不渡手形の決済を強く迫った。だが、A会社では、

「私たちはB会社の社員であり、A会社とは、何の関係もない。事務室はA会社の一部分を間借りしているに過ぎないし、B会社はある事情のため倒産したので、不渡処分を出すに至ったことははなはだ申し訳ない。そのうち、債権者会議でも開いて将来の方針を決定するので、それまで待ってくれ」とのすげない返事である。

思案のすえ、廻し手形が不渡りとなった以上、売掛代金請求をすることができるはずだと思いつき、A会社とかけ合うことにした。ところがA会社は、

「B会社に梱包材料のうち木工の下請をさせている関係にすぎないので、春山さんから釘類を買ったおぼえは全くな

い、横車を押されては困る」との剣もほろろの答えである。やむをえず、春山さんは、A会社を相手取り売掛代金請求の訴えを起こした。

裁判で明らかになったことは、A会社とB会社とはまったく別の法人であり、木工関係についてのみB会社が下請の関係にあること、春山さんに釘製品を注文していたのはB会社社員であり、当初のうちA会社振出の手形を使ったのは、B会社がA会社から代金の支払方法として受け取った分を春山さんに廻したものであること、などであり、春山さんとA会社に直接の取引があったことを認めるに足る証拠は、見当たらない。

あわてた春山さんは、名案はないものかと考えた。そして、①A会社が、ある対外的な関係でB会社社員に、A会社の商号・住所・電話番号を表示した名刺を使わせていたこと、②A会社の事務室の一部分にB会社の営業所を設置しながら、B会社の表示をせずにA会社木工部という標札を掲げていたこと、③B会社が、A会社木工部の名義を使って春山さんに売買取引の申込みをして、商品を受け取ったときはA会社名義で受領していたこと、などについて、A会社は知りながら何の苦情もいわずに黙認していた事実を思い起こし、名板貸（商法一四条、法人の場合は会社法九条）の責任を追及した。

こうして、春山さんは、めでたくA会社に勝訴し、売掛代金を辛うじて回収することができたのである。

問題点

いわゆる**名板貸**の名義貸与者は、相手方が自分を営業主なりと誤認して取引をした場合、その取引によって生じた債務について、名義を使った他人と連帯して弁済の責に任じなければならないと定められている（会社法九条、商法一四条）。

ところで、この名義使用の許諾は、必ずしも明示である必要はなく、黙示でもさしつかえない。

だから、他人が勝手に自己の氏名または商号を使用して営業をしていることを知りながら、放任しておく場合も、使用の許諾をしたものと解されても仕方がない。

このことは、逆にいえば、勝手な使用に対し抗議をするなど阻止する手段を講じたときは、その責任を免れるということである。

また、営業主であると誤認し取引した相手方が、充分に注意をはらわないで誤認した場合も、名義貸与者はその責任を負わないですむ。

ただし、この場合は、相手方に誤認についての重大な過失があったことを（誤認をしていなかったときも当然含まれる）名義貸与者のほうで立証しなければならないので、事実上の問題として責任をまぬがれることは、なかなか困難である。

商売上の売掛金を普通の貸金にして時効をふせいだ話

商取引のアナ

民事時効への切替えがポイント

家電販売店を営む山田さんは、取引先のAさんから頼まれ、借用書も取らずに手形で二〇万円の資金を貸した。しかし、約束の一か月が経ってもAさんは返さず、山田さんも大した金額でないので忘れてしまったのである。

五年近く経って、山田さんはそのことを思い出し、債権の時効は一〇年だから当分大丈夫と思いながら、念のため弁護士に聞くと「とんでもない。民事の普通の債権の時効は一〇年だが、この場合は、商事の債権だから五年だ。すぐ手を打たなければ、時効にかかるよ」と言われたのである。

驚いた山田さんは、その先生に頼み、内容証明でAさんに催促してもらって時効を中断、慌ててAさんから手形に代わる借用書を取ってきたのである。

☆これでなかなか時効にはなりませんナ

ところで、山田さんには他にも、支払いの遅れで心配な取引先があった。それが、Bさんで、一年八か月前の売掛代金一八万円がまだ払ってもらえない。ただ、商事時効は五年と聞き、少し安心したのだが、弁護士にその話をすると、売掛金（うりかけきん）の時効は二年だと言う。そこで、また内容証明で時効を中断してほしいと頼むと、弁護士は「それよりも、未払いの売掛金を改めて貸し付けたことにして、その借用書をもらった方がいい」と言われたのだ。

山田さんが、言われた通りBさんから借用書をもらってくると、弁護士は「その借用書で、売掛金の時効が貸金の時効に変わったことになり、時効が三年間延びたんだよ」と教えてくれたのである。山田さんは、時効の種類の多いことに、改めて驚かされた。

問題点

令和二年四月から施行の改正民法（平成二九年法律第四四号）では、消滅時効の期間は一律「権利を行使できることを知った時から五年」に統一された（改正民法一六六条一項）。この事例は改正民法施行前の話である。

時効は「その権利を行使し得るのに、行使しないこと」に対する規定なので、その起算点は「権利の行使ができる時」だ。たとえば、貸金の弁済期が三年先なら、三年先の期日から進行を始めるわけで、金を貸した時からではない。

また、時効で得する者が、**債権者**に「あなたの請求権は、時効にかかっているので支払いには応じられない」という意思を明らかにすることによって、その効果を確定的に生ずる。これを、法律は**援用**という（一四五条）。つまり、客観的に時効にかかっていても、債務者本人が「私は払います」と言えば、裁判上も、時効の効力は生じないわけである。

ところで、時効はある期間進行しても、次の事実があると進行がストップし、再びスタートラインに戻る。これを法律上、**時効の中断**（改正法では、「時効の更新」という）といい、①債務の承認、②催告、③支払督促の申立て、④訴訟の提起、⑤破産手続き、民事再生手続きへの参加、⑥仮差押え、仮処分、などが中断の理由となる。

ただし、**催告**は半年間、正式の中断手続きをとるための猶予期間を得られる効果しかなく、注意が必要である。その間に訴訟を起こすとか、仮差押えをするとかしなければ、半年後に再び催告をしても、今度は効果がない。

また、訴訟を起こしても、その訴えを却下されたり、取り下げたときは、中断の効果はなく、仮差押えや仮処分の取消しも同様である。

しかし、約束手形がうっかり時効にかかった時は、救いの道が一つある。それは、手形法に規定された**利得償還請求権**というもので、相手に利得のある限り、その範囲内で返還を求めうるのである。

なお、今回の民法改正により、商事消滅時効の規定が商法から削除された（詳しくは第三章「金銭貸借の法律の急所」を参照）。いずれにしろ、返還や支払いが滞った場合、何もせずに放っておくなということである。

商取引のアナ

保証人をダマしてこげつきそうな融資金を全部回収した話

保証は気軽に引受けないこと

中野氏は、幼なじみの小川から借金の保証人になってくれと頼まれた。小川の経営する会社は資金繰りが苦しく、知人の大山氏から融資を受けることになったが、保証人を立ててほしいと言われたのだという。中野氏は当初躊躇した。借金の保証人は通常**連帯保証人**で、債務者が返済を怠れば債権者からいきなり返済を求められ、たとえ債務者の方に資産が合っても、支払いを拒絶できないからだ。しかし、小川が大山氏と交渉、連帯保証人ではなく、ただの保証人でいいことになった。大山から送られてきた借用書（金銭消費貸借契約書）にも、中野氏は「連帯保証人」ではなく、「保証人」となっていた。これなら仮に小川の会社が借金を払えなくなっても、いきなり中野氏が請求される心配はない。大山氏はまず小川側に請求しなければならないのだ。小川に資産があることを知っている中野は、大山から借りる三〇〇〇万円程度なら小川は十分払えると、安心して保証人になったのである。中野氏は借用書の保証人欄に署名捺印するとともに、同封されていた大山氏との保証契約書（当事者は債権者と保証人。債務者は署名捺印しない）にも署名押印し、送り返した。ところが、小川の会社は結局、半年もたずに潰れてしまったのである。

すると、大山氏は中野氏に対し、いきなり三〇〇〇万円の一括返済を求めてきた。中野氏は、ただの保証人にすぎないから、小川方の整理が済んでからにしてほしいと頼む

☆保証人の抗弁権を骨抜きにする

と、大山氏は中野氏がサインした保証契約書を取り出し、「たしかに連帯保証人ではないが、あなたは**検索の抗弁権**も**催告の抗弁権**も放棄してるではないか」と言う。契約書を見ると、たしかに『検索、催告の抗弁権を放棄する』という条項が入っていた。中野氏は契約書を読まずにハンを押したことを悔やんだ。

問題点

抵当権などの物的担保に対し、保証人を**人的担保**という。抵当権に比べて担保力は劣るが、手続きが簡単なので、担保としてよく使われる。具体的には次の通り。

①**連帯債務**　数人が共同で借金をする場合と、一人が借金をして、他がその支払いを担保する場合とがある。

この場合、貸主（債権者）は、どの借主（債務者）にも同時、または順次に全額請求できるが、誰か一人が全額弁済すれば債務は消滅する。ただし、借主の一人について契約が無効になったり、取り消されても、他の借主には影響しない。

②**保証債務**　借主が借金を返済しないとき、保証人が代わって返済する場合をいう。連帯債務と違い、主たる債務がなくなれば保証債務もなくなる。

保証契約は、貸主と保証人の合意で成立する。貸主と借主の間の金銭消費貸借契約とは別個の契約だから、保証人が借主にダマされたと言っても保証契約の効力には関係がない。

単なる保証債務と連帯保証債務とでは、後者の方がはるかに厳しい。前者には、**催告の抗弁権**（主たる債務者に先に催促しろと言える権利）と**検索の抗弁権**（主たる債務者の財産から先に強制執行しろと言える権利）とが認められている。

③**連帯保証**　保証人が借主と連帯して借主の債務を担保する場合である。

連帯債務同様、貸主は誰にでも全額請求できるし、借主より先に連帯保証人に請求してもかまわない。ただし、ただの保証債務と同様に、主たる債務が消滅すれば、保証債務も消滅する。催告の抗弁権、検索の抗弁権がなく、債権者に有利なので、金銭貸借では一番多く利用される。

④**根保証**　貸主と借主との間に継続的な貸付契約をする場合に利用される。

保証人があらかじめ、将来の一定の時期における借入債務の総和の支払いを保証する契約で、保証債務の特殊な場合である。貸付の最高額（**極度額**）を決めておく場合もあり、商取引ではよく利用されている。ただし半永久的な**包括根保証**には規制がかけられた。

人的保証には以上のものがあるが、中野氏の場合は②の保証債務の変形であり、③の連帯保証に酷似している。また、中野氏に連帯保証人であることを隠してサインさせるため、大山氏と小川が共謀して、契約は「単なる保証人」とした疑いが残る。

相手の名刺や領収書を活用して時効を中断した話

商取引のアナ

何気なく承認させるのがコツ

山川さんが注文紳士服の店をもってからもう何年もたっている。そんな山川さんが若い頃からよく出入りしたのが太洋物産株式会社であった。よいお客ばかりで随分ともうけさせてもらった会社であった。

しかし最近になってハタと困ったことができてしまった。太洋物産の大野君と中村君が紳士服の売掛代金を全然払ってくれないのだ。洋服を納品してから一年も過ぎたのに、二人とも一銭も入金してくれない。

はじめのうちは、

「今度の給料日に来てくれ。かならず払う」

といって、山川さんを追い返したが、最近は給料日に山川さんが太洋物産に行っても、隠れているためか、全然、大野君や中村君に会えない。

山川さんは、太洋物産の出入りが長いので、そこのお客さんに限って納品書も領収書も使わなかった。そんなものはいらなかったのだ。でも大野君と中村君については事情が違ってきた。かといって太洋物産に日参して大野君や中村君を探すことは、長年の取引関係からも、他のお客さんの手前からもできないことだった。山川さんは「時効」ということを、よく知っていた。注文洋服の売掛代金は二年間で時効にかかることを、前にお客の弁護士から聞いていたからである。

そんな矢先、大野君や中村君が、

「あの洋服の代金は時効になってしまうさ」

と冗談をいっていたことを太洋物産の他のお客さんから聞いてしまったのである。

〈書式1〉

領　収　書

太洋物産
大　野　殿

令和□年10月10日

¥3,000
山川洋服店㊞
電話(3383)5952

月日	品　名	単位	金　額
□年分	オーバー	1	25,000——
□年 10/10	背　広	1	35,000——
			60,000——
	(但し残金¥57,000——也)		

相手は長年の取引先の太洋物産である。中村君や大野君を怒らせずに、そろそろ時効の中断をせねばと考えた山川さんは、まず大野君に電話をした。

「あの洋服代金なら、いつでも結構ですよ。だから大野さん、もう一着注文してくださいよ」

案の定、大野君は背広を注文した。山川さんはさっそくこれを仕立てて太洋物産にはしった。あれほど逃げまわっていた大野君も、新しい背広の魅力からか、応接間に山川さんを入れ、新しい背広を着て喜んでいる。山川さんはこ

☆名刺は我のタメならず

〈書式2〉 名刺に書いてもらったとき

太洋物産株式会社
中　村　善　夫㊞
一　金参千円を今度の給料日に払います。
（但し洋服代金の一部として）
令和□年一一月一五日
電話（三五××）三八三八

こだと思っていった。

「この代金は前の代金と一緒に少しずつ払ってくだされば結構ですよ。でも順番だから古いほうから少しでも払ってくださいよ」

大野君は別段、何も考えずうなずいたが、ちょっとしてから、

「今晩中村君と一杯飲むから、これだけで勘弁してくれ」と三〇〇〇円を山川さんに払った。シメタ！　と山川さんは心の中で叫び声をあげた。さっそく、領収書を取り出して、サラサラと書くと大野君に手渡した**〈書式1〉**。もちろん領収書には山川さんの方にも写しの残る「カーボン」

付きのものを使った。これで一つの時効中断の材料できたのだ。なぜかというと、山川さんが渡した大野君への領収書は、ソックリとカーボン紙で山川さんの「控え」の方に移されてるからだ。山川さんとしては重要証拠物件として出るところへ出ればこれが物を言うからである。

大野君は新しい背広を着て、応接間から出ていった。つぎは中村君である。仕方がないから太洋物産に二日続けて会いに行った。中村君はやっと会ってくれた。だが彼はバツの悪そうな顔をして、

「今度の給料日まで待ってくれ」

といってきた。山川さんはチャンスを逃がさなかった。

「では今度いくら払ってくれますか。大野さんは昨日三〇〇〇円払ってくださったんですが」

さすがの中村君も、しぶしぶながら三〇〇〇円を今度払ってくれることにした。山川さんは続けて、

「中村さん、そのことをあなたの名刺に書いておいてくれませんか。私が忘れると困りますから」

山川さんは、自分の名刺でなくて中村君の名刺に書かせたかったのだ。中村君もおとなしく名刺に簡単な覚え書きをして、山川さんに渡した。**〈書式2〉**。こんなものが債務の時効を中断する材料になろうとは中村君は考えていないようであった。

問題点

山川さんは、洋服代金が時効にかからないよう、時効を中断することにしたのである。

なお、令和二年四月一日施行の改正民法で、時効の中断は「更新」、時効の停止は「完成猶予」と、その呼び方が変わった（詳しくは、第三章「金銭貸借の法律の急所」を参照）。

事例は改正民法施行前の話である。

中村君から名刺をとり、大野君からは新しい背広の注文と領収書の控えをとった山川さんは、やや不安はあったが、二人から得た材料は、時効の中断事由である「承認（改正前民法一四七条一項三号。改正民法一五二条）」になるのではないかと思った。売掛代金の時効が二年と教えてくれた弁護士に聞くと、「うまくやりましたね。上出来です」と言われ、ホッとしたが、中村君からの名刺には中村印がなくても、債務承認に変わりないと教えられ、「法律は奥が深い」とも思ったのだ。

しかし、洋服代金をまんぞくに払ってくれない二人だから、とても未払い代金を手形にすることは望めなかったし、かといって、借用証書はオイソレとは書かなかっただろう。二人とも時効を待っていたようだし、念書のようなものも、面と向かって要求しても、もらえなかったはずだ。

自分のやった方法も、まんざらではなかったと、山川さんはニヤリとしたのである。

第17章

人事労務の抜け穴と急所

♣本書の内容は……

・親が寝たきりなのに出向命令を出すのは権利の乱用とされた会社の話――民法一条
・年次有給休暇の請求で利用目的を考慮した変更は許されないという話――労基法三九条
・女子社員に対するセクハラを放置し賠償命じられた会社の話――民法七一五条
・内部告発しクビになったが解雇を取り消させた話――公益通報者保護法三条
・ファーストフーズの店長は非管理職と残業代を取った話――労基法四一条

など実例解説・一六話

人事労務の法律の急所

令和五年二月の完全失業率は二・六％で、前月より〇・二％上昇した。また、完全失業者数は一七四万人と、二〇か月連続で減少している。この他、有効求人倍率は一・三四倍と、前月比で〇・〇一ポイント低下した（厚生労働省・毎月勤労統計調査、一般職業紹介状況による）。

★賃金請求権の消滅時効期間が三年間に延長された

人事労務をめぐる法律の動きとしては、賃金の消滅時効期間を見直した労働基準法の改正がある。民法が改正され、債権の消滅時効期間は一律五年間となった（三章・金銭貸借の法律の急所参照）が、これに伴い、賃金請求権の消滅時効期間も、従来の二年間から五年間に延長された（一一五条）。

ただし、経過措置として、退職手当を除き時効期間は当分の間、三年間とされている（令和二年四月一日から施行）。

なお、育児休業した労働者に必要な給付を行ない、その生活と雇用の安定を図るため、雇用保険の目的に新たに育児休業給付を追加した改正雇用保険法も同日施行されている。

また、高年齢者雇用安定法も改正され、六五歳以上の定年制の定めのある事業主は、その雇用する高年齢者について、六五歳から七〇歳までの安定した雇用を確保するよう努めなければならなくなった（令和三年四月一日から施行）。

★産後八週間以内に夫も育児休業が取得できる

令和三年六月九日、**育児・介護休業法**（育児休業、介護休業等育児又は家族介護を行う労働者の福祉に関する法律）が改正公布され、労働者として働く夫と妻が、ともに仕事と育児が両立できるよう、**出生時育児休業制度**（産後パパ育休制度）の創設や労働者が育児休業を取得しやすい雇用環境の整備や周知などが盛り込まれた（一部を除き令和四年四月一日から施行）。

なお、主な改正内容は、次の通りである。

・出生時育児休業制度の創設（法九条の二以下）

男性労働者は、この制度により、子の出生後八週間以内に四週間まで育児休業を取得できることになった。また、従来の育児休業制度では、育児休業開始予定日の原則一か月前までに、会社など事業主に育児休業の取得を申し出ることになっていたが、この制度は原則

二週間前までに申し出ればよい。その際、分割取得を申し出ておくと、二回に分けて取ることもできる。

この制度では、労使協定があり、事業主と当該労働者とが個別に合意していれば、休業中であっても合意した期間内で就業することができることになっている（本来の育児休業制度では原則就業できない）。なお、この制度を利用しても、本来の育児休業（法五条）は規定通り取得できる。

・育児休業の分割取得

原則一歳までの子を養育するために取得できる本来の育児休業（法五条）は、これまで分割取得することができなかったが、今回の改正で、二回に分けて取ることができるようになった。なお、前述の出生時育児休業制度とは異なり、それぞれの育休取得時に個別に申し出ればよいことになっている。ただし、事業主への申出はこれまでどおり、育休開始予定日の原則一か月前までにしなければならない。

・育児休業をしやすい雇用環境整備などの義務化

労働者から育児休業や出生時育児休業の申出が円滑に行われるように、事業主には育児休業に関する研修の実施、相談窓口の設置、自社の労働者の取得事例の収集・提供、制度の周知と育児休業取得制度に関する方針の周知が義務づけられた。

なお、常時雇用する労働者が一〇〇〇人超の事業主には、育児休業の取得状況の公表が義務づけられた。

・有期雇用労働者の育児・介護休業取得要件の緩和

これまで、取得できる有期雇用労働者を「事業主に引き続き雇用された期間が一年以上ある者」と定めていたが、この要件を廃止した。

★正社員と非正規社員の不合理な待遇差別をなくす規定が整備された

労働者が各自の事情に応じて働き方を選べることを目的とした**働き方改革関連法**には、社員を雇用形態で区別しない待遇の確保についての規定が盛り込まれ、令和二年四月一日から施行された（パートタイム労働法、労働契約法、労働者派遣法などを改正）。

同一企業内での業務内容やその業務に伴う責任が正社員と変わらない非正規社員に対する不合理な待遇差や差別的取扱いを禁止する規定（**均等待遇規定**。具体的には、基本給、賞与、福利厚生、教育訓練など）が整備（内容の明確化）された（派遣労働者については努力義務）。

また、パートタイム労働者、有期契約労働者、派遣労働者から求めがあれば、正社員との待遇の差やその理由について説明する義務も、会社（事業主）に対し、新たに課されている。

みなし労働時間制でもきっちり残業代を取った添乗員の話

人事労務のアナ

みなし労働の適用は限られる

岩城さんは、東西トラベルでパートの添乗員をしている。勤務は月一〇日程度だが、募集要項に出ていた日当が、一日一万一〇〇〇円と、高かったからだ。会社の説明によると、勤務時間は概ね午前七時～午後七時だが、昼と夜に、各一時間ずつ食事休憩があるとのことだった。日当はそれに合わせ、法定労働時間八時間に残業二時間の計一〇時間分だと言う。

たしかに出発日を除けば、添乗員の仕事はツアー客が朝食を済ます午前八時過ぎから午後六時頃の夕食まで。「一〇時間分の日当くれるなら文句ないわよ」。

会社側から、みなし労働時間制を採用しているので、日当以外には残業代は出ないと言われたが、岩城さんは時給一〇〇〇円を超すので、さほど気にせず、パートを始めたのである。

しかし、実際に添乗してみると、労働時間は一〇時間をはるかに超えた。たしかに、集合時間や食事時間は、ほぼ考えていた通りの時間だが、集合場所の点検や準備など時間前にしなければいけない仕事もあり、また夕食後もツアー客のカラオケに付き合ったりして、会社への連絡や日報

☆楽しんでるのは客ばかり…

を書けるのは午後九時過ぎ。翌日の準備などを済ますと、大概深夜〇時を回っていた。むろん、昼と夜の食事休憩もろくに取れず、実労働時間は一七時間を超えたのである。これでは時給六五〇円にも満たない。

そんな状態が一年近く続いた時である。高校の同窓会に出た岩城さんが級友に、「添乗員は大変よ。みなし労働時間制だから残業代も取れないし」と愚痴ると、級友の一人が「みなし労働時間制でも残業代は請求できるよ」と教えてくれ、弁護士まで紹介してくれたのだ。

岩城さんは、その弁護士の助言を受け、差額の残業代を払うよう会社と交渉したが、会社側は日当には残業代も含まれているとの一点張りだった。結局、岩城さんは会社を相手取り、残業代の差額約七〇万円を求める裁判を起こした。その際、弁護士の助言で、会社の旅程指示書や日報から実際の労働時間を算出できるから、みなし労働時間制の適用は無効とも主張したのである。

裁判所は、岩城さんの主張を認め、みなし労働時間制が適用される場合に当たらないと指摘、所定労働時間を超える時間外労働（残業）について、請求通り残業代約七〇万円を支払うよう東西トラベルに命じたのである。

問題点

正社員でもパートや派遣社員でも、その労働時間とは通常、実際に働いた時間である。たとえば、勤務時間が午前九時～午後五時で昼休みが一時間なら、所定労働時間（就業規則や労働契約などで決められた勤務時間）は七時間。この社員が午後七時まで残業すれば二時間分の残業手当（時間外手当）がもらえる。ただし、午後六時までの一時間（法定労働時間＝八時間以内）は通常時給で、六時以降の一時間は割増賃金となる。

ところで、外回りの営業マンなど、通常社外で働く社員は労働時間の算定が困難なことも多い。このような社員の労働時間は、「みなし労働時間制」により管理する（労働基準法三八条の二第一項）。これは、その仕事を行うのに通常必要とされる労働時間を初めから決めておき、実労働時間に関わらず、その時間働いたとみなす方法である。

岩城さんの場合、裁判所が、みなし労働時間制の適用を認めなかったため、実際の労働時間により計算し直すことになったが、みなし労働時間制を取る場合でも、通常必要な時間が所定労働時間を超える場合には残業手当が請求できることになっている（同項但書）。意外に知られていない法律の抜け穴である。

なお、添乗員については、旅程指示書や日報から実労働時間を把握できると、みなし労働時間の適用を認めず、会社に残業代の支払いを命じた判例もある（最高裁・平成二六年一月二四日判決）。

人事労務のアナ

年次有給休暇の請求で利用目的を考慮した変更は許されないという話

時季変更権の行使にも限界

河山正男はA社に勤続七年、現在は甲営業所の技術サービス部に所属しているのだが、年次有給休暇に関して所長と対立している。すなわち、あらかじめ勤務割が組まれていたが、一週間前に、金、土の両日の年休を請求した。甲地方に対する行政計画の反対運動が盛り上がっていて、正男もその現地集会に参加する予定であった。

正男がその目的を明示したわけではないが、所長は、正男の日ごろの言動から、右集会に参加するものと推測、前回逮捕者も出たことを考慮し、土曜はサービス担当が一人であることから、「事業の運営に差しつかえる」として、土曜日については年休を変更するように指示した。

「××反対の集会に行くつもりじゃないのか」「代わりの勤務者は確保できるし、何のために休むかは答える必要ないと思います」、「認められないな」と、やり取りが続いた。

しかし、正男は請求どおり年次休暇をとった。これに対し会社側は、時季（じき）変更権を行使したので、正男の請求した土曜には休暇は成立せず、無断欠勤になるとして戒告（かいこく）処分の制裁を行い、一日分の賃金カットをした。

正男は、戒告処分は無効であり、カットした賃金を支払うよう求め、会社の行った時季変更が適法か否かが問われるようになった。

☆理由はいらないのだ

会社側は敗れた。勤務割による勤務体制がとられている事業場においても、使用者が通常の配慮をすれば、代替勤務者を確保できたにもかかわらず、政治的集会への参加を推測し、正男に有給休暇を取得させないのは適当でない、と判断して、時季変更権を行使することは違法であり、無効であるとされたのである。

問題点

年次有給休暇制度は、六か月間継続して勤務し、全労働日の八割以上勤務した労働者に認められた権利である（労働基準法三九条一項）。会社ぐるみで、一度に年次有給休暇を利用して継続して休む企業も増えてきたが、個人で、仕事から解放され、レジャーを楽しみ、能力啓発のために継続して利用するという制度本来の姿より、事故や病気による欠勤の穴埋めとして、小きざみに利用している面が少なくない。

有給休暇は、法律上は「請求」という文言を用いているが、これに対応して使用者の「承認」を要するものではない。正男が、いつから（始期）いつまで（終期）休みますといえば（**時季指定**という）それでＯＫ、その日の就労義務は消滅する（最高裁・昭和四八・三・二決定）。

使用者としては、「事業の正常な運営を妨げる」と判断した場合に、他の時季に変更できる（**時季変更権**という）だけである。事業の正常な運営を妨げるか否かは、労使の争点になろうが、単に事務繁忙とか代替配置が煩雑であるというだけでは該当せず、客観的な合理性をもって判断すべきだろう。

また、労働者が休暇を何のために利用するかは、使用者の干渉を許さない労働者の自由であることを最高裁判所はくり返し述べている。（最近では昭和六二・九・二二）。家族サービスしようが、外遊しようがかまわない。

使用者としては、政治活動に利用することは眉をひそめるであろうが、だからといって、やればできる代替勤務者の確保をせず、要員の無配置状態が生ずることを理由に、時季変更権を行使するということは、利用目的によっては年次有給休暇を与えない、ということになり、許されないのである（前記六二・九・二二判決）。

ただし、会社の休暇時季変更命令を拒んで連続一か月の夏休みを取った労働者を会社が懲戒解雇した事件では、裁判所は会社側にある程度の裁量の余地を認め、会社の業務命令に問題はなく解雇処分に理由があると、労働者側の処分取消し請求を棄却している（最高裁・平成一〇年七月一七日判決）。会社の命令が労働者の政治活動を妨害する目的で出された場合はともかく、代替労働者の確保が難しいなど事業の正常な運営を妨げる場合には、労働者に対し会社は休暇時季変更権を行使できると思われる。

ファーストフーズの店長は非管理職と残業代を取った話

人事労務のアナ

経営と一体ではない店長は非管理職

新井三郎さんは、ファーストフーズ店の正社員。真面目で頑張り屋の仕事振りを認められ、入社一〇年目の一昨年から駅前店の店長を任されている。同期入社の中ではトップで、辞令をもらった当初は、「会社は評価してくれた」と、新婚の妻と喜んだものだ。だが、二年経った今、新井さんは店長になったことを悔やんでいる。

というのは、店長の仕事量は膨大で、営業時間中の客のフォローや従業員の監督はもちろん、二四時間営業をするための従業員のシフト作り、仕入れの管理や売上げの計算、店内の清掃や衛生・防犯管理まで、すべて一人でやり遂げなければならなかったからだ。また、本社への報告や店長会議への出席、本社の指示を従業員に徹底することなども要求され、休む暇もないほど忙しい。しかも、休日や深夜の営業で必要数のスタッフが見つからなければ、新井さんがその穴埋めに入るしかなく、月に一〇〇時間を超す残業が常態化していたのである。しかし、店長は管理職なので残業代が付かない。月三万円の管理職手当は付くが、残業代をもらえる若い従業員の方が給料の手取りが高いこともあるという現状だったのだ。

☆重みのあるのは仕事量だけ……

仕事量の割には店長の権限は少なく、本社の承認なしに使える予算は月一〇万円が限度。アルバイトの人事権すらない。なのに、店の売上げが落ちれば即降格である。また、家庭でも、一緒に過ごす時間がほとんどないため、妻との間はかなりギクシャクしていた。新井さんは、責任だけが重い店長になったことを今では後悔していた。

　そんなある日、新井さんは他の店長の労働実態も似たりよったりであると知って、数人の店長と会社側に残業代を払うか、それとも残業を減らせるよう店長に必要なアルバイトの募集採用権を認めるよう要求したのだ。しかし、会社側は、そのどちらも拒否したのである。要求を聞いた役員は、「嫌(いや)なら辞めてもいい」と、強気だった。

　新井さんは労働組合を作るか、外部の管理職ユニオンに加入しようと提案したが、他の店長はクビを怖れ、要求を諦めてしまったのである。しかし、納得できない新井さんは、会社を相手取り、未払残業代五〇〇万円を求める裁判を起こした。

問題点

労働基準法では、時間外労働や休日出勤した従業員には、会社から残業手当や休日出勤手当が出ることになっている。しかし、監督や管理の地位にある者（いわゆる**管理職**）には、同法の労働時間や休日の規定を適用しないと定められていて（同法四一条二号）、会社は残業代などを支払う義務がない。

　問題は、事例の新井さんがこの管理職に当たるかどうかという点である。

　一般的に、「店長」、「マネージャー」などの肩書きがついた従業員は、社内でも社外からも管理職とみなされるが、労働基準法のいう管理職は、その名称ではなく、職務の権限や処遇の実態で判断される。具体的には、経営や労務管理面で経営者と一体的な立場で活動する権限を与えられ、出勤や退社など勤務時間も自由裁量が認められていて、その上、給料や手当で、職務の重要性に見合う金額が支給されている従業員のことである。

　新井さんの場合、勤務シフトや食材発注などの権限はあるが、スタッフが不足すれば代わりにシフトに入るなど長時間の労働を余儀なくされており、労働時間の自由裁量権はない。また、人事権や経営権も与えられてはおらず、三万円の管理職手当は月一〇〇時間を超えるサービス残業の実態を考慮するまでもなく、管理監督者として十分な待遇を受けているとは言えないだろう。よって、新井さんは労働時間の規制を受けない管理職とは認められず、当然、会社側に残業代を請求できると考える。

　新井さんと同じように、ファーストフーズ店の店長が会社を相手取り、「店長を管理職として、残業代を払わないのは不当」だと、二年分の未払い残業代や慰謝料計約一三五〇万円を支払うよう求めた裁判で、東京地裁は、店長は非管理職だとして、会社側に対し、約七五〇万円を支払うよう命じている（平成二〇年一月二八日判決）。

親が寝たきりなのに出向命令を出すのは権利の濫用とされた会社の話

人事労務のアナ

出向・配転の人選には家庭の事情も考慮

サラリーマンにとって、出向(しゅっこう)、転勤はつきものである。ここに紹介する例は、新潟県上越市と茨城県鹿島(かしま)市に事業所と子会社の事業所を持つ鋼材の製造販売を目的とする会社で起きた事件である。

Iさんは、昭和四三年四月に、N社に入社して、上越市の事業所の工員として勤務していたが、N社は、昭和四九年のいわゆるオイルショック以来業績が悪化し、昭和五三年九月に希望退職者を募集した。ところが、上越市では希望退職者が少なく、鹿島市では多かったため、人員調整の必要が生じた。

Iさんは、地元の子会社に出向していたが、いったん親会社N社に復帰したうえで、鹿島市の事業所に出向を命じられたのである。ところが、Iさんは、母親が昭和四〇年に脳出血で倒れ、左半身麻痺(まひ)、言語障害、脳障害の病人を抱えていたが、母親は、さらに、発病後二度目の発作に見舞われ、寝たきりの状態になっていた。一方、父親は、母

☆出向したらどうなるの！

親が倒れてから、Iさんとともに一町歩余りの田を耕作し、農協の監事もしていたが、出向命令の三か月前の昭和五三年八月に、これまた脳血栓で倒れて、右半身麻痺の状態となってしまった。姉は嫁にいき、妹は東京に就学していて、Iさんが両親と同居して両親のめんどうをみているという状況であった。

　このような状態にある者に対し、雇用主であるN社は、鹿島市の事業所に出向命令を出すことができるであろうか。それは、人事権の濫用にはならないかというのである。Iさんは、この出向命令を拒否したため、懲戒解雇されてしまった。そこでIさんは、出向命令と懲戒解雇の無効を主張して裁判に持ち込んだのである。

　裁判所（新潟地裁高田支部）は、詳細に事実調べをした結果、Iさんに会社が出向命令を出した当時のIさんの家庭状況は相当に厳しいことを認め、身障者である両親にとっては、Iさんは不可欠の存在であったことを認めている。

　このような家庭状況にある者に対し、会社が出向命令を出すことは、出される者にとっては酷に過ぎると判断して、Iさんの家庭事情を無視した不当な人事と結論し、結局、N社の人事権の濫用で無効だとした。

問題点

　いわゆる人事移動にあたって、被移動者の家庭の事情はどこまで考慮されるべきかの問題である。単身赴任が語られて久しいが、会社本位主義、猛烈社員といった言葉で表現された会社と社員との関係も様変りしつつあるといってよい。

　それとともに、人事移動について、その必要性を表向きの理由にしているが、実は**不当労働行為**にあたるという場合があるのも、この種の事件の特徴である。

　神戸地裁が昭和六一年九月一二日に言い渡した判決で、神戸から金沢への転勤命令が組合活動を封じるための不当人事で、そのため単身赴任をせざるを得ず、夫婦別居を強いられたとして会社に慰謝料の支払いを命じたものがある。この判決は、会社の不当労働行為が前提にあったとはいえ、単身赴任をめぐって会社に慰謝料支払いを命じているのはめずらしいケースである。

　家庭事情を考慮して、出向命令を拒否したことを正当とした裁判例（長崎地裁佐世保支部・昭和五九年七月一六日、判タ五三八号二二〇頁）があるが、出向・配転の人選には、家庭の事情を考慮することは、現在では当然のことといわなければならない。そうだとすると、Iさんの場合、身障者の両親を抱え、両親にとってIさんは不可欠の立場にあることが明らかであれば、上越市から鹿島市への出向命令は、Iさんにとってまことに酷であり、当然に無効とする判決の結論は妥当といわざるをえない。

人事労務のアナ

労働者の合意なしで職種を変更してハネつけられた話

職種の変更には従業員の内諾を

A君は義務教育を終えると、甲会社に養成工として入社した。

甲会社では、毎年この養成工を採用し、社内の養成所で三年間にわたり、工場現場労働に必要な工業高校程度の高等教育を受けさせ、この養成過程を修了すると、引き続き作業員として、甲会社の工場現場の労務に従事させることになっている。しかし、A君は元気一杯毎日仕事に精をだしていたが、それとともに労働組合の活動にも積極的に参加したために、会社側からは、組合の積極的行動分子と見られていた。

ところである日、A君は突然、人事課長より呼びつけられ、翌日より人事課に勤務すべき旨、命ぜられた。しかもその仕事たるや、新規採用者の身元調査というのである。あまり突然のことに、A君はびっくりするとともに、せっかく立派な技能者となったのに会社の一方的理由により、自分の技能を全く発揮できないことになってしまうことに絶望し、反面こんな不合理なことが果たして許されるのかと、会社の仕打ちに大いに反発もした。

☆勝手なことをしないでくれ！

そこで、A君は早速、組合事務所にかけこんで、居合わせた組合の執行委員に、人事課長からの命令を話したところその執行委員は「そんなばかな話が通るわけはない。A

君個人の問題としてでなく、組合全体の問題として組合も積極的に応援するから、そんな配置転換命令は、拒否してしまえ」と激励(げきれい)してくれた。A君は、直ちに人事課長のところにとんで帰り「私は作業員としてこの会社に入社し、養成所も卒業した技能者なのに、その技能を全く無視した配置転換は、きわめて不合理だから、承知できない」と、この命令を拒否したところ、人事課長は、ではA君には働く意思がないと認められるからと、就業規則に従い、休業を命じ、さらに業務命令に違反したことを理由に、一か月の予告期間をおいて解雇する旨、言い渡した。

A君の初志も、このように高姿勢な会社側の一方的な言い分により全く無視されてしまうのだろうか。

問題点

会社は、労働者の承諾なしに職種の変更ができるのか、こんなことまでが、会社がもっている経営権の一部である人事課の範囲に入るのかといった点が、この問題のポイントである。

この点について、昭和四二年に東京地方裁判所は、**作業員を本人の同意なしに事務員に職種変更することは許されず、したがってA君の解雇は無効である**といった見解を示している。

この判決は、その理由として、A君は甲会社にそもそも養成工として入社したのであり、それ以来、主として現場労働に従事してきた。しかも、甲会社の就業規則には、従業員の職種として、事務員、技術員、作業員、警備員の区別があることなどから、A君と甲会社に特に合意があったのでないかぎり、A君との雇用契約(こようけいやく)では、作業員として工場現場の作業労働をする旨の暗黙の合意があったと考えられる。したがって、会社のA君に対する指揮命令権も、作業員としての労務の範囲内に限られるのだから、A君は職種変更を命ぜられたとしても、これを承諾するかどうかは、まったく自由であるとしたのである。

従業員の配置転換について、かつては人事権により、使用者（会社）は自由になし得ると考えられていた。だが、最近は、会社の人事権は無制限ではなく、配置転換も会社と労働者の合意（契約）によるという考え方が一般的だ。これは職種が限定されている場合も同様である。

そんなわけで、A君の場合だけに限らず、会社は事務員として入社した者を作業員に、あるいはタイピストを外交員に職種変更する場合などは本人の承諾がなければできない。

ただし、就業規則に配転義務規定があり、かつ産業構造の変化などにより業務運営上必要ある場合は、本人の同意がなくても会社側に職種変更命令の権限が留保されていたと判断された判例もある（最高裁・平成元年一二月七日判決、日産自動車村山工場事件）。

人事労務のアナ

宿直中の仮眠時間も労働時間だと賃金を払わせた話

仮眠中も使用者の指揮命令下にある

山本一男さんは、大都会ビル管理㈱の従業員で、空調の点検や照明機器の補修など、ビル設備のメンテナンスの仕事をしている。勤務時間は①午前八時～午後五時、②午後一時～午後一〇時、③午後七時～翌朝午前八時の三通りで、これを一週ごとに繰り返す勤務形態だ。なお、会社は完全週休二日制で、③の深夜勤務をした場合には、一時間の休憩の他、四時間の仮眠（かみん）時間が与えられるので、山本さんの労働時間はキッカリ週四〇時間に押さえられている。そのため、給料に残業代が付くことはまずない。

もちろん、仮眠の時間は、緊急の場合に備えて仮眠室に待機さえしていれば、テレビを見ようが眠ろうが宿直する従業員の自由ではあるが、火災報知機の警報や電話などで起こされることもあり、深夜勤務の日はけっこうキツいのだ。しかし、山本さんは入社以来、ずっとこの勤務体制で

☆会社のベッドは仕事場!

働いており、どこもこんなものだと思っていた。

ところが、最近、別のビル管理会社に勤める友人に会い、その話を聞いたところ、彼の会社では「深夜勤務の場合は、仮眠時間も労働時間として扱われ、その結果、食事休憩の時間を除いて、会社にいる時間が八時間を超えた場合には残業手当が付く」のだと教えてくれたのである。

山本さんは、驚いた。もし、仮眠時間が労働時間になるなら、山本さんの場合、深夜勤務をすると、毎日四時間、週二〇時間は残業代がもらえるはずだ。平均すれば、月約三五時間近くになる。山本さんは、翌日、さっそく上司に「深夜勤務の日は残業代がもらえるはずでは」と、尋ねてみた。しかし、上司の返事は「仮眠時間は休憩時間だよ。だって、その時間は君達が自由に使えるじゃないか。会社は仮眠時間中は従業員を拘束してないから、労働時間にはならないんだよ」と、素っ気ない返事だった。

その話を友人にすると、彼は「そりゃ、おかしい。お前の会社だって、就業規則で宿直中は、電話や警報に備えて仮眠室での待機が義務づけられているんだろう。だったら、いくら自由に使えるといっても、会社の指揮命令下にあると考えるのが普通じゃないか。とすれば、仮眠時間は休憩時間じゃなくて、労働時間さ。だから、お前は、会社から残業代を取れるはずだぞ」というのである。

山本さんは友人の勧めもあり、もう一度会社に交渉してダメなら、最寄りの労働基準監督署に相談に行くか、個別労働関係紛争解決促進法に基づく都道府県労働局長のあっせんを受けようと思っている。

問題点

労働時間とは、客観的に見て、「**従業員**（労働者）が会社（使用者）の指揮命令下にある時間」のことである。山本さんの仮眠時間が休憩時間に当たるか、それとも労働時間となるかは、この定義により判断すればいい。同様の事例で、裁判所が「**仮眠時間は労働時間**」と認めたケースもある。

これは、二四時間勤務のビル管理会社の従業員が「宿直の際の仮眠時間も労働時間」として、その時間についても賃金を支払うよう会社に求めたもので、裁判所は「労働者は仮眠時間中も待機して警報や報知機などに対応することが義務づけられており、実作業に従事してないからといって会社の指揮命令下から離脱しているとは言えない」と指摘、宿直中の仮眠時間も労働時間だと認めている（最高裁・平成一四年二月二八日判決。二審東京高裁も同様に労働時間と認めたが、会社の賠償額の算定方法に誤りがあるとして、最高裁は審理を高裁に差し戻した）。

従来、仮眠は休憩としてきた業界や会社も多いが、山本さんはこの判例を参考に会社と交渉するといいだろう。

遅刻が多くて協調性がないとして解雇された東大卒の話

人事労務のアナ

再三の遅刻は職務怠慢とみられる

大山定雄君は、東大法学部の出身である。一昨年の春大学を卒業し○○金属株式会社に就職し、六カ月の見習(みならい)社員の期間が終わる直前のある日、彼は人事課長に呼ばれた。見習社員の生活に入った。見習社員の期間が終わる直前のある日、彼は人事課長に呼ばれた。

課長は、大山君に対し、解雇を告げたのである。驚いたのは大山君である。一流会社である○○金属株式会社に就職し、友人、知人から祝福され人生のスタートを切ったと思っていたのに、見習期間が終わるとともに解雇されるとは——。

課長にいわれた解雇の理由はつぎの通りであった。

「君は、この期間中に上司である係長からレポートの提出を求められたが、これを提出せず、同じ入社した同僚と協調性がなく、荒っぽい言動をした。三度も遅刻をして、講習を受ける他の社員に迷惑をかけた。将来、幹部となる資質に欠けていると判定され、正社員として採用することができないという結論に達したので、期間満了と同時に解雇する」というのであった。

大山君は直ちに反論したが聞いてもらえなかった。

果たして解雇ができるのか、大山君は先輩の水上弁護士のもとをたずねて相談した。

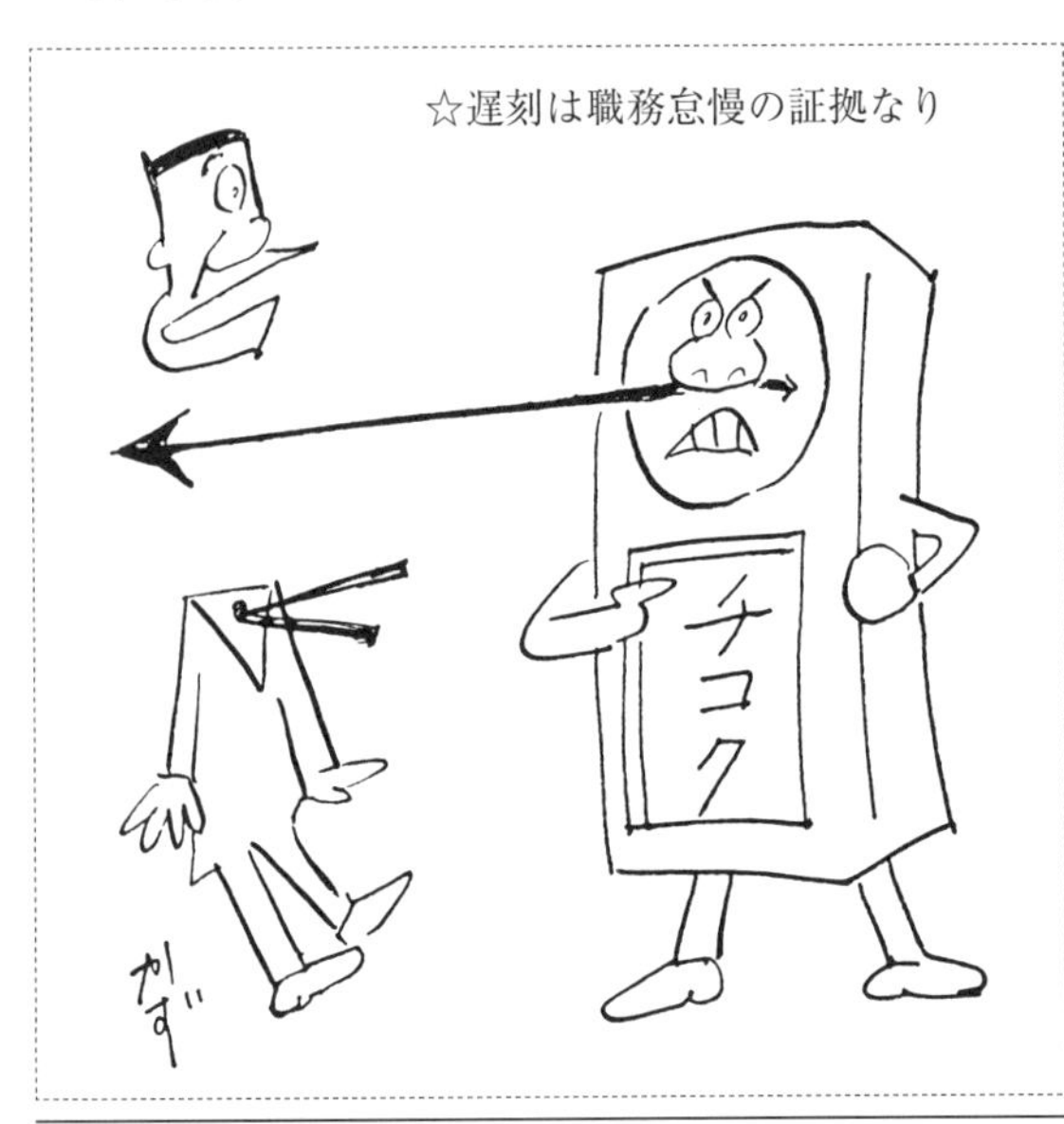

☆遅刻は職務怠慢の証拠なり

水上弁護士は大山君の相談を受けてくれ、裁判所に「地位保全の仮処分」を申請し、大山君が会社から支給されていた毎月八万五〇〇〇余円の給料を本訴確定まで支払うよう請求したのである。

裁判所は一年余をかけて審理した結果、つぎのように判決した。

「〇〇金属の就業規則には〝勤務態度が誠実でなく、協調性に乏しく、正社員とするに足る適格性がないと判定された見習社員は、見習期間を延長するか解雇することができる〟となっていて、会社に幅広い裁量権が与えられているが、この裁量権は無制約のものではない。大山君に対する解雇の理由としてあげられていることは、見習期間中に教育でなおせる類のものであって、その教育をせず放っておいて、それを解雇の理由とすることはできないし、遅刻についても、その程度であれば問題にはならない。将来の管理職としての順応性や能力の問題にしても、同じ学歴や職種の平均的労働者のそれを基準にして考えるべきである」ということで、大山君に勝訴の判決を下したのである。

大山君は、この判決に従って、それまで支給を受けられないでいた給料を受け取りに会社に出かけていったが、会社は全面的にこの判決には不服で、高裁で争ったが負けてしまった（東京高裁・昭和四五年九月四日判決）。

大山君に対する解雇が果たして有効か無効かは、裁判の上ではいちおう無効とされたが、学生時代からの延長という気分でいたか、あるいは独自の処世観で処したことがこの結果を招いたか、何にしても骨の折れることである。

問題点

会社側が、この判決に全面的に不服を唱えた主な理由は、会社という企業の性質から求められる人事管理は会社の独自の判断に基づくべきで、特に他の社員との協調性が、集団で仕事をする会社にとりもっとも大事だとする点にあるようである。

裁判所は、企業のなんたるかを知らぬ、という非難を受けるのもやむを得ないかも知れない。

しかし、大山君の行為が解雇に値するかどうかは、具体的な程度の問題として考えねばならず人間として企業機構の中に組み入れられても許さるべき範囲を超えたかどうかで判定をすべきである。

判例には、遅刻の問題にしても、再三の遅刻が職務懈怠としてみられ、反省の色がない場合、懲戒解雇を認めたものもある（東京地裁昭和四三年八月一〇日）が、この判決の理由が、間違っているということにはならないであろう。いずれにせよ、この場合は「**地位保全の仮処分**」が認められ、いわゆる本訴で、大山君の解雇が不当であると認められた。

人事労務のアナ

職場の分煙化をしないため健康を害したと会社から慰謝料を取った話

健康増進法で受動喫煙を規制

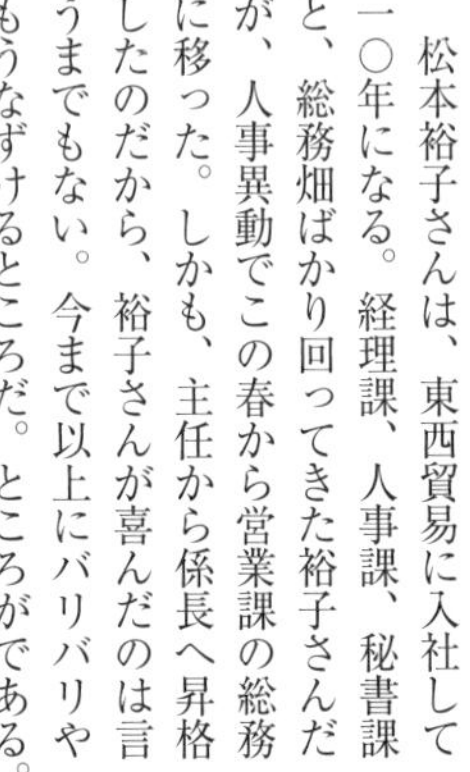

松本裕子さんは、東西貿易に入社して一〇年になる。経理課、人事課、秘書課と、総務畑ばかり回ってきた裕子さんだが、人事異動でこの春から営業課の総務に移った。しかも、主任から係長へ昇格したのだから、裕子さんが喜んだのは言うまでもない。今まで以上にバリバリやると張り切ったのもうなずけるところだ。ところがである。赴任して約半年、裕子さんは会社に行く気力を失いかけていた。といって、仕事に行き詰ったとか、課内の人間関係に悩んでいるわけではない。

原因は、同僚の吸うタバコである。健康増進法の施行で、東西貿易も社内での喫煙は大幅に制限され、喫煙コーナー以外での喫煙は禁じられた。しかし、個々の職場は分煙にするか、それとも全面禁煙にするかは、それぞれの職場の判断に任されていたのだ。そして、裕子さんがいた総務畑では、応接室、会議室など、ドアで遮断できる部屋を喫煙コーナーとして開放する代わりに、社員が執務する部屋は全面禁煙になっていたのである。ところが、顧客の訪問や取引先からの電話が頻繁にある営業課では執務する職場内の一角に喫煙コーナーを設けていた。分煙である。しかし、エアシャッターなどで遮断しているわけでもなく、実際にはタバコの煙が部屋中に充満し、裕子さんは閉口していたのである。元々呼吸器の弱い裕子さんはタバコの煙を吸うと咳き込んでしまい、苦しくて仕方なかった。

裕子さんは営業課長に対し、営業課の執務室を禁煙にするよう強く求めたのである。しかし、課長は裕子さんの席を喫煙コーナーから一番遠い窓際に移動しただけで、部屋

☆分煙どころか絶煙したいわ！

を禁煙にすることはしなかったのである。裕子さんは、会社にも訴えたが、会社側は個々の職場の判断に任せるという従来の方針を変えなかった。ただ、会社は裕子さんを次の人事異動で再び総務畑に戻すと約束してくれたので、裕子さんはそれまでガマンして働くことにしたのである。

ところが先月、裕子さんはとうとう仕事中に呼吸困難を起こして、救急車で病院に搬送されてしまったのだ。幸い病状は重くはなかったが、裕子さんは会社に行くのが憂鬱（ゆううつ）である。

これも、すべては会社が受動喫煙の対策を怠ったからと考えた裕子さんは、会社を相手取り、職場の執務室の全面禁煙と慰謝料三〇万円を求める裁判を起こした。

問題点

かつて、ホタル族という言葉が流行ったことがある。受動喫煙と健康との関係が言われ始めた頃、自宅内の禁煙を命じられた父親たちが、ベランダで一服する姿を表したものである。

その後、受動喫煙による健康被害の危険性は広く社会に受け入れられて、禁煙席や喫煙コーナーの設置など分煙化が進み、今日では、終日禁煙の交通機関や施設も珍しくなくなった。

この動きは個々の施設の自主規制的なものから、受動喫煙を規制する法律や条例の制定に結びつき、平成一五年五月から**健康増進法**が施行されている。この法律では、官公庁や会社、学校、病院、劇場、デパート、駅ターミナルなど多数の人が集まる場所の管理者に受動喫煙を防止する措置を取るように求めた。平成三〇年七月二五日公布の改正法では、施設内の原則禁煙の義務付けやタバコ煙の流出防止設備の設置義務付けなど規制強化されている。

具体的な規制内容は自治体の条例により若干異なるが、学校や病院などは原則敷地内禁煙（または施設内禁煙）が義務付けられ、ホテルやデパート、劇場や飲食店などの民間施設にも喫煙専用設備を置く場合には、タバコ煙の流出防止を徹底すること、喫煙可能な施設である場合には、施設の出入口にその旨提示することが義務付けられた（令和二年四月一日までに完全施行）。

最近の統計では、喫煙者は成人男性が二七・一％、成人女性が七・六％、男女合計で一六・七％（令和元年・厚生労働省）と、八割以上が非喫煙者であり、タバコの健康被害や受動喫煙をめぐる裁判も起こされている。

タバコと健康被害の因果関係が認められず原告敗訴のものも多いが、禁煙分煙化対策の遅れで健康を害したと、職場に慰謝料などの支払いを求めた事件では、裁判所は、受動喫煙の危険性から職員の健康を守る対策を怠ったとして、雇用主に慰謝料五万円の支払いを命じている（東京地裁・平成一六年七月一二日判決）。

人事労務のアナ

上司が部下の女子社員にセクハラしたのを放置し賠償を命じられた会社の話

使用者責任を負わされることがある

川久保玲子さんは二一歳。短大を出て、この春から大利根商事営業部に勤務している。お茶汲みやコピーとりなど雑用も多いが、直属上司の山岡課長は玲子さんの英語力を認め重要書類の翻訳をさせてくれたり、取引先との交渉ごとにも立ち会わせてくれるので楽しくて仕方ない。

だが、課長が仕事を回す狙いは他にあったのである。

ある日のこと。残業をしていた玲子さんは、部屋に山岡課長と二人きりなのに気づいた。そして、課長がいきなり彼女に抱きついてきたのである。驚いた玲子さんは慌ててその腕を振り払った。キッと睨み付けた玲子さんに、課長も「悪い悪い。ほんの冗談だ」と笑いながら謝ったため、その場は収まったが、山岡課長はその後もことあるごとに迫ってきたのである。そして、社員旅行の夜、酔った課長は「俺の言うことを聞け。逆らったらクビだぞ」と凄み、玲子さんを空き部屋に連れ込むと、押し倒そうとしたのだ。カッとした玲子さんは「バカにしないでよ！」と、平手で課長の頬を思いっきり引っ叩いたのである。

社員旅行の後、玲子さんは一切仕事をさせてもらえなくなった。雑用すらさせてもらえないのである。日がな一日、ポツンと自分のデスクに座っているしかなかった。昼休み

以外、トイレに行くため席を立とうものなら、山岡課長が「何もしないで給料もらえるんだからいいよなあ」と嫌味の言葉を投げかけ、しかも課長自ら玲子さんの男性関係が派手だという噂を社内に広めたのである。そのため、入社以来付き合っていた男性との仲も壊れてしまった。

思い余った玲子さんは人事部に相談したが、応対に出た担当者は「上司からはミスが多いから仕事をさせられないと聞いている」と素っ気ない返事が返ってきた。その上、課長からセクハラを受け、社内にあらぬ噂をバラまかれたという訴えにも「最近の女子社員は、すぐセクハラを持ち出して困る。それに、証拠もないのに上司を疑うのはどうかと思うね。だいたい君の日頃の行いがなってないから、ヘンな噂が立つんじゃないのかね」と言われ、他の部署に移りたいという願いにも「嫌なら辞めてもらっていい」とまったく相手にされなかったのである。セクハラを受けたという訴えに耳を貸そうともしない会社の態度と、社内の白い目に居たたまれず、結局、玲子さんは辞表を出した。

その後、玲子さんは山岡課長と大利根商事を相手取り、慰謝料など約三七〇万円の賠償を求める裁判を起こしたが、裁判所は、山岡課長のセクハラを認め、またセクハラ行為を放置した大利根商事の使用者責任をも認めて、連帯して計約一七〇万円を支払うよう命じたのである。

問題点

セクハラ（セクシャル・ハラスメント＝性的嫌がらせ）には、①職務上の地位を利用して、雇用上の利益や報復の恐れをちらつかせ性的要求が行われる「地位利用型」と、②性的な言動やヌード写真を広げるなどして職場の環境を悪化させる「環境型」とがある。玲子さんが受けた①のケースは、一般的にもセクハラとして認識されている。だが②は、不利益がなかなか表に出ないため、加害者の側にセクハラの認識が浸透しにくい。なお、**男女雇用機会均等法**では、会社（使用者）に、社内のセクハラを防止するための必要な配慮をするよう義務付けている（同法一一条）。

玲子さん同様、上司からセクハラを受け、性的要求を拒否して辞職に追い込まれたり、解雇されたケースでは、裁判所は、セクハラ行為を行った上司の**不法行為**（民法七〇九条）を認めるだけでなく、会社に対してもその**使用者責任**（民法七一五条）を負わせて、賠償を命ずる場合も少なくない（最高裁・平成一一年七月一六日判決、地裁の判決で初めてセクハラという用語が使われた裁判で一三八万円を認容）。なお、賠償額は高額化しており、大学教授のセクハラには七五〇万円（仙台地裁・平成一一年五月二四日判決）が、また元大阪府知事には一一〇〇万円もの賠償が命じられている（大阪地裁・平成一一年一二月一三日判決）。

仕事をさせないと会社から慰謝料を取った話

人事労務のアナ

度を越した懲罰人事は許されない

松木さんはこの半年間、まったく仕事をさせてもらえない。出勤すると、勤務時間中、会議室に移された自分のデスクに座っているだけである。席を立つのは、昼食とトイレに行く時だけで、他に何もすることはない。というより何もさせてもらえないのである。

ことの発端(ほったん)は二年前。仕事でミスをした若手をかばったことが原因である。そのミスは、若手社員のせいではなく、彼の直属上司のミスだった。そのことを知った松木さんは、若手に始末書を書かせて済(す)まそうとした上司とやりあったのである。むろん、非は上司にある。若手社員は始末書を書かずに済み、逆に上司が譴責(けんせき)処分となったのだが…。

問題は、その上司が社長の一族で、同族企業だったことだ。しかも一年後に、その上司が松木さんの上司になったのである。上司は、それ以後、ことあるごとに、松木さんの仕事にケチを付けた。そして半年前、突然すべての仕事から外され、毎日会議室のデスクに座り続けるということになったのである。

松木さんは、もちろん上司にも抗議し、人事部にも相談した。しかし、上司は「イヤなら辞(や)めろ！」と、まったく取り合おうとしない。また人事部も「とにかく、松木君の方から詫(わ)びてくれないと…」と、暗に上司への謝罪を要求し、「自分に非はないから謝(あやま)れません」と突っぱねると、

☆それじゃ奥の手、出しますか…！

後は知らぬ存ぜぬの対応を決め込んだのである。

　こんな仕打ちに怒った松木さんは、上司と会社を相手に、不当な懲罰人事で精神的苦痛を受けたとして、謝罪と慰謝料を求める裁判を起こした。裁判所は、会社側の行為は、使用者権限を逸脱し、松木さんの人権を侵害したものだと認め、会社側に慰謝料支払いを命じたのである。

問題点

　悪いことをしたら叱られ、時には罰を受けることもある。これは、家庭も国も変わらない。悪戯や悪さを繰り返す未成年の子に対しては、その親には**懲罰権**があるし、国には犯罪を犯した者を裁いて刑罰を科す**裁判権**がある。そして、会社にも不正を働いたり、会社秩序を乱す従業員に対する**制裁権**がある。

　従業員に対する制裁は、通常個々の会社の**就業規則**に定められているが、その情状により、①譴責・戒告（口頭での注意や始末書の提出など）、②減給、③停職、④解雇（諭旨解雇、懲戒解雇）に別れるのが普通だ。また、従業員の故意・過失により会社が損害を被った場合、会社が従業員に損害賠償を請求することもあるという規定を就業規則に盛り込んでいる会社も多い。なお、就業規則の賞罰規定に盛り込まれてはいないが、降格・配転も事実上の制裁である。

　ところで、従業員は、どんな場合に制裁を受けるのだろうか。一般的には、会社の服務規律に違反した場合、犯罪を犯したり会社の名誉や信用を著しく損なった場合であり、具体的には就業規則に明記されているのが普通である。たとえば、遅刻や怠業、機密の漏洩や無断欠勤、セクハラ、適法な業務命令への不服従は服務規律違反となる。

　しかし、しつけ名目で子どもを虐待する親がいるように、制裁権を恣意的に使う会社や使用者もいる。たとえば、ささいなミスや違反をした労働組合員を解雇したり、苦情を申し立てるセクハラ被害者の従業員に退職を強要するなどが典型例だ。もちろん、これらは**不当労働行為**や**不法行為**であるから、従業員は解雇無効や社員としての地位確認の訴訟を起こせば、復職することも未払い賃金を受け取ることも可能である。

　問題は、事例の松木さんのように、解雇はされない代わりに一切の業務を取り上げられ、勤務時間中、軟禁状態に置かれて、しかも何も仕事をさせてもらえないという懲罰人事を行う会社があることだ。これは、従業員を精神的に追い詰め、自主的に退職させようとする卑劣な方法である。

　もちろん、このような懲罰勤務は、従業員の人権を侵害し、使用者権限を逸脱するもので、長期間に及べば会社側の不法行為といえ、従業員は会社側に慰謝料などの請求ができる。会社側に支払いを命じた判例もある。

人事労務のアナ

ピアノ運送従業員の腰椎ヘルニアで会社に損害賠償が認められた話

会社には安全配慮義務がある

草野伸次は花丸ピアノ運送会社に入社して一〇年後、腰椎ヘルニアのため休職し通院治療を余儀なくされるに至った。

ピアノ搬送の仕事の内容は、多くはアップライトピアノ（平均して一台約二三〇キログラム）を原則として二人一組で、引越し前の据付位置から転居先の据付位置まで移動させるというものである。車への搬入、車からの搬出据付など一連の作業は、クレーン車や特殊な機械を利用することもあるが、主をなすのは運搬作業員の人力で、一日当たり二、三台から、引越しの季節には一四、五台にもなることがあり、平均で六、七台であった。

入社して五年ほどたった頃、ピアノを担いでいる時、突然、腰に針を束ねて刺すような痛みが走りその場にへたり込んだのが最初で、以来腰痛に悩まされることになった。

初めの頃は、激痛が起こっても数日で治っていたが、しだいに治るのに時間がかかるようになり、一か月仕事を休むこともあった。会社に腰痛を訴えたが、具体的な対応はなく、腰痛体操に関する書類を壁に貼ったり、音楽をかけて腰痛体操をさせるように試みる程度であった。毎年の健康診断も一般的なもので、重量物取扱い作業に従事する労働者のための行政通達の趣旨にのっとった特別な健康診断、健康管理はなされなかった。

☆何でこんなに重いのだ

腰痛を病む他の従業員も多く、二人一組の原則を三人一組にしてほしいという増員要求がなされたこともあったが、採算が合わないとして受け入れられず、逆に、腰痛が出る

のは仕事が体質に合わないのだから、会社を辞めた方がよいのではないかというニュアンスの応答であった。

それまで、二度の転職を経験した草野伸次は、簡単に退職する決心もつかず、自分で医師の診断、加療を受けながら腰をだましだまし勤務を続けてきたが、とうとう腰痛と左下肢の痛みがひどく、雨の日は特に座位、前傾、中腰が苦痛で、長時間の歩行、走行、階段の昇降も困難となり、一般事務系の軽作業以外は就労がむずかしくなった。

労働者災害の身体障害等級では「神経系統の機能又は精神に障害を残し、服することができる労務が相当な程度に制限されるもの」に該当する。傷病名は、腰椎捻挫による腰椎ヘルニアである。ピアノを担ぐことなどとうていできなくなった。会社には軽作業がないため、出向のかたちで関係会社の軽作業に従事したいと申し出たが拒否されて、伸次は休職状態となった。

伸次は、会社に対し、働けなくなった分の損失、慰謝料を求め、訴えを起こした。伸次の訴えは認められた。裁判所は、伸次が腰椎ヘルニアとなったのは、会社が労働者に対する「安全配慮義務」を尽くさなかったためであると認定して、症状固定後五年間の逸失利益として、約五八五万円、慰謝料として五五〇万円の支払いを命じた（広島地裁・平成元年九年二六日判決）。

問題点

人の身体、生命が害された場合、当事者間に雇用その他の契約関係上の「**安全配慮義務**」違反が問われることが多い。ピアノ運送作業についての安全配慮義務が問題になったのは先例をみないが、平均的な家庭でも、ピアノが置かれるような社会になったあらわれといえよう。

本件事例では、会社の命ずる作業が、労働省（事件当時。現・厚生労働省）の通達による重量物取扱い作業における腰痛予防対策指針を基準としても、仕事時間、取扱い量の点で過重であるばかりか、通達所定の健康診断を実施せず、腰椎捻挫の段階でも適切な措置をとらなかった点に、労働契約に付随する義務である労働者に対する安全配慮義務違反を認めた。

腰痛症が業務上の疾病中に占める割合の多い業種は、運輸交通、貨物取扱い、商業・金融・広告の順といわれるが、無理をする場合も多いので、従業員の健康診断、健康管理には、具体的状況に応じて配慮すべきである。

なお、腰痛や肩こりは職業病であり労災だとして、療養補償や休業補償を求めた裁判で、裁判所は元航空会社客室乗務員の請求を認め、原告の障害は業務に起因すると、その因果関係を認めて、労災不支給とした大田労働基準監督署長の処分を取り消すよう命じている（東京高裁・平成一三年九月二六日判決）

夫に過労自殺された妻がムチャな残業をさせた会社から慰謝料をとった話

人事労務のアナ

社員の健康に注意する義務がある

中村真由美さんは、先日、夫の真さんを亡くした。自殺だった。発作的に職場のビルから飛び降りたのだ。三歳になる娘を抱えた真由美さんは、これからどうしたらいいか、途方にくれている。

自殺の原因は遺書が残されていないので、はっきりとはわからないが、真由美さんは、夫は仕事に殺されたと思っている。というのは、真さんはここ半年、新店舗の出店準備で寝る間も惜しんで働いていたからだ。毎日のように深夜まで残業、その日のうちに帰ってくることなど、ほとんどなかった。もちろん土日も祝日もなく、休日出勤である。家に戻っても食事も採らず真さんは風呂に入ってベッドにもぐり込むだけという生活を繰り返していたのだ。むろん、夫婦の会話などほとんどなくなっていた。

日に日に寡黙(かもく)で暗くなる夫の様子に、始めは疲れのせいだろうと楽観視していた真由美さんだが、ある日、明るく饒舌(じょうぜつ)だった夫の顔から、まったく表情が消えていることに気づいて愕然とした。

嫌がる真さんを無理矢理近くの病院に連れて行くと、診察した医師は「軽いうつ病だね。仕事のストレスと過労が原因だから、少しのんびりするといい。そうすれば、すぐ良くなるから」と、暗に休暇をとるよう勧めてくれた。しかし、真さんは「開店したら、いくらでも休めるから」と、真由美さんの心配を余所に、その後もハードな残業をし続け、そして自殺したのである。

真由美さんは、真さんの会社に「過労死」として労災の認定をしたいと申し出たが、会社は「自殺の原因は仕事と無関係」と主張し、また「仮に過労から自殺するに至ったとしても、残業や休日出勤を無理強いしたことはないから会社は中村君の死に何の責任もない」と、協力を拒否したのだ。しかも、開店前日の自殺は店のイメージダウンだと、故人の行動を暗に非難するような発言すらしたのである。

会社の不誠実な態度に腹を立てた真由美さんは、会社を管轄する労働基準監督署長に「遺族給付」の支給を求める労災認定申請を出すとともに、夫の自殺は会社の責任だとして、会社を相手取り慰謝料など総額一億五〇〇〇万円の損害賠償を求める民事裁判を起こした。

問題点

労災（労働災害）の認定請求も、また会社に対する損害賠償の請求も、どちらも真由美さんの請求が認められる可能性は高い。労災と認められれば労災保険（**労働者災害補償保険**）の保険金を受け取れる。

本件と同じように、十分な睡眠時間もとれないほどの長時間労働が続き、その過労からうつ病になって自殺した社員の両親が、勤務先の大手広告代理店を訴えた事件で、裁判所は、うつ病の原因は社会通念上許容される範囲をはるかに超えた長時間労働にあったと認め、会社側は過重労働を知りながら適切な軽減措置をとらなかったとして、会社側に賠償を命じている。

この事件は最高裁まで争われたが、最高裁は「会社は、仕事による社員の肉体的疲労だけでなく、精神的負担で心身の健康を損なわないよう注意する義務を負う」として、過労自殺に会社の責任を認める初めての判断を下した（平成一二年三月二四日判決）。

なお、最高裁判決は、原告側の請求額を減額した部分についての二審判決を破棄し、審理を東京高裁に差し戻したが、その差戻し控訴審で、会社側が遺族側の請求額全額（利息などを含め一億六八五七万円）を支払うことで和解が成立している。

★過労自殺でも労災認定される

一般的に、労災が適用される過労死は、脳出血、心筋梗塞など循環器系の疾患による死亡で、かつては過労自殺の労災認定は難しいと言われていた。しかし、労働省（現・厚生労働省）では平成一一年九月、仕事上のストレスや過労が原因で精神障害に陥ったり自殺したりした場合の労災認定について、初めて認定基準となるガイドラインを作成、全国の労働基準局に通達している。この新基準によれば、自殺でも次の要件を満たせば、業務上の過労自殺として労災認定を受けられる。

①精神障害により、正常な認識、行為選択が著しく阻害されている場合

②自殺を思い止まる精神的な抑制力が著しく阻害されている場合

人事労務のアナ

会社の飲み会に出席し帰宅途中に転落死した夫の労災を認めさせた話

飲み会でも職務なら労災と認定

林原修さんは四〇歳。南北精機の総務課長である。林原さんは、ある日、本社で開催された各地の工場や営業所の総務担当者会議に出席した。会議室での全体会議が終わると、人事、経理、庶務など部署別に分かれ、別室の小部屋で分科会になる。時には、午後六時を回ることも多い分科会では、アルコールが出るのが通例だった。

本社の総務課長である林原さんは、すべての分科会に顔を出し、各地の担当者と意見交換をしたり、また本社への要望事項を聞いて回ったのである。当然、各分科会のメンバーから酒を勧められ、午後一〇時過ぎに会社を出た時は、缶ビール三本、ウイスキーの水割り三杯ほど飲んでいた。むろん、この程度で酔う林原さんではない。退社間際の彼に会ったメンバーも、酔った様子はなかったと話していた。

ところが、帰宅するため、通勤駅に向かった林原さんは、会社から五分足らずの駅構内で、足を滑らせ階段から転落、頭を強く打ち、亡くなってしまったのである。

林原さんには、同い年の妻と小学校五年と三年の子どもがいた。子どもたちは、これからますます金のかかる年頃である。わずかな蓄えと会社から出る退職弔慰金だけでは暮らしていけない。といって、手に職もなく、ずっと専業主婦だった人間を雇ってくれるところは限られている。

夫の死を知らされた時、未亡人は今後の生活を考えると、

☆遺族への配慮が最優先！

頭が真っ白になった。しかし、葬儀が終わり、心の整理が付くと、落ち込んでばかりはいられないと、思い直したのである。彼女は友人の紹介で、スーパーのレジのパートを始めた。すると、スーパーの休憩室で、彼女の身の上話を聴いていたパートの一人が、「ご主人、会社の帰りに事故にあったんでしょ。労災保険がもらえるんじゃない」と、教えてくれたのである。

未亡人は、さっそく最寄りの労働基準監督署長宛に、夫の死亡事故は労災だとして、遺族給付などの支給を求めた。しかし、労働基準監督署側は、「酒席である分科会は懇親会であり、業務とは言えない」として、林原さんの死を労災と認めなかったのである。その決定に納得のいかない彼女は、労働基準監督署長を相手取り、不支給処分の取消しを求める裁判を起こした。

問題点

結論から言うと、未亡人勝訴である。裁判所は、同様の転落事故を労災（通勤災害）と認め、労働基準監督署長の不支給処分を取り消した（東京地裁・平成一九年三月二八日判決）。林原さんの遺族には、遺族給付や葬祭給付が支給されることになる。

労働者は、仕事（業務）上の事故で、負傷したり、病気になった場合、労働災害（労災）として、**労働者災害補償保険法**による各種の補償が受けられることになっている（ほぼすべての使用者に**労働者災害補償保険**への加入が義務付けられている）。この補償の対象となる事故は、業務上生じたものの他、通勤途上（職場への行き帰り）の事故も含まれる（同法七条）。ただし、通勤災害と認定されるのは、労働者が通常、通勤に用いている経路および運送手段を利用して生じた事故である。

通勤災害にあった労働者や遺族には、療養給付（治療費、入院費など）、休業給付、障害給付、遺族給付、葬祭給付、傷病年金、介護給付などが補償される（業務災害も基本的に同じ）。

なお、労災適用の事故は、使用者の故意または過失は要件ではなく、労働者は過失があっても、その補償を受けられる（同法一二条の二の二、労働者の故意や重大な過失によるものは給付を制限される）。たとえば、林原さんの事故原因は、駅の階段で足を滑らしたからだが、多量に飲酒したとは言えず、酔った様子はなかったというのであるから、いわゆる過失であり、給付制限は受けないと考えられる。

また、分科会への出席が職務か否かについてだが、同様の事例（前出）で、裁判所は、「酒席を伴う会合でも、部下や同僚などの出席者から意見や要望を聞く場であれば、その会合への出席は職務」と認め、懇親会で業務ではないとした労基署側の主張を退けている。林原さんの事故は、労災と認められる。

人事労務のアナ

退職後同種の仕事を始め 退職金が出なかったが 和解でなんとか取った話

判断は微妙である

B社は中古車セールスの会社である。三浦さんはその古手課長であった。古手といっても人の交替の激しい業界のこと、在職していたのは一〇年あまりである。この会社、支店も多いし零細企業ではないが、所詮は個人企業の成り上がったもので、役員はオーナー一族で占められ、課長などの出世の余地はない。不愉快なことも多く、三浦さんはとうとう退職した。

退職後は、小さな中古車の店を開いた。中古車は仕入値の安いものが多く、個人店でも経営可能な業種である。とはいえ、ある程度の在庫は確保したい。資金は多いほどよいのである。

ところがB社からはまだ退職金が出ない。B社の退職金規定からいうと、かなりの退職金が出るはずで、じつは三浦さんもこれを当てにしていたのであった。

☆押し問答より話合いを……

退職金が出ない理由は、退職金規定にあった。退職者が退職後六か月以内に同業に就職した場合は退職金を支給しない旨の規定があったのだ。会社側はこれをタテにとり退職金を払わない、と主張した。

三浦さんは不服だった。そこで弁護士に相談し、次のような主張を書面にして会社へ送った。

① 労働者が退職した後の就職は自由であるべきで、会

社の規定は憲法で定められた職業選択の自由を犯しており無効である。

② 規定で定められた退職金は賃金の一種であるから、これを支払わないのは違法である。

これに対し会社からは、次の内容の回答が来た。

① 退職金の支払いと職業選択は関係がない。どのような就職も自由である。

② 退職金は功労報償金であり、会社に対し退職後も忠実である者に支払われるものであって、同一業種に就いて競業を行う者には支払わないという規定は有効である。

以上の理由で三浦氏の主張は誤っているから、退職金の支払いはしない。

というものであった。

「これは訴訟にするほかないでしょう」

という弁護士のアドバイスで、三浦さんは退職金支払請求の訴えを地方裁判所へ提起することにした。ところが、急転直下、B会社が折れて来た。退職金の三分の二なら支払う、というのである。弁護士と相談の上、三浦さんはこれを受入れ、和解が成立した。

全額を求めて争うことも一応は考えたが、訴訟は時間がかかる。労働事件は会社側も、他の労働者に対する前例となるため、訴訟となると最後まで、最高裁まで争うことが多い。そのような争いに精力をさくよりは、和解の方がよい、と三浦さんは思ったのであった。

「それに判例も微妙です。ここで手を打つことに賛成です」

と弁護士もいった。

三浦さんは三分の二の退職金を受取り、残りの請求権を放棄した。

問題点

就業規則は類似のものが多く、したがって紛争も同種のものが多い。

退職金の性質については賃金説、生活保障説、功労報償説がある。最高裁の判例は賃金説をとっているようであるが、功労報償金の性質をも有していることを認めている。

退職者が同業他社へ転職の場合、退職手当は二分の一のみを支給する、という就業規則が争われた事件で、その就業規則を有効とした最高裁判例がある。退職後、競業的な就職をした場合、功労に対する評価が半減することを認める判例である。

ただし、退職金全部を支払わない、とする退職金規定が争われた件、つまり三浦さんと同じ事件については会社側敗訴の下級審の判例がある。

しかし、どの判例も**競業避止義務**を課すこと自体を認めている。三浦さんに不利な判決が出る可能性も大きいのである。この場合、和解に踏み切ったのは適切だったといえよう。

人事労務のアナ

会社の悪事を告発してクビになったが解雇を取り消させた話

公益通報者保護法で救済される

内田祐さんは八年間勤めた会社をクビになり、途方にくれている。解雇された経緯(けいい)は、こうだ。

内田さんのいた会社は、A市に本社のある小さな食品メーカーである。業績は堅調だが、同族企業のため、すべてに一族の都合が優先され、コンプライアンス(法令遵守(じゅんしゅ))やディスクロージャー(情報公開)といったものは、これまでないがしろにされていた。

本社工場で在庫管理の仕事をしていた内田さんは、ある日、倉庫に山積みになっていた賞味期限切れの商品を焼却処分にしたいと、工場長に申し出た。作った商品がすべて売れるのが理想だが、返品や売れ残りで倉庫に眠ったまま消費期限を過ぎてしまい、消費者の手に渡ることなく廃棄されるものも少なくないのである。そんな在庫品の処分も、内田さんの仕事だった。

ところが、いつもなら翌日には工場長の許可を出るのに、なかなか焼却処分の許可が出なかったのである。そして、一週間後、工場長から呼ばれた内田さんは、焼却するはずだった商品のパッケージを作り直して、再度出荷するよう驚くべき命令を受けたのである。

たしかに、その春から、若手タレントを起用したCMがテレビに流れ、商品の売上げは上々であった。注文も切れ

間なく入ってきている。そこで、増え続ける顧客の注文に停滞なく応ずるため、いままで処分してきた賞味期限切れの商品を、パッケージをし直して売ってしまおうというのが、会社の新しい方針だったのである。

もちろん、パッケージの上には、新しい賞味期限の日時が印字されることになる。

内田さんは、反対した。たしかに新しく印字された賞味期限でも、商品自体の安全性には問題ない。しかし、これは明らかに消費者をダマす行為である。内田さんが、そう言うと、工場長は「これは社長命令だよ。君は、言われた通りすればいいんだ」と怒鳴り始め、強引に押し切られてしまったのである。

内田さんは悩んだ挙句、その事実を新聞社やテレビ局、そして役所にも実名で投書したのだ。その結果、マスコミはこぞって賞味期限の改ざんを報道し、役所の立入り検査も受けた会社は商品を自主回収する事態になったのである。マスコミは、内部告発をした内田さんの勇気を賞賛した。しかし、会社では裏切り者として扱われ、激怒した社長は彼に「クビ」を言い渡したのである。

内田さんは、会社に戻りたいと思っている。

問題点

談合、補助金詐取、事故の隠ぺいなど企業犯罪やその違法行為は、内部告発で表沙汰になることが多い。しかし、企業不祥事の告発者は、実名であれ匿名であれ、内田さんのように会社から解雇など何らかの厳しい懲戒処分を下されるのが通例である。

もちろん、その告発者は、解雇無効および社員としての地位確認を求めて会社側と争うことができる。そして、その内部告発が、会社や上司に対する私怨などで会社側に損害を与える目的でされたものでなければ、これまでにも公益性があるとして内部告発の正当性を認めて、会社側に解雇の取消しを命じた判例もある。また、平成一六年六月一八日にはこの内部告発者（**公益通報者**という）を保護する「**公益通報者保護法**」が公布された（施行は平成一八年四月から）。

これによると、労働者（内部告発者）が、個人の生命、身体の保護、消費者の利益擁護、環境の保全、公正な競争の確保などに違反する会社側の行為を監督官庁などに通報した場合、会社が内部告発（**公益通報**という）を理由に労働者を解雇しても、その解雇は無効になることが明記されている（三条）。また、会社が内部告発者に対し、配転、降格など、不利益な処遇をすることも禁じられた（五条）。

内田さんは、購入者の生命・身体の安全を考えて告発したのであるから、当然、この法律により保護される対象となるといえよう。

突然の解雇通知に身分保全の仮処分で対抗したパートタイマーの話

人事労務のアナ

パートタイマーの仕事の内容が問題

A子さんは、専業主婦だったが、子供がいないのでパートに出ることにした。幸い、ハローワークで、近所のレストランで、一日三時間のパートタイムの仕事があることを知らされた。

早速、ハローワークの紹介状をもってそのレストランを訪ね経営者の甲さんに会うと、甲さんはよほど人手不足だったとみえて、「私の店は、六人の従業員が早番、遅番と交代で勤務しているが、それだけではどうしても手不足なので、すでに四人の人にパートタイマーとして、一日三時間だけ働いてもらっている。レストランの従業員といっても、ある程度馴(な)れた人でないと何かと困るから、いくらパートタイマーだからといって、半年や一年位で辞めてもらっては困る。あなたにもできるだけ長く勤めてもらいたいのですよ」と何回となく念を押すといった按配(あんばい)だった。

A子さんとしても、せっかく勤めるのだから二、三か月で辞めさせられたくないと思っていたので、願ったりかなったりと、早速勤めることにした。翌日から、A子さんは足取りも軽く、そのレストランに通いはじめたが、給料もよそと比べると比較的よいし、何よりも自宅の近くで、非常に便利だし、その上、ご主人の勤務先もこの近くにあったので、時には帰りにご主人と待ち合わせ一緒に食事をしたり、映画をみたりと恋愛時代にもどったような、楽しい毎日を送るようになった。

しかし、しばらくすると、A子さんは不可思議なことに気づいた。常勤の従業員全員がある宗教の信者なのだ。なかでも甲さんが、もっとも熱烈な信者で、A子さんにも、その宗教の有難さを折にふれ熱心に説明し、暗に入信をすすめたが、宗教には関心がないA子さんは入信を拒絶したばかりか他の従業員にも、折にふれては信教は自由なのだなどと、憲法論議などをしていたが、ある日、この話を甲さんに聞かれてしまった。

その翌日、A子さんは昨日あんなことを甲さんに聞かれてしまったので、何かいわれるのではないかと思いながら出勤してみると、甲さんから一か月分の給料をあげるから辞めてくれと解雇を言い渡されてしまった。A子さんは、もう一年も勤めたのに、そんなに簡単に首をきられたのではと、早速裁判所にかけこみ、身分保全の仮処分を申し立てたのである。

問題点

A子さんの訴えを受けた東京地方裁判所は、A子さんの言い分を全面的に認めた（昭和四二年一二月一九日判決）。

俗にアルバイトとかパートタイマーとかいわれる労働者の地位は、一般的に、日雇いあるいは臨時雇いの場合が多いことは否定できず、また、その身分関係も極めて不安定だが、単にその名称のみで日雇いあるいは臨時雇いと断定するのは間違いである。その地位は、あくまでも個々の**雇用契約**成立のときの状況や、契約期間、ないし職務の内容、勤続期間などの事情を総合して判断すべきである。

この点から、A子さんの雇用契約は多忙な時に短期間だけ雇われたのではなく、常勤者と全く同じ通常の業務に従事しているのであり、しかも甲さんは、最初に「半年や一年で辞められては困る」と言っている。したがって、この契約は期間の定めのないものであるから、何ら理由のない解雇は**権利の濫用**で無効である、というのである。

なお、A子さんのようなパートタイマーを保護する目的で、平成五年一一月からは、「**短時間労働者及び有期雇用労働者の雇用管理の改善等に関する法律**（現行法の題名。**パートタイム労働法**）」が施行されている。

知っていますか？
葬儀・埋葬の法律と手続き

●人は死んでも法律にしばられる……

人は死んだら、それで終わり。法律上の権利も義務ももう関係ない……。

そう考える人も多いであろう。しかし、それは大きなカン違い。現実には、死後にもまだ、私たちは法律にしばられている。死んだ当人はともあれ、残された親族には、死んだ当人に関する権利や義務が現実に生ずるのである。

死んだ当人の財産や借金は、相続人が引き継ぐか放棄するかを選ぶ。これは自由に選べる権利だが、遺体の処理となれば義務である。人が死ぬと、その人の親族は原則７日以内に、本籍地、住所地、死亡地、いずれかの市区町村の戸籍係に死亡届を出す義務がある。遺体の処理――火葬（かそう）や埋葬（まいそう）は勝手にはできず、必ず法令、条例に従った手続きによらなければならない。違反すれば犯罪にすらなるのである。

★死亡した人についての法律手続き

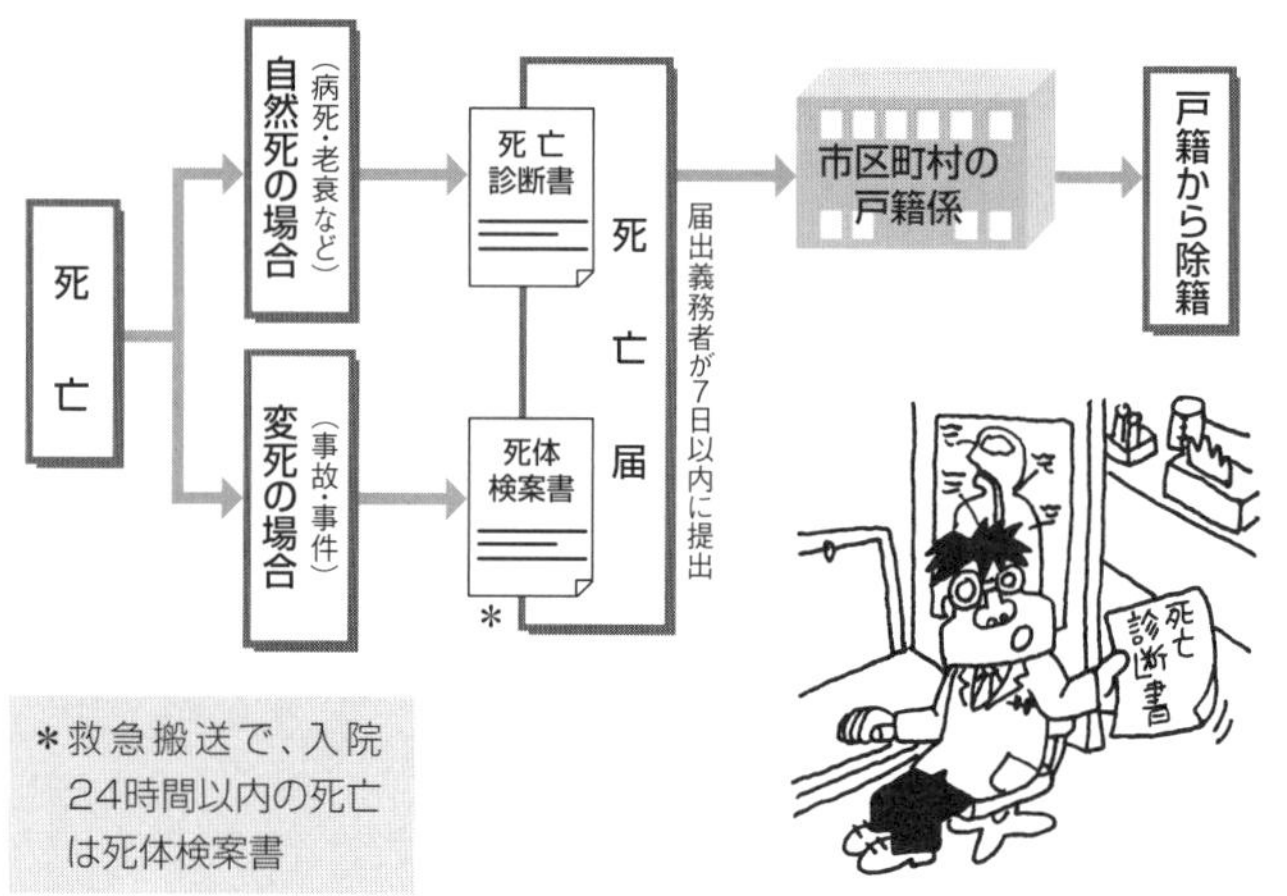

● 葬儀は必ずしもしなくてもいい？

人が亡くなると、その親族は、本籍地や住所地の市区町村に死亡届を出さなければならない。また、その遺体の火葬・埋葬（まいそう）義務も負う。火葬・埋葬せずに遺体を放置すれば、**死体遺棄罪**（したいいきざい）（刑法190条）である。なお、法律上、この届出義務者は喪主（もしゅ）や**祭祀承継者**（さいししょうけいしゃ）（下図）とは限らない（戸籍法87条）。

ところで、火葬·埋葬は法律で義務付けられているが、式典としての葬儀（葬式）をするかどうかは遺族の自由である（法律上の義務なし）。そのため最近は、市区町村から火葬埋葬（まいそう）許可証をもらうと、直接火葬場に遺体を持ち込み、遺骨にする直葬も増えているという。先祖代々の菩提寺（ぼだいじ）や墓地があっても、その寺で葬儀をする義務や、そこの墓へ納める義務は、法律的にはないのである。

なお、葬儀では、葬儀費用の分担や香典（こうでん）の使い道をめぐって、相続人の間でトラブルになることが少なくない。一般的に、葬儀費用は故人の遺産が使われるほか、喪主や祭祀承継者（喪主や跡取りがなることが多い）が負担するのが普通である。しかし、相続人全員で分担する場合もあり、法律上、明確な規定はない。判例も分かれている。一方、香典は、遺族の当座の生活費や葬儀費用の一部に当てるという考え方が一般的である。喪主または祭祀承継者以外が、個人的に香典を取得できる場合は限られる。

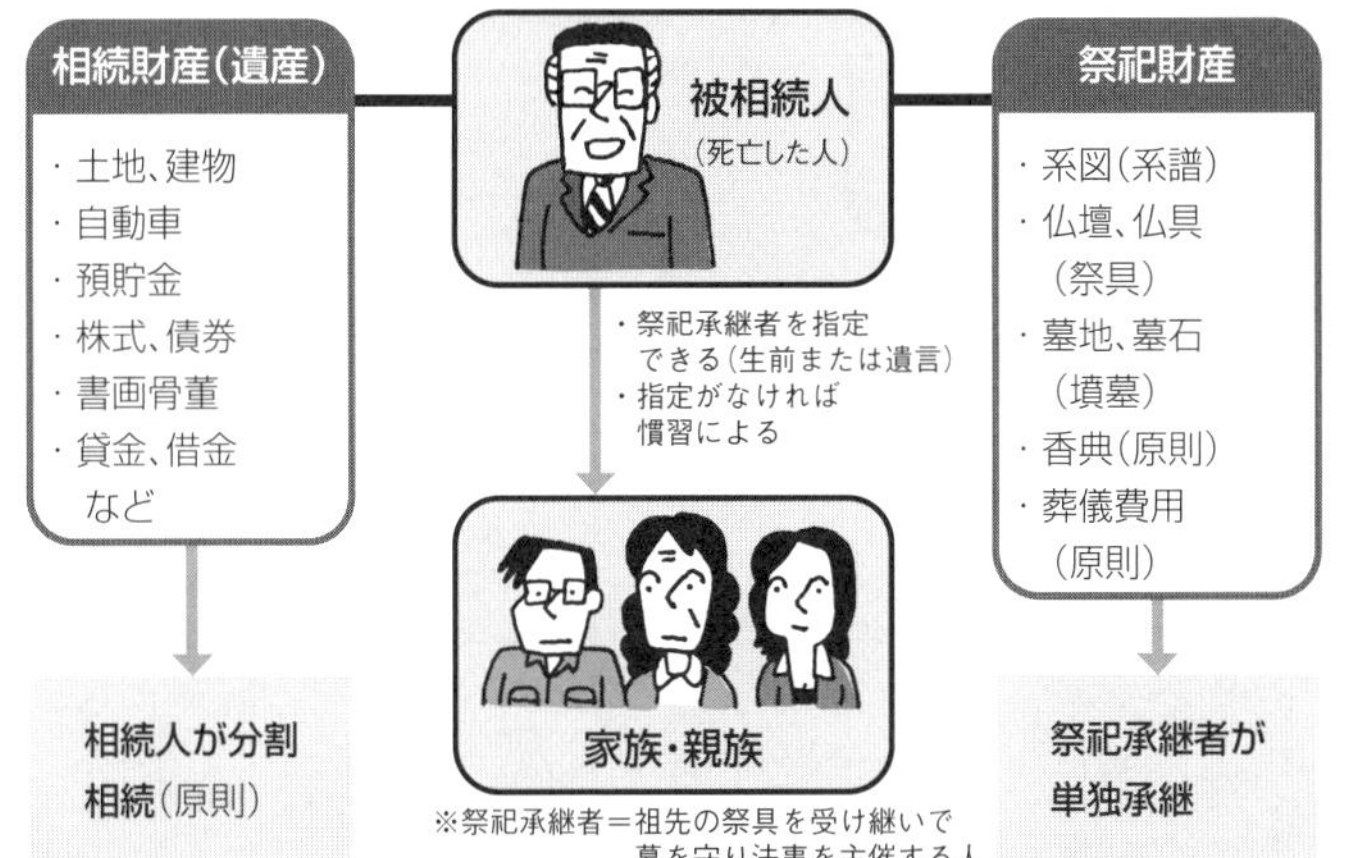

●自宅の庭に墓は作れない？

近親者が亡くなっても、勝手に火葬や埋葬（遺体を焼かずに土中に葬ること）はできない。具体的には、『**墓地、埋葬等に関する法律**』（略して墓埋法）により、次のような規制がある。

①死後24時間経たないと、火葬も埋葬もできない（時間的規制）

②同居の親族など届出義務者が本籍地や住所地の市区町村に**死亡届**を出し、代わりに**火葬埋葬許可証**をもらう（手続き的規制）

わが国では、遺体は通常**火葬**し、骨壺に納めた遺骨を墓に埋蔵する。知事の許可を受けた火葬場以外では火葬できない。**墓地**も知事の許可した場所に限られる。自宅の庭などに勝手に墓を作り、遺骨を葬ることは法律上は許されない。

埋葬（墓埋法の定義では土葬のこと）は、わが国では珍しいが、法律上禁止されてはいない。ただ、地方自治体の中には条例によって原則的に土葬を禁じているところがある（東京都や大阪府の市区域など）。それ以外の埋葬（土葬）可能地域でも、場所は知事の許可した墓地に限られ（４条）、事前に市区町村長の許可を要すること（５条）も、火葬の場合と同じである。

もっとも、遺骨の埋蔵（納骨）は葬儀同様、遺族に義務付けられてはいない。遺骨を墓に納めず、自宅に安置しておくのは自由である（「手元供養」）。これに対し、いわゆる散骨や散灰は原則として許されてはいない（次頁参照）。

★遺骨を納めてよい場所は?

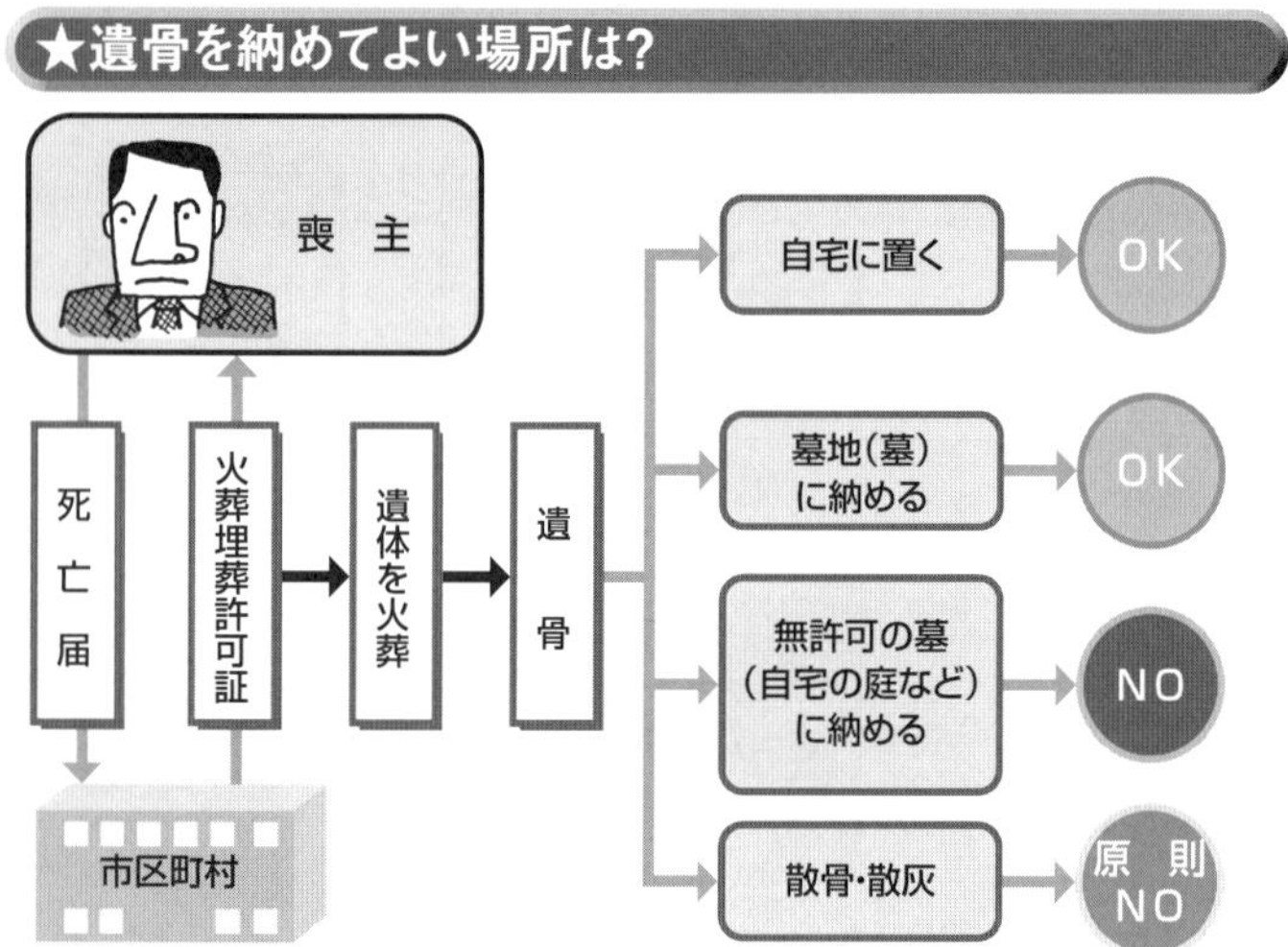

● 散骨は自由にしていいものか？

火葬した遺骨（**焼骨**という）は、墓地以外には埋蔵できないことになっている（墓地、埋葬等に関する法律4条…埋めずに自宅や納骨堂に安置することは可）。自宅の庭に葬れないことは前項で解説した。では、故人の遺志などによって、遺族が海などへ**散骨**･**散灰**する行為は、法律上許されるのだろうか。近年、国内外での散骨ツアーまで主催されているというのだが……。

結論からいうと、人里離れた海山で節度をもってする散骨・散灰（次頁図参照）は一応認められる。

ただし、どの場所でも、大量の散骨でも、自由にできるということではない。法務省も、節度をもって行われる限り、散骨に違法性はなく、刑法190条の**遺骨遺棄罪**には当たらないという見解を出している。しかし、これは積極的に散骨を容認したわけではなく、散布される量は通常わずかで、火葬場での骨上げ後に残った骨片が遺骨遺棄罪の客体にならない（合法的に廃棄できる）のと同様の趣旨から、違法性はないとしているにすぎない。

なお、散骨に関する法律上の規定は、『墓地、埋葬等に関する法律』4条以外にはないが、地方自治体の中には、北海道長沼町のように条例により散骨を禁じているところもある。この条例は、散骨場所の提供業者や町長の是正命令に従わない違反者に対して罰則を設けている。

故人の遺志などにより散骨・散灰を考えている場合には、散骨する場所の自治体に禁止条例がないかどうかも、必ず確認してほしい。たとえ禁止条例がなくても、実際に散骨・散灰する場合、周囲へ迷惑をかけない配慮を忘れないことである。トラブルを起こしては故人も悲しむというものだ。

【参考法令】		【違反者への罰則】
墓地、埋葬等に関する法律４条１項（墓地外の埋葬） 埋葬又は焼骨の埋蔵は、墓地以外の区域にこれを行ってはならない。		1,000円以下の罰金または科料（法人の従業者の行為は両者を罰する両罰規定）
長沼町さわやか環境づくり条例 11 条（散布の禁止） 何人も、墓地以外の場所で焼骨を散布してはならない。		散骨場所提供業者は６月以下の懲役または 10 万円以下の罰金（両罰規定）

● 遺骨を捨てると処罰される！

人が死亡した場合、同居の親族など遺体の火葬・埋葬義務のある者が遺体を放置したり、捨てたりすれば**死体遺棄罪**（したいいきざい）（刑法190条）となる。放置といっても遺体を捨て置きにするばかりではない。同じ建物内で遺体と同居していても放置であり、遺体の遺棄である。死を秘し年金の不正受給をもくろむなどは刑罰も当然だが、離れがたい愛惜の念からであっても（情状はくんでもらえようが）やはり死体遺棄罪となるのである（法定刑は３年以下の懲役）。

では火葬ずみの遺骨ならどうか。両親の遺骨の入った骨壺を乗用車内に置き、駐車場に放置した男が**遺骨遺棄罪**（死体と同じ刑法190条）で逮捕されている。

では、遺骨を自宅に置いておく場合は？　遺骨は墓に納めず、家に安置しておいてよいことは先に述べた。しかし、たとえば押入れの奥に仕舞いこんだり、物置の隅に放置することまで許されるのか。骨壺や遺骨の状態にもよるが、遺骨が一応キチンと骨壺に納められ、遺族の占有下にある限り、罪に問うことまでは難しい。これは法律問題というより、道義上の問題であろう。

★散骨・散灰ができるのはどういう場合？

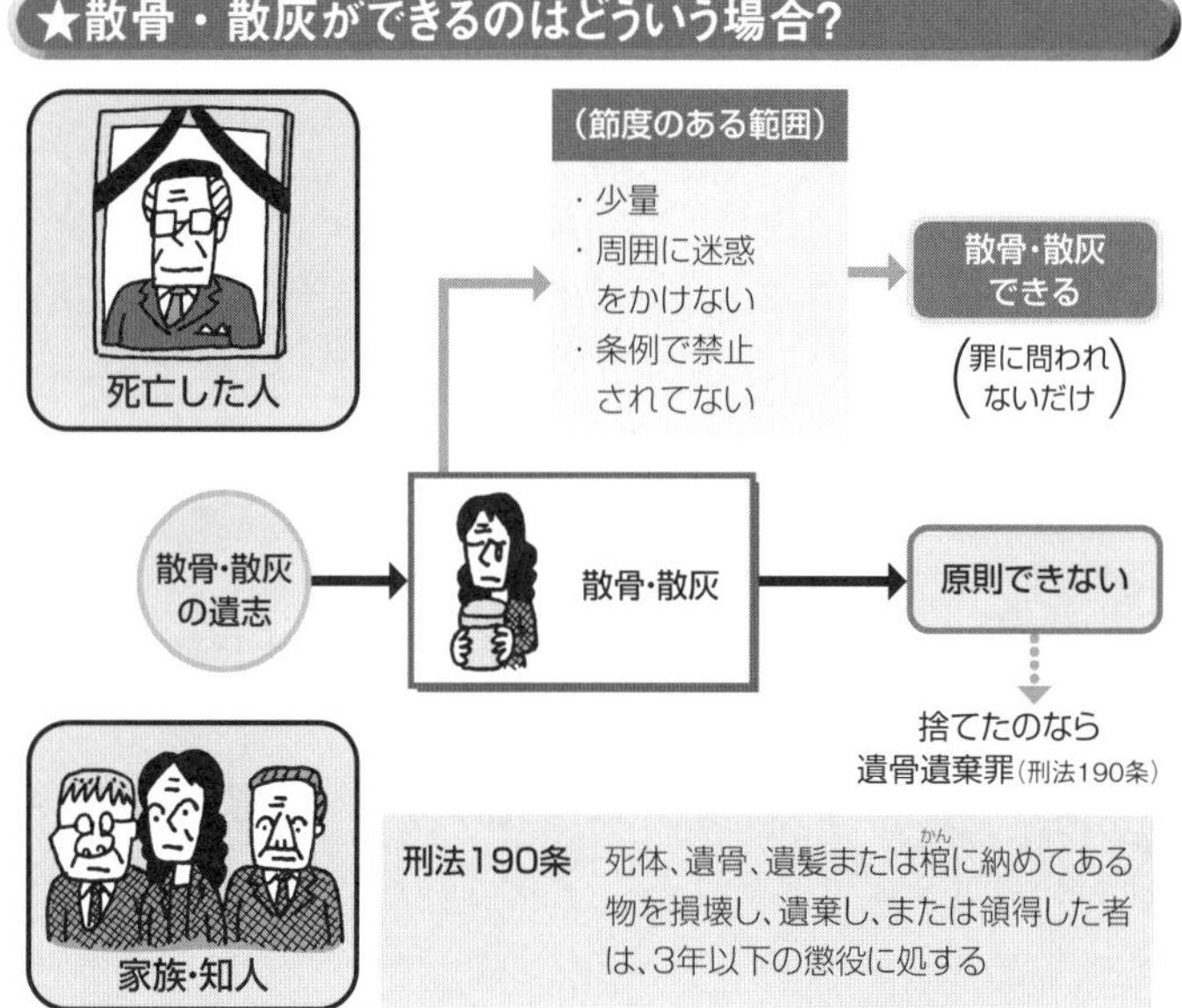

刑法190条　死体、遺骨、遺髪または棺（かん）に納めてある物を損壊し、遺棄し、または領得した者は、3年以下の懲役に処する

●墓を移すには手間ヒマがかかる

菩提寺の墓地でも、霊園墓地でも、墓の管理と祖先の供養は家族や親族が引き継いでいく。しかし、身寄りがなかったり、関係者が遠隔地で毎年の管理料も払わない場合、そのままだと無縁墓になる。これを避けるには、永代供養にするか、近くに墓の移し変え（**改葬**という）をすればいい。ただし、永代供養といっても、永久に墓の管理や供養をしてくれるわけではない。寺や霊園により異なるが、通常三十三回忌までか、長くて50年である。永久というわけにはいかないが、寺などに永代供養料さえ払えばよく、手続きは簡単である。

一方、近くの墓地に新しく墓を作り、代々の遺骨を改葬する場合は、当面無縁墓になる心配はないが、その手続きは面倒である。たとえ、祭祀承継者や家族・親族でも、勝手に墓や遺骨の改葬はできない。

新旧墓地の管理者（菩提寺、霊園など）にそれぞれ改葬を申し出て、了承してもらうだけでなく、法律上の改葬手続きが必要になる。旧菩提寺のある市区町村に改葬手続きを申請し、**改葬許可証**を交付されて初めて、元の墓を掘り起こし、中の遺骨を取り出せる。その後、新菩提寺に許可証を提出し、遺骨を新しい墓に納骨することになっている（下図）。

★墓はどうすれば移せるか

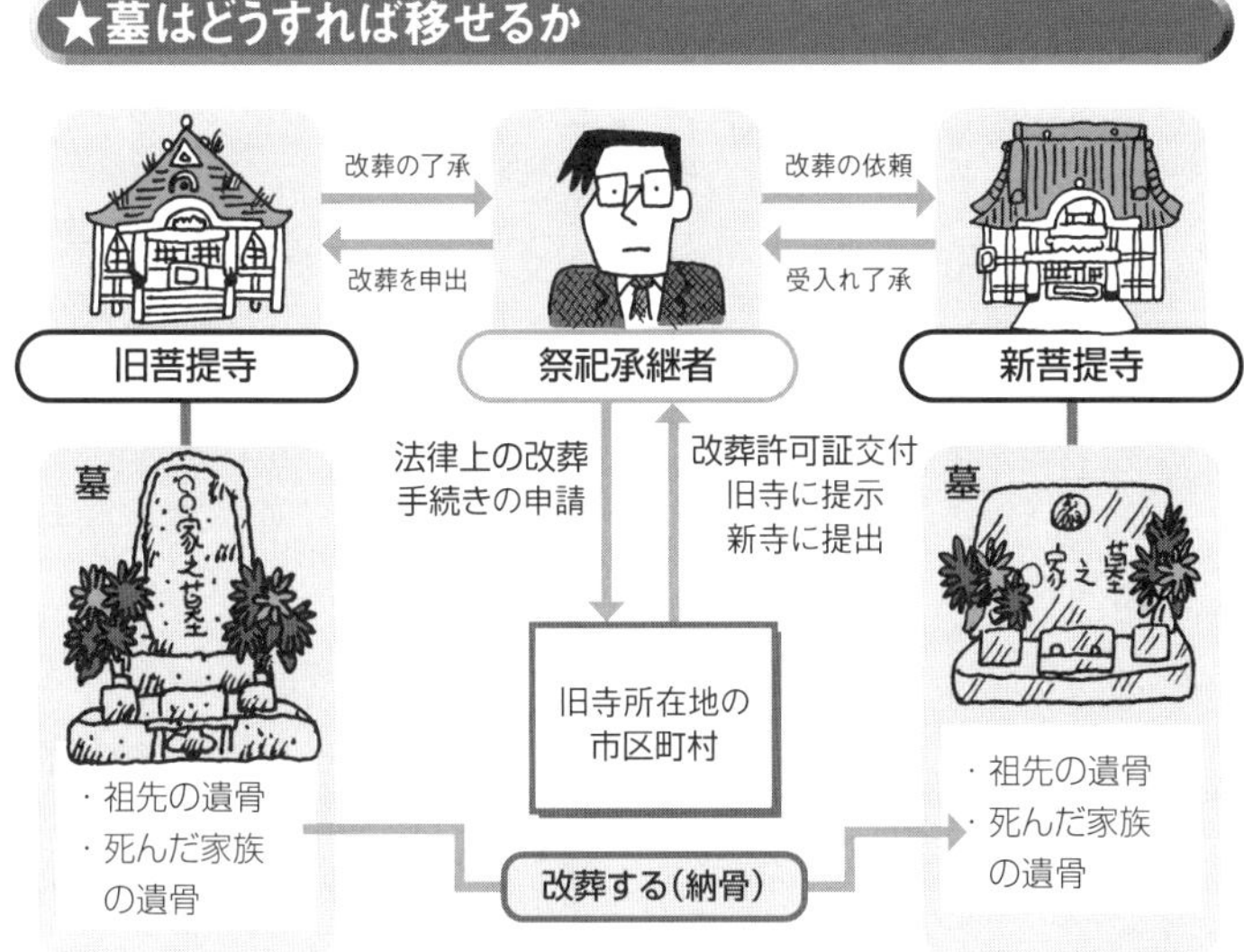

【意外に知らない!】公訴時効の期間

罪を犯しても、犯罪行為終了時点から一定期間逃げ切ると、その事件(罪)では、もう警察に逮捕されたり、刑事裁判所に起訴(**公訴**という)されることはなくなる。それ以後は、たとえ真犯人とわかっても、罪に問われたり刑罰を受けることはない(民事の時効が完成するまでは被害者から損害賠償請求を受けることはある)。

これを、**公訴時効**といい、その時効が完成する期間は、それぞれの罪の法定刑(最高刑)により異なる。

具体的な時効期間は、次のようになっている(刑事訴訟法二五〇条)。

★人を死亡させた罪の主な公訴時効(一項)

・**死刑に当たる罪**　時効はない

殺人罪、強盗致死罪、強盗・強制性交等致死罪、汽車転覆等致死罪

・**無期懲役または無期禁錮に当たる罪**　三〇年

強制わいせつ致死罪、強制性交等致死罪

・**長期二〇年(有期刑の上限※)の懲役または禁錮に当たる罪**　二〇年

傷害致死罪、危険運転致死罪(自動車運転死傷行為等処罰法)、保護責任者遺棄等致死罪、逮捕監禁致死罪

※長期二〇年は懲役刑及び禁錮刑の上限だが(刑法一二条、一三条)、最大三〇年まで引き上げることも可能である(一四条二項)。

・**それ以外の罪**　一〇年

過失運転致死罪(自動車運転死傷運転処罰法)、自殺関与及び同意殺人罪(以上、最高刑七年)

業務上過失致死罪(以上、最高刑五年)

★人を死亡させた罪であって、禁錮以上の刑に当たるもの以外の罪の主な公訴時効(二項)

・**死亡者が出なくても最高刑が死刑に当たる罪**　二五年

内乱罪(首謀者)、外患誘致罪(外国と通謀して日本国に武力行使をさせた者)、現住建造物等放火罪

・**無期懲役または無期禁錮に当たる罪**　一五年

強制性交等致傷罪、強制わいせつ致傷罪、強盗致傷罪、身代金目的誘拐罪、汽車転覆・同破壊罪、通貨偽造・同行使罪

・**長期一五年以上の懲役または禁錮に当たる罪**　一〇年

強盗罪、強制性交罪、準強制性交罪、国外移送目的略取・誘拐罪、国外移送目的人身売買罪、非現住建造物等放火罪(他人所有)(以上、最高刑二〇年)、

傷害罪、保護責任者遺棄罪、危険運転致傷罪（自動車運転死傷行為処罰法）（以上、最高刑一五年）

・長期一五年未満の懲役または禁錮に当たる罪　七年

強制わいせつ罪、準強制わいせつ罪、営利・わいせつ・結婚目的誘拐罪、営利・わいせつ・誘拐目的の人身売買罪（買受け）、公文書偽造罪、偽造公文書行使罪、有価証券偽造罪、偽造有価証券行使罪、支払い用カード電磁的記録不正作出・同供用罪、偽証罪、虚偽告訴罪、窃盗罪、詐欺罪、恐喝罪、業務上横領罪（以上、最高刑一〇年）

・長期一〇年未満の懲役または禁錮に当たる罪　五年

特別公務員暴行陵虐罪、受託収賄罪、過失運転致傷罪（自動車運転死傷行為処罰法）、逮捕監禁罪、不同意堕胎罪、未成年者誘拐罪、未成年者人身売買罪（買受け）（以上、最高刑七年）

業務上過失致傷罪、収賄罪、横領罪、公正証書原本不実記載罪（登記簿、戸籍簿など権利義務に関する原本）、不正電磁的記録カード所持罪、私文書偽造罪、偽造私文書行使罪（他人の印章、署名を使用して偽造した権利義務、事実証明に関する文書）（以上、最高刑五年）

・長期五年未満の懲役もしくは禁錮または罰金に当たる罪　三年

贈賄罪、公務執行妨害罪、強制執行行為妨害罪、犯人蔵匿罪、証拠隠滅罪、名誉毀損罪、信用毀損・業務妨害罪、威力業務妨害罪、住居侵入罪、死体損壊罪、強要罪、器物損壊罪、（以上、最高刑三年）

わいせつ物頒布・同陳列罪、暴行罪、脅迫罪、（以上、最高刑二年）

信書開封罪、堕胎罪、遺棄罪、遺失物等横領罪、侮辱罪（以上、最高刑一年）

公然わいせつ罪（以上、最高刑六か月）

過失致死罪（以上、最高刑罰金）

・拘留または科料に当たる罪　一年

　ところで、この公訴時効と間違いやすいのが、**刑の時効**である（刑法三一条、三二条）。これは、刑事裁判で判決の確定後、被告人（起訴された犯人）が一定期間逃げ延びると、刑を執行できなくなる制度だ。その期間は、無期懲役または無期禁錮は三〇年、一〇年以上の懲役または禁錮は二〇年、三年以上一〇年未満の懲役または禁錮は一〇年、三年未満の懲役または禁錮は五年、罰金は三年、拘留、科料または没収は一年である。

　なお、公訴時効では、犯人が海外逃亡中の期間は時効が中断することはよく知られている。しかし、刑の時効は、刑の言渡しを受けた者が海外逃亡中も時効が進行する。

▼あとがき

●民法など私たちの生活に欠かせない重要な法律の改正だけでなく、スマホやSNSの普及による生活スタイルの変化から生じる新たなトラブルに対応する法律制定も急ピッチです。しかし、めまぐるしく変わる法令の内容を逐一理解することは、素人には困難ですし、そこに新たな「抜け穴」を見つけて、悪をなす不届き者も現れるでしょう。

●読者の中には「法律の抜け穴全集」というと、このような違法な抜け穴の紹介を期待する方もおられるかもしれません。しかし、本書発刊の意図は、「法律は難しい」という固定観念を打ち破り、法律とはこんなものかと、その急所と大切さをわかってもらうところにあります。

●本書は昭和三六年の初版刊行から六〇年以上もの間、再販のたびに、最新の法令で全事例を洗い直すとともに、新しい事例と法律の情報を取り入れて増補改訂を重ね、今回で通算六五版を数えることができました。

●これからも読者の皆様の期待に応えるべく、お寄せいただく貴重なご意見を支えに、本書の編集を続けていく所存です。

法律書編集部

☆本書に登場する人物・会社名等はすべて架空のものです。

法律の抜け穴全集

2023年８月４日　改訂５版第１刷発行

発行者　石井　悟
印刷所　大日本印刷株式会社
製本所　新風製本株式会社
本文DTP　㈲中央制作社

発行所　株式会社 自由国民社
東京都豊島区高田３－10－11
☎〔営業〕03(6233)0781　〔編集〕03(6233)0786
https://www.jiyu.co.jp/